PRESENCIA ESPAÑOLA
♦ EN LOS ESTADOS UNIDOS ♦

PRESENCIA ESPAÑOLA
◆ EN LOS ESTADOS UNIDOS ◆

TERCERA EDICION

Carlos M. Fernández-Shaw

Facts On File
New York • Oxford

Copyright © 1987 by Carlos M. Fernández-Shaw
Copyright © 1992 Facts On File

Se reservan todos los derechos. Ninguna parte de este libro podrá reproducirse o utilizarse en forma alguna o por ningún medio, electrónico o mecánico, incluyendo el fotocopiar, grabar o mediante cualquier sistema de archivo o almacenaje, sin la debida autorización escrita de la casa editora. Para más información refiérase a:

Facts On File, Inc.
460 Park Avenue South
New York, NY 10016
USA

Facts On File Limited
Roundhouse Publishing Ltd.
P.O. Box 140
Oxford OX2 7SF
United Kingdom

Library of Congress Cataloging-in-Publication Data:

Fernández-Shaw, Carlos M.
   Presencia española en los Estados Unidos / Carlos M. **Fernández-Shaw**
    p. cm.
   Reprint. Previously published: 2. ed. aum. y corr. Madrid :
Instituto de Cooperación Iberoamericana, Ediciones Cultura Hispánica, c1987.
   Includes bibliographical references and indexes.
   ISBN 0-8160-2314-X
   1. Spanish Americans—History. 2. Hispanic Americans—History. 3. United States—
Civilization—Spanish influences. I. Title
E184.S75F47 1991
973'.0468—dc20

La Biblioteca Británica dispone de la ficha del Catálogo Británico CIP.

Los libros de Facts On File se ofrecen con descuentos especiales cuando son comprados en cantidades para negocios, asociaciones, instituciones o para ventas de promoción. Haga el favor de llamar a nuestro Departamento de Ventas Especiales en Nueva York (212) 683-2244 (marque el 800/322-875 excepto en NY, AK o HI) o en Oxford al (865) 728-399.

Hecho por Maple-Vail Book Manufacturing Group
Impreso en los Estados Unidos

10 9 8 7 6 5 4 3 2 1

Este libro ha sido impreso en papel libre de ácido.

A mis padres
A mi mujer
A mis hijas

"Si no hubiera existido España hace cuatrocientos años, no existirían hoy los Estados Unidos...

Porque creo que todo joven sajón-americano ama la justicia y admira el heroísmo tanto como yo, me he decidido a escribir este libro. La razón de que no hayamos hecho justicia a los exploradores españoles es sencillamente porque hemos sido mal informados. Su historia no tiene paralelo...

Amamos la valentía y la exploración de las Américas por los españoles... fue la más grande, la más larga y la más maravillosa serie de proezas que registra la Historia."

—Charles F. Lummis, «Los exploradores del siglo XVI»

"Una de las más grandes urgencias en el campo de la Historia de América es la publicación de un complemento conjunto de materiales históricos referentes a la actividad española dentro de los actuales límites de los Estados Unidos."

—Herbert E. Bolton, «Report», 18 de diciembre, 1911

"Puedo ver cuán valioso será tener un símbolo (similar) de la herencia cultural que nos vino de fuentes hispanoamericanas. Puede ser un nuevo y muy importante vínculo simbólico con nuestros vecinos latinoamericanos en el Sur, lo mismo que con España a través del Océano."

—John F. Kennedy, al crear la «National St. Augustine Quadricentennial Commission»

"Nosotros, los norteamericanos, debemos mucho a España. Recordamos que los descubridores españoles desempeñaron un gran papel en la exploración y desarrollo del Nuevo Mundo. Y nosotros, en los Estados Unidos, con pueblos y culturas diversas, tenemos una gran deuda con la cultura y el pueblo españoles y con la población de ascendencia española, que ha contribuido tanto al desarrollo de nuestra nación."

—Richard Nixon, al llegar al aeropuerto de Barajas, Madrid, 2 de octubre, 1970

"La herencia hispánica de nuestro país se remonta a hace más de cuatro siglos. Cuando los peregrinos llegaron a la roca de Plymouth, la civilización española ya estaba floreciendo en lo que es hoy Florida y Nuevo México. Desde entonces, la contribución hispánica ha tenido una constante y vital influencia en el crecimiento cultural de nuestro país."

—*Proclamación de la «Semana Nacional de la Herencia Hispánica» por Gerald Ford, septiembre, 1974*

"Una reina de España, Isabel, de la que desciendo directamente, con su profundo instinto femenino nombró a un oscuro pero experto navegante, Cristóbal Colón, Almirante de la Flota española, haciendo posible que sus sueños se convirtieran en realidad. Las naves de España encontraron a América, que les estaba aguardando y esperando para entrar plenamente en la Historia y llegar a ser en pocos siglos un extraordinario protagonista del destino humano."

—*Juan Carlos I de España, «Discurso en la Sesión Conjunta del Congreso de los Estados Unidos», 2 de junio, 1976*

"La herencia cristiana más antigua de nuestro país es española... Los misioneros españoles regaron nuestra tierra con su sudor, lágrimas y sangre, y en muchas partes obtuvieron una cosecha abundante de indios convertidos y dejaron detrás monumentos arquitectónicos de belleza permanente."

—*Carta de M.R. Joseph L. Bernadin, Presidente del Congreso Nacional de Obispos Católicos, a S.E. Cardenal Vicente Enrique y Tarancón, de España, 4 de junio, 1976.*

"En nuestras relaciones internacionales, los Hispanos-Americanos contribuyen también a nuestra identidad nacional y tanto a nuestra propia percepción de quienes somos y de nuestro papel en el mundo, como a la percepción ajena acerca de nosotros. Los fuertes vínculos culturales y familiares que unen a los hispanos en los Estados Unidos con nuestros vecinos más próximos y con España son un elemento importante para la fortaleza del Hemisferio Occidental y del mundo."

—*Ronald Reagan, «Manifestaciones al corresponsal José M. Carrascal», abril, 1985*

CONTENIDO

Contenido ♦ ix

Prólogo ♦ xvii

Prólogo a la tercera edición ♦ xxi

Introducción ♦ xxiii

PARTE I: BOSQUEJO HISTORICO

Actividad descubridora y bélica ♦ 1
    Cristóbal Colón 1
    Reina Isabel 1
    Años anteriores a 1607 2
    Años posteriores a 1607 4
    Actividad en el espacio 4
    Participación en la Guerra de la Independencia 6

Actividad misional y civilizadora ♦ 10
    Política indiana en Nuevo México 11

Actividad colonizadora ♦ 13
    Procedencia de la inmigración 13

Actual población hispana en los Estados Unidos ♦ 15
    Algunos norteamericanos de origen español
    La mujer española

Actividad cultural ♦ 20
    Influencias españolas 20
        La literatura
        La música
        La arquitectura y otras artes
        Banderas, escudos y otros símbolos

El idioma español en los Estados Unidos ♦ 23
    Lengua aprendida 23
        Resumen histórico
        Interés actual por el castellano
        Intercambio culturales
        Asociaciones, instituciones y revistas
        Hispanistas
    Lengua propia 26
    Lengua oficial 27
    Influyente en el inglés 28
    El catalán, el vascuence y el gallego 28
    Los nombres del país 28
    Origen de nombres de algunos estados 29

Aportaciones en el campo de la economía y el derecho ♦ 31
    Ganadería y agricultura 31
    Vías de comunicación 32
    El dólar, hijo de España 33
    Concesiones españolas de tierras 35
    El derecho español 36

PARTE II: ESTADOS DE LA COSTA ATLANTICA
Nueva Inglaterra 39

Maine ♦ 39

Massachusetts ♦ 40

Rhode Island ♦ 42

Connecticut ♦ 43
    Nombres españoles 43

Nueva York ♦ 44
    Colonias hispánicas
    Conmemoración del descubrimiento de América (1892)
    Primera iglesia católica
    Universidades e instituciones 46
    Difusión de la lengua y de la civilización españolas
    Arte español
    Esteban Gómez
    Nombres españoles 49

Nueva Jersey ♦ 49
    Nombres españoles 50

Pennsylvania ♦ 51
    Primeros representantes de la corona española
    El idioma y el arte españoles
    Nombres españoles 53

Delaware ♦ 53
    Nombres españoles 54

Maryland ♦ 54
    Recuerdos de la guerra de Cuba y Filipinas
    Esteban Gómez
    Nombres españoles 55

Washington, D.C. ♦ 55
    Los Menéndez, González y Fernández en la bahía de Chesapeake

Virginia y Virginia Occidental ♦ 58
    El idioma y la sombra de Jefferson
    Nombres españoles 59

Carolina del Norte ♦ 60
    Isla de Roanoake
    Universidades y arte
    Estado de Franklin 60
    Presencia española 61
    Hernando de Soto
    Pardo y Boyano
    Vázquez de Ayllón
    Nombres españoles 62

Carolina del Sur ♦ 63
    Charleston 63
    Presencia española 63
    Vázquez de Ayllón y el primer establecimiento
    Santa Elena
    Pardo y Boyano
    Hernando de Soto y la princesa
    Nombres españoles 66

Georgia ♦ 66
    Conquistadores y exploradores 66
    Vázquez de Ayllón
    Hernando de Soto
    Pardo y Boyano
    Salas, Chozas y Velascola; Juan de Lara
    Misioneros 67
    La isla de St. Catherine, o del milagro
    Las costas vecinas y dominios de Juanillo
    La isla de Sapelo
    La isla de St. Simon
    La isla de Jekyll
    La isla de Cumberland y su tierra firme cercana
    En el Sudoeste
    Sefarditas 73
    Nombres españoles 73

Florida ♦ 73
    Costa oriental 74
    Jacksonville y sus alrededores 76

St. Augustine, la primera ciudad 76
   Ponce de León y la fuente de la juventud
   Significado hispánico
   Recorrido urbano
   Menéndez de Avilés, fundador
   Historia de San Agustín, posterior a su fundación
New Smyrna 83
Galeones hundidos 83
Norte de Miami 83
Miami 83
Sector meridional 85
   Fuerte de Santa Lucía
   Parque de Everglades
Costa occidental: sur de Sarasota 86
Bahía de Tampa 87
Tampa 88
Sector central 89
Sector septentrional: Gainesville 89
Tallahassee y alrededores 89
   Misiones: Camino Real
   Fuerte de San Marcos
Estado independiente de Muscogee 92
"Franja milagrosa" 92
Pensacola 93
   Primer establecimiento español
   Segundo establecimiento español
   Tercer establecimiento español
   Conquista de la ciudad por Gálvez
   Cuarto establecimiento español
Nombres españoles 97

PARTE III: ESTADOS EN LA ORILLA ORIENTAL DEL RIO MISSISSIPPI

Illinois ♦ 103
   Chicago 103
   Nombres españoles 104

Wisconsin ♦ 105
   Nombres españoles 105

Indiana ♦ 105
   Nombres españoles 106

Michigan ♦ 106
   Nombres españoles 107

Ohio ♦ 107
   Toledo, hermana de la Imperial ciudad
   Nombres españoles 108

Kentucky ♦ 109
   Nombres españoles 112

Tennessee ♦ 112
   Sector oriental 112
   Knoxville 113
   Jonesboro 113
   Sector occidental: Memphis 113
   Robertson y la independencia de Cumberland 114
   Nombres españoles 115

Alabama ♦ 116
   Sector septentrional 116
   Sector central 117
   Sector occidental 117
      Fuertes Confederación y Esteban
   Sector meridional: Mobile 118
   Mobile, hoy 121
   Relaciones con España, McGillivray 121
   Nombres españoles 123

Mississippi ♦ 123
   Franja costera: Pascagoula 124
   Natchez 125
   O'Fallon y Clark 127
   República trans-Oconee Clarke 128
   República de Florida Occidental 129
   Nombres españoles 129

PARTE IV: ESTADOS EN LA ORILLA OCCIDENTAL DEL RIO MISSISSIPPI
   Francia cede la Luisiana a España
   España cede la Luisiana a Francia: compra por los Estados Unidos

Luisiana ♦ 134
    Colonización francesa 134
    Posesión por los Estados Unidos 134
    Conquistadores 134
    Gobernadores 135
    Nueva Orleáns: el español *Vieux Carré* 138
    Sector meridional 139
    Baton Rouge 140
    Alrededores 140
    Sector central: Natchitoches 141
    Sector septentrional 142
    Nombres españoles 143

Missouri ♦ 143
    St. Louis 143
        Presencia española colonial
    El norte de St. Louis 146
    El sur de St. Louis 146
    Nombres españoles 147

Arkansas ♦ 148
    Nombres españoles 149

Oklahoma ♦ 149
    Nombres españoles 150

Kansas ♦ 150
    Nombres españoles 152

Nebraska ♦ 153
    Nombres españoles 154

Dakota del Sur y Dakota del Norte ♦ 154
    Nombres españoles 155

Minnesota ♦ 155
    Nombres españoles 155

Iowa ♦ 155
    Nombres españoles 156

PARTE V: ESTADOS DEL SUDOESTE

Texas ♦ 157
    Ciudades 158
        La isla de Galveston
        Fugaz presencia francesa
    Sector oriental 159
    Nacogdoches 159
    San Antonio 160
        Calles y plazas
    HemisFair 1968 161
    Sectores central y meridional 161
        Misiones y presidios
    Sectores sudoccidental y occidental 163
        El Paso
        Presidio
        Eagle Pass
    Nombres españoles 166

Nuevo México ♦ 166
    Los indios pueblos 167
    Etapa mexicana 167
    Conquista por los Estados Unidos 168
    Actual hispanismo de Nuevo México 169
    El idioma castellano 169
    Tradiciones 170
    Manifestaciones religiosas 171
        Las navidades
    Santa Fe 171
        Su fundador Peralta y otros gobernadores
        Rebelión de los indios pueblos en 1680
        Primeros esfuerzos de reconquista
        Reconquista por Diego de Vargas: consecuencias
        Muerte de don Diego
        Siglo XVIII y primeros lustros del XIX
    Recorrido urbano 175
        Palacio del Gobernador, edificio público más antiguo de Estados Unidos
        La Catedral, custodia de "La Conquistadora"
        Misión de San Miguel, iglesia en uso más antigua de Estados Unidos
        La casa más antigua de Estados Unidos
    Calles y museos 176
        Visita de los Reyes de España

Sector oriental 177
   Cabeza de Vaca, el primer blanco
Sector occidental 177
   Fray Marcos de Niza, el visionario
   Vázquez de Coronado, el joven general
   Hawikuh, una de las ciudades de Cibola
   Misioneros
   Roca "El Morro"
   Roca de Acoma
   Laguna
Sector central 179
   Albuquerque
   Sur de Albuquerque: misiones
   Norte de Albuquerque: fin de la expedición de Coronado
   La malograda entrada de Sánchez Chamuscado
   Misiones
Sector septentrional 182
   Misiones y el santuario de Chimayó
   Santa Cruz
   San Juan: el gobernador Juan de Oñate y la fundación de San Gabriel
   Taos
   Pecos
   Antonio de Espejo, en busca de Sánchez Chamuscado
   Gaspar Castaño de Sosa y su patrulla
Nombres españoles 185

Arizona ♦ 185
   Fervor y estupor
Sector occidental 187
   El Gran Cañon del Colorado
   Tovar, el europeo que supo primero de su existencia
   López de Cárdenas, quien lo descubrió
Curso bajo del Colorado 188
   Hernando de Alarcón; Melchor Díaz
   Juan de Oñate
   El padre Francisco Garcés: martirio
Sector septentrional 188
   Juan de Oñate en Tusayán
   Misiones
   Padre Vélez de Escalante
   Padre Francisco Garcés

   Inscription House
Sector oriental 189
   Fray Marcos de Niza y Vázquez Coronado en busca de las ciudades de Cibola
Sector meridional 189
   Los padres Salvatierra y Kino
   Misión de San Gabrielde Guevavi
   Otras misiones
   Misión de Tumacarori
   Tubac: presidio; los Anza, padre e hijo
   Misión de San Xavier del Bac: 1) padre Kino y otros jesuitas
   2) Padre Garcés y otros franciscanos
   3) Edificio
   Tucson
   Padre Kino y su fundación
   Padre Garcés; la primera escuela de formación profesional
   Presidio de San Agustín del Tucson
   Phoenix y sus cercanías
   Minas españolas
Nombres españoles 197

PARTE VI: LOS ESTADOS DE LAS MONTAÑAS ROCOSAS

Colorado ♦ 201
Denver y alrededores 201
   Fort Vázquez
Oeste de las Rocosas 203
   Rivera, el primer europeo en atravesarlas
   Los padres Vélez de Escalante y Domínguez
Mesa Verde 204
   Centro de los indios cesteros
Sector meridional 204
   Archuleta: la primera penetración europea
   Diego de Vargas pisa Colorado
   Juan Uribarri toma posesión del país
   Valverde y Pedro de Villazur
   Juan Bautista de Anza: San Carlos de los Jupes
San Luis y su valle 207
   Su hispánica fundación
   Fuerte español

Trinidad y cercanías 208
Pueblo 209
Colorado Springs 209
Nombres españoles 210

Nevada ♦ 210
Las Vegas 210
Su nombre
Padre Garcés, el primer europeo
Pastores vascos
Los "mustangs" de Nevada
Nombres españoles 212

Utah ♦ 212
Los padres Vélez de Escalante y Domínguez, descubridores de Utah
Otras presencias
Pastores vascos
Nombres españoles 214

Wyoming ♦ 214
Lisa, Vásquez y otros comerciantes
Pastores vascos
Nombres españoles 215

Montana ♦ 216
Su nombre
Lisa y otros comerciantes
Nombres españoles 217

Idaho ♦ 217
Pastores vascos
Nombres españoles 219

PARTE VII: ESTADOS DE LA COSTA DEL PACIFICO

California ♦ 221
Su nombre
Descubrimiento y colonización
Obras misioneras
San Diego 224
Rodríguez Cabrillo, descubridor
Sebastián Vizcaíno, primer cartógrafo
Gaspar de Portolá y fray Junípero Serra, los fundadores
Misión de San Diego de Alcalá, la más antigua
Presidio; nace el primer hispanocaliforniano
La ciudad
Alrededores de San Diego 227
Juan Bautista de Anza, al frente de colonos fundadores
Sur de Los Angeles 228
Misión de San Luis Rey, la opulenta
San Juan de Capistrano, "la joya de las misiones"
Los Angeles 228
Gregorio del Amo y otros españoles
Norte de Los Angeles 229
Misión de San Gabriel, la hospitalaria
Misión de San Fernando, Rey de España
Montañas de Santa Mónica
Misión de San Buenaventura
Misión de Santa Gertrudis
Santa Bárbara 230
Presidio
La "Reina de las Misiones"
La ciudad
Norte de Santa Bárbara 232
Misión de Santa Inés
Misión de la Purísima Concepción
La Cañada de Los Osos
Misión de San Luis Obispo de Tolosa
San Simeón, residencia de Hearst
Las difíciles montañas de Santa Lucía
El feraz valle de San Joaquín (sector meridional)
Los gigantescos "Sequoias"
Misión de San Miguel Arcángel
Misión de San Antonio de Padua
Misión de Nuestra Señora de la Soledad
Monterey 234
Rodríguez Cabrillo descubre la bahía y Vizcaíno la bautiza
Portolá funda el presidio
Misión de San Carlos, la segunda (Carmel)
Anza y los fundadores de San Francisco
Capital de California; Gobernador Felipe de Neve
Fray Junípero Serra: muerte y enterramiento

  Visita del conde de la Perouse
  California se independiza de España
  La ciudad
  Carmel y la misión, hoy
Sur de San Francisco 237
  Misión de San Juan Bautista
  San Juan Bautista
  Misión de Santa Cruz
  Santa Cruz: pueblo de Branciforte
San José 238
  Misión de Santa Clara
  Primer pueblo español en California
  Misión de San José de Guadalupe
Alrededores meridionales de San Francisco 238
San Francisco 238
  Descubrimineto de la bahía por Ortega
  Fundación por Juan Bautista de Anza
  Construcción del presidio
  Misión de Nuestra Señora de los Dolores
  Amores del conde Rezanov y Conchita Argüello
  La ciudad
  El catalán Sadoc Alemany, primer arzobispo
  Otros españoles
Alrededores septentrionales de San Francisco 241
  Misión de San Rafael Arcángel
  Sonoma: Misión de San Francisco Solano
Proclamación de la República Independiente de California 242
Norte de San Francisco 242
  Berkeley
  Sacramento
  Valle de San Joaquín (sector septentrional)
  La fiebre de oro
Sector septentrional de California 243
  Sierra Nevada
  Trinity Alps
Costa 243
  Naufragio de Rodríguez Cermeñón
  Ferrelo y Vizcaíno
  Bosques de "Sequoias" Gigantescos
  Heceta y Bodega
  Universidades
Nombres españoles 244

Oregon ♦ 245
  Su nombre
  Exploraciones marítimas 246
    Bartolomé Ferrelo alcanza el primero los 44° latitud Norte
    Sebastián Rodríguez Cermeñón perece en sus intentos
    Sebastián Vizcaíno bautiza la costa
    Juan Pérez levanta planos
    Bruno de Heceta y J.F. Bodega y Cuadra; descubrimiento del río Columbia
    Controversia de Nutka
    Pastores vascos
  Nombres españoles 248

Washington ♦ 248
  Exploraciones marítimas 248
    Juan de Fuca falsea la realidad
    Juan Pérez levanta planos
    Bruno Heceta y J.F. Bodega y Cuadra
    Reacción ante la llegada de Cook
    Esteban José Martínez pasa hacia Nutka
  Controversia de Nutka 250
    C. Vancouver y J.F. Bodega y Cuadra
    Pastores vascos
  Nombres españoles 251

PARTE VIII: LOS ESTADOS ALEJADOS

Alaska ♦ 253
  Exploraciones marítimas 254
    Juan Pérez, el primer europeo en arribar
    Bruno Heceta y J.F. Bodega y Cuadra; toma de posesión
    Ignacio de Arteaga y J.F. Bodega y Cuadra alcanzan los 61° latitud Norte
    Esteban José Martínez toma posesión de una de las islas Aleutianas
    Salvador Fidalgo repite recorridos anteriores
    Expedición científica de Alejandro Malaspina
    Jacinto Caamaño toma los últimos contactos
    Homenaje a Luis de Córdoba y Antonio de Valdés
  Nombres españoles 257

Hawaii ♦ 257

    Exploraciones marítimas 259

        Fernando Magallanes y Juan Sebastián Elcano

        Desastre de la expedición de García Jofre de Loaysa

        Alvaro de Saavedra; náufragos en las islas

        Ruy López de Villalobos y Juan Gaetano, que levanta mapa

        Alvaro de Mendaña y Pedro Sarmiento de Gamboa descubren el archipiélago de Salomón

        Alvaro de Mendaña y Pedro Fernández de Quirós dan con las islas Marquesas

        Pedro Fernández de Quirós y Juan Báez Torres avistan y bautizan Australia

        Esteban J. Martínez y Manuel Quimper aconsejan el establecimiento

    Expediciones inglesas 261

    Otras presencias españolas 261

Territorio de Guam ♦ 262

    Presencia española 262

        Fernando Magallanes

        La expedición de García Jofre

        Miguel López de Legazpi

        El padre Antonio Morga

        El padre Diego Luis de Sanvitores, el "Apóstol de Guam."

        Expediciones científicas

        Gobernadores españoles

    Guerra de 1898 con los Estados Unidos 264

Apéndices 265

Bibliografia 335

Indice 338

PROLOGO

Al plantear el estudio del inmenso país que son los Estados Unidos, he elegido como principal criterio orientador el fenómeno de la presencia española a lo largo y lo ancho de sus espacios y de sus tiempos. Dado que sería difícilmente comprendida y valorada por el que la observara aislada de la total realidad norteamericana, me ha parecido imprescindible ofrecer un somero marco de ésta en el que pueda encuadrarse el hispánico paisaje del que tan abundante es. Quien se decida a participar en el recorrido que se inicia, no debe olvidar este enfoque: lo que se vea de la nación ha de ser en función de aquel primordial objetivo, por lo que muchas cosas quedarán sin mención. Por otra parte, la patria de Lincoln aparecerá a través del prima de mis propias vivencias, con las ventajas e inconvenientes que ello pueda implicar, pero con la autenticidad, al menos, emanada de quien ha tenido oportunidad de ponerse en contacto personal con considerables sectores del país, alejados entre sí por millares de kilómetros. Si no otra calidad, el presente relato deparará el valor que supone la experiencia acerca de un tema extenso física y espiritualmente, y expuesto desde un punto de vista no frecuente en su amplitud.

Este libro lleva como último destino una serie de lectores, de dispar procedencia y condición, pero aunables en torno al hecho de la presencia de España en los Estados Unidos. En primer lugar, los españoles, quienes normalmente se sienten ligados por estrechos vínculos con los hermanos de la América hispánica y quienes excluyen inevitablemente en la actitud a los del Norte por varias razones, entre la que destaca su diferencia lingüística: aspiro a colaborar modestamente a que mis compatriotas saquen positivas conclusiones para incluir en su mundo afectivo a las tierras septentrionales del Río Grande y, en especial, a un importante sector de su vida, de sus habitantes, de su acontecer. En segundo término, los norteamericanos de procedencia no hispánica que consideran alejada a España de su historia y no la incorporan a sus antecedentes nacionales en la medida que sus hechos lo reclaman: una gran mayoría de los estadounidenses ignoran —en gran proporción de buena fe— las aportaciones españolas a su devenir (tengo abundante experiencia al respecto) y en buena parte se alegrarán sinceramente de añadir a sus raíces anglosajonas otras de no menor alcurnia, potenciando así con apoyaturas en el pasado su brillante presente. Son contemplados como terceros destinatarios los norteamericanos de ascendencia hispánica y cuantos hispánicos adquieran en el futuro aquella nacionalidad: ojalá que, al acabar de leer las líneas que siguen, experimenten reforzado su orgullo de estirpe e incrementada su voluntad de concurrir con su valiosa aportación a la prosperidad de su país. Por fin, son los americanos de lengua española los también deseados receptores de este trabajo: si con sus hermanos continentales del Norte se hallan unidos por vínculos consolidados en torno al panamericanismo, deberán juzgarse ligados a ellos también, según se colegirá de las páginas siguientes, por las razones de más garra que el hispanismo comporta.

El tema se ha desarrollado con el múltiple objetivo de satisfacer las exigencias de tan pretendido y vario lectorado; aparte de carecer posiblemente de condiciones para la realización de una historia erudita, he preferido combinar los datos históricos con los más palpitantes de la realidad presente. Aunque consciente de las muchas cosas que quedan por decir, he considerado que la índole de la obra no permite una mayor extensión en los comentarios.

La obra se compone de una introducción y de un estudio, estado por estado, de la presencia española en el país. En la primera no he pretendido agotar la materia y sí tan sólo destacar algunos aspectos que por su generalidad tenían difícil cabida en la segunda parte, o resumir ciertos hechos, empresas o acontecimientos que permitiesen entender la inevitable y parcial exposición a que la configuración del relato por estados obliga. Esa manera de construir el libro se ha debido al hecho de la existencia previa de considerables estudios, en los que se enfoca de manera parcial la herencia española y a la inexistencia de un trabajo como el presente que sea de concreta utilidad a quien desee conocer con cierto detalle la hispana presencia en este o aquel lugar y, principalmente, a dos tipos de personas interesadas, sin duda, en ella: cuantos se dedican a la enseñanza del idioma español y de la cultura hispánica en los Estados Unidos, de forma que puedan suscitar en sus auditorios un sentimiento favorable hacia el objeto de sus diarios afanes, y cuantos viajan a los territorios de la Unión —españoles e hispanoamericanos—, facilitándoles un punto de referencia en su itinerario, un posible argumento en sus conversaciones y un elemento más, fomentador de la compenetración entre pueblos.

Dada la considerable amplitud de la faceta norteamericana, parece improcedente dedicar al país en sí una completa y general atención. Grandes tentaciones he sentido de recopilar datos acerca de los diferentes accidentes geográficos de que sus 7.839.062 kilómetros cuadrados son escenario, o de las costumbres, mentalidad o modos de vida de sus 200 millones de habitantes (según las estadísticas de 1967), 238.816.000 habitantes (según las estadísticas de 1985), o en torno a sus instituciones, sistema político o facetas económicas. Aparte de que realizarlo en forma total requeriría un volumen especial —ingentes cantidades de tinta se han vertido en este sentido—, irá saliendo en el curso de nuestra jornada —en la función de encuadramiento aludida— la información más imprescindible e interesante de modo que al final se habrá podido adquirir un bagaje que, si rudimentario, será lo suficientemente amplio para juzgar al país, con especialidad en su modalidad cultural.

Cuantos han escrito sobre los Estados Unidos con ánimo de abarcar su entera superficie han elegido un propio sistema parar organizar su recorrido:

o procedentes de Europa, pasajeros de un moderno *Mayflower*, han comenzado por el Este; o han iniciado su periplo por California y demás estados del Pacífico, simulando seguir las huellas de las prehistóricas invasiones asiáticas del continente americano; o han descendido de los Grandes Lagos; o desde el Sur han remontado su mapa. En la agrupación de los estados también se han seguido diferentes criterios, intentando en una u otra forma digerir la amplia geografía norteamericana. Hay escritores que han adoptado la actitud de no realizar clasificación alguna, y de limitarse a estudiar los distintos estados en forma separada. En lo que me concierne, me ha parecido lo más oportuno elegir el primer sistema, adaptándolo, claro está, al esquema de los objetivos perseguidos, en el sentido de prestar preferente atención a los estados de relevante huella española, y de agrupar el resto con arreglo a criterios geográficos, influidos por la mayor o menor magnitud de nuestra presencia en aquéllos. Así, merecen capítulo independiente: Florida, Luisiana, Texas, Nuevo México, Arizona, Missouri, Colorado y California.

Se reunirán en la primera parte los estados del Atlántico, algunos de los cuales se inauguraron a la civilización occidental con la colonización española, en tanto que otros quedaron marcados trascendentalmente por la colonización inglesa, que daría lugar a la formación de la originarias Trece Provincias. La parte segunda comprenderá aquellos estados situados entre los anteriores y los márgenes del río Mississippi, que pertenecieron en parte a Francia y correspondiente a Inglaterra en la paz de 1763. Se tratarán conjuntamente en la parte tercera los territorios de la Luisiana que España heredó de Francia en la fecha antedicha, es decir, los que se extienden hacia Occidente desde la orilla derecha de aquel gran curso fluvial hasta las Montañas Rocosas. Bajo el epígrafe estados del Sudoeste —parte cuarta— se agrupan Texas, Nuevo México y Arizona, fronterizos con México y muy influidos por esta circunstancia. La parte quinta reúne a los estados de las Montañas Rocosas, de especial significación para los ibéricos por albergar, junto con sus vecinos occidentales, a los pastores vascos. Los estados de la Costa del Pacífico, que vieron a los españoles los primeros en surcar sus aguas y en pisar sus tierras, constituyen el objeto de la sexta parte. Alaska y Hawaii se estudian en la parte séptima. Puerto Rico no aparece incorporado a la presente obra por causa de ser solamente tema de ella los 50 estados (con la honrosa excepción de la isla de Guam), además de que por su entidad —en el tiempo y en la intensidad— cien por cien española (es la única posesión ultramarina que no quiso independizarse de España, cesando su vinculación para con ella sólo por la fuerza de las armas), necesitaría la dedicación exclusiva de un libro, el que de hecho ya existe, debido a la pluma de más de un insigne escritor.

El obligado capítulo de los reconocimientos merece ser encabezado por la Biblioteca del Congreso de Washington D.C., merced a cuyos funcionarios responsables pude consultar en sus estanterías considerable número de volúmenes en tiempo proporcionalmente corto. Deben seguir los autores de las obras incluidas en las notas bibliográficas: el lector deducirá el calibre y la proporción de mi gratitud hacia ellos de la frecuencia con que aparecen mencionados. Vaya también mi agradecido recuerdo para cuantos de varia manera me han ayudado en mi trabajo: los profesores Raymond McCurdy, George R. Collins, Edgar C. Knowlton, Jaime Castañeda y Pedro Ribera Ortega, al abogado Pedro Sánchez Navarro, Jr., la Srta. Henrietta Henry, Sra. Carmen Lord, Mrs. Ramiro Lagos, el periodista Adolfo Echevarría, el director ejecutivo de la Comisión de Intercambio Cultural entre España y los Estados Unidos, Ramón Bela Armada, y tantos otros acreedores a ser aquí nombrados, junto con los jefes y compañeros de la Carrera Diplomática, cuyo destino en los Estados Unidos coincidió con mi permanencia en Washington D.C. Y sería injusticia silenciar a mi madre y a mi esposa, que me ayudaron en las tareas de compaginación y en la ardua corrección, respectivamente, y a mi cuñado Fernando del Campo, quien tomó a su cargo la composición de los índices onomástico y geográfico.

Deseo consignar, por último, la cordial acogida dispensada a esta obra por el Instituto de Cultura Hispánica a través de varias de sus jerarquías, eficazmente reflejada en el hecho de su publicación, y el generoso juicio del Tribunal examinador de la Facultad de Ciencias Políticas, Económicas y Comerciales de Madrid, ante el que presenté como Tesis Doctoral el presente texto (levemente retocado en base a los amistosos consejos de algunos de los miembros de aquél), texto calificado con la nota de "sobresaliente cum laude." A tan distinguidos benefactores vaya mi perenne reconocimiento.

PROLOGO A LA TERCERA EDICION

Esta tercera edición ve la luz en el territorio de los Estados Unidos, lo que supone una novedad en relación con las anteriores, publicadas en España. Llega, además, de la mano de la edición en inglés, lo que significa mayor novedad aún. Ambas van a producir —así lo espero— un gran bien, porque van a poner en manos del gran público norteamericano una densa información hasta ahora prácticamente desconocida, y en momentos de reflexión sobresaliente sobre lo ocurrido en 1492, hace cinco siglos, cuando las naves españolas de Colón abrieron este Continente a la civilización occidental. De tal mejor conocimiento por el ciudadano de este país de su pasado hispano, estimo que no van a derivarse más que resultados positivos, dado que éste forma parte insoslayable de su historia. De cualquier manera, aspiro a que el lector estadounidense considere los datos contenidos en esta obra como pertenecientes a algo propio, a la historia de su país.

El capítulo de los agradecimientos debe comprender, tanto para la edición en inglés como para la tercera en español, a los responsables de *Facts On File* entre cuyos directivos se ha destacado por su entusiasmo y amistosa actitud Deirdre Mullane; el promotor del contacto con ésta, Luis Zalamea, escritor colombiano; mi asesor en múltiples aspectos, Dr. Rafael Peñalver; mis colegas los Cónsules de España en los Estados Unidos, el Ministro de los Asuntos Culturales de la Embajada de España en Washington, José R. Remacha y los compañeros en la OID y en la Dirección de Tratados del Ministro de Asuntos Exteriores, en Madrid; y mi hija Carla, quien cargó con la parte más trabajosa de poner a punto el original del texto y de los apéndices. Debo reseñar también la cooperación que he encontrado, para la preparación de los apéndices, en el *Directory of Historical Societies and Agencies in the United States and Canada* publicado por The American Association for State and Local History; la *Guide to Departments of History* de la American Historical Association; las listas de Universidades y Colegios en que se enseña el español, facilitada por la American Association of Teachers of Spanish and Portuguese; los capítulos de la Sociedad Nacional Hispánica "Sigma Delta Pi" proporcionada por sus Directivos; las informaciones sobre las sociedades españolas hechas llegar por *Carta de España* del Instituto Español de Emigración y por la Casa de España en Nueva York; el *Hispanic Resource Directory of The Denali Press*, el *Directory of the Hispanic Community of the County of Los Angeles*, el artículo sobre las revistas hispanísticas en los Estados Unidos desde 1932 debido a Mr. Hensley C. Woodbridge, la publicaciones *Caminos, National Hispanic Media Directory* y la trimestral *Hispanic Media and Markets* de SRDS, y la obra *Hispanic Media, USA* de Ana Veciana.

Miami, Florida, 12 de octubre de 1989
Aniversario del Descubrimiento de América por Cristóbal Colón

INTRODUCCION

Con el vigor de su explosión renacentista, España esparció Quijotes por todos los ámbitos de América. No tocó magra ración al continente Norte, que atónito contempló la inauguración civilizada de su geografía a cargo de un denso puñado de barbudos centauros. Actuaron éstos en un período que comienza con la arribada de Colón a las costas de Guanahaní y que termina con el cese del ejercicio de la soberanía por parte de la Madre Patria hispana. En tres etapas es aquél susceptible de división. La inicial, hasta el afianzamiento de la primera colonia anglosajona en tierra firme, a cargo del capitán Smith, en los albores del XVII fue: una centuria de adelantamiento español en la amplitud de nuevos horizontes, en la andadura de inmensas extensiones y en la navegación de mares y costas ignotos, por obra de conquistadores y misioneros; la segunda, cuyo fin puede fijarse en los años sesenta del siglo XVIII que presencian los primeros conatos revolucionarios en las Trece Provincias y la llegada de los gobernadores de España a Luisiana, y en la que, continuándose las empresas gananciosas de bienes materiales y espirituales, predomina la figura del colonizador y la intención del asentamiento; la tercera, que dura cuanto la bandera roja y gualda ondea en propio territorio, y que se caracteriza por una progresivamente acentuada desproporción entre el vigor de la actuación española en el Continente y la debilidad del poder central en la Península. En dicho período, dos facetas de la acción española podrían asimismo distinguirse: la relativa a las nuevas tierras, a los indios aborígenes y a las potencias europeas rivales, y la referente a la nueva nación surgida independiente —en parte, gracias a la propia España— de Inglaterra. Tras esta tripartita época, otra subsiguiente es acreedora de no menor atención: la que abarca a los Estados Unidos a lo largo de su vida independiente y, especialmente, en la manera como existen hoy.

En la primera etapa aludida España campó por sus respetos al norte del Río Grande, sin ser contestada más que por los aborígenes (con la excepción de la breve presencia gala en Florida). En la segunda, tuvo que luchar —y no siempre con éxito— por conservar sus conquistas y defender los derechos alegados frente a Inglaterra y Francia. En la tercera, se recrudeció la rivalidad anglo-española (la otra enemiga, ya fuera de combate), que desembocó en la participación de los ejércitos de Carlos III en la lucha de los revolucionarios contra la Gran Bretaña. En una veintena de años debe cifrarse el desarrollo de unas ascendentes y cooperativas relaciones hispano-norteamericanas, que, con la paz, hubieron inevitablemente de sufrir contratiempos. Un período de fricción se siguió a causa del creciente expansionismo de los colonos sajones y de los diferentes puntos de vista suscitados por el Tratado de París entre los herederos de Inglaterra y los representantes de España, cuyos derechos se basaban en la Historia y en la conquista. Tres sectores motivaron tales fricciones: las regiones limítrofes de la Luisiana, las tierras al oeste de los Apalaches, comprendidas entre éstos y las márgenes orientales del Mississippi, y ciertos territorios situados en el sur de Georgia.

Las divergencias no desembocaron en el conflicto armado y se solucionaron pacíficamente: abrió brecha el Tratado de San Lorenzo de El Escorial en 1795, que echó las bases de la amistad entre los dos países y estableció normales y recíprocas relaciones diplomáticas; solucionó los problemas de límites —que quedaron marcados por el paralelo 31° de latitud Norte y el río Mississippi—; permitió la libre navegación por el gran río y reconoció a Nueva Orleáns como puerto franco para las mercancías norteamericanas. La cesión de Luisiana a Francia —y, posteriormente, a Estados Unidos— suprimió los incidentes que su hispánica posesión ocasionaba. El "Tratado de amistad, cesión de las Floridas y límites," firmado en Washington en 1819, por Mr. John Quincy Adams y D. Luis de Onís, reiteraba los deseos de "firme e inviolable paz" y de "sincera amistad." Formulados ya en 1795 entre los dos países y sus ciudadanos, consignaba la cesión por parte de España de todos los territorios al este del Mississippi y fijaba las fronteras occidentales de la nueva nación con los dominios del rey español en una línea que desde la desembocadura del río Sabine en el Golfo de México, ascendía por su margen occidental hasta el paralelo 32° de latitud Norte. De ahí se enlazaba con el río Red en Natchitoches, cuyo curso seguía hasta los 100° de longitud Oeste; desde aquí alcanzaba el río Arkansas, al que bordeaba en su ribera meridional, y al llegar al paralelo 42° de latitud Norte, acompañaba a éste en un recorrido que finalizaba en el Mar del Sur u Océano Pacífico. Si por el Tratado de 1819 (ratificado por Fernando VII en 1820) España desapareció de la mitad oriental de los Estados Unidos, con la independencia de México y la inclusión en la herencia de éste del resto de los territorios españoles de la otra mitad, los descendientes de los conquistadores abandonaron, definitivamente, en 1822, el continente Norte.

Las disparidades hispano-norteamericanas de los últimos lustros del Siglo de las Luces (XVIII) no se debieron tan sólo a problemas de límites, sino a los intentos secesionistas del malogrado Estado de Franklin (a caballo de las Carolinas, Georgia y Tennessee) y de los territorios de Cumberland y Kentucky que reiteradamente peticionaron a las autoridades españolas ayuda para separarse de la nueva nación y para adscribirse como entidades independientes en la órbita de influencia española, jurando lealtad al rey. Hay historiadores que critican la actitud española de acogida a aquellos requerimientos y de resistencia a abandonar las tierras occidentales en beneficio de los colonos procedentes del Este. Es verdad que aquellos amagos separatistas amenazaron la existencia de la unión tan difícilmente conseguida, pero no lo es menos que la iniciativa disgregadora partió de los propios interesados y que las autoridades españolas tan sólo correspondieron prestando buenos oídos a sus deseos, los cuales habrían logrado quizá definitivo puerto si la posición de la Corte madrileña hubiese sido más decidida y menos temerosa de las derivadas repercusiones que pudieren producirse. Hay que tener también en cuenta que los preocupados responsables de los destinos del joven país no podían parar mientes en aquellos inaugurales años en el futuro, limitándose más bien a solucionar los problemas del presente y a conseguir, en forma predominante, al oeste de los Apalaches, una etapa de paz; eran los colonos ávidos de terrenos y de riqueza, quienes promovían, por un lado, los conflictos fronterizos, y por otro, se inclinaban a la separación de los Trece Estados originarios. España, que ostentaba una antigua ejecutoria en sus intereses norteamericanos, se aferraba a defender sus derechos e intentaba consolidarlos con las ventajas que le derivarían de la creación de unos Estados intermedios, incluidos en su esfera de influencia. Este amor a las tierras que forman parte hoy los Estados Unidos y la decisión de guardarlas con la sangre, si preciso fuera, no debe ser acreedora más que a elogios de parte de quienes las consideran, con orgullo, trozo inalienable del patrimonio nacional; distinto juicio correspondería si los españoles, como Napoleón en la venta de Luisiana, lo hubieran hecho alegremente, sin pena, como si de una mera mercancía se tratase.

En la época posterior, de vida independiente —tan bien estudiada por F. E. Chadwick— sólo merece especial mención, en las relaciones hispano-norteamericanas, el convenio sobre reclamaciones que en 1834, y durante la regencia de D.ª María Cristina, suscribió en Madrid el delegado C. P. Van Ness con D. José de Heredia.

Así llegamos al comienzo de los movimientos revolucionarios de Cuba y la ayuda dispensada a los caudillos rebeldes desde el país septentrional vecino. Y con ello al luctuoso año de 1898, en el que el Imperio español padeció su definitivo ocaso con la derrota infligida por el poderío de los Estados Unidos al ejército y a la marina españoles. No es el momento de hacer la historia de este episodio, en el que tan primordial culpa tuvieron los elementos capitalistas norteamericanos capitaneados por Hearst y Pulitzer a través de sus periódicos. España no hundió al *Maine*; así lo vienen reconociendo muchos historiadores, entre otros últimamente el almirante Rickover, el diplomático español Allendesalazar y el historiador cubano Navarro Custin (quien sostiene que el hundimiento se debió a una mina hidrostática puesta por los cubanos revolucionarios, fabricada en el Perú). El pueblo estadounidense nada temía contra España y la intervención en Cuba no se veía justificada por la gran masa; fue necesario un enorme montaje propagandístico para que el ciudadano normal pudiera tragar la invasión de Cuba, los ataques a Manila e Islas Filipinas, y la ocupación de Puerto Rico. Ante la anexión de éstas, se fundó la "Anti-Imperialist League" en Boston por hombres tan conocidos como Grover Cleveland y Andrew Carnegie, llegando a contar con 500.000 miembros.

Es curioso constatar el impacto que el conflicto armado con España produjo en el pueblo norteamericano, que, probablemente influido por las pasadas grandezas hispánicas, creyó en la fuerza de su rival y temió los efectos de su potencia guerrera. El mismo Theodore Roosevelt, uno de los promotores del conflicto, en artículos que con posterioridad publicó sobre el tema, recogió las anécdotas de que el gobernador de uno de los Estados no consintió que la milicia se incorporase al Ejército nacional por temor de una invasión española; de que los habitantes acomodados de Boston huyeron por la misma razón tierra adentro hasta Worcester con sus bienes; y de que en Long Island los contratos legales se formulaban con cláusulas adicionales para el caso de que las propiedades fuesen destruidas por los españoles. Comenta Roosevelt que los diputados le solicitaban acorazados para defender sus distritos y también las Cámaras de Comercio.

La guerra terminó con el Tratado de Paz firmado en París el 10 de diciembre de 1898. Entre otras cosas España entregaba Cuba, Puerto Rico —que ningún paso había dado para su separación de España—, las Islas Filipinas y Guam. Por el Tratado de Washington de 1900, España cedió, además, cualesquiera islas del archipiélago filipino situadas fuera de las líneas descritas en el Tratado de 1898. Madrid fue el escenario de la firma, en 1902, de un Tratado de amistad y relaciones generales. De cualquier manera, para el historiador Benet, la guerra situó políticamente a los Estados Unidos entre las grandes potencias mundiales.

Tras el impacto producido por la guerra civil española de 1936 a 1939 en la opinión norteamericana —en la que un sector reaccionó a favor del Gobierno de la República, financiando la formación de la Brigada Lincoln—, y los difíciles años para España de su posguerra y de los de la posguerra mundial, en los que una política de aislamiento fue practicada por las Naciones Unidas, una nueva etapa en las relaciones hispano-norteamericanas se inauguró con la firma, el 26 de septiembre de 1953 en Madrid, de tres Convenios: Defensivo, de Ayuda Económica y de Ayuda para la Mutua Defensa, que supusieron la construcción de bases aéreas de utilización conjunta en Torrejón de Ardoz, Morón y Zaragoza, así como la naval de Rota. Como secuela de dichos convenios, España recibió, a cambio de las concesiones realizadas, un considerable número de millones de dólares, que produjeron una saludable influencia en su economía.

El 26 de septiembre de 1963, los Gobiernos de España y de los Estados Unidos firmaron en Nueva York una Declaración Conjunta, por la que se prorrogaba por cinco años el Convenio Defensivo de 1953, y en la que se afirmaba la necesidad de que formase parte España de los arreglos de seguridad de las zonas del Atlántico y del Mediterráneo, y se establecía una garantía de la seguridad e integridad territoriales de España y de los Estados Unidos.

Al caducarse aquel Acuerdo los Ministros de Asuntos Exteriores intercambiaron en Washington el 20 de junio de 1969, sendas notas diplomáticas por las que se prorrogaba el Convenio Defensivo de 1953 hasta el 26 de septiembre de 1970. Con fecha de agosto de 1970 fue firmado en Washington un Convenio de Amistad y Cooperación con una validez de cinco años, prorrogables por otros tantos, iniciándose con él un nuevo tipo de relación entre los dos países. Además del aspecto militar, el Convenio abarcaba varios sectores en materia de educación, agricultura, medio ambiente, espacio, ciencia y tecnología.

Al acercarse el final del transcurso de 5 años previstos, las dos Partes intercambiaron sus puntos de vista, dando lugar a la firma simultánea el 19 de julio de 1974 por el presidente Nixon en California, y por el Príncipe de España, don Juan Carlos —como Jefe de Estado en funciones—, en Madrid, de una Declaración de Principios. El espíritu de ésta sirvió de base para la

INTRODUCCION

conclusión de un Tratado de Amistad y Cooperación, y de un Acuerdo de desarrollo del Tratado anterior que fueron firmados en Madrid el 24 de enero de 1976.

Al tener dicho Tratado una validez de 5 años, hubo de procederse en 1980 y 1981 a negociaciones bilaterales que culminaron en la firma del 2 de julio de 1982 de un Convenio de Amistad, Defensa y Cooperación. En dicha previa negociación se tuvieron en cuenta dos factores: la consolidación del régimen democrático en España y el hecho de la adhesión de ésta a la Alianza Atlántica. Con posterioridad y con ocasión de la llegada al poder del Partido Socialista, se firmó un Protocolo el 24 de febrero de 1983. La entrada de España en la OTAN fue ratificada por un plebiscito nacional en 1986. Como consecuencia, los Acuerdos hispano-norteamericanos hubieron de modificarse con el Convenio de Cooperación para la Defensa entre España y Estados Unidos del 1 de diciembre de 1988, más 8 anejos y canje de varias notas.

Como muestra de las relaciones existentes entre los dos países amigos merecen recordarse las visitas oficiales a Madrid de los presidentes Eisenhower, Nixon, Ford, Carter y Reagan, y los viajes oficiales de los Reyes de España, don Juan Carlos I y doña Sofía a los Estados Unidos, en junio de 1976 y en octubre de 1981, así como de los privados en 1983 y 1984, para recibir el Rey los Doctorados Honoris Causa por la Universidades de New York y Harvard, respectivamente.

Cuando John F. Kennedy recibió en la Casa Blanca el 24 de octubre de 1961 a un grupo de los asistentes al Seminario Interamericano de Archivos, pronunció estas significativas palabras: "Siempre he pensado que una de las grandes omisiones de los americanos de este país, en lo que se refiere a su pasado, ha sido desconocimiento, en su totalidad, de la influencia, exploración y desarrollo españoles a lo largo del siglo XVI en el sudoeste de los Estado Unidos, los que constituyen una historia formidable. Desgraciadamente, demasiados americanos piensan que América fue descubierta en 1620, cuando los peregrinos vinieron a mi Estado, y olvidan la inmensa aventura del siglo XVI y comienzos del XVII en el sur y sudoeste de los Estados Unidos."

Meses más tarde, el vicepresidente, Lyndon B. Johnson, hacía los siguientes comentarios, a los postres del banquete de gala, el 12 de marzo de 1963, con que la ciudad de St. Augustine (Florida) conmemoraba el LD aniversario del descubrimiento de dichas tierras por Ponce de León: "He pasado parte de mi vida en contacto con los vestigios vivientes de la herencia española. Mi primera ocupación, tras salir del colegio, fue la de profesor y director de una escuela de habla española. Mi asociación con descendientes de nuestra herencia española ha sido íntima y mi amistad y mi afecto hacia ellos han sido cálidos y correspondidos durante toda mi vida. Teniendo en cuenta estas circunstancias personales, es especialmente grato para mí participar en vuestros esfuerzos de recordar a la nación el rico legado que nuestra cultura ha recibido de los exploradores y colonos de España, que abrieron el Nuevo Mundo, y la gran deuda que la historia de éste tiene para con ellos. Si en este país hemos tomado nuestra lengua, nuestras leyes, partes de nuestro sistema y con otros componentes de nuestra vida de la herencia anglosajona, hemos incorporado también en nuestra cultura, en nuestros valores y en nuestras características nacionales mucho de importancia para nosotros, procedente virtualmente de todas la culturas de Europa." Más tarde, al referirse a la ciudad de St. Augustine, se expresaba así: "Ningún americano podrá venir aquí y ver la restauración de la primera ciudad en la tierra firme de Norteamérica, sin apreciar nuevamente cuán grande era la fe de los hombres que desembocaron en esas costas hace cuatrocientos cincuenta años."

Walt Whitman escribía, por su lado, el 20 de julio de 1883: "Nosotros, los americanos, no hemos realmente estudiado nuestros antecedentes para unificarlos una vez ordenados. Se los encontrará más amplios de lo que podía suponerse y de muy diferentes procedencias. Hasta ahora, impresionados por los escritores y maestros de Nueva Inglaterra, nos abandonamos tácitamente a la idea de que nuestros Estados Unidos han sido modelados solamente por las islas Británicas y forman esencial y únicamente una segunda Inglaterra, lo que es un muy grande error... Para componer la identidad americana del futuro, el carácter español ha de suministrar varios de los ingredientes más necesarios. Ningún linaje proporciona una histórica mirada retrospectiva más grande, más grande en religiosidad y lealtad, por su patriotismo, valor, dignidad, gravedad y honor... Ya es tiempo de que nos demos cuenta —porque es ciertamente una verdad— de que no hallaremos más crueldad, tiranía, superstición, etc., en el conjunto de la historia española del pasado que en la correspondiente historia anglonormanda. No, pienso que no hallaremos tanto." El historiador Charles F. Lummis ha llegado a afirmar, por su parte: "Si no hubiese existido España hace cuatrocientos años, no existirían hoy los Estados Unidos." El Congreso, por una resolución conjunta del 17 de septiembre de 1968, aprobó la proclamación de una "Semana Nacional de la Herencia Hispánica," proclamación que han efectuado anualmente los presidentes Nixon, Ford, Carter y Reagan.

Estos importantes testimonios son muestra de la realidad de una corriente *vindicativa* y reconocedora de la aportación española al acontecer norteamericano. Ellos han bastado para animarme a la realización de la empresa de ofrecer en una obra de conjunto los diferentes momentos de la presencia de España en este país. Se aparece tal obra como precisa, porque del dominio público es el olvido que la mayoría de los historiadores anglosajones sufren en relación con la contribución española a la historia del país. Refiriéndonos a obras recientes, la *Historia del Mundo Moderno*, de la Universidad de Michigan, en su volumen dedicado a los Estados Unidos, debido al profesor Michael Kraus, no dedica más de tres párrafos de índole general a la presencia de España (no recuerda siquiera la obra de Fray Junípero Serra en California); los reputados historiadores Allan Nevins y Henry Steele Commager, en *A Pocket History of the United States*, no aluden a España en los capítulos en que estudian las primeras colonias, la herencia colonial o las Colonias meridionales, y sí sólo en el capítulo dedicado a las *French Wars*, en el que consagran a la obra de España dos páginas, llenas de generalidades y poniendo el acento en su obra colonial en el continente Sur; e Isaac Asimov, en su obra *El nacimiento de los Estados Unidos* comienza en 1763, y sólo se ocupa de los españoles en la "Cronología," y con referencia a California y a los Tratados de cesión. Este mismo autor, en su estudio *La formación de América del Norte*, se refiere a Colón y sus barcos, sin resaltar el protagonismo español en el descubrimiento, si bien es verdad que dedica un capítulo a la expansión de España en América.

INTRODUCCION

Y, sin embargo, es un hecho la inmensa, aunque intermitente, influencia española en los Estados Unidos —estas palabras son de Henry Adams— en las diferentes etapas de exploración, colonización de los diversos sectores, ocupación de la Luisiana, revolución norteamericana, período posbélico e incluso guerra de Cuba. Tal influjo se evidencia aún más si pensamos en lo que hubiese sido el acontecer norteamericano de no existir España: toda la historia del Sur, Sudoeste y Oeste habría cambiado sustancialmente y, en menor escala, la del resto del país. Sin llevar tan lejos la suposición, reflexionemos tan sólo en el rumbo que hubiera tomado la historia de los Estados Unidos de haber cuajado los intentos de establecimiento en San Miguel de Gualdape (las Carolinas) por Vázquez de Ayllón o en Santa Elena (Port Royal, Carolina del Sur) por Menéndez de Avilés, la cadena de Misiones apoyadas en presidios a lo largo de la costa de Georgia, las expediciones exploratorias en el interior del continente de Pardo y Boyano, o la invasión de la isla de St. Simon (al norte de Florida) por las tropas del gobernador de San Agustín (St. Augustine). No digamos si los gobernadores españoles del siglo XVIII, teniendo que luchar, en primer lugar, contra la decadencia patria, hubieran dado oídos efectivos a los afanes separatistas de Kentucky o de Cumberland, o no hubiesen accedido a la retrocesión de la Luisiana a Francia.

Consideremos la impronta dejada por España y su civilización en estados como Nuevo México, Colorado, Florida, California, Arizona y Luisiana, en donde hispánicos, descendientes de pobladores españoles, aportan en la hora actual su contribución al devenir norteamericano. Estos testimonios humanos son más abundantes en unos que en otros, y con ellos colaboran las muestras arquitectónicas que proclaman a los cuatro vientos —como el Castillo de San Marcos en San Agustín, el "Vieux Carré" de Nueva Orleáns, el Palacio de los Gobernadores de Santa Fe, o las Misiones en Texas, Nuevo México, Arizona o California— la grandeza de la civilización hispánica. Añadamos a ello los millares de estados, ciudades, ríos, montañas, calles que llevan nombres españoles; las numerosas palabras castellanas que han quedado asimiladas por el idioma inglés; los edificios modernos influidos en su estilo por módulos artísticos españoles; las huellas dejadas en las costumbres, fiestas, folklore, etc.; las tierras cuyo derecho de propiedad se basa en las concesiones realizadas en nombre de la corona española; los aspectos en que todavía tiene predominante influencia la legislación española —minas, aguas, derechos de familia—; la pervivencia del idioma español como lengua oficial en varios estados hasta fechas recientes, etc., etc.

La parte más interesante de la aportación española se refiere a los años anteriores al dominio anglosajón de ciertos sectores del país; en este sentido, la incorporación española a la Historia de los Estados Unidos se realiza en un estadio previo al que los historiadores norteamericanos suelen elegir como verdadero comienzo de la Historia patria. Si la mayoría de ellos suelen saltar de los indios a los pioneros, olvidándose de los conquistadores y adelantados españoles, o no dándoles el puesto a que son merecedores, los futuros y concienzudos estudios deberán incluir en sus trabajos toda la etapa correspondiente a los esfuerzos españoles al norte del Río Grande.

La frecuente exclusión de la presencia española en Norteamérica de los libros anglosajones tiene menos explicación, dada la abundancia de fuentes históricas existentes. Es conocida la preocupación española por revestir las conquistas con el ropaje jurídico adecuado, por lo que en cualquier expedición o conquista o exploración no falta el escribano que da fe de la toma de posesión de tal o cual lugar o del bautizo con este o aquel nombre. Estos escribanos redactaron la relación de los históricos acontecimientos presenciados. La burocracia, que tanto contribuyó a la decadencia de España, por la lentitud que inevitablemente introdujo en la resolución de problemas urgentes, es otra causa de la abundancia de fuentes informativas. Los misioneros escribieron también sobre las tareas a ellos encomendadas, en función de su deber de dar cuenta periódica a sus superiores. Por otra parte, cuando se suscitó alguna desavenencia entre las autoridades civiles y religiosas, los escritos se multiplicaron por ambas partes, proporcionando una magnífica fuente de información histórica. Así, por ejemplo, ha podido afirmar el historiador Ralph P. Wright que la ocupación española de California es uno de los esfuerzos colonizadores mejor documentados entre los realizados por nación alguna civilizada: el número de registros, cuentas, censos, diarios e informes, con los primeros californianos por autores, es algo realmente asombroso.

Están compuestos en español los primeros informes que se conocen sobre la geografía, los indios, las lenguas aborígenes, etc., de los Estados Unidos; unos cuantos ejemplos pueden iluminar eficazmente este aspecto de la contribución española a la historia norteamericana: así, los *Naufragios*, de Cabeza de Vaca, publicados en 1542; los escritos del Hidalgo de Elvas, de Biedma y del secretario Ranjel sobre la expedición de Hernando de Soto (1539-1542); el informe de Pedro de Castañeda sobre la marcha de Vázquez de Coronado por las tierras del Sudoeste (1540-1542); la "Florida del Inca," de Garcilaso de la Vega; la relación del viaje de Juan Rodríguez Cabrillo en 1542 por las costas del Pacífico; la declaración de Pedro Bustamante sobre la expedición de Rodríguez y Chamuscado en 1582; el poema "La Florida," del padre Escobedo (1578); el relato de Antonio Espejo sobre la entrada en Nuevo México en 1583; la carta de D. Juan de Oñate desde dicho territorio al virrey del 2 de marzo de 1599, con los testimonios complementarios; el diario de Sebastián de Vizcaíno sobre su experiencia exploratoria en la costa occidental, en 1602; las dos relaciones de dicho viaje redactadas por fray Antonio de la Ascensión; el diario de Fernando del Bosque sobre su entrada en Texas en 1675; y la misiva del padre Damián Massanet a D. Carlos de Sigüenza en 1690.

¿Cuántos años estuvo presente España en el territorio de los actuales Estados Unidos, o desde cuándo y hasta cuándo ondearon las enseñas españolas en sus vientos en función de soberanía? El 2 de abril de 1513 avistó D. Juan Ponce de León, por vez primera, las costas de Florida, bajó a ellas y tomó posesión en nombre de los Católicos Reyes; éste fue el primer físico encuentro entre las tierras norteamericanas y sus nuevos señores. El 26 de diciembre de 1821 llegaron las noticias a Santa Fe de la independencia de México y hasta entrado el año 1822 no quedó arriada la bandera española en California. Entre 1513 y 1822 transcurren trescientos nueve años en que los colores españoles señorearon al norte del Río Grande —ininterrumpidamente desde 1565, es decir, doscientos cincuenta y siete años—. Reconociendo tal hecho, y aún más, el de haber sido portados por Colón en el augural 12 de octubre de 1492, el folleto oficial de las Fuerzas Armadas de los Estados Unidos los incluye entre las primitivas banderas del país.

INTRODUCCION

Notemos cuantos años han ondeado otras banderas soberanamente sobre dichas tierras. La nacional de las Estrellas y las Franjas fue establecida por el Congreso Federal el 14 de junio de 1777, es decir, lleva doscientos quince años de existencia. En cuanto a la inglesa, si aceptamos como fecha inicial la de 1586, en que Walter Raleigh estableció su "perdida colonia" en la isla de Roanoke en el estado de Virginia, deduciremos que ondeó tan sólo ciento noventa y siete años en el país en que tan marcada impronta dejó. Los franceses puede decirse que comenzaron su presencia en estos territorios con las exploraciones del padre Marquette y Louis Joliet en 1672; como se marcharon en 1763, al ceder la Luisiana por le Tratado de París, no llegaron a permanecer con poderes soberanos un siglo; si tomamos como fecha inicial la esporádica presencia en las costas orientales de Ribault y los suyos en 1563, no obstante no haberse repetido hasta 1672 la de ningún francés después de 1565, podemos conceder como máximo dos siglos de presencia francesa. En lo que toca a México, sucedió a España en 1821 —en líneas generales— y desapareció a raíz del Tratado Guadalupe-Hidalgo de 1848, por el que cedió Nuevo México y California; veintisiete años en total. Por su brevedad, no vale la pena mencionar los períodos de dominio sueco u holandés.

Si paramos mientes en la real y concreta permanencia española en cada uno de los distintos sectores de la Unión, no será exagerado vaticinar más de una sorpresa. Los españoles retiraron su establecimiento permanente de Carolina del Sur en 1587, y las últimas misiones desaparecieron de Georgia en 1703. Dominaron en Florida hasta el 17 de julio de 1821, en que el general Jackson tomó posesión del sector occidental. De Alabama partieron el 13 de abril de 1813, cuando el mismo Jackson tomó la ciudad de Mobile. En Mississippi gobernaron hasta la fecha anterior en que Biloxi y Gulfport quedaron incorporadas a los Estados Unidos, juntamente con Mobile. España poseyó los extensos territorios de la Luisiana prácticamente desde 1763 a 1803. En todos los territorios de la Baja Luisiana tuvo lugar la cesión de la soberanía española el día 30 de noviembre de 1803, en tanto que en los que toca a los de la Alta Luisiana, es decir, Missouri, Iowa. Minnesota y todos los situados al Oeste, con excepción de los que especificaremos, la cesión se desarrolló el 9 de marzo de 1804. En Arizona, Colorado, Utah y Nuevo México, España permaneció hasta fines de 1821, no celebrándose el paso a la nueva soberanía mexicana hasta el 6 de enero siguiente. En California no fue arriada la bandera española hasta 1822, en cuyo mes de noviembre el primer gobernador mexicano tomó posesión. En Texas, el mando español cesó el 1 de julio de 1821. Si se medita en estas fechas y la magnitud de los estados a que se refieren, se saca la conclusión de que España se halla ausente del acontecer norteamericano tan sólo desde hace menos de siglo y medio.

PARTE I:
BOSQUEJO HISTORICO

♦ *ACTIVIDAD DESCUBRIDORA* ♦
Y BELICA

Cristóbal Colón

Le toca levantar la cortina al navegante Cristóbal Colón, natural de Génova —según gran número de autorizadas opiniones—, almirante de la Mar Océana, raíz de la progenie de los duques de Veragua y marqueses de Jamaica y súbdito de los Católicos Reyes de Castilla y Aragón, D.ª Isabel y D. Fernando. Por haber descubierto el 12 de octubre de 1492, con las hispánicas carabelas *Santa María*, *Pinta* y *Niña*, las tierras del Nuevo Mundo, le corresponde el primer lugar en nuestro recuento. Y es que no sólo abrió al mundo civilizado el continente americano, sino que el trascendental acontecimiento tuvo lugar en su sector Norte, en la isla que él bautizó como San Salvador, y que los historiadores discuten en la actualidad si se trata de la anteriormente denominada por los ingleses Watling —en honor del pirata—, hoy ostentadora del nombre dado por el descubridor, o de la isla del Gato, como consecuencia de las búsquedas realizadas al respecto por Torcuato Luca de Tena, o del Samana Cay, según la tesis sostenida en *National Geografic Magazine* (1986). En cualquier caso, se trata de una de las islas del archipiélago de las Bahamas, bajo soberanía británica, perteneciente geográficamente a la mitad septentrional de América. Correspondió, pues, a España el descubrimiento de dicho sector norte del Nuevo Mundo. En este sentido, no puede por menos de traerse a colación las palabras del historiador Lummis cuando afirma: "un genovés, es cierto, fue el descubridor de América, pero vino en calidad de español; vino de España por obra de la fe y del dinero de los españoles en buques españoles y con marineros españoles, y de las tierras descubiertas tomó posesión en nombre de España." En una encuesta sobre España y los españoles, publicada en noviembre de 1985 en los Estados Unidos, el 65% de los consultados atribuyó a España el descubrimiento de América.

No ha sido la nación norteamericana desagradecida con Colón: con su nombre ha bautizado el 12 de octubre, habiendo sido declarado fiesta nacional por el presidente Nixon en 1971 el segundo lunes de cada mes de octubre; *Knights of Columbus* es la asociación católica varonil más importante del país y *District of Columbia* es el nombre con que administrativamente es conocida la capital de la nación y el remanente de los intentos que se hicieron para denominar el país "Columbia." Otros recuerdos colombinos de vario tipo existen en el país.

Reina Isabel

La reina Isabel ha tenido menos suerte que Colón —quizá por su apelativo de "Católica" y por la expulsión de los judíos de España. Es un hecho, no obstante, que la Fundidora de España va siendo reconocida por las nuevas generaciones como la Madre de América, y así se explica la presencia de sus estatuas en la capital federal, en la del estado de California y en St. Louis, Missouri. Se conmemora en las principales ciudades el "Día de la Reina Isabel" el 22 de abril de cada año y se ha conseguido de la mayoría de los estados la proclamación del *Queen Isabella Day*.

Es importante la organización católica femenina *Daughters of Isabella*, que concede anualmente becas con el nombre de esta reina, a través de la *Catholic University*. Su efigie ha aparecido en más de una ocasión en los sellos y en las monedas de curso legal en el país.

Hagamos ahora una revisión rápida de los descubridores, conquistadores y adelantados españoles que tomaron el continente septentrional como escenario de sus afanes, meta de sus ilusiones y campo receptor de su sangre y de su sudor. Cuando se contempla el progreso hoy característico de dichas tierras norteamericanas, se olvida uno inevitablemente de la intervención que en ello ha tenido el hombre y las pésimas condiciones de todo orden en que las hallaron los adelantados españoles, en buena parte insalubres, en gran proporción sin cultivar, en extensas áreas deshabitadas cuando no asiento de indios feroces, con climas frecuentemente extremos y, en cualquier caso, difíciles de recorrer con los caballos hispanos, cuando no con los de San Fernando como único medio de transporte en tan dilatadas regiones, y siempre con el entorpecimiento en los movimientos que lleva consigo el tren de animales domésticos y mercancías que los previsores jefes preparaban para asegurarse la supervivencia y, a ser posible, el éxito en tierras ignotas. Se calculan en 92 las expediciones españolas que, en menos de dos siglos, surcaron los Estados Unidos.

Años anteriores a 1607

En esta actuación vale la pena destacar en primer lugar el grupo de españoles que se dedicaron a crear la historia norteamericana antes de 1607, fecha en que el capitán Smith estableció la primera Colonia inglesa en Jamestown. Contemplados en su conjunto, se evidenciará el derecho que los adelantados hispanos ganaron para ser incluidos en los libros de historia del país. Ponce de León arribó a las costas de Florida en 1513 (las volvió a visitar en 1521 en su sector occidental). El licenciado Lucas Vázquez de Ayllón estableció una colonia en 1526 en San Miguel de Gualdape, hoy estado de Carolina del Sur. En la primavera de 1528 desembarcó en Tampa (Florida) Pánfilo de Narváez, con una expedición de 300 hombres, recorrió dicho estado por sus tierras occidentales y septentrionales, para acabar embarcándose en el Golfo de México y recorrer, en botes manufacturados por ellos mismos, dichas costas hasta las de Texas, en que naufragaron, pereciendo todos, con la excepción de Alvar Núñez Cabeza de Vaca y de unos pocos más. Cabeza de Vaca sobreviviría a la esclavitud a que fue sometido y a las penalidades de todo tipo, y al final, conseguiría llegar andando, con tres de sus compañeros, a Nueva España en 1536.

En 1539 partió Hernando de Soto de Cuba con lucido grupo de 570 hombres y 223 caballos, desembarcando en la bahía de Tampa (Florida). Recorrerían los estados de Florida, Georgia, las dos Carolinas, Tennessee, Alabama, Mississippi, Arkansas y Luisiana, y tras la muerte del jefe en 1542, y bajo el mando de Moscoso, visitarían Texas, hasta acabar regresando a México, vía el río Mississippi ("la más notable expedición explorativa en la historia de Norteamérica," en palabras de E. G. Bourne). En 1549 los dominicos intentaron fundar una Misión en Tampa. Diez años más tarde D. Tristán de Luna estableció una Colonia española en Pensacola (Florida). Tuvo lugar en 1565 la fundación de San Agustín por Menéndez de Avilés y el comienzo de la colonización española de Florida y tierras del Norte. Entre 1539 y 1542 Francisco Vázquez de Coronado capitanea una expedición por los actuales estados de Nuevo México, Oklahoma, Kansas y quizá Nebraska, y se queda a poco más de 300 millas de distancia de Moscoso. En el curso de los años 1566 y 1567 Pardo y Boyano recorren tierras de los estados de Georgia, Carolina del Sur y posiblemente Carolina del Norte y Alabama. Los jesuitas establecen en 1570 una Misión en la bahía de Chesapeake y antes en varios puntos de Florida y Georgia, en donde les sustituyen los franciscanos cuando se retiran. En 1581 el hermano Rodríguez y Sánchez Chamuscado penetran en Texas y Nuevo México. Un año más tarde Espejo dirige una expedición por Arizona y Nuevo México. Juan de Oñate entra en Nuevo México en 1598, con un nutrido contingente de soldados y colonos, y explora las tierras de Texas, Oklahoma y Kansas. Se funda Santa Fe en 1610.

La geografía de los Estados Unidos puede decirse que nació gracias a España. "A una nación —dice Lummis— le cupo en realidad la gloria de descubrir y explorar la América, de cambiar las nociones geográficas del mundo... Y esa nación fue España." En primer lugar es obra del montañés Juan de la Cosa el primer mapa de América en general, fechado en 1500 en el Puerto de Santa María, en el que las tierras descubiertas aparecen como una entidad independiente. El mapa español de Alberto Cantino, de 1502, incluye la península de Florida, que sería visitada en 1513 y 1521 por Ponce de León. En 1521 Francisco Gordillo y Pedro Quexós llegaron a Chicora, en el actual estado de Carolina del Norte, de la que tomaron posesión.

Cuatro años más tarde, el propio Quexós exploraría las costas norteamericanas hasta una latitud algo más septentrional del cabo Hatteras. En el mismo año de 1525 otro piloto español, Esteban Gómez, recorrería durante diez meses las costas levantinas del continente, alcanzaría las tierras canadienses de New Brunswick y Nova Scotia, para descender después y acabar en Cuba, no sin haber avistado e incluso visitado el cabo de Cod, la isla de Nantucket, las desembocaduras de los ríos Connecticut, Hudson y Delaware, y quizá la bahía de Chesapeake. Sus informaciones sirvieron a Diego Ribeiro, cartógrafo de Carlos V, para confeccionar en 1529 su famoso mapa, el primero que representa las costas orientales de los Estados Unidos casi perfectamente delimitadas. El popular *The World Almanac* da como descubridor de la bahía de Chesapeake a Pedro (Menéndez) Marqués en 1573 (la fecha está equivocada).

En el año de 1562 aparecía otro mapa de importancia excepcional, obra del español Diego Gutiérrez. Aparte de constituir una verdadera obra de arte, comprendería una serie de accidentes geográficos hasta entonces no recogidos con igual detalle, convirtiéndose en la carta más amplia de su tiempo referente al Nuevo Mundo (incluye por vez primera el nombre de California). Gutiérrez, aparte de su asociación con Sebastián Caboto en empresas exploratorias, fue piloto mayor y examinador de pilotos de la Corona de España de 1518 a 1547.

Si las aportaciones españolas antes de 1607 en el descubrimiento y en la cartografía del litoral atlántico norteamericano deben considerarse fundamentales, no ocurrió menos con las costas del Golfo de México. En las dos primeras décadas del siglo XVI habían sido visitadas o recorridas más o menos fragmentariamente por una serie de navegantes españoles, pero ninguno levantó su mapa hasta que Alonso de Alvarez de Pineda, enviado por el gobernador de Cuba, Garay —de aquí el nombre que la región ribereña recibió en el mapa de Ribeiro—, lo hizo en 1519, incluyendo Texas (constituye éste el primer mapa de dicho estado). Al comenzar, pues, el segundo tercio del siglo XVI, los españoles habían proporcionado al mundo noticias bastante exactas de las costas que baña el Océano Atlántico, incluido el Caribe.

Paremos mientes en las costas occidentales: correspondió en 1542 a la expedición de Juan Rodríguez Cabrillo y Bartolomé Ferrero las primicias en la exploración de las costas de California: el primero llegó hasta el paralelo 38°, en parajes un poco al norte de la bahía de San Francisco; el segundo, sucesor del anterior a su muerte, llegó al cabo Mendocino en los 40° y se alargó hasta la latitud de 44°, en marzo de 1543, al sur de Oregón. Don Francisco de Ulloa fue el primero en darse cuenta de la peninsularidad de la Baja California en 1539. Nadie dibujó las costas de California antes de Sebastián Vizcaíno, quien en 1602 llegó a las cercanías del 43°, también en el sur de Oregón. Los marinos españoles completaron en el último cuarto de siglo XVIII el conocimiento de dichas costas occidentales, incluidas las de Alaska.

Ocupémonos ahora de la contribución española a la geografía del interior, aunque sea muy a la ligera. En lo que toca a las montañas, la cadena de los Apalaches fue vista y atravesada por vez primera, en el sector sur, denominado "Great Smokies," por Hernando de Soto y su grupo en 1540. A ellos también se debe el nombre, pues al oír a los indios que una ciudad existía, al norte de lo que es hoy Florida, por nombre Apalache (la actual Tallahassee), lo aplicaron a la región y más tarde a las próximas montañas que tuvieron que atravesar. Castañeda, el cronista de la expedición de Coronado, y a quien el historiador De Voto denomina el "arquetípico pionero," es el primero en hablar, en su *Relación* de las Montañas Rocosas; hasta él, ningún occidental las había mencionado. Transcurridos dos siglos, correspondió a un español, Juan de Rivera, cruzarlas antes que cualquier otro europeo en 1761.

En cuanto a los ríos, el actual Río Grande, que sirve de frontera internacional, recibió por parte de Alvarez de Pineda, el nombre de Río de la Palmas en 1519, siendo el primer río del continente que fue bautizado con un nombre europeo; Oñate en 1598, y antes Castaño de Sosa en 1590, le dio nombre de Río Bravo (con el que se le conoce en México). El río Mississippi fue visto, desde su desembocadura en el mar, en 1519 por Alonso Alvarez de Pineda, quien lo denominó río del Espíritu Santo. Lo contemplaron por primera vez en su recorrido terrestre Hernando de Soto y los suyos en 1541, en las cercanías de Memphis. En él quedó depositado el cadáver del gran conquistador en 1542. Este descubrió asimismo el río Tennessee, con tantos otros. Del Missouri tuvo ya noticias D. Francisco Vázquez de Coronado en 1540, cuando los indios le informaron de la existencia, a cierta distancia, de un gran río, portador de mucho barro. Tocó a D. Hernando de Alarcón el descubrimiento del río Colorado en 1540. Al principio no recibió este nombre, sino el de "Buena Guía," en su bajo curso, y "Tizona," pero ninguno prosperó. Sí, en cambio, el actual, puesto en 1604 por Oñate, porque, como señaló el padre Salmerón, "las aguas bajan rojas." Al padre Eusebio Kino, S.J., se debe el afianzamiento de tal denominación. El río Arkansas fue atravesado por Coronado (en el estado de Kansas) el 29 de junio de 1541; de ahí que le denominara "Río de San Pedro y San Pablo." Juan de Zaldívar, sobrino de Juan de Oñate, llegó hasta

Denver (Colorado) en las proximidades del año 1600, bautizando al cercano río como "Chato," sentido que conserva su actual nombre de "Platte." (Vieron los primeros el río Columbia los componentes de la expedición de Heceta y Pérez, el 17 de agosto de 1775.)

Años posteriores a 1607

Hasta este punto se ha presentado la hoja de servicios de los españoles, antes de que el primer inglés pusiera su planta permanentemente en el continente Norte. ¿Acabó entonces su actividad? La historia bien claro nos responde negativamente.

En el litoral atlántico proliferaron las Misiones de los franciscanos y los paralelos Presidios durante el siglo XVII. Florida siguió siendo manzana de discordia con los ingleses, que no consiguieron tomarla por las armas, aunque sí por las artes diplomáticas (de 1763 a 1783). Mobile, en Alabama, fue gobernada por españoles durante varios decenios, y lo mismo Nueva Orleáns y los territorios de la Luisiana (en el período comprendido entre 1763 y 1803).

Texas se convirtió en el objeto de múltiples expediciones españolas, desde la de Fernando Bosque, acompañado del padre Larios, a las de Alonso de León (en el siglo XVII), del marqués de San Miguel de Aguayo a las de D. Martín de Alarcón (siglo XVIII), fundándose numerosas Misiones, no pocos Presidios y una cantidad considerable de ciudades, sobre todo por iniciativa de Escandón.

Se realizó el gran esfuerzo de colonización de Nuevo México, después de la victoriosa reconquista de Vargas, alcanzando este Reino una etapa de prosperidad. Se emprendió análoga obra en Arizona, merced a la iniciativa del jesuita padre Kino, secundada por sus hermanos en religión y los franciscanos que les sucedieron. Colorado se vio recorrido por una serie de expediciones exploratorias que dejaron abierto el camino al ulterior establecimiento de colonos. Se descubriría el paso de comunicación entre Utah y Arizona por el padre Garcés, en 1776, y en el futuro recibiría el nombre del "Vado de los Padres" (*Crossing of the Fathers*), constituyendo durante mucho tiempo la única travesía conocida comunicadora con el Oeste.

Por el mismo lugar aparecerían a los pocos días los padres Silvestre Vélez de Escalante y Atanasio Domínguez, tras haber divisado los primeros el lago Utah. California vio en 1769 desembarcar y arribar, procedentes del Sur, a españoles al mando de Portolá y bajo los cuidados espirituales de fray Junípero Serra, y a partir de entonces se desarrollaría un ininterrumpido progreso en la región, tanto en el orden material como en el espiritual.

En el conocimiento del sector norte de las costas occidentales, los españoles se adelantaron a cualesquiera otros europeos (Cook incluído). En 1774 D. Juan Pérez llegó, con el buque "Santiago," a visitar las costas de Alaska y a fondear en Nutka, y en 1775, con la expedición de D. Bruno Heceta, Bodega y Cuadra alcanzó los 58° de latitud Norte y levantó la carta geográfica de la costa comprendida entre Monterey y los 50°. En 1779 una tercera expedición al mando de D. Ignacio de Arteaga, con Bodega y Quadra de segundo, alcanzó la ensenada de Bucarelli, en la que se desembarcó y de cuyas tierras tomaron posesión el 13 de mayo; la "Prince of Wales Island" fue explorada en tal oportunidad. Una cuarta expedición, teniendo por jefe al alférez D. Esteban José Martínez, llegó en 1788 al "Prince William Sound" (por encima del 60°) y se posesionó del trozo más septentrional de la isla de Unalaska, la más remota y occidental de las Aleutianas principales en los 167° de longitud. Malaspina llegó a Alaska en 1791. Las islas Hawaii también fueron objeto de la primera atención de los españoles a lo largo de los siglos XVI, XVII y XVIII.

Las dos ciudades más antiguas de los Estados Unidos deben su fundación a los españoles, según hemos visto: la primera, St. Augustine, que con el nombre de San Agustín tuvo su origen el 28 de agosto de 1565, de manos del almirante D. Pedro Menéndez de Avilés; la segunda, Santa Fe, cuyo nombre completo fue "La Villa Real de la Santa Fe de San Francisco de Asís," y que fue fundada por el gobernador Peralta en 1610. Debemos tener en cuenta que la ciudad más antigua del continente, Santo Domingo, se debió también a los españoles en 1498; San Juan de Puerto Rico data de 1510. A otras muchas ciudades de los Estados Unidos dieron los españoles su iniciación: así, Pensacola, en Florida; New Iberia y Lake Charles, en Luisiana; San Antonio, en Texas; Albuquerque, Bernadillo y Los Lunas, en Nuevo México; Tucson, en Arizona; Los Angeles, San Diego, Santa Bárbara, Monterey y San Francisco, en California. Galveston, en Texas, deriva su nombre del gobernador Gálvez. Otras numerosas nacieron bajo especial concesión del rey de España: Dubuque, en Iowa; New Madrid, New Bourbon, Carondelet, Florissant (San Fernando de), en Missouri, etc. Aparte de las mencionadas, multitud de ciudades y localidades menores llevan nombres españoles.

Actividad en el espacio

En el año de la Independencia, 1783, formaban parte de los nuevo Estados Unidos las Trece Provincias, con algunos reducidos territorios dominados *de facto* por grupos desorganizados de sus súbditos. No hay más que mirar al mapa para constatar la modesta extensión de la nueva nación en tal fecha en la que precisamente pertenecían a España todos los territorios al oeste del Mississippi, amén de los situados a su oriente por debajo del paralelo 31°, Florida incluida, por no recordar los comprendidos entre dicho río y los Apalaches, la soberanía sobre los cuales era reclamada. En total, dos sobrados tercios del país.

Por otra parte, poco más que los dedos de la mano nos bastan para indicar los estados de la Unión que no se han relacionado —de un modo o de otro— con España. Es obvia su presencia en Florida, Luisiana, Texas, Nuevo México, Arizona y California, pero no lo es tanto en la mayoría de los demás estados. Excluyendo del presente comentario a los primeros y refiriéndonos sólo al segundo y más numeroso grupo, constataremos una relevante serie de hechos. Las costas de Maine y de los que le siguen rumbo al Sur recibieron la visita de Esteban Gómez en 1525, quien, ejerciendo un acto de soberanía en nombre del rey de España, las bautizó con una serie de nombres, algunos de los cuales quedan. Nada debe extrañar que las regiones vecinas aparezcan en los mapas de la época subsiguiente bajo la denominación de "Tierras de Gómez." Se tienen noticias de que el propio Esteban, y otro navegante al servicio de Carlos V, se refugió en tierras del actual estado de Maryland en dicho año, siendo posiblemente el primer europeo que tal hiciera.

Fueron los primeros en desembarcar, en 1561, en tierras de Virginia los hombres de Villafañe, y en vivir en las mismas, en 1570, los jesuitas de Azacan (cerca de Jamestown). Se adelantaron a establecerse en 1526 en las dos Carolinas los Colonos de San Miguel de Guadalpe; por ello, las tierras de las costa oriental desde la bahía de Chesapeake hacia el sur recibieron la denominación de "Tierras de Ayllón" (por ejemplo, en el mapa de Ribeiro). Paralelamente son los componentes de la expedición de Soto en 1539, y más tarde de Pardo y Boyano en 1566-7, quienes recorren las superficies de dichos estados, no holladas hasta entonces por blanco alguno. En 1565 los españoles ya tenían un establecimiento permanente en Carolina del Sur, en Santa Elena, cerca de la moderna localidad de Port Royal. El Estado de Franklin, que aunque existió *de facto* no llegó a tener el reconocimiento *de jure* de los demás, y que comprendía parte de los actuales Estado de Carolina del Norte y del Sur, Georgia y Tennessee, estuvo en tratos para reconocer la soberanía de España, después de la independencia del país contra Inglaterra. Y lo mismo le sucedió a Kentucky y a Tennessee bajo la forma de Cumberland. Georgia tuvo ya presencia de españoles en sus territorios, con Soto, en 1539, y de misioneros jesuitas y franciscanos a partir de 1565.

Soto recorrió los estados de Florida, Georgia, las dos Carolinas, Tennessee, Alabama, Mississippi, Arkansas y Luisiana (hay quien sostiene que también Oklahoma, Missouri y Kansas) entre 1539 y 1542; sus gentes pisarían Texas al año siguiente, que ya había sido paseado por Cabeza de Vaca y sus compañeros a partir de su naufragio en 1528, en las cercanías de la actual ciudad de Galveston. Las tierras ribereñas del Golfo de México aparecerán en los mapas, como el Ribeiro, con el nombre de "Tierras de Garay." Este reducido grupo fue el primero en patear los estados de Nuevo México y Arizona, de cuyos territorios tomó solemne posesión, en nombre del rey de España, fray Marcos de Niza en 1539. Los estados de Oklahoma, Kansas, y Nebraska recibieron la visita de Vázquez de Coronado en 1541 y volvieron a hospedar en 1601 a Oñate y su grupo.

El territorio del estado de Michigan fue testigo de una victoria española en San José (actual Niles) en 1780 sobre los ingleses, para la cual fue necesario atravesar los estados de Indiana e Illinois, sin ser discutida su presencia por fuerza alguna que se opusiera. También el estado de Wisconsin presenció un éxito militar de los súbditos de España el año 1796 durante la guerra con Inglaterra.

En el curso de la Historia ha habido fuertes militares españoles en los estados de las dos Carolinas, Georgia, Florida, Alabama, Mississippi, Luisiana, Arkansas, Missouri, Colorado, Texas, Arizona, California y Guam, en número de 71; la ciudad de Dubuque fue fundada merced a la concesión del rey de España con el nombre "Minas de España." Varios de los estados pertenecientes a la Alta Luisiana —tales como los Dakotas, Iowa y Nebraska— se pusieron en contacto con el mundo occidental gracias al popular pionero español D. Manuel Lisa, especialmente en los años comprendidos entre 1800 y 1820. No olvidemos que San Luis (Missouri) fue la sede del teniente-gobernador español por espacio de casi cuarenta años, que varios comandantes dependientes residían en su territorio y que bastantes de sus localidades, según hemos visto, se fundaron durante la época española. Colorado recibió frecuentes incursiones a partir de la visita de Juan de Zaldívar, allá por 1600, y su colonización estuvo directamente ligada a la de Nuevo México. La presencia de España en Utah sobresale con la visita al Utah Lake del padre Silvestre Escalante en 1776, mucho antes que los mormones pioneros aparecieran. California quedó incluida en el mundo occidental, gracias a Rodríguez Cabrillo y sus hombres en 1542; su sucesor, Ferrelo, desveló las costas de Oregón al año siguiente.

Concluye Andre Maurois: "Un encanto indefinible, la gracia de una viejísima cultura y una nobleza instintiva de los modales perpetúan en los estados ocupados en otro tiempo por España, el recuerdo de los caballeros y de los misioneros."

Participación en la Guerra de la Independencia

Con motivo del Bicentenario de la Independencia, los Reyes de España, don Juan Carlos y doña Sofía, viajaron a Washington y Nueva York en el primer viaje oficial al extranjero de su reinado. Don Juan Carlos fue recibido por el Congreso el 3 de junio de 1976. El presidente Ford saludó así al Rey de España al recibirle en la Casa Blanca: "...España y América pueden recordar con orgullo aquel grupo de valerosos españoles que, encabezados por Bernardo de Gálvez, nos ayudaron hace doscientos años en nuestra lucha por la independencia."

Es interesante tocar, pues, con un cierto detalle el punto de la aportación española a la lucha por la independencia de las Trece Provincias contra la Gran Bretaña.

Si popular ha sido en los Estados Unidos la colaboración prestada por Francia, no ha sido justo el silencio o el poco conocimiento en que se ha tenido cuanto supone la ayuda facilitada por España. En palabras de la historiadora norteamericana Thompson: "España fue un aliado de primera importancia dando su ayuda a la Guerra de la Independencia, un hecho largo tiempo oscurecido por muchas historias que destacan la ayuda prestada por otros." El español Conrotte no puede por menos sostener que "el papel desempeñado por España en la independencia de los Estado Unidos no es de cuantía tan escasa que puede prescindirse de mencionarle cuando se relata este hecho histórico de importancia tan incuestionable para los pueblos modernos." Para el historiador Dale Van Every, "durante la Revolución, España fue, al principio, benévolamente neutral y después ostensiblemente un aliado." Es un hecho significativo la Resolución del Congreso de Filadelfia en 1783, otorgando al Rey de España el título de "Poderoso Protector y Defensor de la Independencia de los Estados Unidos de Norteamérica."

Que la alianza española era fundamental para la victoria de los revolucionarios queda bien constancia en la abundante documentación que de dicha guerra se conserva. Así se desprende de la correspondencia entre su primer representante en Europa, Deane, y Robert Morris, de las cartas remitidas por el Comité de Correspondencia Secreta a sus enviados, de las manifestaciones de John Adams, en Amsterdam, de las instrucciones impartidas en varias ocasiones por el Congreso de Franklin y sus colegas, y de las propias manifestaciones de Washington.

Francia y España fueron los únicos países que atendieron las demandas de los sublevados y que les ayudaron en su empresa. Otros, como Rusia y Prusia, reaccionaron menos generosamente, manteniéndose neutrales, o cuando más, ofreciendo su mediación para la terminación del conflicto. Es verdad que no debe valorarse por igual la política seguida por Francia y la adoptada por los ministros de Carlos III. Los riesgos que corrían eran diferentes: mientras Francia se había desligado por la paz de 1763 de todo interés en América, España conservaba en ella un formidable Imperio, que habría, inevitablemente, de ser influido por el resultado de la contienda.

Dos períodos pueden distinguirse: el comprendido entre el comienzo de la Revolución y la declaración de guerra a Inglaterra por España en 1779, y el iniciado en este último momento hasta el reconocimiento por aquélla de la Independencia. Si la participación militar de España en el conflicto se desarrolló en el segundo, no menos considerable ayuda proporcionó a los sublevados durante el primero, al mantenerse fuera de la lucha abierta y suministrarles secretamente toda la ayuda posible.

Ya en 1776, Carlos III abrió un crédito de un millón de libras tornesas —o, lo que es igual, cuatro millones de reales de vellón— a los independistas, por la misma cantidad del concedido por Francia; su importe se envió al conde de Aranda, el anglófobo embajador de España en París, quien las entregó a la Tesorería de Francia a cambio de un recibo firmado por M. Vergennes. En la publicación de la "Washington Government Printing Office", titulada *The National Loans of the United States from July 4, 1776 to June 30, 1880*, queda constancia de dicho crédito español. Esta aportación es digna de ser valorada no sólo por la cantidad que en sí suponía, sino también por tratarse de moneda extranjera, de la que en aquellos tiempos no andaban sobradas las paupérrimas arcas españolas, que, por su parte, se hallaban contemporáneamente haciendo frente a los gastos que suponía la preparación de la expedición de Cevallos al río de la Plata.

Cuanto tocó a adelantos de metálico a los norteamericanos, se rodeó del posible misterio para evitar llegaran a conocimiento de los agentes ingleses. Ellos y los facilitados por Francia se canalizaron a través de la firma española "Rodríguez, Hortalez y Compañía" al frente de la cual figuraban Caron de Beaumarchais, el conocido escritor, creador de "Fígaro" y autor de *El barbero de Sevilla* y otras obras de ambiente hispánico. Fue dicha Compañía la que pagó el viaje del famoso barón von Steuben, quien desembarcó en Portsmouth, New Hampshire, el 1 de diciembre de 1772 y quien tanto contribuyó a la final victoria de los independistas con los métodos de instrucción y disciplina que introdujo en los ejércitos de Washington. El mismo Lafayette, noble francés, venerado en los Estados Unidos por su actuación en la guerra revolucionaria, embarcó para este país en el puerto español de Pasajes, por no considerarse seguro hacerlo desde Francia.

Paralelamente, los puertos españoles se abrieron a los corsarios norteamericanos, los cuales encontraron refugio en las costas españolas. Ello ocasionó el primer roce con Inglaterra a raíz de la sublevación de sus Colonias: el embajador de Gran Bretaña solicitó que se negara asilo a los buques rebeldes, a los que se le contestó que eran éstos barcos ingleses, que era difícil distinguir entre fieles y facciosos, y que la prohibición de su entrada podría producirles la reacción de apresar naves españolas. Es evidente el prejuicio que la actuación de aquellos corsarios produjo al comercio británico y lo que se beneficiaron de la benevolencia que les fue dispensada por Francia y España. Las capturas por ellos perpetradas originaron nuevos problemas de derecho internacional, dado que las Colonias no eran una nación beligerante, ni estaba reconocida su independencia.

Por causa de su benevolente actitud con los corsarios, España resultó víctima de atropellos de los barcos ingleses, sin que las reclamaciones del gobierno español merecieran satisfacción. Tal ausencia de reacción motivó la redacción por Floridablanca de un "resumen de los insultos cometidos por la Marina de la Gran Bretaña contra los navíos y territorios de España, hasta ahora de los cuales hemos dado queja," resumen que no fue contestado, lo que contribuyó a la ruptura de relaciones entre los dos países.

Si esto acontecía en la Península, en la que los periódicos como *Gaceta de Madrid* y *El Mercurio Histórico* hacían la propaganda a los rebeldes, vaticinando su triunfo cuando aún no había base real para ello, en el continente norte de América las autoridades actuaban consecuentemente. Cierta noche de la primavera de 1776 apareció en Nueva Orleáns un pequeño barco procedente del alto Mississippi portando al capitán George Gibson, acompañado de "sus Corderos" (así era motejado en broma su pelotón de 15 hombres) y del teniente William Linn. Gibson traía un mensaje del general Charles Lee de Virginia —segundo de Washington— solicitando para las provincias sublevadas socorros urgentes en armas, municiones y medicamentos, a enviar por el Gran Río, a cambio de establecer regulares relaciones de comercio entre las Colonias y las provincias españolas de América; Lee abogaba por el éxito de su solicitud, planteando el dilema de que si aquéllas triunfaban en su empeño, España contaría siempre con una potencia amiga, pero si eran derrotados, Inglaterra, victoriosa y ensoberbecida, aprovecharía la primera ocasión para apoderarse de México y Cuba.

El gobernador Unzaga recibió de noche al emisario —para no despertar sospechas— y escuchó las complementarias argumentaciones de Gibson. El gobernador percibió el peligro en que se encontraban los territorios occidentales y, para salvar su neutralidad oficial, al mismo tiempo que ayudar a los peticionarios, urdió el ingenioso procedimiento de encarcelar a Gibson y dejar partir a Linn con su grupo, río arriba, anunciando su paso a los destacamentos españoles y ordenándoles su colaboración. En octubre, Gibson sería puesto en libertad llevando consigo valiosos informes sobre la actitud favorable del gobernador español junto con 1.000 libras de pólvora procedentes de los depósitos españoles. ¿En qué otra medida otorgó Unzaga su ayuda? Aparte de remitir el oportuno informe a la Secretaría de Indias, decidió por su cuenta proporcionar a Linn, de los dichos depósitos, 9.000 libras de pólvora, que llegaron a Fort Pitt el 2 de mayo en un momento crítico. En esta operación y en la del pago, por un valor de 2.400 dólares, de los alimentos y pertrechos proporcionados a los expedicionarios en Fort Arkansas, intervino de manera principal el acaudalado comerciante Oliver Pollock. Unzaga respondió a Lee, expresándole su voluntad de atender las peticiones norteamericanas de la forma más discreta posible, y su simpatía personal por la causa de los colonos.

"El plan del capitán Gibson —escribe Thompson— fue una de las contribuciones más significativas e importantes, aunque poco divulgada, para el futuro curso de su revolución. Fue indudablemente el comienzo del sistema vital de ayuda y suministro por parte de España al ejército colonial. Ello habría de afectar al curso de la guerra en el Oeste..." La pólvora que Linn portó a Fort Pitt salvó el fuerte, y la proporcionada por Gibson al Comité del Congreso alivió a Washington en un momento de desesperada inquietud.

Como reacción al informe de Unzaga, Carlos III no titubeó en acceder a las peticiones de Lee y anunció el envío desde La Habana de cuantos medios bélicos y sanitarios fueren posibles, actuando como testaferro, para evitar sospechas, un comerciante de la capital de Cuba, D. Eduardo Miguel. A la llegada de éste con la mercancía, y no obstante las precauciones adoptadas, los ingleses se enteraron y protestaron en consonancia. También a comienzos de 1777, el paquebote correo del servicio de La Habana zarpó de La Coruña con provisiones para los sublevados.

En el terreno diplomático, el Congreso nombró un Comité que fijase un plan de Tratados con las naciones de Europa; como consecuencia, marchó Benjamín

Franklin a París, en donde se unió con Silas Deane y Arthur Lee. Con el título de "Plenipotenciarios de la Provincias Unidas de la América Septentrional" se entrevistaron con el embajador español en París, conde de Aranda, el 4 de enero de 1777, quien recibió cuatro días después de manos de Franklin un Memorial dirigido a Su Majestad el rey. A su recibo, Carlos II convocó una Junta de Estado, en la que se decidió la política de ayuda a los sublevados y la preparación para el caso de que la guerra estallara con Inglaterra. Un nuevo Memorial redactó Franklin en 1777, y una nueva petición de ayuda formuló a Francia y España: dos millones de pesos, que se utilizarían en material de guerra y otras provisiones, y seis fragatas de a lo menos 24 cañones. Proponía a España la alianza de las Colonias y prometía su apoyo para la conquista de Pensacola. Para colaborar en su proyecto dispuso que Arthur Lee se desplazase a Madrid.

En el interregno había sido remplazado Grimaldi por el conde de Floridablanca, con lo que la posición antiinglesa se vio reforzada. No obstante, y para evitar posibles infiltraciones, se evitó que el enviado norteamericano llegara a la capital, y se arregló una entrevista suya en Burgos con Grimaldi, acompañado del comerciante Diego de Gardoqui, quien a través de su firma "Gardoqui e Hijos," llevaba tiempo en tratos con la de "Willing, Morris & Co." Tuvo lugar el encuentro el 4 de marzo de 1777, siendo calificado de "trascendental" por más de un historiador. La urgente petición de Lee de llegar a una alianza con la nueva nación recibió muy cálida compresión, pero fue informado de su imposibilidad en aquellos momentos. Ante su insistencia, recibió de Grimaldi la conocida respuesta: "Usted ha considerado su propia situación y no la nuestra. Aún no ha llegado el momento... Estas razones posiblemente cesarán antes de un año y entonces será el momento." Como resultado de esta conferencia Lee recibió considerables créditos para comprar no sólo en España, sino en cualquier punto de Europa, siendo utilizados principalmente para la compra de mantas, zapatos, tiendas de campaña, medicamentos, cañones de bronce, etc. En mayo de dicho año, Lee acusó recibo a Gardoqui de 187.500 libras tornesas que le habían sido remitidas en dos ocasiones anteriores. En abril se le habían facilitado 50.000 pesos en letras. En el curso de 1778 se le volvieron a proporcionar 50.000 pesos.

Franklin comunicó a Aranda, agradecido, la llegada a Boston de 12.000 fusiles. Entre tanto, en Nueva Orleáns, el agente norteamericano Oliver Pollock recibía diversa y valiosa ayuda del gobernador español, cuyo mayor detalle será tratado en el capítulo correspondiente a Luisiana; baste recordar aquí las ayudas facilitadas al capitán Willing. También se socorrió en La Habana al jefe de la Escuadra de Carolina del Sur para los gastos incurridos en dos arribadas forzadas.

La victoria de Gates, en Saratoga, con la rendición de Burgoyne, cambió la faz del conflicto, y precipitó el reconocimiento del nuevo país por parte de Francia con la firma, el 6 de febrero de 1778, del Tratado de Versalles. España no fue previamente puesta al corriente de tan importante paso, por lo que las relaciones se enfriaron temporalmente entre las dos Cortes borbónicas. El rey Carlos III reunió entonces a su Gabinete y redactó las 36 conclusiones que recibirían el nombre de "El Catecismo," fijando la posición internacional de España. Los intentos mediadores de España para el reconocimiento de la independencia de las Colonias por Inglaterra fracasaron. España remitió en abril de 1779 un ultimátum al Gobierno inglés y firmó, el 12 de dicho mes, en Aranjuez, un Tratado privado con Francia, cuya cláusula cuarta decía: "...las dos potencias contratantes se comprometen a no deponer las armas mientras tal independencia (la de las Trece Colonias) no haya sido reconocida por la Corona inglesa," cláusula cuya redacción fue posteriormente modificada en detalles. El 21 de junio de 1779, Carlos III hizo saber a la nación el estado de guerra con la Gran Bretaña. La decisión produjo una gran alegría a los Estados Unidos.

Aquí comienza una nueva etapa en la colaboración de España con las provincias sublevadas, y una etapa aún más útil para la causa de éstas, ya que en el curso de ella intervinieron como tales la Marina y el Ejército españoles, aparte de los otros tipos de ayuda que, con más motivo, continuaron recibiendo los independentistas. En los años siguientes, Oliver Pollock llegó a recibir hasta 67.610 pesos oro de las arcas reales de Luisiana. Por su parte, el nuevo enviado norteamericano en España, John Jay, obtuvo del Gobierno español la promesa de garantizar letras que, por un valor de 100.000 libras esterlinas, el Congreso norteamericano girase sobre Jay, forma ésta de obtener recursos económicos sin tener que recurrir a la emisión de nuevos billetes. La actuación no muy ortodoxa de Jay no tuvo, en definitiva, mayores consecuencias.

La contribución naval española al final victorioso de la Guerra de la Independencia ha sido normalmente silenciada. El historiador Stimpson, no obstante, reconoce que docenas de encuentros entre los barcos de Gran Bretaña, España y Francia tuvieron lugar y hubieron de influir marcadamente en la contienda. Baste meditar un poco en lo que suponía para la escuadra inglesa luchar contra las otras dos unidas, oponiendo a sus 90 barcos de líneas tan sólo 72, y en el número de unidades que en la defensa de sus costas (recordemos la fracasada invasión hispano-francesa de las Islas Británicas en el verano de 1779) y del Peñón de Gibraltar Inglaterra hubo de emplear, retirándolas de las costas americanas. Por otra parte, es justo recordar la colaboración prestada al comercio marítimo, tan aliviado de la presión inglesa, y los convoyes que desde los puertos franceses y los españoles se organizaron rumbo al nuevo continente. Bien consciente de la importancia de la colaboración de ambas flotas se mostró Washington en su carta de 4 de octubre de 1778.

Procede asimismo aludir a la poderosa expedición naval al mando de José Solano —doble en número de hombres que la francesa— que zarpó de Cádiz el 5 de abril de 1780, rumbo a Cuba, y que fue reclutada en todos los puntos de la Península. Ella contribuiría esencialmente a la conquista de Pensacola. Justo es dejar constancia igualmente de la participación de la armada española en la toma de Mobile y en las acciones que tuvieron por marco la Luisiana.

Quizá aún más espectacular es el auxilio prestado por los ejércitos españoles a lo largo de dos años de hostilidades, lo cual no quiere decir que sea mejor reconocido por los historiadores de la Guerra de la Independencia. El ejército español intervino como brazo armado de una potencia aliada en ayuda de los sublevados, partiendo de propias bases. La pieza fundamental en esta estrategia fue el gobernador de Luisiana, D. Bernardo de Gálvez, quien, tan pronto como se enteró de la ruptura de las hostilidades, tomó las medidas para asestar el primer golpe a su enemigo. Así, en cuestión de meses, procedió a la conquista de las plazas inglesas de Baton Rouge, Fort Manchac y Fort Panmure, no dando tiempo a sus ocupantes a reaccionar. En los años sucesivos procedió a conquistar las plazas de Mobile y Pensacola, acompañándole la más completa fortuna, no obstante las dificultades con que tuvo que tropezar y los peligros que sólo su valor supo superar.

Gálvez proporcionó así a la causa independentista un ramillete de victorias, logró el control del Mississippi, desbarató el plan de los ingleses de conquistar su cuenca y de cercar a los ejércitos de Washington desde el Oeste, supo atraerse a las tribus indias y ayudó eficazmente a Clark y Montgomery. "Se ha asegurado —anota Thomson—, y parece razonable creer, que la batalla de la King's Mountain nunca se habría celebrado; el cambio de la guerra en el Sur, por la derrota de Cornwallis, no hubiera acaecido; las Carolinas y Georgia se hubieran perdido para la Confederación," de no haber tenido lugar las afortunadas actuaciones de Gálvez. Desde 1976 campea delante del Departamento de Estado en Washington, y en Nueva Orleáns, una estatua ecuestre del héroe en reconocimiento a su contribución.

Pero no paran aquí los éxitos militares hispanos en ayuda de las Trece Provincias: el teniente gobernador de San Luis, Missouri, rechazó en 1780 un importante ataque anglo, en colaboración con 1.000 aliados indios; gracias al valor de la guarnición, los británicos no consiguieron sus propósitos de dominar el valle del Mississippi, cercando así, por el Oeste, a sus súbditos rebeldes; con su fracaso, su flanco quedó al descubierto, por lo que hubieron de inmovilizar una serie de fuerzas que quizá les habrían sido esenciales en su lucha. Otra victoria más se apuntaron los súbditos del rey de España contra los ingleses durante la Guerra de la Independencia de los Estados Unidos; la toma del fuerte de San José, en el actual estado de Michigan, a cargo de una fuerza expedicionaria al mando de Eugenio Purré y que tuvo lugar en febrero de 1781. El 22 de noviembre de 1780 un oficial español, Baltasar de Villiers, cruzó el Mississippi desde Arkansas y tomó formalmente posesión de las tierras al este del Gran Río en nombre del rey de España.

La noticia de la declaración de la guerra a Inglaterra por parte de España tardó en llegar a California, pero cuando de ella se enteró fray Junípero Serra, remitió una carta circular a sus hermanos en religión con fecha 15 de junio de 1780, en la que al informar de lo sucedido recordaba a los frailes la generosidad del Gobierno de Carlos III con las Misiones y les instaba a que rogaran a Dios en sus oraciones por la victoria de las armas españolas y sus aliados sobre Inglaterra. Más tarde se ordenó en las Misiones una recaudación de fondos con el objeto de obtener recursos en la lucha con Inglaterra: contribuyeron a razón de dos pesos por cada español y un peso por cada indio; así, la Misión de San Luis Obispo aportó, por ejemplo, 107 dólares. En el puesto avanzado que era Tucson se reunieron 450 pesos con el mismo destino.

Otro hecho: cuando las tropas del general Rochambeau se dirigieron a mediados de 1781 al Sur, con el fin de preparar el golpe final a los ingleses, se encontraron los campos esquilmados y sin recursos económicos. Necesitando dinero para proseguir la lucha y evitar que los colonos fueran fácilmente halagados por los británicos, recurrieron al almirante francés De Grasse, quien en vano intentó allegar los fondos necesarios de los colonos franceses de la isla de Santo Domingo. La ciudad de La Habana abrió entonces una suscripción que alcanzó la cifra de un millón y medio de libras tornesas, en cuya recaudación se distinguieron las conocidas como "Damas de La Habana," ofreciendo sus joyas, cifra que permitió a Rochambeau la continuación de la lucha y la victoria última en Yorktown el 17 de octubre de 1781.

Otro aspecto destacable es el importante hecho de que la Revolución Americana estuviera financiada con el sistema monetario español y que el dólar fuese el patrón monetario imperante no sólo en tan crítica etapa, sino en la anterior durante casi un siglo.

Se ha afirmado, por otra parte, que a la catedral de Málaga falta una torre porque el dinero destinado a su construcción fue enviado para ayudar la causa de los independentistas.

El 3 de septiembre de 1783, el Conde de Aranda firmó en Versalles, como Plenipotenciario de Carlos III, el Tratado de Paz con Inglaterra. Fue Aranda quien, en el mismo año, elevó a dicho Monarca la famosa "Exposición...sobre la conveniencia de crear reinos independientes en América" en la que afirmaba, en relación con la nueva república federal: "...ha necesitado del apoyo y fuerzas de dos Estados tan poderosos como España y Francia para conseguir la independencia. Llegará un día en que crezca y se torne gigante, y aun coloso temible en aquellas regiones. Entonces olvidará los beneficios que ha recibido de las potencias, y sólo pensará en su engrandecimiento..."

Según José A. Armillas, el total de la ayuda española puede cifrarse en 611.328 pesos fuertes (397.230 a fondo perdido) y supuso para España la recuperación de las Floridas y de Menorca; a cambio, y aparte de no recuperar Gibraltar, hipotecó la posesión de sus colonias, aportó cantidades que no recuperó y no consiguió la gratitud de los colonos sublevados, atentos en lo sucesivo a su expansión a costa de España.

♦ ACTIVIDAD MISIONAL Y CIVILIZADORA ♦

En este apartado dedicado al esfuerzo español por cristianizar a los indios de Norteamérica nos encontramos con hechos que, aunque sea a la ligera, deben ser destacados. Dejando aparte la política general indiana de los reyes de España, quienes, desde Isabel la Católica, tuvieron por primordial preocupación la cristianización de los aborígenes y la correlativa presencia de los misioneros como elemento indispensable para la consecución de tal fin, recordemos el empeño de establecer en tierras norteamericanas desde el primer momento Misiones.

Dos intentos hicieron los dominicos por participar en la evangelización de los Estados Unidos, el de fray Luis Cáncer en Florida en 1549, y el de San Miguel de Guadalpe en las Carolinas en 1526; pero tras su fracaso renunciaron a la conquista espiritual de aquel territorio y se consagraron a otras regiones de América. Los jesuitas actuaron en tres sectores y no simultáneamente: unos años de la segunda mitad del siglo XVI en Florida, Georgia y Virginia —a raíz de la fundación de San Agustín por Menéndez de Avilés—, a lo largo del siglo XVIII en el valle del Mississippi (a cargo de padres franceses procedentes del Canadá), y en las tierras de Sonora y Arizona, entre la actividad iniciadora de los padres Kino y Salvatierra y la expulsión de la orden jesuítica de los dominios de Su Majestad Católica. Pero es a los franciscanos a quienes corresponde la mayor participación en la tarea de cristianizar las tribus asentadas al norte del Río Grande. Tocó a los franciscanos la difícil sucesión de los jesuitas, tanto cuando abandonaron sus empresas en la costa oriental como en el período subsiguiente a su expulsión en la zona de la Pimería Alta. Ellos lucharon denodadamente por mantenerse en Georgia y en Florida Occidental, y acompañaron a los conquistadores de Nuevo México en las etapas anteriores y posteriores a la rebelión de 1680. A los hijos de San Francisco se debe la evangelización de Texas y la magnífica empresa civilizadora de California bajo el impulso del padre Serra.

Como consecuencia del III Encuentro Nacional Hispánico, la Conferencia Nacional de Obispos Católicos publicó en noviembre de 1987 un "Plan Pastoral Nacional para el Ministerio Hispano," en el cual se destacó la presencia religiosa española en las Américas.

En el momento álgido del esfuerzo misionero a lo largo de las costas de Florida y Georgia, y en las tierras occidentales de éstos, tomando a Tallahassee como centro, en 1675, las misiones franciscanas alcanzaron la cifra de 66; en el curso del siglo XVIII, junto con algunos años de las centurias precedente y posterior, el número de establecimientos creados en Texas en torno a la capilla del fraile se cifró en 44; 51 se fundaron en Nuevo México a partir de la primera, construida en Paraguay en 1581, y a 19 llegaron las de Arizona. La cadena, impulsada por fray Junípero Serra, en California, desde que el 16 de julio de 1769 echara los cimientos de San Diego de Alcalá, culminó en el número 23. En total, y aparte de los edificios destinados al culto, como los elevados en los territorios de Luisiana, se puede concluir que los religiosos españoles elevaron un mínimo de 203 Misiones, algunas de ellas de extraordinaria belleza, como San Xavier del Bac en Arizona, San José en Texas, o Santa Bárbara en California.

Fray Juan de Padilla, O.F.M., es considerado el protomártir nacional, al haber sido asesinado por razones de su ministerio apostólico en 1542 en las llanuras de Kansas; le siguió en la consecución de las palmas santificadoras el padre jesuita Pedro Martínez en 1566 ante las costas de Georgia. Se calcula que en la etapa colonial el número de religiosos mártires —algunos no españoles— ascendió a 80.

Política indiana en Nuevo México

España se preocupó de la salud física de los indios, de su conversión religiosa y moral al Cristianismo y de su encuadramiento económico en la sociedad española. El régimen español para con los indios se caracterizó por sus móviles de humanidad y de justicia, de educación y de persuasión moral, y aunque hubo, como es inevitable, algunos individuos que no se comportaron como debían, el estudiante objetivo de la Historia tiene que reconocer —según sostiene el padre Weber— que dichos casos son relativamente insignificantes junto a los más positivos aspectos de la política colonial española.

Si ante las inicuas matanzas perpetradas por el indio Juanillo y sus secuaces en 1597, el gobernador Canzo cedió a la vengativa tentación de ordenar la esclavización de los indios sublevados, una subsiguiente Real Cédula prohibió tal proceder y canceló aquella medida, por lo que hubieron de devolverse a sus puntos de origen los que habían comenzado ya a padecer el castigo. Cuando Quexós y Gordillo, en la misión exploratoria que les confiara el licenciado Vázquez de Ayllón, tomaron en 1521 unos indios como esclavos en las costas orientales, fueron penados por su conducta y condenados a restituir los prisioneros a sus tierras.

La verdadera razón de la presencia de España en los territorios de Nuevo México a lo largo del siglo XVII se centra en el mantenimiento allí de las Misiones, a fin de proteger a los conversos y conseguir la expansión de la fe. No puede considerarse buen negocio, desde un punto de vista estrictamente material, la permanencia de España en tal sector, en el que no se encontraron riquezas, en el que las condiciones naturales no eran precisamente acogedoras y en las que todavía no se cotizaban los peligros de invasiones o influencias extrañas. El mantenimiento de dichas Misiones entre 1609 y 1680 costó al erario real un millón de pesos, cantidad muy elevada para aquel tiempo. El siglo XVIII trajo como compensación un lisonjero éxito para dichas Misiones y para el esfuerzo realizado con ellas. San Agustín no fue abandonada en tiempos de Felipe III a comienzos del siglo XVII, entre otras razones, por la fundamental de los indios conversos de ella dependientes y no por el oro o la plata. Cuando fray Marcos de Niza recibió instrucciones del virrey de Nueva España de adentrarse en las tierras septentrionales para comprobar la veracidad de las noticias traídas por Cabeza de Vaca y compañeros de penalidades, se especificaba claramente que los indios deberían ser tratados equitativamente y que de ningún modo podían ser sometidos a la esclavitud.

El poder civil no se consideró en momento alguno ausente de tal tarea misional, de forma que el éxito conseguido por los misioneros pueda atribuirse exclusivamente a los individuos o aun a las ordenes religiosas a que pertenecían. El rey de España, por el derecho de Patronato, tenía una intervención decisiva en el nombramiento de los cargos y dignidades eclesiásticas y de él dependía el que en un sector o en otro misionara tal o cual orden e incluso tal o cual religioso. Por otra parte, la evangelización de los indios y la actuación de los misioneros se hallaba incluida en el plan de la conquista y de la colonización, sin que pueda pensarse la una sin la otra. El que se dieran momentos de rivalidad entre las autoridades civiles y religiosas, en incluso diferentes puntos de vista en relación con la política a seguir, confirma cuanto se ha dicho y colabora en el elogio que merece la política española de civilización del Nuevo Mundo. Es indudable que en las colonizaciones de otros países no se dieron comparables atribuciones a las autoridades religiosas, las que llegaron a provocar, en el caso español, incluso el encarcelamiento de algún gobernador (no siempre con estricta justicia), lo que demuestra la fuerza con que el parecer del misionero o de su superior era recibido en las altas esferas gubernamentales.

Todas las Misiones contaban con una fuerza militar que las protegía, y el hecho de que los componentes de ésta causaran, a veces, quebraderos de cabeza a los misioneros (generalmente por sus relaciones ilegales con las indias de la Misión) no quita un ápice a cuanto viene siendo sostenido. Las Misiones recibían también una ayuda anual de la Corona y los misioneros tenían un sueldo a cargo de las arcas reales. Estas aportaciones dejaron de facilitarse cuando la independencia de Nueva España y bien sabemos el impacto que tal ausencia de ayuda produjo y su influencia en la rápida decadencia de las Misiones en territorios como los de Nuevo México, Arizona y California. Con el gobierno de México, los misioneros españoles se vieron forzados a retirarse, siendo sustituidos por naturales o procedentes de aquel país. El resultado de tal exclusión fue la decadencia de las Misiones, el retroceso a su vida primitiva de muchos indios antaño civilizados y el derrumbamiento de la mayoría de los edificios y de las iglesias que la componían, con pérdida irreparable de obras de arte y con riesgo de desaparición de la fe católica, tan duramente ganada durante los siglos anteriores. Basta como dato que en Nuevo México quedaron tan sólo 13 sacerdotes al marcharse los españoles que misionaban el territorio.

España nunca dejó sin hogar —dice Lummis— a los atezados indígenas de América, ni los fue arrollando ni acorralando delante de él, sino que, por el contrario, les protegió y aseguró por medio de las leyes especiales la tranquila posesión de sus tierras para siempre. La legislación española referente a los indios era la más extensa, comprensiva, sistemática y humanitaria de las entonces existentes. Debido a las generosas y firmes leyes dictadas por España hace tres siglos, los indios Pueblos de Nuevo México gozan hoy de completa tranquilidad en sus propiedades.

Mucho se ha hablado de la sed de oro de los españoles y de su crueldad como características peculiares a dicho pueblo y como si los otros colonizadores no se hubieran visto contaminados en la misma medida. Si el ansia de riqueza contribuyó en muchos momentos a la realización de empresas de conquista y exploración, ello no puede ser un baldón. En los siglos XVI y XVII, en los que la industria no se encontraba desarrollada, la riqueza de una nación se basaba en su minería, de la que se extraían una serie de preciosos metales. Debe recordarse que España los buscaba por la necesidad de llevar a cabo su guerras en defensa de Europa y de los principios espirituales, de que ella se consideraba defensora.

En cuanto a la crueldad española con los indios, nadie debe olvidar la encarnizada resistencia —por supuesto comprensible— que los indios opusieron a la penetración española, para evitar la cual recurrieron a todo género de tácticas, desde la voluntaria aceptación de las normas traídas por los españoles a la sorda resistencia, desde los crímenes más injustos y espeluznantes a los actos más nobles y caballerescos, desde la resistencia encarnizada en campo abierto a la traición solapada.

En todo caso, D. Francisco Vázquez de Coronado, cuando se retiró a Nueva España tras su fracaso en colonizar Nuevo México, ordenó la libertad de los indios prisioneros como acto último en su calidad de gobernador de tal provincia. Y Oñate, antes de proceder al asalto del peñón de Acoma en 1599, en Nuevo México, para vengar la traicionera muerte perpetrada a un grupo de españoles con Zaldívar al frente, consultó a los misioneros que le acompañaban por las justas causas de la guerra, y sólo tras obtener el parecer favorable de éstos impartió las órdenes que determinaron la sangrienta derrota de los indios zuñis, autores de aquella fechoría. Juan Bautista de Anza venció en 1779 al temido caudillo comanche "Cuerno Verde," en castigo a los asesinatos cometidos por los suyos a unos colonos españoles, y no tuvo inconveniente en acceder al poco tiempo a ayudar a dichos indios en sus intentos de establecerse a orillas del río Arkansas, olvidando la cruenta enemistad pasada, aportando considerables sumas del erario español, que hicieron posible la construcción del poblado de San Carlos de los Jupes, dirigida por técnicos españoles. Las instrucciones impartidas a tal respecto por el comandante general de las Provincias Internas, Ugarte, pueden iluminar muy favorablemente sobre la política de España.

Son curiosos, por otra parte, los ataques a la política española para con los indios, como si ésta sólo fuese culpable de excesos o errores. Los indios de Nuevo México y Arizona son los únicos indios de Norteamérica que habitan las mismas tierras que sus antepasados, y esto se debe a España, que los civilizó y cristianizó. Es un hecho su presencia en los mismos pueblos de antaño (incluso su nombre denota tal influencia) y la conservación por ellos de sus apellidos españoles y del idioma español; así, el gobernador indio de Taos, en 1965, se llamaba Teófilo Romero (el anterior, por ejemplo, respondía por Ceferino Martínez) y hablaba un muy correcto español.

Fueron los españoles quienes primero se ocuparon de las lenguas indias, no sólo en el aspecto práctico de hablarlas, sino en el científico de conocerlas en forma de poder construir sus gramáticas y redactar sus diccionarios. La primera gramática india compuesta en los Estados Unidos se debe al hermano Báez, de las Misiones de Georgia, y es el padre Pareja el autor de la primera gramática y vocabulario de los indios timucuas. Si esto ocurrió en el Este, el padre Arroyo de la Cuesta escribió, en la Misión de San Juan Bautista de California, dos importantes obras sobre la lengua mutsumi. Dicho padre llegó a dominar 12 lenguas nativas y predicó en siete de ellas.

ACTIVIDAD COLONIZADORA

Los españoles han sido conocidos a lo largo de la historia de los Estados Unidos como "dons," cuya denominación tiene por origen el título y tratamiento que, antepuesto a su nombre propio, usaban los españoles de alguna alcurnia o autoridad que pisaron dichas tierras.

La participación de España en la civilización del continente Norte casi coincide con los días inaugurales, y con ello no me refiero a los jefes y soldados de los ejércitos y ni siquiera a los misioneros, sino a los grupos de colonizadores, hombres de todas las edades, mujeres y niños, portadores de ganado, aperos de labranza, utensilios de toda índole, semillas, etc., que con el disignio de establecerse permanentemente pusieron pie en las nuevas tierras.

No hubo mujeres en las expediciones de Ponce de León y de Hernando de Soto —con éste, en cambio, sí viajaron en 1539 colonos varones—; constituyó una empresa fundacional perfectamente preparada la del licenciado Vázquez de Ayllón en 1526 en Chicora (las Carolinas), desde el momento que en ella participaron todos los heterogéneos elementos que un establecimiento con aspiraciones de futuro requiere. El intento de Pánfilo de Narváez en 1528 contó con la presencia de las esposas de algunos de los componentes del grupo de expedicionarios, además de numerosos varones elegidos por su profesión no militar.

Llevó a cabo una colonización en regla D. Tristán de Luna en sus esfuerzos por arraigarse en Pensacola en 1559, y nada digamos de los éxitos obtenidos por Pedro Menéndez de Avilés, al fundar en 1565 la ciudad de San Agustín con la participación de hombres y mujeres. Iguales aspiraciones de permanencia tuvo la penetración en los territorios septentrionales de Nueva España por Vázquez de Coronado en 1540, a cuya fuerza guerrera acompañaban colonos y las esposas de tres soldados. Don Juan de Oñate, con 130 familias y 270 varones sin pareja, procedió en 1598 a la colocación de los cimientos del nuevo reino de Nuevo México. En cuanto a California se refiere, bastará recordar la expedición dirigida por Portolá en 1769, que abrió la costa occidental norteamericana, y la confiada a Juan Bautista de Anza que, por ruta terrestre a través de Arizona y no de San Francisco en 1776. Basten estos pocos ejemplos como símbolo de lo que la colonización española supuso. En varias oportunidades, la Corona concedió a los colonos la condición de hidalgos.

Procedencia de la inmigración

Muchos colonos españoles vinieron directamente de la Península —como en el caso de Florida, San Antonio, etc.—, pero los más arribaron al continente Norte, procedentes de Nueva España; un buen número había nacido en España, una mayor proporción habían visto la luz en Hispanoamérica. En cualquier caso, el resultado y la razón de su acción son los mismos. En algunas regiones aparecieron en grupo, siguiendo las huellas abiertas por los conquistadores y misioneros; en otras, se establecieron de forma individual y por iniciativa privada; en numerosas ocasiones, los mismos soldados que componían una partida formaron voluntariamente parte del primer núcleo poblador y, en varias, se quedaron en las tierras descubiertas, en medio de los indios y de las tierras desconocidas, aun cuando el grueso de la expedición marchase (es el caso del soldado Feriada, perteneciente a la de Hernando de Soto, quien, en compañía del negro Robles, fue el primer colono blanco de Alabama, al quedarse a vivir en Coosa). Si la colonización de ciertos sectores se realizó de manera improvisada y anárquica, a base de los elementos disponibles y de los voluntarios que se presentaron, en otros fue el resultado de un maduro plan, para cuyo éxito se pusieron a contribución los medios materiales, personales y de organización.

Entre los españoles que se trasladaron a Norteamérica a través de un asentamiento organizado, lejos ya los primeros intentos fundacionales, sobresalen los procedentes de Baleares y Canarias. Los canarios llegaron así a cuatro puntos que, entre otros, merecen recordarse: San Antonio y San Saba, en Texas, Nueva Iberia, en Luisiana, y Florida. Al gobernador de Nueva Orleáns, D. Bernardo de Gálvez, se debe la traída, a expensas del rey, de un grupo de isleños, que, establecidos en la región de Teche, bautizaron a su núcleo central con el nombre de la lejana Península y se dedicaron a la cría de ganados y al cultivo del lino y del cáñamo. En otras partes de Luisiana se extendieron más tarde, conservándose en la hora presente todavía núcleos de descendientes de dichos pioneros.

El envío de familias canarias a Florida se confió a la Real Compañía de Comercio de La Habana. Se calculan en unas doscientas las llegadas antes de 1763.

El grupo de isleños baleares más notable establecido en Norteamérica procedió de la isla de Menorca y tuvo por destino de asentamiento Florida. Esta colonización no corrió a cargo de España, sino de un escocés, el doctor Andrew Turnbull, quien consiguió permiso de la Corona británica —durante el período de ocupación inglesa de Florida— para traer en 1767 unos grupos de colonos de Grecia, Italia y España. Reunidos en torno a "New Smyrna," no se mantuvieron por largo tiempo en dicho lugar, y aun antes de terminar la dominación inglesa en Florida, se trasladaron a San Agustín, en la que constituyeron el núcleo principal hispano en la segunda etapa de dominio español. Todavía quedan descendientes suyos en aquel sector de Florida; el conocido escritor norteamericano Stephen Vincent Benet es descendiente de Esteban Benet, uno de los menorquinos de referencia. Parece ser que originarios de esa isla balear hubo también colonos en los establecimientos ingleses de Norteamérica.

Otro grupo español que por su importancia y consistencia merece destacarse en los destinos de los Estados Unidos es el de los vascos, si bien su llegada ha tenido lugar no en épocas de dominio español, sino durante los años de vida independiente y a partir de mediados del siglo XIX. Llegaron los primeros con el *gold rush* de California en 1850 y se conocen los nombres de Pedro Altube y Segundo Ugariza. En 1860 un grupo se dirigió a Nevada en donde, por no hablar inglés, se dedicaron al pastoreo. Pronto se extendieron por Idaho y Oregón. En cuanto pudieron, los vascos se dedicaron a otras profesiones, permaneciendo tan sólo un 10% como pastores. Entre 1903 y 1910 fue constante la llegada de nuevos vascos. En 1917 arribó a Norteamérica, en el vapor *Alfonso XII*, un contingente de 500 vascos. La inmigración continuó normal hasta las leyes de 1921 y 1924, que implantaron el sistema de cuotas en los Estados Unidos. Ya en 1917 había aparecido en español la obra de Sol Silem, que, relatando sus aventuras, consiguió una relativa popularidad en los Estados Unidos.

La afición al "jai-alai" en Florida se inició en 1924 con el frontón de Hialeah (Miami). Debido a ello, comenzó la llegada a los Estados Unidos de otro grupo de vascos que compite con los pastores: los pelotaris.

Los vascos-norteamericanos lucharon en la Segunda Guerra Mundial por su país y muchos murieron. En el frente doméstico formaron una compañía enteramente compuesta por vascos, y adscrita a la *Idaho Volunteer Reserve*. En 1952 el senador de Nevada, Pat McCarran, consiguió del Congreso el voto de una ley que permitía la entrada en cuota especial de 250 vascos anualmente. Desde aquella fecha, una ininterrumpida corriente de vascos españoles se ha establecido, asentándose principalmente en Nevada, Idaho y Oregón. Se calcula que se dedican al pastoreo unos 3.000 vascos, procedentes de Vizcaya, Guipúzcoa y Alava, existiendo también en considerable número de navarros (hasta unos 400 de éstos se encuentran en California), e incluso burgaleses y palentinos. Entre los vascos se han destacado algunas personalidades como Peter Echevarría, senador de Nevada; Elizondo, presidente del *Fruit State Bank of Colorado*; Mendiburu, el más rico granjero de California (30.000 ovejas, 25.000 corderos y 20.000 vacas) y Emilia Doyaga, profesora de idiomas. Hay también vascos en la Policía de Nueva York.

Es interesante el relato que hace Areilza en sus *Memorias Exteriores* de su presencia en el Festival Vasco de Reno.

Tiene la sede en Fresno, California, la *Basque American Foundation*, promotora de las *International Basque Conferences in North America* y editora de la revista *The Journal of Basque Studies*.

Tampa es la ciudad de los Estados Unidos que más nutrida colonia española ostenta, completada, por supuesto, por otros hispánicos de diverso origen con especialidad de Cuba. Su núcleo original se debió a Vicente Martínez Ybor, un español arribado de Cuba, que en 1886 se estableció en la bahía de Tampa, en el lugar que hoy lleva su nombre y que constituye uno de los barrios de la ciudad. Fundó una fábrica de tabaco primero, y otras se fueron añadiendo. Para trabajar en ellas, muchos españoles procedentes de Asturias y Galicia acudieron a la ciudad y en algunos casos directamente, en otros a través de Cuba. El caso es que hoy en Ybor City, gracias a los españoles y cubanos residentes, tanto originarios de sus países como hijos o nietos de aquéllos, se habla español en las calles, se encuentra uno por doquier a hispanos, los letreros rezan en la lengua de Castilla y se llega a tener la idea de encontrarse uno en una ciudad no precisamente angloparlante.

Más de quinientos malagueños participaron en la fundación de Nueva Iberia, Luisiana, dentro del plan de colonización de Bernardo de Gálvez.

Unos cien miqueletes catalanes arribaron a Florida en 1761. Los catalanes también contribuyeron activamente al descubrimiento y colonización de California; recordemos las personalidades de Gaspar de Portolá y Pedro Fagés.

En este recuento de los descendientes de España en Norteamérica no puede faltar una referencia a los sefarditas, descendientes de los judíos expulsados de la Península en 1492, a raíz del Decreto de los Reyes Católicos. Hasta mediados del siglo XIX, eran ellos los únicos judíos que contaban en la vida nacional de los Estados Unidos: los hubo ya establecidos en Nueva Amsterdam —Nueva York— en 1654, a causa del temporal que desvió el barco en que viajaban un total de 23 hombres y mujeres, el *Ste. Catherine*, desde

Recife rumbo a Amsterdam. En aquella época (s. XVIII) aparecían, entre otros, los nombres de dos Gómez y un Rodríguez Pacheco. Durante dicho período la Congregación Shearti Israel fue la única judía en Nueva York. Se distinguió Méndez Seixas, quien luchó decididamente por la Independencia. John F. Kennedy en su libro *Una nación de inmigrantes* recuerda: "Más de dos mil judíos vinieron a este país en los días pre-revolucionarios. La mayoría procedía de España y Portugal."

Los vemos en la Georgia de Oglethorpe a mediados del siglo XVIII, sabemos de su influencia en la Nueva Inglaterra colonial y en la independiente. A raíz de los fracasos en Europa de los movimientos liberales de 1848, comenzaron a llegar a los Estados Unidos judíos alemanes o askenasíes en tal cantidad, que los sefarditas se convirtieron en minoría y perdieron su influencia; la arribada en los primeros lustros del siglo XX de sus hermanos hispanolevantinos alivió en algo su situación. Nueva York, Cincinnati, Rochester, Indianapolis, Los Angeles, Atlanta, Montgomery y Seattle se convirtieron en centros del sefardismo, si bien la primera de las ciudades mencionadas albergó una cantidad muy superior a las restantes.

En la comunidad de sefarditas de Miami Beach predomina el uso del español. Puede calcularse en unos 200.000 el número de sefarditas habitantes de los Estados Unidos.

Los sefarditas apenas se han mezclado con sus hermanos de raza o askenasíes; hay diferencias religiosas, lingüísticas y psicológicas que les separan. A causa de su origen hispano y a los muchos años de residencia en el Imperio turco, los sefarditas conservan en donde habitan su idioma español, sus costumbres y sus hábitos culinarios, y procuran recrear un ambiente similar al que abandonaron; cada grupo regional forma así su pequeño mundo privado, ajeno al que le rodea.

Este excesivo localismo ha impedido en ocasiones su progreso, si bien esta situación se ha venido modificando desde 1940, debido a una serie de factores. Se han distinguido entre ellos Cardozo, magistrado del Tribunal Supremo de los Estados Unidos, el doctor Sola Pool, los escritores Mair José Bernardete y Henry Besso.

La FESELA es la "Federación Sefardita Latinoamericana" que se reúne anualmente. También lo hace con tal periodicidad la *American Sephardic Federation*.

♦ ACTUAL POBLACION HISPANA ♦ EN LOS ESTADOS UNIDOS

Integran la nación norteamericana, según el censo de 1980, 14,6 millones de personas de origen hispánico, aunque se cree con fundamento que alcancen más de los 20 millones si se cuenta a los no censados y a los residentes ilegales (*Coca Cola Corporation* dio a fines de 1985 la cifra de 30 millones). De aquella cantidad, once millones hablan español en su domicilio. Con tal población, los Estados Unidos se convierte en el quinto país de habla hispana (después de México, España, Argentina y Colombia). Los hispanos constituyen la segunda minoría étnica de los Estados Unidos y tienen un poder adquisitivo que supera los $170.000 millones anuales.

Según un estudio de la *Strategy Research Corporation*, lo han aumentado en un 28% en sólo dos años (datos publicados en 1989). Se prevé que a comienzos de la próxima centuria se colocará ésta en primer lugar, antes que la negra, a la que los analistas políticos denominan "La Bella Durmiente." Según los informes publicados en 1988, la población hispánica ha aumentado en la década trascurrida en un 34%.

Las áreas de mayor concentración hispana son California y Texas con mexicanos y chicanos; Nueva York y alrededores con puertorriqueños; Miami y condado de Dade, en Florida, con cubanos (también colombianos y centroamericanos).

Entre los cien nombres más usuales en los Estados Unidos, hoy figura Martínez con el número 8, Rodríguez con el 31, González con el 42 y García con el 44.

Según una encuesta aparecida en *El Miami Herald* en septiembre de 1986, reflejando un pronóstico de la Oficina del Censo, hacia el año 2020 la población hispana de los Estados Unidos será de 36.5 millones y hacia 2046 alcanzará los 51 millones. En el 2080 representarán el 19% de la población (cuando se realizó el censo de 1980, los hispanos suponían sólo el 6,4% de la población estadounidense).

El fallecido presidente Kennedy manifestó que los estatutos deben reflejar con todo detalle "los principios de igualdad y dignidad humana a los cuales nuestra nación se suscribe." La nueva ley de inmigración firmada por el presidente Johnson el 5 de octubre de 1965, enmendó la *Immigration and Nationality Act* del 27 de junio, 1952, y abrió nuevas perspectivas a los emigrantes españoles, desde el momento en que suprimió el sistema de cuotas según el origen nacional. En cuanto a la cifra real de españoles afincados en el país se calcula que ascienden a los 200.000.

La convivencia de esta población hispánica con la anglosajona dominante en el país suscita una serie de problemas que requerirían amplios comentarios. Nada ocurre de novedoso cuando se trata de un inmigrante individual inmerso más o menos solitariamente en la vorágine de la multitudinaria vida del país: ha de adaptarse y dejarse ser absorbido lo más rápidamente posible, si desea progresar.

No sucede lo mismo cuando se trata de un denso grupo de inmigrantes que por razones diversas se concentra en determinado punto o localidad: puertorriqueños en Nueva York, cubanos exiliados en Miami, trabajadores mexicanos en California, Texas, Nuevo México o Colorado. La adaptación de éstos es también inevitable a la larga, como ha ocurrido con otros numerosos grupos raciales pero las modalidades del proceso son diferentes según se trate de posibles votantes —actitud de las autoridades neoyorquinas cada vez más solícitas con los hispanos del Caribe—, o de residentes en regiones fronterizas a México, en donde constituyen —en algunos puntos— mayoría, o se trate de elementos cualificados culturalmente, como en el caso de los cubanos.

Distintos son los problemas que se crean con las poblaciones que son hispanoparlantes no por su procedencia de origen, sino por su condición de descendiente de los colonos establecidos durante la época colonial e incluso la inmediatamente conexa: éstos son ciudadanos norteamericanos, si bien en sus modos de vivir, de hablar, etc., se encuentran alejados de sus connacionales anglosajones.

En lo que a los españoles se refiere, conviene distinguir entre los que emigraron con la intención de establecer en los Estados Unidos una residencia permanente y el grupo formado por quienes temporalmente visitan el país, con un período más o menos prolongado, con un motivo profesional. Interesándonos predominantemente los primeros, se deduce que la emigración española ha apuntado más a su profesionalidad que a su cantidad, llegando la primera oleada con los exiliados de la guerra civil y la segunda al final de los años cuarenta y durante la decena de los cincuenta y continuando en los años posteriores de manera más diluida. Ni que decir tiene que a este grupo, como al exclusivo de profesionales cubanos instalado en Florida, no afectan los problemas que en general padece la minoría hispana.

No sólo los inmigrantes masivos, de inevitable condición económica y cultural inferior —en gran parte analfabetos—, sino también los descendientes de los conquistadores han sufrido durante mucho tiempo la discriminación a que les sometieron los "anglos" dominadores. En relación con los primeros, parece ser que la situación no ha cambiado mucho: baste recordar los problemas que, por ejemplo, todavía se suscitan con los braceros mexicanos en California, a quienes las autoridades locales no conceden la residencia y tan sólo permiten la firma de contratos anuales que les colocan en situación de inferioridad frente al patrono, que fija salarios bajos, con la protesta, por la competencia que significa para el obrero nacional, de los sindicatos respectivos.

Para César Chávez, el líder indiscutible de los chicanos californianos —en su entrevista publicada en *TIME*, revista que también le dedicó su portada— "la discriminación que sufre la minoría hispana es cada vez más de índole económica y menos social."

También los pastores vascos han sufrido injusticias a lo largo de su historia norteamericana. Del dominio público son las protestas, unas veces a través de la prensa u otros órganos de difusión, otras por medio de manifestaciones públicas más o menos ruidosas, de los puertorriqueños de Nueva York en relación con los problemas de vivienda, escuela, empleo, etc. Diferente es la situación de los cubanos anticastristas quienes, en su mayoría, han recibido desde el comienzo de su exilio eficaces y sustanciosas ayudas de las autoridades federales y locales.

En cuanto a los hispanoamericanos, la discriminación sajona ha decrecido en los últimos tiempos, sobre todo a partir de la segunda guerra mundial. Esto se puede comprobar en sectores de Texas, Nuevo México y Arizona. En otros, como en Colorado, por ejemplo, sigue siendo difícil para un Fernández o un Gutiérrez —por el hecho de llevar tal apellido— pretender un puesto de responsabilidad en la administración pública.

En el coloquio de El Escorial de junio de 1978, convocado por ACHNA, se alegaron las diferentes circunstancias de los emigrantes hispanos en relación con los europeos: la cercanía de los países de origen, el color de su piel, su clase social y su apellido.

La realidad económica de esta comunidad hispana sigue siendo precaria, y hay quien afirma que últimamente se ha deteriorado, debido en gran parte a la avalancha de inmigrantes ilegales. En 1987, una familia hispana conseguía ingresos anuales por una suma aproximada de $20.310, en tanto que una familia no-hispana ganaba $32.270. La tasa de pobreza para los hispanos fue de 28,2% y alcanzó la cifra de 5,5 millones.

Sin embargo, y debido a la creciente conciencia de su influencia, con vistas a las elecciones, la comunidad hispana, no obstante el talón de Aquiles de su desunión, ha ido formando diversas entidades con propósitos diferentes y con móviles defensivos o de acción: Liga de Ciudadanos Hispanos, LULAC (Latinos Unidos) y La Raza, Organización para Defensa de los Derechos de los Mexicano-norteamericanos y estadounidenses de habla española, Fuerza Hispana 84, Asociación de Educación para el Votante Hispano en USA, MALDEF (en San Francisco), la Cruzada para la Justicia (Denver), la Alianza de los Pueblos Libres (Nuevo México), y la Southwest Voter Registration, además de unas 160 asociaciones femeninas.

En 1971 tuvo lugar en Washington la Primera Conferencia de Americanos de Origen Hispano al concluir la cual se acordó la constitución de un partido político, con la participación de unos mil asistentes. Ha adquirido mucha fuerza la Cámara Hispana de Comercio de los Estados Unidos con convenciones anuales a las que asisten 10.000 personas. Representa a cerca de 400.000 negocios hispanos establecidos en el país. En Miami destaca por su influencia la CAMACOL (Cámara de Comercio Latina).

En 1980 tuvieron derecho a votar nueve millones de hispanos, en 1984 llegaron a doce. La tendencia habitual ha sido la de chicanos y puertorriqueños a favor de demócratas, y de cubanos en pro de republicanos, lo que no impidió que en 1980 el 35% total votase a Reagan; económicamente los hispanos se sienten más cerca de los primeros, en tanto que ideológicamente se compenetran con los valores tradicionales que Reagan defendió. Y es que la comunidad aporta 270 electores para la presidencia distribuidos en: 5 Nuevo México, 29 Texas, 47 California, 7 Arizona, 8 Colorado, 21 Florida y 36 Nueva York.

Otra vía para alcanzar el respeto de sus derechos ha sido la de la huelga: así las de los trabajadores agrícolas en California dirigidos por César Chávez y aun la de los boicots de determinados productos. Fue de ello consecuencia la creación de la *National Economic Development Association*, dedicada al desarrollo del grupo.

El caso cubano en Miami y su entorno es distinto del resto, pues, por constituir una minoría calificada, numerosa y concentrada, está pasando a ser mayoría en su zona y mayoría rectora, con lo que no hay riesgo de pérdida de identidad. Paralelamente ha crecido el número de hispanos participantes de las esferas de gobierno o de puestos importantes en la sociedad. Lo arriba expuesto hace exclamar al obispo auxiliar de Newark, David Arias que desde 1978 el sentimiento de inferioridad ha comenzado a disiparse para transformarse en sano orgullo de ser hispano, sentimiento que se evidencia especialmente en la comunidad cubana de Florida. En este orden de cosas, es oportuno señalar que en 1981 se constituyó en Madrid la "Fundación Latinoamericana para la Cultura" (FLAC) con el objeto de aportar a la minoría hispana los elementos necesarios para realizar, proteger y extender entre sus componentes la lengua española y su cultura.

Aquellos intentos de unión tropiezan, entre otras dificultades, con las no siempre buenas relaciones que existen entre los dos grupos de hispanos; los inmigrantes más o menos recientes y los que descienden de los conquistadores. Estos últimos se sienten próximos a la España histórica y se sentirán fácilmente cercanos a la actual a poco que hicieran los españoles por aproximarse a ellos; muchos pisan ya un terreno firme en su país y dominan el inglés, si bien durante tiempo han estado arrinconados y no han gozado de las facilidades educacionales de sus conciudadanos sajones, parte por razones raciales, parte por el alejamiento entre sí de los poblados hispánicos y las consiguientes dificultades de proveer escuelas superiores a los dispersos muchachos; como consecuencia de ello, su cultura se estacionó durante más de un siglo y su español se puso en peligro de degenerar (o ese es al menos su inevitable complejo).

En los tiempos recientes de la posguerra, los matrimonios han dejado de realizarse entre los hispanoamericanos dentro de su círculo racial, los jóvenes se han establecido en otros lugares del país y las nuevas generaciones se hallan en peligro de perder para siempre el dominio del español.

Como contraste, los inmigrantes mexicanos, aunque numerosos, incluyen en sus complejos su dominio del español, al darse cuenta que su origen los coloca en posición desventajosa con respecto a los descendientes de los antiguos pobladores. Pero, si bien tienen que sufrir difíciles situaciones económicas y sociales, experimentan el apoyo moral de su país de origen, México. No gozan de tal apoyo otros grupos hispanos que ni son españoles ni completamente americanos por motivos prácticos, ni mexicanos. Los cubanos, por ejemplo, carecen de cualquier sostén; no obstante, se encuentran exentos de complejos raciales y se sienten muy próximos a España.

Para el diplomático José Manuel Paz Agueras, "la dialéctica entre la «raza cósmica» (de Vasconcelos) y el «melting pot» se manifiesta en muy diversas circunstancias: en la pugna por el bilingüismo, en la preservación de la estructura fundamental de la familia hispánica, en la conservación de usos y costumbres que nos son propios. En defensa de estos intereses se unen mexicanos, cubanos, puertorriqueños y toda la gran familia de pueblos aquí representados, contribuyendo a crear el primer embrión de una comunidad auténticamente hispánica." Es interesante el punto de vista de Fernando Hurtado de Mendoza sobre la penetración del arte hispano en la sociedad norteamericana como elemento consolidador.

Algunos norteamericanos de origen español. El almirante David Glasgow Farragut —vencedor durante la guerra civil norteamericana en Mobile y Nueva Orleáns—, hijo del menorquín Jorge, fue promovido al rango de almirante, el primero en la historia de la marina de los Estados Unidos.

Jorge de Santayana es considerado filósofo norteamericano, si bien nació en Madrid en 1863 y jamás renunció a su nacionalidad española. Alumno y profesor de la Universidad de Harvard, escribió en el curso de su vida numerosas obras y gozó de merecida fama en el mundo de la filosofía y de la poesía.

El doctor Walter C. Alvarez, hijo del doctor Luis Fernández Alvarez, natural de La Puerta, Asturias, se graduó como médico en la Universidad de Stanford, y publicó una serie de libros, un millar de artículos en revistas, trabajó durante veinticinco años en la Clínica Mayo y fue profesor de la Universidad de Minnesota, ostentando el título de *Emeritus*. A la edad de ochenta años dirigió dos revistas médicas y atendía a un consultorio médico en una columna contratada con una cadena de prensa; su nombre era así muy popular. El más famoso de la familia es el hijo de Walter, Luis W. Alvarez, uno de los físicos más distinguidos en Norteamérica, consultor en física del presidente de los Estados Unidos, codirector del gran laboratorio de la Universidad de California y Premio Nobel. Intervino en forma decisiva en la preparación de la bomba atómica.

El contraalmirante Luis de Flórez, hijo de español, nació en Nueva York. Durante la segunda guerra mundial tomó parte activa en el entrenamiento "sintético" de pilotos mediante un programa revolucionario, que le valió el trofeo Collier en 1943.

Nacidos en España, son hoy ciudadanos norteamericanos un grupo de eminentes personalidades que han contribuido de manera sobresaliente al progreso de las ciencias y las artes.

La mujer española. Hasta este momento hemos intentado conjuntamente valorar la participación en las tareas civilizadoras de Norteamérica del misionero, del conquistador y del pueblo español, en general, pero no hemos hecho suficiente hincapié en la aportación de la mujer española en tal empresa. Su intervención puede calificarse en momentos de cardinal, en las más veces de ejemplar, no falta ocasión en que de asombrosa.

Si Norteamérica quedó incluida en 1513 en el mundo occidental, por medio de Ponce de León, ello es debido a una española. Don Juan, el gobernador de Puerto Rico, había alcanzado todo lo que un hombre renacentista podía apetecer: gloria, poder, dinero, etc., pero le faltaba el amor, y éste aspiró a encontrarlo en la persona de Beatriz de Córdova, hija de una antigua amada y mucho más joven que él, por tanto. Cuando amargamente se lamentaba de esta ausencia de juventud, necesaria para lograr un correspondido amor, se enteró por unos indios que en unas islas al norte, "Bimini," existía una fuente, la bebida de cuya agua proporcionaba la juventud. Con la pasión de un joven, se dejó ilusionar por la historia, por lo que, abandonando cuanto poseía, se lanzó a la desconocida aventura. Así, fue descubierta Florida y así encontró la muerte (en realidad por las heridas que le causaron en la segunda expedición) el viejo enamorado de una bonita joven española.

Si el Este debe tan romántico nacimiento a una mujer, el oeste de los Estados Unidos debe su permanencia en el mundo occidental y su exclusión de la influencia rusa a los ojos de otra española, Conchita Argüello, hermana del gobernador del Presidio de San Francisco, que se puede decir que hipnotizó al conde ruso Rezanov, quien apareció en 1805 por las costas californianas en misión expansiva encomendada por el zar.

El amor que se declaró en el ruso por la española le hizo canalizar sus ímpetus hacia la obtención —por parte de su soberano y del rey español— del permiso necesario para su matrimonio. No tardó en realizarse su partida en busca de tal objetivo, y con ella la desaparición del serio peligro de un establecimiento de los rusos en California. El hecho de la muerte en el viaje de ida a Siberia del enamorado galán, y la consiguiente reclusión bastantes años después en un convento de su joven amada, no añaden más que unas notas románticas a esta novela en la que el porvenir de tan importante parte de los Estados Unidos se puso tan en juego.

Merece no olvidarse en este breve recuento la figura de sor María de Agreda, monja que ha tenido enorme impacto en los destinos de España a través de la correspondencia que sostuvo en materias de gobierno con el monarca entonces reinante, D. Felipe IV, y caso extraordinario de bilocación en lo que a Norteamérica se refiere. El 22 de julio de 1629 aparecieron en la Misión de Isleta, cerca de El Paso, 50 indios humanos insistiendo en su deseo de recibir en sus tierras a los misioneros para ser bautizados: pasados veranos habían acudido con semejante petición, sin conseguir ser atenidos, debido a la falta de misioneros.

Pero esta vez no ocurrió lo mismo, porque a poco tuvieron noticias de la llegada a México del nuevo arzobispo, D. Francisco Manso y Zúñiga, procedente de España, quien traía instrucciones de averiguar lo que hubiera de cierto en las visitas a las tierras del Río Grande de sor María de Agreda, acerca de las cuales esta monja —que no se había movido materialmente de su convento en la provincia de Soria— daba todo género de detalles, así como de los indios a quienes había predicado la religión de Cristo.

Preguntados los indios, confirmaron haber recibido la visita de una "dama vestida de azul" (a semejanza de la monja de la misma orden, madre Luisa de Carrión, cuya pintura se encontraba en la casa del misionero de Isleta), joven y que les había predicado el cristianismo; al ser preguntados cómo no habían comentado antes tal suceso, respondieron que no habían sido cuestionados sobre ello y que, además, suponían que la dama y sus movimientos eran conocidos por los misioneros.

Ante semejante noticia, partieron sin demora con los indios humanos fray Juan de Salas y fray Diego López, quienes fueron recibidos entusiásticamente en su tierra, en torno a una cruz adornada y en procesión de acuerdo con los consejos de la "dama azul" que les había visitado recientemente. Indios de otras tribus vinieron a poco solicitando igualmente el bautismo, también por consejo de la misteriosa "dama," que les presentaba con totales apariencias de carne y hueso.

Tras oír dichos informes, el superior franciscano de la provincia, fray Alonso de Benavides, resolvió viajar a México e incluso a España para confrontar con la monja de Agreda las informaciones facilitadas por sus misioneros. Así lo hizo, y el 30 de abril de 1631 se entrevistó en el convento con sor María. Ella le confesó haber sido transportada por sus ángeles guardianes a Nuevo México, al que visitó por vez primera en 1620 y en multitud de ocasiones desde entonces; reconoció a fray Alonso —de cuando había acudido éste a bautizar a los pueblos Piro, ceremonia en la que ella estuvo presente— y describió con detalles la visita de fray Juan y fray Diego a los indios humanos, así como la persona de fray Cristóbal Quirós, misionero muy conocido en Nuevo México.

El visitante informó con asombro a sus superiores, y durante los años posteriores quedó en las tierras de Río Grande —considerables extensiones de Texas incluidas— la profunda huella de las visitas de la "dama," tradición que todavía puede palpar quien recorra aquellas regiones.

Entre las damas españolas dignas de mención por la aportación de sus virtudes patrias al acontecer de las nuevas tierras muchas podrían citarse; a guisa de ejemplo, sirvan las figuras de D.ª Eufenia de Sosa Peñalosa, esposa del abanderado de la expedición de D. Juan de Oñate, quien tomó la dirección de la defensa de San Juan contra los indios levantiscos en momentos en que el grueso del ejército se hallaba presente en la expedición contra Acoma en 1599; D.ª Luisa de Trujillo, D.ª Damiana Domínguez de Mendoza, D.ª Petronila de Salas, D.ª Lucía, D.ª María y D.ª Juana, de la familia de Leiva, todas ellas muertas heroicamente —las primeras, junto con sus hijos— en la rebelión de los indios pueblos de 1680; las tres esposas de tres soldados de la expedición de Vázquez de Coronado, quienes supieron ser fieles compañeras de sus maridos y cabalgar más de 10.000 kilómetros en circunstancias no ciertamente confortables, sirviendo, al mismo tiempo, de ayuda y alivio a los expedicionarios; D.ª María Dolores Valencia de Grijalva, quien acompañó con sus dos hijas a su marido, Juan Pablo, en la ruda marcha que desde Sonora a California el grupo dirigido por Anza realizó con el objetivo final de fundar San Francisco.

En otro orden de cosas, quizá proceda recordar a Manuela Ramón, hija del gobernador de San Antonio (Texas), quien en la primavera de 1716 casó con el conocido explorador francés Louis Jucherau de St. Denis, dulcificando en lo posible las relaciones hispano-francesas, bastante enconadas por tal época, como consecuencia de la intromisión gala en territorios considerados por los españoles como propios. Merecen también mencionarse las relaciones amorosas entre Teresa de Leyba, hermana del gobernador español de San Luis, y el caudillo independentista Clark, las cuales no terminaron en matrimonio debido a la entrada en un convento de aquélla, al no prever "equivocadamente" —a causa de su prolongada ausencia por la guerra— la decidida actitud casamentera del galán.

También la mujer india colaboró en la empresa española de la colonización de Norteamérica: cuando Hernando de Soto desembarcó en Florida en 1539, tuvo la agradable sorpresa de encontrarse con un compatriota denominado Ortiz, que había acompañado a Pánfilo de Narváez en su fracasada expedición diez años antes; capturado, prisionero, había estado a punto de morir, condenado por el cacique del lugar, lo que hubiera ocurrido de no haber sido salvado de tan temprano fin por la enamorada hija del jefe.

Tal circunstancia tuvo importantes consecuencias para la expedición de Soto, ya que la ayuda de Ortiz como intérprete (había aprendido los dialectos nativos en los años de cautiverio) le fue extraordinariamente preciosa al caudillo español hasta su muerte en la batalla de Mabila.

Dicha romántica aventura se adelantó en casi noventa años a la similar del capitán Smith, salvado de muerte segura en Virginia por el amor de la india Pocahontas. También hallaron importante ayuda de indios en el continente americano Cabeza de Vaca y sus tres supervivientes compañeros cuando en noviembre de 1535, se aproximaron a la actual región de El Paso (Texas).

♦ ACTIVIDAD CULTURAL ♦

Influencias españolas

La literatura. En este aspecto es definitivo el documentado estudio del profesor Stanley Williams. Numerosas noticias de esta obra se encuentran esparcidas en la presente. Como la transcripción de la mayoría de su contenido acarrearía el uso de una considerable parte de espacio, encuentro más útil remitir al interesado a la lectura de tan notable trabajo, bien dotado de abundante bibliografía.

En la obra de Williams aparecen los cimeros nombres de Ticknor (el gran historiador de la literatura española), Prescott (el biógrafo de la reina Isabel), Lowel (el autor del precioso librito *Impresiones sobre España*), Washington Irving (creador de los *Cuentos de la Alhambra*, biógrafo de Cristóbal Colón y persona que influyó con su hispanismo en su país), Irving Babbit (crítico en *Light and Shades of the Spanish Character*), Bryant, Longfellow (el traductor de Jorge Manrique), Bret Harte (con sus románticos relatos sobre la California española), W.D. Howells (conocedor de Galdós y Palacios Valdés, y admirado por Unamuno).

Además se encuentran Mark Twain (con sus quijotescos y sanchopancescos Tom Sawyer y Huckleberry Finn), Gertrude Stein (autora de *Tender Buttons*), Maxwell Anderson (a quien se debe *Noche sobre Taos* en la que se dramatiza la tensión producida por la llegada de los "anglos" a Nuevo México entre 1840 y 1850), John Dos Passos (con *Rocinante vuelve al camino*), Eugenio O'Neill (su drama *La fuente* tiene a Ponce de León como protagonista), Hemingway (discípulo autodeclarado de Pío Baroja y padre de las novelas *Por quién doblan las campanas*, *The Sun Also Rises* y *Muerte al atardecer*), Steinbeck (autor de la novela *La copa dorada*, por escena la América de España, y tripulante de *Rocinante*, el "jeep" en que recorrió su país en compañía de su perro "Charlie"), Tennessee Williams (cuyo repertorio dramático incluye "El Camino Real," crítica de la sociedad moderna, con intervención, en función de símbolo y contraste, de "Don Quixote"), Thornton Wilder (novelista, en *El puente de San Luis Rey*), Archibald McLeish (autor del poema "El Conquistador"), Waldo Frank (*España Virgen*), y James A. Michener (*Iberia*).

La primera representación teatral que se dio en el ámbito de los Estados Unidos fue hablada en español y escrito su texto por uno de los capitanes de D. Juan de Oñate, Marcos Farfán de los Godos. Tuvo lugar en las cercanías de El Paso, con ocasión de la toma de posesión, el 30 de abril de 1598, del reino de Nuevo México por aquel general español. Escrita la pieza para tal oportunidad, sus ensayos se sucedieron a toda prisa: trataba de la llegada de los franciscanos a la región, sus caminatas, sus encuentros con los nativos, sus prédicas del Evangelio y sus éxitos en conseguir la conversión. La segunda comedia representada tuvo por actores los componentes de la misma expedición y fue puesta en escena el 8 de septiembre del mismo año en San Juan (Nuevo México); acabó con un simulacro de lucha entre moros y cristianos.

Esta afición a las representaciones teatrales se continuó en los tiempos sucesivos y ha perdurado en el Sudoeste hasta nuestros días. Se ofrecen, así, todavía *Los moros y cristianos*, anteriormente mencionados; *Adán y Eva*, en Atrisco, cerca de Albuquerque; *El niño perdido*, en Cañón de Taos; *Los pastores* y *Los reyes magos*, en San Antonio y Santa Fe, todas ellas habitualmente en español y, a veces, en reciente traducción inglesa.

Por otra parte, el primer libro redactado dentro de los confines del país se debió al hermano Domingo

Agustín Báez, jesuita de las misiones de Georgia, en 1569: una gramática sobre la lengua de los indios de Guale (Georgia). Y la primera descripción del territorio de la Unión se halla en la obra *Naufragios*, de Alvar Núñez Cabeza de Vaca, publicada en 1542.

Dando un tremendo salto en el tiempo, quizás proceda recordar la existencia actual en los Estados Unidos de una serie de escritores de calidad, en español, que han hecho posible la constitución de la Academia de la Lengua Española, con sede en Nueva York. La Universidad de Miami convocó en 1986 un concurso literario denominado "Letras de Oro," para los escritores en español residentes en los Estados Unidos. Consiguió un gran éxito, así como en los años sucesivos.

También debe dejarse constancia de la realidad de la literatura chicana, con cultivadores de varia actitud y en número creciente, utilizando un castellano erosionado —intérprete de las gentes del grupo mexicano-chicano— y mezclándolo a veces con el inglés.

La música. Puede notarse el impacto español en los compositores de música sinfónica y en el del folklore, más bien en las regiones otrora dominios del rey de España. Dejando aparte la enorme popularidad de los aires musicales de los países al sur del Río Grande, los que, en definitiva, llevan en sí la impronta española, es digna destacar la supervivencia de las canciones traídas por los conquistadores en el Sudoeste y en el Oeste. En determinadas épocas del año, dicho folklore especialmente revive, como en el caso de los villancicos y la danza de los matachines en Navidades, o de los alabados en Semana Santa: unos y otros pueden escucharse y contemplarse en Texas, Nuevo México, Arizona y Colorado, así como comprarse los correspondientes discos, con gran encanto impresionados. Un pujante folklore vasco existe actualmente en las regiones habitadas por tal grupo regional, como Idaho, Nevada, Oregón y California. En cuanto a la presencia de la música española en Estados Unidos y a las influencias españolas en la música española en Estados Unidos y a las influencias españolas en la música norteamericana, el lector interesado debe consultar la interesante obra de Gilbert Chase, *The Music of Spain*, quien dedica un capítulo a los compositores sinfónicos Louis Moreau Gottschalk, Charles Martin Loeffler, Harl McDonald y Emerson Whithorne. El tema de las misiones, por ejemplo, ha servido de inspiración al citado McDonald en los dos nocturnos bautizados "San Juan de Capistrano" y en el segundo tiempo, "Misión," de su segunda sinfonía subtitulada "Rumba"; y Meredith Wilson, en su segunda sinfonía en Do mayor, "Misiones de California," dedicó su tercer tiempo al vuelo de las palomas y a su franciscana leyenda. Hijos de españoles han sido el pianista y la bailarina Emilio y Teresita Osta.

En relación con la atribución a Gottschalk del "Himno de la Unión," parece que su verdadero autor es el aragonés Tomás Genovés. Gottschalk estuvo en Zaragoza en 1852 y dirigió la gran sinfonía de aquel, "Los sitios de Zaragoza." Cuando regresó a los Estados Unidos, la adaptó a su experiencia pianística y la presentó sin indicar el nombre de su autor. De la sinfonía procedía un himno patriótico de los aragoneses contra Napoleón, que fue interpretado infinidad de veces durante la guerra civil norteamericana, convirtiéndose en el "Himno de la Unión."

La arquitectura y otras artes. Aparte de la influencia genérica que el potente arte español haya podido tener en los artistas norteamericanos, hay algunos aspectos específicos que quizá valga la pena marcar. Es un hecho que los edificios más antiguos existentes en los Estados Unidos son obra de España: algunos no tendrán otro valor que su ancianidad: la mayoría reúnen, además, una serie de condiciones estéticas que les hacen acreedores a figurar en la vanguardia de la historia del arte de dicho país. En la arquitectura militar no existe edificio comparable al Castillo de San Marcos, en San Agustín, que, si reúne bellas proporciones y se destaca artísticamente del paisaje urbano y marítimo que lo rodea, puede ostentar con orgullo haber cumplido sin titubeos el fin para que fue construido: su inexpugnabilidad ante los muchos ataques ingleses y de piratas que sufrió. En la arquitectura religiosa, los ejemplos de las conocidas misiones californianas y de las menos populares y todavía mas artísticas de San Xavier del Bac, en Arizona, y de San José, en San Antonio (Texas), podrían presentarse en un concurso a convocarse sobre el máximo logro de la compenetración de los genios artísticos europeos e indígena. En el terreno de la arquitectura civil, por doquier han quedado rastros españoles, y ya sean algunas casas en San Agustín, "La Villita" en San Antonio, la "Avila Adoba" en Los Angeles, y las componentes de la calle de España, en Santa Bárbara; y el "Vieux Carré" de Nueva Orleáns; ya los palacios de los gobernadores de San Antonio y Santa Fe; ya el Presidio de Monterey, en California, junto a otros muchos ejemplos coleccionables, son aportaciones de un incomparable valor por su antigüedad y su méritos intrínsecos.

Este tipo de genuina arquitectura española ha influido en el curso del presente siglo en muchos arquitectos, que en todo el ámbito del país, y con especialidad en Florida y California, lograron poner de moda el llamado estilo colonial español en torno a los años veinte. Entre ellos se destaca Addison Mizner. El libro de R. W. Sexto sobre el tema es suficientemente explícito, y a su través vemos tal presencia en los planos, en los exteriores, en la distribución interior, en los materiales empleados (tejas, azulejos, hierros, etc.) y en los muebles que las alhajan. El estilo español tiene además la ventaja de ser opuesto a la simetría, por lo que ofrece grandes posibilidades y variaciones. La casa española forma parte del paisaje, y su configuración y materiales actúan siempre en función de aquél. Los colores también juegan, y el blanco de la cal o rojo de los ladrillos de las paredes, el negro de las rejas y el colorado o gris de los tejados se insertan en la plasticidad total que debe buscar una obra arquitectónica. El interior de casa española típica es sobrio y artístico, y éste es un aspecto en el que la moda española se está imponiendo de nuevo en la decoración norteamericana.

Una serie de residencias —en localidades como Palm Beach, Santa Bárbara, San Diego y Beverly Hills, entre otros— ostentan el estilo español. Pero también otro tipo de edificaciones han sido influidas por él, tales como una de las más importantes casas funerales de Sacramento, el magnífico Palacio de Justicia de Santa Bárbara, etc. Varias de las principales universidades han recibido también la impronta española en sus edificios: mientras en la de Texas, con sede en Austin, predomina una especie de estilo renacimiento español, en la de Stanford, cerca de San Francisco, es el arte románico el que impera, siendo en la Universidad de California, en Los Angeles, en cambio, el estilo mudéjar el que más sobresale. Si la Universidad de Colorado es una modesta versión de la arquitectura rural española, la de Rice, en Houston, acusa la influencia del estilo renacimiento español. Por su parte, en la Universidad de Nuevo México sus modernos edificios siguen la línea típica de las construcciones de adobe que elevaron los españoles, tomando como base las que encontraron en los poblados (pueblos) indios. Este tipo de construcción de adobe ha sido resucitado en todo el área de influencia neomexicana.

El Empire State Building en Nueva York, recuerda por su esbeltez y ascendentes líneas a la Giralda sevillana. La Alhambra de Granada sirvió de modelo —si bien con poco éxito— al edifico que hoy alberga la Universidad de Tampa, en la ciudad de este nombre. El inconfundible estilo del catalán Gaudí se muestra impetuoso en las Watts Towers en California, en las que una serie de mosaicos debidos a Simón Rodia adornan los muros exteriores de cemento, con la riqueza propia del arte del decorador del parque Güell, de Barcelona. El arquitecto valenciano Rafael Guastavino emigró a los Estados Unidos llevando consigo la rica experiencia del sistema llamado comúnmente de bóveda catalana. Lo perfeccionó en este país y lo patentó con el nombre de "sistema Guastavino," acerca del cual escribió dos libros. Le ayudó y sucedió en su sistema su hijo Rafael, fallecido en 1950. Desde 1880 a los años de la segunda guerra mundial, la popularidad del sistema fue enorme, y se cuentan por cientos en el país los edificios cuyas bóvedas se han construido siguiendo tal procedimiento; entre otros se encuentran las estaciones del "metro" de Nueva York, la capilla de la Universidad de Columbia, la Biblioteca Pública de Boston y la estación neoyorquina del ferrocarril de Pennsylvania.

Son importantes las obras de arte creadas durante el período español en las distintas misiones, muchas de las cuales se conservan todavía en el área de los Estados Unidos.

En la técnica de la ilustración y del dibujo, los artistas norteamericanos han debido mucho a Daniel Urrabieta Vierge que recibió el nombre de "padre de la ilustración moderna." En él se hallan la mayor parte de los avances que en el siglo XIX realizaron los Estados Unidos en tal campo.

Banderas, escudos y otros símbolos. La bandera de Alabama es blanca, con la purpúrea cruz de San Andrés abarcando sus cuatro esquinas: aquí se ve la influencia de los estandartes traídos por los españoles a América y utilizados a partir de que el Ducado de Borgoña recayera en el emperador Carlos V y fuera heredado por sus sucesores, los reyes de España. El escudo de Alabama tiene cuatro cuarteles, más uno central, flanqueados por un águila a cada lado y un barco velero por cimera: el cuartel superior derecho se compone de dos castillos y dos leones ibéricos. La enseña de Arizona, dividida horizontalmente en dos mitades, representa en su sector septentrional el sol poniente por medio de siete franjas rojas alternando con seis gualdas que parten en forma de abanico desde una estrella de cinco puntas emplazada en su centro. El pabellón de Arkansas —colorado, blanco y azul— contiene tres estrellas, debajo de la palabra "Arkansas," que simbolizan a Francia, España y los Estados Unidos, los tres poderes que han gobernado allí durante su historia.

La divisa de Colorado consta de tres franjas horizontales, una nívea entre dos azules; en su costado izquierdo, y ocupando la bandera central y parte de las otras, se halla una gran "C" bermeja, con amarillo el espacio comprendido en su concavidad; los colores también sirven aquí para honrar la ascendencia española del estado. El distintivo de Florida se asemeja al de Alabama, pero en el centro de la Cruz de San Andrés se halla un círculo que contiene un paisaje y un letrero indicando que se trata del sello oficial. La encarnada Cruz de Borgoña sobre fondo blanco ondea en el Castillo de San Marcos de San Agustín, como reconocimiento a su historia pasada. El lema del estado de Montana es "Oro y Plata" (en español). El árbol representativo de Nevada, el *piñón*, una variedad de pino, que conserva la ñ castellana. La bandera de Nuevo México despliega en un campo de oro el rojo Sol simbólico de los indios zia, en cromático tributo a la Madre Patria. Oregón incluye una carabela en su escudo, en recuerdo de los navegantes españoles.

Por otra parte, hay ciudades e instituciones en cuyos escudos se evoca la memoria de España; en el de Mobile se incluyen los castillos y leones, y el de San Agustín es una reproducción del imperio de Carlos V.

♦ EL IDIOMA ESPAÑOL EN ♦ LOS ESTADOS UNIDOS

No puede faltar en un trabajo como éste una referencia a la presencia de la lengua española en Norteamérica, referencia que se dividirá en cuatro partes: el español aprendido, el español hablado como lengua propia, el español como lengua oficial e influencias del español en el inglés.

Aunque no sea oficial (recuérdese los referendums en California, Florida y otros estados), es un hecho que el castellano es el segundo idioma de los Estados Unidos. Pero, según el profesor de la Universidad de Pennsylvania, John Gutiérrez, el castellano no es realmente un idioma de emigrantes, como lo ha sido el italiano, polaco y otros, ya que el español es un idioma del país por hablarse en áreas del sudoeste de la nación desde 1598. "Los hispanos se asimilarán y aprenderán el inglés porque saben que lo necesitan para progresar, pero esto no significa que olvidarán el español. Es más, pueden constituir el primer grupo de inmigrantes que no abandone el uso de su idioma en la tercera generación como es lo usual."

Lengua aprendida

Resumen histórico. Desde los primeros tiempos de las Trece Colonias, el español fue conocido y practicado por una "élite," la cual experimentó un notable aumento cuando las relaciones comerciales con las Indias Occidentales se desarrollaron. En las distintas provincias, y con especialidad en Nueva Inglaterra, en Virginia y en Filadelfia, se tienen noticias de la existencia de notables conocedores del castellano, de bibliotecas conteniendo libros en español y de profesores que se dedicaban a la noble tarea de su enseñanza.

Baste recordar el interés por la enseñanza del español de personalidades como Franklin o Jefferson, y el progreso que su estudio alcanzó en el curso del siglo XIX, siendo quizá las universidades de Harvard y de Virginia las adelantadas en la materia. A comienzos del siglo XX el estudio del español no había alcanzado en realidad gran difusión, y era sobrepasado ampliamente por el del francés y el alemán (no se olvide que en las convenciones fundacionales de Filadelfia se planteó la posibilidad de declarar el alemán como idioma oficial de la nueva nación y no el inglés, y que en estados como Colorado se usó durante muchos años como lengua oficial junto al inglés y el español). Con la primera guerra mundial la enseñanza del alemán decayó enormemente, en tanto que la del español aumentó de forma muy considerable.

Tras la segunda guerra mundial, el renovado interés norteamericano por la América hispánica, la formación de una conciencia nacional sobre la necesidad de dominar las lenguas extranjeras si se quiere mantener el dominio político y, en lo que se refiere concretamente a España, el desarrollo de una corriente turística geométricamente progresiva, el interés por el español ha aumentado de forma extraordinaria en los tres niveles de enseñanza primaria, secundaria y universitaria. El aumento del alumnado ha tenido como previo requisito el del profesorado, el cual se ha nutrido en parte con los muchachos que hicieron la guerra y que, al conocer países extranjeros y salir del aislamiento continental, comprendieron la necesidad del dominio de las lenguas; colaboró en los últimos años el establecimiento de los Institutos de Lenguas, de acuerdo con el programa de la *National Defense*

Education Act. Junto a estos cursos financiados por el gobierno federal, muchas universidades organizaron por cuenta propia sus cursos especializados de idiomas; en este campo le corresponde un lugar preferente a Middlebury College, que fundó en 1917 la Spanish School, a base de profesores nativos. La *International Education Act* de 1966 modificó, en parte, la ley anteriormente citada, ampliando las posibilidades de la ayuda federal para las enseñanzas de lenguas extranjeras. Es interesante también la *Foreign Language Assistance Act*.

Interés actual por el español. El número de las secciones de español en los colegios y universidades ha ido aumentando extraordinariamente en los últimos años, sobrepasando la cifra del millar. Lo mismo puede decirse de los institutos independientes y asociaciones que ofrecen el español como uno de los atractivos para lograr más alumnos o miembros. Parecida favorable coyuntura se verifica en los grados de enseñanza primaria y secundaria, en los que el castellano es el más enseñado después del inglés. La situación resumida de la enseñanza del español es la siguiente: en las *secondary schools*, los alumnos de las escuelas públicas matriculados en español en 1974 ascendían a la cifra de 2.064.364, y de las escuelas privadas alrededor de un 10 por 100 de la matrícula total; en los colegios y universidades los alumnos de español en 1980 totalizaron la cifra de 379.379, desbancando a los alumnos de francés (248.361). En dicha época, en los estados de Nuevo México, Texas, Arizona, Florida, Nevada, California y Oklahoma, el 50 por 100 de los estudiantes de los grados 9-12 de aquellas escuelas públicas estudiaban español.

La Orden de 1 de julio de 1965, del gobierno de California, hizo obligatoria en las escuelas elementales de este estado la enseñanza de un idioma extranjero. Con este motivo, el español, que desde hacía seis o siete años se aprendía en muchas instituciones, ha pasado a ocupar el primer puesto, casi sin excepción, entre los elegidos por los estudiantes. En algunos puntos llegan éstos a alcanzar un alto porcentaje, en relación con la totalidad de los alumnos inscritos; por ejemplo, en La Cumbre, el 76,3%; en La Colina, el 66%, y en Goleta Valley, el 54,6%. A partir de 1975 se ha impartido la instrucción bilingüe en español e inglés en el estado de Nueva Jersey siempre que exista un 20% de alumnos con conocimientos limitados de inglés. También se imparte en otros como Nuevo México, Florida, Nueva York, Massachusetts y California.

Intercambio culturales. Tan numerosa dedicación, como en diferente medida a la de otros idiomas, ha sido y está promovida por el gobierno federal y por una serie de importantes instituciones educacionales (incluyendo en éstas no sólo los centros de enseñanza) y, en el caso que ocupa a España, asimismo por el gobierno de Madrid y una serie de organismos interesados en la materia. Tal política de fomento lingüístico se centró desde el principio en la concesión de becas de diferente condición para estudiar en el extranjero tanto a profesores como a alumnos, tarea que en la etapa del boicot internacional a España quedó a la iniciativa aislada de instituciones e individuos y que, a partir de los pactos hispanoamericanos de 1953, fue concretándose hasta consolidarse en un Acuerdo Cultural, firmado en Madrid en 1958. Este abrió una serie de posibilidades a los estudiosos e intelectuales de ambos países, y fue completado por uno de "Cooperación Cultural" en Washington, el 8 de octubre de 1963, y por otro de financiación de los programas de intercambio cultural firmado en Madrid en 1964. En los años sucesivos continuaron firmándose Acuerdos, cuando caducaban los anteriores, siempre basándose en la Ley "Fulbright-Hays," y haciendo posible el intercambio progresivo entre los dos países.

Han concedido y conceden becas para estudiar el español en España, entre otras instituciones norteamericanas, el Departamento de Estado, la *Agency for International Development* (AID), el *American Field Service*, el *Experiment on International Living* y las fundaciones *The Good Samaritan* y *Del Amo*; y por parte de España, colaborando en dicha labor de difusión del español, la Dirección General de Relaciones Culturales del Ministerio de Asuntos Exteriores y, de manera esporádica, otras entidades, como el Consejo Superior de Investigaciones Científicas, el Instituto de Cooperación Iberoamericana (antes de Cultura Hispánica) y la Fundación March.

La *Good Samaritan* debió su fundación al español D. Elías Ahuja, quien en 1880 se trasladó a los Estados Unidos, en los que consiguió una considerable fortuna. Tras una temporada en su país natal, regresó a los Estados Unidos en 1937 y constituyó la fundación de referencia con el objeto de ayudar a los muchachos de ambos países en los estudios a realizar en el territorio del otro. La *Fundación del Amo* se debe al Dr. Gregorio del Amo, quien la creó en 1929 en California, teniendo por objetivo primordial el promover las relaciones culturales entre España y California meridional. Ni que decir tiene que las instituciones mencionadas, así como conceden becas a los norteamericanos para estudiar en España, también otorgan facilidades a los españoles para ampliar sus conocimientos en los Estados Unidos.

Realiza destacada labor la *Asociación Cultural Hispano Norteamericana* (ACHNA), constituida en Madrid en

1954, a base principalmente de los antiguos estudiantes en los Estados Unidos. La embajada norteamericana mantiene en Madrid el centro cultural *Washington Irving*, así como un Instituto en Barcelona. En la Universidad Internacional de Santander, una numerosa serie de instituciones educacionales de los Estados Unidos estableció en España en los años sesenta y principios de los setenta cursos de diversa índole y duración. La "Asociación de Programas Norteamericanos en España" reúne a 40 universidades de los Estados Unidos. En conjunto, unas 60 instituciones de educación terciaria conducen programas de diferente entidad. El "Instituto Internacional" de Madrid, fundado en 1877, merece una mención especial.

El Instituto de Cooperación Iberoamericana mantiene unos cursos especiales dedicados al reciclaje de profesores de origen hispano en los Estados Unidos. Algunas universidades españolas, como las dos de Salamanca, imparten cursos de verano para extranjeros, cuyo alumnado americano cabe calcular entre seis y ocho mil.

Asociaciones, instituciones y revistas. Entre las asociaciones que deben mencionarse por sus relaciones con el tema están la *Modern Language Association of America* (MLA), que tuvo su nacimiento en 1883 y que al año siguiente comenzó a publicar su magnífica revista titulada *PMLA*, en la que aparecen artículos redactados en todas la lenguas modernas. Han figurado en la nómina de sus presidentes algunos notables hispanistas, como James Russell Lowell, Charles Carroll Marden, Rudolph Schevill, S.G. Morley y Hayward Keniston. Esta asociación se reúne anualmente y publica una muy útil lista de los decanos y jefes de los departamentos de lenguas de los colegios y universidades norteamericanos, así como de los miembros de la asociación, que han de ser profesores de enseñanza superior.

Paralelamente existe la *American Association of Teachers of Spanish and Portuguese* (AATSP), iniciada en 1915, pero que no comenzó a funcionar hasta 1917, en que se celebró la primera reunión. Acoge a todos los profesores de español, cualquiera sea el grado de la institución en que enseñen, y su nómina se aproxima en la actualidad a la cifra de 40.000 (lo cual no quiere decir que a ella pertenezcan todos los que se dedican a la enseñanza del español). Publica una muy buena revista trimestral *Hispania*, y ayuda a los profesores a encontrar un nuevo acomodo si desean cambiar de institución. Ha celebrado dos reuniones en España, la última en agosto de 1986.

Para reunir a todas las asociaciones regionales de profesores de lenguas se fundó la *National Federation of Modern Language Teachers* en la que fue admitida la de profesores de español; lanzó la publicación *Modern Language Journal*, de la que fue director durante mucho tiempo el gran hispanista Henry Grattan Doyle.

La *Sociedad Nacional Hispánica Sigma Delta Pi* merecería ser mejor conocida en los países de lengua española, por la entusiasta labor que realiza en pro de lo hispánico y por los cálidos términos que usa al realizar cualquier tipo de actividad: su lema es "el amor por todo lo noble y bello que haya salido de la venerable España," y su escudo, cuatro cuarteles con castillos y leones con un círculo central conteniendo las tres letras griegas y una corona real por cimera. Fundada en la Universidad de California (Berkeley) en 1919, se declaró Sociedad Nacional en 1925, cuando ya contaba con seis capítulos regionales. Hoy se cuentan hasta 184, extendidos por diversas universidades y colegios de los Estados Unidos. Son admitidos en *Sigma Delta Pi* aquellos profesores y estudiantes que han manifestado un particular entusiasmo por lo hispánico y la lengua española, y que se han hecho acreedores de tal distinción. El boletín *Entre Nosotros* informa a los socios periódicamente de las actividades de los Capítulos, en las que se alternan representaciones teatrales con conferencias, sesiones de cine con artículos o libros, todo en torno al tema hispánico. La *Sociedad Honoraria Hispánica* acoge a estudiantes de enseñanza secundaria.

Otras instituciones que mucho han realizado por la difusión de las lenguas y las culturas hispánicas han sido la *Hispanic Society of America*, fundada por Archer M. Huntington en Nueva York; la *Hispanic Foundation*, de la Biblioteca del Congreso en Washington, debida al mismo gran hispanista; y el *Instituto de las Españas*, de la Universidad de Columbia. En esta institución se publica desde 1934 la *Revista Hispánica Moderna*, continuación de la anteriormente editada *Revista de Estudios Hispánicos*. La *Basque American Foundation* edita *The Journal of Basque Studies*.

En muchas universidades y colegios norteamericanos existen institutos especializados en el estudio de la América hispánica, y casas en las que los alumnos viven en un ambiente totalmente hispano, lo que les facilita la adquisición del dominio de la lengua. La Universidad de Florida, en Gainsville, publica en colaboración con la Biblioteca del Congreso, el *Handbook of Latin American Studies*; la Universidad de Pennsylvania da a la luz trimestralmente su *Hispanic Review*, fundada en 1933; y la Universidad de Duke, con su *The Hispanic American Historical Review* informa cuatro veces al año de las novedades más notables en el campo de la historia hispánica, lo mismo que hace *The Americas* de la Academia de la Historia Franciscana Americana. Tres números lanza anualmente la *Revista de Estudios Hispánicos* de la Universidad de Alabama.

Hispanistas. Parece llegado el momento de hacer justicia a los hispanistas norteamericanos, recordando al menos su existencia. Un largo estudio merecían, pero el hecho de haberse ya escrito éste en más de una ocasión y la presente e imperiosa necesidad de ser breve, impulsan a enumerar a continuación tan sólo aquellos no consignados en otras páginas de este libro: E.C. Hills, Fitz-Gerald, Alfred Coester, Luquiens, Claude Anibal, Harry C. Heaton, E.K. Mapes, George Tyler Northup, Charles E. Chapman, F. Courtney Yarr, Edwin Place, Charles Wagner, Donald Walsh, y J. Brown Scott, y más recientemente, Paul Hogan, Gilbert Chase, Curtis Wilgus, Charles Arnade, Michael Kenny y los profesores King, Willis, Schraibman, Roberto Lado, Marguerite Rand, Nicholson Adams, Stoudemire, Keller, Blankenship, Del Greco, Kronik, Shoemaker, Urbanski, Carter, Don Walter, Dowling, Flys, Mirion Peyton, Elias L. Rivers, Tatum, Inman Fox, Swain, Thomas, McPheeters, Andersson, Castañeda, Hesse, McCurdy, Espinosa (padre e hijo), matrimonio Schevill, y Knowlton.

Sean rememorados igualmente entre los hispánicos que con ellos han colaborado: Felipe Fernández, Félix Merino, León de la Costa, Miguel Cabrera de Nevares, Julio Soler, Luis F. Mantilla, Angel Herrero de la Mora y Javier Vingut en los tiempos pasados, y en los más recientes a Marichal, Durán, López Morillas, Jorge Guillén, Ferrán, Serís, Rosa Martínez, Sofía Novoa, María Madariaga, Casalduero, Da Cal, matrimonio del Río, Ayala, Navarro Tomás, García Lorca, González López, Florit, Oliver Bertrán, García Mazas, Llorens, Américo Castro, González Muela, Blanco Aguinaga, Supervía, Solá Solé, Rodríguez Castellano, Rojas, J. Corominas, Sánchez Barbudo, Sánchez Romeralo, Galmés, Lagos, Alborg, Lendinez, Salinero, Roca-Pons, Bleiberg, Gullón, Insfrán, Sobrino, Fernández, Jorrín, Sender, Ruiz Fornells, Onís, Barcia, Sánchez Reulet, Montesinos, Rodríguez Moñino, Betanzos, Roy, Santamaría, y Carreño.

Lengua propia

La presencia histórica de España en parte del territorio de los Estados Unidos y las inmigraciones, a partir de su independencia, de hispanoparlantes procedentes de México, Cuba, Puerto Rico y otros países, han motivado que el español sea hablado como primera lengua en la actualidad por un número muy considerable de ciudadanos norteamericanos y residentes de su territorio, en cifra que sobrepasa los catorce millones y medio (censo de 1980) de personas. Es indudable que después del inglés es el idioma más oído en sus contornos, seguido a gran distancia por el francés, que todavía se utiliza como lengua nativa en las zonas limítrofes a la provincia canadiense de Quebec y en algunos sectores del estado de Luisiana. A aquella cifra hay que añadir la de los ciudadanos de ascendencia hispánica, que, no obstante haber nacido en Norteamérica y tener el inglés como idioma propio, conservan el uso del español.

Es sorprendente viajar por los Estados Unidos y escuchar en áreas distantes de su geografía la lengua de Cervantes, usada en cada lugar con peculiaridades propias. Haciendo caso omiso del castellano hablado por las distintas colonias o sus sectores de próxima influencia (españoles, mexicanos, puertorriqueños, cubanos), es admirable la manera cómo se ha conservado el castellano introducido en las épocas de la colonia. Así ocurre en los Estados de Nuevo México, Arizona, Colorado, Luisiana, Texas y California, y en menores áreas en Florida, Nevada y Alabama (Mobile). Hay algunas diferencias, por ejemplo, entre el español hablado en Nuevo México y en Arizona, e incluso dentro de cada una de estas regiones pueden observarse también matices: en la ciudad de Tucson, además del normal en el sur de Arizona, existe el utilizado por los indios yaquis y el Pachuco. El Pachuco, especie de jerga, inventada en 1930 en El Paso, Texas, y extendida más tarde —sobre todo, al término de la segunda guerra mundial— por California (Los Angeles) y Arizona, es un lenguaje basado en el español, mezcla de anglicismos, localismos mexicanos y regionales, palabras castellanas cambiadas en significado, o en forma, o en ambas cosas, y vocablos inventados, que usan los jóvenes componentes de determinadas pandillas con los predominantes objetivos de diferenciarse y de no ser entendidos por los extraños al grupo. Es tan curioso el fenómeno del Pachuco que incluso se han grabado canciones en tal jerga, algunas de ellas en la voz de Lalo Guerrero, como la denominada "La Pachuquilla," con el éxito que supone la venta en pocos meses de 60.000 discos.

En el estado de Luisiana se conserva el español, entre otros sectores, en la Parroquia de St. Bernard y en los denominados "brulis" (parroquias "Ascensión" y "Assumption"), existiendo entre ellos diferencias de habla como consecuencia del origen "isleño" o canario de los habitantes del primero, y de la mayor influencia del francés sufrida por los del segundo. Da gusto oír el español charlado en San Antonio, Texas, y en todo el sudoeste de dicho estado, así como en buena parte de Colorado, especialmente en su mediodía, fronterizo con Nuevo México.

De todo el Sudoeste, es en Nuevo México y en el sur de Colorado en donde el español original, el importado por los colonos en los siglos XVI y XVII, mejor se conserva, conteniendo una serie de arcaísmos hoy desaparecidos de la Península Ibérica e incluso de muchos países americanos; semejante fenómeno se explica por el mayor aislamiento en que se ha mantenido hasta hace pocos años con respecto a México y a las influencias anglosajonas, en comparación con lo acaecido en Texas o en California. No es raro oír a un neomexicano la palabras *asina, agora, morar, mesmo*, etc. De apreciarse algunas influencias idiomáticas procedentes del gran país situado al sur del Río Grande son más bien adscribibles al náhuatl, lengua de los aztecas, que al español-mexicano. Dada, por otra parte, la considerable ausencia de cultura literaria en el Nuevo Reino en los periódicos de dominio hispano, nada tiene de extraño que el profesor Aurelio M. Espinosa califique al español de Nuevo México como el hijo más aislado del español del Siglo de Oro.

Otro fenómeno de perseverancia del español es el caso de los chamorros de la isla de Guam, en el Pacífico. Dicha herencia se ha visto protegida a través de los tiempos gracias sobre todo a la acción de las órdenes religiosas.

Es, por otra parte, un hecho negativo la extendida existencia del *spanglish* que incorpora al español palabras y expresiones inglesas incorrectamente modificadas.

Prueba de la vitalidad de la lengua española en los Estados Unidos está en que en 10 años los medios de comunicación de habla española se han duplicado. De 100 emisoras radiofónicas que emitían en español programación completa de 1978, se ha pasado a 211 en 1988. Buena parte de las emisoras en inglés incluyen en sus programas horas en español. Así en California, más de 65 estaciones emiten entre 1 y 20 horas en español. La televisión en este idioma ha pasado de 16 cadenas a 22, sin contar con la presencia de 6 canales mexicanos que se captan merced al satélite "Morelos."

Las estaciones televisivas de las cadenas *SIN* y *Latinet* tuvieron hace años amplia cobertura. Hoy día sirven al público hispano con sus noticieros respectivos las cadenas *Univisión* y *Telemundo*, habiendo comenzado éste en enero de 1987 bajo el nombre de *Hispanic-American Broadcasting Corporation*. Un nuevo competidor es *Univisa* con el servicio de cable español *Galavisión*, como su producto más renombrado.

Una cifra superior de 200 periódicos se publican en el país, teniendo por destinatarios los sectores hispánicos (hay otros con mercado predominantemente en los países al sur del río Bravo). De éstos son diarios: los difundidos *Diario Las Américas* y la versión española del *Miami Herald*, *El Nuevo Herald* (Miami), el *Diario—La Prensa* (Nueva York), *La Opinión* (Los Angeles), *El Continental* (El Paso) y el *Laredo Times* (Laredo).

En relación con el tema del periodismo es curioso destacar que en Luisiana, mientras en tiempos españoles sólo se imprimió un periódico titulado *Moniteur de la Luisiane* (en francés), salieron a la luz en los años subsiguientes a su incorporación a los Estados Unidos diversas publicaciones periódicas en español, a saber: *El Misisipí, El Mensagero Luisianés, El Telégrafo, El Español, El Correo Atlántico, Avispa de Nueva Orleáns, El Iris de la Paz, La Patria* (periódico mercantil, político y literario; único órgano de la población española de los Estados Unidos, *La Unión, El Indicador*, etc., en Nueva Orleáns, y *El Mexicano* en Natchitoches, a lo largo de diferentes años y alguno hasta en 1869.

Lengua oficial

En lo que se refiere a Nuevo México, el español ha sido el idioma oficial desde 1846, cuando el general Stephen Watts Kearny ordenó —precisamente el 18 de agosto, dos días después de la toma pacífica de Santa Fe por la Fuerzas Armadas de los Estados Unidos— la confección de la obra *Organic Laws and Constitution*. Desde entonces, el español pudo usarse en situación parigual a la del inglés en el parlamento y en los tribunales, y más cuando, en 1910, se incluyó en la constitución estatal una cláusula disponiendo la publicación de las leyes en inglés y en español. Aún ahora en la legislatura estatal se traducen al español las leyes modernas, en los tribunales de justicia y en los juzgados puede hacerse la defensa civil, si hay necesidad, en dicho idioma, con ayuda eficaz de traductores; en los diarios se leen todavía los edictos y anuncios legales tanto en inglés como en español y, en fin, los derechos y privilegios de los ciudadanos pueden protegerse y promoverse en ambos idiomas. En el estado de Colorado el español ha sido lengua oficial hasta el año 1921, y podía utilizarse indistintamente con el inglés en el Congreso y en los tribunales de justicia. Más o menos semejantemente sucedió con los estados heredados de México por el Tratado de Guadalupe Hidalgo de 1848, que convirtió, en verdad, a los Estados Unidos en una nación bilingüe. La constitución de California, promulgada dicho año, declaraba que "todas las leyes, decretos, reglamentos y disposiciones cuya naturaleza requiera su publicación deberán ser redactadas en inglés y en español."

Por decisión del estado de Nueva York, los ciudadanos norteamericanos de habla española pueden jurar la Constitución de los Estados Unidos en español y, por tanto, votar; esta decisión promovió reclamaciones de las minorías polaca, rusa, etc., que fueron rechazadas por los tribunales, basándose en que hay un estado de la Unión —Nuevo México— en donde la lengua española es también oficial y, por tanto, sus ciudadanos pueden votar sin saber inglés. El gobierno federal aprobó igualmente una ley que hacía posible a los ciudadanos de habla española votar en su idioma, siempre que hubiesen ido a la escuela, a través de todos los grados, bajo la bandera norteamericana, es decir, a los puertorriqueños, a los nacidos en la zona del canal de Panamá y a los filipinos anteriores a la independencia.

La ciudad de Miami (Florida), por su parte, desde comienzos de 1967, y por decisión de su Ayuntamiento contó con dos idiomas oficiales, de modo que el español y el inglés podían ser usados indistintamente tanto en los actos públicos como en los privados; ello se debía a la gran masa de población hispana concentrada en ella, especialmente exiliados cubanos. Por las mismas razones, tal normativa se extendió en 1973 a todo el Condado de Dade. Años después, estas medidas fueron canceladas. El inglés fue proclamado lengua oficial en los referendums celebrados en California en 1986, y en Florida y Colorado en 1988.

Con ocasión de la Hemisfair 1968, celebrada en San Antonio (Texas), el español fue considerado en todo el estado durante el año como idioma oficial, junto al inglés.

La *Civil Rights Act* de 1964 se opuso a toda discriminación por razón del origen, raza, color, religión o sexo. El *Cabinet Committee on Opportunities for Spanish-Speaking People* se creó en 1969 con el propósito de promover el acceso de los hispano-parlantes a los cargos públicos. La *Voting Rights Acts* de 1965 y 1975 eliminaron requisitos relacionados con la lengua. El *Bilingual Ballot* ha sido promovido por el *Fondo Puertorriqueño de Defensa Legal*. El estado de Florida creó hace tiempo una *Comisión Estatal Hispana* la cual se preocupa de la provisión de empleos estatales a los miembros de la comunidad hispánica, tema del foro público convocado en Wynwood en agosto de 1986. Algunos estados han admitido los exámenes de conducir en español.

Influyente en el inglés

Eruditos ha habido que han dedicado su esfuerzo y conocimientos al estudio de la presencia del castellano en el inglés hablado y escrito por los norteamericanos: valga como ejemplo *A Dictinary of Spanish Terms in English*, del profesor Harold W. Bentry. Esta influencia es mayor de lo que a primera vista pudiera parecer, dejando aparte los innumerables nombres (ciudades, ríos, montañas, cabos, etc.) que han sido incorporados a la geografía del país. Muchas palabras españolas han ido incluyéndose en el vocabulario del estadounidense de hoy y no sólo del situado en las regiones del Suroeste, aunque hay que reconocer que aquéllas son de más frecuente y numeroso uso en esta área y en determinadas profesiones, como la militar, la del transporte o la del *cowboy*. También se da el caso de palabras que visiblemente muestran su punto de origen, en tanto que otras han sido anglificadas y modificadas (en su ortografía o en su pronunciación). Entre estas últimas se encuentran *alligator* (lagarto), *cigar*, *grandee* (grande de España o semejante), *negro*, *rodeo*, *tornado*, *hurricane*, *tobacco*, etc. Así, son de uso corriente en el territorio de la Unión las palabras *siesta*, *guerrilla*, *plaza*, *mañana*, *adiós*, *ranch* y tantas otras. No digamos en el vocabulario de los vaqueros, en el que aparecen constantemente *sombrero*, *lasso*, *corral*, *caballo*, *vaca*, *vaquero*, *llano*, *matanza*, *manteca*, *stampede*, *adobe*, *cañon*, *piñon*, *bonanza*, *fandango*, *hacienda*, etc. Se registran más de 900.

El catalán, el vascuence y el gallego

Los estudios de catalán han sido promovidos por la *North American Catalan Society* que ha venido organizando coloquios: en las universidades de Urbana (1978), Yale (1980), Toronto (1982), Washington (1984) y Nueva York (1986). Se enseña en algunos departamentos universitarios.

Se ocupan del vascuence la *Basque American Foundation*, su *Journal of Basque Studies*, y las universidades de Santa Bárbara, Indiana, Cornell, Wisconsin y Nevada. Esta dispone de un Centro de Estudios Vascos y una biblioteca con libros en español y vascuence.

Del gallego se ocupa la *Asociación de Estudios Gallegos* que fue la promotora del Segundo Congreso de Estudios Gallegos, celebrado en Brown University en noviembre de 1988.

Los nombres del país

A punto estuvo la gran nación norteamericana de quedar deudora en su nombre a España, la que hizo posible el descubrimiento del continente en que se halla enclavada. Cuando los padres de la patria, al rebelarse victoriosamente contra Inglaterra, quisieron que sus tierras quedaran cobijadas bajo una misma y significativa denominación, intentando bautizar la nueva entidad internacional como *Columbia*, en honor de Cristóbal Colon. Correspondió a Philip Frenau la iniciación de la campaña en favor del nombre de Columbia en 1775 en Boston, en la publicación *American Liberty*, y contó con grandes probabilidades de éxito. Con parecido nominal origen, Georgia y Virginia habían consolidado sus nombres, y el de Colón, que Gran Bretaña había procurado oscurecer durante su denominación, exaltando, en cambio, el de Cabot, se mostraba como el del héroe, primer fundador de la patria nueva. Se presentó una magnífica oportunidad para el cambio de nombre en la Convención Constitucional de 1787, pero los muchos problemas que en ella tuvieron que resolverse, la ausencia de Jefferson en Francia y la ancianidad de Franklin motivaron el que no se tomara acuerdo alguno. El nombre de Columbia continuó siendo utilizado para simbolizar a la nación en términos poéticos y en momentos emocionales. La canción *Columbia, the Gem of the Ocean* (*Columbia, la joya del océano*), escrita a mediados del siglo XIX, se convirtió en una de las músicas patrióticas preferidas y más populares. Llegóse a identificar el término *Columbia* con el de *Freedom* o *Libertad*; de aquí que cuando el capitolio federal se construyera, Thomas Crawford dibujara la estatua de *Columbia* para la cima de la cúpula. Desde entonces, es norma que todos los edificios federales ostenten una estatua de *Columbia*.

En lugar del significativo nombre, el país quedó con el de *Estados Unidos de América*. Con la independencia de las colonias hispanoamericanas, se puso en evidencia la inadecuación de la denominación elegida: nacían otros estados —algunos también "unidos"— en el Nuevo Mundo, cuyo origen no procedía de la Revolución de las Trece Provincias. No obstante, la patria de Washington y Monroe continuó haciendo uso de aquella frase en funciones de identificación nacional y, aún más, con el tiempo, y por el afán de abreviar, comenzó a utilizarse la palabra *América*, así como su correlativa *americanos*, para distinguir a sus naturales, de forma que éstos han llegado a consustanciarse con aquel término, cuyo monopolio ciertamente no les corresponde.

Quizá proceda recordar, por la paradoja que su apropiación supone, que el nombre América se ha aplicado desde su nacimiento a todas las tierras del Nuevo Mundo y durante muchos años no a las del Norte, que son hoy precisamente las que intentan a detentarlo con exclusividad. Martin Waldseemüller fue el primero que, en 1507, utilizó el vocablo *América*, refiriéndolo a la parte sur del continente recién descubierto por Colón. Tal nombre fue ya admitido en 1514 por Ludovicus Boulanger, en 1515 por Leonardo Da Vinci en sus respectivos mapas y en 1520 por Pedro Margallo en su *Fisicae compendium*. Su acogida quedó durante mucho tiempo reducida, de modo que el adjetivo *americano* no figura en el *Diccionario de Autoridades* de 1734 y solo se incluye en la edición de 1770, sin alegar autoridad.

El continente Norte aparece en el curso del siglo XVI bajo varios nombres, bien distintos del actual: Nueva España (abarcando todas las tierras al norte del Río Grande), Florida, etc. Posteriormente, su sector más septentrional será denominado Nueva Francia. El nombre de América aplicado a las tierras boreales del Nuevo Mundo empieza a contemplarse en los mapas de Ortelius de 1570 y de Cornelio de Judeais de 1593. En el *Planisferio* que acompaña a la relación de Nicolás de Cardona en 1614, se denomina a la del Norte *América Mexicana*, y a la del Sur *América Peruana*.

Antes de la Revolución ningún nombre distinguía a las provincias como un todo, pero cuando se sublevaron empezaron a adoptar los nombres de *Colonias Unidas*, *Colonias Unidas de América* o *Colonias Unidas de Norteamérica*. En la Declaración de Independencia aparece ya el de *Estados Unidos de América*, pero cuando Franklin, Deane y Lee pidieron, a finales de 1776, una entrevista al embajador español en París, Conde de Aranda, lo hicieron bajo el nombre de *Plenipotenciarios del Congreso de las Provincias Unidas de la América Septentrional*, y Franklin firmó un tratado consular con Francia, por el que los "Trece Estados Unidos de Norteamérica" permitían a los cónsules franceses presentar sus patentes a los gobernadores de los estados y no al Congreso.

En cualquier caso, el nombre de América procede del de Americo —Amerigo— Vespuci, el florentino que, al servicio de los reyes de España, realizó una serie de viajes descubridores por el Nuevo Mundo. Obtenida en 1505 su naturalización en los reinos de Castilla y León, su relato de los cuatro viajes realizados movió a Martin Waldseemüller, en 1507, a proponer el bautizo del gran continente con la gracia con que hoy es conocido. América —no Ameriga— nació, pues, de Americo español.

Origen de nombres de algunos estados

Varios son los que tienen su origen en motivos relacionados de un modo u otro con España o lo español. Así, Florida recibió este nombre de D. Juan Ponce de León el 2 de abril de 1513. ¿Por qué? Al no haber todavía desembarcado, no conocía la denominación del lugar por los naturales, y como no llevaba sacerdote alguno en la expedición, quizá no recordaba el santo del día (de acuerdo con la extendida costumbre española). ¿Pensó en denominarlo Nuevo León? Herrera, su cronista, explica que escogió *Florida* por hallarse en plena Pascua Florida —sólo seis días después del Domingo de Resurrección— y por aparecerse los campos en completa floración primaveral. Con el tiempo, la entonación de la palabras cambiaría, y hoy es pronunciada por sus habitantes con acento esdrújulo.

Por largo tiempo, bajo el nombre de Florida se incluirían una serie de tierras que se extendían por lo menos hasta la bahía de Chesapeake. El vocablo se conservó durante la ocupación inglesa del Estado-Península y cuando éste se convirtió en componente de la Unión. Teniendo en cuenta lo que antecede, la legislatura del estado de 1953 proclamó la celebración anual de la *Pascua Florida Week* (del 27 de marzo al 2 de abril) y del *Pascua Florida Day* el día 2 de abril, éste como fiesta estatal.

También es debida a España la génesis de Texas, aunque su morfología no sea castellana. En 1683 siete indios procedentes del Este visitaron al gobernador español en El Paso para solicitarle misioneros y ayuda en la guerra. Hablaron de ciertas tribus y particularmente de lo que los españoles creyeron entender como "el reino de Texas." La expedición enviada no halló tal reino, pero cuando años mas tarde, en 1689, otra fue confiada al mando de Alonso de León, los españoles fueron saludados por los indios hasinai con los gritos de "¡Techas!, ¡Techas!," que significaba ¡Amigos! ¡Amigos! Aunque los españoles se dieron cuenta de que la palabra no se refería a una entidad geográfica, continuaron aplicándola a los nuevos territorios que comenzaron a ser explorados a partir de la expedición de D. Domingo de Terán y fray Damián Massanet en 1691. Antes habían sido denominados Panuco y Nuevas Filipinas.

Nuevo México aparece por vez primera en los informes proporcionados por Francisco de Ibarra, buscador de minas de oro, quien en 1563 se dirigió hacia el Norte y, guiado por una india, se aproximó a una gran ciudad; contempló a las gentes ataviadas como los aztecas y tocando unos tambores al modo de México. Cuando regresó, sostuvo haber descubierto un Nuevo México.

La región, visitada muchos años antes en 1539 por fray Marcos de Niza, había recibido de éste el nombre de "Nuevo Reino de San Francisco." Coronado denominó a la región Tiguex. El grupo de nueve, encabezado por Sánchez Chamuscado y el hermano Rodríguez, la bautizaron como de San Felipe. Al año siguiente Antonio Espejo informó haberse dirigido hacia el Norte, "a las provincias y establecimientos de Nuevo México, a los que denominé Nueva Andalucía, en honor de mi tierra maternal." Oñate tomó posesión ya en 1598 sobre los "reinos y provincias de Nuevo México."

El estado de Colorado ha conseguido su gracia en el río que lo baña. Cuando sus espacios fueron reclamados por España en 1706, recibió el nombre de Santo Domingo. Al ser constituido en territorio muchos nombres se propusieron, entre otros, "San Juan," pero cuando se presentó en 1859 el proyecto de ley ante la Cámara se sugirió el de "Colona," por Colón, no llegando a prosperar. Correspondió al senador Green de Missouri el triunfo de su actual denominación.

De varias explicaciones ha sido objeto el término *California*. La más verídica —y así opinó Ticknor— es la de *Las sergas de Esplandián*, de Ordóñez de Montalvo, quinta parte de la versión de éste del libro de caballería *Amadís de Gaula*. En la novela aparecía una isla en la que gobernaba la Reina Calafia a sólo mujeres y en la que únicamente entraban los hombres imprescindibles para mantener la reproducción de la especie. Indudablemente, los españoles de Nueva España conocían la novela, y al tener noticias del descubrimiento de una gran isla (al principio así se creía que era la Baja California) aceptaron de buen grado tal bautizo. Herrera lo recoge.

Fue muy distinto el nombre de Montana, que, al final, se dio al territorio, más tarde, estado. Los debates en la Cámara de Representantes y en el Senado son curiosos, por demás. En el primero tuvo por apasionado defensor a James M. Ashly, quien en todo momento explicó el significado de la palabra española original, apropiado a la calidad montañosa del territorio cuya creación se proponía, y evitó la denominación de Jefferson, como un grupo de demócratas e incluso de habitantes demandaban; en el Senado también entró en juego su etimología española. Naturalmente que la tilde de la ñ se perdió por desconocerse en el inglés.

La elección de Nevada para el territorio vecino de California se debió al Comité para Territorios, que, al recordar la próxima existencia de la Sierra Nevada, optó por acortar el nombre y dejarlo reducido al segundo. A los habitantes de futuro territorio no les hizo demasiada ilusión la elección, por la participación de la sierra en su superficie sólo en mínima parte y por dar a entender un clima y un paisaje alejado de la realidad. Se propusieron otras palabras: *Washoe*, por la tribu india nativa; *Sierra Plata* y *Oro Plata* (en español), por las minas que sus tierras encerraban. Pero, al final, prosperó la denominación primeramente elegida.

A la vista está que Arizona es un estado con vitola española. Había sido ésta utilizada en el siglo XVIII por el padre Ortega, y se refería a un antiguo distrito minero. A mediados del siglo XIX se formó la *Arizona Mining & Trade Company*. Cuando se propuso en 1854 al Congreso al división del territorio de Nuevo México, se sugirieron como nombres aplicables al sector occidental, *Gadsonia* (por Gadsden, el negociador con México de la compra de una franja de tierra incorporada a aquel territorio), *Pimeria* (al uso de los españoles) y Arizona. En la Convención que se reunió en Tucson dos años más tarde influyó en la adopción del nombre un tal N.P. Cook, que tenía participación activa en la compañía minera. Bajo el de Arizona la región fue convertida en territorio por los confederados en 1861, y cuando pasó a manos de la Unión, el Congreso mantuvo la denominación en 1863.

Entre la posibles etimologías de *Oregón*, figuran las españolas de *orégano, orejón, origen* e incluso *Aragón*. La más verídica parece la de que los navegantes españoles, al encontrar a indios con grandes orejas, les denominaron orejones, y al transcribirse al inglés en singular, se cambió la *j* por la *g*, de acuerdo con la pronunciación anglosajona. En 1853 los habitantes del sector norte de dicho territorio solicitaron al Congreso la organización de otro, separado bajo el nombre de Columbia, haciendo el homenaje merecido al descubridor del continente. El proyecto de ley llegó a la Cámara de Representantes, pero fue derrotado por existir previamente el distrito de Columbia y prestarse a equivocaciones; lo más curioso es que triunfó el de Washington, que se presta igualmente a confusiones con la capital federal. El nombre de Distrito de Columbia —que aparece mencionado por vez primera en una carta al arquitecto L'Enfant de la Junta de Arquitectos de fecha 9 de septiembre de 1791 y que se incluyó en las *Actas* del Congreso el 6 de mayo de 1796—, como ya se ha mencionado, es el remanente de los intentos serios que se hicieron para designar al nuevo país *Columbia*, honrando a Colón, en lugar de su denominación actual de *Estados Unidos de América*.

♦ APORTACIONES EN EL CAMPO ♦ DE LA ECONOMIA Y EL DERECHO

Ganadería y agricultura

Variedades de animales habían llegado a América en el segundo viaje de Colón, concretamente a la Isla de Santo Domingo. Gregorio de Villalobos llevó las primeras terneras a Nueva España en 1521, dos años después de la conquista por Cortés. Pronto se multiplicó el ganado importado, de forma que Vázquez de Coronado pudo reunir sin esfuerzo en 1540 500 caballos, 500 cabezas, además de 5.000 ovejas, cabras y cerdos. En la misma época, Hernando de Soto desembarcó en Florida, y paseó en el curso de su larga jornada un considerable número de vacas, ovejas y cerdos. A la misma península había llevado terneras Ponce de León en 1521, en su segundo viaje. Estos fueron los primeros animales que entraron en el actual territorio de los Estados Unidos. No se propagaron en tales oportunidades en forma domesticada, si bien algunos ejemplares se extraviaron y se reprodujeron abundantemente en vida salvaje: así, los *razorback hogs* que los pioneros encontraron en Alabama y Arkansas descienden de los puercos que acompañaron a Soto; los caballos que se liberaron de la vida doméstica serían conocidos después por cimarrones, etc.

Las ovejas y las vacas de Nuevo México deben su comienzo a la expedición de Oñate en 1598; con los colonos que tras ella se establecieron, la ganadería prosperó, y en los primeros tiempos, sobre todo, la lana, que reunía las condiciones predominantemente necesitadas en aquel territorio. Los indios pronto se adaptaron a la cría de la oveja y aprendieron a hilar la lana, con la que fabricarían mantas, rebozos, etc., y en cuya artesanía sobresaldrían como consumados artistas. El vacuno se extendería más tarde en Nuevo México como consecuencia de influencias de Texas. En este último territorio, el primer ganado con descendencia se localizó en 1690 en la región oriental, en torno a las misiones de Nacogdoches. En lo que es hoy sur de Arizona había en 1790 rebaños en Santa Cruz, San Pedro y Sonora. Tristán de Luna —como anteriormente Narváez y Soto— acompañó sus colonos con un considerable número de cabezas, pero es Menéndez de Avilés el acreedor del título del primer afortunado granjero que hizo progresar su cría. Si los comienzos fueron difíciles, puede decirse que entre 1655 y 1702 la ganadería pasó en Florida por años de verdadera prosperidad, especialmente en los últimos veinte. Hubo ranchos en las cercanías de Palatka, Gainesville y Tallahassee, y se conoce la existencia de hasta 25 de aquéllos en las dos primeras áreas y de nueve en la tercera. Los ganados de Horrytiner e Hita y Salazar alcanzaron merecida fama. El navío *San Carlos* es conocido como el "Mayflower del Oeste," por haber desembarcado en 1769 —con el primer grupo expedicionario de Portolá y Serra— una serie de cabezas de ganado, gallinas y otras vituallas. El ganado pronto progresó en las misiones, de forma que antes de finalizar el siglo había más de un millón de cabezas en la provincia de California.

El famoso *longhorn* (cuerno largo) de Texas remonta su origen a los tiempos coloniales españoles. El *longhorn* quedará siempre como la base hispánica y roqueña, en la que la historia de dicha región, típicamente ganadera, está fundada. Hacia 1770, en la Misión del Espíritu Santo, cerca de Goliad, se contaban 40.000 cabezas —de ganado marcado y no marcado—, y la vecina del Rosario hasta 10.000 de marcado y 20.000 sin marcar. Recibió el nombre de mesteños (en inglés *mustang*) el grupo de animales sin marcar. Tal origen ganadero español ha traído como correlativo la incorporación, según ya hemos visto, de muchas palabras castellanas al lenguaje de los vaqueros tejanos y, por ende, del resto del país. El ganadero tejano se extendió por otros sectores del país, tanto hacia el Oeste —el *Far-West*— como hacia el Norte, por los Estados de las Grandes Llanuras.

El perro, compañero de andanzas del célebre "Becerrillo," propiedad de Ponce de León y precioso auxiliar de su amo en la pacificación de Puerto Rico, también fue fiel compañero de los españoles en las conquistas norteamericanas. De su importante aportación a ellas, hace expresiva justicia el historiador De Voto.

Paralelamente en el vaquero español tiene su comienzo la popular figura del *cowboy*: españoles fueron los primeros jinetes que cabalgaron a través de las tierras del sector occidental del país, españoles son el estilo y el tipo del atuendo básico que los *cowboys* llevan (no hay más que ver el traje campero andaluz), españoles fueron los caballos que asustaron a los indios cuando los contemplaron por vez primera, dudando si se trataban de animales o de seres mitológicos asociados físicamente a los jinetes que los montaban. Los indios pueblos divisaron a los equinos en 1540, cuando apareció Coronado y su gente, y en el Sudoeste sembraron el terror entre los nativos los ejemplares llevados por Narváez y Soto. Su presencia causó una tremenda revolución en las artes de la guerra cuando no en la paz, ya que los indios reaccionaron pronto del pavor, se percataron de sus posibilidades y se convirtieron en consumados jinetes; de sedentarios agricultores pasaron a vagabundos nómadas. Con la posesión del caballo y la utilización al máximo de sus posibilidades, la vida de los indios cambió por completo, permitiéndoles sus desplazamientos con mayor rapidez y comodidad, y otorgándoles una reforzada capacidad de ataque y de huida. De aquí que la posesión de los cuadrúpedos se convirtiera en un objetivo primordial en la guerra india, siendo muchas veces causa de asaltos sangrientos; el robo de caballos vino a ser la ansiada meta y, cuando logrado, el gran azote para los españoles, ya que muchas veces los indios consiguieron superioridad combativa sobre éstos, debido a la proporción de fuerzas ecuestres. Gracias a los caballos pudieron seguir las migraciones de los inmensos rebaños de búfalos en las grandes llanuras y ser comparados favorablemente con las hordas montadas del mongol Genghis Khan. Como dice Patrick Patterson, director del Woolaroc Museum en Oklahoma, todo cuadro en que figura en los Estados Unidos un caballo es un tributo a España.

Muchos caballos se hicieron salvajes, los cimarrones, y dieron nombre a localidades de diversos estados y a una variedad de automóviles *Cadillac*.

Las aportaciones en el campo agrícola no son menos importantes que las ocurridas en el ganadero, y tanto unas como otras merecerían un más detallado estudio. Todas las expediciones españolas que sucesivamente pusieron pie en el continente con intención del establecimiento permanente, llevaron consigo simientes y aperos de labranza; así, en los casos de Ayllón, en San Miguel de Guadalpe y Tristán de Luna, en Pensacola, y Coronado, en Nuevo México.

Los hombres de Oñate trajeron las siguientes semillas que plantaron en campos acondicionados debidamente y cuyo cultivo enseñaron a los indios: trigo, avena, centeno, cebollas, chile, guisantes, melones, sandías, albaricoques, melocotones, manzanas y ciertas variedades de judías, ciruelas, higos, dátiles, almendras, nueces, avellanas y olivos. Estos cultivos, desconocidos hasta entonces en Norteamérica, fueron prosperando poco a poco, y no tuvieron en ello pequeña intervención los frailes de las distintas misiones que fueron surgiendo. Igual intervención hispana se dio en aclimatación en el nuevo continente de las vides, los naranjos, limoneros y demás agrios. En el progreso de todos estos cultivos tuvieron parte relevante los métodos de irrigación que los españoles habían heredado de los árabes.

La vid y demás productos hortícolas, que tanta importancia suponen para la economía de California, hicieron su aparición en San Diego, a bordo del navío *San Carlos*, ya mencionado, en 1769.

Vías de comunicación

Alvar Núñez Cabeza de Vaca ostenta con justicia el título de peatón número uno de los Estados Unidos, al ser el primer europeo en cruzar Norteamérica de Este a Oeste siglos antes que otro alguno. Su hazaña caminera es difícil de comprender aun en nuestros días, ya que pisó los estados de Florida, Alabama, Mississippi y Luisiana como miembro de la expedición de Narváez, y recorrió por su cuenta después, en el curso de ocho años, los de Texas, Nuevo México y Arizona, para entrar en Nueva España y recorrerla igualmente hasta la capital de México. Esta primera travesía transcontinental mereció la debida conmemoración en 1935 al acuñarse en Estados Unidos una moneda de $0.50 de valor, en la que junto al mapa de aquellos estados aparece el nombre del héroe español; no sería repetida hasta 1805 por la expedición de Lewis y Clark. La hazaña de Alvar Núñez se ilumina con más mérito si se medita que, cuando emprendió la tremenda jornada, la reina Isabel de Inglaterra no había aún nacido y ocurrió cincuenta años antes de que naciera el capitán Smith, fundador de Virginia.

Las expediciones españolas —más o menos numerosas en su composición— que recorrieron después el país fueron abriendo poco a poco rutas, las más de las veces a base de pistas apenas trazadas, siempre a través de regiones habitadas por tribus belicosas y bravas; dichas rutas acabarían consolidándose y sirviendo de base para varias de las modernas carreteras. Así, la autopista conocida por el nombre de *Atlantic, Gulf and Pacific Safeway*, que une San Agustín, en la costa Este, con Los Angeles, en la costa Oeste, está basada en los anteriores trazados de las carreteras 90, 80, 70 y 86, que coincidían con el *Old Spanish Trail*. (En aquella ciudad de Florida existe una piedra que marca el cero de dicha ruta.) Se les atribuyó esta evocadora denominación en las ceremonias que se desarrollaron en St. Augustine, en 1929, y es una pena que no haya sido conservado para la autopista en la reunión que en febrero de 1949 celebraron en Edgewater Park para su promoción las autoridades y hombres de empresa de los estados interesados; en sus folletos de propaganda sí se ha conservado, en cambio, el antiguo nombre. Las 2.743 millas (4.115 kilómetros) de que se compone, costaron a los españoles doscientos años de intentos, desde la fundación de San Agustín en 1565, a la de San Diego en 1769. Su totalidad fue obra de un empeño continuado y resultado de logros parciales. En Florida, la ruta o *trail* que los españoles establecieron unía San Agustín con San Luis (en las inmediaciones de Tallahassee), a través de una serie de misiones o puntos, entre los que se encontraba la actual Gainesville. En la carretera A1A de Palm Beach a Miami puede contemplarse la indicación *El Camino Real*.

Cuando España entró en posesión de la Luisiana en 1763, y durante sus cuarenta años de dominio de tal territorio, pudo unir físicamente sus tierras de Florida con las del Sudoeste. En Texas se enlazaba con la denominada *Atascosito*, que pasaba por Beaumont, Houston, Victoria, La Bahía y San Antonio, y que se prolongaba hasta El Paso. Otra ruta en Texas era el *Camino Real*, desde los Adaes —capital del sector oriental— (luego se alargó hasta Natchitoches), a Saltillo, en Nueva España, pasando por San Antonio y Guerrero: es la carretera 21, en la que existen letreros que recuerdan su antigua e hispánica condición. San Antonio estuvo pronto enlazado con Santa Fe de manera permanente, y más tarde con Albuquerque. Nuevo México quedaría conectado con California a través de Arizona por medio del *Gila Trail*, que, si había sido abierto por Melchor Díaz en 1539, no quedaría establecido hasta que Juan Bautista de Anza, con los padres Garcés y Díaz, uniera a Sonora con el Pacífico, a través de Yuma, en 1774.

Santa Fe se convirtió en un nudo de comunicaciones, conforme las exploraciones españolas fueron avanzando: hacia el Oeste, gracias a los esfuerzos de los padres Escalante y Domínguez en 1776 de buscar un paso con California a través de Utah y de *El Vado de los Padres*, esfuerzos que serían completados en 1829 por el mexicano Armijo (dicha ruta se vería muy frecuentada entre 1839 y 1850, denominada *Spanish Trail*); hacia el Este, merced a los viajes de Vial en 1792, quien, atravesando los territorios de Missouri, Kansas y Colorado, conectó la capital de Nuevo México con San Luis (Missouri): las informaciones de su *Diario* marcaron el precedente de lo que en el siglo XIX adquiriría gran importancia —civilizadora y comercial— bajo el nombre de *Santa Fe Trail*. San Luis, por su parte, se enlazaba con Nueva Orleáns por una vía permanente, parte fluvial, parte terrestre, la cual, en su sector de Missouri, coincide con la actual carretera 61 desde Nuevo Madrid, y quedan letreros de la existencia de tal *Camino Real*, entre otros lugares, en la propia ciudad de San Luis. También se conservan análogos a lo largo de la ruta californiana 101, desde San Diego a San Francisco, la que iniciara fray Junípero. Reproducciones de las campanas misionales jalonan *El Camino Real* cada 10 millas.

El dólar, hijo de España

España ha contribuido a la grandeza de los Estados Unidos con su moneda, el todopoderoso dólar, y le proporcionó —como ya vimos brevemente— el instrumento que le permitió hacerse independiente. La cosa se explica así: en una primera época de su historia, la economía de las Colonias se basó en el trueque, pero pronto se impuso la necesidad de usar una mercancía con valor intrínseco y uniforme. La escasez imperante de monedas decidió a New England el establecimiento de una Casa de Moneda en 1651, lo que hizo Maryland diez años después. La escasez de metales en las Colonias y la prohibición de su importación en éstas decretada por Inglaterra, así como la de las monedas inglesas, forzaron a las diferentes legislaturas a emitir "dinero legal" o papel moneda: cuando en 1690 regresaron los soldados del ataque al Canadá, hubo que pagarles con billetes que servían para satisfacer los impuestos, circunstancia que hizo que se mantuvieran en la circulación; en 1712, Carolina del Sur organizó un banco público y emitió 148.000 dólares en notas de créditos, y veinte años más tarde Maryland dispuso que el tabaco funcionara como moneda legal a un penique la libra y el maíz indio a 20 peniques el *bushel* (otras provincias recurrieron a medidas análogas).

A remediar esta situación vino el dinero español, el *Spanish silver dollar* o peso, cuya presencia durante el siglo XVIII se hizo abundante como consecuencia del creciente comercio con Cuba y México. El dólar español o "pieza de ocho" o "Real de a 8" (equivalente a ocho reales) tenía el valor de cuatro chelines y seis peniques en relación con la libra esterlina, si bien en cada provincia alcanzaba una diferente cotización: en Georgia y Carolina del Sur, 4s 8d; en Virginia y Nueva Inglaterra 6s; en Nueva York, 8s, y en las otras colonias, 7s 6d. La "pieza de ocho" se impuso como predominante en la circulación, aunque otras monedas extranjeras se usaban también en menor proporción: la "pistola" española de oro, equivalente a cuatro dólares; el doblón, con un valor de 16 dólares, etc. Con tal supervaloración del dólar español creyeron los colonos que retendrían en sus dominios las monedas, pero el resultado fue que partieron rumbo a Inglaterra como pago de las mercancías metropolitanas. La prohibición por el parlamento inglés en 1740 del papel moneda emitido por las Colonias, teniendo como *standard* el dólar español, y años más tarde de los billetes de curso legal, lanzados por las tesorerías provinciales, prepararon el ambiente de insatisfacción que las leyes sobre impuestos hicieron estallar.

Llegamos aquí al momento de la sublevación contra Inglaterra, en la que una de las facetas es la constitución de un sistema monetario independiente del inglés; se toma entonces como base el dólar español y no la libra esterlina. El Congreso Continental declaró en 1775 que los dos millones de billetes de crédito, cuya emisión autorizaba, deberían ser redimidos en dólares españoles. Así, en 1775 y 1776 se imprimieron billetes bajo el nombre de "Colonías Unidas," en tanto que a partir de 1777 apareció ya la denominación de "Estados Unidos." Su texto rezaba en inglés al siguiente tenor: "Tres dólares. El portador tendrá derecho a recibir tres dólares españoles «acordonados», de acuerdo con la Resolución del Congreso tomada en Filadelfia el 10 de mayo de 1775." Se emitieron del mismo modo en Virginia y Rhode Island.

La elección del *Spanish milled dollar* significa el alejamiento de las unidades inglesas y la entrada del nuevo país en el sistema decimal monetario. Jefferson propuso el *Spanish dollar* como unidad y recomendó que el nuevo dólar se definiera en términos de plata y oro. Siguiendo estas directrices, el Congreso aprobó en 1785 una resolución, calificando al dólar como la unidad monetaria de los Estados Unidos y dividiendo a éste de acuerdo al sistema decimal. Para dar un valor a la unidad elegida, el secretario del tesorero, Hamilton, hizo pesar un surtido de dólares españoles tomados al azar: encontró que tenían un término medio de plata pura de 371,25 gramos, por lo que se tomó esta cifra como base del nuevo dólar. Con ello se dio un paso hacia la separación del dólar americano del español. En la *Act Establishing a Mint and Regulating the Coins of the United States* del 2 de abril de 1792 se habla indistintamente del *dollar* y de la *unit*, con el ánimo indudable de ofrecer una alternativa denominación a la nueva unidad; pero el segundo término no tuvo la menor aceptación y el pueblo prefirió usar el español.

Las monedas extranjeras continuaron circulando en los Estados Unidos, y especialmente los dólares españoles fueron declarados por el Congreso en 1793 de curso legal, y lo mismo en 1806. Solamente en 1857 el Congreso les quitó tal privilegio, así como a otras monedas extranjeras.

Este dolar español, que ya había sido encontrado por La Salle entre los nativos de Texas en 1686 cuando llegó hasta esa región, poco antes de ser asesinado, se conocía en los territorios de España con el nombre de peso. Pero el nombre de dólar le ha llegado a la moneda americana igualmente a través de España. Hallamos su origen remoto en un valle de Bohemia, el *joaquimshal* o Valle de Joaquín, en el que su señor inauguró en 1486 el lucrativo negocio de acuñar monedas por su cuenta, rica en plata de ley, peso y talla. El *joaquimsthaler*, debido a ello, fue moneda muy solicitada, y pronto conocido por *Thaler*. Al llegar a los Países Bajos se convirtió en *daler*, y más tarde, tanto en España como en Londres, se cotizó como *dólar*. Dado que la moneda española gozaba de gran riqueza de ley, como consecuencia de la abundancia del precioso metal extraído de las minas de Perú y México, vino a ser nombrada como *dólar español*. Cuando cesó de ser el patrón monetario de los nuevos Estados Unidos, dejaron éstos caer el adjetivo *español* y conservaron la palabra *dollar*, que había aparecido en sus primeros billetes. Así nació la moneda norteamericana actual.

Merece la pena aclarar que los *milled dollars* o dólares "acordonados," a que aluden los billetes "continentales," son las monedas arrugadas por sus bordes o con cordoncillo, acuñadas así con el primordial objeto de evitar falsificaciones. Por otra parte, el dólar español era conocido por *pillar dollar* o dólar pilar, debido a las columnas de Hércules que aparecen en él como parte del escudo español. El signo $, por el que el dólar norteamericano es comúnmente conocido, tiene asimismo un origen español. La opinión más aceptada halla su procedencia en la imitación de las referidas columnas —dos en el escudo español—, que son enlazadas en forma descendente por una cinta en la que se lee *Plus Ultra*, el lema tradicional de España (la cual, con el descubrimiento de América, supo deshacer la antigua leyenda del mar tenebroso, del *Non Plus Ultra*, allende el estrecho de Gibraltar). Para otros, el signo $ tiene su origen en las columnas de Hércules y en la cifra *8*, que, como gallardete, las abraza en las "piezas de ocho." Para Arthur Nussbaum, las dos líneas paralelas representan una de las muchas abreviaturas de *P* de la moneda española Peso, en tanto que la *S* indica su plural. En todo caso, es curioso constatar que tal abreviatura monetaria ha sido normalmente usada en la Argentina para su moneda nacional, el peso argentino.

Concesiones españolas de tierras

Muchos norteamericanos, especialmente al término de la guerra de la Independencia, no se encontraron cómodos en su nueva patria (por las lógicas dificultades de los primeros tiempos, por la inevitable desilusión que los idealistas se llevan cuando tienen que enfrentarse con la realidad, por afán de aventura, por deseo de enriquecerse en nuevas tierras, etc.), y prefirieron trasladarse a vivir fuera. Naturalmente que el lugar indicado para su expansión eran los dominios españoles, situados en el mismo continente en que vivían. Si durante largas épocas las autoridades españolas no fueron partidarias del establecimiento en sus territorios de extranjeros (más que por motivos de raza o nacionalidad, por causa de su religión), llegó un momento en que, no pudiendo la población española colonizar las inmensas posesiones del rey y necesitando de colonos que con su presencia las defendieran de los ataques de extranjeros y de indios y con su trabajo las pusiesen en producción, se abrió la mano y una serie de permisos fueron otorgados, con particularidad en los territorios de Luisiana, en una primera época, y en Texas con posterioridad, cuando aquéllos pasaron a mano de sus vecinos americanos. Muchos de los nuevos colonos, que invariablemente habían de jurar fidelidad al rey de España como leales súbditos que venían a ser, eran gentes innominadas que han pasado a la Historia sin pena ni gloria; otros, en cambio, fueron personajes de gran relieve en los anales de los Estados Unidos.

Tenemos el caso de Daniel Boone, el famoso pionero de Kentucky, que no tuvo inconveniente en establecerse en los territorios españoles de Missouri y en convertirse en un funcionario público español al actuar como síndico en la sección de *Femme Osage* del distrito de St. Charles, entre 1800 y 1804, obtuvo 1.000 arpents de tierra. Cuando en otoño de 1820 Moses Austin solicitó establecerse en Texas, prometió renunciar a la nacionalidad estadounidense y hacerse súbdito del rey de España (ya lo había sido en la Alta Luisiana en 1798). El 17 de enero de 1821 le fue concedida su petición. Ya en 1797 había residido en el Missouri español, había contribuido a la fundación de la localidad de Potosí, mejorando el proceso de la fundición del mineral de plomo y construido unos hornos en Herculaneum. Por su parte, George Rogers Clark escribió el 15 de marzo de 1788 al embajador español una carta solicitando permiso para fundar una colonia en territorio español, y se ofrecía, en caso favorable, a convertirse en súbdito español (su petición no fue escuchada, por interferir la autorización concedida a Morgan). Como dato curioso, recordemos que Andrew Jackson desempeñó como primer cargo oficial el de *Attorney General* del *District of Miró* en la región de Cumberland (Tennessee) y que cuando llegó a Kentucky, en julio de 1788, participó en la llamada "conspiración española," que trataba de independizar dicho territorio del Gobierno de los Estados Unidos para incluirlo en la esfera de influencia española.

Ante la inminencia de una guerra con Inglaterra, el gobernador de Luisiana, barón de Carondelet, practicó una política que fomentaba el establecimiento de extranjeros en los territorios bajo su autoridad: unas 2.000 familias se aprovecharon de aquella determinación. En 1795 dio autorización en este sentido al teniente gobernador en San Luis, Trudeau, quien al año siguiente pudo informarle: "nos llegan diariamente familias americanas." El marqués de la Maison Rouge obtuvo el 20 de junio de 1787 el permiso para traer 30 familias y establecerlas en el hoy condado de Camden, en Arkansas, y en junio de 1795 el barón de Bastrop fue autorizado para establecer 500 familias en Bayou de Lair, en la actual frontera entre Arkansas y Luisiana. En las cercanías de Lauratown se había asentado en 1766 un grupo de familias francesas.

Las concesiones de los permisos de residencia llevaban anejas muchas veces las de tierras. Unas veces estaban éstas motivadas por razones de estrategia militar o conveniencia política, otras constituían una muestra de agradecimiento de la Corona a los fieles servidores en la guerra o en la paz, en algunas se debían a una necesidad de repoblación de una región para cuya consecución habían de ofrecerse atractivas condiciones. En estos dos últimos casos (agradecimiento y repoblación) recibían el nombre de composiciones; otras veces revestían la forma de ventas; había casos en que se debían a merced real. Dichas donaciones de tierras fueron practicadas por España a lo largo de toda su historia colonial, y en territorios que antaño no le habían pertenecido, como la Luisiana, fue ella la que comenzó tal práctica, posteriormente seguida por México y por los Estados Unidos. En la alta Luisiana ninguna concesión se verificó por venta. Según los informes del comisionado norteamericano, España había distribuido 1.463.333 acres, de los cuales la mitad tan sólo había sido confirmada por el gobernador de Nueva Orleáns; pero bien porque los títulos no apareciesen lo suficientemente claros, bien porque los nuevos ocupantes se apoderaran de lo que pertenecía a los ocupados, se originaron una serie de pleitos, muchos de los cuales no han sido determinados. De esta forma, los tribunales norteamericanos se ven obligados todavía a estudiar dichas concesiones y todo el sistema legal en el que ellas se apoyan. En general puede decirse que la mayoría de las válidamente realizadas según la ley española han sido admitidas por los tribunales de la Unión, incluso en el siglo presente.

Hay, por tanto, un considerable número de propietarios norteamericanos que ven arrancar su derecho de propiedad en disposiciones legales españolas: les encontramos en Nuevo México, en donde, según el historiador Bancroft, quedaban todavía en 1886, 205 de dichas concesiones. Muchas reclamaciones están todavía pendientes en dicho estado por parte de hispánicos que alegan haber sido atropellados por los "anglos"; para su defensa, un grupo formó en su día en Albuquerque la *Alianza Federal de Mercedes*. Sus promotores, impacientes al no encontrar el pretendido eco a sus peticiones, pasaron a vía de hecho en 1967 y proclamaron la República de San Joaquín del Río de Chama, enviando delegados a Santa Fe y a Washington. Dos horas tan sólo duró la "conquista" de Tierra Amarilla y la liberación de la cárcel de 12 correligionarios. Los dirigentes fueron apresados. ¿Qué consecuencias para el futuro puede tener este movimiento?

En diciembre de 1964 se ha visto en el tribunal de Albuquerque el caso del *Atrisco Grant*, que supone una extensión de 50.000 acres y afecta a 17.000 herederos. Adquirieron notoriedad los pleitos sobre las concesiones de *Peralta Reavis*, en Arizona, y *Maxwell Grant*, en Nuevo México, de tiempos del gobernador mejicano Armijo. De esta época proceden los *grant* en Colorado de Vigil y St. Vrain, Sangre de Cristo, etc. El origen de la ciudad de Dubuque (Iowa) se basa en una concesión otorgada a Julien Dubuque en noviembre de 1796, quien por tal motivo bautizó al poblado *Les Mines d'Espagne*. Otras varias se realizaron en la Alta Luisiana, como a Morgan, quien con un grupo de pioneros procedentes de Pennsylvania fundó la localidad de *New Madrid* (Nuevo Madrid).

Los soldados y civiles compañeros de fatigas de fray Junípero Serra en la colonización de California también recibieron propiedades rústicas, que pronto se denominaron ranchos, como el *Rancho de Nuestra Señora del Refugio*, de D. José Francisco Ortega; *Rancho San Antonio*, de D. Antonio María Lugo; *Rancho San Pedro*, de D. José Juan Domínguez; *Rancho Santiago de Santa Ana*, de D. Juan Pablo Grijalva, y *Rancho de las Pulgas*, de la familia Argüello. Tierra adentro de la región de San Diego existen hoy extensiones que, debido a su aridez y difícil habitabilidad, nada ha variado desde que fueron objeto de concesiones en tiempos de España. Durante el período español se otorgaron cuarenta títulos de propiedad en California; en la etapa mexicana se concedieron ochocientos. En la ciudad de Mobile (Alabama), parte de la riqueza urbana basa sus títulos en los otorgados por los gobernadores de España.

El derecho español

Acabamos de ver la continuada presencia del derecho español en los tribunales de la Unión, al tener que ser utilizado en cuantos pleitos se suscitan en torno al dominio de una serie de tierras distribuidas en tal calidad por el rey de España o por sus representantes. Pero no para ahí su permanencia.

En la Luisiana norteamericana, la legislatura territorial aprobó en 1806 una codificación de derecho privado basada en el derecho medieval y colonial español. Como complemento redactó una ley mercantil derivada de un código español sobre la materia. De acuerdo con las tradiciones romanas, en el texto de 1806 se daba cabida a la doctrina jurídica, pero no se otorgaba validez legal a la jurisprudencia al modo anglosajón. Para el jurista H.P. Dart es fácil encontrar en el *Digest* de 1808 y en el Código Civil de 1825 los principios contenidos en la famosa *Quinta Partida* de Alfonso X; él mismo señala la influencia de las fuentes españolas en el Código Procesal de 1825. Es curioso observar que los promotores de esta regulación jurídica fueron ciudadanos de origen francés, lo cual confirma la profunda influencia dejada por España en el territorio comprado por Jefferson, en el que sus habitantes bien hubieran podido inspirarse en los códigos napoleónicos, recién promulgados y conocidos en Nueva Orleáns. Y es que los lusianenses, en nombre de los principios liberales y democráticos aportados por la nueva nación, quisieron incorporarse al país proclamando su autonomía cultural y su autodeterminación política, incluyendo el derecho del elegir su lengua y su sistema legal propios; en esta lucha caminaban guiados por su teórico, Edward Livingston (con nombre poco español o francés, ciertamente). Esto explica que, junto al derecho español, pretendieran conseguir —sin éxito— para el español el *status* de idioma oficial. ¿De qué aspecto del derecho español se trataba? Nada menos, según el Acta de la Legislatura —aparte del Romano—, que de las *Recopilaciones* de Castilla y *Autos* acordados, las *Siete Partidas*, las *Leyes de Toro*, la *Recopilación de Indias*, la *Ordenanza Comercial de Bilbao* y las reales órdenes y decretos aplicados formalmente a Luisiana.

Con la toma por el general norteamericano Stephen Watts Kearny de la ciudad de Santa Fe en 1846, el territorio de Nuevo México quedó en poder de los Estados Unidos. El 18 de agosto dicho gobernador comisionó al coronel Doniphan y al abogado Wllard P. Hall para que compusieran las *Organic Laws and Constitution* del país, estudiando las antiguas leyes de éste y la forma de hacerlas compatibles con las instituciones y disposiciones legales de los Estados Unidos; redactada la obra en inglés, corrió Donaciano Vigil con su traducción al español, de modo que el *Kearny Code* se convirtió en la *Ley Territorial de Nuevo México* y constituyó un *modus vivendi* entre las dos civilizaciones. Hay que reconocer que el resultado permitió al neomexicano seguir rigiéndose por las leyes españolas o mexicanas que no se opusieran a los principios de la Constitución norteamericana. Lo mejor de España y de México quedó incorporado al nuevo Derecho Neomexicano, y dicho código jurídico es el que todavía rige. Las leyes que con tiempo han sido incorporadas, aunque redactadas en inglés, han sido siempre traducidas al español.

En los tribunales del estado de Colorado y en su congreso ha podido utilizarse el español, lo mismo que el inglés, hasta 1921.

Las aguas y las minas constituyeron un sector en el que el derecho español sigue vigente, no sólo en Nuevo México, sino en Arizona, Texas y Colorado. El *common law* inglés no aportó normas en esta materias que desalojaran las antiguas ordenanzas reales. Donald Cutter recordó en el Coloquio de El Escorial de 1978 que el *Código de Beneficio de Minas de Estados Unidos* de 1873, originado por los descubrimientos auríferos de California, tiene su base en los métodos hispánicos de Minería; asimismo que el tratamiento del indio como ciudadano se basa en las *Leyes de Indias*. Y el derecho español se conserva también en un terreno de gran importancia: la regulación económica de la sociedad familiar.

Texas heredó originariamente las leyes de España. Con posterioridad a su independencia de ésta, conservó el derecho civil español, según lo dispuso la Constitución de 1836, promulgada a raíz de la iniciación de la etapa de vida nacional. Disponía que todas las leyes no incompatibles con la Constitución permanecerían en vigor hasta que fuesen declaradas nulas, rechazadas, alteradas o caducadas por su propia limitación. Sin embargo, el 20 de enero de 1840, el *common law* inglés, en tanto no se mostrase contrario a la Constitución o a las actas del congreso de la república texana, recibió la consideración de norma de decisión, y todas las leyes con validez el 1 de septiembre de 1836, no expresamente aceptadas, quedaron excluidas. Cuando Texas fue admitida en la Unión, una Constitución construida siguiendo las líneas de las de otros estados de tradición inglesa se superpuso al trasfondo jurídico de la tradición española. Esta adopción del *common law* no afectó a los derechos adquiridos bajo la vigencia anterior de la ley española.

No obstante lo que antecede, en algunos terrenos consiguió perdurar el derecho español, y ello debido a la interpretación que se hizo del *common law* inglés como norma de decisión en el sentido de que se refería al *common law* de los estados independizados de Inglaterra —distinto del anterior por el correr de los tiempos de vida separada—, el cual era aplicable sólo cuando no existieran estatutos sobre la materia o las provisiones estatutarias se mostrasen silenciosas, lo que ocurría en el caso de los derechos matrimoniales de la esposa y otros.

Así, si se consulta la *Texas Jurisprudence*, se verá que las leyes texanas relativas al *status* y a la capacidad de la mujer casada se derivan del derecho español, como consecuencia de la no contemplación por parte del *common law* de una serie de principios legales. En el régimen económico del matrimonio reconocen a la mujer identidad legal independiente y posibilidad de conservar sus propiedades separadas de las del esposo. Este principio español está en contraposición con el sistema anglosajón que contempla la existencia legal de la esposa como fundida en la de su marido. Por otra parte, se otorga a la unión conyugal —si no se pacta otra cosa— la consideración legal de una sociedad en la que los esposos actúan como socios, y perciben una participación en los ganancia les obtenidos durante la vida en común, al mismo tiempo que son autorizados a poseer y controlar sus propiedades separadas. Este sistema castellano, así como numerosos derechos y privilegios otorgados por el derecho español a la esposa, eran desconocidos en el *common law*. Paralelamente, la incoacción por la esposa del derecho de viudedad anglosajón no puede realizarse en Texas.

La ley española reconocía asimismo que los títulos legales sobre la tierra pueden caducar por abandono; con base en ella, muchos colonos anglosajones ocuparon en propiedad terrenos cuyos títulos legales se hallaban en manos de otros. El derecho en Texas del hijo espurio a heredar en cierta medida a sus padres y parientes colaterales, así como el de su madre a heredarle, tiene sus raíces igualmente en el sistema español.

En cuanto al derecho de propiedad sobre el lecho de un río, la regulación texana varía, según se trate de una corriente navegable o no. En el caso negativo existe una explícita disposición del *common law*, que permite su propiedad hasta la mitad del cauce a los dueños de los predios ribereños, en tanto que si son navegables, al no existir regulación anglosajona, rige el derecho español anterior, que dispone la propiedad pública de las aguas. En el caso de terrenos ribereños de corrientes no navegables, cuya concesión date de época española o mexicana, el propietario no tendrá derecho a la mitad del cauce, por regirse su título por el derecho imperante en el momento de su nacimiento; y suele darse la circunstancia de que mientras dicho terrateniente carece del citado derecho, lo tiene el vecino, cuya propiedad se rige por el *common law*, dada su posterior fecha de adquisición. La regulación referente a los ríos navegables tiene trascendencia en cuanto la utilización de las aguas para regar, pescar, etc.

Según el citado profesor Cutter, las leyes de Ganadería de Nuevo México y de otros estados, se deben casi todas a la herencia hispánica: no hay ley deganadería que no esté basada al menos en las costumbres españolas, y muchas veces en las leyes españolas.

Durante el gobierno español, la ley del domicilio imperaba en materias de naturalización. El extranjero domiciliado era considerado como un súbdito, siempre que como tal hubiese prestado el juramento de fidelidad al rey y renunciado a toda dependencia o sujeción civil a su patria de origen; en estas condiciones, era titular de los mismos derechos y de idénticas cargas y obligaciones que los súbditos nativos. La adquisición de propiedad inmobiliaria y suposesión suponían como correlativa la domiciliación. Este fue el proceder que siguió la República de Texas en relación con cuantos vinieron a residir en su territorio, acordando incluso su ciudadanía a las esposas no residentes en sus contornos. La jurisprudencia texana contiene referencias también a la procedencia de aceptación por parte de los tribunales del derecho español, en los casos que se presenten conexos con él, como cuerpo legal que tuvo vigencia en el territorio; igualmente sostiene que la ley española es la competente para regular la capacidad de las personas en materia de obligaciones contraídas en la época española, dado que rige la ley del lugar de celebración del contrato.

Vale la pena la lectura de los trabajos del profesor Joseph W. McKnight sobre el derecho en la frontera anglohispánica y el efecto de la doctrina legal hispánica en la República de Texas. En ellos subraya la incorporación a la nueva normativa anglo-sajona de los principios del derecho español tradicional.

PARTE II:
ESTADOS DE LA COSTA ATLANTICA

Nueva Inglaterra

Empecemos por los estados de la costa nord-atlántica por aquello de que han llevado la batuta en el curso del desarrollo histórico de la civilización anglosajona en el país y de que parece más lógico bajar —impulsados por la gélida corriente del Labrador— que subir, mucho más si nos espera al final de nuestra excursión atlántica nada menos que Florida, atemperado paraíso para descanso de los ajetreados yanquis y una de las metas de nuestras peregrinaciones hispánicas.

En el Norte nos encontramos con Nueva Inglaterra. Aquí comenzamos a toparnos con denominaciones plenas de reminiscencias europeas, en las que, junto al viejo nombre de la localidad o región de origen, aparece antepuesto el adjetivo "nuevo," con el fin de indicar lo que América es y se supone que es. El nombre de New England se conserva con cariño: anda de boca en boca, aunque no como entidad administrativa oficial.

Diego de Ribeiro dibujó un mapa de la costa oriental en 1529 a base de la información a él facilitada por el navegante Esteban Gómez que había explorado el área. Denominó a la actual Nueva Inglaterra como *Tierras de Gómez*.

♦ MAINE ♦

Dejó huella en Maine la visita a sus costas en 1525 de Esteban Gómez, piloto de Carlos V; indeleble la califica un historiador local, y más profunda que la de sus predecesores europeos, incluidos los vikings. Con el designio de identificar los lugares con vistas a ulteriores expediciones, dio Gómez nombre a una serie de sobresalientes puntos, algunos de los cuales se conservan: Campo Bello, a una atractiva isla en que desembarcó; bahía del Casco —Casco Bay—, a una ensenada en forma de tal; bahía del Saco —Saco Bay—, a otra con configuración de embudo; bahía Profunda —the Bay of Fundy—, a aquella de aguas oscuras y con altas olas estrellándose en sus rompientes. Remontó un río al que denominó "de los Gamos," confundiéndolo con un estrecho: la actual bahía de Penobscot. El Cape Elizabeth aparecería en el mapa de Gutiérrez de 1562 como *Cabo de las Muchas Islas*.

MASSACHUSETTS

Si la Revolución Americana se coció verdaderamente en Nueva Inglaterra, esta región tiene además el privilegio de haber acogido la arribada el 11 de diciembre de 1620, probablemente a la localidad de Plymouth, del navío *Mayflower*, al mando del capitán Christopher Jones portador en su seno de 101 inmigrantes. Todos los años el país celebra tales llegada y establecimiento con la fiesta de Acción de Gracias, rememoratoria de la organizada, al año del desembarco, por los peregrinos y los todavía amistosos indios vecinos, fiesta que tiene a lo lejos, en su origen, relación con lo español. El primer gobernador, William Bradford, nativo de Inglaterra, durante sus once años de exilio en Leyden había asistido a la anual y ya tradicional celebración holandesa de la Acción de Gracias por la liberación de la ciudad del sitio puesto por los españoles en 1574.

Con la minoría de inmigrantes franceses, es especialmente notable el contingente irlandés que, desembarcado a partir de mediados de la pasada centuria, ha venido a cambiar la historia puritana de Nueva Inglaterra. Han sido franceses e irlandeses quienes han convertido la región en una ciudadela del catolicismo, dando lugar a la formación de personalidades como el cardenal Cushing o el fallecido presidente Kennedy, el primer católico sentado en la silla rectora de Washington. También han participado en la empresa otros grupos minoritarios: así, el laboreo en el campo de Cape Cod (recordamos al poema de Santayana) lo hacen los portugueses y españoles que proceden de la pesca del bacalao (es lo que significa *cod*) en las costas cercanas y en las más nórdicas hasta Terranova (José Formoso Reyes es un conocido artista local).

Antes que los "peregrinos," tocó Cape Cod Esteban Gómez en 1525, quien lo bautizó *Cabo de Santa María*, según aparece en el mapa de Diego Gutiérrez de 1562.

A través del puerto de Boston llegaría parte de la ayuda española a la Revolución; existe una carta de Benjamin Franklin agradeciendo al Conde de Aranda los 12.000 fusiles y otros elementos aportados por orden del Rey Carlos.

Boston es, indudablemente, la principal urbe no sólo de Massachusetts, de la que es capital, sino de toda Nueva Inglaterra. Desde la fecha de su fundación en 1630 hasta la hora presente ha mantenido la rectoría que ha trascendido incluso a la nación entera. Son la región en general y Boston en particular, cuna de la más rancia sociedad norteamericana, sociedad que huiría en 1898 tierra adentro con sus bienes, para refugiarse en Worcester ante el temor de una invasión española, según recuerda Theodore Roosevelt. Popular es el proverbio de que «los Lowell no hablan más que con los Cabot, y los Cabot hablan sólo con Dios», a lo que Juan Ramón Jiménez comenta: el aburrimiento que deben de pasarse los Lowell... y Dios.

Impresiona Boston arquitectónicamente, particularmente el sector de Beacon Hill y de las calles Marlborough, Commonwealth y Newberry, "tres tijeras paralelas de casas de chocolate, que al día alarga y encoge la noche," al decir del autor de *Platero y yo*. Entre los edificios con empaque y monumentos históricos notables merecen recordarse: el capitolio; el *Fanueil Hall*, escenario del origen de la Revolución y albergue en la actualidad de la *Ancient and Honorable Artillery Company*, una representación de la cual visitó España en octubre de 1963 y tributó en Madrid un homenaje a la reina Isabel la Católica en el Día de la Hispanidad; la *Trinity Church*, con influencias de la catedral vieja de Salamanca; la *Boston Public Library*, cuya cúpula fue construida por el arquitecto español Gustavino y para cuyo mural *Dogma de la Redención* viajó a España su autor Sargent, con el objeto de absorber el espíritu de la Cristiandad medieval.

Otra considerable obra de Sargent, relacionada con España, puede admirarse en la colección del Museo Isabella Stewart Gardner, instalada en el edificio denominado *The Fenway Court*: se trata del popular cuadro *El Jaleo*, mostrado en el marco de un claustro español con arcos árabes. Y no son éstas las únicas obras de arte españolas (sirvan de muestra *Santa Engracia*, de Bermejo, y *Doctor de Leyes*, de Zurbarán), que cuelgan de tan notable y un tanto pintoresco museo-palacio. Tampoco anda escasa la representación de obras españolas en el Museo de Bellas Artes.

En la cercana localidad de Lincoln es visitable el *De Cordova Museum*, instalado en el castillo de estilo normando legado a la ciudad en su testamento por Julián de Cordova (1851-1954), propietario de la *Union Glass Co.*, de Somerville, Massachusetts, y quien se titulaba a sí mismo conde de Cabra y marqués de Almodóvar, como descendiente del famoso guerrero español Gonzalo Fernández de Córdoba (1453-1515), el Gran Capitán. El museo realiza una activa labor en el campo artístico, sosteniendo una Escuela de Bellas Artes, a la que asisten 500 alumnos, programas de exposiciones especiales, seminarios y conferencias sobre temas artísticos, proyección de películas y recitales de danza y poesía.

En Boston vio sus últimos días en 1951 el poeta madrileño Pedro Salinas.

La ciudad de Boston se halla especialmente ligada a España a través de la figura del filósofo George Santayana. Madrileño de nacimiento, residió en la ciudad a partir de la edad de nueve años, y en su Universidad de Harvard estudió y enseñó filosofía hasta que en el 1912 decidió terminar su carrera universitaria y dedicarse exclusivamente a la producción intelectual en Europa, con cuartel general en Roma. Son simpáticas sus páginas dedicadas al Boston de su juventud y madurez; aunque haya escrito toda su obra en inglés, nunca abandonó su nacionalidad originaria e imprimió a aquélla caracteres indeleblemente hispánicos. Avila y Boston, que fueron los dos polos vitales del filósofo, bien podrían bajo su inspiración convenir un programa de hermandad como tienen otras ciudades. Su condición de hijo de España fue recordada por el presidente Reagan durante su visita a Madrid en mayo de 1985.

De la mano de Santayana somos conducidos a Harvard, situada en Cambridge, suburbio instalado en la otra orilla del Charles River.

No es de ayer el interés de Boston y de Harvard por lo español. Data de los tiempos, ya en 1750, en que barcos iban y venían a Barcelona, Cádiz, Málaga, los puertos del Caribe y Sudamérica. El profesor Stanley T. Williams estudia con acierto la influencia española en los Estados Unidos y la posibilidad de tempranos contactos hispanoamericanos a través de marineros y comerciantes, bien como consecuencias de las guerras que en época de la Colonia Inglaterra sostuvo con España, bien derivadas de la cultura española que muchos colonos hubieran podido absorber en sus respectivos países antes de cruzar el Atlántico.

Las limitaciones estéticas de los puritanos de Nueva Inglaterra impedirían una primera influencia continental, al revés de las que se acusaran en el New York holandés, en la Pennsylvania alemana o en el Delaware sueco.

La contemporánea presencia de España en buena parte del continente norte de América sería inevitablemente un factor de influencia decisiva. Se tiene noticias de que en 1650 había colonos en Nueva Inglaterra que hablaban español. Los diccionarios españoles con que contaban las bibliotecas cumplirían algo más que una función decorativa. Cotton Mather podía escribir un correcto español y Samuel Sewall enviaba a Londres por libros españoles: Mather es el autor del primer libro escrito en español en las Colonias del Norte, y ambos pretendían, al aprender nuestra lengua, la extensión del protestantismo en todo el continente.

Hubo profesores de español en Nueva Inglaterra en el siglo XVII, aunque no tan numerosos como los del siglo XVIII, que comenzaron a anunciarse en los periódicos. El nombre de Cervantes aparece ya incluido en los catálogos de varias bibliotecas y, por ejemplo, George Alcock, estudiante de medicina en Harvard (murió en 1676), poseía una versión inglesa del *Quixote* y otra de *Los trabajos de Persiles y Segismunda*. Es también interesante la existencia en Boston, en 1683, de una traducción de los *Sueños de Quevedo*, y concretamente en la biblioteca del entonces Harvard College, de *La Celestina*. En el siglo XVIII fue completa la victoria del *Quixote* en Norteamérica, y la versión de Smollet en cuatro volúmenes podía adquirirse en cualquier librería; en 1986 ha sido reeditada con prólogo de Carlos Fuentes. Comenzaron a verse por doquier obras de Garcilaso, Herrera, Mariana, Solís, Acosta, Zurita o Pedro Mártir, y en Salem —el lugar de acción del famoso proceso por brujería— se reimprimía en 1803 la *Historia de la Conquista de la Nueva España*, de Bernal Díaz del Castillo, en traducción londinense.

El siglo XIX constituyó la "edad de oro" del hispanismo en Nueva Inglaterra. Abiel Smith, graduado de Harvard en 1764, dejó al morir en 1815 un legado por la suma de 20.000 dólares al 3% de interés, con el fin de fundar la cátedra —que llevaría su nombre— destinada al mantenimiento de un profesor de francés o español en dicha universidad. Su creación actuó como promotora de la introducción del español en el plan de estudios de Harvard.

En 1817 quedaron definidas las obligaciones del titular de la nueva cátedra, y en 1819 George Ticknor recibió el nombramiento para regentarla. Como consecuencia, redactó su pronto famosa *Historia de la literatura española*, que vio la luz en 1849, una obra maestra que, incluso en España, no admitiría parangón con otra alguna. Resultado de aquellas adquisiciones fue la reunión de una colección bibliográfica española ingente que, para deleite de los investigadores, la Universidad de Harvard mantiene todavía intacta. Ticknor fue también el autor en 1876 de un notable relato de sus viajes por Europa, en el que dedica 60 páginas a España, las más notables quizá debidas a un viajero norteamericano en la segunda década del siglo XIX.

Sucedió el poeta Longfellow a Ticknor en el año 1836; se dedicó a pronunciar igualmente conferencias sobre literatura y a escribir sobre el idioma español; el texto de *Novelas españolas*, las impecables traducciones de las *Coplas*, de Jorge Manrique, y de romances; y la pieza dramática *El estudiante de Salamanca*. La atracción de Longfellow se centró en el Siglo de Oro: Lope, Cervantes, Calderón, pero su conocimiento de la literatura española era completo, aparte que completo era su dominio del español hablado y escrito; publicó una serie de poéticas descripciones sobre España en su libro *Dutre-Mer*. En 1855 se hizo cargo James Russell Lowell de la cátedra, y a su frente estuvo hasta 1891. Se entregó plenamente a la enseñanza de la lengua y puso a disposición de sus alumnos sus estudios avanzados sobre Cervantes. De 1877 a 1880 estuvo acreditado como ministro de su país en Madrid, y de entonces procede su primoroso librito *Impresiones de España*, a base de su correspondencia epistolar, y en el que se hace eco, entre otras cosas, de la visita del general Ulises Grant a la Corte.

Francis Sales, natural de Perpiñán y residente en España por largo tiempo, llegó a ser profesor de Harvard en 1817.

J.D.M. Ford fue el cuarto ocupante de la cátedra de Smith, y con él entramos en el siglo XX, en el que la enseñanza del español ha sido y sigue siendo tan importante en Harvard. La docencia sucesiva en Harvard de Ticknor, Longfellow y Lowell produjo enorme impacto, y bajo su dirección y con su ejemplo se formaron multitud de hispanistas, que servirían de base para el estupendo resurgimiento de los estudios de español que se está hoy dando en los Estados Unidos.

Entre 1830 y 1850 florecería también en Nueva Inglaterra un grupo notable de historiadores: Bancroft, Motley, Prescott y Parkman, todos ellos relacionados en sus trabajos con España. En su mayoría vivían en Massachusetts y algunos eran amigos entre sí o de investigadores de otros campos, como es el caso de Ticknor y Prescott. Tuvo Prescott a España por su verdadera afición, y el éxito popular le acompañó. Su *Historia de Fernando e Isabel* agotó su primera edición en cinco meses, y el día de la publicación de su *Conquista del Perú* se vendieron 7.500 ejemplares. Consagró seis años a preparar la importante versión de su *Conquista de México* y dejó inconclusa al morir *El reinado de Felipe II*. En el departamento de Historia de Harvard enseñaría durante cuarenta y tres años en el curso del siglo XX Roger B. Merriman, autor del estudio dedicado a España *Crecimiento del imperio español*, en cuatro volúmenes. Quizá no sea justo olvidar en este rápido recuento de historiadores de Nueva Inglaterra a Katherine Lee Bates, profesora de Wellesley College, quien a comienzos del siglo XX escribió su primer libro, *Spanish Highways and Byways*, ingenioso, anecdótico y analítico, seguido de una docena de obras y artículos sobre temas españoles.

Boston ha sido mansión señorial del almirante Samuel Eliot Morison, el mejor especialista norteamericano sobre Colón. A él dedicó una importante monografía, *Admiral of the Ocean Sea*, para escribir la cual realizó la travesía desde New England a Palos en el bergantín *Capitana* (1939-1940), y regresó en él desde Gomera, siguiendo la ruta del tercer viaje de Colón y a base de las indicaciones del diario del navegante.

Boston es ciudad hermana de Barcelona; los respectivos alcaldes intercambiaron visitas en 1983.

♦ RHODE ISLAND ♦

En realidad, su nombre completo es *Estado de Rhode Island y de las Plantaciones de Providence*, longitud de título que no corresponde a la de sus fronteras. Debe su origen a Roger Williams, colono que comenzó la primera plantación en 1636 en el actual emplazamiento de la capital del estado, Providence, nombre que él eligió en agradecimiento de la Divina ayuda obtenida en momentos difíciles. El entorno de Providence inspiró a Miguel Delibes en su novela *La sombra del ciprés es alargada*.

El anteriormente referido piloto de Carlos V, Esteban Gómez, visitó la bahía de Narragansett en 1525, lo que promovió su inclusión en el mapa de Gutiérrez de 1562.

En la segunda ciudad en importancia del estado, Newport, se halla la sinagoga de Touro, que ha celebrado en 1963 el 200 aniversario de inauguración, la más antigua, por tanto, de los Estados Unidos.

Este ejemplo judío tiene especial significación para los españoles, por haber sido construido por un grupo de sefarditas. Llegaron éstos a Rhode Island probablemente hacia 1658, pero por el momento ningún edificio para su culto pudieron costear y sí sólo comprar el terreno para un cementerio en 1677.

Cuando Newport se convirtió, a comienzos del siglo XVIII en importante centro comercial, más judíos arribaron, evidenciándose la necesidad de levantar un templo. La primera piedra se puso en 1759, tardándose cuatro años en su terminación. El jefe de la comunidad religiosa fue el reverendo Isaac Touro, y destacó como miembro prominente entre los sefarditas el comerciante Aaron López, denominado el "Príncipe Comerciante de Nueva Inglaterra," dado que sus barcos y sus gentes eran conocidas en ambas orillas del Atlántico. En esta sinagoga el presidente Washington, en el curso de la visita que realizó a Newport en 1790, hizo su renombrada declaración sobre la libertad religiosa. Tras pasar el edificio por diversas vicisitudes en el curso de los años subsiguientes, fue restaurado, y hoy está incluido entre los lugares designados por el gobierno federal de interés histórico.

♦ CONNECTICUT ♦

De la base de New London partió el 16 de febrero de 1960 el submarino nuclear *Tritón*, para comenzar la vuelta al mundo en ochenta y cuatro días y recorrer 41.500 millas bajo el agua. Esta histórica travesía tuvo como una de sus últimas etapas la visita, el 2 de mayo, del sumergible a Sanlúcar de Barrameda, como homenaje a la proeza de la nao española *Victoria* y su capitán, Juan Sebastián Elcano, sucesor de Magallanes en el mando, de dar, en el año 1521, la inaugural vuelta a la tierra. Doce días más tarde, el embajador de los Estados Unidos en España, M. Lodge, ofrecería una placa recordatoria de la visita en solemne ceremonia.

Es en Derby en donde el embajador de los Estados Unidos en Madrid de 1790 a 1802, David Humphreys, importó las primeras ovejas merinas españolas, tan famosas en el continente y tan fundamentales en el desarrollo de Australia.

En la desembocadura del río Connecticut paró Esteban Gómez en 1525 con su carabela. Lo denominó "Río de la Buena Madre."

Es New Haven asiento de la Universidad de Yale, una de las más prestigiosas del país. Entre los modernos edificios de Yale destaca la Biblioteca Beinecke de Libros Raros y Manuscritos. Encierra dicho edificio multitud de incunables, manuscritos y libros raros, muchos de ellos españoles.

De 1826-27 data el interés de la Universidad de Yale por la enseñanza del español, en cuyo tercer trimestre fue establecido para los alumnos de los cursos inferiores con carácter potestativo. A cargo de Charles Roux estuvo la tarea, y dos años más tarde a la responsabilidad de José Antonio Pizarro. Pero su enseñanza adquirió interés e importancia a partir de 1879, gracias a la figura del profesor William Ireland Knapp, que había estudiado en España. Escribió para sus alumnos una *Gramática del idioma español moderno* y editó para ellos las obras de Boscán y de Diego Hurtado de Mendoza. El departamento de español de Yale es hoy uno de los mejores de los Estados Unidos. Del de Historia han salido también notables hispanistas: recordemos a Edward Gaylord Bourne, autor de la magnífica *España en América*, publicada en 1904. En New Haven fue también publicada, y en 1869, *El romance de la historia española*, de John S.C. Abbot, pastor congregacionista, conjunto bien espigado de incidentes, "bien comprobados," "transcurridos a lo largo de muchos siglos, y de interés para los lectores norteamericanos."

En julio de 1899 fue invitado a dar tres conferencias sobre la corteza cerebral, en la Universidad de Clark, Worcester, el Premio Nobel, Santiago Ramón y Cajal, quien recogió las impresiones de su viaje en *Recuerdos de mi vida*.

Nombres españoles

Cuenta Nueva Inglaterra con las siguientes localidades portadoras de nombres hispánicos: Carmel, México, Saco, Columbia Falls, Madrid, E. Perú y W. Perú, en Maine; Ayer, en Massachusetts.

NUEVA YORK

A través del cuello de tierra que separa aquellos lagos, se llega a la frontera canadiense y nada menos que a las cataratas del Niágara. Interesante espectáculo natural el que proporciona la caída de los dos inmensos chorros de agua de aquéllas separados por la *Luna Island* (así y no "Moon Island"). A mi vez, no puedo sustraerme de recordar los versos de mi abuelo, Carlos Fernández-Shaw, quien las visitó en 1886.

El Fort Ticonderoga ostenta hoy en su museo una serie de cañones con el escudo español.

En el Vassar College de muchachas, se halla albergado un prestigioso departamento de español.

En Tarrytown se halla enterrado Washington Irving, cuyo nombre ostenta la Biblioteca del Centro Cultural de los Estados Unidos en Madrid.

Un poco más cerca de Nueva York, y tras un breve desvío de la autopista nos hallaremos ante West Point. Una campana procedente de Filipinas, que conservan en uno de los claustros contiene la siguiente inscripción, denotadora de una universal presencia de España: "Siendo cura párroco el M.R.P.F. Mariano García, año de 1883, Donación del gobernadorcillo D. Mariano Balancio y del teniente 1.° D. Hilario Calico a su iglesia de Bauang, 834 libras." Nada tiene que envidiar el departamento español de West Point a los demás de las universidades americanas. El campus cuenta con uno de los mástiles del *Maine*, el hundimiento del cual fue el origen de la Guerra Hispano-Norteamericana en 1898.

Llegamos a Nueva York ciudad hermana de Madrid. No es el momento de extenderse en consideraciones sobre la ciudad. Existen estupendos ensayos de todos los tipos y en todas las lenguas. Quien desee conocer la opinión de españoles que lea a Julio Camba, en *La ciudad automática*; Pérez de Ayala, en *El país del futuro*; Joaquín Belda, en *En el país del bluff, veinte días en Nueva York*, una antigua —o moderna— guía de la ciudad (por ejemplo la editada en español, Nueva York, 1876); Juan Ramón Jiménez, en *Diario de un poeta recién casado*; García Lorca, en *Un poeta en Nueva York*, y más recientemente, *Los Estados Unidos en escorzo*, de Julián Marías, o de Rodrigo Royo, *USA, el paraíso del proletariado*, pongo por caso.

Colonias hispánicas. La colonia española formada principalmente por reducidos grupos llegados antes de las leyes migratorias de 1924 o después de 1939, se halla agrupada en varias asociaciones de diverso tipo y antigüedad (Club de España, Círculo Isabel la Católica, Club Taurino, etc.). Se ha mostrado, sin embargo, especialmente activa en los últimos años y, entre otras cosas, ha conseguido, en colaboración con las respectivas autoridades, la brillante celebración de varias "Semanas" como las dedicadas a Madrid y a Bilbao-Vizcaya, y seminarios consagrados a Andalucía y otras regiones de España.

De la abundancia de millones de puertorriqueños buena muestra son el frecuente e inevitable encuentro en la calle y en cualquier lugar público con hispanófonos. La ciudad de Brooklyn ha alcanzado un 16 ó 18% de la población hispánica, y en ella se celebran la procesión de la Virgen de Guadalupe, el Día de los Reyes Magos, danzas caribeñas de origen Joruba, etc. La recientemente constituida *Brooklyn Historical Society* proyecta ocuparse de las raíces hispanas de aquel grupo. En 1989, se calculó que en la ciudad de Nueva York uno de cada cinco habitantes sobre la edad de 16 era hispano. En el Suffolk County la población hispana llegó a 100.000. A ello hay que agregar las numerosas emisoras de radio y de televisión en español, la prensa periódica en castellano de considerable circulación, como *La Prensa-El Diario de Nueva York* y en su momento *El Tiempo, El Mirador de Nueva York* (luego *El Mirador del Tiempo*), el *ABC de las Américas* y la revista *Temas*, los más de 35 cines exhibiendo sólo películas hispánicas, la frecuencia de espectáculos teatrales en español, los numerosos clubes o asociaciones de todo tipo y los restaurantes que ofrecen platos típicos de los países iberos e iberoamericanos.

Uno puede vivir muy bien en la ciudad de Nueva York meses y años —de hecho existen muchos ejemplos— hablando sólo español y sin necesidad de echar mano de la lengua de Shakespeare. Existen barrios, alrededor de la calle 14, Broadway arriba y al este de Harlem en los que los anuncios de las tiendas rezan en español, dando la impresión al viandante de hallarse al sur de Bidasoa o del Río Grande. En 11 áreas de la ciudad, incluidos Bronx, Brooklyn y Queens, de importante población hispánica, han sido instalados letreros para la circulación, en español; no será extraño toparse en muchos lugares con indicaciones tales como "cruce en las esquinas," "obedezca las luces del tráfico," etc. La *Guía de Teléfonos* cuenta con un suplemento en español de sus Páginas Amarillas. En el aeropuerto JFK una de las salas de espera se denomina "Su Casa," en la que una azafata atiende en español. Según disposición del estado neoyorquino, los ciudadanos norteamericanos de habla española pueden votar y jurar la Constitución en español.

No están siendo buenos los tiempos para los puertorriqueños en su adaptación a la metrópoli: su incorporación a la vida ciudadana y nacional supone un trauma que poco a poco irá suavizándose, como ocurrió con los judíos o con los irlandeses. Sus protestas por la discriminación a que son sometidos en las enseñanzas o en el trabajo, y su defensa ante las alegaciones de una abundancia entre su población de criminales juveniles, son objeto de diarios comentarios públicos y privados. Se abren para ellos, sin embargo, mejores perspectivas, aunque nada más que sea por la influencia que sus votos puedan tener en las elecciones. Para educar gratuitamente a los necesitados se ha fundado la *Asociación de Voluntarios Bilingües*.

Conectados con la colonia española, aunque muchos años les separen de ella en el tiempo, están los sefarditas —judíos descendientes de los expulsados de España en 1492—, que pueblan la ciudad en número aproximado a los 40.000. Llegaron los primeros cuando todavía era Nueva Amsterdam, aprovechándose del permiso que Holanda les había concedido de establecerse en su territorio. Habrían sido subsumidos por los judíos de origen alemán o *askenazies* arribados después de 1848, de no haber atravesado el Atlántico refuerzos hispanolevantinos a raíz de la primera guerra mundial. El este de Manhattan fue el sector primeramente elegido por ellos; allí instalaron los típicos cafés mediterráneos, en los que gastaban sus horas de asueto. En los últimos años, los sefardíes se han diseminado por el Bronx, Brooklyn y otros distritos. Conservando la lengua original o *ladino*, acuden a sinagogas especialmente dedicadas a los hispanoparlantes. Todavía se conserva en St. James Place, cerca de Chinatown, un triángulo del cementerio de la sinagoga española y portuguesa, que ocupó la actual Chatham Square, y cuyo origen algunos remontan hasta 1656. Ello le hace ser segundo de la ciudad en antigüedad y el más antiguo judío en todo el país. Una placa recordatoria se encuentra en su entrada. De él escribió García Lorca: "La hierba celeste y sola de la que huye con miedo el rocío/y las blancas entradas de mármol que conducen al aire duro,/mostraban su silencio roto por las huellas dormidas de los zapatos..."

El segundo cementerio hispanoportugués, que se abrió en 1805 y se cerró en 1829, se halla en el oeste de la calle 11, cerca de la esquina sudoeste de la avenida de las Américas.

Conmemoración del descubrimiento de América (1892).
Hace más de veinte años, nació el Club de la Hispanidad, con la principal misión de reivindicar para el mundo hispánico el aniversario del descubrimiento de América, esfuerzo en el que poco a poco se van poniendo jalones. En la "Semana de España" se han solido incluir un homenaje a Colón delante de su estatua en Central Park, un desfile por la Quinta Avenida, una misa, una cena de gala, etc. En una de las oportunidades citadas, el Instituto de Cultura Hispánica de Madrid aportó una exposición de documentos españoles de gran valor geográfico, histórico y cartográfico, referentes en su mayoría a las exploraciones de Ponce de León, Vázquez de Ayllón, Esteban Gómez, Soto y otros conquistadores, en el continente septentrional de América. La hispánica celebración de tal efemérides fue también la causa de la fundación del *Círculo Colón-Cervantes* en 1891. En la proclamación realizada por el alcalde Koch en 1987, éste anunció que el gobierno federal había declarado a Nueva York ciudad oficial para la celebración del V Centenario del descubrimiento de América.

Hemos tocado el tema del 12 de octubre y ello nos lleva a recordar las especiales celebraciones que en la ciudad se desarrollaron con ocasión del IV centenario del descubrimiento de América. En el vapor *Reina Cristina*, y representando a los reyes de España, llegaron el 18 de abril de 1893 S.A.R. la infanta D.ª Eulalia y su esposo, que fueron recibidos por el representante del presidente Cleveland y por el cónsul general de España, Arturo Baldazaro. El puerto ofrecía un hermoso aspecto y la bahía estaba convertida en un bosque de vapores, cuyos ocupantes, así como la colonia española que aguardaba en el muelle, vitorearon los ilustres visitantes. También se halló presente para las celebraciones el duque de Veragua. El día 24 siguiente llegaron las reproducciones de las carabelas descubridoras, que, con otros buques de la escuadra española, tomaron parte el día 27 en la gran revista naval que presidió el presidente Cleveland. Después de un viaje muy malo a causa de los temporales que encontraron, con riesgo de pérdida de las carabelas, la escuadra española fondeó primero en la bahía de Delaware y, más tarde, en Hampton. Se trataba de los buques *Infanta Isabel*, remolcando a la *Pinta*; el *Nueva España*, a la *Niña*, y el *Reina Regente*, a la *Santa María*. Como complemento a la revista naval, se verificó un desfile de las fuerzas de mar y tierra por la Quinta Avenida, entre la calle 42 y Washington Square, y por Broadway hasta la Casa Consistorial, desde donde el alcalde de la ciudad y los invitados extranjeros lo presenciaron. En la revista naval participaron, además de los españoles, los buques americanos *Philadelphia, Newark, Atlanta, San Francisco, Bancroft, Bennington, Baltimore, Chicago, Yorktown, Charleston* y *Concord*, así como otros argentinos, holandeses, alemanes, ingleses, rusos, franceses, italianos, y brasileños. Por ironía del destino, algunos de dichos barcos norteamericanos lucharían años después contra España, y el español *Reina Regente* sería hecho prisionero por la escuadra yanqui.

Primera iglesia católica. En el sector sur de Manhattan, parte más antigua de la ciudad, puede hallar el viajero una parroquia católica, en cuya erección España tuvo primordial intervención: la iglesia de Saint Peter, la primera católica en todo el estado de Nueva York. D. Diego Gardoqui, el primer embajador de España en los Estados Unidos, tuvo en su residencia de la calle Broadway, una capilla en la que se celebraba misa y a la que acudían los grupos de católicos neoyorquinos, carentes de otro lugar para celebrar culto. Al aumentar el número de éstos, inició Gardoqui una suscripción, que encabezó, y cuyos resultados permitieron comprar un terreno en la calle Barclay. Gardoqui presidió la colocación de la primera piedra el 5 de octubre de 1785, y depositó junto a ellas, en un envase metálico, varias monedas de oro enviadas por Carlos III, como símbolo de la participación económica de España en el empeño. Una adicional ayuda de 1.000 dólares consiguió Gardoqui del Conde de Floridablanca, a la sazón primer ministro del rey, y un permiso para que el sacerdote irlandés O'Brien viajara por Cuba y México para recabar fondos, los que obtuvo por la suma de 6.000 dólares, así como el óleo de José María Vallejo *La Crucifixión*, de México, que todavía se venera en el altar mayor. Gracias a estos esfuerzos pudo inaugurarse San Pedro, bajo la presidencia del embajador español y con misa solemne el 4 de noviembre de 1786, festividad del Santo Patrón del rey Carlos III. A la derecha de Gardoqui se sentó en el banquete subsiguiente el primer presidente de los Estados Unidos, George Washington, a cuya izquierda, en lugar de honor, había marchado el diplomático bilbaíno en el cortejo de la inauguración presidencial. Los síndicos acordaron, como agradecimiento a Gardoqui, reservar en la iglesia "un banco situado en lugar preferente para uso a perpetuidad de los representantes de Su Majestad Católico el rey de España." En el año 1956 el Jefe del Estado Español Francisco Franco regaló a la iglesia un valioso cáliz, continuando el patrocinio iniciado por los monarcas Borbones. El día de la Hispanidad fue por vez primera celebrado religiosamente en dicha iglesia en 1965, marcando un precedente a seguir.

Decisiva debe considerarse también la intervención española en la fundación de un orfelinato para 160 niños, a cargo de las Hermanas de la Caridad. No fue en este caso la diplomacia, sino el arte, el benefactor. La famosa artista española María Felicidad García, "La Malibran," cantó a beneficio del proyecto en la catedral, y el resultado obtenido y el ejemplo dado movieron a los católicos a contribuir de forma que pudo comenzar a construirse en 1826.

Además de la anterior referencia a la iglesia de St. Peter, cabe señalar la participación del representante español en la toma de posesión del presidente Washington en abril de 1789. Cuando la falúa presidencial cruzó la bahía, se encontró con el bergantín de guerra de S.M.C. *Galveztown* (simbólica elección) que saludó con 15 cañonazos y 5 "¡Viva el Rey!" y demás honores, mereciendo el general aplauso, incluido el presidente, quien así lo reiteró personalmente después al ministro Gardoqui y al comandante.

Universidades e instituciones

Difusión de la lengua y de la civilización españolas. No hizo falta la abundante presencia de hispánicos de origen para que Nueva York se interesara por la lengua española. Ya en 1735 se ofrecían profesores, como puede verse en la *New York Gazette*, de 14-21 de julio, y el 26 de octubre de 1784 Augustus Vaughan abrió "una escuela en New Street, cerca de la esquina de Beaver Street, en donde se enseña, correcta y rápidamente, inglés, latín, español e italiano." Se tiene noticias además de que, a lo largo del siglo XVII, existían en la ciudad ejemplares de las obras de Baltasar Gracián, la *Diana* de Montemayor, y *Guzmán de Alfarache*, y que en la New York Society Library podía leerse *La Celestina* o *La Historia de México* de Francisco Clavijero; su fondo bibliográfico referente a España e Hispanoamérica llegó a ser considerable a fin de siglo y en él bebieron indudablemente para preparar su obra Irving, Ticknor y Prescott. En 1815 comenzó a publicarse la *North American Review*, que fue una arteria vital para el conocimiento de los hispánicos, merced a las excelentes plumas de entendidos que en ella colaboraron, especialmente desde que en 1824 Jared Sparks entró a dirigirla.

La enseñanza del español en el Nueva York de hoy alcanza, sin duda, notables grados de excelencia. Encabezan el movimiento las importantes universidades del área, como New York, Columbia, Forham (de los padres jesuitas), la Jeshiva (judía) y el College of the City of New York.

Las universidades de Nueva York y Columbia (vienen inevitablemente a la memoria los *Poemas de la Soledad*, de García Lorca) cuentan en su departamento de español los profesores por docenas, tanto en sus cursos para posgraduados como para graduados. La Universidad de Columbia se halla en Broadway St., arriba, y en su sección de Historia ha destacado el profesor Lewis Hanke, quien, con el historiador William Thomas Walsh y el escritor Waldo Frank, ha formado el grupo de hispanistas norteamericanos de más nota en los últimos tiempos; en Columbia enseñó, allá por 1830, Mariano Velázquez de la Cadena, autor del mejor diccionario hispano-inglés y viceversa, todavía en uso.

La Universidad de Nueva York tiene su base en torno a la Washington Square, esa plaza en la que descansara J.R. Jiménez en tarde de primavera a la sombra de un frondoso árbol, coronado con una copa, según el poeta, de pájaros, no de hojas. La Universidad de Nueva York mantiene en Madrid, desde hace años, un "Junior Year," siempre frecuentado por abundante alumnado, y en los últimos tiempos ha aumentado su programa, abriendo la posibilidad de obtener el grado de *master* en España. De la Universidad de Columbia ha salido, desde 1934, la *Revista Hispánica Moderna* (antes *Revista de Estudios Hispánicos*), una de las publicaciones mejores en el género. En el Queens College han quedado constituido desde 1988 un Centro de Arte Español y Latinoamericano.

En las mencionadas instituciones de enseñanza superior ejercen y ejercieron su docencia numerosos españoles de reconocida calidad intelectual.

Otras instituciones en el campo de las relaciones culturales hispano-norteamericanas son el *Institute of International Education* (entidad clave en los intercambios de estudiantes) y el *American Field Service* (la segunda enseñanza es su campo de acción), ambas con sede en Nueva York. Eficaz labor realizó el *Hispanic Institute* desde que se creó en 1920, como resultado de los esfuerzos aunados de la Junta para Ampliación de Estudios, de varias universidades españolas y de diversas entidades norteamericanas. En la actualidad, la más importante entidad cultural hispánica en Nueva York es el *Spanish Institute*, fundado en 1954. Revitalizó su actividad la adquisición de un inmueble en Park Avenue, gracias a la generosidad de la Marquesa de Cuevas, en el que la *Spanish House* ha venido mostrando la hispana cultura, a través de su biblioteca, sus aulas, sus grupos teatrales y su Academia Norteamericana de Altos Estudios. Se inauguró en abril de 1970.

El Hogar del Libro Español, *The Americas Publishing Company*, *La Librería Hispánica* y *Hispanic Books* ofrecen la venta al público de una amplia selección bibliográfica española. La Galería de Joan Prats exhibe arte ibérico.

Arte español. Trascendental para la cultura española fue la fundación por Archer M. Huntington en 1904 de la *Hispanic Society of America* y de la inauguración en 1908 del edificio construido en Broadway entre las calles 155 y 156 para albergar el museo de las obras de arte y libros coleccionados por el gran hispanista. La biblioteca contiene numerosos manuscritos y libros publicados en los siglos XVII y siguientes, en cifra aproximada a los 100.000. Un nuevo edificio fue necesario construir en 1930. En el patio central saludan al visitante una arrogante estatua del Cid Campeador, bajorrelieves de Boabdil y Don Quijote y un friso con los nombres de las figuras descollantes de la cultura hispánica, todo ello obras de la escultora Anna Vaughn Hyatt, esposa del fundador. Esta es, por cierto, autora del monumento *Los portadores de la antorcha*, emplazada en la Ciudad Universitaria de Madrid y de diversas reproducciones esparcidas por España de la aludida estatua del Cid. En su laboriosa ancianidad, la millonaria siguió esculpiendo en su modesta residencia de Bethel, Connecticut.

Cuadros españoles encierra la Hispanic Society debidos a Morales, El Greco (*San Lucas*), Zurbarán, Carreño, Velázquez (*El Conde Duque de Olivares*) y Goya (*La Duquesa de Alba*) entre los maestros clásicos, todos ellos comprados fuera de España; entre los modernos, Fortuny, Rico, López, Mezquita, Viladrich, Zuloaga y Sorolla, cuyas 14 enormes telas sobre las provincias españolas dan excepciones luz y aire a la sala que lleva su nombre y que fue construida expresamente en 1926. Valiosas son también las colecciones de esculturas, mobiliario, hierro forjado y orfebrería, cerámica y tejidos. El programa de publicaciones de la Sociedad ha sido y es de gran envergadura y referente siempre a los fondos que encierra o a diversos aspectos relacionados con la institución.

No sólo puede verse arte español en la Hispanic Society. Si entramos en el *Metropolitan Museum*, varios trozos de España nos impresionarán. La pinacoteca del Metropolitan es excepcional: abunda en obras de El Greco, Velázquez, Goya, etc. En la planta baja nos encontramos con la importante reja de la catedral de Valladolid. Como antesala a la biblioteca Thomas J. Watson, dedicada a los libros de arte, nos hallaremos de pronto con el precioso y renacentista patio español del palacio de Vélez Blanco.

Los *Claustros*, situados Manhattan arriba, es un museo de arte medieval en el que se hallan reunidos claustros, salas, arcos, esculturas y todo tipo de obras de arte de los estilos romántico y gótico, todas originales. Cuenta con el ábside de San Martín de Fuentidueña (Segovia).

El *Museo de Arte Moderno* encierra también notables y numerosas aportaciones españolas del are más reciente. Tampoco se halla ausente el arte español en la *Frick Collection*.

Gran impacto produjo la sección dedicada al arte en el *Pabellón español de la Feria de Nueva York* (1964-1965), en la que junto a cuadros procedentes del Museo del Prado, se mostraban obras de los más modernos maestros y en el edificio ideado por el arquitecto Carvajal. Supuso en sus dos etapas un excepcional elemento de difusión del nombre de España.

Cabe igualmente admirar el genio artístico español en los murales del *Rockefeller Center*, situado entre las Quinta y Sexta Avenidas. En el gran vestíbulo del *International Building* nos aguardan los dos impresionantes frescos del pintor español José María Sert, con su característica combinación de tonalidades en sepia. No lejos se encuentra el *Museo Lladró*, inaugurado en septiembre de 1988 por la Infanta D.ª Pilar, que alberga las mejores piezas de la colección de cerámica valenciana de aquel nombre, y una sala para promover el arte español contemporáneo.

Se debe a Enrique Monjó el alto relieve monumental *Estados Unidos-Siglo XX* enmarcado en el atrio del rascacielos del First National City Bank, en Park Avenue, e inaugurado en junio de 1968. En el panel dedicado al descubrimiento de Norteamérica aparece Cristóbal Colón teniendo en sus manos la *Santa María*.

Existe otra contribución del arte español a la arquitectura de Nueva York, que no es, en verdad, muy conocida. Se trata de las obras de Rafael Guastavino, valenciano que emigró a los Estados Unidos llevando consigo la experiencia del sistema llamado comúnmente de bóveda catalana y que patentó con el nombre de "sistema Guastavino." Ayudado y sucedido por su hijo Rafael, construyó con su método obras innumerables, entre las que podemos mencionar, en Nueva York, la capilla de la Universidad de Columbia —el edificio experimental del sistema—, las cúpulas de la estación del ferrocarril de Pennsylvania y de la catedral de San Juan el Divino, las estaciones del *metro*, las aproximaciones al Queensborough Bridge y el sótano de la Taunton Court House.

El teatro de tema español ha sido huésped de los escenarios neoyorquinos a lo largo de los siglos XIX y XX, desde William Dunlap, que puso en escena tres comedias en el mismo año de 1800, hasta Mary Lee Settle, autora de *Juana la Loca*, pasando por Ernest Hemingway. La literatura cervantina ha sido buena cantera de inspiración (como *El hombre de la Mancha*, que tan amplia aceptación ha logrado en todos los escenarios del mundo), lo mismo que el mito de *Don Juan*; también los relatos históricos, bien en torno a la sucesión al trono español, a la muerte de Alfonso XI, bien acerca de las luchas comuneras, bien sobre las Cataluña del 1500, bien escenificando la novela de Francis Marion Crawford *En el Palacio del Rey* (1900). Y recordemos las producciones de los grandes dramaturgos O'Neill (*La fuente*), Maxwell Anderson (*Noches sobre Taos*) y de Tennessee Williams (*Camino Real*).

También ha visto Nueva York obras dramáticas españolas, ya en su versión original, ya en adaptación.

Ha sido el Premio Nobel José de Echegaray uno de los autores españoles preferidos del público neoyorquino. El Manhattan Theatre ofreció en 1903 veintitrés noches la *Terra baixa*, de Angel Guimerá. Entre 1910 y 1930 logró notable favor Jacinto Benavente, lo mismo que los hermanos Alvarez Quintero y que Gregorio Martínez Sierra, cuyas *Canción de cuna* (1927) y *El reino de Dios* (1929) contaron subido número de representaciones (figura la primera en muchas de las antologías recientemente publicadas del teatro moderno). Tuvo particular repercusión la actuación, en abril de 1932, en el New York Theatre, de la compañía de María Guerrero y Fernando Díaz de Mendoza, que ofreció, junto a obras de autores españoles clásicos y del día, versiones de dramaturgos europeos. La guerra civil española y el subsiguiente conflicto mundial supusieron una ausencia del teatro dramático español de los escenarios norteamericanos, con excepción de las obras de García Lorca, traducidas al inglés, interpretadas y comentadas profusamente y popularizadas por la televisión. En los últimos años el campo del teatro español quedó reducido casi exclusivamente a las universidades.

En los últimos tiempos han proliferado grupos teatrales hispanoparlantes, como el "Laboratorio de Teatro Español," "Teatro Rodante Puertorriqueño," "Dumé Spanish Theatre" y "Compañía de Teatro Repertorio Español." Han puesto en escena, entre otras obras, *Anillos para una dama* de Gala. También han proliferado las visitas de compañías españolas, la mayoría subvencionadas por el Comité Conjunto Hispano-norteamericano, tales el Pequeño Teatro de Madrid, y el grupo Zascandil, compañías que han actuado igualmente en otras ciudades del país.

El profesor norteamericano Stanley T. Williams llama a Manuel García "nuestro Colón musical." Nacido en Sevilla en 1775, viajó desde Liverpool a Nueva York en 1825 con sus hijos Manuel (el inventor del laringoscopio) y María (la cantante "Malibran"), y una compañía de ópera. Tuvo lugar la inauguración de la temporada el 29 de noviembre, en New York Theatre, con *El barbero de Sevilla* (parte de cuya música se atribuye a García), la primera ópera larga cantada en Nueva York en lengua no inglesa. En dicho teatro, y más tarde en el Park Theatre, la compañía ofreció en total 79 funciones, incluyendo 11 óperas nuevas, como el *Don Juan* de Mozart, hasta el 30 de septiembre de 1826, en que se celebró la despedida. El éxito de la temporada fue completo y hay que valorar en lo que merece el arrojo de García en cruzar el Atlántico con numeroso elenco para actuar en Nueva York, ciudad entonces con poco ambiente musical. Otra excelente compañía, esta vez procedente de La Habana, dirigida por Francisco Martínez y Torrens, actuó en Nueva

York en 1847, y otra no menos compotente, a las órdenes del señor Marty en 1850.

En el mundo de la música, la Tetrazzini obtuvo muchos aplausos en 1911 con la canción española *Carceleras*, de la zarzuela de Ruperto Chapí, *Los hijos del Zebedeo*. Durante los años 1916, 1917 y 1918, entre otros, se representaron zarzuelas de diversos teatros y en 1959 se puso en escena *La chulapona*, en Greenwich Village, en presencia del autor de la música Moreno Torroba. En New York tiene sede una Asociación de Amigos de la Zarzuela, y el Madison Square Garden ha servido de escenario en el verano de 1985 a "Antología de la Zarzuela."

Gran éxito consiguió Raquel Meller con sus famosas canciones a partir de su primera actuación ante el público neoyorquino, el 14 de abril de 1926; cómo fue muy popular "La Argentinita," con el arte de su inconfundible baile español. Se halló presente Enrique Granados en el estreno de su ópera *Goyescas*, lo que le costaría la vida al hundir los alemanes el vapor *Sussex*, en que regresaba a España en 1916. La valenciana Lucrecia Bori figuró como "prima donna" habitual en las carteleras del Metropolitan hasta que se retiró en 1936; residente en Nueva York, siempre fue, hasta su reciente muerte, impulsora de toda actividad artística española en la ciudad. Entre las nuevas generaciones de cantantes españoles, bien de ópera, bien de concierto, que han actuado en Nueva York, deben mencionarse Victoria de los Angeles, en primer lugar, junto con Consuelo Rubio, Teresa Berganza, Pilar Lorengar, Montserrat Caballé, Alfredo Kraus, José Carreras y Plácido Domingo.

Tuvieron por compañero a Isaac Albéniz los estibadores del muelle, y de su arte se beneficiaron cuando se vio en la necesidad de actuar en las tabernas del puerto, a veces, circensemente, de espaldas al instrumento y con los brazos cruzados tras él, con el fin de ganar el dinero imprescindible para regresar a la Patria. Antes se había hecho popular, entre 1870 y 1890, el gran violinista Pablo Sarasate (a quien el norteamericano Whistler pintó), como lo fue el violoncelista Pablo Casals. A Andrés Segovia se debe el reconocimiento mundial de la guitarra como instrumento noble, y Nueva York, en donde residió, le ha podido escuchar infinidad de veces; otros guitarristas con presencia frecuente en las carteleras son el veterano madrileño Carlos Montoya, Sabicas, los Romero, Serranito y Juan Serrano. En el arpa se han distinguido Nicanor Zabaleta y Mª Rosa Calvo Manzano, en el piano Alicia de Larrocha y en el clavicémbalo Genoveva Gálvez. Vivió muchos años en Nueva York y falleció en ella en 1986 la actriz Rosita Díaz Gimeno.

Hay que reconocer que el folklore español ha contribuido en gran manera a mantener vivo el nombre de España ante el público: así los ballets de José Greco, Jiménez y Vargas, José Molina, Antonio, Antonio Gades y Ana Lorca, y los conjuntos musicales como el de los "Los chavales de España," o las agrupaciones como el "Orfeón de Pamplona" o los "Coros y Danzas de España." Los artistas españoles han participado en los Festivales Latinos; y en el 10º, celebrado en agosto de 1986, con "Bodas de Sangre" y "Cumbre Flamenca."

Esteban Gómez. Al abandonar Nueva York y atravesar el río Hudson no podemos por menos de recordar su primitivo nombre de río San Antonio, cuando lo surcó y bautizó Esteban Gómez en 1525. Gómara, al hablar del viaje de éste, lo encabeza con el título "Río de San Antón," y Oviedo lo sitúa en el 41° de latitud Norte. Por los datos que aquel piloto le proporcionara, Diego de Ribeiro denominó "Tierras de Gómez," en su famoso mapa, a las comprendidas entre la hoy bahía de Chesapeake y el norte del cabo Cod.

Nombres españoles

En el neoyorquino estado dejamos ciudades por nombre Aurora, Lima, Bolívar, México, Panamá, Perú, Salamanca, Alma, Carmel, Cádiz, Cuba y Medina, y un condado, el de Columbia.

◆ NUEVA JERSEY ◆

La población hispana en los suburbios de la ciudad de Nueva York ha aumentado por lo menos en un 30% en el curso de la última década hasta una cifra de 250.000 habitantes. Ello se ha debido parcialmente a un elevado índice de natalidad —comenta Eric Schmitt. En Nueva Jersey, el crecimiento ha sido del 25% con un total de 600.000 personas. Sólo el condado de Hudson cuenta con 200.000 hispanos, el 34,5% de la población total. Por cierto, Union City es denominada "La Pequeña Habana del Norte" por la gran concentración de cubanos (después de Miami).

Un poco al Oeste nos encontramos con la pequeña localidad de Morristown, que tiene especial significación hispánica: había instalado en ella su cuartel general George Washington, y a este campamento acudieron el representante del gobierno francés, M. La Luzerne, y el representante oficioso español, Juan Miralles, con el intento de conseguir del general el refuerzo de sus ejércitos en las Carolinas, como medio de frustrar los planes ingleses de atacar las posesiones españolas en el Sur.

Durante su estancia en el lugar —Miralles escribió por última vez al gobernador Gálvez el 12 de abril de 1780— cayó enfermo y falleció allí a los pocos días, el 28 del mismo mes. Durante su corta enfermedad fue asistido por el médico mayor del ejército, y su cadáver fue conducido al cementerio a hombros de capitanes, rindiéndosele honores militares. Washington presidió el entierro. El Marqués de Lafayette comunicó tan triste noticia al embajador de España en París, Conde de Aranda, quien la transmitió a Floridablanca por despacho de fecha 30 de junio de dicho año.

Dos universidades sobresalen en este sector de Nueva Jersey: la renombrada Princeton y la bastante popular de Rutgers. Situada Rutgers en las orillas del río Raritan, a su paso por New Brunswick, tuvo sus comienzos en 1766, y a su Departamento de Patología ha pertenecido el profesor español Enrique Santamaría.

Princeton ofrece un extraordinario ambiente cultural, quizá el más acusado de todos los Estados Unidos. Data de antiguo interés por el español en el *campus* universitario: el presidente de 1768 a 1794, John Witherspoon, colocaba a Cervantes, en cuanto a ironía y agudeza, por encima de Homero y de Boileau. En su Departamento de Español han profesado, entre otros, King, Vicente Lloréns, Willis y Schraibman —y a él perteneció durante mucho tiempo Américo Castro, después retirado en La Jolla. En las cercanías de la localidad, pronunció Washington su discurso de adiós al ejército en 1783.

En la capital, Newark, existe un Club de España, promotor del "Día de España," proclamado anualmente por su ayuntamiento. También se encuentra en la capital quizás la concentración más importante de españoles en los Estados Unidos, a los que atienden los restaurantes "Spanish Tavern," "Don Pepe" y "O Faro."

Continuando con la costa Este y entrando en la bahía de Delaware, nos topamos con Point Breeze. Fue elegido por José Bonaparte, "Pepe Botella," como refugio durante su exilio en los Estados Unidos. Se dedicó desde allí a conspirar contra el imperio español y a tratar de buscar una solución o un destino a su cabeza sin corona.

Púsose en contacto en 1816 con Francisco Javier Mina, quien organizó una expedición de voluntarios de diversas condición y procedencias, con el designio de desembarcar en la confluencia del río Nuevo Santander con el Golfo de México y capturar la capital de Nueva España. Proporcionóle para ello una carta de crédito contra un banco de Londres por valor de 100.000 dólares, con la que la expedición pudo hacerse a la mar, llegando al Río Grande en abril de 1817.

Un puesto de vigilancia español, instalado a la entrada del río, al ver la bandera española que Mina arboló, le suministró el agua potable, carne y otras provisiones requeridas. En el entretanto, Mina, que llevaba una imprenta, publicó un boletín que, con la fecha del 12 de abril de 1817, puede considerarse como la primera publicación que vio la luz en Texas. El escuadrón expedicionario zarpó a poco y desapareció, en completo desastre, unas semanas más tarde, muertos sus dirigentes, esparcidos sus miembros.

No acabaron aquí los intentos bonapartistas desde Point Breeze. Puso "Pepe Botella" dinero a disposición del general francés Charles Lallemand para sus planes de establecer una colonia en Texas, dominio de España, y con vistas a albergar a Napoleón, en caso de que los proyectos de su fuga de Santa Elena se realizasen.

Lallemand y los suyos desembarcaron en la costa de Texas en 1818 y fundaron la colonia de "Champ d'Asile." Pero ante la presión de los indios y los rumores de proximidad de una expedición española, levantaron el campo a los seis meses de llegar.

La presencia de José Bonaparte y de Javier Mina causó muchos quebraderos de cabeza al ministro español Luis de Onís.

Nombres españoles
Belmar, Buena, Columbus, Carmel, Málaga y Río Grande son las localidades con nombres españoles.

PENNSYLVANIA

Primeros representantes de la corona española. Cuando la sublevación de las Colonias, y tras la Declaración de la Independencia, España consideró conveniente el nombramiento, como observador, de un agente oficioso que pudiese proporcionar información de primera mano sobre el desarrollo de la guerra y los puntos de vista de la nueva nación. Por esta razón, el conde de Floridablanca, secretario de estado, procedió a designar para tal cargo a D. Juan de Miralles, propuesto por el capitán general de La Habana Diego Navarro. Tras llegar a Charleston el 9 de enero de 1778 y permanecer en esta ciudad hasta la primavera, se trasladó a Filadelfia, en donde, a pesar de su condición de simple agente, pudo mantener un estrecho contacto con los miembros del Congreso y demás autoridades. Residió en la casa situada en el número 10 de la South 3rd Street, hoy desaparecida, contigua a la "Powell House," una de las mejor conservadas en Society Hill; la casa que la sustituyó ostenta una placa en que se recuerda haber sido el hogar de John Penn, el último gobernador colonial de Pennsylvania, y de Benjamín Chew, el último presidente del tribunal supremo de dicha colonia. Se tienen referencias de que dicho "embajador español" gozaba de merecida reputación y recibía cumplidamente en el edifico y en los jardines adyacentes de su hogar profusamente iluminados.

Hasta la llegada en 1785 de D. Diego de Gardoqui, actuó al frente de la representación oficiosa de España D. Francisco Rendón, secretario de Miralles, quien habitaría al principio la misma casa que su predecesor. En ella también tendría el honor de hospedar al general Washington, esposa e hijos. Como a fines de 1781 llegara el general con su ejército con propósito de invernar en la ciudad, hubo necesidad de alojar a los visitantes en las casas particulares, ofreciéndose a ello las personas más características. Consideró Rendón oportuno no ser excepción, y también ofreció la suya. Washington la aceptó de buen grado, pero no su mesa, por considerar que la alimentación de su familia y de su oficialidad debía correr a cargo del erario público. En la casa de referencia ha sido fijada en fecha reciente una lápida relatando lo que antecede.

Rendón se mudó con posterioridad a la casa propiedad de la familia Shippen, situada en la esquina de las calles 4th y Locust, también en Society Hill, y una de las más antiguas y mejor preservadas de la ciudad. A poca distancia de ella se encuentra Saint Mary's Church, la primera iglesia católica de Filadelfia, en cuya fachada aparece una placa en la que queda constancia de la presencia de los enviados diplomáticos de España y Francia en la primera conmemoración religiosa pública de la Declaración de la Independencia el 4 de julio de 1779.

Si Miralles fue el primer agente español *de facto* en los Estados Unidos, D. Diego de Gardoqui ostentó, antes que ningún otro, el carácter de representante oficial español, al recibir del rey Carlos III una credencial fechada el 27 de septiembre de 1784 dirigida a "nuestros grandes y bien amados amigos los Estados Unidos de la América Septentrional," nombrándole Encargado de Negocios cerca del Congreso Continental. Desde la fecha del 20 de mayo de 1785, en que llegó a Filadelfia, al 12 de octubre de 1789, en que regresó a España, Gardoqui realizó una intensa labor, si bien residió predominantemente en Nueva York.

No eran nuevas para Gardoqui las relaciones con las colonias sublevadas: miembro de la fuerte casa bilbaína "Gardoqui e hijos," conocía bien Inglaterra y sus posesiones. Por eso había sido elegido para tratar con Arthur Lee cuando este emisario norteamericano fue despachado por Franklin desde París para actuar en España como enviado oficial del Congreso. Intérprete primero de la conversación que en Burgos sostuvieron Lee y Grimaldi, recibió la designación más tarde de intermediario para encauzar la ayuda española a los revolucionarios, misión en la que muchas veces hubo de adelantar cantidades que el rey se había comprometido a facilitar. Actuó en tal calidad de manera análoga a la desempeñada en Francia por Pedro Caron de Beaumarchais (autor de *El barbero de Sevilla*), quien se manejó a través de la firma —por otra parte, también española— de "Rodríguez, Hortales y Cía." Le tocó capear a Gardoqui como representante diplomático la difícil etapa posrevolucionaria, en la que los intereses del país independiente no siempre coincidían con los de España. Las cláusulas del tratado de paz angloamericano no dejaban a salvo los derechos por España alegados respecto a los territorios situados en la orilla izquierda del Mississippi; por otra parte, las inevitables dificultades por las que un nuevo país tiene que pasar, originarían intentos de separatismo, para cuyo logro Gardoqui sería muchas veces el punto de referencia.

Si con sus obras Gardoqui demostró su cariño a la nación norteamericana, sus escritos lo corroboran. En una de sus cartas a Washington, con fecha del 18 de noviembre de 1786, dirá: "He sido y seré un buen amigo de vuestros Estados Unidos." El general, a su vez, le manifestará con fecha del 20 de enero anterior: "Los sentimientos que usted ha tenido la amabilidad de expresar sobre mi conducta son muy alagadores, y la amistosa manera en que han sido expresados me ha complacido altamente. Conseguir la aprobación de un caballero cuyos buenos deseos fueron tempranamente comprometidos para la causa americana y que ha asistido a sus progresos a través de las varias etapas de la Revolución, debe ser considerada como una feliz circunstancia para mí; y buscaré cualquier ocasión para testimoniar tal sentimiento." En carta de fecha 30 de agosto del mismo año, Washington le dirá: "No puedo desaprovechar ocasión alguna de asegurar a V.E. la alta estima que profeso a las muchas muestras de cortés atención que he recibido de usted; ni el placer que tendría en el honor de expresársela en este lugar en donde vivo retirado de la vida pública, si por acaso usted se sintiera inclinado a hacer una excursión a estos estados centrales."

Cuando Gardoqui partió del país, quedaron en Filadelfia, al frente de la representación española, D. José de Jáudenes y D. José de Viar, quienes le habían acompañado desde España en calidad de secretarios. Lograron tener en momentos decisiva intervención, pues, por órdenes del barón de Carondelet, gobernador de Luisiana, llegaron a advertir a Jefferson que cualquier violación norteamericana del territorio español, o de los aliados de España, acarrearía la guerra. En mayo de 1796 se hizo cargo de la representación española el ministro plenipotenciario D. Carlos Martínez de Yrujo. Yrujo casó con Sara McKean, hija de uno de los firmantes de la Declaración de la Independencia y presidente del Congreso Continental. El conocido pintor Stuart retrató a los matrimonios McKean e Yrujo, y los cuatro cuadros fueron expuestos en el Museo Metropolitano de Nueva York en 1976.

Con el traslado del gobierno a la capital federal en 1800, en Filadelfia quedó tan sólo un consulado que ha permanecido abierto hasta hace unos pocos años. En la iglesia de St. Mary fue enterrado en 1822, a raíz de su muerte, don Manuel Torres, español de origen y primer representante diplomático de la América hispana independiente.

El idioma y el arte españoles. No hay que olvidar que la personalidad más sobresaliente en la Filadelfia revolucionaria fue Benjamin Franklin. Desde el punto de vista español, interesa su figura, aparte de por su intervención en la consecución de la colaboración española en la guerra contra Inglaterra, por cuanto influyó en la extensión del conocimiento del idioma español en Norteamérica. Franklin se puso a estudiar el español en 1733 como parte de su programa para estudiar los idiomas modernos y dispuso la inclusión de nuestra lengua en los estudios de la Academia de Filadelfia, fundada en 1749. Frecuentaría los círculos de Franklin el franciscano enciclopedista Antonio José Ruiz de Padrón, a partir de 1784, en el que una tempestad le arrojó a las costas de Pennsylvania. El español era conocido, sin embargo, en la ciudad mucho antes de aquella fecha fundacional. Se tienen, entre otros testimonios, el de Francis Daniel Pastorius, quien comenta en su obra *Beehive* haber leído *Los cien emblemas*, de Saavedra Fajardo; los *Sueños*, de Quevedo, y el *Lazarillo de Tormes*. En 1784 la Real Academia de la Historia de Madrid nombraría a Franklin su académico correspondiente; la *American Philosophical Society* concedería un honor semejante al eminente botánico español Alejandro Ramírez.

Se dio en Filadelfia el primer curso universitario de español en 1766, abriéndose así el interés de las instituciones de enseñanza superior del área por lengua española. Pero en lo que toca a la Universidad de Pennsylvania tenemos que llegar a 1830 para comprobar la libertad de los alumnos para estudiar español —u otro idioma—, siempre que fuera requerido por los padres. Estos estudios no alcanzarían la pujanza debida hasta la presencia de la dinámica personalidad de Hugo Rennet a fines del siglo XIX. A ella perteneció Romera-Navarro, autor de la importante obra *El hispanismo en Norteamérica*.

La presencia de Cervantes se dejaría notar en Filadelfia, ya a mediados del siglo XVIII. Inspirada en su obra inmortal, la pieza teatral *Don Quixote in England*, de Henry Fielding, sería puesta en escena el 21 de mayo de 1766, y la ópera cómica de Isaac Bickerstaffe, *The Padlock*, basada en *El celoso extremeño*, alcanzaría popularidad a partir de 1769. Igualmente denotaría su influencia en la obra cómica de H.H. Brackenridge, *Moderna caballería* (Filadelfia, 1792-97). Por dichos años finales de siglo tendría lugar una de las primeras representaciones en el país de una obra de Calderón de la Barca *El escondido y la tapada*.

En Bryn Mawr (colegio de muchachas) fue profesora de Historia del Arte Georgina Goddard King, autora de un definitivo libro sobre España, *El camino de Santiago*.

Fue fundamental la Exposición de 1876 para la difusión del arte en el área y, en especial, del arte español. España participó en ella abundantemente en diversos campos. En el curso de la Exposición se tributó un resonante homenaje a Cervantes el 23 de abril. En el banquete de clausura del certamen, el 10 de noviembre, con asistencia del presidente Grant,

España ocupó el segundo puesto, y en el brindis oficial el general Hawley levantó su copa por España, "nuestra hermana, nuestra amiga, cuya bandera fue la primera que flotó en tierra americana."

Mucho influyó en el mejor conocimiento del dibujo español, el profesor de la Academia de Bellas Artes de Pennsylvania, Stephen Ferris; gracias a sus orientaciones, Robert F. Blum se convertiría en un devoto de Urrabieta y en un discípulo de Fortuny. Una visita al Museo de Bellas Artes es una renovada sorpresa para cualquier español; encierra la mejor colección de Picassos existentes en Norteamérica. En medio del museo se halla reconstruido un patio medieval con su claustro, formado en buena parte con aportaciones españolas. La selecta pinacoteca de la exclusiva *Barnes Foundation* contiene obras de Picasso y otros maestros españoles.

Por sus concomitancias industriales con Bilbao, esta ciudad es hermana de Pittsburgh; en muchos amistosos actos se ha venido desarrollando esta hermandad.

Por tierras de Pennsylvania también anduvieron los españoles, en opinión del duque de la Rochefoucauld; construyeron baluartes sobre el río Tioga como final de su penetración al remontar el Susquehanna desde la bahía de Chesapeake (para ellos bahía de Santa María). En el distrito de Oneida (en el centro del triángulo que forman Harrisburg, Allentown y Scranton) se encontró la piedra denominada de Pompeya, con la inscripción "Leo De Lon, VI, 1520," cuyo origen se atribuye a las expediciones de Gómez o de Ayllón, o posteriores.

Nombres españoles

Quedan en el nomenclátor estatal los siguientes nombres hispánicos: condados de Carbon y Columbia, ciudades de Almedia, Andalusia, antes Fort Bolívar, Columbia, Columbus, Jacobus, Matamoras, López, Madera, Villanova, Gibraltar, Valencia, Adrian, Anita, Molino y Sacramento.

♦ DELAWARE ♦

Delaware es el estado más antiguo de la Unión, al ser el primero en haber ratificado la Constitución el 7 de diciembre de 1787. Fueron los suecos quienes primero se establecieron en esta franja, allá por el año 1638; por espacio de diecisiete años ondeó su bandera hasta que, sustituida por la holandesa durante otros nueve, se impuso por la fuerza la de la Unión Jack. Su nombre procede de Thomas West, Lord de la Warr, que llegó a ser gobernador inglés en Virginia. El fin de este caballero está unido a la historia de las armas españolas, porque fue hecho prisionero por los navíos hispanos, muriendo en la isla de Madeira en 1611.

Quizá sea aquí también el momento de recordar el que, hallándose en la presa de Delaware, Henry Charles Lea recibió la urgente solicitud de la revista *Atlantic Monthly* de publicar un ensayo sobre España, el que apareció con el nombre de "La decadencia de España," en el número precisamente de julio de 1898, en cuyo día 3 la escuadra de Cervera sería destruida en Santiago de Cuba. Lea, que había escrito ya su *Historia de la Inquisición de la Edad Media* (1887) y que habría de escribir *Historia de la Inquisición Española* (1906-7), tuvo el mérito de redactar el aludido ensayo de memoria, sin poder echar mano de ningún libro de consulta, dado el aislamiento en que se encontraba y el plazo perentorio que le fue concedido. Ello demuestra su profundo conocimiento de la historia de España, aunque sus juicios no sean siempre objetivos.

D. Elías Ahuja nació en Cádiz en 1880, y emigró a los Estados Unidos a la edad de diecisiete años. Tras pasar difíciles momentos y estudiar en el Massachusetts Institute of Technology, comenzó con los Du Pont, en cuya compañía logró alcanzar elevado puesto directivo, al mismo tiempo que participar en sus cuantiosas ganancias. Viajó a España y regresó en 1937 a Wilmington, en donde decidió fundar una sociedad benéfico-docente, que tuviera por objeto proporcionar ayuda a los estudiantes españoles que desearan y merecieran estudiar en los Estados Unidos. Surgió así *The Good Samaritan, Inc.*, gracias a la cual obtuvieron anualmente las cantidades necesarias para su alojamiento y manutención un buen número de estudiantes españoles agraciados con el pago del viaje de ida y vuelta entre España y los Estados Unidos por las becas de Fulbright. Es Ahuja una figura todavía poco conocida en España, pero que bien merecería un más público agradecimiento de sus compatriotas, a los que ha beneficiado con otras obras, como su contribución a la ampliación de la Casa de Maternidad de Sanlúcar de Barrameda, a través de los infantes D. Alfonso y D.ª Beatriz de Orleáns Borbón, y la Escuela de Extensión Agrícola de Jerez de la Frontera; es un primer paso, sin embargo, en aquel reconocimiento la fundación en la Ciudad Universitaria de Madrid del Colegio Mayor "Elías Ahuja."

Nombres españoles

En su reducido elenco de núcleos urbanos, sólo cuenta el estado de Delaware con Delmar, Columbia, Laurel y Magnolia como localidades que tienen parentela hispánica.

MARYLAND

Recuerdos de la guerra de Cuba y Filipinas. Un recorrido por el *campus* de la Academia Naval de Annapolis es interesante dados los numerosos recuerdos que se conservan procedentes de la guerra de 1898. Así nos tropezamos en la explanada con uno de los mástiles del *Maine*; afortunadamente ya no se ancla en un muelle cercano el crucero *Reina Mercedes*, que servía de calabozo para los guardia-marinas, y que fue desguazado no hace mucho como consecuencia de las oportunas gestiones del embajador Areilza y de la amistosa actitud de la *Navy* para España. En una de las esquinas nos saluda (sin salvas) un antiguo cañón español de bronce, capturado a los mexicanos en California en 1847.

El museo encierra muchos recuerdos de Cuba y de las Filipinas: entre otras, la insignia bicolor, con escudo, perteneciente al *Jorge Juan*, hundido por el USS Annapolis, en Nipe Bay, el 21 de julio de 1898; la enseña del contraalmirante Patricio Montojo, comandante de la escuadra española en Manila, tomada del *Reina Cristina*; la primera bandera roja y gualda capturada del velero *Matilde*, por el USS New York, cerca de La Habana; y el pabellón nacional del crucero *María Teresa*, arbolado por el almirante Cervera en la batalla de Santiago. Se nota además la figura del primer almirante de los Estados Unidos, David Glasgow Farragut, hijo del menorquín Jorge Farragut. Llena de sus recuerdos están la academia, la biblioteca y el museo. En éste se halla el autógrafo de su juramento como guardia-marina el 19 de diciembre de 1810, la reproducción de la placa resumiendo su vida colocada en el destructor USS Farragut, y la placa original regalada por el Ayuntamiento de Ciudadela honrando su memoria. Tuvo lugar la entrega de esta última en dicha ciudad menorquina al embajador de los Estados Unidos en España el 27 de junio de 1953.

Con unos años de diferencia, ha sido de nuevo dicha urbe escenario de otro homenaje a Farragut; el 30 de mayo de 1970 el embajador norteamericano inauguró, en compañía de las autoridades provinciales y locales, un monumento reproduciendo la efigie del Almirante, obra de la escultora Sra. Barnes, y situado en una de las principales plazas ciudadanas. Se halló presente una numerosa representación de la Liga Naval norteamericana, capítulo de Madrid.

Fue Baltimore en 1792 escenario de notables celebraciones conmemorativas del descubrimiento de América, y vio en ella la luz primera en 1825 la popular gramática española de Mariano Cubí, que en pocos años habría de alcanzar seis ediciones. Cubí enseñó en el Colegio Saint Mary, en el que había sido adelantado de la enseñanza de la lengua española el padre Peter Babad. Fue en él también profesor José Antonio Pizarro, vicecónsul de España en la ciudad, y a él dedicó Severn Teackle Wallis su obra *Glimpses of Spain*.

Portaestandarte en la ciudad de la cultura española es hoy el departamento de español de la conocida Universidad de John Hopkins. Albergó durante mucho tiempo al gran poeta español Pedro Salinas. En el Peabody Institute profesó el pianista español Julio Esteban. La Walters Art Gallery encierra notables obras de arte, algunas españolas. Es igualmente digno de mencionar el Museo de Arte que, entre otros cuadros españoles, cuelga el conocido Picasso, *La familia de acróbatas* y los también de éste *Leo Stein* y *Mono*. En la psiquiatría local ha destacado el médico español Dr. Veiga.

Esteban Gómez. Puede contar Maryland en sus históricos anales las visitas a sus costas por los barcos españoles a los pocos años de que el velo del misterio del continente americano fuera levantado por Cristóbal

Colón; un barco español —probablemente el de Esteban Gómez—, dañado por severa tormenta y espesos hielos, tuvo que ser remolcado en 1525 desde tierra por su tripulación y reparado en las márgenes de la desembocadura del río Wicomico, cerca de la actual localidad de Whide Haven, en la bahía de Chesapeake. Se dio a la mar a poco y, como recuerdo de su paso, dejó una bandera y una inscripción en un madero relatando el suceso.

Nombres españoles

Las ciudades de Córdova, La Plata, Mayo y Villa Hts. son las únicas en el estado de Maryland que los llevan.

♦ WASHINGTON, D.C. ♦

Distrito de Columbia es el nombre oficial con que es conocida la capacidad federal de los Estados Unidos. *Columbia* deriva su nombre de Columbus, Colón, el descubridor del Nuevo Mundo. Con suponer tanto para la capital la figura de Colón, no se valora en ella con exceso su hazaña y, por supuesto, la participación de España en ésta, a no ser en las alusiones a aquél en el Capitolio y su modesta presencia en el callejero.

La no muy artística estatua de Colón situada en la plaza de la estación ferroviaria es punto de modesta reunión anual en tal fecha organizada, con participación española, por los Caballeros de Colón o los Hijos de Italia. A partir de su erección en 1966, la conmemoración del descubrimiento ha sido festejada también ante la estatua de Isabel la Católica, emplazada en la escalinata de la Unión Panamericana.

La ciudad tiene una línea horizontal. De aquí que el novelista Miguel Delibes, durante su estancia en la Universidad de Maryland, llamara a Washington, "la anti-Nueva York" edificadora de "rascasuelos" o rascacielos yacentes.

La entrada principal de la Casa Blanca centra la Lafayette Square, en cuyo próximo número 14, Legación de España a la sazón, residió D. Juan Valera durante parte de la etapa del cumplimiento de su misión diplomática en la capital. Puede decirse que arranca la calle 16 de la mencionada entrada de la residencia presidencial, en dirección Norte; a la mitad de su recorrido se encuentra el edificio de la actual Embajada de España.

En el Departamento de Estado, albergado en un inmenso edificio, y en el vestíbulo de su entrada diplomática, ondean las banderas de los países con los que los Estados Unidos mantienen relaciones y, por tanto, la roja y gualda española; en la exposición permanente instalada en la planta baja se incluyen unas cuantas alusiones gráficas a la común historia hispano-norteamericana. En la esplanada de dicho edificio se alza una estatua ecuestre de don Bernardo de Gálvez, obra de Juan de Avalos, inaugurada por el rey español don Juan Carlos I en 1976. Ante ella se han venido iniciando las "Semanas de la herencia hispana," proclamadas anualmente por los presidentes en los meses de septiembre. Sin embargo, el Jardín de las Rosas de la Casa Blanca ha sido el marco de tal proclamación durante los años recientes del gobierno del presidente Reagan. En 1986 éste elogió en la oportunidad la más admirable característica de la gente hispánica: el mantenimiento de la dignidad incluso en la adversidad. El astronauta Franklin Chang Díaz, de Costa Rica, el primer hispano en viajar al espacio, se halló en la ceremonia.

Numerosas obras de arte encierra el Capitolio, y algunas de ellas hacen justicia a la aportación española a la historia del país y de la humanidad. En el friso de la rotonda se incluyen dieciocho escenas del acontecer americano, las siete primeras de las cuales se deben a Brumidi, ocho a Costaggini y las tres últimas a Cox: representan la número 1, *El desembarco de Colón*; número 2, *Cortés entrando en el palacio de Moctezuma*; número 3, *La conquista del Perú por Pizarro*; número 4, *El entierro de De Soto, a medianoche, en el Mississippi*; y la número 17, *La guerra hispano-norteamericana*. Ocho gigantescos cuadros al óleo cubren las paredes de la rotonda (en cuyo centro suele reposar el catafalco de las personalidades a quienes se conceden tales honores, como el presidente Kennedy, general MacArthur y expresidente Hoover, en los últimos tiempos) y dos de ellos se relacionan con España *El desembarco de Colón en San Salvador*, de John Vanderlyn, y *El descu-*

brimiento del río Mississippi por De Soto, obra de W.H. Powell. Más mementos de Colón existen en el Capitolio: en la puerta de bronce de entrada a la rotonda, Randolph Rogers esculpió en 1857 ocho escenas de la vida de Colón, en las que aparece también su hermano Bartolomé (tal circunstancia la reseñó Alfredo Escobar en sus cartas a *La Epoca* en 1876), en la Sala del Presidente (situada cerca del Senado) aparece —obra de Brumidi— la figura de cuerpo entero del navegante junto a otros personajes y alegorías que adornan el techo, y en el corredor occidental de la primera planta, otra obra de Brumidi representa a *Colón y las doncellas indias*.

En el Vestíbulo de las Estatuas (antigua Cámara) se hallan relativas a la presencia de España en el territorio norteamericano las del padre Junípero Serra, por California, y del padre Eusebio Kino, por Arizona, ambos evangelizadores de los indios de aquellas zonas. En las paredes altas de la Cámara puede contemplarse una colección de medallones de mármol que reproducen las efigies de los legisladores más famosos en la Historia del derecho universal; entre los nacidos en España se cuentan el rabí de Córdoba, Maimónides (1135-1204), codificador del derecho oral judío, y el rey Alfonso X el Sabio (1221-84), autor de las *Siete Partidas*, recopilación de los derechos romano y canónico.

La *Hispanic Foundation*, sección especializada dentro de la Biblioteca del Congreso, fue creada en 1939 por Archer Huntington, el fundador de la *Hispanic Society of America*. Comprendiendo que esta sociedad no podía atender la tarea de estar al tanto de cuanto se publica en España e Hispanoamérica y de adquirirlo para sus estantes, hizo un sustancioso donativo con el mencionado propósito en 1927, donativo que se vio completado en 1930, cuando proveyó los adecuados fondos para constituir la actual fundación. Valiosos libros españoles atesora y algunas ediciones príncipes custodia. En la nave, ornada con un colorido lienzo de Portinari, un meritorio grupo de hispanistas cataloga los libros que en las lenguas española y portuguesa se publican y preparan — en colaboración con la Universidad de Florida— el útil *Handbook of Latin-American Studies*. Su Archivo de la Palabra contiene las voces de relevantes escritores en lengua castellana. El *Coolidge Auditorium* fue escenario en 1962 y 1965 de representaciones en inglés de *El caballero de Olmedo*, de Lope de Vega, y de *La dama duende*, de Calderón, por la compañía I.A.S.T.A. En 1970 recibió una valiosa colección de documentos relativos a la colonización de España en América por el Librero de Nueva York, Hans Kraus. También la colección de Lowry, que encierra tesoros incomparables del pasado español, reunidos por el gran hispanista. La biblioteca ha sido en 1985 sede de un congresillo cervantino conmemorativo del Cuatro Centenario de *La Galatea*.

En la Galería Nacional de Arte figuran importantes contribuciones españolas: *La adoración de los Magos*, de maestro hispano-flamenco del siglo XV; *La Natividad*, de Juan de Flandes; *Las bodas de Canaán y Cristo entre los doctores*, del maestro de retablo de los Reyes Católicos; *La Virgen con Santa Inés y Santa Tecla, San Ildefonso, El Laoconte, San Martín y el mendigo, San Jerónimo, La Sagrada Familia y Cristo limpiando el templo*, de El Greco; *Bodegón*, de Juan van der Hamen; *Santa Lucía*, de Zurbarán; *El Papa Inocencio X, La costurera y Retrato de un joven*, de Velázquez; *La vuelta del hijo pródigo y Una muchacha con su dueña*, de Murillo; *La Asunción de la Virgen, La señora Sabasa, La Condesa de Chinchón, El Duque de Wellington, Carlos IV, La reina María Luisa y La librera*, de Goya. Entre los pintores modernos, se exhiben varios sobresalientes Picassos, como *La familia de Saltimbanquis* y otros cuadros de su época azul, varios Mirós, Juan Gris y el popular, de gran tamaño, *La última cena*, de Salvador Dalí.

La plaza de las Américas, con estatuas de Bolívar y de Artigas, separa los dos edificios de la *Pan American Union*. Si bien aquéllos ostentan un inconfundible estilo renacentista español, el primero, en el tiempo y en importancia, debido a los arquitectos Albert Kelsey y Paul Cret, ofrece más interés desde un punto de vista arquitectónico. Sede de la Organización de los Estados Americanos tiene como proa, instalada en los jardines de su fachada principal, la artística estatua de la reina Isabel la Católica. Hay un busto de fray Francisco de Vitoria, padre del derecho internacional, obra de Victorio Macho, en una de las amplias galerías del edificio, que contienen estatuas de prohombres americanos y rodean el Salón de las Américas y el del Consejo. Centro del inmueble es un típico patio colonial, adornado con motivos mayas, aztecas y zapotecas. Una notable colección de libros sobre América y su historia, es consultable en la Biblioteca *Cristóbal Colón*, alojada en la planta baja.

La O.E.A. firmó en otoño de 1964 en Madrid un acuerdo con el Instituto de Cultura Hispánica. Este paso adelante en las relaciones entre la O.E.A. y España fue el preámbulo del que tuvo por escena la capital de España el 24 de mayo de 1967, con la firma del Acuerdo de Cooperación entre este país y la Organización de Estados Americanos.

En edificio aparte tienen su asiento la Organización Panamericana de la Salud, conseguida obra del arquitecto uruguayo Román Fresnedo. Inaugurado en el otoño de 1965, ostenta en su vestíbulo un busto de Francisco Hernández, físico de Felipe II y protomédico americano, obra del escultor César Montaña, que entregó en solemne ocasión Enrique Suárez de Puga.

Otros organismos con presencia hispánica en Washington son la Junta Interamericana de Defensa y el Banco Interamericano de Desarrollo (B.I.D.)

Tiene interés para el arte hispánico la capilla elevada por los padres franciscanos en la Academia de la Historia Franciscana Americana. Fue levantada en 1961, con planos de arquitecto peruano Harth Terré, quien también dirigió la construcción de los altares y las estatuas, hechas en el taller del escultor español Sr. Zaragoza, en Lima. La capilla está inspirada en una iglesia misional de los tiempos coloniales en el Perú, y su altar mayor, muestra del barroco americano, contiene, en torno a la central de la Virgen de Guadalupe, estatuas de Santo Toribio de Mogrovejo, Santa Rosa de Lima, San Francisco Solano y San Felipe de Jesús, todos del siglo XVI. El altar lateral de la derecha, de estilo neoclásico, análogo al usado por los franciscanos en el Perú, tiene por imágenes la de San Antonio de Padua y una reproducción del San Francisco de Mena. El altar lateral izquierdo es de estilo hispanoamericano del siglo XVII, y junto al Ecce Homo aparece un alto relieve de Santiago en la batalla de Clavijo. El sagrario es español, moderno, las lámparas se inspiran en las que lucen en la Basílica de San Francisco de Asís, el Crucifijo del altar mayor es quiteño antiguo y las ventanas son de piedra ónix, de Puebla de los Angeles. El Vía Crucis, de cerámica sevillana (siglo XVIII), es un regalo de la Escuela de Estudios Hispanoamericanos de Sevilla. En la plazoleta delantera de la capilla, una "picota" coronada por una cruz da la bienvenida a los fieles que acuden los domingos a la única misa que se dice en español en el área de Washington. La Academia publica importantes libros históricos y una revista trimestral, *The Americas*, y concede anualmente el premio "Serra Award of the Americas." Ha servido de morada al historiador español P. Lino Gómez Canedo y a sus colegas Kiemens y MacCarthy, entre otros.

Hay más edificios en Washington con influencia española: si en Nueva York visitamos una serie de ellos con bóvedas de Guastavino, la lista con obras de éste no es menos numerosa en la capital federal.

Han existido en el área —y algunos perduran— una serie de instituciones relacionadas con España y lo hispánico: el *Hispanic American Heritage Committee*, el *Centro Anglo-Español*, el *Club de las Américas*, el *Club de Puerto Rico*, y la *Foundation for the Advancement of Hispanic-Americans*.

La Basílica de la Inmaculada Concepción forma parte del *campus* de la Universidad Católica de América costeada y regida por la jerarquía norteamericana. En un altar se venera una reproducción en mosaico de la Inmaculada, de Murillo. El departamento de Historia tiene como anejos la Biblioteca Oliveira Lima y el Instituto Iberoamericano.

Los Menéndez, González y Fernández en la bahía de Chesapeake. Los españoles visitaron con alguna frecuencia la bahía de Chesapeake a lo largo del siglo XVI y comienzos del XVII, y proceden de algunos de éstos las más detalladas, exactas y primeras descripciones que sobre ellas se han dado. Aparte de las expediciones de Villafañe y del P. Segura y Menéndez de Avilés, visitaron esta bahía de Santa María o de la Madre de Dios, como los españoles indistintamente la denominaban, Juan Menéndez Marqués, tesorero de Florida y Juan Lara, y Vicente González, en el año 1588, acompañando al gobernador Pedro Menéndez Marqués en sus indagaciones sobre la exactitud de la información recibida acerca del establecimiento en la región (isla de Roanoke) de los ingleses. Los dos primeros dieron una vívida descripción de la gran bahía que habían visto, en el curso de la investigación que sobre la existencia de mejores puertos que San Agustín abrió la Corona en Florida en el año 1602.

El nombre de Bahía de la Madre de Dios fue dado por Pedro de Quexos cuando fue enviado en 1525 por Vázquez de Ayllón con dos carabelas para explorar las desconocidas tierras septentrionales y recorrió 500 millas de playas. Este viaje fue recogido en el mapamundi por Juan Vespucio, sobrino de Américo, en 1526.

En realidad, la más interesante información para nuestro propósito es la proporcionada por Juan Menéndez, al afirmar que la bahía, situada en los 37° de latitud, era especialmente buena y de gran importancia. La entrada tenía, según él, una inclinación Noroeste-Sudeste, no pecaba de falta de calado, carecía de escollos tanto dentro como fuera, y tenía la anchura de unas dos leguas marinas. La bahía era tan espaciosa que sus costas se perdían de vista desde la otra orilla, y en su parte más estrecha conservaba la anchura de su entrada. Remontando la bahía en dirección Norte, se tropezaba uno con multitud de bahías más pequeñas, pero también de considerable amplitud. Especialmente abundante en ensenadas, ríos y valles era el sector comprendido entre los paralelos 38° y 40°, al alcanzar el cual la bahía acababa en un encantador paisaje con suaves colinas y valles (Menéndez se refería indudablemente a la región de Annapolis, Baltimore y Havre de Grace). El terreno era rico para la agricultura y el ganado, y los ríos que fluían a la bahía eran numerosos y abundantes, que en ciertos lugares de ésta el agua era dulce. En los alrededores del paralelo 38° (frontera de los estados de Maryland y Virginia), Menéndez encontró un indio que portaba un collar de oro y que le relató la existencia de dicho metal no lejos de Madre de Dios, que los indios denominaban Tapisco, al pie de unas montañas a las que se llegaba tras una media jornada de camino. El indio, bautizado Vicente, fue llevado por Menéndez con intención de que informara personalmente en España, pero murió durante el viaje, siendo enterrado en un monasterio de Santo Domingo.

La declaración del soldado Juan López Avilés, en el aludido juicio, confirma los anteriores datos y las excelencias y amplitud de la bahía, a base de los detalles que él pudo recoger del expedicionario Vicente González.

La región de Chesapeake es objeto de detallada descripción en la carta que el gobernador de San Agustín, Gonzalo Méndez Canzo, escribió al rey el 28 de febrero de 1600, y coincidía en reconocer que la costa entre los paralelos 37° y 40° tenía muchos y buenos puertos.

La bahía de Santa María recibió en 1609 una nueva visita española: la del sargento mayor de San Agustín, Francisco Fernández Ecija, quien, comisionado por la Corona, recorrió las costas con el objeto de dar noticias sobre la colonia inglesa en Jamestown.

VIRGINIA Y VIRGINIA OCCIDENTAL

El nombre *Tierras de Ayllón* se debió al desembarco en 1526, en las Carolinas, de Vázquez de Ayllón y sus colonos, y de aquí que las costas aparecieron bajo tal denominación en los mapas confeccionados en los años siguientes.

La colonia inglesa de Jamestown fue fundada el 24 de mayo de 1607. En su 350 aniversario se construyó un museo que guarda un ejemplar del Tratado de Tordesillas, donado por el Archivo de Indias de Sevilla. No lejos, en Yorktown, el inglés Cornwallis se rindió a los ejércitos de Washington y Rochambeau el 18 de octubre de 1781, suceso en el que la cooperación española —según vimos— fue fundamental. En la vecina ciudad de Newport News se encuentra el Mariner's Museum, construido por Archer Huntington quien donó, entre otras cosas, el cuadro del pintor español Sorolla relatando la partida de Colón del puerto de Palos para su primer viaje a América. La capital Richmond guarda en su museo muchas obras de arte españolas.

El primer idioma europeo que se dejó oír en Virginia fue el castellano de Garcilaso o del Marqués de Santillana. Y ello como consecuencia de las misiones que los jesuitas establecieron en la bahía de Chesapeake, entre los años 1570 al 1571, treinta y siete años antes de que el primer inglés pusiera su planta en sus tierras.

Se creyó en un momento que coincidía su emplazamiento con un lugar no lejano a la Escuela de Infantería de Marina, en Quantico, a unas millas de la capital federal, denominado *Triangle*. No parece cierta, sin embargo, tal afirmación, aunque sí lo sea la organización en ellas, hacia 1650, del primer establecimiento católico en Virginia. Más probable localización es la de los alrededores de lo que sería con el tiempo Jamestown. En dichos parajes, en los que se encuentra el pueblo indio de Axacán, apareció en septiembre de 1570 una expedición española compuesta de siete personas, entre ellas los padres Juan Bautista Segura y Luis de Quirós, los hermanos Sancho de Cevallos y Gabriel Gómez, y don Luis. ¿Quién era este personaje? El hermano del jefe indio de la región, que, tomado prisionero en 1561 por la expedición de Villafañe, había sido llevado a México y tomado bajo su protección por el virrey Luis de Velasco, quien le bautizó, le dio su nombre y le llevó a España, llegándole a presentar a Felipe II. En 1566 había acompañado a Axacán a unos dominicos en un malogrado intento misional. De regreso a México, y en apariencia muy compenetrado con la causa de España y las verdades de la fe católica, fue elegido para participar en la expedición evangelizadora del padre Segura.

Ya constituyó una sorpresa para los españoles las condiciones de la región, que distaba mucho de las relatadas por el converso, aparte de que seis años de malas cosechas habían traído el hambre y una notable disminución de la población. Estas fueron las impresiones que los padres Segura y Quirós transmitieron en una carta a Juan de Henestrosa, gobernador de Cuba, en la que le pedían socorros y semillas para antes de marzo o abril. En la espera de éstos transcurrió el invierno, en el curso del cual levantaron unas chozas para alojamiento y para capilla. Permaneció con ellos don Luis como intérprete y profesor de la lengua nativa hasta que, en el mes de febrero, desapareció. En su búsqueda se dirigieron a la aldea india el padre Quirós y dos hermanos y, aunque recibidos con grandes muestras de afecto por don Luis y sus compañeros, fueron muertos a flechazos en el camino de regreso. Don Luis se puso el hábito del padre Quirós y de esta guisa apareció ante el padre Segura y sus restantes compañeros, quienes, de rodillas, recibieron la muerte de martirio. Sólo escapó un joven, Alonso, salvado por el hermano de don Luis. Gracias a él se tienen noticias del trágico fin de los misioneros.

Los solicitados socorros al gobernador Henestrosa llegaron en la primavera en un barquito con Vicente González y el hermano Juan Salcedo. Al no percibir señales de los misioneros, entraron en sospechas, agravadas al contemplar unos indios vestidos con los hábitos jesuíticos. No queriendo caer en la trampa que los signos amistosos de los indios les tendían, consiguieron apoderarse de dos indios y levar anclas. Noticioso el almirante Menéndez de Avilés de esta historia, decidió castigar a los culpables y zarpó de San Agustín hacia Axacán, no sin antes parar en Santa Elena y recoger a Rogel y Villareal. Al llegar a su destino, desembarcó con 30 soldados y aprisionó a un número considerable de indios, quienes acusaron a don Luis como culpable. Prometió salvar la vida de los prisioneros si le traían a éste; no habiéndolo conseguido, colgó del palo mayor del barco a ocho de ellos. Rogel quiso proseguir la búsqueda tierra adentro, auxiliado por Alonso, que apareció, pero el almirante le pareció oportuno regresar y zarpó para Santa Elena. El martirio de los jesuitas en Axacán fue la causa de que el entonces general de la orden, Francisco de Borja, decidiera retirar de los territorios norteamericanos a sus frailes, y éstos abandonaron —por el momento— sus afanes evangelizadores en el continente septentrional.

El idioma español y la sombra de Jefferson. Participó Virginia desde sus primeros tiempos en el interés mostrado por las otras colonias en el español y la civilización hispánica, aunque sólo fuera con un criterio antagónico. No faltaron españoles que la visitaran (se tienen datos de que Francisco Miguel pasó ocho meses en Jamestown alrededor de 1610) ni libros españoles que ocuparon su debido sitio en las anaquelerías. Era excelente el español que hablaba Thomas Jefferson, y su afán de estar al tanto de los que se publicaba le hacía mantener contacto con libreros madrileños. Aunque se cree que en 1775 su conocimiento del idioma era avanzado, sus visitas a Europa, y concretamente a Francia, contribuyeron a perfeccionarlo. Eran obvias las razones del interés de Jefferson por el español: su existencia en América junto con el inglés, su utilidad para las futuras relaciones del nuevo país con España e Hispanoamérica, y la participación española en el acontecer del continente norteamericano.

Estas ideas de Jefferson se tradujeron en su insistencia por que fuera enseñado el español en 1780 en el Colegio William and Mary de Williamsburg y en la introducción en la Universidad de Virginia de una cátedra de idiomas modernos, entre otros, el español.

Quiso Jefferson obtener la colaboración de Ticknor para la enseñanza del español, pero, al declinar la invitación, éste recomendó a George Blaetterman, quien ocupó la cátedra de 1825 a 1840. Le sucedió en ella Maximillian Schele de Vere, sueco de origen, entre 1844 y 1895, quien influyó decisivamente en cientos de estudiantes de español.

Nombres españoles
Pueden contarse las localidades de Altavista, Buena Vista, Callao, Columbia, Columbia Pines y Saluda. En la Virginia Occidental hay Alma, Arista, Aurora, Bolívar, Buena, Adrian, Julia, Mingo y León.

CAROLINA DEL NORTE

Isla de Roanoke. En la Carolina de Norte tuvo lugar el primer intento inglés de establecimiento de una colonia en el continente: corrió a cargo de Walter Raleigh en 1584, en la isla de Roanoke. La colonia se perdió, pero a Raleigh le valió el ser nombrado caballero y que la capital del estado llevara su nombre.

La isla de Roanoke forma parte de esa eficaz cadena de bancos, paralela al continente, que protege a éste y que le proporciona estupendas playas: en estas costas carolinas forman cuatro arcos (el primero de ellos se señala con el nombre de *Barra de S. Tjago* en un mapa francés de comienzos del siglo XVII), con vértices en los cabos Hatteras (cabo Fernando, en dicha carta geográfica), Look-out (cabo de Engaño, en la misma) y Fear (cabo Trafalgar, en la aludida; cabo de Terra falgar, en el mapa de Gutiérrez, de 1652, y Traffalgar, en el anterior, de Ribeiro, de 1529).

Universidades y arte. A James B. Duke se debe la fundación, en 1925, de la universidad que lleva su nombre, en Durham. Es notable su biblioteca por los fondos hispanoamericanos que guarda, especialmente del Perú, Colombia, Bolivia, Brasil y Ecuador. Publica la importante revista trimestral *Hispanic American Historical Review*, y en su departamento de español han figurado profesores como Juan Rodríguez Castellano, presidente que fue de la A.A.T.S.P. Fundada la Universidad de North Carolina en 1792, su departamento de español y sus prensas universitarias se han distinguido desde hace años por su calidad y por su atención al pasado y al presente españoles. Los nombres de Sturgis Leavitt —alcalde honorario de Zalamea—, Nicholson Adams, Stoudemire y Keller son buena muestra, y su biblioteca, bien nutrida de libros españoles e hispanoamericanos, se destaca por su colección de obras dramáticas españolas, cuyo número sobrepasa los 20.000. Publica la revista *Hispanófila* con tres números al año.

El North Carolina Museum of Art, de Raleigh, custodia una buena colección de bodegones de Meléndez y Romero; un altar portable de la escuela de Bermejo; *Cristo ante Pilatos*, de Borrassá; *San Juan Bautista*, de Ribera y otras obras pictóricas de maestros españoles.

Estado de Franklin

Menos conocidos para la generalidad son los lazos que estuvieron a punto de ligarse entre España y una parte del territorio de Carolina del Norte unos años tan sólo después de la independencia norteamericana. Se trata de la creación del nuevo estado de Franklin, que contó con muchas posibilidades de prosperar. Los habitantes de los condados de Virginia y Carolina del Norte, situados al oeste de los Apalaches, se encontraron unidos en su disgusto por aislamiento en que la independencia les había sumido y por las pocas ventajas con ella logradas. La política rural de Carolina del Norte les aumentó su descontento. Al declarar la legislatura estatal abierto el Oeste, alentó la especulación más que los nuevos establecimientos, de modo que traficantes del Este se enriquecieron con tierras occidentales, sin pisarlas, y a costa de los pioneros, que con su esfuerzo personal las estaban poniendo en cultivo. Este ambiente de disgusto entre los habitantes cercanos al río Holston llegó a su ápice en la primavera de 1784 con el voto por la legislatura estatal de cesión de tierras occidentales al estado federal y con la aparición de la Ordenanza del Congreso de Washington, de la que se deducía una incitación a la formación de nuevos estados. Reunidos en el mes de agosto en la localidad de Jonesboro (hoy estado de Tennessee), votaron unánimemente por la formación de un nuevo estado, que en principio habría de llamarse *Frankland* ("de hombres libres").

En una reunión habida en diciembre se seleccionó el nombre de Franklin, se nombró gobernador a John Sevier y se enviaron peticiones a Carolina del Norte, Virginia y Congreso federal para reconocer el nuevo estado. Este habría de formarse con territorios pertenecientes a dichos estados, a Georgia y los actuales de Alabama y Tennessee. No obstante la autorización de la nueva legislatura para tomar por la fuerza el territorio aludido si ello fuere necesario, Sevier tropezó con dificultades de todo orden. Georgia y Carolina del Sur alegaron problemas con los indios fronterizos, Blount —el pionero de Muscle Shoals— decidió, por fin, no embarcarse en aquella empresa, los condados virginianos acabaron cediendo a las presiones del prestigioso gobernador Patrick Henry y el Congreso federal no aprobó la petición. Sevier, que gozaba de gran prestigio por sus hechos guerreros en la independencia y sus trabajos de adelantado al oeste de los Apalaches, vio como única vía para solucionar la situación comisionar a James White, diputado federal en 1787, para que abriera negociaciones con D. Diego de Gardoqui, representante español ante los Estados Unidos de Nueva York, y con los gobernadores españoles en La

Habana y Nueva Orleáns sobre la posibilidad de una fórmula que permitiera al estado independiente de Franklin unirse a España.

James White, que nombrado en 1786 por el Congreso federal superintendente de asuntos indios en las tierras del Sur había renunciado posteriormente a tal puesto, tuvo efectivamente conversaciones con Gardoqui, quien le dio su bendición para que volviera a Sevier y le animara a mantener correspondencia con él, resultado de la cual fue la oferta de Sevier de hacer pasar el estado de Franklin del campo norteamericano al español. El 17 de septiembre de 1788 Sevier escribió a Gardoqui, en carta entregada personalmente por su hijo James: "Las gentes de esta región se dan cuenta de cuál es la nación de la que depende el futuro de su felicidad y seguridad e infieren inmediatamente que su interés y prosperidad depende enteramente de la protección y liberalidad de vuestro gobierno." Con pasaporte proporcionado por Gardoqui, zarpó White rumbo a La Habana para conferenciar con el capitán general español, D. Bernardo de Gálvez —el vencedor de los ingleses durante la guerra de la independencia norteamericana—, y con Manuel Gayoso, comandante de la plaza española en el Mississippi, Natchez.

Llegó White a Nueva Orleáns el 15 de abril de 1789, en donde informó al gobernador Miró de sus andanzas y de lo que se pedía a España: reconocimiento de la independencia del estado de Franklin, aprobación de la extensión de las fronteras de éste más abajo de Muscle Shoals, en tierras de Tennessee, y permiso para que el nuevo estado pudiera comerciar con el exterior a través de los ríos Alabama y Mississippi. Miró le aseguró los privilegios comerciales solicitados y la simpatía de España hacia el nuevo estado, pero confesó no hallarse en posición de autorizada para asegurarle la ayuda de España para la sedición de un país con el que ésta se hallaba en paz. El conflicto armado que, entre las gentes de Sevier y las de Carolina del Norte, al mando de John Tipton, estalló el 27 de febrero de 1788, con el resultado final de tres muertos, y el continuado rechazo por el Congreso federal y el de Carolina del Norte del reconocimiento de la independencia, inclinó aún más al gobernador de Franklin a buscar la colaboración de España. El 18 de abril de 1788 Gardoqui informó a Sevier que "Su Majestad estaba muy favorablemente inclinado a dar a los habitantes de aquella región toda la protección que había solicitado," así como el permiso para usar el Mississippi en caso de una asociación con España.

El 21 de junio de 1788 la Constitución de los Estados Unidos entró en vigor al ratificarla el noveno estado, New Hampshire, con lo que se consolidó el poder central. Por otra parte, España no ayudaba a los independientes con la fuerza que hubieran necesitado; territorio fronterizo, estaba constantemente sometido a los ataques indios que en el verano de 1788 destruyeron a cuatro caravanas de aprovisionamiento. Algún poder superior tenía que protegerle, ya que sus propios medios no eran bastantes: de no conseguir la ayuda de España o de Inglaterra, había que rendirse a la evidencia y abandonar todos los sueños. John Sevier se dio a la bebida, lo que hizo posible su arresto el 10 de octubre por su enemigo Tipton, quien le cargó de cadenas. Con ello el estado de Franklin falleció.

Presencia española

Hernando de Soto. Como ya se ha mencionado, en 1540 llegó Hernando de Soto y el grupo de sus soldados, y encontró a los indios cherokees al atravesar esta región por las hoy localidades de Highlands, Franklin, Hayesville y Murphy, bordeando el lago Hiwassee.

Pardo y Boyano. Por esta región aparecieron los españoles de la expedición de Pardo y Boyano en el invierno de 1566-67. Se sitúa el poblado de Xualla en el actual condado de Polk: en ella decidió el capitán Pardo, tras negociar con los nativos y en vista de las nieves caídas en las próximas montañas que aconsejaban detener la marcha hacia el Oeste, la construcción de una fortificación a la que bautizó con el nombre de San Juan de Xualla, cerca de las fuentes del río Wateree. En quince días, el edificio quedó completado y confiado al sargento Boyano y trece soldados. Pardo continuó sus exploraciones hacia el Este, siempre a través de fértiles campos, hasta llegar a Guatari, residencia de dos nobles cacicas y una verdadera corte, en donde los expedicionarios permanecieron quince días gozando de la generosa hospitalidad de los nativos, que insistentemente les mostraron deseos de cristianización. No contando el grupo más que con un capellán, Juan Pardo consideró precedente dejarle en la localidad para que fundara la correspondiente misión; así, el padre Sebastián Montero, con cuatro soldados, pudo comenzar una gran obra apostólica en este segundo establecimiento fundado por Pardo. Guatari fue la primera exitosa misión cristiana en el actual territorio de los Estados Unidos. Ante las alarmantes noticias llegadas de Santa Elena, Pardo optó por regresar a este puesto.

En el interregno, hasta el comienzo en el septiembre siguiente de la segunda expedición de Pardo, el sargento Hernando Boyano libró dos sangrientas batallas victoriosas con sendos caciques belicosos, la segunda de las cuales —en la otra vertiente de las montañas— costó al derrotado la pérdida de 1.500

indios muertos; tales resultados permitieron dirigirse a Boyano hacia el Oeste y alcanzar el río Little Tennessee, en el condado de Jackson, por donde Soto pasara años antes. Poniendo rumbo a la tierra de Georgia, a la rica región de Chiaha, se reunió con el grupo de Pardo en un punto cercano al actual Rome. Tras andanzas en dicha región y en Alabama, Pardo regresó hacia Carolina del Norte. Al pasar cerca de Cauchí (en el sector más occidental), erigió un puesto fortificado, al que asignó un cabo y 12 soldados, más el intérprete Olmedo. Al visitar de nuevo Xualla, reforzó el fuerte con 30 hombres a cargo de Alberto Escudero; en Guatari consideró oportuno dotar a la misión con defensas militares, las que confió a un cabo y 17 soldados. Regresó después a su base de partida. El historiador Herbert Ketcham ha descubierto la narración de 900 páginas sobre la segunda expedición de Pardo, escrita en abril de 1569 por el notario Juan de la Bandera en Santa Elena. De acuerdo al relato, Pardo llegó hasta Charlotte, Carolina del Norte, y a un poblado al que De Soto había bautizado como Xuala, el 24 de septiembre. Charles Hudson lo sitúa próximo a Marion. Después, siguió hasta la actual ciudad de Ashville y cruzó las "Great Smoky Mountains."

Es lástima que esta labor iniciada no pudiese ser continuada por sus sucesores; ante la imposibilidad de ayuda procedente de Santa Elena, las guarniciones se impacientaron y los indios se alzaron, por lo que, en unos casos por destrucción y en otros por abandono, los distintos puntos fundados por Pardo en el curso de su expedición fueron desapareciendo, sin que quedara de ellos la más leve traza.

Vázquez de Ayllón. El licenciado Lucas Vázquez de Ayllón, toledano de nacimiento, llegó al Nuevo Mundo en 1504, y en la isla La Española desempeñó el cargo de alcalde mayor, casando con Ana Becerra, rica propietaria. Poseedor de medios económicos, envió en 1520 una carabela al mando de Francisco Gordillo, con el fin de explorar las costas atlánticas al Norte. Habiendo encontrado Gordillo en las islas Lucayas una carabela al mando de Pedro Quexós, a quien Juan Ortiz de Matienzo había confiado similar misión, decidieron ambos unir sus fuerzas. El 24 de junio de 1521, Gordillo y Quexós desembarcaron en un lugar, denominado Chicora por sus habitantes, y próximo al actual río Cape Fear, al que bautizaron como Jordán. Allí plantaron una cruz de madera como símbolo de la soberanía española sobre las dichas tierras. Varios contactos con los indios del lugar acabaron con el rapto tras una estratagema de un grupo de ellos, muriendo algunos en la travesía como consecuencia de una tormenta desencadenada —una de las carabelas se perdió—, y otros de hambre por negarse a comer. Al regresar Gordillo a Santo Domingo con su cargamento, fue condenado por haber incumplido las órdenes de no molestar a los naturales; Diego Colón dispuso que quedaran libres los indios sobrevivientes y puestos al cuidado de Ayllón y de Matienzo, hasta que pudieran ser devueltos a su punto de origen.

Uno de los indios quedó como criado de Ayllón, y bautizado recibió el nombre de Francisco Chicora, aprendiendo el español, con lo que pudo dar a su amo detalles de su tierra. Con estas noticias, viajó Ayllón a España, en la que consiguió del emperador capitulaciones (12 de junio de 1523) que le autorizaban para colonizar el nuevo territorio, comprometiéndose a llevar misioneros, construir iglesias, no esclavizar a los indios, informar de lo descubierto y proveer a los expedicionarios de provisiones, medicinas, un médico y un cirujano. Hasta mediados de julio de 1526 no pudo zarpar la expedición, compuesta por cinco navíos (entre ellos la *Bretona,* la *Santa Catalina* y la *Churruca*), al mando del propio Ayllón, y contando con el piloto Pedro de Quexós, los dominicos Pedro Estrada, Antonio Montesinos y Antonio de Cervantes, 500 hombres y un considerable grupo de negros, indios y mujeres.

El lugar de desembarco fue las proximidades del río anteriormente bautizado con el nombre de Jordán. Ayllón puso inmediatamente a trabajar a sus hombres en la construcción de un barco que sustituyera al perdido al entrar al río, él mismo lo dibujó con un mástil, apto para navegar con vela o con remos. Pero el lugar elegido no era el más apropiado por lo pantanoso e insalubre; por otra parte, Chicora y otros guías nativos desaparecieron, cortando la posibilidad de, con su ayuda, atraer la amistad de los nativos, sus parientes y amigos. Un segundo emplazamiento fue buscado, hallándose en las cercanías de la actual localidad de Georgetown, en Carolina del Sur. Como consecuencia de estas exploraciones y establecimientos, el nombre de Ayllón apareció en muchos de los mapas que en lo sucesivo se levantaron sobre el Nuevo Mundo, denominándose *Tierras de Ayllón* las comprendidas hoy día más o menos entre Florida y la bahía de Chesapeake.

Nombres españoles

Han quedado en el estado relacionados con nuestro mundo: condados de Cabarrús y Columbus, y ciudades de Aurora, Barco, Celo, Cerro Gordo, Columbia, Columbus, Lola, Manteo, Oliva, Perú, Ronda y Saluda.

ESTADOS DE LA COSTA ATLANTICA

CAROLINA DEL SUR

Charleston

Punta del avance colonial inglés hacia el Sur, Charleston fue el centro de los rivales de España y de su presencia en dicho sector del continente. Por dos veces, y debido a fuertes tormentas, fracasaron las expediciones enviadas en 1670 —al mando de Juan Menéndez Marqués— y en 1686, desde San Agustín, para destruir el nuevo establecimiento. El jefe de la última, Tomás de León, pereció junto con su navío *Rosario*. En las cruciales confrontaciones navales hispano-inglesas, no hay más remedio que reconocer que los elementos naturales estuvieron de parte de los británicos.

De Charleston partieron las expediciones de Woodvard, que tanto alteraron los establecimientos españoles en los Apalaches, y las de Moore, que destruyeron las misiones agrupadas en torno a San Luis en Florida. De aquí, que la ciudad fuera atacada en 1706 por una flota combinada de buques españoles y franceses y que sus colonos desaprobaran el tratado entre España y Gran Bretaña firmado en 1739. A Charleston arribó Jorge Ferragut, el emprendedor menorquín dispuesto a ayudar con su barco la causa independentista. En el sitio de Charleston por los ingleses lucharía Ferragut, al principio en el mar, y después en tierra, con los cañones de su embarcación desmantelada en un encuentro. Al ser tomada la ciudad por los atacantes, fue hecho prisionero el 12 de mayo de 1780, y, más tarde, canjeado. A Charleston llegó también el 9 de enero de 1778 Juan Miralles, negociante de La Habana, comisionado por España para actuar como observador o agente oficioso en la lucha de los revolucionarios contra Inglaterra; en ella permaneció hasta la primavera, despachando multitud de correspondencia con el gobernador de Cuba, D. Diego José Navarro, y con el ministro de Indias, e incluso una goleta que Navarro le devolvió cargada con las provisiones solicitadas. En Charleston residieron, allá por 1825, el expatriado diplomático español Agustín de Letamendi, autor de una popular gramática española, y el miniaturista Manuel Cil, que abrió en la ciudad un estudio.

Visitaremos los no lejanos jardines Brookgreen. En ellos volvemos a encontrarnos con las hispánicas figuras de Anna V. y Archer M. Huntington. El enamorado marido compró en 1930 varias plantaciones, con el fin de crear en ellas un jardín en el que las esculturas de su esposa se distribuyeran convenientemente y adquirieran la debida dimensión. Así se creó un excepcional museo al aire libre —288 obras de 156 artistas. Un sistema de irrigación inspirado en el de los árabes españoles fue construido a base del agua bombeada desde el río. Utilizando los decorativos ladrillos españoles, se elevó una pared separando el bosque de los jardines. Y presidiéndolo todo, levantaron los propietarios una mansión a la que denominaron *Atalaya*, como las torres andaluzas vigilantes contra los piratas berberiscos.

Presencia española

Vázquez de Ayllón y el primer establecimiento. En las cercanías de la bahía de Winyah fue establecida la colonia de San Miguel de Gualdape por el licenciado Lucas Vázquez de Ayllón en el año 1526, la que constituye el primer intento europeo de instalar un establecimiento permanente en el continente norteamericano. Ya hemos visto al tratar de Carolina del Norte que Ayllón envió en 1520 un navío para explorar las costas atlánticas al Norte, confiando su mando a Francisco Gordillo, y las noticias que éste y Quexós trajeron. Cuando, en su virtud, Ayllón consiguió capitulaciones del emperador, la expedición que organizó en 1526 no logró establecerse en el primer lugar elegido, es decir, en las cercanías de Cape Fear, y se trasladó en dirección Sur, no lejos del Pee Dee River. En la segunda localización, considerada más recomendable, recibió el nombre de San Miguel de Gualdape; a ella se desplazaron los hombres a pie, y las vituallas, mujeres y niños, por mar.

Abundante vegetación en árboles y plantas, y gran variedad de fauna, no toda salvaje, hacían presagiar buen futuro para los nuevos colonos, de no haberles diezmado las muchas enfermedades y epidemias (*Smallpox*, tifus, disentería, malaria, etc.), y hacerles el clima frío difícil la adaptación de sus cuerpos acostumbrados a las temperaturas tropicales. Consecuencia de aquéllas, murió Ayllón el 18 de octubre de 1526, después de nombrar como sucesor a su sobrino Juan Ramírez, ausente de la colonia, por lo que tomó el mando Francisco Gómez, lugarteniente del fallecido. Aprovechándose del descontento reinante, Ginés Doncel y Pedro de Bazán encarcelaron a Gómez y cometieron toda suerte de tropelías, hasta que los esclavos negros se rebelaron, liberando a los presos; Bazán fue ejecutado. Descorazonados y descontentos, los colonos decidieron regresar a La Española, a la que, después de trágicas peripecias, llegaron 150, no sin haber tenido que tirar al mar los restos de Lucas

Vázquez de Ayllón. Los derechos de éste fueron reclamados posteriormente por su hijo Luis, pero la Corona no le prestó oídos.

Esta teoría sobre la localización de San Miguel en South Carolina está siendo sometida a crítica, y existe un grupo de investigadores al que pertenece el Dr. Hoffman, que considera puede hallarse en las costas de Georgia.

Santa Elena. Como consecuencia del poco éxito de la colonización de Tristán de Luna en Pensacola, el virrey de Nueva España, Velasco, envió a Florida a Angel de Villafañe con el fin de que trasladara a sus colonos a la costa oriental atlántica: consideraba el rey Felipe II el emplazamiento en ella el más práctico para los propósitos de su política americana. Llegó Villafañe a Pensacola el 14 de marzo de 1561 con dos barcos, y, tras dejar las debidas vituallas a la guarnición que permanecía, puso rumbo a la futura fundación. No obstante sufrir en La Habana la deserción de algunos, zarpó en mayo hacia las costas carolinas, las cuales exploró hasta la bahía de Chesapeake, Axacán incluido. El 27 del mismo mes llegó a Santa Elena (actual Port Royal, S.C.), entrando en el río homónimo. Aunque éste era difícil de remontar, consiguió adentrarse cinco o seis leguas. Tomó allí Villafañe posesión en nombre del rey español, y grabó en su virtud cruces en los árboles, al mismo tiempo que colocó en la playa una de considerable altitud. Dada la ausencia de habitantes y lo pantanoso de las tierras, levó anclas, doblando el cabo Román (que ya aparece en el mapa de Ribeiro), hoy Cape Romain. El 8 siguiente tomó posesión como río Jordán del hoy Pee Dee, escenario no lejano de la malograda colonización de Ayllón. No encontrando lugar alguno conveniente a su juicio para la colonización, abandonó su proyecto y regresó a La Española en el curso del mes de julio de 1561.

En mayo de 1562 aparecieron por las costas atlánticas barcos franceses al mando de Jean Ribault. Después de explorar las de Florida, llegaron a un gran río, que tomaron por el Jordán de Ayllón. Animado por el entusiasmo de sus hombres, dadas las condiciones del lugar, decidió Ribault fundar un establecimiento al que denominó Port Royal y construir un fuerte, Charles Fort (en honor del rey francés Carlos IX).

Poco duró la presencia francesa en Port Royal; una serie de problemas internos produjeron revueltas entre los colonos, asesinatos del cruel jefe Pierria, hambre, etc., hasta que con las herramientas disponibles y la ayuda de los indios —que deseaban su ausencia— pudieron construir una embarcación que les sacó de tierra, pero que no llevó a todos a Francia; a ella sólo llegaron los enfermos que sobrevivieron a un naufragio, al canibalismo practicado entre ellos y a la prisión en Inglaterra a que les redujo un barco británico.

No existían restos franceses en la región cuando el almirante Menéndez de Avilés realizó un visita de inspección en 1566. Tuvo la oportunidad de intervenir en la favorable solución de la rivalidad existente entre el jefe local de Orista y el de la vecina y meridional región de Guale. Indios de Orista, prisioneros de su rival, pudieron ser liberados, con lo que gran fiesta se organizó en honor de Menéndez, a base de grandes fuegos y opíparo banquete, compuesto de ostras, pescado y frutos locales, complementados con vino, bizcochos y miel españoles. A su término el almirante, colocado en su sitial en alto, recibió el juramento de fidelidad de todos los jefes congregados ante el griterío, sus súbditos presentes.

Esta visita de Menéndez de Avilés marcó el comienzo de la construcción en la desembocadura del río Coosawatchie (en mapa francés de época posterior aparece con el nombre de río de la Cruz Hispanis), de una misión y del fuerte de San Felipe. El 30 de noviembre de 1566, Menéndez ordenó al capitán Juan Pardo, con 120 soldados desembarcados de España en el mes de julio anterior, marchar hacia el oeste. Pardo hizo dos visitas al interior del país sobre el que redactó un positivo informe. Como consecuencia, dos carabelas descargaron en Santa Elena a 193 inmigrantes, campesinos y sus familias, los que formaron una ciudad con su cabildo elegido. Hacia octubre de 1569 la pequeña capital alcanzaba 327 almas. El nombre de su comandante era el de Esteban de las Alas. Asignado a la misión el padre jesuita Rogel, recién llegado al continente con la primera expedición de misioneros enviados por San Francisco de Borja, a petición de Menéndez, se convirtió en el primer sacerdote residente en Carolina del Sur. Optimos frutos fueron los primeros cosechados en su labor en Orista —situada a 12 leguas del fuerte—, labor que se vio ayudada por su pronto dominio —en seis meses— de la lengua indígena, incluso en materias de la religión católica. Llegó a construir una capilla y una casa con la ayuda de los indios, pero sus intentos de hacerles sedentarios fracasaron. Por otra parte, la inevitable requisición de alimentos —dada la falta de suministros— dispuesta por el comandante del presidio constituyeron factores que alejaron paulatinamente del padre Rogel a sus nuevos feligreses, no obstante sus esfuerzos por seguirles en sus excursiones de caza. Descorazonado, les pronunció un discurso de despedida, y regresó a Santa Elena el 13 de julio de 1570. En este verano, en el que el calor, los mosquitos y otros insectos hicieron la vida insufrible, Esteban de las Alas decidió por su cuenta abandonar el fuerte y zarpar rumbo a España junto con otros 120, argumentando que con la ausencia de tantos, los restantes tendrían más probabilidades de sobrevivir. En 1571, Menéndez apareció de nuevo por Santa Elena, acompañado de su esposa y de un nuevo gobernador. Traían con ellos símbolos de permanencia y probablemente el tifus.

No trajeron los años subsiguientes la paz a Santa Elena. Habiéndose ausentado temporalmente del presidio su jefe, el capitán Alonso de Solís, su segundo, Hernando de Miranda, provocó con su actitud el primer levantamiento serio de indios a que los españoles tuvieron que hacer frente. Como en la vez anterior, la escasez de alimentos hizo necesaria su requisición, opuesta por los indios. Encargado de ella Boyano con 20 hombres, fueron engañados por la aparente buena disposición de los naturales, y perecieron en un asalto perpetrado por los indios por sorpresa el 22 de julio de 1576 y del que sólo se salvó el soldado Andrés Calderón, quien pudo contar en el fuerte lo sucedido. Dos indios importantes hubieron de ser ejecutados, uno de ellos Hemalo, quien había sido honrado con un viaje a España y con una serie de festejos en ella. De regreso, Solís salió del fuerte en son de represalia, pero cayó con los suyos en una emboscada. Los indios asaltaron entonces el fuerte, matando a veintitantos españoles. Hernando de Miranda, considerando la imposibilidad de resistir por más tiempo, consiguió escapar a San Agustín con los supervivientes en una lancha, acción por la que fue destituido.

El fuerte quemado por los indios, volvió a ser reconstruido en otro lugar con el nombre de San Marcos en 1577 por el gobernador Pedro Menéndez Marqués; fue descubierto en 1949. Los ánimos no se serenaron, sin embargo. El capitán Diego de Ordoño, Miguel Moreno y otros 17 oficiales, en ruta para Santa Elena en 1578 se detuvieron en la isla de Sapelo: hospitalariamente recibidos por los indios, perecieron después asesinados. Parecida suerte corrió el escuadrón al mando de Gaspar Arias en Tolomato, enviado desde Santa Elena: tanto el capitán como los soldados Nicolás de Aguirre y Sancho de Arango, a más de Pedro Menéndez, "el bizco," murieron en una trampa preparada.

Tamaña situación de inestabilidad forzó al gobernador Pedro Menéndez Marqués, sobrino del almirante, a organizar una expedición punitiva; pero hasta las cercanías de Santa Elena —en el poblado de Cocapoy— no pudo encontrar al grueso de las fugitivas tropas indias, que sufrieron dura derrota, dejando muchos muertos en el terreno. Los franceses impulsores de la levantisca actitud indígena, canjeados con los prisioneros cogidos, fueron ejecutados. Una nueva rebelión de indios ocurrió en 1580 y otra vez consiguieron tomar el presidio, que en 1582 se vio restablecido nuevamente. Pero no había de durar mucho; en 1587 el comandante Miranda, siguiendo órdenes superiores, dispondría la retirada definitiva de la guarnición española. En el mismo año había pasado por Santa Elena el pirata inglés Francis Drake con ánimo de incendiarla, lo que hubiera realizado de no haber impedido su desembarco vientos contrarios y mar gruesa. Dicha retirada marca el fin de la presencia permanente española en Carolina del Sur. Así, Santa Elena quedó abandonada por España cien años antes de que a ella arribaran los ingleses. El nombre de Santa Elena fue dado en 1612 a la provincia eclesiástica recién creada, y que comprendió los actuales estados de Carolina del Sur, Georgia y Florida. Las ruinas de Santa Elena y del Fuerte de San Felipe fueron descubiertas en 1979, en la isla Paris, por un equipo de arqueólogos de la Universidad de South Carolina (Dr. Stephenson y Dr. Stanley South) y por los historiadores Dr. Raúl Hoffman y Dr. Eugene Lyon.

Basándose en el hecho de su situación en territorio reconocido como español incluso por los ingleses, el gobernador de San Agustín, Cabrera, envió en septiembre de 1686 tres barcos al mando de Tomás de León. El éxito le acompañó desde el momento en que la colonia de Lord Cardross quedó destruida. Sufrió también un difícil momento en 1715, cuando la guerra de los indios yamasees —amigos de los españoles—; su proximidad obligó a la evacuación de sus habitantes. Tal guerra puso en peligro la existencia de las colonias inglesas en las Carolinas. Derrotados, al fin, en la guerra y diezmados, los yamasees se refugiaron en San Agustín y a la protección española se confiaron.

Pardo y Boyano. Del fuerte de San Felipe, en Santa Elena, partió el lugarteniente de Menéndez de Avilés, el capitán Juan Pardo, para penetrar en el interior en el año 1566. Tomando como base los refuerzos arribados en 1566 a Santa Elena con la expediciones de Arciniegas, enviados desde España para socorrer las nuevas fundaciones del adelantado, Pardo fue elegido por éste como la persona adecuada para llevar a cabo la exploración e incluso la colonización tierras adentro. Contó con la colaboración del sargento Hernando Boyano y el alférez Alberto Escudero, amén de 125 soldados voluntarios. El 10 de noviembre se pusieron en marcha con dirección al Noroeste, pasando por los distritos amigos de Escamacu y Cazao y llegando al séptimo día a la localidad de Guiamae, el actual condado de Orangeburg: cordial recibimiento por los caciques locales y juramento de fidelidad a España, predicación del Evangelio y explicación de la grandeza del rey de España. Siguiendo viaje dos días después, toparon con feraces campos de maíz y de uvas salvajes, ideales para la fundación de una gran ciudad: en la confluencia de los ríos Congaree y Wateree, y en las cercanías de la actual Columbia, capital del estado. Luego la fértil tierra de Tagaya, con abundancia de manantiales y arroyuelos, y el distrito de Issa.

En el viaje de regreso, Boyano encontró "tres minas de muy buen cristal" y todos los expedicionarios tomaron algún diamante. Según uno de éstos, Juan Ribas (que casó con una india hallada en el curso de la "entrada," y conocida después como Luisa Menéndez), Boyano vendió uno en Sevilla a un joyero, que mucho elogió su valor. Por fin, alcanzaron tierras más septentrionales, ya en los dominios del actual estado de Carolina del Norte. El mismo itinerario sería recorrido por Pardo a su regreso, y en la ida y vuelta de la segunda incursión que al interior realizó a partir del siguiente septiembre. El 2 de marzo de 1568, Pardo regresó a Santa Elena y describió a las tierras visitadas como "buenas para pan y vino, y cualquier tipo de ganado." Pardo y Boyano, en sus intentos a lo largo de 1566 y 1567, llegaron a fundar cinco puestos estratégicos en los que anudar la futura colonización española del interior y se adentraron por tierras de Carolina del Norte, Georgia y Alabama.

Hernando de Soto y la princesa. Por el sector noroeste del estado de Carolina del Sur pasó Hernando de Soto con sus huestes, y en esta región le ocurrió una de las historias más curiosas de todo su trayecto. El día 1 de mayo de 1540 llegaron a Cofitachequi, que algunos historiadores localizan en las cercanías de Columbia, y los más en la orilla izquierda del río Savannah, junto a la actual Silver Bluff, cerca de Augusta. Pronto vieron aparecer a una joven, quien se presentó como sobrina de la princesa gobernadora de aquella provincia y ofreció el envío de una canoa para transportar el jefe español ante su señora. Cuando regresó la emisaria cerca de ésta y le informó de la buena disposición del español, la gobernadora decidió trasladarse en busca del visitante. El encuentro debió de ser memorable, a juzgar por el atuendo de la princesa, la composición de su séquito, los regalos que se intercambiaron y el coqueteo que entre los dos se entabló. Todo el grupo fue agasajado con mantas y pieles, patos salvajes, maíz y otros manjares, y a su disposición se pusieron como alojamiento la mitad de las casas del lugar. Las gruesas perlas recibidas por Soto se apreciaron como anuncio de las muchas que podrían obtener en el futuro: extraídas de los enterramientos por consejo de la princesa, llegaron a pesar hasta 350 libras. No satisfecho con lo encontrado, quiso Hernando de Soto continuar su camino hacia el Oeste y alcanzar la rica provincia de Chiaha, tan alabada por la princesa. Para asegurarse de la veracidad de su afirmaciones, Soto la invitó a seguirle, incluso de mal grado. El coqueteo finalizó de manera menos romántica que había comenzado. Remontando el río Savannah, pasaron los expedicionarios por las actuales localidades de Greenwood y Anderson y por el condado de Oconee. Aquí la princesa pudo escapar.

Nombres españoles
Tienen resonancias hispánicas las localidades de Columbia, Lamar, Saluda, Séneca, Una y W. Columbia, además del condado de Saluda.

GEORGIA

La presencia permanente española en Georgia abarca un período comprendido entre los años 1566 y 1702, comienzo y fin de las misiones (no se computa la invasión española —sin éxito— en 1742 de la isla de St. Simon), y llegó por la costa hasta la frontera con el estado de Carolina del Sur, y por el Oeste hasta la actual Columbus, habiendo sido explorado por los españoles prácticamente todo el territorio comprendido al sur de la línea horizontal que podría trazarse desde dicha localidad hasta Savannah.

Conquistadores y exploradores
Vázquez de Ayllón. Existe hoy la teoría, de que San Miguel de Gualdape se fundó en 1526 en tierras del hoy estado de Georgia. Si así fuere, "la confirmación del establecimiento de Ayllón requerirá la revisión de la historia de Norteamérica —afirma Bean Cutts— y estimulará profundamente un mayor interés en la era española de Georgia. Ello parece suceder... 207 años antes de que Oglethorpe remontara el río Savannah para iniciar la colonia inglesa de Georgia."

Hernando de Soto. Hernando de Soto fue el primer europeo que pisó Georgia: con sus gentes atravesó la región entre el 3 de marzo de 1540 —fecha en que abandonó Apalache— y el 1 de mayo siguiente, en que llegó a Cofitachequi. Siguió un itinerario que coincide más o menos con las siguientes localidades actuales: Bainbridge, Cordele (tras pasar cerca de Albany), Hawkinsville (remontando el río Ocmulgee), Louisville (no lejos de Dublin) y Augusta. Visitó una serie de pueblos indígenas, de mejor aspecto que los vistos en Florida. El Hidalgo de Elvas describe las casas construidas como hornos para proteger a sus habitantes del frío y las barbacoas existentes en las de los principales, en donde se depositaban los tributos ofrecidos por los miembros de la tribu. Las indias, en parte de su escueto atuendo, le recuerdan a las gitanas españolas. Hay quien sostiene —poco verosímilmente— que en su marcha hacia el Oeste, remontó el río Savannah, descansó en los condados de Habersham y Murray, y pasó por la ciudad de Chiaha, hoy Rome.

Pardo y Boyano. El capitán Juan Pardo y el sargento Hernando Boyano llegaron en 1567, provenientes de Carolina del Norte, al sector en que se encuentra hoy Rome, la antigua y afamada región de Chiaha. Región fértil y rodeada de abundantes corrientes de agua, les retuvo durante diez días, y su contemplación origina en el cronista de la expedición, Juan de Vandera, los más cálidos elogios.

Más al Oeste los expedicionarios encontraron en Chalaume minas de oro y plata, pero los proyectos de continuar más allá no pudieron llevarse a cabo ante la hostilidad creciente de los indios comarcales, que en número próximo a los 7.000 daban síntomas de sentimientos belicosos. Pardo consideró más prudente rehacer el camino de venida, no sin permitir al soldado Juan de Ribas viajar hacia los hoy territorios de Alabama. Al pasar de nuevo por Chiaha, Pardo procedió a construir un fuerte, como punto de apoyo del dominio más occidental de la Corona de España. Quince días tomó su construcción, al final de los cuales partió, dejando a su cuidado a un cabo y quince soldados. Pero su promesa al cacique de regresar en tres o cuatro lunas no pudo realizarse: el cacique se impacientó, surgieron problemas en la guarnición y el fuerte hubo de ser a poco abandonado.

Salas, Chozas y Velascola; Juan de Lara. En las márgenes del río Talaje, hoy Altamaha, en parajes no lejanos a su confluencia con el Ocmulgee, hallábase la región de Tama, cuya colonización mucho preocupó al gobernador de Florida, Canzo. Ya habían hablado de ella favorablemente —como hemos visto—, relatando las minas encontradas, los componentes de la expedición de Pardo y Boyano.

Antes de la revuelta de Juanillo, Canzo había comisionado al soldado Gaspar de Salas y a los franciscanos Chozas y Velascola para visitar Tama; al finalizar su viaje de ocho días pudieron informar de la fertilidad de la región (en contraste con la pobreza de las tierras conocidas), de la abundancia en vegetales, fruta y caza, de sus minas de plata y de la existencia de una maravillosa hierba medicinal: el guitamo real. En el extremo Oeste, en Ocute (hoy Hawkinsville) fueron recibidos amistosamente y despedidos con lágrimas —al decir del relato—; los visitantes encontraron huellas de una anterior presencia española: por allí habían pasado años antes Hernando de Soto y los suyos y habían abandonado por inútil una pieza de artillería.

Más tarde, para confirmar las repetidas noticias, Canzo envió de nuevo a la región a un viejo soldado y buen conocedor, Juan de Lara. Tras nueve días de marcha en dirección Oeste, Juan de Lara halló una sierra y un gran poblado, "Olatama." Torció después hacia el Norte, encontrando fértiles tierras, hasta un ancho río (el Altamaha). Desde allí regresó. De lo cual se deduce que Lara visitó el centro de Georgia y se aproximó a sus confines occidentales.

Consideraba Canzo que San Agustín se hallaba situado en una región inhóspita e improductiva, y que necesitaba apoyarse en la región de Guale y en su *hinterland*, la región de Tama; su consecución permitiría la extensión de los dominios de España. Consideró Felipe III la propuesta del gobernador, y con tal objeto —y con el de estudiar la conveniencia o no del emplazamiento de San Agustín— ordenó al gobernador de Cuba procediera a la conveniente investigación. Pedro de Valdés seleccionó para la tarea a su hijo Fernando, quien en el navío *San Roque* desembarcó en San Agustín el 30 de agosto de 1602 y quien, al regresar, apoyó en su propuesta a Canzo: conservar San Agustín, debido a su situación estratégica en relación con la protección de las flotas rumbo a España, y desarrollar las riquezas de la región de Tama. Como consecuencia, Canzo puso manos a la obra de consolidar la región para España y reparar los desastres de la insurrección de Juanillo. Una serie de circunstancias, de las que no se excluye el traslado de Canzo, impedirían la puesta en práctica de aquellos emprendedores proyectos.

Misioneros

La historia de la presencia española puede resumirse, en un primer período, de afán de expansión con propósito de ganar nuevas almas para el Cristianismo; un período de intento de conservación de lo logrado y, una última etapa, de imposibilidad de mantenerse en la región, en la que habían aparecido los ingleses, y de repliegue hasta las cercanías de San Agustín, en Florida. El primer lapso puede situarse entre 1566 y 1615; el segundo, hasta 1656, época de la rebelión de los indios contra el gobernador Rebolledo, y el tercero, desde ese año hasta 1704. La retirada española fue paulatina ante la escasez de medios materiales con que hacer frente a las necesidades de tan vasto territorio, incrementados por éstos. Como consecuencia, comenzó el repliegue en el Norte hasta consumarse en el Sur. Los momentos de mayor esplendor pueden considerarse los años de comienzos del siglo XVII, en el que dichos territorios recibieron las sucesivas visitas de los gobernadores Canzo e Ibarra, y del Obispo de Santiago de Cuba, Altamirano, bajo cuya jurisdicción episcopal aquellas se encontraban. Las misiones del Este fueron primeras en el tiempo y en su duración; las del Oeste tuvieron menos fortuna, al ser fundadas en momentos en los que la voluntad hispánica de imperio comenzaba a flaquear y el expansionismo inglés daba señales de vida.

La isla de St. Catherine, o del milagro. La isla de St. Catherine tuvo el primer contacto con los españoles a través del almirante D. Pedro Menéndez de Avilés. En el curso de la rápida visita de inspección que realizó por la región, desembarcó en la isla el 4 de abril de 1566 y permaneció en ella cuatro días. Aprovechó para instruir a los naturales en las verdades de la religión católica, y debido a cómo quedó de impresionado de su buena disposición y de la necesidad de contar allí con misioneros, decidió solicitarlos en el curso de su próximo viaje a España del Consejo de Indias y de su buen amigo el general de la Compañía de Jesús, el anterior Duque de Gandía y futuro San Francisco de Borja. Ocurrió que dos jóvenes españoles de su partida, por divertirse, prometieron al jefe indio —en momentos de gran sequía— rezar a su Dios para que enviara lluvias, con lo que aquél les obsequió con una serie de regalos, como pescados y pieles de venado. Enterado de la conducta de sus subordinados, Menéndez se enfureció y quiso castigarles por su actitud frívola y peligrosa en materias que podrían ser de gran trascendencia en la evangelización de la religión. Ante la prohibición que les impuso, el cacique se quejó al jefe por no querer implorar a su Dios la necesitada ayuda, con lo que demostraba que su actitud no era tan amistosa como pregonaba. Menéndez, por salir de la situación, respondió al cacique que llovería si él se hacía cristiano, a lo que se mostró dispuesto. Reunió entonces a españoles e indios y, ante una cruz improvisada, se arrodillaron todos, cantaron las Letanías y adoraron y besaron la Cruz. Una hora y media más tarde se desencadenó una tormenta que trajo consigo abundante lluvia durante veinticuatro horas en un área de cinco leguas. No es para descrito el asombro de los indios ante el milagro del Dios de los extranjeros.

Con tan buenos auspicios, no se desarrolló, sin embargo, fácil la evangelización de los indios guales para los padres jesuitas asignados a la isla de Santa Catalina: tras catorce meses de trabajo del padre Antonio Sedeño, seis del padre Juan B. Segura, cuatro del padre Alamo y seis del padre Francisco, sólo se consiguieron los bautizos de siete personas, tres de ellas en trance de muerte, y ello a pesar de los cereales distribuidos entre los indios, en época de necesidad, enviados por el obispo Juan del Castillo, de Cuba. También trabajó allí en 1569 el hermano Domingo Agustín Báez, pero sólo por un año, al sorprenderle la muerte en plenos afanes misionales; tuvo tiempo, sin embargo, de redactar una gramática de la lengua guale, que viene a ser el primer libro escrito en los confines actuales de los Estados Unidos. La escasez de los resultados obtenidos motivó la retirada de los jesuitas del lugar. Con la llegada a Florida de los franciscanos, dos fueron asignados a la isla de St. Catherine en 1593: el padre Miguel de Auñón y el lego Antonio de Badajoz, los cuales vinieron a aumentar el contingente español en la isla, en la que desde los tiempos de Menéndez había quedado estacionada una pequeña guarnición e su correspondiente presidio.

Floreciente era la labor del padre Auñón y del hermano Antonio, cuando la rebelión en 1597 del indio Juanillo vino a malograrlo todo. Como trataremos más tarde ésta, recordemos ahora sólo que el cacique de la isla se vio presionado por los rebeldes, bajo amenaza de su propia vida, para atentar contra los misioneros; queriendo salvar la vida de éstos, envió por tres veces mensajeros a los franciscanos estacionados en Asopo para que huyeran rápidamente en el momento de intentarse su asesinato. No teniendo éxito sus consejos, el propio cacique se llegó en persona a los misioneros, aconsejándoles la huida; la agradecida respuesta de estos hombres de Dios fue su buena disposición al martirio y su solo deseo de decir misa antes de que ocurriera: con lágrimas en los ojos, el jefe les prometió enterrar cristianamente sus cuerpos. El 17 de septiembre llegaron los sublevados, matando primero al lego y más tarde al padre Auñón, no obstante la discusión que, como consecuencia de la popularidad entre los indios de la víctima, se entabló entre los propios asesinos. Fueron enterrados los muertos al pie de la gran cruz que el padre Auñón erigiera.

Cuando el sargento Alonso Díaz, enviado por el gobernador Canzo para reprimir la revuelta, llegó a la isla, halló la iglesia de la misión y los edificios adyacentes incendiados, y las dos sepulturas. Como medida ejemplar y disciplinaria, el gobernador Canzo emitió una orden autorizando la esclavitud de los indios de las regiones sublevadas, pero una Real Cédula pregonada en la ciudad de San Agustín, sede del gobierno, el 31 de enero de 1600, desautorizó aquélla, por lo que Canzo comisionó al sargento mayor Alonso Díaz de Badajoz para devolver los cautivos a sus respectivos destinos. Con tal motivo, y una vez muerto el dirigente de la revuelta, los caciques de la región prestaron en San Agustín, en el mes de mayo siguiente, juramento de fidelidad a España, y entre ellos el de la isla St. Catherine.

Con el terreno preparado, el nuevo gobernador Pedro de Ibarra llevó a cabo un recorrido de dichos territorios a fines de 1604. Desembarcó en la isla de St. Catherine el 24 de noviembre, y fue recibido por el nuevo jefe de la isla Bartolomé, junto con otros caciques. Respondió el visitante repartiendo abrazos y presentes de todo tipo, e invitando a su mesa —rasgo no usual— a los jefes principales. En la iglesia reconstruida se celebró el 26 una misa que fue muy concurrida, al final de la cual el gobernador —a través de sus intérpretes Juan de Junco y Santiago— se dirigió a los circunstantes, expresando su alegría por la visita y el paternal cuidado del rey de España para sus súbditos, buena prueba del cual era el viaje que estaba realizando desde lejanas tierras, a lo que los jefes le expresaron alegría de su pueblo por verle y oírle.

Como consecuencia de la promesa de Ibarra de enviarles misioneros, fue asignado el padre Ruiz permanentemente en la isla de St. Catherine. Durante la visita que realizaría a sus feligreses el 30 de abril de 1606 el obispo Altamirano, todo tipo de festejos tuvieron lugar, desbordándose el entusiasmo de los nativos ante la personalidad del purpurado, quien quedó altamente satisfecho. 286 indios recibieron la Confirmación, y un grupo de jefes, con el de la isla —don Diego— al frente, tomaron parte en el cordial recibimiento. La suerte de la misión estaba asegurada y borrados los efectos de la revuelta de Juanillo.

El progreso de la misión duró hasta 1656; más, como consecuencia de las medidas adoptadas por el gobernador Rebolledo ante el peligro de ataque inglés —entre otras causas—, a las que se opusieron los franciscanos, una rebelión de indios estalló. Años de hambre y de epidemias continuaron; en 1670 un navío inglés apareció y desembarcó en la isla un reducido grupo que, atacado inmediatamente, pereció o cayó prisionero en su totalidad. En 1673 una guarnición española enviada a St. Catherine comenzó a construir un fuerte de piedra, que estaría terminado a la llegada del gobernador Quiroga en 1677. En 1680 una serie de luchas con distintas tribus indígenas comenzaría, como consecuencia de su alianza con los ingleses. Una partida de 300 indios, provistos de armas de fuego británicas, atacaron el fuerte defendido por el capitán Francisco Fuentes; los sitiados quedaron victoriosos, pero el episodio tendría consecuencias desastrosas, al provocar la huida de la isla de todos los nativos, con lo que se hizo preciso abandonarla. Los proyectos de poblarla con un ciento de familias precedentes de las islas Canarias, no pudieron llevarse a efecto por la rapidez con que los acontecimientos se desarrollaron.

El antropólogo Dr. David Hurst Thomas, de la *American Museum of National History* en la ciudad de Nueva York afirma que la misión de St. Catalina es la única de Georgia hasta 1989 cuyo emplazamiento es conocido con exactitud gracias a haber podido usar las técnicas modernas del radar y magnetometría. Debido a ello, su equipo ha recuperado 430 restos humanos, platos de cocina, balas de mosquete, cuentas de rosario, trigo, crucifijos y cuentas de cristal para comerciar, alcanzando el número de decenas de miles. "Santa Catalina —según el Dr. Thomas— era el puesto avanzado más al norte de los españoles en la Costa Oriental, y este hecho histórico alcanzó una considerable proporción y permanencia."

Las costas vecinas y dominios de Juanillo. Si los habitantes de las isla de St. Catherine pertenecían al grupo Guale, también éste se extendía a las costas vecinas constituyendo núcleos de gran relevancia durante la etapa española. En el actual condado de McIntosh, cuya cabeza es la ciudad de Darien, se han localizado las misiones de Tolomato y de Espogache (la segunda es, en realidad, la sucesora de la primera), así como la de Tupique; un poco más al Sur, en el vecino condado de Glynn, estuvo emplazada la misión de Santo Domingo de Talaxe. Tras los intentos fallidos de los jesuitas de evangelizar la región y su retirada en 1572 (diez años se sucedieron sin que misioneros españoles en ellas residieran). En 1573 un oficial español y 14 soldados fueron aniquilados, y en julio de 1576 una compañía de 22 blancos, con Boyano al frente, al efectuar la requisición entre los indios de alimentos para el presidio de Santa Elena, perecieron en una emboscada. No se evidenciaron como eficaces las medidas de represalia aplicadas por el gobernador Pedro Menéndez Marqués, dado que en el 1580 los indios de la región se sublevaron y tomaron el mencionado presidio. Un nuevo levantamiento ocurrió en 1582.

Ante tal estado de cosas, el franciscano Alonso de Reynoso consiguió convencer al Consejo de Indias de la necesidad de enviar a las tierras de Florida misioneros en considerable número. Con éxito en sus personales gestiones, el primer grupo de misioneros llegó en 1584, pero hasta el 1593 no pudo haber un misionero permanente en Tolomato: el padre Corpa. En ella se estableció por ser la residencia del *mico* o cacique principal, aunque salía con frecuencia de visita a los poblados subordinados que contaban con submisiones. El éxito del padre Corpa y el de sus hermanos destinados a la provincia de Guale fue sorprendente; conquistaron rápidamente a los nativos con la palabra, regalos y el ejemplo de sus obras. La sumisión que los soldados del rey no habían logrado, la obtuvieron los hijos de San Francisco, quienes, adaptándose admirablemente a las ásperas condiciones ambientales y a la pobreza de la región tuvieron la compensación de escuchar el Ave María y el Pater Noster entonados en el acento indígena.

Contra los vicios reinantes tuvieron que luchar, entre ellos la poligamia, pero en esta empresa el éxito no les acompañó, ya que constituyó uno de los motivos de la revuelta de Juanillo. Ello y su intervención en el gobierno de las tribus: la designación por influencia del padre Corpa de un *mico* principal, produjo en éste, Juanillo, un rencor incontenible que le llevó a la rebelión sin cuartel y a capitanear un grupo de descontentos. Ocultos en la iglesia de Tolomato, en la mañana del 13 de septiembre de 1597, asestaron un golpe mortal en la cabeza al padre Corpa al entrar en el recinto. Pero no paró aquí Juanillo; insatisfecho con la desaparición de su enemigo, quiso completar la acción suprimiendo todos los misioneros de la región, para lo que convocó al día siguiente, en una conferencia, a una serie de caciques vecinos.

Impresionados por las atrocidades perpetuadas, el gobernador Canzo despachó al capitán Vicente González con 22 hombres, quienes al aproximarse al Tolomato no encontraron a los nativos y sólo uno, herido a lo lejos con un arcabuz, pudo ser interrogado. Cuando llegó al poco tiempo el propio gobernador, halló en el poblado la iglesia y las casas misioneras quemadas y sólo en algunas consiguió recuperar objetos de culto, un altar y una imagen de San Antonio de Padua. Tolomato fue incendiada.

Hasta la primavera siguiente, no llegó a oídos de Canzo la supervivencia del único misionero que escapó de Juanillo y sus amigos: el padre Francisco Dávila, que se encontraba en calidad de esclavo en el poblado de Tulufina, no lejos de Tolomato, y en las márgenes del río Talaje, hoy Altamaha. Envió en su busca al teniente Francisco Fernández Ecija, quien, tras negociaciones con sus propietarios a base de canje con algunos indios prisioneros en San Agustín, consiguió su liberación; nadie reconoció al principio al padre Dávila, tales habían sido sus sufrimientos durante el cautiverio. Río Talaja arriba se encontraba, no lejos del anterior, el poblado Yfusinique; en él se refugió Juanillo, y en él murió junto con 24 de sus principales en el asalto a que fueron sometidos, por una expedición de indios, dirigidos por el cacique de Asao, muchos de ellos antiguos aliados de Juanillo. Con su muerte, la tranquilidad se restableció en la región por un tiempo.

El punto central de las misiones a restablecerse se situó en Talaxe, no rehabilitándose las de Tolomato y Tupique.

Correspondió al superjefe de la región, don Domingo, recibir al gobernador Canzo, en la desembocadura del río Altamaha, cuando visitó la región en 1603. Llegó a Tupique el 10 de febrero, siendo recibido por el jefe local. Por las muchas muestras de afecto y sumisión que recibió, las medidas punitivas anteriormente adoptadas fueron suprimidas. Igualmente favorable fue el desarrollo de la visita del nuevo gobernador, Ibarra, el 21 de noviembre de 1604.

El padre Diego Delgado, quien se situó en la misión de Santo Domingo de Talaxe. El atendió al obispo Altamirano en su visita, el 22 de abril de 1606, y pudo presentarle con orgullo 262 nativos para confirmar. Un largo período de gran prosperidad siguió a esta visita.

La revuelta contra el gobernador Rebolledo en 1656 y las demás circunstancias contribuyeron a que paulatinamente se deteriorara la situación. Las incursiones de los ingleses y de sus aliados indios ocasionaron un grave estado de confusión en Guale, lo que determinó al gobernador Cabrera a decidir en 1683 la retirada de los indios de dicha zona hacia la más segura en las proximidades de San Agustín. Muchos se resistieron y buscaron la protección inglesa a cambio, no obstante los consejos de los frailes. Ante los continuos ataques procedentes del Norte y el abandono de la región por muchos indios, los fieles a España obedecieron las órdenes del gobernador. No pudiendo sostenerse por más tiempo, la guarnición en el presidio de Espogache y las misiones en el área de Tolomato fueron abandonados definitivamente en 1686.

La isla de Sapelo. En la vecina isla de Sapelo (Zápala) también hubo guarnición militar y misión, si bien ésta tuvo la consideración de "visita" hasta 1655, en que un fraile permanente pudo ser destinado a ella: San José de Zápala. El presidio fue construido en 1680, siguiendo órdenes del gobernador Cabrera por el capitán Francisco Fuentes, al retirarse con sus hombres de la isla de St. Catherine. Dada la reducida guarnición (en aquel momento no había más de 290 soldados en toda Florida), difíciles momentos pasaron los españoles al ser atacada la isla por el pirata inglés Kinckley.

La isla de St. Simon. La isla de St. Simon se denominaba Asao en época española, y dos misiones se elevaron en ella: Santo Domingo de Asao y Ocotonico, al sur de la isla. Tuvo por destino la primera el padre Velascola, cántabro de hercúlea complexión, que impresionó a los nativos. Cuando la revuelta de Juanillo, se encontraba en San Agustín, por los que los sublevados aguardaron su próxima llegada y le golpearon mortalmente en el mismo momento de desembarcar. Su hábito, utilizado por uno de los indios, sirvió como una de las señales concluyentes en las misiones próximas a San Agustín de la existencia de la sanguinaria revuelta. Don Domingo, el cacique local, formó parte del grupo primero que se sometió de nuevo a España, y acaudilló la expedición que liquidó a Juanillo. Ello le valió su nombramiento como *mico* principal de los guale y ser él quien recibiera al gobernador Ibarra cuando llegara a la isla a bordo del *San José*. Como consecuencia de ella, la nueva misión de San Buenaventura sería levantada en St. Simon. Esta y las demás padecerían los mismos males que las restantes de la región y serían abandonadas para siempre en 1702.

Pero la presencia española en St. Simon no se dio por terminada aquí. Había de hacerse patente con ocasión de la guerra por la sucesión austriaca (1740-48), conocida en Norteamérica por la "guerra de oreja de Jenkin," declarada a España por la Gran Bretaña, tomando como falso pretexto los ingleses las heridas en la oreja de aquel pirata. Como contestación a los fallidos intentos del inglés Oglethorpe de tomar San Agustín, confió Felipe V al gobernador español Montiano el mando de una expedición que había de destruir los establecimientos ingleses en Georgia y las Carolinas. Treinta buques, con 1.300 hombres a bordo, zarparon de San Agustín el 20 de junio de 1742. El 5 de julio entró la flota en la bahía sur, eludiendo el fuego de las baterías del fuerte de St. Simon y después de un animado combate, Oglethorpe, previo el abandono del fuerte, se retiró con sus hombres al fuerte Frederica situado más al norte de la isla. En la mañana del 7, y tras ocupar el fuerte de St. Simon, Montiano envió al capitán Sebastián Sánchez para reconocer el camino conducente al fuerte Frederica. En un encuentro con Oglethorpe y su gente, fue derrotado y hecho prisionero. Al enterarse Montiano del suceso, envió al capitán Antonio Barba con 300 hombres para proteger a sus compañeros, consiguiendo poner a los ingleses en retirada. No previendo una emboscada, los españoles se detuvieron a descansar y preparar su comida, abandonando las armas. Un ataque inglés les cogió de sorpresa, produciendo el pánico en sus filas y su rápido retroceso. Una posterior estratagema, referente a la falsa llegada de poderosos refuerzos, indujo a Montiano, después de oír el consejo de su oficiales, a levar anclas y abandonar la empresa. Quedaron así abiertos a los ingleses los caminos de Florida, y Georgia para siempre en sus manos.

La isla de Jekyll. Al poblado de Tulapo, en la isla de Jekyll, fue destinado en 1593 el padre Francisco Dávila, y en su casa le sorprendieron Juanillo y demás revoltosos. Pudo conseguir escapar y refugiarse en un palmar, pero el fulgor de la luna le descubrió, y varias flechas disparadas por los asaltantes le hirieron, aunque no le mataron gracias al cacique local, que le salvó para sí. Al venderle como esclavo más tarde, se inició para el padre Dávila un período de indecibles sufrimientos, hasta ser liberado en Tulufina. Días difíciles pasaron después para la isla, hasta que se restableció la misión con el nombre de Santiago de Ocone: ya en 1655 figura entre las existentes. Los malos tiempos que se sucedieron, desembocarían en el ataque a la isla en 1680 de los indios aliados a los ingleses, que pudo ser rechazado merced al arrojo del comandante español y de sus amigos indígenas. La orden del gobernador de retarse en 1683 hacia el Sur encontró resistencia entre los indios; la situación se empeoró con el terror extendido por la isla con el ataque de los piratas ingleses en 1684. El abandono definitivo de los españoles se verificaría con la llegada del nuevo siglo.

La isla de Cumberland y su tierra firme cercana. Nos quedan por visitar en la costa oriental las misiones y presidios establecidos en territorio de los timucuas. En la isla de Cumberland (entonces San Pedro) y en tierra firme (en la desembocadura del río St. Mary, antes río San Mateo) vivieron los misioneros españoles hasta que se replegaron en torno a San Agustín. La isla de Cumberland recibió la primera sangre de mártires. Urgidos los jesuitas por Menéndez de Avilés a enviar misioneros, zarparon de España tres el 28 de julio de 1566 en un barco que al avistar las costas de la Florida sufrió la embestida de un huracán. Tras varias incidencias, el capitán envió un bote a tierra con el padre Pedro Martínez a bordo. Varios indios, aparentemente amistosos en un principio se arrojaron sobre los visitantes, los cuales pudieron escapar, con excepción del padre, que no quiso huir. Cuando en dicho año el gobernador Menéndez de Avilés realizó una visita de inspección a las costas de Georgia, dejó establecida una guarnición en la isla.

En el reparto de franciscanos llegados en 1593, correspondieron a Cumberland los padres Fernández de Chozas, en la misión luego denominada de San Pedro y San Pablo, de Poturibato (con capilla), Baltasar López (que sustituyó al anterior cuando su excursión a la región de Tama) y Francisco Pareja, quien trabajó en la isla, en el poblado del cacique don Juan, y en tierra firme, en la misión de Nombre de Dios. Al norte del río St. Mary, en el hoy condado de Camden, trabajaron el padre Pedro Ruiz, que se ocupaba, además del de San Sebastián, del poblado de Tocoy, y el padre Pedro de Vermejo, que tenía a su cargo siete poblados. Las misiones descritas, las más fructíferas de la región, desde el principio se encarrilaron bien y se mantuvieron leales a la causa española y cristiana. Pieza fundamental en su desarrollo fue el cacique de Cumberland, don Juan, convertido pronto a la fe de Cristo y piadoso asistente con los suyos a las misas festivas y a las celebraciones de Semana Santa. En esta época las calles de San Pero eran escenario de procesiones con imágenes llevadas por las distintas cofradías, que hacían recordar, inevitablemente, la lejana Sevilla.

Juanillo y los suyos se aventuraron a pisar la isla en el curso de su revuelta, con ánimo de asesinar a los misioneros, al cacique y a los soldados del presidio. Desembarcados 400 silenciosamente, a cierta distancia, el 4 de octubre de 1597, el ladrido de un perro puso en guardia a varios indios leales, que pudieron avisar a su jefe. Los padres Chozas y Pareja preparándose para cualquier eventualidad y escribieron una urgente nota al gobernador Canzo solicitando refuerzos. La presencia cercana de un bergantín español desorientó a los intrusos en su cauta aproximación, lo que aprovechó don Juan para sembrar la confusión entre ellos, huyendo muchos en sus botes y refugiándose otros en los bosques, hasta caer poco a poco prisioneros. Los refuerzos enviados por el gobernador llegaron el día 10 al mando del sargento Juan de Santiago; el propio Canzo, al frente de 150 infantes, se personó en la isla una semana más tarde. Como premio a su lealtad, el gobernador dejó reducido el tributo de los isleños a cantidades simbólicas. Cuando don Juan murió en 1600 su autoridad pasó a manos de la hija de su hermana, D.ª Ana.

En los años posteriores a la revuelta, los padres López, Pareja y Ruiz se desplazaron desde sus misiones a las tierras del Norte, desprovistas ahora de misioneros. Por Cumberland inició el gobernador Canzo su visita de inspección en enero de 1603. Elevó en ella una misión, modelo de otras en programa. Al regreso de su jira asistió a una conferencia de caciques el 28 de febrero y confirmó la superior autoridad de D.ª Ana. La inauguración de la iglesia de San Pedro de Mocamo el 10 de marzo, constituyó un acontecimiento; los maravillados indios quedaron atraídos definitivamente y recibieron seguridad de ser protegidos, incluso los de tierra firme, con la guarnición del presidio. Acabó de confirmar la situación la designación de la joven cacica —con el padre López— como custodia del hermoso edificio.

En las orillas del río St. Mary, la misión de Santa María se convirtió en el punto central de la evangelización en tierra firme. Pedro Menéndez de Avilés construyó en dicha área una capilla en 1566 y ésta se convirtió en el centro de la labor misional cuando, como medida precautoria, fueron retirados los indios y los misioneros de forma provisional de la isla de Cumberland, a raíz de la revuelta de Juanillo. Con la erección en aquélla de una iglesia por Canzo, volvió a quedar en Cumberland el centro de las misiones, convirtiéndose las de tierra firme en "visitas," a cargo del padre Juan Bautista Capilla. En 1615 quedó, sin embargo, asignado un misionero permanente al área, y Santa María de Sena se convirtió en el eslabón de unión entre San Agustín y Talaxe.

El historiador Lanning encontró, próximas a la actual localidad de St. Mary, las ruinas mejor conservadas de toda Georgia, con columnas en perfecto estado y 34 ventanitas en la gran pared del edificio de dos plantas, en forma de fortaleza, con una especie de almenas en su parte superior. Jonathan Dickinson visitó esta misión en 1697, en su viaje de regreso a Carolina del Sur, después de salvarse de un naufragio en las costas de Florida, y, alojado en una amplia habitación de 10 metros de diámetro, pudo comprobar el grado de instrucción que los misioneros impartían a los interesados muchachos nativos.

En el Sudoeste. Las misiones de los apalaches en el suroeste de Georgia nacen al entrar el siglo XVII. Establecidas en una región habitada en su base por indios muskogis, en un principio entre los ríos Aucilla y Ochlekonee, y en torno a la actual ciudad de Tallahassee (Florida), dependieron de la provincia franciscana de Potano, en la que en 1607 había ya 1.000 cristianos, a juzgar por los informes de los padres Francisco Pareja y Alonso de Peñaranda. La cosecha apostólica debió de presentarse pronto favorable y prometedora, en contraste con los escasos medios personales y materiales disponibles. Las constantes peticiones formuladas por misioneros y gobernadores al respecto dan cuenta del número crecido de conversos y de la necesidad de más religiosos para laborar en la región. Dependiendo del presidio y misión de San Luis, en Florida, ya existían en 1655 nueve misiones. En las 38 misiones que los franciscanos en tal año controlaban en toda la región (que comprende hoy

Georgia y Florida) trabajaban 70 frailes y vivían 26.000 indios.

Para cuidar de los indios chacatos varias misiones se elevaron. En lo que se refiere a Georgia, se tienen noticias de que el padre Francisco Gutiérrez de Vera cuidaba en 1681 de una misión en las márgenes del río Ocmulgee, en Coweta, cerca de la actual ciudad de Macon, en el condado de Butts. Punto de fricción entre ingleses y españoles, el área de Coweta se convirtió en una pieza jugada alternativamente por unos y por otros. Fue testigo de las andanzas del comandante y explorador Dr. Henry Woodward en 1682 y de los intentos de aprisionarle por parte del comandante español de la guarnición de Apalache, Antonio Mateos, intentos fallidos ante la elástica huida del inglés y la complicidad de los naturales. Sólo se concretaron en la destrucción del fuerte elevado por aquél y sus aliados. El episodio acabó para el perseguido con su triste muerte antes de regresar a Charleston, su punto de partida.

La repetición de las incursiones inglesas decidió al gobernador Quiroga y Losada a construir un fuerte, que levantó en Coweta el capitán Primo de Rivera en 1687. La presencia en él del capitán Fabián Angulo con 20 infantes españoles y 20 leales apalaches produjo el efecto de que en la reunión que en la localidad convocaron los caciques regionales en mayo siguiente se emitiera un unánime voto de fidelidad a España. No merecen la calificación de buenos los tiempos subsiguientes, y la necesidad de contar con tropas para la defensa de San Agustín forzó al gobernador a retirar la aludida guarnición, no sin antes destruir la fortaleza para evitar su ulterior uso por los ingleses. Hijo del emperador de Coweta era Chipacasi, el gran amigo de España, quien después de ser festejado por el jefe español en San Agustín, abogó por la alianza de los indios creeks con España, en contra de la opinión de su padre, favorable a los anglos. Su personal intervención salvó la vida al teniente de caballería español Diego de Peña. También se celebró en Coweta un consejo de guerra, en que el inglés "Antonio" arrastró a una serie de tribus aliadas contra España. En compaña desarrollada en los primeros meses de 1702, las misiones apalaches de Georgia, comprendidas entre el río Flint y el río Chattahoochee, fueron destruidas y sus habitantes, los que no huyeron al sur, muertos o hechos prisioneros. Asestó la estocada final a las misiones de la región el inglés Moore con sus ataques en enero de 1704, más consecuencias de la cual comprobaremos en el norte de Florida.

Sefarditas

Entre los grupos primeros de pobladores llegados al futuro estado de Georgia figura un grupo de sefarditas —judíos españoles— procedentes de Inglaterra: se preocuparon de recaudar los medios necesarios para su viaje tres prominentes miembros de su congregación en Londres: Francis Salvador, director de la Dutch East India Company, Anthony da Costa, el primer director judío del Banco de Inglaterra, y el Barón Suasso. Instalados en Savannah, no fueron admitidos en seguida, pero la denodada actuación del Dr. Samuel Núñez, en momentos de epidemia, les granjeó las simpatías de los colonos.

Nombres españoles

Quedan los nombres españoles en algunas localidades; un censo provisional de ellas puede servir de muestra, a saber: Alamo, Alma, Alto, Aragón, Arco, Buena Vista, Chula, De Soto, Enigma, Martínez, Mora, Pavo, Portal, Resaca, Rincón, Vidalía, Villa Rica, Adrian, Juniper, Camilla, Nuñez, Colon, Celeste, y Martín, más el condado de Columbia.

◆ FLORIDA ◆

Florida es el estado más hispánico de la Unión debido a los 300 años en que fue posesión de España y la actual comunidad hispánica, tan influyente y numerosa. Este hecho evidente no siempre es aceptado por la élite dirigente de la sociedad floridiana, aguando la significación o los logros de la era española, y colocando al mismo nivel las cinco banderas de que Florida se ufana —concretamente a las española, francesa, inglesa, confederada, y la presente de la Unión—, como si los países por ella representados ostentaran el mismo peso en la historia de Florida. Así ocurre con el volumen publicado con motivo de las celebraciones del Bicentenario: *A Heritage Revisited*, y con los museos de historia de Florida en Tallahassee y Miami.

El origen del nombre de Florida se halla en la impresión, como ya se mencionó, que a Ponce de León produjeron sus costas y sus tierras cuando en ellas desembarcó en la Pascua Florida de 1513, su exuberante vegetación y la variedad de sus especies; y es que Florida, situada todavía en la zona templada, está bañada por las cálidas corrientes del golfo, y puede enorgullecerse de ofrecer la más variada flora del país. Entre 3.000 clases de flores nativas y las introducidas de Europa, Florida es hoy un jardín extenso y multicolor, rodeado de lagos —hay 30.000. Es un jardín y es un bosque, porque masas densas de árboles se extienden por el Norte y el Sur, ocupando pocas o muchas millas cuadradas. Son los miembros de la familia citrícola una perdurable contribución de España al paisaje de Florida y a su desenvolvimiento económico como estado predominantemente agrícola: su producción y exportación, así como las industrias conexas de jugos y conservas, constituyen uno de los recursos fundamentales del estado, junto con el turismo. Los bosques de naranjales y limoneros traen inevitables recuerdos de las riberas del Guadalquivir o de las costas de Valencia.

Los árboles de Florida —y de otros muchos estados, como Georgia y Luisiana— se anudan también a lo español por algo patente y pendiente a sus ramas, y en lo que la intervención hispánica, aparte de su nombre, no creo que haya pasado a la leyenda: el popular *Spanish Moss*. Se trata de una especie de musgo parásito que, en forma de tenues y finas guedejas, trepa por las ramas de los árboles y pende de ellas de forma densa y desigual, otorgando al conjunto forestal una sensación de cuentos de hadas, base indudable de la inspiración de Walt Disney para la preparación de su películas maravillosas. Es impresionante la entrada en un bosque invadido por el *Spanish moss*, mucho más cuando uno es asegurado de que tal parásito no perjudica en absoluto al árbol —albergue, dado que se alimente del aire.

Esta Florida es la que impresiona hondamente al poeta español Juan Ramón Jiménez, a comienzos de los años cuarenta, "la Florida llana, la tierra del espacio con la hora del tiempo," "un arrecife absolutamente llano y, por lo tanto, su espacio atmosférico se siente inmensamente inmenso," la de "los hermosos espejismos," la de "las garzas blancas habladoras en noches de excursiones altas... como las garzas blancas de Moguer..."

Ponce de León, preocupado por el avance de sus años y enamorado de su joven protegida, no dudó en comprometer su sólida fortuna en la empresa descubridora de la fuente de la juventud, por los que hacia la milagrosa "isla de Bimini" se embarcó avistando y pisando por vez primera sus tierras. No consiguió su propósito de rejuvenecimiento, pero no andaban muy descaminados sus informantes en cuanto a la existencia de fuentes medicinales maravillosas, ya que más de 27 considerables (entre ellas Silver Springs, Juniper Springs y Rainbow Springs) se hallan extendidas por su geografía. Bautizada por Ponce de León, Florida pronto compartió amorosamente su nombre con tierras distantes, y por Florida fueron conocidas las tierras del Norte, incluso hasta Canadá, en los mapas que dieron las primeras noticias al mundo del descubrimiento de las tierras norteamericanas.

Costa oriental

El fuerte de San Carlos fue establecido por los españoles en 1686 en los contornos de la isla de Amelia y en la ciudad en ella emplazada de Fernandina Beach, que trae su nombre del rey de España Fernando VII. En la actualidad todo lo que queda son dos placas —en los alrededores del cementerio "Bosque Bello"— indicando su lugar. Su localización es difícil por la ausencia de indicaciones en los mapas y su poca popularidad entre las gentes vecinas. No le ocurre lo mismo a Fort Clinch, próximo al anterior, construido en época prehispánica, en el que se conservan mementos de las distintas etapas de la historia de la región, siendo especialmente curiosos los referentes al gobierno español de Florida. En uno de sus rincones se muestra la siguiente placa redactada en inglés: "La bandera española fue plantada en el suelo de Florida por Juan Ponce de León en el año 1513, y es generalmente aceptado que aquélla fue la primera enseña europea que ondeó en el territorio americano, usada por Colón en 1492, Pánfilo de Narváez en 1528 y Hernando de Sota [sic] en 1539."

Por otra parte, en el curso del Harrison Creek un grupo de arqueólogos, con Mr. Kenneth Hardin y el Dr. Clark Larsen emprendieron a partir de 1986 excavaciones que vinieron a atribuir a las misiones de Santa María y la posterior de Santa Catalina levantada ésta en 1686 y destruida en 1702 por los ingleses. En 1690 el gobernador Quiroga y Losada construyó una fortificación en las cercanías, que también fue entonces destruida.

En este sector oriental de la península se desarrolló en 1817 una serie de sucesos que más parecen del reino de la fábula. Un escocés, por nombre Gregor McGregor, que había luchado con Miranda y Bolívar por la independencia en las tierras de Venezuela —en las que casó con Josefa Lovera—, envidioso de la gloria alcanzada por el Libertador y con ansias de conseguir las riquezas y el poder que anteriormente le esquivaran, resolvió tentar suerte en los Estados Unidos. Consiguió ayudas en Nueva York, y en dos barcos con 150 hombres a bordo zarpó de Savannah rumbo a la isla Amelia. Al desembarcar parte de su fuerza, el comandante español, Francisco Morales, creyó que su número era muy superior, por lo que se rindió sin disparar un tiro, McGregor izó entonces su bandera: blanca con una franja vertical y otra horizontal verde, cortándose en el centro para formar una cruz de San Jorge, a la que denominó la Cruz Verde de Florida. Envió sus prisioneros a San Agustín, y su gobernador, José Coppinger, sospechando la cobardía de Morales, encarceló a éste y le sometió a juicio sumarísimo, tras el que salió condenado a muerte (la que, por otra parte, nunca se ejecutó).

Desde Fernandina, McGregor remitiría inflamadas proclamas de independencia a los países del Sur. Por otra parte, invitó a todos los piratas y contrabandistas que infestaban las Indias Occidentales a tomar la isla como depósito de sus presas y mercado de sus cargos. En lugar de proseguir su empresa guerrera, optó por disfrutar de su conquista, en tanto que sus soldados se dedicaban al robo, ante la natural alarma de los colonos de la isla. Como en cierta ocasión Coppinger se enterara de la cercanía de San Agustín de un grupo de ellos armados, envió un destacamento que mató a 10, en tanto que el resto se dedicaba al saqueo y robo de las proximidades. Con este contratiempo y con la progresiva desbandada de sus hombres, McGregor decidió abandonar la isla y dejar su gobierno en manos de dos de sus seguidores, Irwing y Hubbard, quienes, no obstante su decisión de mantenerse, hubieron de repeler el ataque que, a poco, concentraron sobre la isla las reforzadas tropas de Coppinger.

Pocos días después, el pirata francés Louis Aury apareció delante de Fernandina, proclamándose amo de la isla Amelia. Con el consentimiento de Manuel Herrera, quien denominaba a sí mismo ministro plenipotenciario de la "República de México" (esta nación no había alcanzado todavía la independencia) ante los Estados Unidos, Aury estableció su gobierno, en el que él ostentaba los poderes civiles y militares. Al desembarcar, ordenó a Irwing y Hubbard le entregaran la isla, a lo que accedieron por razones financieras y a cambio de que Aury cediera el poder civil a Hubbard y nombrara a Irwing su segundo en el mando de las fuerzas militares. El 21 de septiembre de 1817, en medio de las salvas de cañón, anexionó solemnemente la isla Amelia a la "República de México." Pronto surgieron disputas entre las dos facciones, que acabaron con la muerte de Hubbard de fiebre amarilla; por otra parte, el presidente Monroe ordenó a las fuerzas navales de los Estados Unidos la expulsión de Aury de la isla. En lugar de partir, Aury proclamó la isla Amelia una república independiente, nombró a Irwing su presidente y dirigió a Monroe un mensaje, recordándole los derechos de la isla como nación soberana. Cuando las tropas norteamericanas desembarcaron, ofreció poca resistencia, y a comienzos de 1818 partiría para Nicaragua.

Junto a estos increíbles relatos, posibles en la realidad sólo por la decadencia del poder español en Florida, la isla Amelia había sido testigo de otros sucesos años antes, en los que los protagonistas estaban relacionados con el gobierno de los Estados Unidos. En enero de 1811 el presidente Madison solicitó del Congreso —y la obtuvo— autorización para tomar posesión temporal de cualquier parte de las Floridas en cumplimiento del acuerdo a que se llegara en su caso con las autoridades españolas o si parte de ellas cayese en poder de alguna potencia extranjera. Para estudiar las posibilidades existentes en relación con la licencia obtenida, fueron designados el coronel John McKee y George Mathews, anterior gobernador de Georgia. Así como no encontraron ambiente en el Florida occidental, constataron, en cambio, posibilidades de éxito en la oriental, merced principalmente a la colaboración de un colono en el río St. John, John H. McIntosh.

A mediados de marzo, con el grupo que había formado y que se llamaba a sí mismo "patriotas," decidieron llevar a cabo una operación militar, para ayuda de la cual escribieron a Monroe. Considerando que el silencio de éste suponía una aprobación tácita a sus planes, dieron un paso más hacia adelante y resolvieron comenzar por la conquista de la isla Amelia. El comandante de Fernandina, Justo López, sólo contaba con una guarnición de 10 hombres, pero no se amilanó ante la superior fuerza, debido a las noticias de que las autoridades norteamericanas del otro lado del río St. Mary no colaboraban con los insurrectos; no obstante, al enterarse de la proximidad de ocho embarcaciones armadas y del cambio de posición de sus vecinos, optó por rendirse. Un intento de atacar San Agustín constituyó un fracaso para Mathews, quien recibió una carta de Monroe fechada el 4 de abril de 1812, mortificado por el perjuicio que tales actividades podían causar a sus secretas negociaciones con España sobre la cesión de Florida; en ella le destituía y nombraba en su lugar al gobernador David B. Mitchell de Georgia. Monroe ordenó a Mitchell la paulatina retirada de las fuerzas norteamericanas de Florida y la gestión cerca de las autoridades españolas de la amnistía para los revolucionarios. El nuevo gobernador español Sebastián Kindelan insistió en la inmediata retirada de las tropas antes de entrar en negociaciones. En marzo de 1813 Kindelan y un nuevo representante de Monroe, el general Thomas Pinckney, negociaron la retirada de aquéllas, en tanto que Luis de Onís, el ministro de España en Washington, enviaba a Monroe un acta de amnistía para los insurrectos.

Jacksonville y sus alrededores

En las inmediaciones de Jacksonville, en la margen derecha del St. John River, cerca de su desembocadura en el Atlántico, fue fundado el Fort Caroline por el hugonote francés René de Laudonnière, quien, el 22 de junio de 1564, desembarcó de tres navíos 300 colonos. De forma triangular y situado a orillas del río St. John, no lejos de la costa, el fuerte pasó por difíciles días de hambre y motines, aliviados con la visita del pirata inglés Hawkins. La llegada el 28 de agosto de 1565 de Jean Ribaut —anterior explorador del lugar con Laudonnière— y siete barcos, no mejoró la situación, porque el 4 de septiembre siguiente seis navíos españoles aparecieron en las cercanías. Deseoso el rey Felipe II de expulsar a los hugonotes de Florida, encomendó al almirante Pedro Menéndez de Avilés la tarea. Habiendo avistado, el día de San Agustín de 1565, el río de los Dolfines y no encontrando a los franceses allí, continuó hacia el Norte hasta la boca del río St. John. Previo cañoneo con los buques franceses, una serie de amenazas y juramentos se intercambiaron en voz alta entre los contendientes, tan próximos entre sí se hallaban las naves. Los intentos españoles de entablar combate resultaron fallidos, por lo que Menéndez regresó a su punto de partida, en donde tres barcos se hallaban desembarcando provisiones, y procedió a la fundación de San Agustín el día 8.

Entre tanto, Ribaut preparó el ataque a su rival, y con 400 soldados y 200 marineros zarpó el día 10 en busca de Menéndez, dejando a Laudonnière en el fuerte con 200 hombres. Varios intentos de sorprender al español y de desembarcar fueron frustrados por el fuerte y huracanado viento reinante, que obligó a los expedicionarios a retirarse y refugiarse en ensenada alejada. Tal retraso dio tiempo a que Menéndez concibiera un arriesgado plan: atacar por tierra el Fort Caroline con 500 de sus hombres. No bien acogido entre sus subordinados, lo puso en ejecución después de tres días de difícil marcha por pantanos y ciénagas. Al alborear el cuarto días, y al grito de "¡Santiago y cierra España!," se precipitaron los expedicionarios sobre la aún dormida guarnición francesa. Con excepción de las mujeres y niños, todos los que huyeron quedaron muertos, sin que los asaltantes perdieran vida alguna. Laudonnière y algunos fugitivos conseguirían escapar al cabo de cierto tiempo a Francia. El fuerte conquistado quedó rebautizado con el nombre de San Mateo —por ser el patrón del día— y, tras un breve descanso y dejar una guarnición, regresaría Menéndez a San Agustín el 24 de septiembre, ante el alegre recibimiento de sus sorprendidos habitantes, que, por su prolongada ausencia, temían un desastroso fin de la expedición.

En esta región, comprendida entre la frontera y San Agustín, florecería una serie de misiones españolas, las más prósperas y las más duraderas de la costa oriental. Corresponde su punto de partida a la visita de inspección que en 1566 realizó Menéndez de Avilés, de regreso de las tierras norteñas de los indios guales. Remontando el río San Juan (luego St. Joh...), hacia la villa timucua de Utina, fue recibido ceremoniosamente por los indios, que le imploraron sus oraciones a su Dios en demanda de lluvia (había cundido la noticia de su feliz intercesión en la isla de Santa Catalina); por fortuna para el visitante, un intenso aguacero alivió a poco la pertinaz sequía imperante. No es de extrañar que los misioneros jesuitas, primero y los franciscanos, después, obtuvieran cordial bienvenida.

A comienzos del siglo XVII, los indios de esta región de Florida estarían divididos en tres distritos (más el cuarto, de San Pedro, correspondiente a Georgia): Nombre de Dios, Río Dulce y San Sebastián, todos cercanos a San Agustín. A ellos, así como a la Misión de Santa María, situada en la actual isla Amelia, atenderían los padres Blas de Montes, Francisco Pareja, Pedro Viniegra y Pedro Bermejo. Con el tiempo, las misiones de Santa Cruz y San Juan del Puerto (la isla del Fuerte Jorge, en los alrededores de Jacksonville) serían fundadas, así como la de Nuestra Señora de Gualdape, de Tolomato, para las gentes guales, replegadas hacia el Sur como consecuencia de las invasiones de los indios chichunecos. El final de las misiones de Georgia no afectarían a éstas, protegidas por el vecino fuerte de San Marcos, y quedarían en manos de España hasta la cesión de Florida a los ingleses. Con la excepción de la del Nombre de Dios, de la que luego hablaremos, no quedan restos de las misiones referidas. Trabajos arqueológicos se hallan en planta en la de San Juan del Puerto.

Saint Augustine, la primera ciudad

Ponce de León y la fuente de la juventud. Aunque se duda la exactitud del punto en que el descubridor de Florida desembarcó, se tienen fundados motivos para considerar este punto como el verdadero. Junto al manantial todavía fluyente en el marco de una edificación a base de coquina, de estilo español, y con un fresco describiendo gráficamente la llegada del conquistador español, una estatua de Ponce de León, un obelisco y un globo con sus descubrimientos marcando el lugar en que pisó tierra, nos hacen revivir los días de la primavera del año 1513, en que Florida fue descubierta por el hombre blanco y así bautizada.

Ponce era un soldado cuyo valor se había hecho popular en las guerras de Granada y que había viajado a América con Colón en su segundo viaje. Victorioso en varias campañas de pacificación en las Antillas, en las que tuvo por leal colaborador a su famoso perro "Becerillo," fue nombrado por Ovando, gobernador de Puerto Rico en 1509. El 23 de febrero de 1512, el rey Fernando firmó las capitulaciones por las que le autorizaba para descubrir y colonizar la isla de Bimini, le nombraba adelantado y gobernador y le encargaba de la cristianización de los indios. Y es que el gobernador, rico y poderoso, pero no precisamente joven, había dado en enamorarse de la huérfana hija de su primer y no logrado amor y bien alejada de él en años. Se hallaba consciente de que, por la diferencia de edad entre ellos existente, era difícil pretender un amor que no fuera el sumiso y reverente. Enterado por unos indios de que en las tierras del Norte un agua maravillosa devolvía la juventud a quien la bebiera, decidió jugarse a una carta su vida y arriesgar ésta, si preciso fuera. Así, con un bergantín, una carabela y un galeón, llevando como piloto a Antón de Alaminos, levó anclas el 3 de marzo de 1513, dirigiéndose de San Germán a Aguadillo, en Puerto Rico, desde donde puso rumbo Norte. Tras visitar la isla de San Salvador, descubierta por Colón en su viaje primero, se enfrentó con el continente el 27 de marzo, Domingo de Resurrección, no llegando a desembarcar en las cercanías de San Agustín hasta el 2 de abril siguiente. Seis días permaneció en el lugar, no sin haber tomado posesión del territorio en nombre de su rey y sin haber probado inútilmente las virtudes rejuvenecedoras de los manantiales locales; prosiguió su viaje exploratorio hacia el Norte hasta que percibió frías corrientes marinas, optando por poner rumbo al Sur, "creyendo que Florida era una isla," según recuerda Zalamea. Descubrió, sin embargo, la corriente cálida, Gulf Stream, también conocida como Ponce de León.

El 350 aniversario de dicho descubrimiento de Florida se celebró debidamente en San Agustín el 11 de marzo de 1963.

Significado hispánico. Al acercarnos a la ciudad, San Agustín Antigua, la puerta española, flanqueada por dos cubos, nos saluda alegremente con el ondear de las banderas nacional norteamericana y roja y gualda. Además, la enseña española aparecerá en el curso de la visita de la urbe incontables veces, en las entradas de los edificios importantes, en la cima del Castillo de San Marcos (en este caso, la bandera con la cruz de Borgoña), a lo largo y lo ancho de las calles en forma de gallardetes, etc. El escudo local es el español con el Toisón de Oro, y la policía municipal lo luce en el hombro, como atributo de su autoridad. La visita a San Agustín es quizá el momento más inolvidable para un español en el curso de su viaje por los Estados Unidos. La ciudad ostentó la capitalidad de Florida durante dos siglos y medio, en épocas en que el territorio gobernado no se reducía a los límites actuales del estado; punto clave de la política española en la región, por azares de la Historia se convirtió en el burgo más antiguo de los Estados Unidos; alberga en su seno construcciones que se proclaman las más viejas del país, fue escenario por vez primera de una serie de hechos trascendentales y conserva la fortificación militar más imponente y mejor conservada de todo el continente Norte: el Castillo de San Marcos.

Por ello, es justicia que en los Estados Unidos se haya celebrado solemnemente en 1965 el cuatricentenario de la fundación de St. Augustine y que los gobiernos y pueblos de España y Norteamérica participaran con todo el entusiasmo que la oportunidad merecía. En su bien ilustrado artículo en el *National Geografic Magazine*, Robert Conley, al ocuparse de la historia de la ciudad, exclama: "En ningún otro lugar de los Estados Unidos la Historia es tan tangible y visible."

Recorrido urbano. Comenzando por la puerta de entrada, nos damos cuenta de que ésta forma parte de la muralla que los españoles construyeron a comienzos del siglo XVIII y que coronaron, a guisa de alambre de espino, con la planta yuca gloriosa, o *Spanish Bayonet*; los actuales pilotes, que datan de 1804, bordeaban un profundo foso que daba entrada a la ciudad —la única por tierra— a través de un puente levadizo. La vía principal, St. George —de nuevo hay calle Real— nos mostrará: la antigua escuela (la única fabricada en madera, de mediados del siglo XVIII, que se salvó del fuego), con unos pintorescos maniquíes y un jardín que enmarca una estatua de Ponce de León; las casas Arrivas y Avero, sede de la *St. Augustine Historical Restoration and Preservation Commission*; la mansión del gobernador D. Pablo de Hita y Salazar, que sirvió de capilla durante la ocupación inglesa; la antigua Tesrería española, que en un principio de madera, fue construida con piedra de coquina en el siglo XVIII por su propietario, D. Esteban de Peán; las *Oliveros House* y *Benet House*, y por fin la *Casa de Hidalgo*, recreación de una casa española, acometida por el gobierno español con planos del arquitecto Javier Barroso, para albergar sus servicios de información y turismo.

Así, llegamos a la Plaza de la Constitución, lugar de perfectas resonancias hispánicas, por su urbanización, su rumorosa tranquilidad, su vegetación, las edificaciones que la encuadran y la catedral que la preside en el costado Norte. Las obras de ésta, durante muchos años sede del arzobispo Joseph P. Hurley, tuvieron comienzo en 1793, debido a no existir más que las ruinas de la iglesia desaparecida durante la dominación inglesa. Procedentes del anterior templo se conservan registros que se remontan a 1594. Erigida a base de planos del ingeniero español Mariano de la Rocque y con dinero de la Real Hacienda y de los fieles, sufrió el fuego en 1887 (en 1870 había sido dedicada como catedral), siendo reparada, con algunas adiciones, como la torre, al año siguiente. En la actualidad ha recuperado su hispánico origen.

En el costado occidental de la plaza, el gobernador Canzo levantó su casa particular en los primeros años del siglo XVII, casa que se convirtió en la residencia oficial de la primera autoridad española y más tarde la inglesa; utilizada en los últimos años como Central de Correos, ha vuelto a ostentar sus características iniciales. El mencionado gobernador estableció en el costado opuesto un mercado público, en donde se comprobaban las pesas y medidas; con estructura decimonónica se conserva todavía con el nombre de "mercado de esclavos." Cerca de él se yergue la estatua de Ponce de León, en la que el conquistador señala con su brazo derecho el horizonte, el más allá, que coincide concretamente con el puente de los Leones (que sobre la bahía de Matanzas une a la ciudad con la isla Anastasia), así llamado por los emblemas que luce, alusivos al apellido de Ponce. En el centro de la plaza, establecida en 1598 de acuerdo con las reales instrucciones urbanísticas promulgadas en 1573, se levantó el obelisco conmemorativo del primer texto constitucional español de 1812, que da nombre al lugar, erigido bajo la dirección de D. Fernando de la Maza Arredondo, quien por su actividad al respecto recibió festivamente el nombre de "D. Fernando de la Plaza." Aunque Fernando VII ordenó en 1814 la destrucción de todo recuerdo conmemorativo de la obra de las Cortes de Cádiz, el obelisco todavía existe y sus placas orientan al asombrado viajero sobre la existencia en los Estados Unidos de un nombre y de un recuerdo tan próximo y tan significativo para la reciente historia de España.

En la calle St. Francis se encuentran el convento de San Francisco, sede de los superiores fray Alonso de Reinoso y fray Blas Montes, de fray Luis Jerónimo Oré, el gran cronista de Florida, y de fray Alonso Gregorio Escobedo, autor del poema *La Florida*, entre otros, y núcleo durante los siglos XVII y XVIII de las misiones de Florida y en el este de Estados Unidos, y algunas de cuyas celdas aún se conservan. Nos tropezamos con la Casa Llambias, anterior a 1763, y con la casa más antigua, que data de 1703, y en la que vivió en canario D. Tomás González hasta que en 1763 abandonó Florida. Propiedad en la actualidad esta última de la *St. Augustine Historical Society*, sus muros de coquina encierran un bien recreado ambiente hispánico, así como sus jardines adyacentes, que dan entrada a la biblioteca de la sociedad, especializada en la historia local.

Cerca está la calle de Avilés, en honor de la ciudad cuna del fundador de San Agustín, D. Pedro Menéndez de Avilés. Este vínculo es el que ha servido de motor para que ambas localidades hayan convenido un programa de hermandad. En la calle de Avilés están la *Fatio House*, la *Casa O'Reilly* (así nombrada por el capellán irlandés que trabajó en la ciudad durante el segundo período español) y *Don Toledo House*, todas de origen español. En la paralela calle de Córdova se encuentra el Hotel Córdova (antigua Casa Monica).

En los alrededores de la ciudad, cerca del primer paraje que divisara Ponce de León, nos invita a entrar la misión del Nombre de Dios en terrenos propiedad de la Iglesia Católica. En este punto desembarcó D. Pedro Menéndez de Avilés el 8 de septiembre de 1565. Había sido honrado por el rey D. Felipe con el título de adelantado, para que fundara en las costas de Florida tres puestos fortificados que impidieran la expansión francesa por las costas americanas y para que destruyera, caso de ya existir, cualquier organizado por los hugonotes. Menéndez, por otra parte, había pasado por el dolor de que su hijo don Juan desapareciera en una borrasca en las costas de Florida, por lo que se mostró dispuesto a llevar a cabo el encargo real a sus expensas con tal de tener ocasión de hallar, quizá vivo, a su heredero. La expedición del almirante asturiano había divisado las costas de Florida el 28 de agosto anterior, festividad de San Agustín: de aquí el nombre de la futura ciudad. Pero él no había desembarcado (sí, en cambio, parte de su expedición), por dedicarse a buscar a los enemigos franceses, de cuyo establecimiento en las cercanías tenía noticias; el encuentro con los cuales ya hemos visto en qué forma tuvo lugar en la desembocadura del río St. John.

La fundación de la más antigua comunidad norteamericana se celebró, pues, el día en que se conmemora el nacimiento de la Virgen María, al desembarcar don Pedro con gran pompa, en compañía del padre Solís de Merás y de otros miembros de su expedición, siendo recibido por el padre Francisco López de Mendoza Grajales, quien, con un grupo, había bajado a tierra la noche anterior. El adelantado tomó entonces solemne posesión del territorio en nombre del rey don

Felipe. Este clérigo dijo a continuación la primera misa parroquial en el continente y en lugar que habría de resistir todos los embates del tiempo y permanecer cristiano desde aquel momento. Un sencillo altar elevado en los jardines de la misión recuerda a los visitantes el acontecimiento.

En memoria del padre López se inauguró el 13 de abril de 1958 un monumento en bronce, obra del escultor Ivan Mestrovic, de gran tamaño.

En los mismos terrenos de la misión de Nombre de Dios se eleva hoy la ermita de Nuestra Señora de la Leche, devoción muy extendida y fomentada entre los católicos norteamericanos. Según reza el folleto en español que incluye fervorosas oraciones a la Virgen de las futuras y de las lactantes madres, la dicha devoción provino del milagro que realizó en Madrid, en 1598, una imagen de Nuestra Señora, rescatada de manos sacrílegas: la salvación de una madre y del hijo nonato debida a las preces del acongojado padre. En vista de ello, el rey Felipe III edificó a sus expensas, bajo tal advocación, un santuario en la capital de España. La imagen original se quemó en el incendio a que fue sometida por las turbas de la iglesia de San Luis, de Madrid, el 13 de marzo de 1936, pero una réplica se conserva en San Agustín, en la capilla erigida en 1915, pequeño, recoleto y acogedor refugio de la fe.

La misión de Nombre de Dios ocupa el primer puesto entre las establecidas en la cadena de misiones que irradiaría desde San Agustín a Florida, Georgia y aun Carolina del Sur, y comenzaría a funcionar en 1566 o 1567, si bien no se cree que existiría capilla con estructura de piedra hasta 1597, los cimientos de la cual han sido descubiertos no hace mucho. Esta misión, en que trabajó con tanto fruto el padre Francisco Pareja, se distinguió siempre por la fidelidad en su conversión al cristianismo de sus caciques y de los demás miembros de la tribu; la cacica doña María, que vivió a comienzos del siglo XVII, se hallaba casada con un soldado español, Clemente Vernal, y varios hijos fueron el resultado del matrimonio.

Los gobernadores Canzo e Ibarra consolidaron la autoridad de la cacica y el obispo Altamirano pudo confirmarle el 2 de abril de 1606, junto con sus hijos, 200 indios y 20 españoles. La misión sirvió de amparo a los indios huidos del Norte y de oasis de hospitalidad para los visitantes, se tratara de gobernadores o dignatarios eclesiásticos (como el obispo Altamirano), o de españoles o extranjeros, como el viajero Dickinson. Cerca también a San Agustín se encontraban los distritos misionales de Río Dulce y San Sebastián, en el último de los cuales el cacique Gaspar se mostró invariable amigo de España.

Menéndez de Avilés, fundador. Una vez que tomó posesión, Menéndez procedió a la completa descarga de las naves; dos de ellas, la *Capitana* y la *San Pelayo*, con demasiado calado para la bahía de Matanzas, hubieron de fondear lejos, por lo que su cargamento tuvo que ser transbordado en barcas, tras lo que fueron despachadas para Cuba en busca de auxilio. A la realización de tales tareas se hallaban dedicados, cuando al amanecer del día 11 las siluetas de los barcos de Ribaut se destacaron en el horizonte; difícilmente hubieran podido resistir los mal establecidos españoles el ataque de las numerosas fuerzas francesas de no haber sobrevenido una milagrosa tormenta que no sólo impidió a los enemigos entrar en la bahía o retornar a su punto de partida, sino que con su espesa lluvia y sus vientos huracanados dispersó la flota, hundiendo algunos barcos, arrojando otros contra la costa, empujando un grupo hacia el Sur. Fue entonces cuando el almirante, al darse cuenta de la situación concibió el arriesgado asalto por tierra a Fort Caroline, que se coronó —como hemos visto— con la victoria. A su regreso, cuatro sacerdotes salieron a recibirle con la cruz alzada, junto con la totalidad de las fuerzas de tierra y mar, mujeres y niños, cantándose un *Te Deum laudamus*.

Cuatro días habían transcurrido, cuando unos indios trajeron al almirante la noticia de que una islita situada a unos 20 kilómetros de la ciudad había naufragado un grupo considerable de franceses, que hacían frente sin armas a los ataques de los nativos y a la ausencia de alimentos. Inmediatamente envió una patrulla de reconocimiento, que localizó unos 200 náufragos. Informados del desastre del Fort Caroline y ante la perspectiva de morir de inanición, se rindieron incondicionalmente, pero sólo salvaron la vida el 29 de septiembre aquéllos que abjuraron de su fe protestante. Murieron en análogas circunstancias el 12 de octubre otros 150 —Ribaut incluido—, que, procedentes del Sur, arribaron días más tarde a la islita. El lugar se denominó en adelante "Matanzas."

Dada su estratégica posición protectora de San Agustín, se construyó en 1569 en Matanzas un fortín para una guarnición de 50 soldados. Desde una atalaya de madera seis soldados vigilaban permanentemente la posible llegada de un navío enemigo, para dar el oportuno aviso a San Marcos. Así cumplió su misión en el ataque pirata de marzo de 1683, y en el bloqueo de Oglethorpe en junio y julio de 1740. La necesidad de un fuerte de piedra se hizo evidente con el tiempo, y antes de 1742 estaba terminado; 50 hombres y seis cañones hicieron desistir a Oglethorpe en su nueva tentativa de 1743. Bastante bien conservadas se mantienen las paredes de esta fortaleza.

La conducta de Menéndez, objeto de controversias, debe ser juzgada teniendo en cuenta la potencia de las fuerzas francesas en comparación con la inferioridad de las españolas; consiguió, por otra parte, su objetivo desde el momento que extirpó para siempre todo intento francés de establecerse en las costas orientales del continente (el ataque con éxito de pirata Dominique de Gourges, en la primavera de 1568, no tuvo más consecuencia que la trágica muerte de los españoles que cayeron prisioneros). Ante la negativa del gobernador de Cuba de prestarle socorros, don Pedro se dirigió personalmente a la isla; recorrió posteriormente las costas meridionales de Florida. Su ausencia fue de intranquilidad para San Agustín y San Mateo, y la situación se salvó con la llegada de una flota de 14 naves procedentes de España al mando de Sancho de Arciniega, portadora de 1.500 personas y abundantes provisiones. Visitó fructíferamente Menéndez de Avilés, según ya hemos visto, las tierras del Norte y fundó un fuerte en Santa Elena, por lo que en 1567 consideró conveniente viajar a España para informar a la Corona de la verdadera situación de Florida; en contra de sus cálculos y esperanzas no habría de regresar a Florida, primero por el tiempo que sus trabajos en pro de su nueva y querida tierra le consumirían, después, por el nombramiento que en 1574 el rey don Felipe le otorgó de capitán general de la Armada que preparaba para atacar los Países Bajos y las Islas Británicas, y por fin, por su muerte en Santander el 17 de septiembre de 1574, a la edad de cincuenta y cinco años.

Sus restos yacen en la iglesia de San Francisco, de su ciudad natal de Avilés, tras su traslado en 1956 desde la iglesia de San Nicolás, en cumplimiento de su voluntad testamentaria. En la ermita de la Virgen de la Leche se exhibe el cajón fúnebre en que quedó encerrado el ataúd del almirante; en su costado, una leyenda en español indica el nombre completo y edad del fallecido, y la fecha y lugar de su deceso. Una estatua de don Pedro centra los jardines que llevan su nombre.

Las conmemoraciones de la fundación de la ciudad por Menéndez de Avilés se concentraron en 1965, al cumplirse su IV centenario. Tres comisiones —local, estatal y nacional— se establecieron en los Estados Unidos con años de antelación y con el fin de coordinar esfuerzos y lograr los máximos repercusión y éxito en los planes esbozados. La nacional, presidida por Herber Wolfe, lleva la firma del presidente Kennedy en su decreto de creación, y la estatal con el apoyo de los sucesivos gobernadores, llevaron el peso de la organización, confiada a los cuidados de la *St. Augustine Restoration and Preservation Commission*. En España, el gobierno tuvo igualmente a bien la designación de una Comisión Nacional en la que se hallaban representados los sectores más importantes del país. De ámbito nacional es la emisión simultánea en el mes de agosto de 1965 por las Direcciones Generales de Correos norteamericana y española de un mismo sello, figurando un conquistador con bandera enarbolada de castillos y leones, una carabela al fondo y los colores rojo y amarillo predominando, con un valor respectivo de 0,05 dólares y tres pesetas. Con los mismos colores españoles, el estado de Florida confeccionó las placas automovilísticas para el año 1965, bajo la mención *400th Anniversary*.

Las conmemoraciones culminaron en torno a la decena comprendida entre el 28 de agosto y el 8 de septiembre de 1965. La inauguración de la *Casa de Hidalgo* constituyó el punto culminante de los actos; intervinieron como oradores el ministro de la Gobernación de España y el secretario del Interior de los Estados Unidos, Stewart Udall. Este dijo, entre otras cosas: "Debemos mucho al valor, la fe y los sueños de nuestros predecesores españoles. Siempre recordaremos con cariño y respeto estas hazañas y calidades ibéricas que contribuyeron a constituir las Américas." Ceremonia previa de simbólica significación se desarrolló al iniciarse las obras del Jardín Hispánico y al descubrirse la estatua de Isabel la Católica, obra de Anna H. Huntington.

Historia de San Agustín, posterior a su fundación. Al sobrino del almirante, D. Pedro Menéndez Marqués, debe San Agustín su supervivencia; ya había salvado la situación en 1570, cuando la falta de suministros amotinó las guarniciones de Santa Elena, San Mateo y San Agustín. La etapa de su gobierno de 1577 a 1589, fue crucial, coincidiendo, entre otros acontecimientos, con el famoso ataque de la flota de 20 buques con 2.000 hombres a bordo del pirata inglés Drake en 1586; aunque intentó prevenirlo la exigua guarnición de 150 hombres, no pudo evitar la quema de la ciudad y del fuerte. Para completar la diezmada fuerza de San Agustín no tuvo más remedio Menéndez que abandonar el fuerte de Santa Elena.

Magníficos gobernadores le sucedieron: Domingo Martínez de Avendaño (muerto de ataque al corazón) y Gonzalo Méndez Canzio, distinguido almirante. Durante el mandato del último, debido a las dificultades crecientes, al fuego con que la ciudad se prendió en 1599 y a la tormenta que la arrasó a los pocos meses, a la insurrección del indio Juanillo y sus amigos (cuyos fatales resultados para las misiones hemos visto en Georgia), y a las alegaciones de existir otros mejores puertos y otros lugares más próximos a tierras fértiles, el Consejo de Indias decidió llevar a cabo una investigación sobre la situación de los indios de Florida y de su conversión al cristianismo, las posibilidades agrícolas de la región y sus recursos minerales, y la conveniencia o no de trasladar el emplazamiento del presidio. Por otra parte, el emprendedor gobernador, que sostenía la procedencia de no realizar cambios, ambicionaba la exploración de las regiones de Tama (Georgia) y Apalache (Florida occidental), que desdoblarían desde los cayos hasta la bahía de Chesapeake la expansión española, asegurarían el aprovisionamiento de los presidios y producirían el desarrollo de una próspera economía en Florida.

Con el fin de investigar todo ello, el 30 de agosto de 1602 desembarcó en San Agustín, ciudad que contaba con 225 soldados y otras 400 bocas más —entre ellas 57 esposas y 107 niños—, D. Fernando Valdés, hijo del gobernador de Cuba, provisto de la correspondiente Real Cédula. Desde el 31 de agosto al 23 de septiembre siguiente se celebró el primer juicio en regla que ha tenido lugar en el territorio de los Estados Unidos: el proceso de Florida. Comenzó con un sencillo acto de entrega por Valdés al gobernador de la Cédula Real, en presencia de Pedro Redondo Villegas, real investigador en materia de finanzas, y de Juan Oñate, consejero militar. Méndez Canzo besó el documento y en alta voz expresó su deseo de obedecer y cooperar, junto con sus subordinados, a las órdenes del rey, tras lo que devolvió la cédula a Valdés, de lo que levantó acta el escribano real Alonso García La Vera. Valdés requirió a continuación a Canzo hiciera comparecer al tesorero real Juan Menéndez Marqués, al contador Bartolomé Argüelles y al inspector Alonso de las Alas, a fin de que seleccionaran de 12 a 18 testigos entre los habitantes de Florida, que pudieran actuar como testigos en el juicio. El trío eligió 18 entre soldados y misioneros. Las sesiones fueron presididas por el investigador real y el gobernador, con la asistencia del escribano y el aludido comité. Fueron oídos 21 testigos, cuyas deposiciones constituyen una inestimable fuente de información sobre la Florida de comienzos del siglo XVII y cuyo contenido está hoy al alcance de la mano gracias al historiador Arnade. El resultado de la investigación dio la razón a los partidarios de mantener San Agustín. La ciudad sobrevivió una vez más.

El peligro inglés se incrementó a lo largo del siglo XVII, cuyos piratas acechaban con creciente intensidad las flotas españolas. En la primavera de 1668 un navío español cayó en manos del pirata anglo Robert Searles (alias Davis); al comprobar en San Agustín que contestaba con la contraseña identificadora, fue tomado su capitán por español, sin percatarse los desprevenidos ciudadanos que encerraba una temida tripulación de piratas. Cuando la ciudad dormía confiada invadieron las calles, matando hasta 60 españoles, saqueando las casas y quemando cuanto hallaron al paso, con la sola excepción del fuerte en el que habían conseguido refugiarse el gobernador y cuantos no habían podido huir a los bosques circundantes.

Ante los resultados de este ataque, las autoridades españolas comprendieron la necesidad inaplazable de construir un sólido fuerte de piedra, que pudiera proteger la población en caso de nuevo asalto y que resistiera a los incendios a que habían sido sometidos los hasta entonces existentes de madera. En el otoño de 1669 la reina regente, D.ª Mariana de Austria, promulgó una Cédula dirigida al virrey de México, con el fin de que proveyera los adecuados fondos para construir un fuerte inexpugnable con coquina, formación rocosa a bases de conchas, abundante en la vecina isla Anastasia.

Aquí llegamos a los alrededores del castillo de San Marcos, en los que la *piedra cero* marca el comienzo de la ruta que durante la etapa española, y después, uniría la costa oriental de Florida con la occidental de California. La mole del castillo, con cuatro cubos en sus esquinas, en magníficas condiciones de conservación, se destaca sobre el horizonte y proclama la ingeniería militar española, que ha hecho posible su subsistencia frente a los embates del tiempo, de los hombres y de la indiferencia decimonónica. De menores proporciones que otros españoles, como el Morro de La Habana, o el de San Felipe de Cartagena de Indias, su tamaño demostró ser suficiente para el propósito perseguido en su construcción: evitar su caída en manos enemigas y con él la ciudad y la región toda. Comenzada en 1672, puede decirse que vio el fin en 1696; Ignacio Daza se llamaba el ingeniero militar que lo proyectó y lo dirigió en sus primeras etapas, y por ese esfuerzo e intervención decisiva en la empresa, merecen recordarse los gobernadores Manuel de Cendoya (que lo inició), Pablo de Hita y Salazar, Juan Marqués Cabrera, Diego de Quiroga y Losada y Laureano de Torres y Ayala. El costo, estimado por Cendoya en 70.000 pesos, ascendió al final a la aproximada suma de 100.000 pesos (unos 150.000 dólares).

Rodeado de profundo foso, se entra en él a través de una pasarela que desemboca en un amplio pasillo que conduce al gran patio central. Una solemne rampa —hoy escalera— comunica éste con el piso superior, en cuya extensa terraza se hallaban —y aún se hallan— estacionadas las piezas de artillería que defendían la fortificación por los cuatro lados. Una de las piezas conservadas, "La Sibila," lleva la indicación clara de 1737 como fecha de su nacimiento y de Juan Solano como artífice. El panorama que se divisa desde lo alto es maravilloso y obliga a echar a la imaginación a volar varios siglos atrás.

En el otoño de 1702, el flamante fuerte recibiría su bautismo de fuego, siendo José de Zúñiga y Cerda gobernador. Ocho barcos, al mando del gobernador de Carolina, Moore, apoyados por destacamentos terrestres dirigidos por el coronel Daniel, asediaron la ciudad. Consciente Zúñiga de su inferioridad, tuvo tiempo de ordenar que los 1.500 habitantes se refugiaran en el castillo. Dos meses duró el infructuoso sitio, hasta que la presencia de dos barcos españoles enviados como socorro decidieron a los ingleses a retirarse por tierra, no sin quemar sus transportes, material y provisiones, así como la ciudad, con la excepción de la ermita de Nuestra Señora de la Soledad y unas 20 casas de poca entidad. Este incendio puso en evidencia la necesidad de que la ciudad contara con obras de defensa para evitar las desastrosas consecuencias económicas que tal peligro ocasionaba. Dos líneas fortificadas entre la bahía de Matanzas y el río San Sebastián se elevaron poco a poco en los alrededores del fuerte, y otra al Sur, colocándose en cada una los correspondientes centinelas. Como complemento se construyó un nuevo fuerte, Fort Mosa, dos millas al norte de la ciudad, para proteger al número creciente de negros que desertaban de las colonias inglesas y buscaban refugio en los dominios de España.

Una nueva prueba sufrió el fuerte en mayo de 1740 con el ataque del general georgiano Oglethorpe. Menos mal que las defensas del castillo habían sido reforzadas por el ingeniero militar Antonio Arredondo y que seis navíos habían conseguido traer socorros de Cuba. Tras ocupar los pequeños fuertes vecinos de Picolata —en los márgenes del río St. John—, Diego y Mosa, se encontró el inglés impotente de dominar la bahía, dada la presencia de los navíos españoles y de la imposibilidad de entrar en ella para los buques ingleses de mayor calado. Oglethorpe desembarcó cañones en Anastasia Island y comenzó un sitio en regla, bombardeando la ciudad y el fuerte incesantemente durante veintisiete días. El 26 de junio unas patrullas compuestas de españoles y negros tomaron por sorpresa el Fort Mosa, matando al coronel Palmer (que había cometido en San Agustín una serie de tropelías en 1728) y cincuenta de sus hombres. El 7 de julio el gobernador sitiado, Manuel de Montiano, recibió dos nuevos barcos de socorro. Con el calor canicular, la escasez de agua potable y las enfermedades crecientes, los sitiadores dieron por terminados sus intentos, Oglethorpe se retiró, ante el júbilo de los sitiados, cuyas casas apenas habían sufrido con la guerra.

Los posteriores años, hasta 1763, pueden considerarse la edad de oro de San Agustín, en la que sus 3.000 almas gozaron de paz, de vida social brillante y de un relativo desahogo económico. Los gobernadores que supieron medir las posibilidades del momento y aprovechar al máximo las circunstancias favorables, supieron también —son palabras de Zéndegui— "que su gobernación era el *sol* de una escala musical que tenía el *do* en Madrid; el *re* en Sevilla; el *mi* en México; y el *fa* en La Habana."

El 16 de marzo de 1763 el gobernador Melchor Feliú y los habitantes de San Agustín conocieron la noticia que les traía un teniente de la goleta inglesa *Bonetta* de la cesión por España de Florida a la Gran Bretaña; era el precio de la devolución de Cuba, que los ingleses habían tomado en el curso de la guerra de los Siete Años, en que España se vio envuelta como aliada de Francia y en la que ésta perdió el Canadá. Todos los residentes españoles se prepararon a partir, con la excepción de los funcionarios designados para cuidar de la venta de los bienes de los parientes. El 21 de junio de 1764 abandonaban la ciudad el gobernador y las últimas familias; muy pocos de entre ellas regresarían.

Manuel de Céspedes sería el gobernador que recibiría de vuelta Florida, el 12 de julio de 1784. En los veinte años transcurridos, las Trece Colonias habían luchado por la independencia, y Florida había sido un foco de leales a la Corona inglesa y refugio de huidos. Los menorquines sobrevivientes entre los traídos por el Dr. Turnbull a New Smyrna en 1768 se trasladarían en 1777 a San Agustín, en la que constituirían la base de población española —origen de las más antiguas familias actuales— en la segunda etapa del gobierno español en Florida: figura prominente en el grupo sería el padre Pedro Camps, hasta su muerte en 1790. En 1786, se abrió una integrada escuela pública —la primera en los Estados Unidos— con la participación de F. Francisco Traconis y D. José Antonio Iñiguiz.

En el curso de la guerra de 1812, el general Matthews fue alentado por el presidente Madison para actuar en Florida, por lo que Fernandina y Fort Mosa cayeron en manos de los "patriotas," que fueron mandados retirar por el presidente ante las fuertes reclamaciones españolas e inglesas. Bajo pretexto de restaurar el orden, frecuentes incursiones en territorio español se sucedieron en la segunda decena del siglo XIX. Los conflictos terminarían con la firma del tratado de la cesión de Florida. El 10 de junio de 1821 el coronel Robert Butler recibiría la Florida Oriental y el castillo de San Marcos de manos del gobernador español José Coppinger.

New Smyrna

Por la ruta 17, cabe que nos aproximemos a los emplazamientos de las misiones franciscanas: San Diego de Salamototo, San Diego de Laca, San Antonio de Ecanape, San Luis de Acuera, San Salvador de Macaya y Santa Lucía. Después nos topamos con New Smyrna, en cuya primera colonización tan importante papel tuvieron los menorquines. Establecida en el período de la dominación inglesa de la Florida en 1768 por el Dr. Andrew Turnbull, recurrió éste a pobladores de Grecia, Italia y Menorca, isla en aquella época en manos de los ingleses; comprendió su creador, y comprendió bien, que los isleños —españoles de origen y súbditos de Inglaterra— podían ser un gran auxilio en la colonización inglesa en territorios tan españoles. La colonia de *Les Mesquites*, como eran denominados, tuvo un amargo fin en 1777: los indios, las enfermedades, el calor, las adversidades de todo tipo determinaron a los supervivientes a trasladarse en masa a San Agustín, contando con la ausencia en Inglaterra de Turnbull y la simpatía del gobernador inglés Patrick Tonyn. Stephen Vincent Benet, descendiente de aquellos, escribiría en 1926 *Spanish Bayonet*, un relato de Sebastián Zafortezas y los menorquines de Florida.

Galeones hundidos

Cerca de Sebastián fue hallado hace tiempo material español procedente de naufragios, pero ha sido Fort Pierce la que ha atraído en fecha no lejana la atención sobre las cosas de España, como consecuencia de los afortunados trabajos de salvamento de los tesoros hundidos el 31 de julio de 1715 en las costas vecinas, transportados por 10 galeones españoles. Los barcos, que habían zarpado de La Habana tres días antes, rumbo a España, tropezaron con uno de los terribles huracanes tan frecuentes en la región; transportaban, entre otras cosas, lingotes y monedas de oro y plata procedentes de México, Perú y Nueva Granada. Los españoles consiguieron salvar parte del tesoro, valorado en catorce millones de dólares gracias a la colaboración de buceadores nativos, pero buena parte de él quedó sepultada en las arenas crecientes de la costa, siendo el objeto de frecuentes exploraciones de ilusionados buscadores que, las más de las veces, tuvieron que renunciar a sus proyectos, fracasados cuando no arruinados.

No figuran en este grupo Kip Wagner y su equipo, quienes, formando la corporación *Real 8*, consiguieron sacar de las profundidades del océano, a partir de 1 de mayo de 1964, una serie de objetos valiosos. El mismo grupo consiguió en 1965 análogos hallazgos en Sebastián Inlet, con un valor de $60.000 procedentes de otro barco perteneciente a la misma flota hundida en 1715.

Norte de Miami

Atravesaremos el río St. Lucie, cerca del cual Ponce de León divisó el 21 de abril del 1513 algunas cabañas de indios, sin habitantes, encontraremos la Júpiter Inlet, a cuya próxima corriente denominó Ponce río de la Cruz días más tarde. En este lugar el conquistador español vio por primera vez en el continente Norte indios de los dos sexos, casi completamente desnudos; fue atacado por ellos, consiguiendo capturar uno para que le sirviera en lo sucesivo de intérprete, y allí erigió una cruz conmemorativa de piedra. En las proximidades de este punto, en Hobe Sound, naufragaría en 1696 una expedición de cuáqueros, en ruta para Filadelfia. Tras dos meses de cautiverio con los salvajes del lugar, fueron rescatados por una patrulla española a las órdenes del capitán López, quienes les acompañaron sanos y salvos hasta territorio inglés. Entre los liberados se hallaba Jonathan Dickinson, quien después escribiría sobre cuanto había visto y oído.

De los años veinte procede el auge de Palm Beach, de aquí que muchas de sus mansiones —demasiado grandes para los tiempos que hoy corren— ostentan un marcado estilo español debido a la influencia del arquitecto Addison Mizner.

El emplazamiento de Boca Ratón recibió la visita por vez primera de Menéndez de Avilés, y tiene fundamento la creencia de que en sus cercanías pereció el hijo del almirante, Juan, en 1565.

En la vecindad de Miami, fue fundada por los jesuitas, entre los indios tequesta, a poco de llegar a Florida en 1567, una misión a cargo del hermano Villarreal, que tuvo poco tiempo de duración. Previamente había establecido Menéndez de Avilés en el lugar un fuerte; su guarnición tuvo un final violento. Menéndez había obtenido la cooperación de Doña Antonia, la esposa india que le había sido ofrecida por su hermano Carlos, el jefe indio calusa. Se considera que ella fue quien estableció el primer asentamiento en Miami.

Miami

Y hénos en Miami, punto crucial hoy día de las comunicaciones intercontinentales. Clave en el abanico de las relaciones de las Américas entre sí y Europa, en especial España, su magnífico y moderno aeropuerto internacional atiende a unos 20 millones de pasajeros al año (de ellos, 7 millones internacionales) y en

500.000 toneladas de carga, a través de sus 3.000 vuelos semanales por cuenta de 85 compañías aéreas. Miami es el 2º aeropuerto de los Estados Unidos, después de Kennedy, en tráfico de pasajeros y tonelaje de carga internacional. Su puerto marítimo es, por otra parte, el primero en el mundo en el tema de cruceros: de él partieron en el otoño de 1986, 19 barcos semanales y a él acudieron unos 2.500 millones de pasajeros en 1985. La importancia de Miami se ha acrecentado en los últimos 25 años con la creciente presencia de los hispanos que en el Condado de Dade residen en número superior a los 800.000 (en sus tres cuartos cubanos, procedentes del exilio impuesto por Fidel Castro, aunque el porcentaje ha disminuido algo en los últimos años debido a la creciente llegada de centroamericanos y de otras procedencias).

La minoría hispana constituye casi la mayoría en el Condado y ello ha originado momentos de fricción con los coterráneos anglosajones. El hecho es que la lengua de Cervantes se escucha hoy, con aires caribeños, en aquél más que el inglés, y es usada en todo tipo de publicaciones, carteles y anuncios; que fue declarada en 1973 idioma oficial en el Condado (un posterior referéndum revocó por escasos votos tal condición); y que es admitida por doquier. La guía telefónica, en sus páginas amarillas, se publica en español y puede pasarse en éste el examen de conducir, así como la actuación ante los tribunales. La población hispanoparlante se agrupa en determinados barrios, lo que ha sido la causa de que los alcaldes de Miami, North Miami y Hialeah sean hispanos. Es especialmente atractivo el sector colindante con la Calle Ocho, del Sudoeste, denominado "La Pequeña Habana," lleno de vida y de animación ciudadana, lo que motivó que la legislatura del estado designara en 1980 como Festival de Florida el *Miami's Annual Calle Ocho-Open House 8*. No extrañará, pues, que entre los veinte apellidos más comunes en el Gran Miami figuren en los seis primeros puestos los siguientes (por orden): Rodríguez, González, López, Hernández y Fernández.

Se tropieza uno acá y allá con restaurantes españoles y se contemplan en algunos comercios los carteles *English Spoken*; cabe leer en castellano *El Diario Las Américas* y *El Nuevo Herald* (aparte de otra serie de periódicos), escuchar en él, entre otras, las emisiones de las radios *Mundo, Cadena Azul, Radio Suave, WQBA* y *WCMQ*, y contemplar a lo largo de la jornada las imágenes hispanas de los canales televisivos 23 y 51 y las que periódicamente ofrecen otros. Los libreros y editores españoles estuvieron en su día agrupados en L.E.S.A., empresa hoy cerrada, pero pueden adquirirse novedades bibliográficas españolas en una serie de librerías alineadas predominantemente en aludida Calle Ocho. En la próxima de Flagler atiende al público la Hispanic Branch Library, muy bien surtida en el sector humanístico, al igual que la Biblioteca Central y otras municipales. Juegan en los varios frontones de la zona numerosos pelotaris y trabajan con fruto una serie de artistas ibéricos, algunos de forma permanente.

También se denota la presencia de representaciones de diez bancos y de empresas peninsulares, además de IBERIA y de una Cámara Española de Comercio. La representación oficial está cubierta por un Consulado General, una Oficina Comercial y otra de Turismo. Los españoles se agrupan en el *Casal Catalá, Centro Asturiano, Real Club Español, Amigos de Madrid y Naturales de Santa Marta de Ortigueira*, constituyendo una comunidad superior a los diez mil inscritos en el Consulado (en el estado), con otros tantos que no lo están. Funciona un Instituto de Cultura Hispánica, cuyos orígenes deben hallarse en el similar de La Habana, así como una serie de asociaciones, por ejemplo la A.G.U.E. (Asociación de Graduados en las Universidades Españolas) que enrola varios centenares de miembros, en su mayoría médicos.

El 12 de octubre de 1968 el embajador de España inauguró el monumento al descubrimiento de América, escultura vanguardista de M. Martí, colocada en medio de un estanque y donada al condado por el gobierno español. En tal oportunidad, el alcalde proclamó la Primera Semana Española, la cual adquirió a partir de 1973 la denominación de *Hispanic Heritage Festival*. El 12 de octubre de 1977 quedó destapada la estatua de Ponce de León, obra de Enrique Monjó, en un parque de la ciudad.

Ha sido Miami, por otra parte, escenario de la muerte por accidente del conde de Covadonga, el Infante don Alfonso de Borbón, primogénito del rey don Alfonso XIII. Murió en la esquina del Biscayne Boulevard y la Calle 82 quien pudo ser rey de España, en la mañana del 7 de septiembre de 1938.

Miami Beach fue visitada por Ponce de León en julio de 1513. Por ser numerosa la comunidad judía, se celebró un homenaje a Maimónides, con ocasión del 850 aniversario de su nacimiento, en la plaza contigua a la Sinagoga "Moisés."

Una persona culta no puede dejar de visitar el Monasterio de San Bernardo de Sacarmenia, en North Miami Beach. Fundado en 1141, en la provincia de Segovia, albergó monjes hasta la desamortización de Mendizabal en 1835. William Randolph Hearst consiguió vencer en 1925 las dificultades y compró lo que quedaba de dicho cenobrio, embalando las piedras, debidamente numeradas, en 10.751 cajones.

La ciudad de Coral Gables fue planeada por un soñador, George Merrick, quien dio nombres españoles a la mayoría de sus calles y plazas, al mismo tiempo que construyó entradas al recinto urbano de sabor hispánico y fomentó la elaboración de viviendas de estilo colonial.

Coral Gables supo inspirar a dos grandes poetas españoles Juan Ramón Jiménez y Agustín de Foxá. "Tejas españolas —escribió este— ruborizan los tejados de Coral Gables"; el poeta de Moguer vivió algunos años de su expatriación en "una casa blanca de Alhambra Circle" y en Coral Gables se le apareció su "mar tercero," "mismo y verde, verde mismo" (el Atlántico había sido con anterioridad gris y negro), el que le hace exclamar: "No era España, era la Florida de España, Coral Gables, donde está la España... aceptada por mí; esta España (Catalonia) guirnaldas de morada bugainvilia por las rejas."

Sector meridional

Fuerte de Santa Lucía. Llegaremos pronto a los famosos "cayos" o *Keys*, colección de islas de corales y arrecifes que en amplio arco avanzan en dirección Sudoeste, en una longitud de 150 kilómetros, y quedando su extremidad, Key West, a pocas millas de la isla de Cuba. Ponce de León, en su viaje descubridor de 1513, les denominó "Mártires," porque "vistas desde lejos, las rocas que emergían se asemejaban a hombres que sufrían." Asperos lugares debieron de ser en tiempos de España; Menéndez de Avilés fundó en uno de ellos el fuerte de Santa Lucía, siendo un fracaso, pues sus moradores murieron de hambre al no hallar en el lugar más alimento que pescado, y fallar, por lo peligroso de la región, los debidos socorros. En las investigaciones que años más tarde la Corona llevaría a cabo sobre la procedencia de mudar San Agustín, hubo, sin embargo, voces favorables al establecimiento en los Cayos de un fuerte con una guarnición de 100 hombres.

Al extremo se encuentra *Key West* o "Cayo Hueso" de los españoles (ha habido que pasar por Key Largo, Islamorada, Vaca, Paloma, Bahía Honda...); más allá, en mar libre, las Tortugas, así bautizadas por Ponce de León en junio de 1513 y las Marquesas, en honor del marqués de Cadereita, Almirante de la flota Española de Indias en 1622.

Los primeros pobladores de los cayos, los indios matecumbes, comercializaron la pesca y la exportaron a Cuba. Los pescadores vascos fueron los primeros en llevar a Europa la noticia de tal riqueza. Debiendo sus orígenes a náufragos víctimas de los huracanes, Cayo Hueso consolidó su existencia gracias al movimiento que su posición clave le proporcionó y a la visita frecuente de barcos regulares y de navíos corsarios o piratas. Hoy es el más importante exportador de tortugas vivas para los mercados que abastecen los restaurantes exquisitos. En la calle Elizabeth se conserva todavía la *Old Pirate House*, refugio de José Gaspar y Juan Gómez, famosos malhechores del mar; no hace mucho se descubrió en ella un calabozo y la espada que perteneció a Gómez. Marcada influencia española conservan muchos de sus edificios y típica artesanía peninsular en madera puede admirarse en balcones, ventanas, terrazas y balaustradas.

Key West jugó un rol importante durante la guerra de los Estados Unidos contra España en 1898. Constituye el punto central de la sugestiva novela *Escrito en las olas* del académico español Torcuato Luca de Tena. Key West también tuvo un estratégico papel durante los días de la revolución cubana. El edificio San Carlos —restaurado recientemente— fue el escenario de muchas reuniones revolucionarias. En él habló José Martí el 3 de enero de 1892 por espacio de una hora. La huelga en la fábrica *La Rosa Española* en 1893 provocó el segundo éxodo de Cayo Hueso (el primero fue en 1886) y el comienzo del fin de su industria tabaquera.

A causa de uno de los mencionados huracanes, naufragaron en 1622 los navíos españoles *Santa María de Atocha* y *Santa Margarita*, el primero de 550 toneladas y galeón insignia de una flota de 23 buques. Los primeros casuales hallazgos del naufragio se produjeron en 1973, y desde entonces Mel Fisher y su compañía *Treasure Salvors* no han cesado en sus búsquedas que dieron como resultado el encuentro del *Santa Margarita* en 1980 (en este año se organizó una exposición del material rescatado, por un valor de 20 millones), y en 1985 del *Atocha* a unas 40 millas de Cayo Hueso, calculándose el valor de lo rescatado en unos 400 millones en barras de oro, monedas de plata de a ocho (unas 47 toneladas), joyas, cañones, etc. En Key West existe un museo relacionado con el tema.

Parece que la compañía *Seahawk* ha encontrado en mayo de 1989 restos del galeón *Nuestra Señora de la Merced* a unos 120 kilómetros al suroeste de Cayo Hueso o a unos 40 kilómetros al sur de los islotes Dry Tortugas, naufragado con los anteriores.

Parque de Everglades. Completamente incontaminado por la civilización moderna, es el reino de los animales salvajes y de las más variadas plantas. Son el último santuario de un grupo de indios seminolas, quienes tras las exterminadoras guerras a que de 1817 a 1818 y de 1835 a 1843 les sometieron los blancos no quisieron moverse a Oklahoma con el resto de su hermanos de raza. Es muy triste verles en sus pobres chozas y con su bajísimo nivel de vida, entregados a sus ocupaciones tradicionales o sirviendo de comparsas en algunos espectáculos que empresas comerciales han montado en su torno, y más trayendo uno en las pupilas los adelantos modernos de la no lejana Miami Beach. Cuatro de ellos, presididos por Búfalo-Tigre, acudieron en 1958 a la embajada de España en Washington para presentar los tratados firmados entre la nación seminola y España a fines del siglo XVIII, según los cuales este Reino se comprometía a ayudar a los indios y, en su caso, convertirlos en súbditos de la Corona; eran portadores de un mensaje escrito en piel de ciervo dirigido al Jefe de Estado.

Costa occidental: sur de Sarasota

O en la isla de Estero o la pequeña isla de San Carlos —con más probabilidad en la primera— se estableció la misión número uno que la Compañía de Jesús ha tenido en el Nuevo Mundo: San Carlos. La Florida Atlantic University y el Florida State Museum se proponen realizar en la isla, en el próximo futuro, excavaciones que se anuncian prometedoras (han sido hallados trozos de alfarería mora del siglo XV). En la primavera de 1567 Menéndez de Avilés escoltó a los misioneros jesuitas padre Rogel y Villareal a San Carlos, en donde un presidio al mando de Francisco de Reinoso había instalado en año antes y en donde el gobernador había ordenado la construcción de una casa para la cacica convertida doña Antonia y una capilla; esperanzado de encontrar entre los indios a su desaparecido hijo, tuvo que partir sin lograr su objetivo. Allí trabajó el padre Rogel hasta 1568, dedicado a la conversión de los indios y al cuidado espiritual de la guarnición, pero la misión duró poco. La isla había sido visitada inicialmente por Ponce de León en el mes de mayo de 1513, tras recalar en Charlotte Harbor y las islas Captiva y Sanibel. En Estero ancló sus barcos, tomó agua y leña, y se informó de que un jefe llamado Carlos —así le pareció entender, y de aquí el nombre de la misión— habitaba un poco más al norte. No olvidemos que los indios de la región se denominaban calos, por lo que es posible que fuera tal nombre el que escuchara Ponce. Tras varios intentos de desembarco y varios sangrientos choques con los naturales, Ponce ordenó levar anclas hacia el sur el 14 de junio.

Volvió a ser visitada Charlotte Harbor por Ponce de León en febrero de 1521, en el curso de su segunda expedición a la Florida en busca de la fuente de la juventud. Se trata de una amplia bahía, protegida en su entrada por una serie de islas por nombre Gasparilla (con Boca Grande y South Boca Grande), la Costa, Captiva y Sanibel, entre otras. Durante la ausencia de Ponce habían aparecido en ella Francisco Hernández de Córdoba y otros aventureros que habían predispuesto con su conducta —si fuera necesario— a los nativos contra el blanco. Cuando los 200 expedicionarios de Ponce comenzaron a construir casas, una vez desembarcados con 50 caballos, otros animales y una serie de instrumentos para cultivar la tierra, sufrieron los repetidos ataques de los indígenas, quienes consiguieron herir al jefe. De no haber ocurrido esto, quién sabe cuál hubiera sido el destino de la Colonia, pero sintiéndose morir quiso regresar entre los suyos, arrastrando consigo al resto de la expedición. Pocos días después de su llegada a Cuba expiró.

Este final de D. Juan Ponce, como todo el esfuerzo romántico de la búsqueda de la fuente milagrosa, fue poéticamente recogido por el dramaturgo norteamericano Eugenio O'Neill en su drama *La fuente*. La historia de Ponce de León ha sido también tratada por otros escritores norteamericanos: recordemos la novela de Robert C. Sands, *Boyuca* (1832), sobre la leyenda de la búsqueda de la juventud por Ponce; la obra de Simms, *Donna Florida* (1843), en la que Ponce de León sustituye al *Don Juan*, de Byron; y el poema de Edwin Arlington Robinson, *Ponce de León*.

En Punta Gorda y en la vecindad de Charlotte Harbor se encuentra un parque dedicado a Ponce de León. Un monumento de piedras, coronado por una cruz, encuadra una estatua de don Juan. La *Real Orden de los Conquistadores de Ponce de León*, fundada en 1980, organiza todos los meses de febrero un sinfín de actividades.

Al llegar a Bradenton, nos hallamos en el cuartel general de la *Hernando de Soto Historical Society*, o más comúnmente, *The Conquistadors*. Es ésta conocida en España, y sus componentes se han hecho populares porque desde 1962 cada dos o tres años han visitado la Península y recorrido varias ciudades españolas camino del pueblo de Barcarrota (Badajoz), cuna del conquistador Hernando de Soto, y localidad hermana —por ello— de Bradenton.

Soto, después de haberse enriquecido en el Perú y de haber casado en España con la aristocrática dama D.ª Isabel de Bobadilla, quiso continuar sus hazañas en el continente Norte, impresionado por los relatos de Cabeza de Vaca, obteniendo en el 1537 del emperador el nombramiento de adelantado de Florida. El 30 de mayo de 1539 saltó en tierra con los suyos, en lo que es hoy localidad de Bradenton. Había zarpado de La Habana el día 18 anterior, después de haber permanecido en la isla, y concretamente en Santiago, por espacio de casi un año, aprovisionándose de ganado y todo tipo de mercancías y dejar a su esposa en la retaguardia, y como gobernador, a su amigo Juan de Rojas. La despedida había sido solemne y brillante, de la misma manera que la de Sanlúcar de Barrameda en abril de 1538, con siete grandes barcos y tres pequeños, todos empavesados. No pudieron descender en Florida inmediatamente en busca de lugar apropiado, y su presencia fue festoneada en la costa por una colección de humaredas encendidas por los indios ribereños como advertencia a otras tribus lejanas de la arribada de extraños.

Durante muchos años se dudó acerca del lugar exacto del desembarco de Soto. La Comisión Nacional nombrada en 1935 por el Congreso de los Estados Unidos con visitas a conmemorarse el CD aniversario del acontecimiento, llegó a la conclusión del situarlo en una punta de tierra, perteneciente hoy a Bradenton, en la entrada de la bahía de Tampa. Se conoce con el nombre de *Shaw's Point*, o Punta de Shaw.

El poblado de Ucita fue el primero en recibir a los expedicionarios y en mostrarles montículos sagrados —que todavía existen— y que luego se prodigarían ante su vista en el curso de su expedición por el continente. En Ucita halló una de sus patrullas a Juan Ortiz, quien, de no gritar con toda la fuerza de sus pulmones: "¡Por el amor de Dios y de la Virgen, no me mates!", acabara sus días a manos de los expedicionarios en el curso de un contraataque. Juan Ortiz, como participante de la expedición de Pánfilo de Narváez, cayó prisionero de los indios de Ucita. No pereció en una hoguera gracias a los amorosos ruegos de la hija del cacique. El encuentro con Ortiz sería para Soto de gran valor, ya que después de casi diez años de estancia en el país, había aprendido los dialectos locales y serviría a su nuevo jefe de inapreciable intérprete. Hasta el 1 de agosto permaneció el grueso del ejército en la región; en tal fecha, los 550 hombres que lo componían, los 200 caballos y el numeroso ganado que le acompañaban comenzarían un viaje, largo y accidentado, del que pocos regresarían, uno de los magníficos episodios de la historia del progreso y del descubrimiento en el mundo moderno, en palabras de Simms, en la dedicatoria de una de las ediciones de su novela *Vasconcelos* (1856), en la que es Hernando de Soto el héroe.

Todos los años conmemora Bradenton en el mes de marzo la llegada de Soto y sus compañeros, a lo largo de una semana titulada en homenaje al conquistador. El último viernes de dicha semana, denominado *De Soto Day* es fiesta oficial en el Condado de Manatee. Con diversas alternativas viene celebrándose desde 1939.

En el centro urbano de Bradenton, se construyó hace años una "Plaza de Hernando de Soto," con la reproducción de la casa natal del conquistador y de una típica iglesita extremeña. En marzo de 1989 se ha añadido un considerable edificio de estilo español que alberga un museo y el cuartel general de los *Conquistadores*. El South Florida Museum, que se asoma a la plaza, cuenta en su vestíbulo abierto con dos amplios frescos: uno, relatando el desembarco de Hernando de Soto y el otro, la primera misa dicha para la expedición en tierra americana. En el centro de la plaza se yergue una estatua ecuestre de bronce de don Hernando, espada en mano, obra del artista Pérez Comendador e inaugurada en marzo de 1972.

Bahía de Tampa

La progresiva ciudad de St. Petersburg alberga el Salvador Dalí Museum, quizás la más completa colección en el mundo de obras del pintor de Port Lligat, debido a Reynolds y Leanor Morse.

En la bahía de Tampa, o quizá en algunas de las isletas situadas en su entrada, tomó posesión de la región en nombre de D. Carlos y D.ª Juana el 16 de abril de 1528 Pánfilo de Narváez, quien había obtenido una concesión real para explorar la región. Acompañábanle 600 colonos y soldados, varios frailes —entre ellos fray Juan Suárez—, las esposas de algunos de los anteriores, Alonso Enrique y el que posteriormente ganaría superior fama, Alvar Núñez Cabeza de Vaca, además de 42 caballos y otro ganado. En las riberas de la bahía tendría Pánfilo los primeros contactos con los nativos y adquiriría noticias de la existencia de tierras ricas al norte de la provincia de Apalache, por lo que a pocos días convocaría consejo y decidiría enviar parte de la expedición en los barcos bordeando la costa, siguiendo por tierra el grueso del ejército.

También llegó a la bahía de Tampa, el día de la Ascensión de 1549, el barco que, enviado por el virrey de Nueva España, Mendoza, transportaba a los dominicos fray Luis Cáncer, fray Gregorio de Beteta, fray Diego de Tolosa, fray Juan García, el hermano lego Fuentes, la india conversa Magdalena y un grupo de expedicionarios. En una de las islas de la entrada pernoctaron fray Luis, fray Juan y Fuentes, en misión de reconocimiento, no obstante la mala acogida que recibieron de los naturales. Vueltos al barco y adentrado éste en la bahía, divisaron un poblado. Fray Luis, fray Diego, Fuentes y Magdalena desembarcaron, manteniendo amistoso intercambio con sus habitantes. Como éstos les indicaran que existía un magnífico puerto a día y medio de distancia, accedió fray Luis, a requerimiento de los nativos, a que sus compañeros hicieran la jornada por tierra, en tanto que él y el resto de los expedicionarios viajarían en el barco.

Ocho días necesitó el inexperto piloto para dar con el puerto y otros tantos para entrar en él. El jueves de Corpus Christi, fray Luis y fray Juan bajaron a tierra, celebraron misa y buscaron a sus compañeros; al día siguiente continuaron sus pesquisas y aparecieron unos indios, al fin, que prometieron traerlos sanos y salvos a la mañana siguiente. Acudieron los indios a la cita, y entre ellos Magdalena, que se había reunido con los suyos y se mostraba desnuda como las demás mujeres de la tribu, pero los padres no se encontraban entre ellos, si bien aquélla les aseguró de su existencia. Vueltos al barco, esperanzados con la noticia, pudieron comprobar la mentira al recibir la visita de Juan Muñoz, un expedicionario de Soto que, cautivo de los indios, había conseguido escapar en una canoa. El informó del martirio de fray Diego y de Fuentes. Dominó en la nave la decisión de partir, pero fray Luis optó por quedarse, al considerar ese su deber, y, tras pasar escribiendo el 24 de junio notas que sirvieron de testimonio de lo que antecede, ordenó, no obstante la advertencia en contra de sus compañeros, que un bote le desembarcara en la playa, en donde un grupo de indios se hallaban reunidos. Arrodillado en la arena, fue inmediatamente golpeado por los indios hasta que le quitaron la vida. No pudiendo ayudarle, el barco levó anclas, rumbo a Veracruz.

Fundó Menéndez de Avilés en la inmediaciones de la bahía de Tampa o de Tocobaga un fuerte, a cuyo mando dejó al capitán García de Cos con 30 soldados. Visitado por Pedro Menéndez Marqués y el padre Rogel, los jesuitas tuvieron allí una misión. El material recuperado en la Safety Harbor, y en Siete Robles, en la misma área, proporciona elemental información con respecto a sus avatares.

Tampa

Tras la adquisición a España de Florida en 1821, los primeros soldados americanos llegaron al área en 1824 para construir el Fort Brooke y limpiarla de piratas, contrabandistas y aventureros. Allá encontraron ranchos pesqueros de españoles en torno a Spanishtown Creek, y descendientes de los que se establecieron al comenzar el segundo período español en Florida en 1783, según el profesor Tony Pizzo. De este grupo procedió Juan Montes de Oca quien, por conocer la lengua seminola, sirvió en 1830 de intérprete al coronel Brooke.

El municipio de Temple Terrace se halla en los alrededores de Tampa en la ribera del Hillsborough River (Río de San Julián y Arriaga). El 25 de abril de 1757 apareció por el área don Francisco María Celi en compañía de 19 hombres armados con el objeto de explorar la existencia de pinos para mástiles de los navíos de la Real Armada española. Acamparon en los alrededores hasta el día 26, bautizando al bosque con el nombre de *El Piñal de la Cruz de Santa Teresa* y levantando un *Plano de la Gran Bahía de Tampa*.

Tiene Tampa el interés hispánico de acoger en su seno la Ybor City, o barrio poblado predominantemente por españoles —o sus descendientes— e italianos. Debe su nombre y su fundación a D. Vicente Martínez Ibor, quien, procedente de Cuba, se estableció primero en 1869 en Key West, y en 1886, con su hermano Eduardo, en dicho sector de la bahía, originando así el movimiento que habría de convertir a Tampa en el centro de la industria cigarrera norteamericana. Proceden la mayoría de los hispánicos de Asturias y de Cuba, y su número, aún hoy, asciende a los 40.000, constituyendo la mayor concentración española en los Estados Unidos. No todos los hispanoparlantes son, sin embargo, hispánicos, ya que los numerosos italianos allí residentes hablan perfectamente el castellano sin apenas acento; cuando no existía radio, en la fábrica de cigarros se leían en voz alta novelas para distracción de los manufactureros, por lo que Galdós, Palacio Valdés, Clarín y otros novelistas españoles llegaron a ser nombres familiares para los cigarreros de Tampa, y lo que es mejor, su estilo, su español limpio y castizo, y ésta fue la puerta por la que los italianos de Tampa entraron en convivencia con la lengua de Cervantes. Ello es compatible con que en algún sector se hablara una mezcla de español e inglés, con palabras del vocabulario del cigarrero. Son simpáticos los versos que recoge J.A. Balseiro, escritos por un barbero de Tampa en 1886.

A Ybor City llegó José Martí en noviembre de 1891, se alojó en el Hotel Cherokee y pronunció un encendido discurso en el Liceo Cubano. Existe el Parque de los Amigos de Martí con una estatua de éste.

A finales del siglo XIX existían en Ybor City más de 50 fábricas de tabaco y 40.000 tabaqueros que torcían unos 10 millones de habaneros al año. Con la depresión y la automatización de la industria tabaquera, Ybor City se fue convirtiendo, a partir de 1930, en una ciudad decadente. Sin embargo, a finales de los 70, un grupo de inversionistas comenzó a reconstruir y dar nueva vida a la ciudad.

Tienen que jurarle a uno no hallarse en país hispánico, cuando pasea por las calles de Ybor City, visita sus tiendas o frecuenta sus restaurantes o casinos; todo el mundo habla español como lengua primera, si bien puede utilizar el inglés si su interlocutor se lo requiere.

El escritor y periodista, José Yglesias ha escrito una serie de tres comedias titulada *Cuban Immigration in Ybor City*, obras que tienen lugar en 1912 a la llegada de una familia inmigrante, en 1920 con la nueva generación, y en 1978 sobre el encuentro con los cubanos exiliados. Son miembros prominentes de la comunidad hispánica, Bob Martínez, ex-Gobernador, y Emiliano Salcines, ex-Fiscal del estado.

Sector central

En nuestro camino a Gainesville habremos de recorrer rutas aproximadas a las de Narváez o Soto. Al atravesar el río Withlacoochee recordaremos los trabajos que la expedición de don Pánfilo tuvo que afrontar para cruzarlo en simples maderos, la cual sería encontrada más al Norte por una tropa de indios tocando flautas y portadores de su jefe Dulchanchellin (su nombre inspiraría a Lope de Vega para el de uno de los personajes de *El Nuevo Mundo descubierto por Cristóbal Colón*), quien actuaría amistosamente para con los españoles; dichos expedicionarios verían por vez primera un *opossum* que Cabeza de Vaca describe muy gráficamente, y en diferente manera a como lo haría años más tarde el Hidalgo de Elvas. En la región de Ocala (en la que Osceola comenzaría la guerra semínola de 1835-1842) permanecería Hernando de Soto con su gente por un tiempo y tendría que hacer frente a dos ataques de indios, que pusieron a prueba sus condiciones de caudillo y su valor, no obstante ser derribado con su caballo *Aceituno*.

Esta ruta de Hernando de Soto desde su desembarco hasta Tallahassee, fue repetida por 3.200 *boy scouts* de trece condados de Florida, desde el 16 de noviembre de 1975 al 3 de abril de 1976; al final de su jornada desfilaron en el Festival de Primavera de Tallahassee.

Una comisión estatal ha sido encargada de colocar a lo largo de la ruta en Florida mojones con intervalos de cinco millas. Exposiciones camineras a los lados de aquélla explicarán la marcha de Soto y la posición de los indios con quienes tomó contacto (Inverness, Williston, Gainesville,...). Cerca del río Withlacoochee (Inverness), se han descubierto una armadura española, cuentas, clavos de hierro y huesos de indios.

En Ocala también se fundó *Martí City* en 1984, de la que se afirma fue el primer municipio de la Cuba independiente. Martí había visitado Ocala en dos ocasiones. El experimento municipal duró poco.

Sector septentrional: Gainesville

En Gainesville tiene su asiento la Universidad de Florida, de revelancia para los estudios relacionados con Hispanoamérica. Es sede de la Escuela de Estudios Interamericanos y de la Biblioteca P.K. Yonge, que contiene copias y fotocopias de más de 100.000 páginas de documentos referentes a Florida española (de 1519 a 1819), tomadas del Archivo General de Indias de Sevilla por la historiadora Irene A. Wright, y pertenecientes a la Florida Historical Society, con los centenares de documentos y papeles comerciales de la firma Panton Leslie and Co., que actuó en Florida occidental durante la dominación española.

En los alrededores de Gainesville existió una misión española, San Felasco (¿Fernando?), para excavar la cual llevó a cabo trabajos el profesor Charles Fairbanks. El condado correspondiente recibe el nombre de Alachua, derivado de "la Chua" (que en timucua significa hoyo), con que era conocido el rancho que más ganado alimentaba en épocas españolas.

Tallahassee y alrededores

Tallahassee es la capital del estado. En su capitolio fue inaugurada el 4 de septiembre de 1980, una Capilla ecuménica con placas relatando el desarrollo religioso de Florida donde se recuerda las aportaciones de España.

En el vestíbulo de dicho capitolio ondea la bandera de castillos y leones entre las cinco históricas de Florida. En área cercana, una pintura al fresco describe gráficamente la historia del estado con un antiguo mapa colonial español y un predominante retrato de Pedro Menéndez de Avilés.

Existe un Museo de Historia de Florida que cuenta con pocos mementos españoles: una vitrina con objetos de un galeón hundido y una referencia a los menorquines de St. Augustine.

En el centro de Tallahassee, cerca del capitolio, se descubrió en marzo de 1987 el campamento de Hernando de Soto: se recuperaron, entre otros objetos, una moneda española del siglo XVI, una flecha de ballesta y una pieza de hierro de considerable diámetro.

Hemos venido siguiendo bastante de cerca las rutas de Pánfilo de Narváez y Hernando de Soto. Habremos cruzado previamente el río Suwannee (denominado San Juan de Guácara por los españoles), y antes su afluente, el río Santa Fe (que conserva su nombre original). El primero pudieron atravesarlo los expedicionarios de Narváez gracias al auxilio encontrado en los nativos enemigos de los apalaches. Les habían hablado de una ciudad comparable a México, resplandeciente por el oro de sus tejados y espléndida por las piedras de sus edificios; en su lugar, la avanzada exploradora al mando de Cabeza de Vaca encontró un poblado con 40 cabañas de palmas, agrupadas desordenadamente y separadas por estrechos y embarrados callejones. Y para aumentar el desengaño, sólo les esperaban mujeres y niños, y como botín maíz y pieles de venado. Las indagaciones realizadas en las cercanías confirmaron ser Apalache el poblado principal de la región, que sólo ofreció a los visitantes privaciones y muertes, ocasionadas por los continuos ataques de los nativos, que querían provocar la desaparición de tan molestos huéspedes; entre las víctimas de las mortales flechas se contó el príncipe azteca don Pedro, de Tezcuco, fiel seguidor de fray Suárez, causando su desaparición gran consternación en las filas españolas.

Tras veinticinco penosos días, Narváez decidió dirigirse a Aute, aldea india en el actual emplazamiento de St. Marks, pero tampoco cambió con ello el curso de la empresa; renovados ataques de indios, escasez de alimentos (las ostras costeñas sirvieron en repetidas ocasiones de alivio) y la malaria quebrantaron la moral de la tropa, cuyos jefes, reunidos en consejo por Narváez, decidieron abandonar la región. Carentes de barcos, surgió la necesidad de obtenerlos tarea al parecer en un principio imposible; no existía entre ellos experto alguno en construcción naval, y carecían hasta de las más elementales herramientas, como martillos. Uno de los expedicionarios, sin embargo, ofreció su talento para dirigir la confección de unos rudimentarios botes, y ante la ilusión de la partida y la desesperación del momento, se aceptó su propuesta, que fue coronada a las siete semanas con la botadura de cinco embarcaciones de unos 10 metros de longitud. El ingenio y el esfuerzo que tuvieron que desplegar los hambrientos viajeros constituye una magnífica página en la historia del hombre y del heroísmo español. Por fin, el 22 de septiembre, los 243 supervivientes se acomodaron en las barquichuelas, que cargadas sobresalían tan sólo dos palmos sobre el agua, y zarparon, con sus camisas por velas, bautizando la bahía que abandonaron con el nombre de bahía de los Caballos, en homenaje y agradecimiento a los equinos —esos grandes camaradas de los conquistadores—, que con su carne y sus huesos habían contribuido poderosamente a hacer posible la partida.

La patrulla de Francisco Maldonado, enviada por Soto en la misión exploratoria poco después de su arribo a la región de Apalache el 6 de octubre de 1539, encontró restos de aquellos caballos muertos. La comprobación del incierto desastre acontecido en la expedición de Narváez contribuyó a que don Hernando (quien previamente había enviado de Juan de Añasco con órdenes para que Calderón y su gente abandonara Tampa y se reuniera con la expedición) decidiera el envío de Maldonado a La Habana en la pinaza o embarcación que quedara en Tampa, para buscar más provisiones y con órdenes de citarse con la expedición durante el verano en la bahía de Ochusse (¿Pensacola? ¿Mobile?). El 3 de marzo de 1540 Soto abandonó la región de Apalache —y Florida, por tanto— después de haber seguido un itinerario que coincide, más o menos, con las actuales localidades de Gainesville, Lake City, Live Oak y Tallahassee. En ésta última pasó las Navidades, las primeras observadas en el continente Norte.

Misiones: Camino Real. El área comprendida entre los ríos Aucilla y Apalachicola (para los españoles Asile o Apalachicolo) con el Ochlockonee (río Lanas o Amarillo) por medio, fue objeto de intensificados intentos de evangelización a partir de 1633. Los esfuerzos de los misioneros lograron el establecimiento de numerosas misiones que, con la excepción de alguna revuelta, tuvieron su momento de apogeo en 1675, cuando la pastoral visita del obispo Calderón. Con la creciente presión y presencia de los ingleses procedentes del Norte, según hemos visto en Georgia, el interés español por el área se redobló, con consecuencias que pudieron ser interesantes de haber dispuesto la Corona de medios materiales suficientes. La creciente desafección de los apalachicolos, impulsados por los ingleses, y la presencia en el flanco Oeste de los franceses que fundarían Biloxi en 1699, contribuían a aumentar la debilidad de los españoles, quienes no podrían al final resistir.

Uniendo a dichas misiones con San Agustín, residencia del gobernador, se estableció un "Camino Real," jalonado por un rosario de ellas, a saber, según el doctor Mark F. Boyd: partiendo de dicha ciudad atravesando el río St. John (Salamototo o San Juan), por el poblado de Picolata, se inclinaba hacia el Sur por la frontera de los condados de Clay y Putnam, entrando en el de Alachua, en el que se hallaba la misión de Santo Tomás de Santa Fe o Santa Fe de Toluco, y un poco más al Sur, cerca de Gainesville, la de San Francisco de Potano; continuaba la ruta hacia el Noroeste, y, vadeado el río Santa Fe, se encontraba con la misión de Santa Catalina de Afuyca, no lejos de Hildreth, en el límite de los condados de Columbia y Suwannee, en donde le aguardaba la misión de San Juan de Guácara, después de haber pasado las misiones Afuyca y Santa Cruz de Tarihica, en la línea actual de O'Brien y a distancia equidistante; cruzaba dicho río y se remontaba por el condado de Lafayette, a lo largo de la orilla derecha de aquél, hasta que al entrar en el condado de Madison torcía casi 90° hacia el Oeste, no lejos y paralelamente a sus límites con el de Taylor, con las misiones de San Pedro de Potohiriba, Santa Elena de Machava y San Mateo de Tolapatafi, hasta llegar a San Miguel de Asile, en las márgenes del río Aucilla, en la localidad de Lamont; seguía entonces el trazado de la carretera 27 hasta llegar a Tallahassee, siendo festoneada por las misiones de San Lorenzo de Ivitachuco, N.S.P. Concepción de Ayubale, San Francisco de Ocone, San Juan de Aspalaga y San José de Ocuia, bifurcándose en dos ramas con Santa Cruz de Capola, San Martín de Tomole y Purificación de Tama, y San Pedro y San Pablo de Patale, San Antonio de Bacuqua, y San

Cosme y San Damián de Escambe, que convergían en San Luis de Tamalí. No todas estas misiones estaban dedicadas a los indios apalaches: Purificación de Tama era establecimiento de yamasíes, San Carlos de Chacatos y San Pedro de los Chines de indios chatots, y San Francisco de Ocone de los de esta denominación. El cuadro sinóptico de la lista de las misiones, redactado por el profesor John H. Hann, contiene hasta 52 misiones. En 1987 se encontró el cementerio de una misión y los restos de algunas de sus construcciones. Los medios de comunicación recogieron la noticia en marzo de 1989 de haberse descubierto la misión de San Martín de Ayacuto (en el parque estatal Ichetucknee Springs), en la que se encontraron diversos objetos.

A través de aquel Camino Real, o por la ruta marítima desde St. Marks a San Agustín, se transportaba todo el cereal que la fértil tierra de Florida Occidental producía y que los habitantes de la infecunda oriental necesitaban. Se tienen escasas informaciones acerca de este tráfago: se sabe por el gobernador Damián de Vega Castro y Pardo que en 1639 se despachó una fragata desde la capital a Apalache, que el capitán Juan de Florencia transportó en la *San Marín* en 1646, provisiones para el presidio, y que el navío de un tal Ignacio de Losa arribó años después a San Agustín, procedente de Apalache, con cargamento de maíz.

San Luis es el punto más importante de todos los anteriores mencionados cuya misión fue fundada probablemente en 1655 y cuyo fuerte aparece ya en papeles de 1675. Se encontraba a dos millas al oeste de Tallahassee y ha sido localizado gracias a las meritorias excavaciones de John W. Grifin, lo mismo que se deben al Dr. Hale G. Smith los hallazgos de San Francisco de Ocone, a 23 millas al sudeste de aquella ciudad, cerca de la población de Waukeenah. Cuando razones estratégicas aconsejaron el abandono de las misiones de Georgia, el esfuerzo español se concentró en San Agustín, al Este, y en San Luis, al Oeste. San Agustín, sin embargo, resistió los embates de la historia, en tanto que San Luis pereció; se debe su fin al coronel inglés James Moore, cuando atacó este sector en 1704.

Al mando de un considerable número de indios aliados y de ingleses, se presentó Moore por sorpresa ante Ayubale, el 25 de enero; se defendieron heroicamente durante todo el día el padre Angel de Miranda y un grupo de españoles y apalaches, parapetados en la iglesia y en el convento, terminando la resistencia con el fin de las municiones y a consecuencia del fuego con que los asaltantes prendieron los edificios. Al tener noticias de lo sucedido, el capitán Juan Ruiz Mexía salió del presidio de San Luis con 30 españoles y 400 indios, pernoctando en Patale; al alborear del días siguiente, y con una exhortación del padre Juan de Parga como preámbulo, se encontraron en Ayubale con los ingleses, entablándose una batalla que terminó con derrota española, siendo muerto y decapitado el padre Parga, y hecho prisionero Mexía, quien fue obligado a presenciar el martirio de aquél. Las fuerzas de Moore cometieron toda suerte de atrocidades y desmanes, y la de San Lorenzo de Ivitachuco se salvó, gracias a haber pagado su existencia con la entrega de todo cuanto valioso tenía.

"La vesanía con que se llevó a cabo esta sistemática tarea destructiva —hace exclamar a Zéndegui— no alcanza a explicarse con motivaciones tácticas, porque las misiones no constituían, propiamente, objetivos militares. Su razón última hay que rastrearla por la trastienda del sentimiento donde anidan inconfesables prejuicios, rivalidades y odios."

Otros asaltos contra el resto de las misiones se sucedieron en el curso de los meses de junio y julio, muriendo el padre Manuel de Mendoza en Patale. Puede decirse que sólo sobrevivieron San Luis de Tamalí y San Lorenzo de Iviachuco, por lo que ante la falta de seguridad en caso de renovados ataques y la debilidad española para repelerlos, el teniente gobernador de San Luis (y neceser de Mexía), Manuel Solana, recomendó al gobernador Zúñiga en San Agustín el abandono de la región de Apalache, lo que así se hizo. La mayoría de los colonos y de los indios amigos se dirigieron a Pensacola, y un grupo a San Agustín; San Luis fue evacuado y destruido por los españoles en julio de 1704, para no volver a renacer.

Fuerte de San Marcos. Ha quedado mencionado anteriormente St. Marks, o San Marcos, como campamento de Narváez y puerto exportador. San Marcos de Apalache mantuvo su influencia durante la relatada etapa de dominación española y en la subsiguiente inglesa. Como secuela de las condiciones agrícolas de la región y de su movimiento marítimo, un establecimiento (designado villa en un mapa de la época) de considerable entidad existía en 1683. El capitán de artillería, Enrique Primo de Rivera, recibió la orden el 3 de diciembre de 1678 de construir el primer Fuerte de San Marcos de Apalache, consiguiendo terminarlo el 7 de abril de 1679. El fuerte era de madera, pero un violento ataque de una combinada y numerosa fuerza de piratas franceses e ingleses sorprendió a la guarnición hispano-india en el curso de la primera mitad de 1682.

Apremiado por una Real Orden, el gobernador Juan Márquez de Cabrera encargó inmediatamente al ingeniero D. Juan de Siscara la creación de un segundo fuerte, también de madera, con bastiones en las esquinas, y situado justamente en la confluencia de los ríos Warcol y St. Marks. Se dio el mando al capitán Francisco Fuentes. El fuerte cayó en completa ruina a raíz de la desarticulación producida en los establecimientos españoles por la incursión de Moore en 1704. Las rivalidades que surgieron dentro de los indios creeks por su amistad con Inglaterra o con España y las peticiones al respecto de la facción amiga para el alzamiento de un fuerte que les sirviera de punto de apoyo y de defensa, decidió a las autoridades españolas a poner en funcionamiento de nuevo el antiguo fuerte.

La reconstruida fortaleza de madera, de forma cuadrada, con cuatro bastiones y un puerto para embarcaciones de pequeño calado, por su situación en un terreno bajo, se veía expuesta con frecuencia a las inundaciones de los anteriormente mencionados ríos; en su interior existían una iglesia, unos almacenes y cuarteles para la tropa. Se evidenció pronto como necesaria la edificación de un fuerte de piedra; luego de varias dilaciones, el gobernador en funciones, Fulgencio García de Solís, consiguió en el 1754 los servicios de un experto ingeniero, D. Juan de Cotilla, quien durante cinco años, como "ingeniero extraordinario de la Florida," y con la paga de 800 pesos, dibujó y dirigió la construcción del fuerte, que no se hallaba completamente terminado cuando la cesión de Florida a la Gran Bretaña en 1763 (en lo que se refiere a San Marcos, la transferencia no se verificó antes de 1764).

Con la capitulación inglesa de Pensacola el 9 de marzo de 1781, ante los ejércitos de Gálvez, la Florida Occidental pasó de nuevo a manos de España; por el Tratado de Versalles de 1783 fue cedida legalmente. Valiéndose del especial permiso para negociar con los indios creeks que el gobierno español concedió en forma de monopolio a la firma Panton, Leslie and Co., un miembro de esta compañía, Charles McLatchey, estableció un puesto comercial cerca de San Marcos. Los españoles no recuperaron el fuerte hasta 1787, el cual sufrió considerables obras de reparación en 1790, según consta en el plano dibujado por D. Luis Bertucat.

Estado independiente de Muscogee

El aventurero inglés William A. Bowles, casado con una india apalachicola o creek, en 1792 saqueó los almacenes que su competidor, Panton, protegido de los españoles, poseía en St. Marks; debido a esto y a otras series de fechorías, fue retenido prisionero durante cinco años, siendo paseado por las cárceles de La Habana, Madrid y Manila, hasta que consiguió escapar a la colonia inglesa de Sierra Leona, al ser transportado de nuevo a España. Con el entusiasta apoyo inglés, organizó entonces una pequeña expedición, que tuvo por resultado su desembarco en la región y la proclamación por él, el 26 de octubre de 1799, del *Estado Independiente de Muscogee*. Los indios creeks le apoyaron, y el 5 de abril de 1800 declaró la guerra a España, capturando, el 19 de mayo, el fuerte de St. Marks.

Tropas españolas procedentes de Pensacola pronto desalojaron el improvisado jefezuelo, que se refugió en el interior; el gobernador español Vicente Folch ofreció 4.500 dólares a quien lo entregara vivo o muerto. Detenido sólo en 1803, el estado de Muscogee tuvo una existencia de facto algo más de tres años. Esta vez Bowles no pudo escapar y murió en el castillo del Morro, en La Habana, el 23 de diciembre de 1805.

Con la desaparición de Bowles, San Marcos entró en una etapa de tranquilidad, tanta, que las autoridades españolas consideraron en 1808 la convivencia, por su inutilidad, de evacuar el fuerte. Sin embargo, se mantuvo una guarnición mandada en 1814 por D. Francisco Caso y Luengo.

A raíz de la guerra anglo-norteamericana, los agentes ingleses agitaron a los indios contra los territorios confiados a Jackson; alegando la inoperancia de las autoridades españolas para evitar tales incursiones, ordenó éste a sus tropas dirigirse hacia San Marcos, a donde llegaron el 6 de abril de 1818. Ante la negativa del comandante Caso y Luengo de rendirse, el capitán Twiggs tomó el fuerte en la mañana del día siguiente. Gran reacción produjo este hecho en el congreso y en las cortes de España e Inglaterra; el gobierno de los Estados Unidos modificó su actitud y ordenó la retirada de sus fuerzas, lo mismo que de Pensacola en el verano de 1819. Las tropas españolas volvieron a ocupar San Marcos hasta su definitiva retirada, como resultado del tratado de cesión de la Florida a los Estados Unidos, llegando a Pensacola el 19 de julio de 1821, dos días después de la ceremonia de transferencia, realizada en dicha ciudad.

"Franja milagrosa"

La "milagrosa franja" recibió la primera visita de hombres blancos con la llegada de los navegantes españoles Miruelos y Pineda hacia 1519. En 1520 fue testigo de la expedición de Narváez, para la que no fue, en verdad, milagrosa. Los excesivamente cargados botes pudieron evitar su hundimiento gracias a las canoas que les fueron adosadas y tomadas a unos indios que huyeron ante su presencia. Al llegar a la isla Santa Rosa, una tormenta se desencadenó, obligándoles a desembarcar. Muertos materialmente de sed por haberse podrido el agua de a bordo, varios fallecieron al beber la salada agua del mar, y los restantes decidieron arriesgarse a navegar, ante la perspectiva de una inevitable deshidratación. Así, se adentraron en la bahía de Pensacola, en la que, recibidos amistosamente en un principio, padecieron una emboscada que les obligó a replegarse —protegiendo la retirada Cabeza de Vaca— y hacerse de nuevo a la mar, no sin haber sufrido todos heridas.

En la misma bahía paró Francisco Maldonado cuando, por encargo de Soto, exploró la región en busca de río navegable y de puerto abrigado a fines de 1539. Se duda si aquí o en la bahía de Mobile —más parece probable en esta última— Maldonado aguardó a su jefe inútilmente en el curso del verano siguiente, en la cita concertada para proveer al conquistador de los necesarios refuerzos en hombres y materiales desde La Habana.

Pensacola

Al entrar en Pensacola, sorprende en seguida el encuentro con calles transversales que llevan por nombre González y Moreno. A poco de profundizar en la historia de la ciudad, comprendemos la justicia de tal recuerdo. González, español y rico propietario, tuvo gran influencia en los destinos de la colonia y la mantuvo incluso después de la incorporación de Florida y los Estados Unidos, defendiendo los derechos de los españoles frente a los nuevos ocupantes. Moreno era hijo del médico que acompañó al gobernador Gálvez cuando conquistó Pensacola en 1781, se casó tres veces y tuvo 27 hijos. Primer banquero de la ciudad (se conserva todavía el arcón en que, como caja de seguridad, guardaba su dinero), su nombre, por sí y por sus descendientes, quedó ligado para siempre a la historia de la ciudad.

Pero no son dichas calles las únicas con nombres españoles. La sorpresa sube de grado cuando se comprueba que forman precisamente los nombres anglosajones la excepción, frente a la abundancia de la nomenclatura hispánica. Partiendo de que las dos calles principales se denominan Cervantes y Palafox, se tropieza uno sucesivamente con las de Alcañiz, Zaragossa, Barcelona, Tarragona, Manresa, Reus, Intendencia, Commendancia, Baylen, etc.

Pensacola cuenta con un Museo Hispánico en conmemoración del gobernador Bernardo de Gálvez.

Primer establecimiento español. Como consecuencia de las urgencias que recibiera de su virrey de Nueva España, D. Luis de Velasco, para colonizar y evangelizar la Florida, el rey de España, D. Felipe II, le ordenó en 1557 que nombrara un gobernador que organizara una expedición destinada a dos puntos, uno indeterminado y otro en Santa Elena, en la costa de Carolina del Sur, para contrarrestar la presencia de los franceses. Velasco eligió para la tarea a D. Tristán de Luna, noble y rico, y lugarteniente de Coronado en sus descubrimientos, quien en junio de 1559 zarpó de Veracruz con 500 soldados, 1.000 colonos, numerosos indios, 240 caballos y abundantes provisiones en 13 barcos. Al final de la accidentada travesía —en que buena parte de los animales y de los alimentos perecieron— y de dudar en la elección del lugar en que se encuentra Mobile, Luna consideró más conveniente el establecimiento en la bahía de Pensacola. En la isla de Santa Rosa desembarcaron, en la que se dijo la primera misa, y en conmemoración de la cual se eleva hoy a los cielos la cruz en la carretera 399, que atraviesa la isla en dirección a Fort Pickens, masiva fortaleza que data de 1834, situada en la entrada de la bahía y cárcel del indio Jerónimo, especialmente fortificada en 1898, cuando la guerra con España.

Conocedor don Tristán de que sólo le quedaban provisiones para ochenta días, envió un galeón a México, y ordenó a dos patrullas inspeccionar la región en busca de sustento, una, en la que participó fray Pedro de Feria, y que recorrió el río Escambia aguas arriba, y otra con padre Domingo de la Anunciación, que exploró la tierra firme en el sector más oriental. Ninguna logró su objetivo. Por otra parte el 19 de agosto se desencadenó un terrible huracán que hundió los barcos fondeados con la excepción de uno, al que transportó el viento en voladas tierra adentro, suceso que fue juzgado por todos como obra del diablo. Una solución era necesaria para aliviar la situación, por lo que el propio Luna tomó el mando de una expedición que se adentró en el continente hasta el hoy Condado de Talladega, en Alabama. Tras muchas penalidades, hubo de regresar al punto de partida y ordenar a su lugarteniente, Sauz, abandonar, después de siete meses de intentos, la empresa, dado el desánimo y aun la insubordinación que cundía entre los colonos capitaneados por Jorge Cerón.

El Domingo de Ramos de 1561 fray Domingo de la Anunciación celebró misa solemne y, antes de comulgar, se volvió a la congregación y, con la Sagrada Hostia en la mano, pidió a Luna se aproximara: le preguntó entonces solemnemente si se confesaba buen católico y, ante la afirmación, si no se declaraba culpable de injusticias y mal gobierno, a lo que, impresionado, don Tristán pidió perdón por sus pecados y faltas a todos los circundantes. El generoso gesto tuvo su efecto y provocó otros análogos en los disidentes que testimoniaron su renovada lealtad al jefe. Pero el hambre y la debilidad no eran buenas colaboradoras, por lo que a ninguna solución práctica se concluyó.

Menos mal que los socorros solicitados a México llegaron en dos barcos, bajo el mando de Angel de Villafañe, el 14 de marzo de 1561, quien traía la orden de trasladar la colonia a la costa oriental de Florida, en Santa Elena, y de sustituir a Luna, que se encontraba enfermo. Cumplimentando las órdenes, zarpó éste vía La Habana en abril. Villafañe, con los colonos (muchos se quedaron en esta última ciudad), pusieron rumbo a aquel destino; una guarnición de unos 70 hombres fue conservada en Pensacola, con la consigna de que debería regresar a Nueva España si en seis meses no recibiera órdenes en contrario. Así acabó el primer ensayo de colonización española en el área que, según se confirma en los llamados *Luna Papers*, editados por renombrados eruditos en el materia, fue bautizada en dicha época *Bahía Filipina del Puerto de Santa María*.

Segundo establecimiento español. El segundo establecimiento español en Pensacola fue motivado por la inquietud causada entre las autoridades españolas por la presencia de La Salle en el Golfo de México y el correspondiente interés de Francia por el área. Bajo el mando del almirante D. Andrés Matías de Paz y el Dr. D. Carlos de Sigüenza y Góngora, una expedición reconoció en 1639 las costas del Golfo de México, desde Pensacola a la desembocadura del Mississippi, y recomendó la ocupación de aquella bahía. En su virtud, el virrey de Nueva España, Conde de Montezuma, ordenó al alcalde mayor de Santa Fe de Guanajuato, D. Andrés de Arriola, preparar la expedición. Con el título de maestre de campo, levó anclas de Veracruz con 200 hombres a bordo de tres navíos, el 15 de octubre de 1698, no llegando a su destino hasta el 21 de noviembre siguiente. Allí se encontró al capitán Juan Jordán de Reina, quien, procedente de España había llegado dos días antes vía La Habana. Inmediatamente de desembarcar, los expedicionarios se dedicaron a montar convenientemente los 18 cañones transportados, así como las edificaciones para albergar a la gente. El fuerte de *San Carlos de Austria* comenzó a ser construido en cuanto la madera necesaria estuvo disponible, con la forma de un cuadro de 100 varas de lado, con cuatro bastiones y con arreglo a los planos de Jayme Franck, presente para dirigir la obra.

No pudo ser más oportuna la ocupación, pues a los tres meses de haber comenzado a instalarse, una importante flota francesa, al mando de Pierre Lemoyne, señor de Iberville, apareció, solicitando permiso para entrar en la bahía; ante la negativa, los franceses pusieron rumbo al Oeste y procedieron a establecerse en Dauphin Island (más tarde en Mobile) y Biloxi. Arriola marchó cuando consideró que la fortificación se hallaba en condiciones de defensa, dejando el mando al sargento mayor D. Francisco Martínez y, en su ausencia, al capitán Jordán. A causa de su condición lignaria y a las especiales circunstancias de humedad, fuerza de los vientos, etc., el fuerte pronto se resintió en su construcción, lo que constituyó el objeto de interesante carta de Franck al secretario del Consejo de Indias, D. Martín de Sierra Alta, de fecha 19 de febrero de 1699. Por otra parte, la insalubridad del área y la dificultad de obtener provisiones directamente, elevaban de manera considerable el mantenimiento del presidio hasta una cifra anual de 100.000 pesos. Varios incendios se produjeron, como el de 1704, que ocasionaron la destrucción de las edificaciones anejas al fuerte. Por todo ello, el gobernador Salinas Verona propuso en el 1712 su traslado a la isla de Santa Rosa.

La guerra de Sucesión al Trono de España alió a esta nación con Francia, por lo que sus establecimientos respectivos en el golfo de México se ayudaron mutuamente contra indios e ingleses. Pero terminada dicha guerra, las relaciones se deterioraron paulatinamente, de forma que el gobernador Salinas, al cesar en 1718, advirtió del inminente ataque francés al fuerte San Carlos y aconsejó el reforzamiento de su guarnición. Efectivamente, el 14 de mayo de 1719 el señor de Bienville ordenó un ataque combinado por mar y tierra, que sorprendió a los españoles y forzó al nuevo gobernador, D. Juan Pedro Matamoros, a rendirse. Enviados los prisioneros a La Habana, una flota que el gobernador de Cuba, D. Gregorio Guazo, preparaba para atacar Fort George, en las Carolinas, fue enviada a Pensacola, al mando del almirante de la Torre, tomando el fuerte el 6 de agosto y haciendo 350 prisioneros. Como contestación, una numerosa expedición francesa, bajo las órdenes del conde de Champmeslin, atacó el establecimiento español el 18 de septiembre y, luego de diez horas de combate, consiguió la victoria. El fuerte quedó destruido, las edificaciones incendiadas y los cañones españoles arrojados a la bahía. ¡En cuatro meses Pensacola había cambiado cuatro veces de manos! Por los artículos de la paz, que terminó la guerra de la Cuádruple Alianza, Francia devolvió en 1722 a España Pensacola.

El fuerte San Carlos de Austria —otro lugar más en los Estados Unidos bajo la advocación española de este santo— muestra todavía sus restos en unas alturas que dominan la entrada de la bahía. A los pies hoy del Fort Barrancas (construido por los Estados Unidos en 1839), la definitiva estructura de 33 x 33 metros de San Carlos se elevó entre 1781 y 1790, adoptando una forma semicircular, a base de ladrillos, rodeada de un profundo foso. Estuvo en manos de los ingleses en 1814 y fue tomado por sus enemigos americanos, quienes lo restituyeron a España al finalizar la guerra de 1812. A raíz del levantamiento de los indios de 1818, se posesionaron de él los Estados Unidos, siendo devuelto a España al año siguiente. Pasó definitivamente a poder de éstos cuando la cesión de Florida por España en 1821.

Tercer establecimiento español. Para recuperar Pensacola y llevar a cabo lo que fue el tercer establecimiento español, el virrey de Nueva España escogió a D. Alejandro Wauchope, un escocés católico, segundo comandante de la Armada de Barlovento. Volvió a elegir la isla de Santa Rosa, por su situación estratégica, su posición defensiva contra los ataques de los indios y su abundancia en agua potable. Pronto un poblado levó sus paredes, y se tienen noticias de que ya en febrero de 1723 existía un almacén de 13 metros de largo, un polvorín, dos cuarteles de gran tamaño, la casa del capitán-gobernador y 32 viviendas. En un mapa de 1739 se incluyen jardines y huertas que los españoles cautivaban en la otra orilla de la bahía, en el lugar del segundo emplazamiento español. Los dibujos del comerciante Serres, que por encargo de una compañía de La Habana visitó Pensacola en 1743, muestran no menos de 50 edificaciones. Un huracán destruyó el poblado en 1752, por lo que los españoles construyeron un puesto avanzado llamado San Miguel, en lo que es hoy Sevilla Square.

En 1763, con la cesión de Florida a Gran Bretaña, terminó el tercer período español. Durante los años subsiguientes construyeron los ingleses dos fuertes, el Fort Barrancas, en emplazamiento cercano al antiguo San Carlos (1771), y el Fort George, situado en la colina izquierda que domina la ciudad.

Conquista de la ciudad por Gálvez. Declarada la guerra a Inglaterra por España, en ayuda de los revolucionarios norteamericanos por su independencia, el gobernador de la Luisiana y de Mobile, D. Bernardo de Gálvez, quien a raíz de la toma de esta última ciudad había sido nombrado por Carlos III mariscal de campo y jefe de todas las operaciones españolas en América, convocó la "Junta de Guerra," que convino un plan de acción para la toma de Pensacola. Tras el amago de una primera expedición de 2.065 hombres, y de otra segunda, igualmente nonnata, consiguió Gálvez, en agosto de 1781, reunir en La Habana 3.800 hombres, pertenecientes al Cuerpo de Ejército arribado no hacía mucho de España. A ellos se les reunirían 2.000, procedentes de México, Puerto Rico y Santo Domingo. Pero la flota quedó dispersada a mediados de octubre por un terrible huracán, que dio al traste con los ilusionados proyectos del mariscal.

Gálvez reaccionó pronto de su desánimo, y convenció a la junta de la procedencia de reorganizar la expedición y de la oportunidad para asestar el golpe final al poder inglés en Pensacola. El 8 de marzo avistó Gálvez con su convoy su primer objetivo, la isla de Santa Rosa. El fuego de los 140 cañones británicos de Barrancas Coloradas ocasionó una disparidad de criterios entre el general y el jefe de su escuadra, Calbó, que quedó zanjada con la decisión del primero de forzar personalmente la entrada de la bahía con el falucho *Valenzuela* y el bergantín *Galveztown*: la operación fue coronada por el éxito, ante el aplauso de la armada y sin recibir daños de consideración. Como consecuencia, la noche siguiente toda la escuadra forzó el paso, sin que ningún barco fuera alcanzado (Calbó decidió retirarse a La Habana). El 22 se unieron a la fuerza expedicionaria Expeleta y 500 hombres, procedentes de Mobile, y el 23 llegaba la escuadra de Nueva Orleáns. A ellos se añadieron los 1.600 veteranos arribados el 19 de abril al mando del mariscal de Campo Juan Manuel de Cagigal, en los 20 navíos a las órdenes de José Solano. Las fuerzas de Gálvez sobrepasaron así la cifra de 7.000 hombres.

Decidido Gálvez a efectuar un ataque final, y tras un mes de estudiar la situación, dispuso que durante tres noches cavaran sus hombres una trinchera que permitiera acercar una batería del 24 a las fortificaciones inglesas. Varios duelos de artillería y asaltos, con sus correspondientes bajas en hombres, se sucedieron, hasta que el amanecer del 8 de mayo un proyectil español acertó con el polvorín del fuerte, originando una potente explosión que mató entre 80 y 100 defensores. Gálvez ordenó entonces el asalto y, a las tres de la tarde, el general Campbell izó la bandera blanca de la rendición. Por los términos de la capitulación, el general inglés entregó al general español la totalidad de la Florida Occidental, a cambio del compromiso por parte de éste de otorgar los honores de guerra a sus adversarios, de proteger a los no combatientes, de restituir los esclavos y de remitir los prisioneros a cualquier puerto que eligieran, con excepción de Jamaica y San Agustín. La rendición formal del fuerte se realizó el 10 de mayo de 1781.

Con grandes alegrías recibió el pueblo de La Habana la noticia, y la misma reacción se verificó en la Península, en la que la *Gaceta de Madrid* reprodujo el satisfecho informe del vencedor a su tío D. José de Gálvez, presidente del Consejo de Indias. La caída de Pensacola supuso un gran contratiempo a la causa inglesa en Norteamérica, y ocasionó una gran satisfacción y alivio a los fatigados ejércitos de Washington. Con esta culminación, el joven general español "había dado —en palabras de Thompson— la más importante ayuda a las colonias americanas en su lucha por la independencia, a cuyo logro contribuyó más que ninguno otro hombre..., había hecho a los Estados Unidos el regalo más importante que un aliado nunca pudo hacer u ofrecer: la seguridad de la frontera Sudeste y Oeste."

Carlos III, en reconocimiento del extraordinario hecho, ordenó que la bahía de Pensacola fuera bautizada con el nombre de Santa María de Gálvez, asimismo, el Fort George recibió el nombre de San Miguel; el Fort Barrancas, el de San Carlos; el Queen's Redoubt, el de fuerte San Bernardo, y el Prince of Wales Battery, el de fuerte Sombrero. Gálvez fue ascendido al empleo de teniente general, se añadió a su gobernación la Florida Occidental y se la independizó de Nueva España; su sueldo personal quedó elevado en 10.000 pesos durante la guerra, se le concedió el título de conde, y la Real Orden de 12 de noviembre de 1781 se expresó en los siguientes términos: "...para perpetuar en la posterioridad la memoria de la heroica acción en la que tú solo forzaste el paso de la bahía, puedes colocar como cimera de tu escudo de armas al bergantín *Galveztown*, con el mote *Yo Solo*..."

En esta campaña participó el venezolano Francisco de Miranda a las órdenes de Gálvez.

Cuarto establecimiento español. De esta forma comenzó el cuarto y último período de la Pensacola española. Con posterioridad a la cesión de Florida a España por Inglaterra por el Tratado de Versalles de 3 de septiembre de 1783, se mantendría la división inglesa de las dos Floridas; Pensacola se convertiría en la capital española de la occidental, al frente de la cual llegaron a estar nueve gobernadores.

Emplazada la actual Pensacola en tierra firme a orillas de la bahía de Escambia (el correspondiente condado guarda también este nombre) y no lejos del río Perdido, puede decirse que nació en 1750, cuando los españoles consideraron conveniente construir la empalizada de San Miguel para defensa de los indios cristianos del área. Así comenzó realmente el cuarto establecimiento español en Pensacola, si bien las obras de la nueva fundación no se iniciaron en serio hasta 1756, en que el emplazamiento de la tercera fue por completo abandonado, a raíz de un destructor huracán.

Tres orígenes tiene, según hemos podido deducir al comienzo de nuestra visita, el callejero pensacoleño: Aragón, Cataluña y la guerra española de la Independencia. Importante conexión con los acontecimientos peninsulares es contemplable en la nomenclatura de dos plazas que, con la de Extremadura, son aún las más significativas de la urbe: plaza Ferdinand VII y Seville. Seville se denominaba con anterioridad Constitución, y la de Ferdinand VII era conocida por Sevilla; he aquí cómo la vuelta al absolutismo del hijo de Carlos IV repercutió en la lejana Pensacola, originando la desaparición de la plaza de la Constitución, así nombrada, como la de San Agustín, en homenaje a la obra de las Cortes de Cádiz. El casco urbano, que incluye dichas calles, se identifica con la antigua ciudad española: se conservan casas de la época, como *Quina House* (de 1815, propiedad de Desiderio Quina, boticario), *Julee House* (construida en 1790 y reputada como la más antigua entre las supérstites) o *Home of Illustrious Ladies* (cuyo origen, debido a Gabriel Hernández, data de 1810); se saben los emplazamientos de la casa del gobernador, de la cárcel, etc.

En la plaza Ferdinand VII se desarrolló la transferencia de Florida por España a los Estados Unidos. En aquélla solían las tropas españolas hacer instrucción y tenían lugar las ceremonias públicas. Aún hoy se hallan en ella el ayuntamiento y los tribunales de justicia. El 17 de julio de 1821 apareció por el costado Norte el general Andrew Jackson, con el cuarto regimiento, y por el Sur el gobernador español José Callava, seguido de sus colaboradores y de los Dragones de Tarragona. Colocados los dos protagonistas en el centro de la plaza, comenzó a arriarse la bandera española hasta la mitad del mástil, en tanto que en otro se izaba la norteamericana con 24 estrellas; durante breves momentos ambas permanecieron a la misma altura, hasta que la española fue bajada por completo y la roja, blanca y azul subida al tope. Gritos de júbilo salieron de las gargantas americanas en tanto que los españoles sollozaban en silencio; ante tan doliente contraste, Jackson —que no era precisamente un sentimental— ordenó la suspensión de toda manifestación de alegría. Su relación, días antes, con Callava no había sido, sin embargo, amistosa, cuando el español —ignorante de la venta— se resistió a hacer entrega del mando al yanqui; éste optó por ordenar el encarcelamiento del gobernador, quien, encontrándose en casa celebrando una festividad familiar, prefirió no resistir y llevarse a la prisión a amigos y parientes, con los que allí prosiguió la reunión.

De estos momentos quedan gráfica constancia merced a los artistas Rudeen y Manuel Runyan en el Museo Histórico de Pensacola. Cerca del museo nos aguarda el cementerio de St. Michael, de ocho acres de extensión, que fue donado a los católicos de Pensacola por el rey de España en 1781.

El Panton Leslie Post es otro paraje de notar. El gobernador Zéspedes estimó que los servicios de los negociantes escoceses William Panton y John Leslie eran indispensables para conservar el comercio, frente a la competencia de los Estados Unidos y de Gran Bretaña, con los indios creek capitaneados por Alexander McGillivray, por lo que autorizó en 1785 a aquéllos a establecerse en Pensacola y montar un gran negocio en colaboración con el jefe indio. Así, comenzó una empresa que, como luego veremos, jugó un papel relevante en la política española. Cuando McGillivray falleció en 1793, recibió sepultura en el jardín de la casa. Esta sufrió grandes vicisitudes con la muerte de sus fundadores y de sus sucesivos propietarios: sus ruinas se muestran como un trozo memorable de la historia patria.

Solemnes actos tuvieron por escenario Pensacola en 1959 al iniciarse las conmemoraciones centenarias de Florida.

Nombres españoles

Además de las localidades ya citadas con nombres españoles, podemos recordar: Alturas, Cortez, El Portal, Mayo, Naranja, Ponce de León, Punta Gorda, San Mateo, Seville, Valparaíso, Andalusia, Arredonda, Columbia, Hernando, Pedro y San Blas, además de los condados de León, De Soto y Santa Rosa.

PARTE III: ESTADOS EN LA ORILLA ORIENTAL DEL RIO MISSISSIPPI

Dos criterios —geográfico e histórico— han predominado en la agrupación en esta parte de los estados arriba mencionados. Si la cuenca de un río constituye siempre un complejo geográfico homogéneo, con mayor motivo lo formará el "padre de ríos," uno de los primeros del planeta por su longitud, su magnitud y la extensión de la región que riega y a la que sirve como medio fundamental de transporte. Desde el punto de vista histórico, tiente aún más razón de ser la distribución elegida; de no intervenir, hubiera sido lógico el tratamiento conjunto con los estados, que, formando también la cuenca, se encuentran situados en su orilla derecha u occidental. Pero en lo que toca a la historia, las dos márgenes han tenido vidas diferentes, y más en lo referente a España y a su contribución en su devenir.

Al finalizar la guerra entre Francia, España e Inglaterra por el Tratado de París en 1763, por el que la primera perdió en favor de la tercera el Canadá y el resto de sus colonias en Norteamérica, la segunda entró en posesión de las tierras al oeste del Mississippi y de la isla de Nueva Orleáns, situada al este, como pertenecientes a la parte más importante de la antigua Luisiana francesa, en tanto que a Inglaterra correspondieron las existentes en la margen izquierda de dicho río, o lo que es igual, al este de él. En los preliminares de paz, Francia había ofrecido a Inglaterra la Luisiana, pero poseedora ésta de Cuba, prefirió exigir Florida a cambio de la recuperación de aquélla por España; para vencer la hispana resistencia a perder territorio tan estratégico y tan encarnizadamente defendido en épocas anteriores, Francia ofreció a su vecina meridional los territorios de la Luisiana, situados en la orilla occidental. Aunque parezca extraño a primera vista, tamaño regalo no fue recibido con entusiasmo en la corte de Madrid, pues añadía mayores gastos, renovados esfuerzos, duplicada preocupación a un estado decadente, cuyo grave problema era hacer frente a los muchos que sus dilatados reinos le producían. Primó, sin embargo, la consideración de que los grandes dominios que se venían a las manos de la Corona española servirían de faja de protección para Nueva España y las gobernaciones de él dependientes, como Texas y Nuevo México, y de contención para los posibles intentos de expansión de los vecinos, bien fueran ingleses, bien los colonos que con el tiempo adquirirían la independencia, bien los franceses, cuya presencia buenos quebraderos de cabeza había dado a las autoridades españolas de Texas y cuya desaparición —con la correlativa transferencia de sus territorios a España— inauguraría una etapa de tranquilidad que no habría de durar, por desgracia, muchos años.

Por el tratado aludido, todas las tierras al este del Mississippi pasaban a poder de Inglaterra, incluida la Florida, y todas las del Oeste quedaban bajo el dominio del rey de España. De no haber acaecido una serie de sucesos posteriores, hubiera podido ocurrir la estabilización indefinida de esta línea fronteriza, dada la fuerza divisoria de la corriente del Mississippi y la posibilidad de que Inglaterra se hubiera conformado (quizá no tanto en el Norte), con consolidar un respetable estado, que desde Key West a los Grandes

Lagos (ellos incluidos) se prolongaba hacia el Norte por tierras canadienses parcialmente exploradas, tanto en dirección al Polo como rumbo al Oeste, todavía desconocido. Por otra parte, la regulación o gobierno dado por Inglaterra a estas dilatadas posesiones era diferente según su aproximación o lejanía a sus bordes orientales u occidentales.

Las colonias establecidas en las cercanías de la costa contaron pronto con un crecido número de pobladores y con un tipo de gobierno que se asemejaba al de la metrópoli: éstas fueron las que se declararon en rebeldía y son las estudiadas, en definitiva, en la parte II (con excepción de Florida), las que dieron nacimiento a los Trece Estados fundacionales. Dichas provincias se encontraban situadas entre el océano Atlántico, al Este, y las cadenas de los Apalaches, al Oeste; espacio suficiente para la expansión futura (no entrevista todavía la que se desarrollaría a lo largo del siglo XIX y siglo XX) y espacio todavía vacío, lleno de posibilidades y campo de acción sobrado para el espíritu aventurero más ambicioso. Pero las tierras al oeste de los Apalaches, ahora en manos inglesas, rastreadas en algunos sectores por los franceses descendidos en el curso del siglo XVII desde Canadá, y que por el tratado de 1763 habían pasado a Inglaterra, producirían por su enorme extensión difíciles problemas de defensa evidenciados en las guerras recientemente terminadas.

La *King's Proclamation*, o Proclamación Real de 1763, decretó una línea —llamada *Proclamation Line*— que remontaría la cresta de los Apalaches y que servirían de límite occidental para el establecimiento de los colonos procedentes del Este. La puesta en práctica de la disposición real acarreó incendios y destrucciones, llevados a cabo por el ejército regular inglés, de las cabinas y construcciones de los blancos que habían osado atravesar las barreras montañosas en desafío de aquel edicto de los estatutos provinciales y de la amenaza india. Ante la oposición de las colonias de participar en los gastos que ocasionaba la defensa de la frontera y de un territorio que pertenecían con exclusividad a la Corona, el gobierno inglés resolvió abandonar su responsabilidad de mantener la paz en aquellos territorios, y concentrar sus fuerzas en las costa, dados los incipientes amagos de sedición.

La creación de la línea había venido a beneficiar a los comerciantes con los indios que vieron retardar la llegada de los blancos y el asentamiento de éstos en los territorios por ellos controlados, a los indios que consiguieron retrasar la presencia extraña por varios años y a las compañías inmobiliarias que tuvieron tiempo para organizarse. Con el debilitamiento de la vigilancia de ejército, como resultado de su paulatina retirada hacia el Este, se deparó a las compañías la oportunidad para abrir brecha y comenzar su política rural. Así, ya en 1768, negociaron el Tratado de Fort Stanwix con Sir William Johnson, el procónsul de los indios, por el que los iroqueses vendieron por el equivalente de 50.000 dólares sus derechos a los territorios al este y al sur del río Ohio. Hubo, sin embargo, colonos que consiguieron su permanencia contra viento y marea, como en Kentucky o en la región de Natchez, Mississippi, en este caso aprovechándose del portillo abierto por el Decreto real al permitir establecimientos en Florida Occidental.

La Proclamación Real constituiría un sólido obstáculo legal para los negociadores revolucionarios en las tratativas preliminares de paz habidas con Francia y España; difícilmente podrían encontrar una réplica, basada en derecho, a las reclamaciones españolas sobre las comarcas comprendidas al oeste de la línea y alegar, bajo cualquier teoría aceptada de derecho internacional, soberanía sobre ellas: la Proclamación Real había específicamente reservado aquellos territorios a Inglaterra y denegado a las Trece Provincias todo derecho a ellos referente.

Llegamos aquí a un punto en el que conviene exponer en líneas generales la presencia de España en los estados objeto de esta parte, y la estrecha forma en que quedó ligada con ellos. Fue primordialmente con ocasión de la rebeldía de los colonos contra la Gran Bretaña, de la Proclamación de la Independencia, de la guerra subsiguiente y del Tratado de París de 1783 entre la Madre Patria sajona y la nueva nación. De no estallar la revolución, la presencia española en la región se hubiera limitado quizá a relaciones fronterizas y a la resolución de los problemas causados en los residentes franceses por la cesión de la Luisiana por Francia. Estos elegirían en gran mayoría someterse al gobierno de España antes que al de Inglaterra, por pensar acertadamente que habían de encontrar, dado su catolicismo, mayor protección y comprensión ante los representantes de la borbónica majestad que de parte de los gobernantes protestantes anglosajones; así, muchos franceses cruzaron el Mississippi y abandonaron su residencia en las tierras situadas en su margen izquierda.

El estallido de la guerra entre Inglaterra y sus colonias traería desde el principio la simpatía de España hacia los sublevados, simpatía que se concretaría en una serie de actos positivos de gran trascendencia para su causa y que más tarde sería uno de los motivos fundamentales de la declaración de guerra por parte de España, como antes lo había hecho Francia, el 21 de junio de 1779, contra su tradicional enemiga, y la participación de los ejércitos españoles en la contienda.

Esta región que nos ocupa —con la situada a la orilla derecha del Mississippi— fue el escenario de la bélica intervención española (con excepción de Pensacola, también arrebataba a los ingleses por las tropas de Gálvez en tan crucial oportunidad), intervención que, como hemos visto e iremos viendo, alcanzó notable resonancia y supuso una ayuda militar para los colonos, revestida de caracteres específicos: fue la única facilitada a la nueva nación por otra como tal, con su ejército regular, mandado por generales propios, y siguiendo las órdenes emanadas del superior gobierno, y en función de amigo y cobeligerante; es indudable que la colaboración directa francesa en hombres y material alcanzó cifras más respetables que la española, pero los galos, en un principio, intervinieron tan sólo como voluntarios, y más tarde encuadrados en el ejército revolucionario bajo el mando supremo de Washington. Merced a la bélica determinación española, muchos nativos de sus territorios —futuros componentes de la Unión— pudieron colaborar en la consecución de la independencia contra Inglaterra.

Pero es que, además, se da la feliz y significativa circunstancia de que dicha militar intervención española se caracterizó por su éxito, y los nombres de Fort Manchac, Baton Rouge, Natchez, Mobile, Pensacola, San Luis y San José son otros tantos de victorias españolas sobre los ingleses, sin contar junto a ellas derrota alguna. No quedarían en el valle del Mississippi más fuertes ingleses que Detroit y Mackinac. No contaban éstos con tal resultado cuando planearon sus campañas a base de conseguir —con la ayuda de sus aliados indios— la libre navegación del río Mississippi con la toma de puntos tan estratégicos como Nueva Orleáns. Con sus victorias y con vistas a la protección de los territorios al oeste del Misisipí, comenzaron los españoles a considerar sus derechos sobre los situados al Este, parte de los cuales había caído materialmente en su poder y en algunos de cuyos actos o gestos motivados por el cuidado de establecer bases para las alegaciones posteriores de soberanía, completarían las actividades españolas en la región durante la guerra de la Independencia.

Las pretensiones españolas sobre los territorios al este del Mississippi recibieron el apoyo de Francia, y su representante diplomático, M. Chevalier de la Luzerne, insistentemente reclamó del Congreso reunido en Filadelfia su reconocimiento, condicionando a él la fundamental ayuda de su país. El estado de Virginia, como excepción, dio pasos que contradecían los argumentos españoles, al elevar Clark en 1780, con la aprobación de Jefferson, el fuerte Jefferson en las márgenes orientales del Mississippi; pero los ataques de los indios chickasaw y las dificultades de suministros obligaron a su abandono al año siguiente: como única guarnición americana quedó la de Fort Nelson, en Louisville, así denominada en honor al rey francés Luis XVI y como agradecimiento a la colaboración gala. Con tal proceder, Virginia y los estados del Sur, como Carolina del Norte, llegaron a irritar a los del Norte, sin intereses de tierras en el Oeste, temerosos de alinearse el apoyo y la amistad franceses. Cuando fracasó, por negativa inglesa, el intento de mediación de Rusia y Austria ofrecido a los Estados Unidos el 20 de mayo de 1781, el ministro La Luzerne pudo escribir a su gobierno que los americanos, conociendo las realidades de su situación, se hallaban dispuestos a aceptar el río Ohio e incluso los Apalaches como frontera futura entre los Estados Unidos y España. Correspondió a Benjamin Franklin la suprema responsabilidad en las negociaciones para la paz que habría de sucederse, y en el verano de 1781, difícil para la causa americana, adoptó un enfoque realista y se mostró presto a hacer concesiones con el fin de conseguir la victoria.

En agosto de 1782 John Jay, que había servido como delegado de las colonias de Madrid hasta el mes de junio, propuso como compromiso una línea limítrofe que se trazara desde Kanawha hasta la frontera con Georgia, y que salvaría para los estados nacientes, Pennsylvania y la mayoría de los establecimientos en la región de Holston, pero que dejaría a Kentucky y Tennessee en territorio español. La posición inglesa claramente se mostraba, por otro lado, no dispuesta a ceder a los rebeldes más allá de la Línea, territorios que habían sido denegados a los súbditos leales a la Corona.

A las ofertas de mediación de Rusia y de Austria, contestó negativamente el Conde de Floridablanca, "en documento poco divulgado y de interés innegable para la historia de España y de los Estados Unidos"; en él deja sentada la lealtad de España al no consentir se abriesen las puertas a futuros atropellos contra el pueblo sublevado y al no hallarse dispuesto a firmar la paz si éste no conseguía su anhelada independencia.

La actitud del gobierno británico cambió, sin embargo, bruscamente con el nombramiento como jefe del gabinete de Lord Schelburne y al percatarse los negociadores ingleses de que su posición debía ser justamente la opuesta de la francesa. Si ésta sostenía una frontera occidental de la nueva nación que limitaría su expansión en tal sentido, Inglaterra debería procurar lo contrario. Y así, ocurrió, que los delegados norteamericanos recibieron atónitos unas proposiciones de paz —insospechables, años y aun meses antes— que incorporaron al tratado de paz provisional, firmado el 30 de noviembre de 1782. La tan defendida *Proclamation Line*, por la que la Corona se obligaba a proteger los intereses de los fieles indios aliados, fue arrumbada casi sin discusión y en su lugar se reconocían como pertenecientes a los Estados Unidos los territorios ingleses situados al oeste de las montañas Apalaches y al sur de los Grandes Lagos; los dominios de varias naciones indias quedaban bajo las esfera del nuevo país. El confín con Canadá se trazaba por parajes que coinciden con los actuales, y las pretensiones españolas se hacían retroceder a los márgenes occidentales del Mississippi y a las tierras al sur del paralelo 31°.

Con la nueva situación creada, tanto los Estados Unidos como España quisieron solucionar el problema de límites entre sus respectivos territorios. Correspondió al Conde de Aranda la tarea de tratar con Jay, residente de nuevo en París, conversaciones que habían sido iniciadas a mediados de 1782. Comenzó el embajador español trazando con un lápiz rojo sobre uno de los mapas del Atlas de Mitchell la frontera que reclamaba España: comenzaba por el Lago Superior, pasaba por el Erie, seguía por la confluencia del río Conhaway con el Ohio, para dar en el recodo más entrante de la Carolina meridional, continuando hasta buscar como visual un lago en la tierra de los Apalaches que forma un río cuyo nombre se desconocía y desaguaba en el río Altamaha o George River, pero sin llegar a él, dejando así una indicación indecisa.

Conocedor Aranda de sus escasos conocimientos cartográficos, recurrió a los expertos oficios de Rayneval, subsecretario de Vergennes, fijando como punto cardinal en la negociación con Jay la existencia de dos categorías de territorios británicos en la América septentrional: las colonias propiamente dichas, con población y límites conocidos, y los territorios de la Corona conquistados a otros imperios, Canadá, Luisiana y Florida. La memoria que redactó Rayneval complació a los españoles, dado que hacía herederos a éstos de los derechos adquiridos por Francia en Luisiana, si bien trazaba la línea limítrofe un tanto separada de la de Aranda. Las dificultades interiores de los Estados Unidos y el nombramiento de Gardoqui como representante español ante el Congreso norteamericano aplazaron la consecución de un acuerdo.

Entre tanto, el activo expansionismo de los colonos, no siempre pacífico, y la debilidad creciente de España, no obstante el patriotismo y habilidad de sus representantes en el continente, hicieron que quedara incontestado *de facto* el dominio yanqui en la parte alta de la ribera oriental del Mississippi. No ocurrió lo mismo en el extremo sur del área disputada, en el que llegaron a originarse peligrosas tensiones. La ausencia de base jurídica en las pretensiones norteamericanas sobre este sector es reconocida por historiadores como Flagg Bemis. Ambas partes recurrieron a la preciosa alianza de los indios, quienes en esta oportunidad se inclinaron abiertamente del lado español: el caso de McGillivray es un ejemplo bien patente. La continuada presión norteamericana y la progresiva decadencia española desembocaron en la firma del Tratado de San Lorenzo en 1795, por el que prácticamente España abandonaba sus puntos de vista y cedía ante su vecino. Se vino así a poner en práctica la política aconsejada por Aranda a Floridablanca, en carta de 2 de marzo de 1783, cuando decía, entre otras cosas: "(puesto) que aquel nuevo dominio... lleva visos de ser tranquilo en su establecimiento, que es cuanto podemos desear, por lo mismo parecer ser nuestro interés el que empiece a vivir con semejante disposición, sin quedarle espina inmediata que mire con resentimiento, para que ni en los actuales vivientes ni en la tradición de sus sucesores se engendre un encono de vecinos..."

Pero la presencia española se vertió en otro aspecto de suma importancia: aceptando el hecho de la material ocupación de las regiones de Kentucky y de Tennessee por los colonos procedentes del Este, España mostró sus simpatías hacia sus deseos de independencia de las Trece Provincias y de asociación con España bajo ciertas condiciones; hubo un momento en 1787 en el que todo el mundo creía que el Oeste se haría español, y en esta opinión abundaban las mismas autoridades españolas del área. Poco faltó para que, por propia voluntad de sus anglosajones habitantes, los territorios que hoy son Kentucky y Tennessee, pasaran a depender de la Corona de España en el último cuarto del siglo XVIII, y justamente a los cinco años de la independencia del país. Lo que no se había podido retener por la fuerza estuvo a punto de obtenerse por medios pacíficos. No hace falta mucha imaginación para pensar en cuál habría sido el destino de la joven nación de haberse cuajado los anhelos secesionistas de una fracción de sus habitantes.

ILLINOIS

Es Illinois un nombre familiar en los papeles del estado español, en los documentos conservados en el Archivo de Indias de Sevilla y en los libros de historia en los que se trata de los destinos de España. Data su inclusión activa en el mundo de ésta y su incorporación al acontecer de los tiempos en que España entró en posesión de la Luisiana, como consecuencia del Tratado de París, por el que Francia le cedió en 1763 tan vastos territorios. A partir de tal momento, el nombre de Illinois, correspondiente a un sector de nativos de la región, comienza a aparecer, pero, como en otros muchos casos, con una ortografía peculiar o hispanizada. Así, veremos alusiones a *Ylinoa*, al *Ylinois* y al distrito de los *Ylinenses*. En el informe que Francisco Rui eleva al gobernador O'Reilly el 29 de octubre de 1769 se indica que el primer pueblo de los "Ylinenses" es el llamado de Santa Genoveva, o, por otro nombre, Misera. El que somete dos días más tarde el teniente gobernador Piernas incluye una descripción cuyo comienzo es de este tenor: "El país de los *Ylinoeses* es, en general, sano y fértil, con clima delicioso y apto para toda clase de plantas..."

A las claras está que estas españolas noticias dan al "Ylinois" una mayor extensión que la actualmente ocupada por el estado de su nombre; los españoles querían referirse, indudablemente, a la Alta Luisiana, que comprendía las tierras al Norte de lo que es hoy mitad del estado de Arkansas.

Chicago

El Museo de Ciencia e Industria es el único resto de la *Columbian World Exposition* de 1892, organizada para celebrar el descubrimiento de América. España estuvo representada en tan solemne oportunidad por la Infanta Eulalia. Los actos los presidió el vicepresidente de la Unión, Levi P. Morton, junto con varios miembros del gobierno, en ausencia del presidente Harrison, quien tenía críticamente enferma a su esposa. Un desfile a base de 80.000 hombres, con la intervención de indios y de *cowboys*, la actuación de 150 bandas de música (John Philip Sousa dirigió la Banda de la Marina) y un concierto en el que intervino un coro de 1.000 voces fueron otros tantos acontecimientos complementarios de la Exposición, que no pudo inaugurarse el día 12 de octubre, sino diez días más tarde. En momentos en que la campaña feminista para conseguir para la mujer el derecho al voto se hallaba en su cumbre, una junta de señoras recibió el encargo de ayudar en la organización de rememorativos y en la atención a los huéspedes y visitantes. El lema y justificación de su intervención se basaba en la reina Isabel, "sin la que Colón no hubiera descubierto América: *'all in honor of Queen Isabella'*."

En honor de ésta se emitió en 1893 una moneda de valor de $0,25, que alcanza hoy elevado precio entre los coleccionistas. Se trata de la única moneda conmemorativa de ese valor acuñada en los Estados Unidos y de la única que representa a un monarca extranjero; con ocasión de las festividades colombinas, también se emitió una moneda de un valor de $0,50, con la efigie de Colón en el anverso y de la carabela *Santa María* en el reverso. Esta fue la primera de las monedas recordativas que con posterioridad verían la luz en Estados Unidos.

Chicago es la ciudad preferida para los congresos de todo tipo. Los profesores de idiomas no son excepción en la corriente indicada, por lo que la *Modern Language Association*, que acoge a los profesores universitarios de lenguas vivas, y la *American Association of Teachers of Spanish and Portuguese*, que agrupa a todos los profesores de español y portugués, en todos los grados de la enseñanza (hay otras específicas para los demás idiomas), se reúnen correspondiendo a Chicago la sede cada dos años.

En el campo de la enseñanza superior figuran en la gran metrópoli las universidades de Chicago, cuya biblioteca contiene las colecciones Durret —con documentos relacionados con los intentos independentistas de Kentucky— y Gardoqui —a base de copias en los archivos españoles sobre su actuación diplomática en los Estados Unidos—; y la Loyola de los jesuitas —con un Instituto de la Historia de la Compañía, que se ha ocupado, así como su revista trimestral *Mid-America*, de las misiones españolas en Norteamérica; concede anualmente la "Espada de Loyola" a "las personas que sobresalen en las virtudes de Ignacio de Loyola de valor, dedicación y servicio." Existen otras universidades que, con las anteriores, cuentan con notables departamentos de español.

Sesenta y tantos años antes de los mormones, anduvieron victoriosos los españoles por el sector occidental de Illinois; los habitantes de Cahokia, cerca del actual East St. Louis, hicieron en 1780 causa común con aquéllos (que se hallaban estacionados en la otra orilla del Mississippi), para defenderse de los ataques de los indios. Una compañía de 300 en total tomó represalias (bajo el mando del coronel Montgomery) cerca del río Bear y de Prairie du Chien, en las proximidades de Keokuk, en la frontera de Iowa, Illinois y Missouri.

Mississippi abajo, y a unos 100 kilómetros de St. Louis, se encontraba Kaskasia, en frente de Santa Genoveva o Ste. Geneviève. Este establecimiento, con el de Cahokia, jugó especial papel en tiempos de la revolución, mereciendo reseñarse la participación española en los hechos que allí se sucedieron. A Kaskasia llegó Clark el 4 de julio de 1778, cumpliendo las instrucciones del gobernador de Virginia, Patrick Henry, que había aprobado el plan que le sometiera Clark el mes de diciembre anterior. La carencia de municiones, víveres y dinero para pagar a su gente puso en peligro su situación, salvada gracias a los giros y letras de cambio que Clark remitió a Nueva Orleáns al agente de Virginia, Pollock, aceptados por el gobernador español; éste adelantó a Pollock hasta 74.087 dólares para la compra de pólvora y otras provisiones, y le ayudó en la obtención de éstas. Don Bernardo de Gávlez, igualmente, permitió que los hombres de James Willing, llegados desde Pittsburgh en un bote armado, se unieran a las fuerzas de Clark, atravesando los territorios españoles. Posteriormente, Pollock se obligaría a título personal por la cantidad de 136.466 dólares, lo que le ocasionaría la ruina al no honrar sus compromisos el estado de Virginia; diez años después sería rembolsado debidamente por los gobiernos de dicho estado y el federal.

Clark consiguió también la simpatía del teniente-gobernador español en San Luis, Fernando de Leyba, quien le aguardaba, merced a las confidencias que había recibido —como los demás comandantes españoles en el Mississippi— del agente español en Filadelfia Juan Miralles, informado de la empresa proyectada. Clark fue muy amablemente recibido por Leyba; en escrito a Patrick Henry confiesa que el jefe español le había ofrecido toda fuerza que él pudiese levantar en el caso de un ataque de los indios procedentes de Detroit. Leyba y Clark llegaron a ser íntimos amigos. Todos los recursos de los establecimientos de San Luis —recuerda Thompson— quedaran abiertos a los de Kentucky, incluyendo más tarde la hospitalidad del propio hogar del teniente-gobernador y el cálido afecto de las damas de su familia (hay constancia de los amores de Clark con la hermana de aquél).

Bien sabemos que la campaña de Clark culminaría con la toma definitiva de Vincennes, hoy en el estado de Indiana. La victoria se debería en buena parte a la ayuda suministrada a Clark por Gálvez y Pollock, Clark no sólo había dependido de ellos para el suministro de sus tropas, sino que pudo continuar, gracias al crédito que le facilitaron, la conquista de la región y mantenerla. Sin la colaboración de aquéllos no habría quedado definitivamente en manos inglesas y el plan de inglés de conquistar la cuenca del Mississippi habría supuesto la pérdida del Oeste para los colonos, con las consecuencias correspondientes para el curso de la guerra.

Las relaciones de Kaskasia y de Cahokia con los españoles se incrementaron a raíz de la creciente huida de los católicos franceses habitantes de éstas hacia la orilla derecha del Mississippi; el padre Gibault recibió el nombramiento de párroco de Santa Genoveva en 1778; Gabriel Cerré, uno de los acaudalados ciudadanos de Kaskasia, emigró al lado español en 1779; Charles Gratiot, de Cahokia, le siguió a poco.

Años más tarde, los mineros a la orden de Julien Dubuque, súbdito del rey de España, explotaron yacimientos de plomo en el río Aple, cerca de la actual occidental ciudad de Elizabeth.

Nombres españoles

En el estado de Illinois hay las siguientes localidades que llevan nombres hispánicos: Aledo, Alto Pass, Andalusia, Argenta, Aurora, Cerro Gordo, Cisne, Cordova, Cuba, De Soto, Eldorado, El Paso, Galena, Manito, Palo Heights, Palos Park, Perú, Plano, Polo, San José, Serena, Alma, Arena, Columbia, New Columbia, Havana, Hidalgo, Noble, Nevada, Lima, Sacramento, Seneca, Trilla y Toledo, esta última participante de la asociación mundial de ciudades que se enorgullecen de semejante nombre.

WISCONSIN

Descubierto por Jean Nicolet en 1634, su nombre significa "reunión de las aguas." Es uno de los estados de la Unión que menor conexión tiene con las cosas de España. Fueron sus tierras occidentales, sin embargo, teatro de un hecho de armas victorioso para el súbdito del rey Carlos IV de España, Julien Dubuque: durante la guerra hispano-inglesa condujo en 1797 una expedición desde su residencia en Iowa —Mines d'Espagne— hasta Prairie du Chien, 50 millar al Norte, en Wisconsin, consiguiendo arrojar a los ingleses y a sus indios aliados y regresar a su punto de partida con un considerable botín.

Nombres españoles

Llevan nombres españoles los condados de Columbia y Vigas, y las ciudades de Alma, Centuria, Cuba, Río, Almena, Barron, De Soto, Polar, Lima Center, W. Lima, Casco, Columbia, Cornucopia, Deronda y Potosí.

INDIANA

Moja un pico de su rincón noroeste en el lago Michigan; el resto de sus límites son terrestres con Michigan al norte, Ohio al este, Illinois al oeste y Kentucky al sur. Esta situación estratégica entre vecinos tan dispares, influye en su fisonomía geográfica y psicológica.

John Hay, político de Indiana, escribió en 1781 un penetrante libro sobre las costumbres españolas: *Castilian Days*.

Indianapolis —la capital del estado— cuenta con Butler University y con el Instituto de Arte John Herron, que posee, entre otras notabilidades, los cuadros de *El Filósofo*, de Zuloaga; *Muchacho soplando burbujas*, atribuido a Murillo; un anónimo español del siglo XVI, cinco bocetos de Sorolla y dos grabados de Goya y de Picasso.

Vincennes, así nombrada por el capitán francés muerto en el 1736, se halla en el Sudoeste, en las márgenes del río Wabash. Durante la revolución, sus ciudadanos se situaron del lado independentista; tratándose en su mayoría de franceses, resistieron la dominación inglesa, por lo que participaron con Clark en la toma por éste de la ciudad el 24 de febrero de 1779. La ayuda española fue preciosa en la consecución de tal objetivo, no sólo por los bienes materiales facilitados al caudillo revolucionario, sino por la colaboración personal que le prestó el súbdito español, coronel Vigo, comerciante, a las órdenes del gobernador español de San Luis. Poseedor de amplia fortuna, la puso Vigo al servicio de la lucha contra Inglaterra (uno de los condados de Illinois recibiría su nombre). Hallándose Clark en Kaskasia, comisionó a Vigo para reconocer la situación después de la toma de Vincennes por Hamilton el 15 de diciembre de 1778. Cinco millas antes de llegar a su destino cayó prisionero de los británicos y, aunque considerado espía rebelde, no se procedió contra él por su popularidad entre los ciudadanos de Vincennes y su condición de súbdito del rey de España. Hamilton le permitió marchar a condición de su pasividad durante la revolución. Aunque permaneció neutral, no pudo por menos de comunicar a Clark sus impresiones, que mucho valieron a éste en la toma definitiva de Vincennes.

Años más tarde, en 1786, Clark se replegaría a Vincennes en su fracasada expedición contra los indios, y al confiscar aquí las mercancías de tres comerciantes españoles, cometería el último error que ocasionaría el nombramiento de una comisión investigadora de su actuación, cuyo pronunciamiento desfavorable acarrearía su destitución y el ocaso de la buena estrella que hasta entonces le había acompañado.

Por la región septentrional del estado la expedición española, que al mando de Eugenio Purré conquistó el fuerte de San José en Michigan en 1781, pasaría dos veces en los caminos de ida y vuelta.

Nombres españoles

Llevan nombres españoles en Indiana, el condado de Vigo y las ciudades de Aurora, Avila, Francisco, Galveston (en honor de Gálvez), Largo, López, Valparaíso, Buena Vista, San Jacinto, Amo, Vigo, Carmel, Cádiz, Nevada, Point Isabel, Santa Fe, Perú, Veracruz, Honduras y Plato.

♦ MICHIGAN ♦

Aunque parezca extraño a primera vista, la bandera española ha ondeado en Michigan en el año 1781 con pleno derecho soberano, el que da la conquista. Hasta aquellas latitudes llegaron las victoriosas armas de España, y su presencia en ella dio pie a las alegaciones de la corte de Madrid en defensa de sus reclamaciones a las tierras al este del río Mississippi. La mayoría de los conocedores de la historia del continente Norte dan este episodio —que refuerza la idea de la extendida presencia española a lo ancho y a lo largo de sus tierras— por silenciado. Ocurrió así: sabedor el nuevo teniente gobernador de San Luis, Cruzat, de los renovados preparativos ingleses para intentar conquistar la ciudad por segunda vez y de que almacenaban los efectivos en el fuerte del St. Joseph, decidió acudir a la máxima estratégica de atacar para evitar ser atacado, utilizando, además, la sorpresa. Encontró ayuda para su proyecto en los indios Heturno y Naguiquen y en la población francesa de Cahokia, que deseaba resarcirse de las pérdidas sufridas por ella en un asalto anterior al fuerte. Como antecedente favorable de caso análogo, podía recordarse la afortunada conquista de Vincennes por Clark en 1779. Partió la expedición de San Luis el 2 de enero de 1781 al mando de Eugenio Purré o Pourée, con Carlos Tayon como segundo y Luis Chevalier como guía e intérprete, hijo del jefe francés del fuerte interesado, y que había sido maltratado por los británicos cuando entraron en posesión de éste; además de 65 soldados y unos 200 indios aliados.

Con la adición de 12 soldados españoles estacionados a lo largo del río Illinois, marchó la fuerza los 600 kilómetros de recorrido a través de campos nevados y de territorios de tribus indias (que no molestaron a los viajeros), con abundante carga de provisiones para sobrevivir y comprar la neutralidad de los indígenas, pero con escasez de ropa de abrigo que los protegiera de las bajas temperaturas. Los días que transcurrieron hasta el 12 de febrero siguiente no fueron, pues, de placer; menos mal que el pequeño ejército pudo atravesar a pie el helado río St. Joseph y atacar por sorpresa el fuerte y las fortificaciones adyacentes. Ninguno de los asaltantes perdió la vida, y las provisiones encontradas quedaron distribuidas entre los participantes, indios incluidos. La bandera española fue ceremoniosamente izada (en tanto que la británica era apresada y llevada más tarde a San Luis como trofeo) y se tomó posesión del país en nombre de Carlos III.

Como el propósito de la expedición era defensivo y sólo se pretendía destruir las provisiones inglesas y su punto de apoyo para un futuro ataque a las posiciones españoles, y como las fuerzas de que disponía Cruzat no le permitían dejar en St. Joseph —tan distante de San Luis— una adecuada guarnición, Purré ordenó la retirada, tras un mínimo período de descanso y de quemar el fuerte y edificios adyacentes, con la excepción de la capilla. Con análogas dificultades regresó la partida, llegando sin novedad a su punto de origen en los primeros días de marzo.

El teniente gobernador informó coloridamente a sus jefes en Nueva Orleáns y en Madrid del éxito obtenido, por lo que la *Gaceta de Madrid* publicó el acontecimiento en su edición del 12 de marzo de 1782. John Jay, representante de los independentistas en Madrid, al leerla, escribió con cierta ansiedad a su secretario de Relaciones Exteriores en Filadelfia el 28 de abril de dicho año, y de iguales inquietudes participaron los negociadores norteamericanos en París, cuyo horizonte no se había todavía aclarado por la final resolución inglesa de ceder a la nueva nación todos los territorios a la orilla este de Mississippi. José de Gálvez, a la sazón primer ministro del rey de España, felicitó por el triunfo, en carta número 62, fechada en El Pardo, el 15 de enero de 1782, a su sobrino Bernardo Gálvez, gobernador de Luisiana, y concedió a Eugenio Purré el rango de teniente del ejército, con media paga; a Carlos Tayon, el de subteniente, con media paga, y a Luis Chevalier, la recompensa que el gobernador juzgara procedente.

El referido fuerte St. Joseph se encontraba en un lugar que hoy pertenece al municipio de Niles —que por eso se titula "la ciudad de las cuatro banderas" (Francia, Inglaterra, España y Estados Unidos)— muy cercano a la cuidad de South Bend. En él una enorme piedra ostenta la inscripción "Fort St. Joseph, 1691-1781" y un vecino cartel explica brevemente su historia. La inauguración del monumento, el 5 de julio de 1913, congregó a grandes masas de gentes.

Nombres españoles

En el Estado de Michigan ostentan nombres de ascendencia española el condado de Isabella y las ciudades de Amasa, Armada, Caro, Coloma, Colón, Columbus, Corunna, Adrián y California. También se pueden notar las de Disco, Palo, Alamo, Santiago, Manton, Alpena, Eldorado, Alba, Morán y Luna, además de la St. Ignace, en honor del vasco santo jesuita.

♦ OHIO ♦

Ohio, que no es todavía el Midwest, pero que puede considerarse como su comienzo, nunca descolló por los atractivos de sus minas, las excelencias de su temperatura o la bondad de sus tierras.

Su colonización, procedente en buena parte de Nueva Inglaterra, progresó rápidamente por su estratégica situación de vanguardia —detrás de los territorios de las Trece Provincias primeras— y por ser paso obligado para las tierras lejanas, en pos de las cuales los más emprendedores irían.

Cleveland figura frecuentemente en periódicos y carteleras, merced a la calidad de su Orquesta Sinfónica, o las excelencias de su Art Museum (que ha adquirido un "Retrato de D. Luis de Borbón" de Goya, y "Muerte de Adonis" de Ribera).

La capital lleva por nombre nada menos que el de Columbus, en homenaje a la memoria del almirante descubridor (es cuna de James Thurber), y no sólo la capital, sino también otras localidades recuerdan al visionario navegante: Columbiana (cabeza del condado del mismo nombre), Columbia, Columbia Station, Columbia Hills y Columbus Grove. No es frecuente encontrar tan práctico colombinismo.

El río Ohio constituye el límite sur y buena parte del oriental del territorio estatal. La contemplación del su curso nos trae, inevitablemente, el recuerdo de las conversaciones en su torno al tratarse de la paz que daría la independencia a la nueva nación, y de la posibilidad de que, conforme propuso alguno de los representantes de las Provincias Unidas en París, hubiera constituido frontera con los territorios del rey de España; de haber cuajado la idea y perdurado, estarían hablando español en las orillas del lago Erie o en los alrededores de Chillicothe.

Toledo, hermana de la Imperial ciudad. Nuestro destino es la ciudad del Maumee (La Salle reclamó la región en nombre de Luis XIV en 1689). Ni que decir tiene que su nombre procede del de su homónima española, se cree que por la influencia de los escritos de Washington Irving desde España. Elegido el nombre de Toledo, la ciudad fue establecida oficialmente en 1837. Con ocasión de su I centenario se desarrolló un creciente movimiento cívico para mantener relaciones con la imperial ciudad, y gracias al entusiasmo del español Germán Erausquin y otros distinguidos ciudadanos, se logró el Convenio de hermandad entre las dos urbes.

El fuego sagrado del parentesco es mantenido por las comisiones respectivas e incluso incrementado, y todos los años se celebra en ambas ciudades, con coincidencia cronológica, "El día de las dos Toledos," que consiste en actos de varia índole, finalizados con un banquete con discursos. Los actos organizados para celebrar el 40 aniversario de la hermandad fueron numerosos e importantes: entre otros, el bautizo de un parque público como "Toledo-Spain Plaza." Toledo se enorgullece de su museo de arte que guarda valiosas muestras de arte español.

Nombres españoles

Existen, entre otros, Málaga, Toledo, Seville, Cádiz y Navarre, y a ciudades hispánicas, como Lima, North Lima, Limaville, Santa Fe y Medina, además de Aurora, Buena Vista, Delta, Fresno, Morral, Era, Nevada, New Matamoras, Saltillo, Vega, Seneca, Bolivar, Río Grande, y Pt. Isabel.

KENTUCKY

Es interesante la historia de los primeros tiempos de Kentucky, tanto por lo que de enorme esfuerzo de los pioneros supuso como por la participación que en ella tuvo España hasta que, por la cesión de la Luisiana a Napoleón, desapareció la razón de ser de sus relaciones con la región. Prohibido el asentamiento de pobladores blancos por la "Proclamation" de 1763, los que se aventuraron a establecerse al oeste de los Apalaches hubieron de enfrentarse con todo género de peligros y obstáculos, empezando por las tropas regulares, que tenían órdenes de quemar cualquier cabina que se elevara. Con el Tratado de Fort Stanwix en 1768 con los iroqueses y la retirada del grueso del ejército, una serie de compañías inmobiliarias pusieron pie en el territorio de Kentucky, lo mismo que multitud de individuos que se dirigían al Oeste en busca de terrenos abundantes, prósperos y baratos y que bajo la iniciativa de Robertson se agruparon en la Watauga Association.

Puede decirse que la colonización de Kentucky se abrió en 1774, a partir de la batalla contra los shawnees en Point Pleasant. De los 350 colonos habitantes de Kentucky en 1775, ninguno había traído su familia consigo, hasta que uno de ellos, Daniel Boone, el delegado de la Compañía de Henderson, fue a buscar a su mujer y sus hijas, que se convirtieron en las primeras mujeres de Kentucky, lo mismo que Daniel en el primer residente verdadero de la región.

Otro de los pioneros se llamaba George Rogers Clark, quien pronto recibiría la confianza de los demás compañeros de fatigas para defenderlos de los ataques indios. Alerta a los abusos que la Transylvania Co. cometía al elevar los precios de las tierras y hacer inútil el esfuerzo del inmigrante que se había aventurado hacia el Oeste para no encontrar luego recompensa, Clark promovió una reunión de los habitantes de los poblados antes citados (más los de un cuarto, Boiling Spring), en Harrodsburg, el 6 de junio de 1776, y en ella se acordó su nombramiento como representante y su viaje a la capital de Virginia, Williamsburg, con el fin de conseguir la consideración del territorio como otro condado más de Virginia, y la atribución de un sitio en la Asamblea provincial su delegado. Después de accidentado viaje y superar muchas dificultades por parte de Henderson y sus amigos, Kentucky fue admitido como condado virginiano el 7 de diciembre siguiente. Las dotes de mando de Clark y la lealtad de sus tropas se evidenciarían a poco, en la lucha por la independencia, con la afortunada invasión del territorio inglés y la toma de Vincennes. Esta victoria y las de otros patriotas como Sullivan, Brohead y Shelby producirían inmediato efecto y una sensación de seguridad en las gentes que habían oído fabulosos relatos sobre Kentucky. Cientos de familias se precipitarían en la región, y en seis meses se establecerían unas 20.000 personas.

En diciembre de 1783 entró en escena James Wilkinson, que se convertiría en el amo de los destinos de Kentucky por un cuarto de siglo. Se trataba de un pintoresco e inteligente personaje que, si como soldado había servido con Benedict Arnold en Quebec, y Horatio Gates en Saratoga, se destacaría más como receptar de respetables cantidades en recompensa de su espionaje de Francia, España y Gran Bretaña. Con condiciones físicas indudables, no poseía el menor escrúpulo para traicionar al amigo o al benefactor, si semejante conducta podía aprovecharle. No obstante los riesgos por que pasó y los dineros que aceptó, tuvo la habilidad de capear los escándalos, investigaciones del Congreso, consejos de guerra y los juicios por traición sin que nada pudiera probársele; murió expatriado, sin embargo, en México, el 25 de diciembre de 1825.

Parte de su historia se halla ligada a la política española, a la que sirvió movido por exclusivos motivos personales, bien alejados de cualquier tipo de idealismo. Si profesó algún apego a la causa española, no tuvo inconveniente en ser él quien mandara las tropas de ocupación de Nueva Orleáns, o las de Mobile, o quien ordenara la toma de fuertes españoles, como el de San Fernando. Con su presencia en Kentucky, la posición preeminente de Clark en la región se eclipsó, y no por el curso natural de las cosas, sino más bien por las maniobras del recién llegado.

Kentucky, en el primer año después de la paz, se hallaba en un gran estado de frustración y disgusto. La llegada de nuevos colonos añadía problemas a la incertidumbre de los títulos de dominio de los anteriormente establecidos; los indios continuaban sus persistentes, aislados y devastadores ataques, que hacían intranquila la vida en la región; las leyes de ésta eran hechas y administradas por los legisladores de Virginia, en cuyo lejano gobernador y en su Consejo residía exclusivamente el derecho de reclutar la milicia que rechazase los asaltos de los nativos. En el verano de 1784 el peligro indio se recrudeció, y en otoño la posibilidad de una invasión cherokee aparecía como inminente. Logan convocó entonces una reunión informal de la milicia en Danville para el 7 de noviembre, a fin de considerar la defensa de la frontera. En ella se acordó solicitar la admisión de Kentucky como Estado separado de la Virginia, para lo que se procedió a convocar elecciones previas de delegados en cada distrito.

Tres Convenciones se sucedieron en Danville (el 27 de diciembre de 1784, el 23 de mayo de 1785 y el 8 de agosto de dicho año), y en todas se planeó la necesidad de reconocimiento de Kentucky como Estado libre, soberano e independiente y de su unión a la recién establecida Confederación. El 10 de junio de 1786, la Asamblea de Virginia votó su separación como Estado, siempre que una Convención elegida por el pueblo lo solicitara de nuevo. Entre tanto, las repetidas encaramuzas de los indios, perpetradas aisladamente y por pequeñas patrullas, confirmaban la urgencia de tomar una decisión en el campo militar que viniera a suplir la escasa efectividad de los 300 hombres del ejército nacional del general Harmar, distribuidos en Fort Harmar y Fort Finney. La solución se encontró en Clark, quien propuso una ofensiva contra los indios como el mejor medio defensivo.

No obstante las dificultades con que tropezó para reclutar sus hombres, partió Clark en septiembre de 1786, haciendo caso omiso a la cercanía del invierno. Por toda suerte de adversidades tuvo que pasar: deserciones progresivas, indisciplina de Logan, que optó por realizar un ataque independiente en lugar de reforzar el grueso de la expedición, la determinación de retirarse de Vincennes ante la falta de recursos, el desistimiento, en fin del plan estratégico proyectado. Wilkinson, que había comenzado a extender la especie de la continua embriaguez de Clark como defecto que le incapacitaba para un mando eficaz, aprovechó esta falta de éxito para redoblar sus acometidas sobre su rival, quien a la postre le sirvió en bandeja el motivo que habría de desacreditarle y de ocasionar su ruina: Clark, con el designio de alimentar a su guarnición en Vincennes, había confiscado sus mercancías a tres comerciantes españoles, alegando que operaban en el territorio nacional sin licencia, que habían aprovisionado a los indios y que, en todo caso, la acción no era más que una mera represalia a las incautaciones españolas de las mercancías norteamericanas en su tránsito por el Mississippi. Por otra parte existía un extendido rumor —que el propio interesado se encargaba de difundir— de la organización por Clark de una expedición de voluntarios contra Natchez, destinada a abrir el comercio a través del gran río para los Estados Unidos, rumor que se vio confirmado por una carta del aventurero Thomas Green, de fecha 4 de diciembre de 1786.

Todas estas circunstancias fueron aprovechadas por Wilkinson para hacer ver a sus conciudadanos en la Cuarta Convención, reunida en Danville en septiembre de 1786, cuán peligrosa era una actitud como la de Clark, que fácilmente podía acarrear una guerra con España, para la cual ni Kentucky, ni Virginia ni los Estados Unidos se hallaban preparados, punto en el que todos concordaban y por el que mostraban notoria ansiedad. El comité nombrado especialmente al efecto censuró oficialmente la conducta de Clark y le destituyó de su mando militar. La delegación de Virginia en el Congreso fue encargada de presentar sus excusas al representante español D. Diego Gardoqui. Wilkinson y dos de sus asociados recibieron el nombramiento de comisarios indios, en lugar de Clark y de dos de los suyos.

En julio de 1785, Gardoqui había llegado a Filadelfia con encargo del Gobierno español de explorar las posibilidades de establecer plenas relaciones diplomáticas con los Estados Unidos, siempre que éstos aceptaran el completo control por parte de España de las dos orillas del Mississippi, al sur del río Ohio. España ofrecía, por su parte, la concesión de privilegios comerciales, los cuales tenían especial atractivo, dada la magnitud del Imperio español y la costumbre española de pagar en oro y plata, metales escasos en el nuevo país, cuyo papel moneda acusaba la depreciación derivada de los años de guerra. El secretario de Asuntos Exteriores, John Jay, mantuvo varias conversaciones al respecto con Gardoqui, y el 29 de agosto de 1786 el Congreso, en sesión secreta, aprobó por siete votos contra cinco su aceptación de la propuesta de España, siempre que el control español del Mississippi se refiera a veinticinco años. El Congreso, con el designio de conseguir ventajas comerciales que beneficiaban a los Estados del Este, se mostraba dispuesto a sacrificar a los del Oeste —aunque sólo fuera por veinticinco años— en sus aspiraciones de expansión y de obtención de una salida directa a través del Mississippi.

Con la paralela aceptación por el Congreso y de la retención por los ingleses de los puestos de los Grandes Lagos, España y Gran Bretaña permanecían en los flancos de los Estados Unidos, apoyando a los indios, cuyas continuas incursiones harían imposible la vida en Kentucky y territorios vecinos. Aunque la política del Congreso se justificaba en el deseo de fortificar el régimen en el nuevo país antes de comprometerse en empresas superiores a los medios disponibles, que más que consolidarlo podían poner en peligro gravemente su estabilidad, la excitación cundió entre los habitantes en el Oeste, que comprobaban su abandono y la falta de interés por sus problemas en las esferas federales; excitación que se encargaron de azuzar los interesados en la secesión y el recientemente fundado periódico *The Kentucky Gazette*. En la Quinta Convención, celebrada en septiembre de 1787, las demandas de separación de Virginia y de admisión como nuevo Estado fueron renovadas.

En el entretanto, Wilkinson había comenzado a poner en práctica un plan del que proyectaba extraer pingües ganancias económicas y la consolidación de su posición en Kentucky; con fecha 20 de diciembre de 1786 había escrito a D. Francisco Cruzat, comandante español en San Luis, advirtiéndole de los preparativos belicosos de Clark, y había solicitado a Gardoqui un pasaporte para visitar Nueva Orleáns. No obstante la negativa de éste, no dudó Wilkinson en salir adelante con su plan. En junio de 1787 se embarcó para Nueva Orleáns, portador de un cargamento de cereales y de tabaco; sus previsiones habían sido acertadas, porque fue recibido calurosamente por el gobernador de la Luisiana, Miró, y pudo vender sus mercancías, libres de impuestos, con el apreciable beneficio de 35.000 dólares. Las autoridades españoles habían de procurar toda relación amistosa con personalidades prominentes de la frontera, que favorecieran el mantenimiento del "status quo" pacífico y pudieran colaborar en la evitación de las crecientes presiones de los colonos del Este sobre los territorios españoles; por otra parte, las posiciones españolas, muy distanciadas entre sí y mal provistas de hombres y de material, se comunicaban principalmente remontando el río —ascensión lenta y dificultosa— en tanto que su descenso —dirección en caso de ataque del enemigo— aparecía sencillo y rápido.

Tres meses permaneció Wilkinson como huésped de los españoles, entablando contactos diarios con Miró; Wilkinson se ofreció como cabeza de un movimiento secesionista en Kentucky, que influiría en los demás territorios al Oeste de las montañas en una dirección de acercamiento más estrecho con España: para confirmar sus intenciones prestó juramento de fidelidad al rey de España el 22 de agosto de 1787. El 5 de septiembre redactaría un memorial al rey, en el que sugería, en primer lugar, la concesión a su favor de la exclusiva de los derechos de comercio a través del Mississippi, alegando que los beneficios, que tamaño privilegio le reportaría, alentarían a sus conciudadanos de Kentucky a separarse de los Estados Unidos y aproximarse a España; en segundo lugar, se ofrecía como agente exclusivo para organizar el establecimiento de colonos en territorio español, promoviendo así nuevos lazos entre España y la frontera. Miró recibió con gran entusiasmo estas propuestas, y las despachó, con su apoyo, a Madrid.

Wilkinson retornaría en triunfo a Kentucky en febrero de 1788, tras viajar por mar y visitar Richmond, Pittsburgh y Ohio. Sus impresionantes resultados comerciales cambiarían la opinión popular hacia España, en la que se comenzaría a ver la futura causa del desarrollo de la región y la solución para salir de la difícil situación presente. Los precios aumentaron del día a la noche, y lo que se pagaba por dos dólares recibía nueve. Wilkinson, que empezaba a considerarse a sí mismo el "Washington del Oeste", daba un paso más en sus planes como futuro jefe de la nueva, expansiva e independiente República al este de Mississippi. Se enteró Wilkinson en Richmond de la elaboración de la Constitución federal, por lo que se apresuró a llegar a Kentucky para preparar el terreno en contra de la ratificación y a favor de sus proyectos de secesión; simultáneamente envió una serie de barcazas a Nuevo Orleáns cargadas de tabaco, mantequilla, jamón y otras mercancías para probar a sus conciudadanos las ventajas de las buenas relaciones con España.

La entrada en vigor de la Constitución federal, con su ratificación por el noveno Estado, New Hampshire, el 21 de junio de 1788, apareció a los occidentales como una nueva fuente de beneficio para los orientales y de poca repercusión para los territorios al otro lado de las montañas. Las depredaciones continuadas en 1788, con los crímenes numerosos que los indios cometían, y la incapacidad del Gobierno federal de proteger a los colonos de tan mortales peligros, fueron reafirmando en éstos la idea de que nada podían esperar de los Estados Unidos, y sí, en cambio, de su independencia y asociación con Gran Bretaña y España, poderosos vecinos al Norte y al Sur, respectivamente. La traidora muerte perpetrada al jefe cherokee Old Tassel, en el curso de una entrevista para firmar la paz, junto con otros caciques, provocó un levantamiento general de indios, de cuyas desastrosas resultas apenas establecimiento alguno se salvó.

La Sexta Convención de Kentucky habría de reunirse el 28 de julio de 1788. Gardoqui había sostenido conversaciones previas con John Brown, el nuevo kentuckiano miembro de la delegación de Virginia en el Congreso, quien en carta confidencial a sus amigos de Kentucky (fecha 10 de julio de 1788) informaba de las seguridades dadas por Gardoqui de que si Kentucky declaraba su independencia y apoderaba a alguna persona apropiada a negociar con él, él (Gardoqui) tenía autoridad para otorgar la licencia de navegación por el Mississippi, privilegio que nunca podría ser concedido si Kentucky continuaba formando parte de los Estados Unidos. Miró, por su lado, había remitido a Wilkinson hasta 18.700 dólares, para distribuir a 21 notables de Kentucky, a su elección. Entre los "amigos confidenciales" contaba Wilkinson con Harry Innes, secretario de Justicia; el aludido diputado John Brown y los jueces Caleb Wallace y Benjamín Sebastián como "favorecedores de una separación de Virginia y de un amistoso acuerdo con España" se hallaban el famoso pionero Benjamín Logan, e Isaac Shelby, más tarde gobernador de Kentucky.

La Sexta Convención no llegó a conclusión definitiva y sí la decisión de convocar otra nueva Asamblea para el 3 de noviembre siguiente. En el intervalo, la carta de Brown tuvo difusión, así como los proyectos británicos de apoyar la secesión en provecho de Inglaterra. Los ciudadanos se veían cada vez más inclinados a dar prioridad en sus decisiones a sus intereses locales, a su apego a la región antes que a los lejanos de la Unión, de cuyas ventajas no habían todavía participado. Wilkinson, por su parte, realizaba una labor de captación de adeptos a su proyecto, en reuniones privadas y conversaciones. Así pudo leer en la Séptima Convención el contenido de su memorial al rey de España, haciendo ver a los delgados las desventajas de la presente situación frente a las ventajas de una conexión futura con España. El momento había llegado de dar el paso definitivo: pidió a Brown que relatara las ofertas de Gardoqui, a lo que el requerido, sorprendido y molesto, no reaccionó como Wilkinson esperaba. Este, prudente, no quiso forzar más la situación, y la Convención se separó aprobando el memorial al rey, solicitando la navegación por el Mississippi y convocando para otra reunión en el próximo agosto. Con este compás de espera las gentes de Kentucky aspiraban a conocer la actitud del nuevo Gobierno de la Unión bajo la Constitución y su mayor comprensión a los problemas del Oeste que el anterior bajo la Confederación.

Al finalizar el año 1789, Wilkinson hizo un segundo viaje a Nueva Orleáns, en donde presentó un segundo memorial al rey de España, y desde donde regresó a Kentucky con dos mulas cargadas de plata. Pero éstas no podían compensarle, en verdad, de la titubeante política española, que no se decidía a dar un paso definitivo de apoyo a los secesionistas. Wilkinson, como Sevier y White, Robertson y Morgan, serían inevitablemente presa de la desilusión al enfrentarse con la realidad de la actitud española. En marzo de dicho año había recibido Miró una nueva definición de la política exterior española, formulada por el Consejo de ministros: se le ordenaba evitara por cualquier medio toda abierta acción que fomentara la insurrección en el Oeste de la nueva república; por otra parte, para disminuir la animosidad de los habitantes de la frontera, se reducía la tarifa sobre sus bienes de exportación a un 15 por 100, y en algunos casos a un 6 por 100, y se facilitaba la inmigración en territorio español de colonos norteamericanos. Corolario de esa política fue el despojo de Wilkinson de sus derechos comerciales monopolísticos y, consecuentemente, de las pingües ganancias que hasta entonces había realizado y que pensaba realizar. Por otro lado, cuando las hostilidades entre Inglaterra y España estuvieron a punto de estallar a raíz del asunto de Nutka, Jefferson, a la sazón secretario de Estado, se mostró dispuesto a ayudar a España e incluso pactar con ella una alianza a condición de que los británicos no ocuparan sus territorios de Luisiana, posibilidad a la que los Estados Unidos debían oponerse por todos los medios.

Wilkinson continuó, no obstante, actuando como agente secreto de España, y, al ascender en el ejército a empleo superior en 1791, consideró procedente hacerlo valer, por lo que solicitó a Miró un aumento en sus estipendios como espía. Con su nuevo ascenso a general de brigada a comienzos de 1792, ascendieron paralelamente sus retribuciones hasta la cantidad anual de 2.000 dólares. Sus servicios fueron útiles para prevenir los intentos de los revolucionarios franceses (que acababan de decapitar a Luis XVI) de recuperar el dominio de Francia en Luisiana; intervenían en el asunto el representante galo Edmond Genet, llegado el 16 de mayo de 1793, el naturalista André Michaux y el inevitable Clark. El gobernador de Luisiana, al protestar enérgicamente a Washington, obtuvo una actitud desaprobatoria de su Gobierno de aquellos manejos, que también fueron censurados por el sucesor de Genet, Joseph Fauchet. Sin embargo, Clark no suspendió sus preparativos bélicos, y el 25 de febrero de 1794 hacía un llamamiento en Kentucky a los voluntarios que deseasen como recompensa 2.000 acres de territorio español. Washington ordenó a Clark y los suyos desistieran de sus propósitos, dispuso la reconstrucción del Fort Massac en el bajo Ohio para que su guarnición impidiera todo intento de Clark de descender por el río y consiguió que el Congreso considerara un crimen la acción hostil de cualquier ciudadano contra un país con el que los Estados Unidos se hallasen en paz.

A pesar de ello, el lugarteniente de Clark, John Montgomery, levantó un fortín en el Ohio y comenzó a interrumpir el tráfico marítimo destinado a los dominios de España. Por su parte, Elijah Clarke, un pionero georgiano, atravesó el río Oconee con una partida de voluntarios y, en desafío al Estado federal y al de Georgia, se apoderó de una franja de las tierras de indios creeks, estableciendo una República independiente. A su vez, Carondelet tomó las correspondientes contramedidas: envió mensajes a los indios aliados solicitando su ayuda, pidió al capitán general de La Habana permiso para contraatacar a Clarke, reforzó las guarniciones españolas en el

Mississippi, armó una flota de barcazas que, con su movilidad, pudieran acudir al lugar más necesitado de su auxilio, constituyó un nuevo fuerte en el río Tombigbee y aumentó las cantidades de dinero suministradas a Wilkinson y a otros agentes. La sola adopción de estas medidas bastó para que Montgomery cesara en la obstrucción del tráfico fluvial, pero es indudable que la posibilidad de que algún incidente se produjera, podía acarrear la ruptura de las hostilidades entre España y los Estados Unidos, cosa que ninguno de los dos países deseaba, al menos por el momento.

Los movimientos de los ingleses, en aquella oportunidad aliados de los españoles, hacían presagiar el inevitable estallido, mucho más cuando los colonos norteamericanos se mostraban progresivamente impacientes de expansionarse hacia el occidente. Wilkinson pedía más dinero en 1794, como recompensa a su éxito —según él— en dilatar la expedición de Clark, y como único medio de mantener la inclinación hacia España del grupo de amigos de Kentucky (una barca, ocultando 6.000 dólares, fue capturada y apenas se salvó Wilkinson de las inevitables implicaciones). Pero la victoria del ejército federal de Wayne en "Fallen Timbers" en 1794 contra los indios aliados de los ingleses, despejó de una vez el peligro de las incursiones de aquéllos en las tierras de los colonos, y la paz comenzó a renacer; el Gobierno central ganó prestigio y los territorios del Oeste comenzaron a percibir que también ellos contaban en la Unión. La idea de secesión inevitablemente comenzó a desvanecerse. La presión de los pobladores de Kentucky, que en 1795 alcanzarían los 200.000, harían las aspiraciones de una alianza con España insostenibles.

Por el Tratado de San Lorenzo, firmado por Tomas Pinckney el 27 de octubre de 1795, el Gobierno español reconocería la realidad de la situación y renunciaría en favor de los Estados Unidos a toda pretensión sobre los territorios al este del Mississippi hasta un punto al Sur, y concedería la libertad de navegación por el Mississippi junto con el derecho de depósito en Nueva Orleáns. Como fin del drama, se dio la pintoresca casualidad de ser Wilkinson quien, en su calidad de comandante del ejército de ocupación de los Estados Unidos, presidiría la transferencia por España de los territorios cedidos en el tratado.

Nombres españoles

Hoy día quedan como recuerdo español en Kentucky los cuadros existentes en museos, como el de Louisville, y algunos nombres esparcidos por su geografía: Cádiz, Columbia, Columbus, Lola, México, Sacramento, Sonora, Aurora, Cordova, Buena Vista, Delta, Meador, Alonzo, Palma y Varilla, y el Columbus Belmont State Park.

TENNESSEE

Comparte Tennessee con Kentucky la circunstancia de hallarse a mitad de camino entre el Norte y el Sur, por lo que sus características son una mezcla de las que distinguen ambos sectores del país. Sin embargo, contrario a Kentucky, se alistó en la guerra de Sección con los Confederados.

Un presidente nativo de la región fue Andrew Jackson. No obstante su participación en la "conspiración española" de Kentucky, dirigió las últimas operaciones militares que provocaron la retirada definitiva de España del continente norteamericano y recibió Florida de España.

James K. Polk figura en la nómina de los presidentes: también nació en Tennessee, y España conoce de sus ambiciones expansionistas.

Dos hijos de la región, con ayuda de sus conciudadanos, tocados con el gorro con cola de zorro, tuvieron excepcional participación en la incorporación de la hispánica Texas a la anglosajona Norteamérica: Sam Houston y David Crockett, el héroe del Alamo.

En Knoxville nació el primer almirante de la Armada de los Estados Unidos, David Glasgow Farragut.

Sector oriental

Las estribaciones meridionales de los Apalaches, que aquí reciben el nombre de "Great Smokies," atraviesan el este de Tennessee. Esta montuosa región recibió en 1540 a los primeros hombres blancos —Hernando de Soto y sus expedicionarios— que pisaron el territorio del Estado. Les dejamos en Carolina del Norte cuando, después de abandonar la actual Murphy, se disponían a atravesar la frontera actual. Quizá lo hicieran a través del paso *Angelico Gap* y siguieran un itinerario que coincide con la carretera 64: en todo caso, acamparon cerca de la ciudad de Chattanooga. Hay quien sostiene que Soto continuó su camino hacia el Oeste, alcanzando las proximidades de Manchester, en cuyo lugar construyó un fuerte, o de Franklin. Lo que sí es cierto es que pronto cambió de rumbo y que se dirigió hacia el Sur, entrando en el hoy estado de Alabama. Meses después, don Hernando y su gente volverían a pisar tierras de Tennessee, al entrar en su región occidental.

Knoxville

En el lugar denominado Stony Point, Campbell Station, a 15 kilómetros de Knoxville, en la carretera a Nashville, nació, el 5 de julio de 1801, David Glasgow Farragut, quien llegaría a ser el primer almirante de los Estados Unidos. Aquella ciudad le dedicaría con el tiempo dos calles. Tiene el paraje especial interés para los españoles, porque en él vivió con su mujer el padre del recién nacido, Jorge Ferragut, español, natural de Menorca. Según su propia manifestación a su hijo, había nacido Jorge en la isla de Menorca (Ciudadela), el 29 de septiembre de 1755, la que había abandonado el 2 de abril de 1772. Hay quien sostiene que llegó a Norteamérica con la expedición de menorquinos del Dr. Turnbull que fundaría New Smyrna en Florida.

Para el biógrafo de su hijo, Charles Lee Lewis, no hay duda de que Jorge Ferragut llegó a Nueva Orleáns coincidiendo con el comienzo en Lexington de la revolución, el 19 de abril de 1775: tripulaba un pequeño barco mercante, con el que comerciaba entre La Habana y Veracruz. Cuando se enteró de la sublevación de las Colonias quiso alistarse contra los ingleses (cuya dominación había padecido en su isla natal) "para participar con su vida y su fortuna en la lucha por la independencia americana." Zarpó hacia Puerto Príncipe y allí cambió su cargamento por un cañón, armas cortas y municiones, con las que desembarcó, en marzo de 1776, en Charleston, South Carolina. Hacia 1778 supervisó en dicha ciudad la construcción de barcos de guerra, y se le encomendó el mando de uno de ellos, con el que intervino valientemente en la defensa de Savannah.

Cuando esta plaza cayó en poder de los ingleses se retiró a Charleston, la que sufrió también pronto el asedio enemigo. Allí luchó hasta que fue hecho prisionero, el 12 de mayo de 1780, siendo más tarde canjeado. Combatió entonces con los ejércitos de tierra e incluso se dice que en la batalla de Cowpens salvó la vida a Washington.

Finalizada la guerra, Jorge se retiró con el grado de comandante de Caballería. Se estableció entonces como colono en Tennessee. Durante quince años de dura vida, alternó las ocupaciones de agricultor y leñador —morando en una cabaña de troncos— con la más peligrosa de luchar contra los pieles rojas. A los cuarenta años contrajo matrimonio con Elizabeth Shrine, del que nació David. Con su nueva vida de familia, no se sintió seguro Jorge en Tennessee, constantemente sometido a los ataques indios; por otra parte, no lo consideró el mejor ambiente para la educación de sus hijos: la vecindad de gentes de distinta raza y religión (presbiterianos en su mayoría). Decidió entonces mudarse a Nueva Orleáns, ciudad que contaba con numerosos habitantes españoles a raíz de la reciente dependencia de Luisiana de España, y en la que la religión imperante —también entre el elemento francés— era la católica. El primer gobernador norteamericano, William Claiborne, aceptó sus servicios teniendo en cuenta su utilidad en una atmósfera hispano-francesa hostil.

David Glasgow Farragut (la original ortografía de Ferragut fue adaptada a la pronunciación inglesa) hablaba correctamente el español y ostentaba orgullosamente en su escudo la herradura, o "ferradura" (de ahí su apellido), del blasón de sus antepasados. Durante la guerra civil se puso al lado de la Unión y tuvo una victoriosa actuación al frente de la escuadra, en el río Mississippi, en Nueva Orleáns y Mobile. Murió el 14 de agosto de 1870, en Portsmouth, New Hampshire.

Jonesboro

En la punta en que Tennessee —estado estrecho y largo en el sentido horizontal— se introduce en el de North Carolina, se encuentra la hoy pequeña localidad de Jonesboro, que tan relevante papel jugó en los días posteriores a la independencia, y que sirvió de capital del estado de Franklin, bajo el mando de John Sevier. La base del movimiento separatista que justificó el intento de creación de dicho estado la halló Sevier en los condados extendidos a lo largo del río Holston (en cuyas márgenes está hoy Knoxville), de los que él se convirtió en indiscutible dirigente.

Sector occidental: Memphis

El oeste del estado abunda en campos de algodón, que convierten a Memphis en uno de los centros mundiales de tal fibra. Hay historiadores que sostienen que Hernando de Soto y sus hombres fueron los pioneros en visitar aquellos parajes, denominados entonces Chisca. El 8 de mayo de 1541 contemplaron allí por vez primera el Mississippi. Su descripción en la pluma de uno de los presentes, el hidalgo de Elvas, reza así: "El río tenía una anchura, por lo menos, de media legua. Si un hombre estuviera inmóvil en la otra orilla, no podría averiguarse si era hombre o no. El río era de una gran profundidad y con fuertes corrientes; el agua estaba siempre con barro y arrastraba muchos árboles y ramas." Al río, el más ancho de los divisados hasta entonces por los atónitos españoles, acostumbrados a la modestia de los caudales fluviales patrios, Soto le denominó *El Río Grande de la Florida*; los indios le llamaban *Padre de los Ríos* o Mississippi. Desde Memphis, los españoles continuarían su peligrosa jornada hacia el Oeste, después de atravesar dificultosamente el anchuroso cauce.

Memphis se encuentra cercana al emplazamiento de las antiguas Chickasaw Bluffs. En 1739, Bienville construyó el Fort Assumption, que tuvo poca vida. El gobernador de Natchez, Gayoso, siguiendo la política de contención de la expansión de los colonos del Este, consiguió de los indios chickasaw permiso para establecer en los *Ecores à Margot* (según era denominado el lugar) un fuerte. Apoyado por el Escuadrón Naval del Mississippi, arribó Gayoso al punto e inició, el 30 de mayo de 1795, las obras del puesto fortificado, al que bautizó como *San Fernando de las Barrancas*. Personalmente eligió el emplazamiento y dio órdenes concretas sobre su construcción. En el verano de dicho año, el fuerte se hallaba ya en condiciones de repeler un eventual ataque. Como consecuencia de la firma del Tratado de San Lorenzo, el 16 de marzo de 1797 fue evacuado San Fernando por su guarnición y el armamento y municiones se trasladaron a la orilla opuesta del río, en Fuerte Esperanza, en tanto que la edificación quedaba destruida por los partientes. Habían sido sus comandantes Elías Beauregard, Vicente Folch y Josef Deville Degoutin Bellechase.

En el período de la revolución, los "bluffs" habían sido testigos del paso de los barcos de los patriotas, que, remontando el río, llevaban a Fort Pitt (Pittsburgh) las armas y provisiones proporcionadas por los españoles de Luisiana.

Robertson y la independencia del Cumberland

Si Daniel Boone simboliza Kentucky, James Robertson es la figura más representativa de los primeros días de Tennessee, cuando el nombre que se barajaba era el de Cumberland. El participó personalmente en cuanto se llevó a cabo en los primeros veinte años de su existencia; de aquí su papel en los contactos que la región tuvo con España, con vistas a sus independencia y su posible anexión a ella. Cuando la "Transylvania Company" perdió sus derechos en Kentucky al convertirse éste en condado de Virginia, Henderson decidió, para compensar las pérdidas, organizar un establecimiento similar en la región de Cumberland, que calculaba había de caer, una vez hechas las correspondientes mediciones por Thomas Walker, en el área de Carolina del Norte.

Comisionó Henderson a Robertson para la empresa, el cual, en compañía de ocho camaradas, realizó, a fines de 1778, un viaje de exploración de cerca de 400 kilómetros, hasta un punto en el que se sienta hoy la capital, y que fue elegido como el más conveniente para el futuro asentamiento, que recibiría el nombre de Nashboro por Francis Nash, un carolino muerto en Germantown. La ciudad afrancesaría después su nombre, siguiendo la moda traída con la alianza francesa. Los nuevos colonos llegarían en el invierno de 1780 en dos expediciones: una, al mando de John Donelson, en botes portadores de las mujeres y de los niños, a lo largo del curso de los ríos, Tennessee y Cumberland, y otra, por tierra, a través de las de Kentucky, pasando ambas serias penalidades.

La lejanía del gobierno de Carolina del Norte (una vez delimitadas las zonas de influencia), a unos 750 kilómetros de distancia, y con la interposición de una elevada cadena montañosa, determinó a los colonos a firmar, el 13 de mayo de 1780, el "Cumberland Compact," por el que se comprometían a regirse por sus propias normas. Los ataques indios y las dificultades de los primeros momentos pusieron en peligro de extinción a la colonia; tanto, que Donelson se retiró a Kentucky con su familia. Salvó la situación la determinación de Robertson de quedarse y la atribución de terrenos por Carolina del Norte a sus soldados; individuos y compañías (como la patrocinada por William Blount) aprovecharon la oportunidad y emigraron en masa hacia el Oeste, de forma que en 1785 podían contarse ya 40 poblados. Su distribución geográfica en el valle del río, sin embargo, hizo su defensa extremadamente difícil contra las incursiones de los indios. Para terminar con éstas, Robertson decidió atacar, y con una fuerza de 130 voluntarios montados atravesó el río Tennessee durante la noche y sorprendió el campamento de los indios creeks en Coldwater, matando a 20 y poniendo en fuga al resto. Como represalia, McGillivray desencadenó una serie de ataques sobre Cumberland, cuya supervivencia confrontó momentos muy graves. A Robertson no le quedó otra solución que requerir el urgente y eficaz apoyo del gobernador de Carolina del Norte, Samuel Johnson, en el que encontró una fría acogida, aparte de una carencia de ánimo favorable y de medios para auxiliar a los lejanos colonos.

Se plantearon entonces los habitantes de Cumberland la posibilidad de encontrar en Inglaterra o en España, los vecinos del Oeste, las necesitadas ayudas y protección. Pero Robertson, consciente de su primaria responsabilidad por los establecimientos de que era promotor, consideró oportuno intentar previamente el contacto con el jefe indio McGillivray, sugiriéndole un ataque combinado Cumberland-creek contra las posesiones españoles del golfo de México, y a fin de abrir una vía de comunicación independiente. Ante la indiferencia de McGillivray a su propuesta, decidió informar, a fines de 1788, a Miró de su disposición de que Cumberland entablara una comunidad de intereses con España, proposición ante la que ésta reaccionó muy positivamente. Ya hemos visto que no era Robertson el único occidental en pensar en España al entrever la necesidad de una secesión de los Estados Unidos, y ya conocemos la actitud del Congreso en la sesión secreta de 29 de agosto de 1786 de acceder al control por España de las tierras al este del Mississippi por espacio de veinticinco años.

En estos contactos con España habría de tener especial intervención White, quien mantenía personales relaciones con Gardoqui, Miró, Sevier y Wilkinson, todos trabajando por la unión a España de los territorios en que eran responsables. El gobernador español de Pensacola, O'Neill, recibió una carta de McGillivray de fecha de 25 de abril de 1788, en la que éste le informaba de haber recibido una delegación procedente de Cumberland que le había comunicado el deseo de sus habitantes de convertirse en súbditos del rey de España y la determinación de aquella región de independizarse del Congreso, dado que este organismo no podía garantizar sus personas y propiedades ni promover su comercio. Las noticias traídas a Cumberland por Andrew Jackson acerca de la entrada en vigor de la Constitución federal, no cambiaron los sentimientos separatistas de sus habitantes, que consideraban el nuevo texto legal como un medio más a favor de los orientales y de poco interés para los habitantes al oeste de las montañas. Por el contrario, fue positiva, en cuanto a su decisión de secesión, la repuesta de Robertson al mensaje de Gardoqui traído por White, en el que informaba de la inclinación de España a proporcionar a los habitantes de Cumberland la salvaguardia que necesitasen.

Ningún establecimiento de Cumberland se libró de los desastrosos resultados del ataque de los cherokees de 1788. Entre los muertos figuraban el coronel Anthony Bledsoe, el segundo de Robertson, y el hijo de éste, Peyton. En agosto de dicho año, Carolina del Norte accedió a la solicitud de Robertson de que en adelante Cumberland fuese designado Distrito de Miró, como demostración de la admiración de sus colonos hacia el gobernador español. El día 2 de septiembre siguiente, Robertson volvía a expresarse epistolarmente partidario de unirse a la nación que controlara el Mississippi. En septiembre de 1789, Robertson escribía todavía a Miró: "Acabamos de tener una Convención que ha acordado que nuestros miembros deben insistir en separarse de Carolina del Norte. Sin protección, tenemos que obedecer al nuevo Congreso de los Estados Unidos; hemos de desear una más interesante conexión. Los Estados Unidos no nos otorgan protección alguna. El Distrito de Miró es atacado diariamente y sus habitantes son asesinados, sin que exista provocación, por los indios creeks y cherokees. Por mi parte, veo las ventajas que nos puede proporcionar vuestro Gobierno."

Pero la política española no estaba para meterse en berenjenales. Ya hemos visto las indicaciones del Consejo de ministros a Miró de evitar cualquier acción que fomentara la insurrección en el Oeste americano. Es lógico que Robertson se fuera desilusionando; por otra parte, la construcción de una vía hacia Nashville había provocado la llegada de una nueva masa de emigrantes no afectados todavía por las inquietudes que embargaban a los antiguos pobladores. En un hábil golpe, Washington nombró a Robertson general de brigada de las milicias del nuevo territorio del Noroeste. Fue Nashville objetivo de la planeada invasión de los creeks, chikamaugas y chickasaws en 1792, alentada por Carondelet, como primer paso de la evacuación de Cumberland, pero la resistencia del fuerte cercano de Buchanan's Station desmoralizó a los desunidos atacantes indios. El Tratado de San Lorenzo de 27 de Octubre de 1795 pondría fin a las aspiraciones españolas sobre la región. Cumberland y el sur de Holston se unirían en 1796 y obtendrían la admisión en la Unión como Estado con el nombre de Tennessee, el día 1 de junio de dicho año.

Nombres españoles

Llevan nombres hispánicos en Tennessee las localidades de Alamo, Bogotá, Bolívar, Columbia, Medina, Saltillo, Santa Fe, Quito, Cuba, Cordova, Cerro Gordo, Nobles y Alto.

ALABAMA

Empecemos por constatar que, como recuerda el historiador del Estado Albert James Pickett, Alabama fue descubierta por Hernando de Soto y sus acompañantes. Ellos, en representación del Hombre blanco, vieron los primeros paisajes, atravesaron sus ríos antes que otros, inauguraron los años de lucha con los nativos que defenderían su terruño hasta el límite de sus fuerzas. En realidad, otros españoles habían pisado anteriormente las tierras del Estado en el sector costero, pero sus breves contactos no deben quitar a Soto aquella gloria, como pionero explorador de kilómetros y kilómetros de su interior y experimentado conocedor de sus habitantes y de su geografía.

Sector septentrional

Hernando de Soto siguió más o menos, en 1540, al abandonar las tierras de Tennessee, el trazado de la carretera 72 desde Bridgeport hacia Scottsboro, en el condado de Jackson, tomando el curso del río Tennessee.

Indudablemente, don Hernando deseaba dirigirse hacia el Sur, por lo que abandonó Tennessee y descendió para toparse a poco con el río Coosa, no sin antes reconocer las tierras que hoy acogen las localidades de Guntersville y Albertville. Siguió su curso hasta su confluencia con el río Tallapoosa, en punto cercano a la hoy capital del Estado, Montgomery, y a través de parajes que coinciden con Attalla, Gadsden, Talladega, Childersburg Lay Lake, Lay Dam, Mitchell Lake, Jordan Lake y Wetumpka. En este recorrido había atravesado la región de Coosa, cuya capital contaba con el núcleo de población nativa más numerosa de las diversas por ellos visitadas.

En la región fronteriza de Chiaha, años más tarde, 1567, aparecería otro grupo expedicionario español enviado por Menéndez de Avilés: el de Juan Pardo y el sargento Boyano, quienes construirían un fuerte en aquel lugar, en las proximidades de la moderna Rome, Georgia; uno de sus soldados e intérprete, Juan de Ribas, llegaría a Coosa. Aquí encontraría en una aldea capaz para acomodar 150 familias, restos del paso de la expedición de Soto; lanzas y trajes en las cabañas indias y cotas de malla, armas y vestidos europeos, en posesión de los nativos. La incursión de Ribas no conseguiría, sin embargo, uno de los objetivos marcados por sus superiores: el de unir las costas del Atlántico con las costas del Golfo de México por el interior.

En esta región de Coosa permaneció siete meses un grupo que llegó en la primavera de 1560 al mando de Mateo del Saúz, por órdenes de Tristán de Luna, el jefe de la Colonia mandada establecer por Felipe II en Pensacola, Florida. Venía con 150 infantes en busca de provisiones, dados los favorables informes proporcionados por el Capitán Alvaro Nieto, miembro de la expedición de Soto.

La jornada hasta Coosa estuvo sembrada de adversidades y escasez de alimentos, y muchos murieron en el camino, víctimas de las hierbas venenosas ingeridas por sus hambrientos estómagos. Al cabo de cuarenta y tres días un bosque de castaños y nueces, dio vigor con sus frutos a las desfallecidas fuerzas, que así pudieron alcanzar su meta, Coosa, en la que durante tres meses gozaron de la hospitalidad de los indígenas.

En el interregno, los padres de la Anunciación y Domingo de Salazar, acompañantes de Saúz, trataron de convertir al cristianismo —sin éxito— a sus anfitriones. Los indios coosa no estaban en aquellos momentos para sermones, pues se preparaban para atacar a sus odiados enemigos los Natchez.

Para dicha empresa solicitaron la ayuda española, a la que no pudo negarse Saúz, que les facilitó dos capitanes, 50 infantes y algunos caballeros, además del padre de la Anunciación, que quiso acompañarles. Los resultados de la punitiva incursión —en el hoy Estado de Mississippi— fueron satisfactorios y, aparte de producir cantidades considerables de alimentos, sirvió para que, merced a los buenos oficios españoles, se resolvieran las rivalidades entre ambas facciones indias, sin que hubiera intervenido apenas derramamiento de sangre.

Envió entonces Saúz al capitán Cristóbal Ramírez y Arellano, sobrino de Luna, para comunicar a su tío las nuevas. No habiéndole encontrado en Nanipacana, Saúz decidió regresar a Pensacola, donde llegó en noviembre de 1560. Pero los expedicionarios de Coosa, pudo Saúz entonces comprobar, no habían sido olvidados: Luna había tratado por todos los medios a su alcance de trasladar los colonos españoles a Coosa, pero la desmoralización que entre ellos había cundido (según veremos más abajo) dio lugar a que una insubordinación contra el jefe se produjera, y predominara el parecer de Jorge Cerón, uno de los colonos, de que la mejor solución del problema por que atravesaban era la de abandonar la empresa y regresar al punto de partida.

Sector central

Dejamos a Hernando de Soto, en parajes en los que hoy se asientan la capital estatal Montgomery, en su descenso en octubre de 1540 hacia Talisin, en el condado de Dallas, siempre siguiendo el curso del río Alabama y en provincia habitada por los indios mobile. En este último sector encontró Soto a un gigante, el jefe de la tribu, por nombre Tuscaloosa, al que tomó prisionero al rehusar la ayuda de indios transportadores que aquél le solicitara. Aunque aparentemente cedió entonces al proporcionarle 400 de sus súbditos, puso en marcha planes que harían a Hernando enfrentarse con el más grave momento de su marcha continental: procuró ganarse la confianza de los españoles y llevarles al poblado de Mabila, que se encontraba probablemente en el condado de Clarke, entre los ríos Alabama y Tombigbee. Allí llegaron el 18 de octubre y en él entró Soto con un grupo de los suyos, no obstante las advertencias en contra de su lugarteniente Moscoso, enviado anticipadamente en misión exploradora. A duras penas pudieron escapar los españoles de la encerrona y reorganizarse fuera del recinto. Una terrible batalla se entabló entre los numerosos nativos y los aguerridos españoles, que mal pudieron luchar con el calor que el poblado en llamas ocasionaba a sus armaduras. El resultado fue de 20 muertos para los españoles y 148 heridos, en contra de los 2.000 indios muertos —incluidos Tuscaloosa y su hijo— y cientos de heridos.

Para reponerse de la contienda, acampó Soto con sus hombres en Mabila por espacio de un mes. En este tiempo recibió noticias del atraque de Maldonado con naves y provisiones a la próxima bahía de Achusi (¿Pensacola? ¿Mobile?): en lugar de congratularse con la alegría del necesitado ante tantas penalidades, temió que sus tropas se amotinaran y decidieran embarcarse para México; prefirió la muerte posible al reconocimiento de la derrota, por lo que tomó la heroica resolución de no dar señales de vida y de renunciar a la ayuda, poniendo en marcha de nuevo a la expedición, rumbo al Norte, el 9 de diciembre de 1540.

En febrero de 1987 se difundieron noticias de que el emplazamiento de Mabila había sido encontrado en Cahawba, con motivo de haberse desenterrado un foso indio. Pero para algunos historiadores escrupulosos son precisas más excavaciones que aporten los restos de algún conquistador español.

A los alrededores de Claiborne, en la localidad denominada Nanipacana, llegó D. Tristán de Luna con hasta 1.000 colonos españoles a fines de 1559, procedentes de Pensacola, en la que se limitó a dejar a un teniente con 50 hombres y esclavos negros que custodiaran el puerto. La expedición remontó el río, después de los informes suministrados por cuatro compañías de caballería que, al mando de Mateo de Saúz habían regresado dando cuenta de la existencia de maíz, judías y vegetales en la región, de los que tan necesitados estaban los hambrientos españoles. Los indios del lugar les revelaron el paso de Soto y los suyos diecinueve años antes y de la destrucción de Mabila y muerte de sus habitantes. Pero no duraron largo tiempo las provisiones, y de aquí que Luna enviara, como hemos visto, a Saúz a la región de Coosa.

Durante la ausencia de Saúz los colonos sufrieron toda suerte de adversidades, enfermedades y hambre. Para mantener la disciplina Luna tuvo que aplicar severas medidas que no mejoraron la situación; al cabo de varios meses don Tristán —tras reunir Consejo de guerra— no pudo por menos de reconocer la posición angustiosa en que se hallaban, por lo que ordenó regresar a Pensacola y despachó a fray Pedro de la Feria con dos barquitos —en los que partieron algunos de los soldados casados con sus esposas en Cuba— para que buscara auxilios en La Habana o México. Saúz y los suyos se enteraron del desastroso fin de la colonización de Nanipacana (que había sido bautizada por Luna, Nanipacana de la Santa Cruz) cuando el capitán Ramírez y Arellano, destacado por aquél, con 17 hombres, halló el establecimiento desierto y una nota, enterrado bajo un árbol, en el que le enteraba de lo sucedido.

Sector occidental

Volvamos con Hernando de Soto, acompañándole en el último trayecto a través de Alabama; puede servirnos de pauta la carretera 43 que nos hará pasar por Grove Hill, Thomasville, Dixons Mills, Linden y Old Spring Hill. Unas millas al este de Demopolis, descubrió el río Black Warrior, al que atravesó cerca de Erie, para llegar a Eutaw, cruzar el río Sipsey (que también descubrió), pasar cerca de Carrollton en el condado de Pickens y rebasar la frontera con el Estado de Mississippi.

No lejos de estas regiones halladas por Soto se ubica la ciudad de Tuscaloosa, así nombrada por el jefe indio muerto por el español. Incluida en sus contornos está la Universidad de Alabama, que dirige una notable *Revista de estudios hispánicos*.

Fuertes Confederación y Esteban. Hemos recorrido en pos de Soto la región ribereña a los ríos Tombigbee y Black Warrior, y hemos compartido unos momentos con los expedicionarios de Luna estacionados en Nanipacana, hoy condado de Monroe, entre los ríos Tombigbee y Alabama. Si dejamos transcurrir dos siglos largos, volveremos a ver por aquellos parajes a españoles a raíz de la toma de Natchez y Mobile por el gobernador de Luisiana, Bernardo de Gálvez, en 1779 y 1780. Para proteger estos establecimientos, contó España con dos fuertes: el fuerte Confederación (construido por los franceses con el nombre de Tombecbé, antes de 1763), situado en el condado de Sumter (entre el río Tombigbee y la frontera con el Estado de Misisipí), y el fuerte Esteban, que el gobernador Esteban Miró mandó erigir en 1789, en el condado de Clarke, cerca de Jackson, y que con el nombre de St. Stephens (se conserva la localidad del mismo nombre) daría mucho juego como capital del Territorio de Alabama, creado en el 1817. Además del fortín se levantaban la iglesia y la casa para el comandante, aparte de otra serie de edificaciones en derredor. La misión del fuerte Esteban era defensiva, pero también servía primordialmente como punto de comercio, desde el momento en que los barcos que remontaban el Tombigbee no podían subir más a consecuencia de los rápidos existentes aguas arriba, por lo que los comerciantes norteamericanos allí acudían a recoger las mercancías.

El fuerte Esteban permanecería en poder de España hasta su cesión a los Estados Unidos el 5 de mayo de 1799, como consecuencia del Tratado de San Lorenzo firmado el 27 de octubre de 1795, y en el que actuó como representante de Washington, Thomas Pinckney: en él se estipulaba el abandono por España de toda pretensión territorial al este del Mississippi hasta un punto al sur de Natchez, entre los paralelos 32°28' y 31° de latitud Norte, y la concesión de libertad de navegación por sus aguas con derecho a depósito en Nueva Orleáns. Por dicho documento, España venía a reconocer la realidad de la presión en dichas regiones de los norteamericanos colindantes y la imposibilidad de resistir con la fuerza por más tiempo, aparte de convenir las bases para una futura y progresiva amistad con su vecina.

La nueva línea fronteriza no aparecía marcada en el tratado con claridad; diversos conflictos se originaron al pretender los del Norte áreas que los del Sur se resistían a entregar. Los problemas se agravaron con los rumores de los proyectos españoles de retroceder las tierras de Luisiana a los franceses, reincidentemente interesados en ellos desde que el Directorio había tomado el poder en 1795 y había despachado en marzo de 1796, en misión de espionaje, al general Victor Collot. Ante tales noticias los colonos norteamericanos no se hallaban dispuestos a que Francia, con renovados designios imperialistas (más los tendría a poco con el gobierno absoluto de Napoleón), viniese a sustituir a España en los confines occidentales de la joven nación. Así, Andrew Ellicot, comisario norteamericano para marcar la nueva ruta, informaba a su gobierno en 1797 de la existencia de tres conspiraciones: la resurrección de la proespañola de Wilkinson y sus amigos, la de los pobladores del Oeste para promover una revolución de los norteamericanos y franceses residentes en Luisiana y Florida, y la invasión proyectada por los hombres de la frontera de los dominios españoles en nombre de Gran Bretaña o de los Estados Unidos.

Por fin, España aceptó la línea limítrofe trazada después de ímprobas dificultades por Elliot y Sir William Dunbar, éste en representación de España; la Ellicott Line trajo la sorpresa de que el fuerte Esteban quedaba a su Norte e incluido, por tanto, en la cesión. Cumpliendo lo pactado, fue entregado como antes hemos dicho. En las márgenes del río Mobile y en la latitud correspondiente, se colocó un mojón, en cuya cara norte aparecía la inscripción "U.S. lat. 31° 1799," y en su envés., "Dominios de S.M. Carlos IV. Lat 31°, 1799." En las proximidades, los norteamericanos construirían el Fort Stoddert, en el que junto a las tropas estacionadas funcionaría una oficina de aduanas. Más tarde sería abandonado y trasladado a Mt. Vernon, así llamado en recuerdo de la casa de Washington.

Sector meridional: Mobile

En la breve franja costera de Alabama, la presencia española fue no menos notable y antigua, siempre en torno a la bahía de Mobile. Correspondió a Alvarez de Pineda al conectar las costas de Alabama con la civilización occidental: enviado por Francisco de Garay, gobernador de Jamaica, a explorar las tierras del Norte, fue el primer blanco en tocarlas cuando con sus cuatro barcos entró en la bahía de Mobile, en el año 1519, a la que denominó Santo Espíritu, lo mismo que al río Mobile que en ella desagua. Como consecuencia de su recorrido por el Golfo de México, Pineda levantaría un mapa en el que incluiría Mobile, acompañado de un informe sobre los cuarenta días de su estancia allí.

Siguió Pánfilo de Narváez con su gente en la visita el lugar: en el otoño de 1528 arribaron en tres barcas manufacturadas, después de tres ardientes días de viaje desde Pensacola. A las indicaciones que Cabeza de Vaca hizo de sed a los indios ribereños, respondieron los solicitados ofreciéndose a llenar las jarras con agua potable. El griego Doroteo Teodoro, el calafateador de las embarcaciones, no quiso aguardar a saciar su sequedad y con un negro se decidió a bajar a tierra con los indios, no obstante las advertencias contrarias de sus compañeros nunca volvieron. A la mañana siguiente, regresaron los indios en demanda de los dos rehenes dejados en prenda por los desaparecidos expedicionarios e invitando a los españoles a bajar si deseaban comer y beber. Ante el inminente ataque de indios en número creciente, los viajeros decidieron partir y poner rumbo al Oeste.

A cargo de Maldonado corrió la siguiente exploración a fines de 1539, por órdenes de Hernando de Soto, en misión informativa, y otra segunda en el verano de 1540, cumpliendo la cita que su jefe le indicara, después de haber viajado a Cuba en demanda de ayuda en hombres y provisiones. No coinciden los historiadores en si la bahía de Achusi u Ochuse, en la que convinieron el encuentro, corresponde a la de Pensacola de hoy o a la de Mobile, aunque parece más probable ésta.

Tampoco hay concordancia en la presencia o no, en el curso de esta última visita, de doña Isabel, la esposa de Hernando. La leyenda de su estancia en la boca de la bahía en la Dauphin Island persiste, al menos, y la de haber sido sus manos las que plantaron las higueras que en ella todavía se conservan. Según ella, en la mañana de la partida de La Habana de las naves, Maldonado, Juan de Añasco —el tesorero de Soto— y Gómez Arias, se encontraron a bordo con doña Isabel, doña Leonor —su dama y prima natural— y varias criadas, y a poco de llegar a la isla, doña Isabel ordenó plantar una huerta y un jardín con las semillas traídas, descubriendo en las excavaciones que emprendió ídolos paganos correspondientes a antiguas razas de caníbales. En estos trabajos se pasarían el verano, tras lo que el grupo desplazaría al continente en el lugar del actual Moblle hasta que llegaron noticias de la proximidad de hombres blancos y del desarrollo de una cruenta batalla (la de Mabila). Por fin, con los mensajeros despachados, apareció Rodrigo Rangel, secretario de don Hernando, quien trajo las novedades: de los resultados poco favorables de la empresa y de la decisión de don Hernando de continuarla —aun a riesgo de su vida— y de no comunicar a los suyos la llegada de las naves auxiliadoras; de las órdenes del jefe a Maldonado de regresar a Cuba para citarse de nuevo con él, un año más tarde en las bocas del río Grande (Mississippi); de su aprobación a la desobediencia de su esposa al embarcarse; y de la muerte de Nuño de Tobar, el marido de Leonor. Se cuenta también que el grupo, por decisión de Isabel, no retornó a Cuba y aguardó en la isla a la llegada del nuevo verano y la segunda cita concertada, y que sólo ante las noticias del desastroso fin de Soto accedió a zarpar, dejando enterradas sus joyas en un pozo cavado en la arena.

Hasta la siguiente visita española transcurrieron casi veinte años. Cuando Felipe II decidió establecer colonias en las costas nórdicas del Golfo de México, despachó con misión exploratoria a Guido de los Bazares con tres barcos y 60 hombres, que zarparon de Veracruz el 3 de septiembre de 1558. Arribados a la bahía de Mobile, la bautizaron con el nombre de Filipina. Los hombres de Bazares llegaron al río Tensaw y a Montrose, en el condado de Baldwin (en la otra orilla de la bahía). Allí permanecieron hasta el 3 de diciembre siguiente en que levaron anclas rumbo a México, a cuyo puerto de Veracruz llegaron once días después. El entusiasta informe elevado sobre las condiciones de Mobile recomendó establecer allí una colonia.

Consecuencia de aquella exploración fue la organización de la expedición de Tristán de Luna al año siguiente. La bahía de Filipina recibió su visita, pero quedó pospuesta en su elección ante las preferencias que mostró hacia Pensacola.

Para las costas de Alabama se sucedió un largo período de soledad, al final del cual los franceses pusieron sus ojos en ellas. Correspondió a Iberville la visita a la bahía y a la isla en 1699, si bien fue en Biloxi en donde desembarcó (ya en la Pensacola se habían adelantado Arriola y su gente) sus hombres y materiales. Se apercibió pronto de que el lugar elegido no era el ideal para la fundación, por lo que consiguió en Francia, del ministro de Marina Pontchartrain, el permiso para trasladarlo 40 kilómetros arriba del río Mobile. Su hermano Bienville se encargó de la empresa, y los colonos fueron trasladados a comienzos de 1702. Inmediatamente comenzaron los trabajos de construcción del fuerte Louis de la Louisiane —en honor de Luis XIV— o Louis de la Mobile, como más tarde sería conocido. Mobile se convertiría en el centro de las actividades coloniales de Francia en Luisiana hasta 1720, y recibiría a las personalidades más sobresalientes en aquel campo (entre otras, St. Denis con su esposa española, Manuela Ramón).

En el curso de la guerra de Pensacola entre España y Francia, Mobile fue atacado por una escuadra española, sin consecuencia, como represalia a los ataques franceses a Pensacola; con el tratado de paz de 1720, los gobiernos español y francés aceptarían las respectivas propuestas de sus establecimientos de Pensacola y Mobile de marcar el río Perdido como frontera entre ellos. Con la firma del Tratado de París de 1763, Mobile pasó a manos inglesas, que denominaron Fort Charlotte al antiguo Fort Condé, una vez debidamente reparado. En ellas duraría hasta que les fuera arrebatada por D. Bernardo de Gálvez en marzo de 1780.

España había declarado la guerra a la Gran Bretaña y el gobernador español colaboraba con Washington en su tarea de independizar a las colonias. El joven caudillo, tras sus victorias en Fort Manchac, Baton

Rouge y Fort Panmure, había sido designado por Carlos III para conseguir el principal objetivo de sus tropas en América: expulsar a los ingleses del Golfo de México y de las riberas del Mississippi, "donde sus establecimientos tanto perjudican a nuestro comercio, así como a la seguridad de nuestras más valiosas posesiones." Tras vencer resistencias en sus jefes de La Habana, Gálvez consiguió 567 hombres; así pudo reunir 754 y 12 embarcaciones de distintos tamaños. El 11 de enero de 1780 partió la expedición de Nueva Orleáns, sufriendo los graves contratiempos de larga calma al principio y de un furioso huracán después. Las pérdidas del consiguiente naufragio le fueron compensadas con la aparición de 20 barcos provenientes de Cuba.

El 29 de febrero se entabló por primera vez el fuego con el enemigo y comenzó un largo y caballeresco intercambio de correspondencia entre Gálvez y el comandante inglés Elias Durnford. El 9 de marzo dirigió una arenga a sus tropas el general español, con lo que se comenzaron la construcción de una serie de trincheras que permitieron el adecuado emplazamiento de las baterías. Varios duelos artilleros se sucedieron y varios combates se entablaron hasta que la bandera blanca de rendición ondeó en las fortificaciones de Mobile. A las diez de la mañana del día 14 las fuerzas españoles tomaron posesión de la plaza, haciendo 300 prisioneros y con pocas pérdidas propias.

Por fortuna para los sitiadores, la expedición de socorro, compuesta de 1.100 hombres procedentes de Pensacola y al mando de Campbell, no intervino en la lucha, no obstante hallarse sus vanguardias en la isla, y levantó el campo, retirándose a su punto de partida. Para prevenir un renovado ataque del enemigo, Gálvez ordenó la erección de un fuerte, cuyo emplazamiento es recordado todavía bajo el nombre de *Spanish Fort*, en las márgenes del primero de los brazos del río que el viajero encuentra al proceder de Pensacola.

Como muestra del aprecio del rey por la victoria, recibió Gálvez el ascenso a mariscal de campo, y se le otorgó el mando de todas las operaciones españolas en América, con el título aumentado de gobernador de Luisiana y Mobile.

El origen malagueño de Gálvez ha sido la causa de que Mobile y Málaga hayan convenido un pacto como ciudades hermanas. Se dice que a la catedral de esta última le falta una torre por haberse gastado el dinero disponible en la ayuda a la independencia norteamericana. En marzo de 1968, el alcalde de la ciudad española, Sr. Gutiérrez Mata, acompañado de otras personalidades, asistió a los *Días de Málaga* mobilenses y a la inauguración de la céntrica "Plaza de España," para la que donó la estatua de un "cenachero" (típico vendedor callejero de pescados), obra de Jaime Pimentel.

Durante los treinta y tres años de gobierno español, Mobile quedó dependiente de Florida Occidental, con Pensacola por capital, y su región fue dividida en dos distritos: el de Baton Rouge, entre los ríos Pearl y Mississippi, y el de Mobile, entre los ríos Pearl y Perdido. En la ciudad residía un comandante que vivía en casa cercana al fuerte. Doce oficiales llegaron a ostentar tan honrado cargo y se distinguieron sobre los demás Vicente Folch, Manuel de Lanzos, Joaquín Osorno y Cayetano Pérez. El comandante ostentaba la autoridad civil y militar, y actuaba como juez y como notario. Existían además el alcalde y el tesorero real, en cuyo cargo ganó renombre Miguel Eslava; los descendientes de éste permanecieron en la ciudad en el curso del siglo XIX y sobresalieron en la política y los negocios. Trece sacerdotes ejercían su ministerio, bajo la dependencia del obispo de Luisiana y Florida, que fue Peñalver durante muchos años. La principal iglesia en tiempos franceses era Notre Dame, de Mobile, pero los españoles le cambiaron el nombre por el de la Inmaculada Concepción, que es el que recibió la catedral construida años después. Muchos comerciantes franceses e ingleses permanecieron en la ciudad y continuaron usando sus respectivos idiomas, si bien el español era el oficial. Durante dicho período progresó notoriamente la cría de ganado, existían bastantes molinos y funcionaron varios *cotton gins*, que proporcionaron a sus propietarios rápidas ganancias. Las autoridades españolas hicieron numerosas concesiones en tierras y confirmaron algunas de las realizadas en tiempos ingleses, de forma que la mayoría, al presente, de la propiedad inmobiliaria de Mobile y sus alrededores se halla basada en documentos españoles.

Cuando la venta de Luisiana por Francia a los Estados Unidos, Jefferson alegó que Mobile estaba incluido en la compra, según su situación en los días coloniales franceses, en tanto que España sostenía, con más fundamento, que la suerte de Mobile se había desligado de Luisiana desde el Tratado de París de 1763, y que en 1783, al recuperar España Florida, había quedado incorporada a su sector occidental, en la misma forma en que había permanecido durante la dominación inglesa. Aunque se conservó en manos españolas, fue sometida a continuas presiones internas y externas por los territorios norteamericano circunyacentes. Los colonos de la región del Tombigbee, que no se beneficiaban del ya libre puerto de Nueva Orleáns y tenían que utilizar en cambio el español de Mobile, sometido a aduanas, elevaron un memorial en 1809 al Congreso, solicitando permiso para crear el *Territorio de Mobile de los Estados Unidos*, solicitud de la que no se derivó reacción alguna. Por otra parte, los norteamericanos residentes en el distrito de Baton Rouge se sublevaron, capturando el fuerte, y proclamaron en 1810 el *Estado de Florida Occidental*, izando una bandera azul con una estrella plateada; su independencia duró poco y fue incorporado a Luisiana.

Como el distrito de Mobile quedara todavía en poder de España, Reuben Kemper organizó una expedición para capturar la capital. Acampados en sus alrededores, el excesivo *whisky* ingerido antes del ataque impidió su asalto a la ciudad e hizo posible la captura de los sitiadores por los españoles sitiados; sus dirigentes fueron enviados al castillo del Morro de La Habana.

La alianza hispano-británica contra Napoleón acarrearía la no beligerancia española a favor de Inglaterra en su guerra contra los Estados Unidos en 1812, de forma que los puertos españoles, entre ellos Mobile, fueron usados por los barcos ingleses; ello dio pie para que el Congreso, el 11 de mayo de dicho año, anexionara el distrito de Mobile a los Estados Unidos y el presidente Madison ordenara su ocupación; aunque los Estados Unidos no se hallaban en guerra con España, el general Wilkinson —otrora espía de España— zarpó de Nueva Orleáns y ocupó Mobile en marzo de 1813. El comandante español, Cayetano Pérez, evacuó el fuerte Carlota el 13 de abril siguiente, fecha en la que se izó la bandera de los Estados Unidos. Esta captura fue el único resultado positivo de la guerra de 1812 para los Estados Unidos.

Durante la guerra de Secesión, Mobile, que se encontraba en manos de los confederados, sería escenario el 5 de agosto de 1864 de uno de los grandes triunfos del contraalmirante Farragut; la victoria le valdría un ascenso. Por otra parte, el *Spanish Fort*, por su sólida construcción, jugaría papel clave en la resistencia terrestre que los confederados opondrían hasta el último momento a los atacantes.

Mobile, hoy

Más de ciento cincuenta años han transcurrido desde que España abandonara Mobile y, sin embargo, se mantiene en la ciudad y en sus habitantes vivo su recuerdo. Perviven descendientes de españoles que se muestran orgullosos de su sangre y con su conducta la honran; domina la población católica —caso excepcional en Alabama— como resultado de su pasado francohispánico; aparecen los hispánicos castillos y leones en el escudo de la ciudad y los colores rojo y gualda en los atributos del obispo católico; reza un letrero en el recinto de la catedral —de estilo clásico— que los terrenos en que se halla construida fueron cedidos por España para cementerio; figura la bandera española en el despacho oficial del primer comisionado de la ciudad o alcalde.

Si se recorre la ciudad se comprobarán los antiguos límites ciudadanos o las edificaciones con estilo español, como la casa del almirante confederado Semmes y la *Murphy High School*, o el emplazamiento del *Spanish Fort*, o las aportaciones españolas al *fuerte Carlota*, o el magnífico lugar que ocupa la Plaza de España, delante del moderno Auditorio, en el centro de la antigua ciudad reconstruida, o la serie de calles que conservan nombres españoles.

Relaciones con España, McGillivray

Entre los años 1763 y 1799, los territorios al este del Mississippi fueron objeto de especial atención por parte de España. A partir de la guerra de la independencia norteamericana, con la contestada autoridad inglesa sobre ellos y la toma militar por España de algunos de sus puntos, fueron materia de reclamación como campo en el que el derecho de soberanía alcanzaba su pleno desarrollo. Ya hemos visto que en las discusiones del tratado de paz, los nuevos Estados Unidos se mostraron dispuestos en algún momento a ceder ante las pretensiones españolas, pero Gran Bretaña, al cambiar finalmente su política hacia sus antiguas colonias, quiso provocar deliberadamente un conflicto entre las antiguas aliadas a renunciar a favor de aquéllas todas sus posesiones entre los Apalaches y el río Mississippi hasta el paralelo 31°, por el Sur, cerca de Mobile, límites que España se negó a admitir. Por el contrario, España notificó a los Estados Unidos su propiedad de la orilla oriental del Mississippi hasta el río Ohio y del distrito al sur del río Tennessee y al oeste del río Flint, en lo que es hoy el centro de Georgia.

Esta disparidad de puntos de vista causaría tensiones entre los dos países durante varios años, y ocasionaría el retraso en reconocer por parte de España la independencia de los Estados Unidos. Para hacer valer sus derechos en el área descrita, España reforzó sus defensas militares, cerró el 14 de junio de 1784 la navegación del Mississippi a buques que no fueran españoles y desarrolló una política amistosa con las naciones indias, que mucho le ayudaron en sus designios. Enfrentado el Congreso con esta oposición española y con otra análoga en el Norte por parte de los ingleses, durante tres años no tomó otra iniciativa en el Oeste que prohibir los asentamientos de inmigrantes; e incluso el ejército federal, a las órdenes del general Harmar, se dedicó a quemar las cabañas de los ya instalados e impedir su regreso, de la misma manera que veinte años antes los soldados británicos habían actuado contra los que se habían atrevido a atravesar la *Proclamation Line*. Los historiadores reconocen que España consiguió sus propósitos y tuvo éxito en su política durante la década correspondiente a los ochenta, en los que mantuvo estrechas conexiones con los establecimientos de Kentucky, Franklin y Cumberland, que estuvieron a punto de inclinarse al lado español; pero la creciente presión de los colonos, la consolidación del poder federal y la progresiva debilitación española harían que su actuación en los años noventa fuera menos afortunada y que terminara con la final renuncia a todas sus pretensiones.

Con la distribución territorial acaecida en 1763, tocó a Inglaterra la posesión de las tierras al este del Mississippi, de las que desaparecieron —Florida incluida— franceses y españoles. Los indios creeks quedaron a la exclusiva merced de la Gran Bretaña, la que con su *Proclamation Line* (que prohibía el establecimiento de colonos en su costado occidental) se granjeó su reconocimiento y su incondicional alianza en los posteriores y difíciles días de las luchas por la independencia. Al conseguirse ésta y esfumarse de la escena Inglaterra, la sustituyó España como apoyo contra las pretensiones de un nuevo enemigo, la joven Confederación norteamericana. En estos difíciles momentos, en 1783, la nación creek volvió sus ojos en demanda de caudillaje a un muchacho de veinticuatro años, Alexander McGillivray.

Hijo de escocés y de india (a su vez hija de un francés, Marchand, comandante del Fort Toulouse), McGillivray era un típico producto de la mezcla racial tan aceptada entre los creeks, y había nacido en Little Tallasie, no lejos de la capital Montgomery. A los catorce años había sido llevado a Charleston para recibir educación occidental, llegando a dominar el inglés en el curso de los tres años que duró su estancia allí. El estallido de la revolución supuso para la familia, leal a la corona, la pérdida de todos los bienes y la decisión de Alexander de luchar a favor de los británicos, que le nombraron coronel y comisario ante los indios creeks. De aquí que su aceptación por sus hermanos indios apareciera como cosa natural y que su caudillaje, tanto por la fuerza de las armas como por la habilidad de sus cartas escritas en pulcro e inteligente inglés, se confirmara como indiscutible. La nación creek ocupaba en aquellos momentos espacios que comprenden gran parte del estado de Georgia, el estado de Alabama y parte del de Mississippi, y se había mantenido en contacto —no siempre pacífico— con los españoles, desde los días de Ponce de León, pasando por Narváez, Soto y los gobernadores de San Agustín.

Entró en escena McGillivray al oponerse al Tratado de Augusta, firmado el 1 de noviembre de 1783, por un grupo de jefes creeks, que cedieron al estado de Georgia una amplia superficie comprendida entre los ríos Ogeechee y Oconee. El 1 de enero de 1784 escribió al gobernador español de Pensacola, Arturo O'Neill, solicitando la protección del rey de España para la nación creek, desde el momento en que, como pueblo independiente, no podía ser cedido por Inglaterra a los Estados Unidos, en contra de su voluntad e intereses. Con la favorable respuesta de O'Neill se dirigió el 28 de marzo siguiente al gobernador de Luisiana, Esteban Miró, demandando la ayuda española y el permiso para la firma inglesa Panton, Leslie and Co., de realizar con los indios de su nación el comercio del que vivían y que la organización española no podía proporcionar; ante los peligros de que, de otro modo, dicho comercio se canalizara a través de los norteamericanos, Miró acabó por aceptar.

El 1 de junio de 1784 se firmó el Tratado de Pensacola, por el que España nombro a McGillivray comisario ante los creeks y se comprometió a defender a éstos en sus dominios al oeste del río Flint y sur del Tennessee; Georgia, al enterarse, comunicó en noviembre a McGillivray su intención de no colonizar la disputada región del Oconee. El 10 de julio de 1785, McGillivray dirigió un memorial al rey de España, en nombre de los jefes indios creeks, chickasaws y cherokees, en el que insistía en el no reconocimiento del tratado entre los Estados Unidos y Gran Bretaña, por el que se cedían los territorios habitados por dichas naciones, en su decisión de no permitir por la fuerza el asentamiento en ellos de colonos, y en la necesidad de obtener una mayor ayuda de España. En cartas de 28 de marzo de 1786 y de 1 de mayo siguiente, informó, respectivamente, a O'Neill y a Miró del curso de la guerra que los indios creeks habían declarado a los Estados Unidos, a fin de hacer desaparecer los nuevos establecimientos. No consiguió la aprobación de las autoridades españolas a tal determinación, por lo que vio reducida considerablemente la ayuda militar que le proporcionaban, determinación que Miró modificó más tarde ante la amenaza de McGillivray de llegar a un acuerdo con ingleses o norteamericanos.

En febrero de 1787 visitó a McGillivray James White, en su papel de superintendente para los asuntos indios nombrado por el Congreso, tratando sin éxito de modificar la violenta actitud del jefe indio con respecto a los establecimientos de los colonos. No fueron más afortunadas las gestiones de Richard Winn, sucesor de White, en la primavera de 1788; el asesinato del jefe indio Old Tassel había enfurecido a sus indios cherokees, anteriormente mejor dispuestos a la paz. La proclamación del Congreso de 1 de septiembre ordenando la retirada de los inmigrantes de las tierras de indios no tuvo resultados tangibles, por la dificultad de llevarla a la práctica ante la escasez de fuerzas coactivas y la continuada actitud india de atacar los poblados de los blancos. El 2 de septiembre Robertson escribió a McGillivray en el sentido de que el Oeste debía unirse a la nación que controlara el Mississippi. Los comisionados enviados por Washington en 1789 no lograron mejor recepción del jefe indio que los anteriores.

Las cosas cambiaron, sin embargo, en el año siguiente, al insistir España en una más pacífica política que evitara cualquier incidente fronterizo. McGillivray decidió aceptar una invitación para visitar Nueva York, confiado en revigorizar así la ayuda española, probablemente inquieta por esta aproximación con las gentes de Washington. Los visitantes, McGillivray y otros 30 jefes creeks, a juzgar por el informe del agente español José de Viar, fueron agasajados en la ciudad del Hudson poco menos que como personas reales, y firmaron, primero, con Knox, y luego, con el propio Washington, el Tratado de Nueva York, que llevaba la fecha 13 de agosto de 1790. Por él, McGillivray renunció a la reclamación sobre la franja georgiana entre los ríos Oconee y Ogeechee y recibió las seguridades de Washington de que el gobierno federal se opondría a los establecimientos del denominado proyecto Yazoo, fue nombrado general y obtuvo la pensión anual de 1.500 dólares, pero no renunció a sus conexiones con España ni al monopolio comercial de que se beneficiaba con su amigo Panton.

Como McGillivray esperaba, la reacción española se concretó en mayores promesas de ayuda y en la paga anual de 2.000 dólares, que Miró quedaba autorizado a aumentar si las circunstancias lo exigían. La paz de los creeks con los Estados Unidos no duró mucho. El gobernador de Luisiana, Carondelet, que había aprisionado a Bowles a petición de McGillivray (cuyas oficinas de la firma Panton había saqueado el 16 de enero de 1792 en St. Mark), convocó en Nueva Orleáns al jefe indio, con el que firmó, el 6 de julio de 1792, el Tratado de Nueva Orleáns por el que McGillivray se comprometía a declarar la guerra a los Estados Unidos para recuperar el territorio perteneciente a los creeks, en tiempos ingleses, y España prometía el adecuado suministro de armas, la garantía de aquellos límites fronterizos y la pensión anual de 3.500 dólares.

La prevista invasión llevada a cabo por los creeks, cherokees y chickamaugas se realizó en septiembre. El último objetivo era Nashville, sobre la que convergerían tres columnas: la primera, al mando de "Doublehead," la segunda, bajo "Middlestriker," y la tercera, con Watts. No pudo participar McGillivray, retenido en cama por fatal enfermedad; su ausencia se echó de menos, por las disputas que cerca de Nashville surgieron entre los jefes, y que producirían el final desastroso de la expedición. La muerte de McGillivray, el 17 de febrero de 1793, supondría un duro golpe para la supervivencia de sus planes políticos y de la nación creek; los negocios de Panton, Leslie and Co. continuarían, sin embargo, y en el jardín de la casa de éste, en Pensacola, hallarían eterno reposo los restos mortales del guerrero.

Nombres españoles

En la superficie de Alabama se conserva, además, una serie de nombres españoles. Así, el De Soto State Park, en el condado DeKalb, y el Monte Sano State Park, en el condado de Madison, y las localidades de Almería, Andalusia, Galera, Columbia, Columbiana, Cordova, Cuba, Docena, Gordo, Verbena, Madrid, Manila, Magnolia, Fleta, Ardilla, Alta, Alma, Bexar, Angel, Francisco, Valhermoso Sprs., Lavaca, Vida, Delta y Triana.

♦ *MISSISSIPPI* ♦

Como en los demás estados del sur, el *Spanish Moss* cuelga de los árboles y da a su paisaje una apariencia de decoración teatral. Es el escenario de las andanzas de Tom Sawyer y Huckleberry Finn, los personajes de Mark Twain, émulos de Don Quijote y Sancho.

El estado del Mississippi tiene como urbes notables Natchez y Vicksburg, ligadas a la historia española (en esta última se emplazó el fuerte Nogales), Columbus, con fiestas como el Annual Pilgrimage, y Biloxi, en la breve franja costera.

Franja costera: Pascagoula

El distrito de Mobile, al que pertenecía la franja costera del estado de Mississippi, no quedó incluido en la República de Florida Occidental, por lo que permaneció en manos españolas. Pasaría a poder de los Estados Unidos cuando aquellas tropas abandonaran Mobile, el 13 de abril de 1813, como consecuencia de la previa ocupación de la ciudad por los 600 hombres del general Wilkinson, de Florida Occidental hasta el río Perdido.

En la cercanía de los límites con el estado de Alabama, la localidad de Pascagoula nos muestra la pervivencia de un antiguo fuerte español, en el que los turistas pueden contemplar la reconstitución de sucesos acaecidos entre sus paredes y en la región. Fundado en el 1721 por Joseph de la Pointe, su nieta casó con el capitán de los ejércitos españoles D. Enrique de Grimarest. Se trata del edificio más antiguo del área, construido a base de madera, conchas de ostras, barro y musgo. España lo poseyó desde 1780 a 1810.

Existe la tradición de que el río Pascagoula canta al anochecer en recuerdo de los indígenas que voluntariamente se ahogaron en sus aguas, en expiación a haber traicionado el culto a una sirena como consecuencia de las prédicas de un misionero católico.

En Pascagoula procede dedicar un recuerdo a Jorge Farragut —el menorquín, padre del almirante— quien a raíz del fallecimiento de su esposa en Nueva Orleáns, se trasladó en 1809 a vivir con sus hijos en el lugar denominado Point Plaquet, desde entonces *Farragut's point*. Físicamente agotado, murió en Pascagoula, el 4 de junio de 1817, y en su cementerio yace.

La región del Mississippi, explorada también en primer término por España, recibió la atención como lugar de establecimiento por parte de Francia (tanto en la costa como en el interior) y pasó a manos de Inglaterra en 1763, cuando Francia le cedió todos los dominios extendidos en la orilla este del Mississippi. En los años subsiguientes al estallido de la revolución, fue objeto de reclamación por parte de España, como consecuencia de las acciones militares y de ocupación llevadas a cabo. Los Estados Unidos no aceptaron estas pretensiones, originándose las fricciones que ya hemos visto.

Con la firma del Tratado de San Lorenzo en 1795, España renunció a las comarcas comprendidas al septentrión del paralelo 31°, latitud norte, por lo que en el 1798 se creó el territorio de Mississippi, al que se añadieron algunas franjas cedidas por Georgia y Carolina del Sur. Abarcaba los estados de Alabama y Mississippi, con la excepción de la franja costera al sur del paralelo 31°, que España perdió definitivamente en 1813. El sector occidental consiguió su admisión como estado, con el nombre que hoy lleva, el 10 de diciembre de 1817; el territorio de Alabama lo sería en 1819.

Lleva este estado el nombre del *Padre de las Aguas*, que es lo que significa Mississippi. Corresponde a Alonso Alvarez de Pineda el título de haber sido el primer español que divisara el río en 1519 y comprobara la potabilidad de su caudal en su amplia desembocadura. Lo bautizó con el nombre de Espíritu Santo. Le siguieron en sus contactos Pánfilo de Narváez y sus desfallecidos compañeros, quienes en el otoño de 1528 surcaron, primero, el lago Borgne, procedentes de Mobile, y más tarde, viraron hacia el Chandeleur Sound, avistando las islas del mismo nombre y pisando, por fin, un trozo de tierra firme que formaba una de las márgenes del río. Más arriba, Hernando de Soto, lo atravesaría en mayo de 1541, denominándolo "el Río Grande de la Florida."

Hacia mediados del mes de diciembre de 1540 pisaría Hernando de Soto con sus hombres las tierras del estado del Mississippi, en las que, por encontrar abundante fruta y otros alimentos, decidió pasar el invierno. Durante su estancia se originó un incidente: unos indios robaron varios cerdos, siendo dos muertos en el intento y otro condenado a perder sus manos. Al poco tiempo, cuatro españoles cometieron algunas raterías en tiendas de indios: don Hernando condenó a muerte a dos de ellos y confiscó las propiedades de los otros dos.

Llegado el mes de marzo de 1541, y necesitando de indios que transportaran cargas al considerar la partida hacia el Oeste, Soto los solicitó a los jefes chickasaws, que se negaron e incendiaron el campamento durante la noche. A pesar de la confusión que tan inopinado acto introdujo entre los españoles durmientes, el orden pudo restablecerse después de haber muerto 11 soldados (Soto fue derribado de su caballo) y 50 caballos, y teniendo muchos españoles que luchar contra el frío, por haberse quedado desnudos y sus ropas quemadas. Reanudada la marcha, arribaron en mayo al gran río Mississippi, en el lugar que muchos historiadores sitúan en el actual Sunflower Landing y otros en el cercano Memphis. ¿Es este el lugar en que el escritor Simms encontró una ruda cruz —señal de la tumba de algún soldado de Soto—, y cuya emocionada contemplación le animaría a componer su extensa novela *Pelayo* y parte de su continuación, *El Conde Julian* (1845)?

Otro grupo de españoles atravesó el territorio de este a oeste y viceversa en el año 1560. Se trataba de dos capitanes, 50 infantes y algunos caballeros —además del padre de la Anunciación— que Mateo del Saúz, lugarteniente de Tristán de Luna en Coosa, estimó procedente facilitar a los indios coosa en su expedición contra sus enemigos, los indios natchez.

Tras una espectacular despedida, se pusieron en marcha los expedicionarios, juntamente con 300 guerreros indígenas. Al llegar a un gran río (quizá el Pearl), en la vecindad de un gran poblado, el jefe indio pidió a los españoles omitieran sus acostumbrados toques de trompeta en el momento del Angelus, de forma de poder lograr la sorpresa pero, para su desilusión, no encontraron a nadie en el pueblo, con la excepción de un indio enemigo enfermo, al que mataron a golpes y al que los españoles trataron de salvar y el padre de la Anunciación, en vano, de convertir. Incendiaron las cabañas y apartaron maíz del encontrado para ser enviado a Saúz. Prosiguieron su marcha las tropas indo-hispanas, sin hallar trazas de contrarios, hasta que al asomarse al Mississippi obtuvieron la sumisión de los natchez, que, atemorizados, se habían cruzado a la otra orilla, así como el pago por ellos de un tributo —tres veces al año— consistente en castañas, nueces y otros frutos. Gracias a los españoles, los antiguos enemigos resolvieron sus diferencias sin apenas derramamiento de sangre.

Natchez

Los españoles entraron de nuevo en escena cuando los colonos de la costa oriental se sublevaron contra Inglaterra en 1776. Bernardo de Gálvez, gobernador a la sazón en Luisiana, tomó un decidido partido a favor de los patriotas, no obstante la neutralidad de España. Proporcionó una inapreciable ayuda a aquéllos, como ya hemos visto, a través de Oliver Pollock, un irlandés católico, que había puesto su persona y su fortuna a disposición de la revolución, y de James Willing, a quienes suministró armas, municiones y otras provisiones. El 10 de enero de 1778 partió Willing de Pittsburgh en una barca armada, y por el Ohio y el Mississippi llegó hasta Nueva Orleáns, no sin haber incendiado establecimientos y plantaciones pertenecientes a los ingleses. Gálvez les dejó manos libres para vender el botín obtenido en el viaje e hizo la vista gorda a la captura por Willing de dos embarcaciones británicas. Gálvez no permitió a Willing —dada su irregular conducta— regresar por el territorio español, pero sí autorizó a Robert George a conducir a sus hombres a través de aquél hasta las tierras de Illinois, con la condición de que se abstuvieran de todo acto contra los establecimientos ingleses.

Cuando España declaró la guerra a Inglaterra como amiga de los sublevados el 21 de junio de 1779, conoció Gálvez el hecho antes que sus vecinos, ya rivales, ingleses, por lo que pudo tomar inmediatamente medidas y atacar el 6 de septiembre Fort Manchac, cuya guarnición no tuvo sino que rendírsele. Igual éxito tuvo con el fuerte de Baton Rouge, cuyo comandante, Dickson, izó bandera blanca el 21 siguiente. En los términos de la capitulación se incluyó el Fort Panmure, en Natchez, con una guarnición de 80 hombres.

Correspondió al capitán Juan de la Villebeuvre la grata tarea de recibir del capitán Anthony Forster la plaza de Natchez y el fuerte el día 5 de octubre. Acompañado por 50 soldados, el capitán español fue portador de la orden de rendición y de una carta del comerciante irlandés de Nueva Orleáns Oliver Pollock, explicando a los habitantes lo sucedido, elogiando el espíritu de libertad y la generosa conducta de Gálvez y anunciándoles las ventajas que para su comercio se les derivarían de su permanente conexión con Nueva Orleáns.

Por otra parte, el 22 de noviembre de 1780, el capitán español Baltasar de Villiers condujo un destacamento de tropas desde el puesto de Arkansas (Arkansas Post) hasta la opuesta ribera oriental del Mississippi en nombre del rey de España.

Casi dos años después de estas victorias, y mientras Gálvez continuaba su victoriosa lucha contra los ingleses, algunos de los vecinos de Natchez, entre ellos Anthony Hutchins, realistas ingleses y enemigos de los independentistas, planearon la reconquista de Fort Panmure y solicitaron auxilios del general Campbell, gobernador de Pensacola, quien les alentó en su empresa. Algunos de los colonos no participaron en semejantes propósitos, y uno de ellos, Alexander MacIntosh, que prosperaba bajo el gobierno español, informó al jefe del fuerte, capitán Juan de la Villebeuvre, de la conspiración. Este pudo repeler así un primer ataque de los sublevados, pero cayó, en cambio, en las redes de una falsificación de una carta de MacIntosh, en que se indicaba la inevitable voladura del fuerte, y estimó procedente rendirse bajo la condición de no participar en lo sucesivo activamente en la guerra; la bandera británica fue izada, pero no por mucho tiempo, porque la derrota sangrienta de una partida de su gente y la noticia de la caída de Pensacola en manos de Gálvez desanimó a los dirigentes, quienes optaron por huir. Los españoles recuperaron el fuerte y los habitantes de Natchez renovaron el juramento de fidelidad a España.

Natchez se convirtió en un punto neurálgico en las relaciones hispano-norteamericanas, y su comandante, Manuel Gayoso de Lemos, jugó un importante y activo papel; por su simpatía e inteligencia, su excelente inglés, su matrimonio con una dama norteamericana y su popularidad entre los colonos de la región. Para el historiador Holmes, su personalidad no merece más que elogios, llegando a decir que consiguió otorgar a la fase final de la administración española en Mississippi fama de liberalidad, honestidad y progreso. El mismo autor recoge el común comentario de los ciudadanos de Natchez en el momento de su partida: "El gobernador Gayoso ha sido el padre y el protector del distrito. Ha sido nuestro amigo verdadero, si bien nos hemos dado cuenta tarde."

El distrito de Natchez, que se extendía desde Punta Cortada (Pointe Coupée), en el sur, hasta la desembocadura del río Yazoo, en el norte; desde el Mississippi, en el oeste, hasta una frontera indeterminada, en el este, tuvo por comandantes predecesores de Gayoso, además de Juan de la Villebeuvre, a Carlos de Grand-Pré, Esteban Miró, Pedro José Piernas, Francisco Collel, Felipe Treviño, Francisco Bouligny y nuevamente Carlos de Grand-Pré.

La actuación de Gayoso, desde el juramento de su toma de posesión el 19 de mayo de 1789 hasta su transferencia a Nueva Orleáns el 29 de julio de 1797, estuvo esmaltada de aciertos, dando muestra en todo momento de una gran energía de carácter, así como de una exquisita diplomacia, especialmente en relación con los indios. Con éstos consiguió la firma de los Tratados de Natchez y de Nogales, que consolidaron la posición de España.

Mantuvo a lo largo de su mandato hábiles relaciones con Wilkinson, en sus intentos secesionistas, y encontró a James White, cuando éste actuaba como intermediario de Sevier, Wilkinson y Robertson, y abogaba por el reconocimiento por parte de España del Estado de Franklin.

Corrieron como responsabilidad de Gayoso la construcción, bajo órdenes de Carondelet, de los fuertes de San Fernando de las Barrancas, Esteban y Confederación, y fundamental intervención tuvo en la creación del Escuadrón Naval del Mississippi y de una milicia ciudadana, que tan magníficamente sirvieron la causa de España en su corto tiempo de vida. Gayoso se construiría una agradable residencia a unos tres kilómetros de Fort Panmure, en la que años más tarde, en junio de 1789, convalecería el recién nombrado gobernador del territorio de Mississippi, Winthrop Sargent, el autor del *Código*, que tantas protestas levantaría.

Deseosos los ingleses de evitar la entrada en la guerra de los Estados Unidos a favor de su antigua aliada, Francia, y de conseguir por lo menos su neutralidad, se mostraron dispuestos a ceder definitivamente los puestos en el Northwestern Territory (Detroit, entre ellos), que habían retenido por la fuerza desde el final de la guerra de la independencia de los Estados Unidos. Se firmó así el Tratado Jay el 19 de noviembre de 1794. Abandonadas de los ingleses (también lo habían sido en 1783, y de los franceses en 1763) y derrotadas en Fallen Timbers, las naciones indias cesaron en su bélica actitud y se mostraron dispuestas a iniciar una etapa de relaciones pacíficas con sus nuevos y ya poderosos vecinos: el 22 de febrero cesaron las hostilidades y el 3 de agosto de 1795 firmaron el Tratado de Greenville, por el que se conformaban con ciertos espacios de territorio en el estado de Ohio, y con el que la Proclamation Line pasaba a la historia.

El colapso, en 1795, de la oposición británica e india no trajo una paralela actitud española. El gobernador de Luisiana, barón de Carondelet, llevaba hacia adelante, por el contrario, sus planes de apoyar a la nueva conspiración en Kentucky de Wilkinson y otros amigos de España, como Benjamin Sebastian y Harry Innes. Al mismo tiempo, apoyaba militarmente las reclamaciones españoles de las comarcas al sur y al oeste del río Tennessee, con la erección del día 30 de mayo de 1795 por el gobernador Gayoso, de Natchez, del fuerte de "San Fernando," en el lugar denominado Chickasaw Bluffs, cercano a la hoy ciudad de Memphis (su propia guarnición lo destruiría dos años más tarde, al aproximarse las tropas de Wilkinson, que bajaban a ocupar Natchez). Carondelet informaría a la superioridad, el 13 de junio del mismo año, del comienzo de la construcción del establecimiento de *Las Barracas de Marot* por Gayoso, localizado a 420 leguas de Nueva Orleáns, en el banco este del Misisipí, y para asegurar la comunicación con los puestos de la región de Ylinoa.

Pero las autoridades españolas no seguían la misma línea de Carondelet, gobernante cuidadoso de la grandeza de su patria y esforzado paladín del mantenimiento de su poder en el continente Norte. Las guerras mantenidas en Europa y la turbia política seguida por Godoy hacían ver las acciones que se sucedían a lo lejos en el valle del Mississippi como un peligro que podría acarrear otra guerra con un nuevo país, los Estados Unidos, como algo inútil que no serviría para contener las crecientes mareas de colonos norteamericanos que presionaban sus fronteras, dirigiéndose hacia el Oeste. Así, el 27 de octubre de 1795, Godoy firmó con el emisario norteamericano, Thomas Pinckney, el Tratado de San Lorenzo, calificado por Holmes como "el más serio disparate de la política española en América." Por él, España renunciaba a las posiciones que había mantenido durante tantos años, considerando sujetos a soberanía los territorios comprendidos al norte del paralelo 31°, al oriente del río Mississippi, y concedía la libre navegación por este río y el derecho a depósito en Nueva Orleáns por un período de tres años.

Este "tratado de amistad, límites, comercio y navegación" ha sido el primero de los firmados entre los dos países. Así reza el mármol descubierto en la escalera principal del palacio de los Borbones del Monasterio de San Lorenzo de El Escorial, el día 18 de octubre de 1967, con ocasión de conmemorarse el cincuentenario de la fundación de la Cámara de Comercio Norteamericana en España. En el Museo de la Academia de Bellas Artes de San Fernando de Madrid existe un retrato de George Washington que fue un regalo a Manuel Godoy, primer ministro del Rey Carlos IV. El retrato se pintó en Filadelfia en 1796 por José Perovani, muy influido por el estilo de los retratos presidenciales de Gilbert Stuart. El retrato conmemora el tratado de 1795, y en él, Washington parece señalar al tratado; el otro documento que se muestra es el *Plano de la Ciudad de Washington, Estado de Maryland*.

Leal súbdito de su rey, no pudo por menos Carondelet de disponerse a cumplir las sucesivas órdenes superiores de Godoy (deseoso de desembarazarse de los problemas y gastos que la posesión de Luisiana ocasionaba a España), que cambiaban de intensidad y de sentido a compás de la marcha, favorable o no, de las negociaciones que sobre dicho tema había emprendido con los Estados Unidos. Natchez —incluido en la cesión— se convirtió en el punto neurálgico de los trámites conducentes a transferir la posesión de los territorios objeto del tratado.

Para llevar a cabo la transferencia, arribó a Natchez el 14 de febrero de 1797 Andrew Ellicott, nombrado por Washington para representar a su país en la tarea de marcar la nueva línea fronteriza y de colocar a lo largo de ella los correspondientes mojones. El primer magistrado le había confiado también la tarea de informarle de las actividades de Wilkinson y sus amigos. Se demoró su llegada porque, aparte de detenerse en Pittsburgh, para hablar con Wilkinson, y en Cincinnati, fue informado por su comandante en Nuevo Madrid, en donde recibió muy amable acogida, de las órdenes de Carondelet de impedirle el descenso hasta que los nuevos puestos pudiesen ser evacuados cuando las aguas crecieran; en Chickasaw Bluffs le alcanzó una carta del gobernador de Natchez, Gayoso, notificándole que la evacuación no podía efectuarse por falta de barcos y rogándole dejara su escolta de 25 hombres en el Bayou Pierre para evitar cualquier posible incidente. En Natchez fue recibido con gran cortesía, y cuando Gayoso comenzaba los preparativos para la retirada, le llegaron contraórdenes de Carondelet, y a los pocos meses otras iguales, que impacientaron al delgado norteamericano y colocaron a Gayoso en una posición difícil.

Una cuestión suscitada el 1 de junio entre católicos y protestantes condujo a la formación, por un grupo de los habitantes de Natchez, de un Comité de Salud Pública (al que pertenecían Hutchins y Ellicott) que redactó un conjunto de cuatro artículos, afirmando su nueva condición de ciudadanos norteamericanos, pero respetando el temporal gobierno de España: Gayoso los aceptó y más tarde Carondelet. Ascendido éste y trasladado a Quito, le sucedió en la gobernación de Luisiana Gayoso, quien dejó a su anterior secretario, el capitán Stephen Minor, como comandante temporal del fuerte y gobernador civil y militar del distrito de Natchez. Minor tuvo que hacer frente a disturbios que suscitaron la rivalidad surgida entre Ellicott y Hutchins, y la situación se solucionó con la irrevocable orden de Godoy de evacuar los fuertes. En enero de 1798 Gayoso informó a Ellicott de la decisión de la Corona Española, y el 30 de marzo las tropas españolas abandonaban los distintos fuertes, llevándose consigo la artillería, enseres y equipajes.

Con la colaboración de Sir William Dunbar, nombrado por España para representarla en la delimitación de fronteras, procedió entonces Ellicott a la demarcación, teniendo que luchar con los mosquitos, la malaria, lluvias torrenciales, enemistad de los indios e incompetencia de sus ayudantes. Cuando llegaron al río Apalachicola, un ataque les forzó a guarecerse en San Agustín.

O'Fallon y Clark

Georgia, que había ratificado la Constitución federal, quiso apresurarse a ceder extensos terrenos occidentales, que reclamaba como suyos, a compañías inmobiliarias, antes que el Congreso federal acabara por negarle sus alegados derechos y optara, como así hizo —basándose en la *Northwest Ordinance* de 13 de julio de 1787— por convertir aquéllos en territorio federal. Por el Acta de 21 de diciembre de 1789, vendió Georgia a 5/6 de céntimo por acre 25 millones de acres a las Tennessee, Virginia y South Carolina Yazoo Companies. Las tierras comprometidas estaban ocupadas por los indios y eran objeto de reclamación por parte de España. Entre los participantes en este enorme negocio figuraban Patrick Henry, William Blount, John Sevier, James Wilkinson, George Morgan, George Rogers Clark y Baron von Steuben. De los tres proyectos, el más ambicioso y criticable era el de South Carolina Company, que había de desarrollarse en una enorme franja a lo largo de la costa oriental de Mississippi y entre éste y el río Yazoo, al norte de la ciudad de Vicksburg. Había fracasado anteriormente William Davenport en su intento de organizar en 1785 el *County of Bourbon* en la región de Natchez, y en 1787 una colonia en Chickasaw Bluffs.

Con el intento de superar de algún modo las previsibles objeciones españolas, la Compañía nombró como su agente general a James O'Fallon, irlandés y antiguo sacerdote católico. Para obtener la aprobación española, O'Fallon, mantuvo nutrida correspondencia con Gardoqui, Miró y McGillivray; su punto de vista era que España debería permitir un establecimiento que habría de convertirse en estado independiente y libre, centro del comercio con los indios, principal depósito de las mercancías que ascendían y descendían el Mississippi y considerable mercado de esclavos. Dada la significación de Nueva Orleáns en el futuro estado, a éste le importaba predominantemente mantener estrechos lazos con España, y la que podría ser de gran utilidad contar con él entre los Estados Unidos y Nueva España, que quedaría así protegida de las posibles ambiciones de los agresivos colonos norteamericanos.

Aunque Miró fomentó la correspondencia con O'Fallon con el indudable designio de llegar a conocer a fondo sus intenciones verdaderas, no parece probable que el proyecto obtuviera en ningún momento una favorable acogida por parte española. Ante las ambigüedades de Miró, O'Fallon se impacientó primero y se asoció después a su nuevo cuñado, George Rogers Clark, en el reclutamiento de colonos de Kentucky para conquistar Natchez y Nueva Orleáns. Washington, nombrado presidente de los Estados Unidos hacía tan solo un año, se alarmó ante la posibilidad de que su país, enfrentado con graves problemas, se viera envuelto en una guerra internacional, por lo que promulgó, el 26 de agosto de 1790 una proclama, denunciando la expedición de Clark-O'Fallon y prohibiendo a todo ciudadano cooperar. Tal actitud y las fundadas denuncias formuladas por Wilkinson a la Compañía sobre irregularidades cometidas por O'Fallon culminaron con la destitución de éste y con la disipación de la borrasca que se cernía.

El estallido de la revolución francesa y la posterior decapitación de Luis XVI el 21 de enero de 1793, originó la guerra entre Francia de un lado, e Inglaterra, España, Holanda, Austria y Prusia del otro. Después de muchos debates, el 22 de abril Washington firmó la *Neutrality Proclamation*, por la que precisaba la posición de su país en el conflicto y ordenaba a sus ciudadanos una "amistosa e imparcial" actitud. El día 8 de dicho mes había desembarcado en Charleston, desviado de Filadelfia por vientos contrarios, el ciudadano Edmond Genet, ministro galo enviado por los revolucionarios franceses como representante diplomático. Entre otros asuntos que traía en cartera figuraba la resurrección de los intereses franceses en la cuenca del Mississippi y la eventual recuperación de la Luisiana. Se había procurado para ello la colaboración de Clark, cuyos proyectos de atacar los establecimientos españoles con fuerzas reclutadas en Kentucky y contando con la cooperación de ciertos elementos franceses de los dominios españoles, eran conocidos de Thomas Paine, residente en París y amigo de O'Fallon (objeto de su carta de fecha 2 de febrero de 1793 a Genet, que éste leyó a su llegada a Filadelfia el 16 de mayo siguiente). Como contestación —bastante demorada— envió Genet a André Michaux, un eminente naturalista, quien, actuando como gente intermediario, visitó a Clark con gran contento de éste el 17 de septiembre en Louisville: Michaux obraba autorizado para promover la insurrección en los territorios españoles y la negociación de tratados con los indios. Paralelamente, Sociedades democráticas alentaron los aislamiento de voluntarios y la recaudación de fondos; Clark aportó 4.680 dólares y consiguió la colaboración de Benjamín Logan y John Montgomery.

Ante las indignadas protestas de España, enviadas por Carondelet a Washington, el Gobierno ordenó la supresión de todos los preparativos y el arresto de los agentes de Genet, y solicitó del gobierno francés la retirada de su representante. La decisión costó a Jefferson la dimisión de su cargo de secretario de Estado. El nuevo ministro francés, Joseph Fauchet, llegado el 21 de febrero de 1794, suprimió a regañadientes el apoyo de su país a Clark, quien, no obstante, continuó sus preparativos bélicos: sus principales objetivos eran la toma de Natchez y de Nueva Orleáns. El 24 de marzo publicó Washington un decreto ordenando a Clark y sus amigos desistir de su empresa, y el 31 el ministro de Defensa Knox ordenó la reconstrucción del Fort Massac en el bajo Ohio para evitar el descenso por él de la expedición rebelde; en junio el Congreso calificó de crimen la participación de un ciudadano en actos hostiles hacia cualquier potencia extranjera con la que los Estados Unidos mantenga pacíficas relaciones.

República trans-Oconee Clarke

Las tropas federales no eran, sin embargo, suficientemente poderosas para compeler a Clark a detenerse. John Montgomery descendió del Cumberland hasta el Ohio a la cabeza de un contingente de colonos de la frontera y voluntarios franceses; allí construyó una empalizada fortificada para interrumpir el tráfico destinado a territorio español. Elijah Clarke, que había sido obligado a renunciar a su proyecto de invasión de Florida al carecer del apoyo francés, atravesó el río Oconee con un grupo de seguidores, en desafío a los Estados Unidos, a Georgia, a España y a los indios creeks, y se apoderó de un aparte de las tierras ocupadas por éstos, proclamando una República independiente. Carondelet solicitó ayuda a los indio amigos, y permiso al capitán general de La Habana para contraatacar a Clarke. Para prevenir un ataque por el Mississippi, las guarniciones españolas fueron reforzadas y se equipó y armó una flota de embarcaciones de guerra. En cuanto a la posible invasión por tierra, se levantó el fuerte Confederación. Luis Lorimer, comandante español de Nuevo Madrid, levantó una partida de 600 indios que obligó a Montgomery a retirarse y dejar de interrumpir el tráfico. Nunca mejor dicho que la sangre no llegó al río; ningún incidente se produjo y los peligros de una guerra entre España y los Estados Unidos se alejaron. Clarke se quedó entre los indios y Clark se retiró amargado, para siempre, de toda actividad publica.

República de Florida Occidental

Después de la mencionada transferencia, España conservaba los sectores de Baton Rouge y Manchac, entre la isla de Orleáns y Natchez, así como la franja costera hasta Mobile. Aunque Baton Rouge pertenece en la hora presente al estado de Luisiana, parece oportuno relatar ahora lo acaecido en esta región hasta su paso a manos norteamericanas. Abundaban en ella los residentes partidarios de la separación de España, que reclamaban contra la exclusión de su territorio en el *Luisiana Purchase*; se destacaban entre ellos los hermanos Kemper, residentes en terreno norteamericano, quienes cierto día se apoderaron por sorpresa del Bayou Sara bajo el dominio español. El comandante del Baton Rouge, capitán Carlos de Grand Pré, solicitó ayuda del marqués de Casa Calvo, gobernador español de Luisiana y quien todavía no había partido de Nueva Orleáns. El envío de un bote armado con algunos milicianos bastó para expulsar a los insurgentes. Análogos incidentes se sucedieron durante los años 1804 y 1805, entre los que sobresalió la proclamación —en agosto de 1804— por parte de los Kemper, de la independencia del distrito y el despliegue de una bandera compuesta de siete franjas blancas y azules con dos estrellas en campo azul, actitud por la que más tarde pidieron perdón ante la autoridad militar de Grand Pré.

En 1807 sucedió a Grand Pré como comandante Carlos Dehault de Lassus, quien se mostró débil en reprimir los desórdenes y crímenes y en castigar los excesos de sus subordinados, con lo que los habitantes de Baton Rouge se manifestaron descontentos. Así las cosas, llegaron rumores de las intenciones de Napoleón de apoderarse de la provincia, posibilidad que los colonos no querían aceptar. Se reunieron en St. John's Plains el 20 de julio de 1810, con John Rhea presidiendo y, tras declararse contrarios a toda ocupación francesa, juraron su invariable fidelidad a España. En una segunda reunión celebrada el 25 de agosto, se formó un nuevo Gobierno, en el que figuraban Lassus, pero la interceptación de una carta de éste al gobernador de Pensacola solicitando ayuda militar puso en evidencia su verdadera discrepancia con cuanto estaba aceptando. Los dirigentes entonces convocaron a sus seguidores e izaron la bandera del nuevo estado independiente y soberano: fondo azul con una estrella plateada en el centro. El 23 de septiembre avanzaron contra el fuerte, sorprendiendo a Lassus e hiriendo mortalmente al segundo comandante Luis de Grand Pré, hijo de Carlos. Tres días más tarde, los insurgentes formaron un gobierno provisional, promulgaron una declaración de independencia y eligieron como presidente de la República a Fulwar Skipwith.

Pero el gobierno de los Estados Unidos no estaba dispuesto a permitirlo; el gobernador del territorio de Orleáns, Claiborne, recibió órdenes el 27 de octubre de apoderarse del distrito secesionista. El fuerte de Baton Rouge se rindió fácilmente y la bandera de las estrellas y de las franjas ondearía en su cima inmediatamente. La República de Florida Occidental había durado menos de tres meses.

Nombres españoles

Junto a los restos de los compatriotas que en sus tierras perdieron sus vidas, Mississippi conserva algunos nombres que recuerdan la presencia de España: los condados de Bolívar, De Soto, Grenada y Tunica, y las localidades de Anguila, Clara, Columbia, Columbus, Cuevas, Flora, Grenada, Saltillo, Tunica, Santa Rosa, Quito, Delta, Hernando, Rio y Doloroso.

PARTE IV:
ESTADOS EN LA ORILLA OCCIDENTAL DEL RIO MISSISSIPPI

La Luisiana francesa con que Carlos III enriqueció sus Reinos, más o menos delimitada en el sur, y con el río Mississippi por confín oriental, no tenía fronteras claras en el oeste y en el norte, imprecisión que fue aclarándose durante los años de gobierno español, si bien no completamente como consecuencia de la magnitud de su superficie. Cualquiera que eche una ojeada al mapa de los Estados Unidos comprobará que los objetos ahora de nuestra atención constituyen geográficamente dos series de estados colocados en sendas filas en relación con la corriente del Mississippi: los primeros se incorporaron a la Unión con anterioridad a la guerra civil y bastante antes que los segundos, con excepción de Kansas.

Ni que decir tiene que el interés de cada uno de ellos disminuye desde el punto de vista español conforme se alejan de St. Luis y de Nueva Orleáns en las direcciones Norte y Oeste, por la sencilla razón de su distancia creciente y el poco tiempo que durante los años de su gobierno tuvo España para explorarlos y colonizarlos cumplidamente; quizá hubiera consumado tamaño empeño de ser otros los rumbos de las políticas interna y europea de España y de no haber surgido los problemas que la independencia de Norteamérica creara a los gobernantes españoles para incorporar éstos a su área de influencia y, aún más, de su dominio.

Colorado, Wyoming y Montana, parte de cuya superficie quedó incluida en el *Luisiana Purchase*, no son tratados en esta parte, sino en la sexta, donde quedarán agrupados con los estados vecinos, a los que les une un evidente vínculo geográfico y el para nosotros primordial nexo de ser habitáculo de un sector de pastores vascos.

Francia cede la Luisiana a España. ¿Cómo pasaron todos los estados a poder de España? La anterior referencia a la cesión francesa a España no aclaraba que se debió a Luis XV, quien, por el Tratado de Fontainebleau de 3 de noviembre de 1762, confirmado —con la excepción de las llamadas parroquias de Florida— por el Tratado de París de 10 de febrero de 1763, hizo dejación a favor de los reyes de España de las tierras situadas en la orilla derecha del río Mississippi, junto a la isla de Orleáns. Luisiana se mantuvo en poder de España hasta que por el Tratado secreto de San Ildefonso de 1 de octubre de 1800 y por el subsiguiente del mismo nombre de 21 de marzo de 1801 fue cedida de nuevo a Francia, que no tardó en venderla a los Estados Unidos por el Tratado de París de 30 de abril de 1803. España consideró esta venta como ilegal desde el momento que, según el artículo 7º del Tratado de San Ildefonso, Francia se comprometía a no ceder la Luisiana a otra tercera potencia. Una vez más Napoleón se portó con España de modo incalificable; ésta se quedó sin el territorio y sin el dinero que los Estados Unidos abonaron a Napoleón. Dado el mínimo esfuerzo que le había costado obtenerla, no tuvo el corso inconveniente en venderla a un precio ridículamente bajo.

Con un poco más de detalle, las cosas se desarrollaron así: al finalizar la guerra india y francesa (*French and Indian War*) con la derrota de Montcalm en Quebec, en 1759, por los ejércitos ingleses de Wolfe, Francia consiguió envolver a España en la guerra europea de los Siete Años, mediante la firma del Pacto de Familia el 13 de agosto de 1761. Las tropas españolas al mando del marqués de Sarriá tomaron a los portugueses la plaza de Almeida en la Península, y el capitán general de Buenos Aires, D. Pedro Cevallos, conquistó la Colonia del Sacramento, pero los ingleses acabaron por apoderarse de La Habana en Cuba y de Manila en las islas Filipinas. Por la paz de París en 1763 España recuperó aquellas plazas y devolvió las ganadas, pero renunció a las Floridas a cambio de la Luisiana. En realidad, Francia, desilusionada de sus aventuras americanas con la pérdida del Canadá y dando por terminados sus sueños imperiales trasatlánticos, se mostró dispuesta a entregar a Inglaterra la Luisiana, que le había proporcionado más gastos que ingresos y que constituía un pesado fardo que arrastrar para su poder declinante. Inglaterra no aceptó la oferta, por encontrarse satisfecha con las tierras pertenecientes a las Trece Colonias y no previendo que en unos años éstas se le sublevarían, causando un duro golpe a su Imperio colonial; prefirió las Floridas, cuya toma había con anterioridad inútilmente intentado, ofreciendo la devolución de La Habana para hacer el tratado más tolerable a los españoles. La resistencia de éstos quedó al fin vencida con la renuncia a su favor por Francia de Luisiana.

La cesión de tan vastos dominios no trajo consigo en España una alegría popular, por el desconocimiento, primero, de sus exactas dimensiones y de sus enormes posibilidades, y segundo, por los crecientes problemas que tamaña adquisición territorial añadía al vacilante poderío español, ya agobiado con los que proporcionaban sus enormes dominios en América, Asia y Africa y su posición clave en la revuelta Europa del siglo XVIII. Luisiana fue aceptada, sin embargo, como enorme faja de protección de los poderosos intereses españoles en el Virreinato de Nueva España contra los incursiones expansionistas francesas de que plano desaparecían, y las inglesas, cuyos puntos de partida quedaban extraordinariamente alejados.

La Luisiana, así bautizada por el explorador francés, La Salle, en honor de Luis XIV, ha sido considerada como un territorio y una empresa franceses heredados por los Estados Unidos y con un insignificante paréntesis de dominio español. El juicio es inexacto desde todos los puntos de vista: si recordamos que el primer establecimiento permanente en el hoy estado de Luisiana tuvo lugar en 1714 en Natchitoches por St. Denis (el Fort de la Boulaye, fundado en 1699, tuvo apenas relevancia y por su aislamiento fue abandonado a poco), que hasta 1719 no nació Nueva Orleáns, y que el Tratado de Fontainebleau de 1762 incluyó la cesión del territorio a España, resulta que en realidad Luisiana estuvo nominalmente bajo el dominio galo alrededor de cincuenta años (o todo lo más sesenta). Por otra parte, si calculamos los años comprendidos entre 1762 y 1803, en cuyo 30 de noviembre último los franceses volvieron a tomar posesión de sus antiguas tierras, aparece que España tuvo dominio en la Luisiana por más de cuarenta años, cifra que no es tan inferior a la anterior como para que la presencia de España no sea debidamente destacada y justamente equiparada a la de Francia, y suponiendo para España una tan fuerte carga. Se da además la circunstancia de que, por la naturaleza histórica de las cosas, los años franceses se señalaron por los intentos de exploración y establecimiento, que no se lograron plenamente, y abarcaron reducidas regiones del territorio; éste careció de una organización gubernamental. Los años de gobierno español pusieron, por el contrario, en marcha la colonia y echaron las bases de su posterior progreso; fue un período de organización, de sabias medidas, de aumento de población. Los gobernantes españoles se caracterizaron por su sensata política y recta actitud, de forma que en el momento de la partida del último, los propios habitantes franceses se opusieron, por preferir el progresivo gobierno español, al incierto de los franceses.

Por otra parte, Luisiana contribuyó a la independencia norteamericana contra Inglaterra de la mano de España; así ésta pudo prestar un servicio a la causa de la revolución: desalojar a Inglaterra de la cuenca del Mississippi y del sur de los Estados Unidos, impidiéndole la realización de su plan estratégico que, de haber salido victorioso, hubiera influido decisivamente en la suerte final de los sublevados. Inglaterra intentó cercar a los revolucionarios por medio de un arco que tenía por extremos Canadá y Florida, y que, apoyándose en la cuenca del Mississippi con Nueva Orleáns por punto de abastecimiento, los presionaría hacia el Este y los arrinconaría allende los Apalaches; no era sino la misma táctica prevista por Luis XIV contra las colonias inglesas al establecer una serie de fuertes en el valle del Mississippi para conseguir la alianza de los indios y estrangular la expansión de aquéllas hacia el Oeste, así como la maniobra intentada con posterioridad por los ingleses cuando su invasión de Luisiana en 1814-1815, que, de cumplirse, hubiera anulado los efectos de la "compra de la Luisiana" y cambiado el rumbo de la historia de los Estados Unidos.

España cede la Luisiana a Francia: compra por los Estados Unidos. El *Luisiana Purchase* ha sido calificado como la mayor ganga histórica en compra de terrenos. Los norteamericanos han sido especialistas en este ramo: la compra de la isla de Manhattan por 25 dólares no fue mal negocio, ni Alaska, ni el *Gadsen Purchase*, pero no pueden compararse al de Luisiana. Unas 900.000 millas cuadradas de tierras costaron a los Estados Unidos 15 millones de dólares, que más tarde ascendieron a la cifra total de 27 millones con los intereses que se pagaron entre 1812 y 1823. En tal dilatada extensión, se crearían con el tiempo los estados de Iowa, Kansas, Nebraska, Wyoming, Montana, North y South Dakota, Oklahoma, Luisiana, Minnesota, Missouri y Arkansas (hay quien incluye, indebidamente, Colorado, New México, Texas, Mississippi y Alabama).

Si se piensa que sólo Luisiana produce ahora al año 616 millones de dólares en minerales y que Iowa valora su producción de maíz en 713 millones de dólares, deduciremos la calidad del negocio realizado. Y lo más curioso es que los gobernantes norteamericanos no pretendían dicha compra; bien es verdad que durante los últimos años del siglo XVII hubo fricciones entre España y la nueva nación —como ya hemos visto— por causa de los dominios ribereños al Mississippi y la navegación de éste y el libre comercio a su través, pero no se les había pasado por la imaginación a los norteamericanos comprar los enormes terrenos yacentes al oeste, de los que apenas tenían noticias y los que no codiciaban, dada la extensión de los ya poseídos.

El presidente Jefferson, enterado en 1801 de los rumores de compra de la Luisiana por Napoleón a España, comisionó a su ministro en París, Robert R. Livingston, en 1802, para que negociara con Francia la compra de la isla de Orleáns y de la Florida Occidental, es decir, un trozo de la costa del Golfo de México. Napoleón había planeado el renacimiento del poderío militar francés en el Golfo de México y había enviado un ejército a la isla de Santo Domingo para recuperarla del negro Toussaint que había ganado el control de la isla en la sublevación de 1791. Un ejército destinado a Luisiana tuvo que ser desviado a aquella isla, los intentos de sublevación de los franceses de Luisiana y de la expedición de Clark terminaron en fracaso (en parte merced a la decidida actitud de Washington), la fiebre amarilla diezmó a los soldados, y la inminencia de una guerra con Inglaterra, con su superior poderío marítimo (acrecentado poco después en Trafalgar) hacía temer la conquista de Nueva Orleáns —y de Luisiana— por sus fuerzas; todo ello impulsó a Napoleón a dar por terminados sus sueños americanos y entregar —por un montón de dinero del que tan necesitado estaba— la Luisiana a los Estados Unidos, sentando las bases del gran país que es hoy, bañado por los dos océanos, sueño no vislumbrado ni por los más ambiciosos expansionistas.

Es explicable el asombro de los negociadores norteamericanos Livingston y James Monroe, cuando les fue ofrecida la compra del gran territorio. No obstante carecer de la autorización del presidente, firmaron el tratado de transferencia el 30 de abril de 1803, siendo el plenipotenciario francés Talleyrand.

La adquisición no recibió unánimes elogios en el país beneficiado, y Jefferson, al ratificar lo realizado por sus enviados, fue criticado por haber gastado considerable dinero en terrenos inútiles. El trato no tuvo publicidad de inmediato; así se explica que el último gobernador español de Luisiana, D. Juan Manuel de Salcedo, hiciera la entrega material del sector sur (la Alta Luisiana sería cedida por el teniente gobernador D. Carlos Dehault De Lassus en San Luis, el 9 de marzo de 1804), en ceremonia realizada en el cabildo de Nueva Orleáns el 30 de noviembre de 1803. El representante francés, Pierre Clement de Laussat había llegado, sin embargo, en el marzo anterior, y a él correspondió actuar también en nombre de Francia en la transferencia del poder a los comisarios norteamericanos W.C.C. Claiborne y general James Wilkinson, la que tuvo lugar en la misma ciudad el 20 de diciembre de 1803.

El nombre actual del estado Luisiana, terminado en *a*, procede del español, ya que en francés se denominaba *Louisiane*.

LUISIANA

Colonización francesa

Corrió a cargo de los franceses la primera colonización en Luisiana. El comerciante Louis Joliet y el jesuita P. Marquette descendieron en 1673 hasta el río Arkansas, procedentes de Canadá, y retornaron a su punto de partida convencidos de que el Mississippi desaguaba en el Golfo de México y no en el Pacífico.

Casi diez años después, Robert Cavalier, Sieur de La Salle, un canadiense apoyado por el gobierno francés, reconoció la cuenca del gran río por completo y reclamó para Francia todos los territorios comprendidos en ella.

Los intentos constructivos de colonización de Luisiana por Francia no comenzaron hasta 1699 por Pierre le Moyne, señor de Iberville, y su hermano Jean Baptiste le Moyne, señor de Bienville; desde aquel año hasta 1712 Luisiana no fue más que una militar cabeza de puente.

Años después tuvo lugar la fundación de Nueva Orleáns. En 1718 Bienville comenzó la tarea levantando Mobile. Hasta 1722, Bienville no consiguió permiso para trasladar la capital a Nueva Orleáns. Vaudreuil, un buen gobernante, sucedió a Bienville en 1743, y el caballero de Kerlerec le remplazó diez años después. En su puesto, desde 1763, a Jean Jacques D'Abbadie tocó ser el último gobernador de Francia; cuando al año siguiente se enteró de la cesión del territorio a España, dejó en su puesto al capitán Phillippe Aubry.

Posesión por los Estados Unidos

Después de la toma de posesión de las vastas tierras incluidas en la *compra*, éstas quedaron separadas en dos porciones: el Territorio de Orleáns, que comprendía la parte sur hasta el paralelo 33° de latitud, y el Territorio de Luisiana, más tarde denominado Territorio de Missouri, que incluía el área al norte de dicho paralelo.

Al fin de un breve período provisional, William C. C. Claiborne fue nombrado gobernador en 1804, en cuyo cargo obtuvo la ayuda del español Jorge Farragut, padre del futuro almirante.

Las denominadas parroquias de Florida, que no fueron consideradas por España incluidas en la *compra de Luisiana*, se levantaron en 1810 y se proclamaron independientes, siendo a poco incorporadas a los Estados Unidos. España no reconoció, sin embargo, la anexión hasta el Tratado de Washington de 1819, por el que aceptó el río Sabine como límite oeste de Luisiana y frontera hispano-norteamericana (se vendió además Florida).

Conquistadores

En 1519 Alonso Alvarez de Pineda vio el delta del Mississippi, y nueve años más tarde los expedicionarios de Pánfilo de Narváez, Cabeza de Vaca incluido, exploraron Lake Borgne, Chadeleur Sound y uno de los brazos del gran río.

Hernando de Soto y su gente pisaron los contornos del estado en marzo de 1542, entrando por el norte, siguiendo el curso del río Ouachita hasta la desembocadura de sus aguas en el Mississippi y pasando por las actuales localidades de Monroe y Columbia, con la esperanza de volver a ver el mar; el conquistador, que no había querido conectarse con Maldonado y sus compañeros que la habían esperado durante el verano de 1540 en Mobile, comprendía ahora —que contaba sólo con 300 hombres y 40 caballos desprovistos todos de las cosas más elementales— la necesidad de construir dos bergantines en la costa para enviar uno a México y otro a Cuba, a fin de conseguir ayuda e informar a su mujer y amigos de sus peripecias y supervivencia. El grueso de la expedición arribó al poblado de Guachoya, situado cerca de la hoy denominada Ferriday, en las márgenes del Mississippi, frente a Natchez. Seleccionó entonces Soto un pequeño grupo exploratorio al mando de Juan de Añasco, río abajo, con la misión de dar con el mar; ocho días después retornaron sin haber visto ni presentido tan deseado objetivo (los indios lugareños ignoraban incluso la existencia de aquél). Con un desesperado intento de salir de la situación, y sintiendo fallar sus fuerzas, solicitó ayuda de un jefe indio de la vecindad; no obteniéndola, le atacó, realizando gran mortandad.

Pero ya no era Hernando el de antes y la fiebre le iba consumiendo progresivamente. El 20 de mayo, sintiendo su fin próximo, reunió a sus oficiales y, con el consentimiento de éstos, eligió a Moscoso por su sucesor; después hizo testamento, confesó y expiró. Por miedo a que la noticia de su muerte provocara un levantamiento indio, Soto quedó provisionalmente enterrado en secreto, y, contando a los indios que había ascendido al Sol —él, que había aparecido ante ellos como el Hijo del Sol—, su cuerpo fue cargado en una canoa durante la noche, que se hundió poco a poco en medio de la corriente. Es el Mississippi, pues, la tumba de Hernando de Soto, uno de los grandes conquistadores españoles, y son las tierras de Luisiana las que probablemente tendrán que devolver sus huesos el día del Juicio Final.

Moscoso, después del sepelio, convocó inmediatamente a sus gentes y ordenó el regreso a México por tierra. Pusieron rumbo los expedicionarios hacia el oeste, entraron en la región de los indios naguatex, en Texas, hasta el río Trinity, pero la proximidad del invierno les aconsejó volver grupas hasta el lugar en que su jefe muriera. Decidieron entonces construir a orillas del Mississippi siete bergantines, en los que zarparon el 3 de julio rumbo al mar. Diecisiete días tardaron en arribar al golfo de México, a través del cual se dirigieron a Nueva España desembocando en el río Panuco, unos 250 kilómetros al norte de Veracruz. El virrey Antonio de Mendoza recibió espléndidamente a los derrotados expedicionarios en la ciudad de México, quienes acudieron directamente a la iglesia en acción de gracias.

Gobernadores

En el verano de 1765, D. Antonio de Ulloa, nombrado gobernador español, escribió desde La Habana anunciando sus planes para la toma de posesión. Se retrasó ésta hasta la primavera siguiente, en que con 90 soldados, transportados en una nave, desembarcó en Nueva Orleáns ante la tenaz actitud de una minoría influyente que se resistía a aceptar el dominio de España. Tuvo que limitarse a tratar con Aubry y promulgar una serie de inteligentes medidas comerciales y de orden público, benéficas para los colonos, pero que fueron mal recibidas en los medios dirigentes, la actitud de los cuales e incluso del clero se empeoró cuando marchó hacia Balize en las bocas del Mississippi, y regresó casado con una dama peruana. Comprendiendo que con la fuerza disponible nada efectivo podía lograr, hubo de plegarse a la presión del Consejo Superior de Nueva Orleáns y partir, de noviembre de 1768, en un buque francés rumbo a La Habana, desde donde informó sobre la revuelta. Con Ulloa había venido el abuelo del que luego sería famoso historiador de Luisiana, Charles Etienne Gayarré, aragonés de origen, y autor de importantes obras, como *Historia de Luisiana* y *Felipe II*.

En agosto de 1769 se posesionó el nuevo gobernador, el irlandés teniente general Alejandro O'Reilly, con 24 barcos y 3.000 soldados. Esta vez los sublevados nada pudieron conseguir, y no tuvieron más remedio que conformarse con la presencia de España en sus tierra: O'Reilly arrestó, como medida preventiva, a once de los dirigentes de la rebelión, cinco de los cuales murieron después fusilados, entre ellos Nicolás Chauvin de Lafranière. Como segunda medida, comenzó la reorganización de la colonia: declaró el español lengua oficial y en vigor las leyes de España. El Consejo Superior fue sustituido por la institución denominada Cabildo (compuesto de 10 miembros, presididos por el gobernador), fijó los precios de los alimentos y otras materias de primera necesidad, promovió el comercio con el exterior, estableció un sistema de concesiones de tierras y fomentó las buenas relaciones con los indios. Cuando en marzo de 1770 abandonó Luisiana, dejando como gobernador a D. Luis de Unzaga y Amézaga, O'Reilly había realizado una magnífica labor.

Unzaga dedicó sus esfuerzos a pacificar los ánimos de todos los habitantes y siguió la política de su antecesor de confiar posiciones claves en la administración a *creoles*, animando a los españoles a matrimoniar con creoles, en lo que él mismo dio el ejemplo. Promovió Unzaga la educación, la inmigración, la agricultura y el buen gobierno; la plantación de tabaco fue introducida, y el comercio con todos los países fomentado. Cuando en el 1777 recibió el nombramiento de capitán general de Caracas, pudo marcharse satisfecho de haber colaborado inteligentemente en la prosperidad de Luisiana.

Correspondió a Unzaga el comienzo de la colaboración española con los sublevados de las colonias. En esa inclinación favorable siguió la pauta marcada por su predecesor O'Reilly, quien, por su calidad de irlandés de origen, había intimado con el comerciante de Nueva Orleáns, Oliver Pollock, que le fuera presentado por otro irlandés, el padre Butler, rector del Colegio de los jesuitas de La Habana. Este triunvirato de católicos procedentes de la verde Erín, enemigos por religión y por historia de Inglaterra, influiría decisivamente en la posición adoptada por España ante la revolución norteamericana.

Ya hemos visto la colaboración acogida de Unzaga al capitán Gibson y su grupo, portador del mensaje del general Charles Lee de Virginia para el gobernador español. Por ella, bien merecedor es de figurar en el libro de honor de la independencia norteamericana.

Quedó interinamente a cargo del Gobierno D. Bernardo de Gálvez, joven coronel que mereció la confirmación real como gobernador en 1779, al notificársele la declaración de guerra a Gran Bretaña. El Embajador norteamericano Joseph Jova le califica de caballeroso y apuesto militar. En la etapa hasta 1785, año en el que recayó en él el nombramiento de virrey de Nueva España, estimuló el comercio y redujo los impuestos sobre la exportación, ayudó a la agricultura, autorizando la importación de esclavos; con generosas concesiones de tierras alentó el establecimiento de inmigrantes y promovió una política de buena vecindad con los indios. Pero en el aspecto que más se distinguió fue en el relacionado con la rebelión de las Colonias, ayudándolas en la primera etapa y tomando activa parte militar en la segunda. Los descendientes de los lusianenses que lucharon contra Inglaterra a sus órdenes todavía se muestran orgullosos de sus hechos, que les capacitan para pertenecer a la estimada y patriótica Sociedad de los Hijos de la Revolución Americana.

Era el nuevo gobernador hijo de Matías de Gálvez, en tiempos virrey de México, y sobrino de José de Gálvez, presidente entonces del Consejo de Indias. Con éste, y en sus tiempos de visitador general, había servido en Nueva Vizcaya y Sonora, por lo que su experiencia americana era considerable cuando desembarcó en Nueva Orleáns en 1776. Pronto hízose amigo de Oliver Pollock y pronto dio prácticas muestras de su simpatía por la nueva causa americana: abrió el puerto al comercio libre de los colonos y admitió en él la venta de las empresas efectuadas por éstos; con ello no hacía sino obedecer lo dispuesto por la Real Orden de 23 de octubre de 1776. Pero hizo más: apresó con sus medios, en el abril siguiente, 11 barcos ingleses dedicados al contrabando y dio orden a los súbditos de dicha nacionalidad de abandonar Luisiana en el plazo de quince días.

Luisiana se convirtió en refugio de los norteamericanos que huían de los ingleses del otro lado del río y en terrenos de aprovisionamiento para las distintas necesidades en que aquí y allí los primeros iban incurriendo. Como agente oficial del Congreso actuaba Pollock, sirviéndole de auxilio financiero las arcas del gobierno de la región. A finales de 1777, Gálvez había prestado a Pollock 74.087 dólares, y un cargamento, cuyo valor ascendía a 25.000 doblones de oro, había sido despachado directamente de los gubernamentales depósitos. En los comienzos de 1778, Pollock compró por cuenta propia mercancías por un valor de 10.900 doblones de oro, que fueron remitidas a Filadelfia río arriba. Estos y otros adelantos pusieron al irlandés en apretada situación financiera, que se fue salvando gracias a la actitud cooperativa de Gálvez, situación que obligó a aquél a reclamar al Congreso su reembolso. Hay quien afirma que en el primer año de su mandato Gálvez envió provisiones valoradas en 100.000 dólares, junto con otros cargamentos de Pollock.

Cuando llegaron las mercancías que el gobierno de Madrid hizo arribar —a petición de Unzaga, trasladando el requerimiento del general Lee— de mano de don Eduardo Miguel, Gálvez se vio y se deseó para que su manejo pasase desapercibido a los ingleses. Para recoger el cargamento apareció como comisionado por el Congreso el capitán James Willing, cuya desordenada conducta causó grandes dolores de cabeza al gobernador y a Pollock, no beneficiando ciertamente a la causa que pretendía servir. Al mando del barco *Rattletrap*, descendió Willing por el Mississippi, apresando navíos, quemando plantaciones, expoliando a cuantos encontraba y permitiendo a sus gentes todo género de desenfrenos y crueldades. Su permanencia, notoria y vocinglera, colocó en difícil situación a la todavía neutral actitud del gobernador, quien hubo de forzar a Willing a devolver las propiedades arrebatadas. La estancia de los molestos huéspedes obligó al gobernador a proporcionar a Pollock la cantidad adicional de 24.023 pesos, y más tarde la de 15.948 pesos, con el objeto de habilitar la fragata *Rebeca*, en la que pudiera retornar el grupo a su punto de origen. Pero Gálvez temió por la conducta de Willing, y autorizó el regreso de su gente por tierra, y a través del territorio español, a condición que la mandara Robert George, lo que así acaeció, llegando sano y salvo a su destino el cargamento que el gobierno español había proporcionado. Willing regresó a Filadelfia por mar en el *Rebeca*, provisto por Pollock con municiones, mosquetes, alimentos, mantas y medicinas integrantes del gran suministro procedente de España; pero el barco de Willing fue apresado y su jefe conducido a una cárcel de Nueva York (y posteriormente canjeado). Respecto al incidente Willing, Clark escribió al comandante de San Luis, Leyba: "... Ahora estoy convencido de lo que hace tiempo sospechaba, y es que todo ha sido motivado por la detestable conducta de un oficial americano..."

Procede también aquí recordar la ayuda prestada por el binomio Gálvez-Pollock a las tropas de Clark en sus andanzas por el noroeste. Ya habían supuesto un auxilio precioso las mercancías portadas por el teniente Linn y los "Corderos de Gibson," según vimos. Pero en donde aquella colaboración se mostró más eficaz fue en el aprovisionamiento del dirigente norteamericano en las dos conquistas de la ciudad de Vincennes y en el mantenimiento en jaque del general inglés Hamilton antes de caer prisionero. Y no sólo fue Clark el equipado, sino Montgomery y el Fort Jefferson. De no haber sido por la oportuna ayuda de Pollock, este último fuerte habría sucumbido. Tantas demandas financieras hubo de sufrir el generoso irlandés, que se vio forzado a hipotecar su casa y sus plantaciones, vender sus negros y pedir préstamos a todos sus amigos. No hay que olvidar que los comerciantes del distrito de Illinois se negaron a recibir de Clark como pago el papel-moneda emitido por el Congreso Continental, y solamente aceptaron las órdenes de pago giradas sobre Pollock en Nueva Orleáns. Si Robert Morris, banquero de Filadelfia, suele ser considerado como el gran financiero de la revolución, para el profesor James Alton, Oliver Pollock realizó la más considerable contribución monetaria individual a la causa de aquélla.

La Real Orden notificando la declaración de guerra a Inglaterra el 21 de junio de 1779 llegó a Gálvez a primeros de agosto. Convocó entonces a los habitantes de Nueva Orleáns y les comunicó que España e Inglaterra se hallaban en guerra como "consecuencia del reconocimiento de la independencia americana," y requirió su ayuda. Trazó inmediatamente sus planes bélicos, conocedor de que en la guerra quien se adelanta tiene las de ganar, y de que sólo así podría sacar partido a las escasas fuerzas de que disponía. Un terrible huracán que causó graves daños en sus preparativos no hizo mella en su decisión de atacar por sorpresa el Fort Manchac. La mañana del 27 de agosto el pequeño ejército partió, y en el camino se fue engrosando hasta alcanzar 1.472 hombres. Tras penosa marcha avistaron el fuerte el 6 de septiembre, que fue tomado al asalto el día sucesivo.

En el mes siguiente se rendiría el fuerte de Baton Rouge, y más tarde el de Panmure, en Natchez, según comentamos. El 14 de marzo de 1780 las fuerzas de Gálvez se posesionarían de Mobile, tras accidentado asedio, y el 10 de mayo de 1781 se verificaría la rendición formal de Pensacola. Con ello, desapareció del oeste y del sur la amenaza inglesa, y los independentistas podrían dedicarse a asestar el golpe final al poderío inglés.

Dejó profunda huella el paso de Bernardo de Gálvez por Luisiana. Sus dotes políticas indudables, su matrimonio con la joven *creole* Felicia de St. Maxen d'Estrehan y sus atractivos personales le atrajeron la simpatía de los habitantes del territorio, sentimientos que se acrecentaron con sus aciertos como administrador y sus éxitos como general. Jugó un importante papel en la revolución de los colonos, no sólo en el terreno militar, sino el del aprovisionamiento de los ejércitos de Washington y de Clark. Usó todos los fondos de que disponía en sus arcas, fondos que se asignaban oficialmente para el mantenimiento de la provincia que gobernaba, para la ayuda a la causa de los independentistas.

Tan singulares servicios fueron debidamente reconocidos por el Presidente Ford en el año del Bicentenario de la Independencia al recordar que "Don Bernardo de Gálvez, capitán general español y gobernador de la Luisiana española, condujo estas victoriosas campañas (proteger el frente meridional de las Colonias y mantener abierto a la navegación el río Mississippi) y en 1781 capturó a los británicos la muy fortificada ciudad de Pensacola. La ayuda a la Revolución por parte de Gálvez y de las tropas españolas mandadas por él no ha recibido siempre el reconocimiento que merece en nuestros libros de historia." Sin embargo, la ciudad, merced a la generosidad del estado español, cuenta desde 1976 con una estatua ecuestre de don Bernardo, obra de Juan de Avalos.

Don Esteban Rodríguez Miró le sucedió como gobernador en 1785, si bien había actuado en tal capacidad durante las ausencias guerreras de Gálvez. Continuó en todos sus puntos la orientación de sus antecesores, y la liberal política comercial recomendada por Gálvez mereció la aprobación de la corona española, con lo que la actividad y la prosperidad en Luisiana aumentaron. Ocurrió durante su gobierno el fuego en Nueva Orleáns, en 1788, en el que perecieron los edificios de la parte más céntrica de la ciudad. Miró comenzó inmediatamente los planes para su reconstrucción y recurrió a la ayuda de los ciudadanos pudientes. Uno de ellos, el español D. Andrés Almonester, costeó de su peculio el cabildo, la catedral, el presbiterio, el hospital, la escuela pública y la iglesia del convento de las Ursulinas. Esta es la razón de que los edificios que constituyen el llamado *Vieux Carré*, en el *French Quarter*, sean todos españoles y no franceses como la gente vulgarmente cree; de la misma española época procede el *French Market*.

Trasladado Miró a España en 1791, fue nombrado gobernador D. Francisco Luis Héctor, barón de Carondelet. Su etapa se caracterizó por reformas administrativas y por intentar mantener y aun expandir los dominios a su cargo. Organizó la ciudad de Nueva Orleáns, construyó el canal de su nombre y tuvo que hacer frente al fuego que volvió a azotar a la capital en 1794. Sus oportunas medidas anularon el intento revolucionario de algunos ciudadanos de origen francés, exaltados con las nuevas de los sucesos acaecidos en Francia en 1789. Durante el mandato de Carondelet, se inauguró el primer teatro de Nueva Orleáns el 4 de octubre de 1792; en 1794, Etienne de Boré consiguió granular el azúcar plantado el año anterior: ello supuso el comienzo de la industria azucarera en Luisiana. Con su traslado al Ecuador, en 1797, acabó su fructífero mandato.

En el período entre 1797 y 1803 tres oficiales desempeñaron la gobernación: don Manuel Gayoso de Lemos hasta su muerte en 1799; el marqués de Casa Calvo durante dos años, y D. Juan Manuel de Salcedo. Este último suspendió, a fines de 1802, el derecho de depósito, libre de impuestos, de las mercancías norteamericanas, determinación que causó el consiguiente malestar entre los perjudicados; a él correspondió realizar la cesión del territorio a Francia el 30 de noviembre de 1803.

Nueva Orleáns: el español *Vieux Carré*

Casi sin excepción, todos los monumentos históricos de consideración provienen de la época hispánica, con posterioridad a los dos devastadores incendios. Lo que ocurre es que los representantes de España siguieron en este sector la misma política que en los restantes aspectos de su gobierno: mantener el estilo francés de forma de granjearse la simpatía y la colaboración de los residentes de origen francés, que superaban en número, con mucho, a los españoles. Así se explica que la mayoría de las edificaciones no ostenten un típico carácter, al modo de la Península o de la arquitectura colonial en otros puntos de América. En ello coinciden muchos autores, entre ellos Hodding Carter.

En la plaza más amplia del barrio Vieux Carré, la Jackson Square, se sitúan, sin embargo, algunos edificios que tienen un aire peninsular, pero del siglo XVIII, naturalmente, como el de la Capitanía General de La Habana o el Ministerio de Hacienda de Madrid. Es uno de ellos el *Cabildo*, levantado en 1795 gracias a la generosidad del español D. Andrés Almonester y Rojas (su retrato, pintado en 1796, cuelga de una de sus salas). Fue sede del "muy Ilustre Cabildo," escena de los hechos más notables acaecidos en la gobernación de Luisiana durante la etapa española: en él residían los poderes ejecutivos, legislativo y judicial, y desde él se gobernaba todo el territorio. En la Sala Capitular de este edificio, cuya erección fue dirigida por el propio Almonester, con la ayuda de Gilberto Guilleman, se desarrollaron las sucesivas transferencias del dominio de Luisiana.

Haciendo juego con el Cabildo, en el mismo costado de la Jackson Square y flanqueando a la catedral, se eleva *The Presbytere*, o Casa Curial de los españoles. Planeada por Almonester con las mismas medidas y características que el otro edificio, con el fin de dotar de armonía a la plaza, se inició antes que el Cabildo, si bien no había sido completado cuando la cesión de Luisiana. En 1813 se terminó, manteniéndose el estilo primitivo y consiguiendo la belleza proyectada. La Iglesia lo cedió a la ciudad en 1853, y hoy contiene también otras secciones del anteriormente mencionado Museo.

En sus salas ondean las banderas de castillos y leones y de Carlos III, y en sus exhibiciones, entre otras cosas, se incluye el plano de la ciudad, confeccionado por el español Carlos Trudeau, y el edicto del gobernador Carondelet penando severamente a los propietarios de esclavos.

La catedral de St. Louis, en medio del Cabildo y del Presbytere, data de 1794, en sustitución de la anterior, erigida en 1722 y destruida por el fuego. La costeó D. Andrés Almonester, a cambio de algunos honores cívicos y de que se dijera en ella en sufragio por su alma, a perpetuidad, una misa semanal, voluntad que hasta su reciente prohibición fue seguida. El edificio que hoy contemplamos es el mismo de entonces, si bien ha sido modificado en su aspecto externo, sin mantener su estilo original.

Su interior, artísticamente sin relevancia, carece de ambiente hispánico, a no ser por las recientes vidrieras colocadas —regalo de España— en las que se recogen momentos distintos del período español. Su recinto guarda los restos de D. Andrés Almonester, en tumba a los pies del altar de Nuestra Señora del Rosario, y con epitafio en su lengua natal, así como los del Gobernador Gayoso.

Hasta 1793 Luisiana dependió de la diócesis de Cuba. En ese año a D. Luis de Peñalver y Cárdenas fue conferida la primera dignidad episcopal, posesionándose de su diócesis en julio de 1795.

A partir de su solemne presentación, San Luis quedó consagrada como catedral, convirtiéndose así en la más antigua de las que han sobrevivido en el presente territorio de los Estados Unidos. Acompañó al obispo el padre capuchino Francisco Antonio Moreno y Arze, natural de Sedella (Granada), que fue nombrado cura párroco de la catedral, puesto en el que permaneció hasta su muerte en 1829; a su entierro concurrieron millares de fieles, entre los que figuraba una delegación de masones con sus mandiles. Ello es muestra de la popularidad que había alcanzado la discutida figura de persona tan inteligente y virtuosa como la de fray Antonio de Sedella, según era comúnmente conocido. El y el pirata Lafitte —¡que contraste!— se reparten los honores de ser las figuras más románticas del *Vieux Carré*, difícilmente olvidados en Nueva Orleáns.

Si el Cabildo, la Catedral y el Presbiterio forman el costado norte de la Jackson Square (en tiempos españoles, *Plaza de Armas*), las edificaciones gemelas de la baronesa de Pontalba ocupan los lados derecho e izquierdo (el sur queda abierto sobre el río). La plaza así consigue un perfecto y completo ambiente y puede decirse, sin exageración, que refleja la historia de la familia Almonester y, por ende, la de España, porque la baronesa de Pontalba, así conocida por su desgraciado matrimonio con Joseph Xavier Celestin Delfau de Pontalba, y Micaela, por bautismo, era hija de D. Andrés Almonester y heredera de su cuantiosa fortuna, que ella supo acrecentar.

De carácter impetuoso y de rara inteligencia, supo y pudo llevar a buen puerto su iniciativa de levantar los primeros bloques de viviendas-apartamentos existentes en el territorio de los Estados Unidos. Sus nobles proporciones, sus espaciosas balconadas a lo largo de sus extensas fachadas compuestas de tres pisos, sus barandillas de hierro bellamente trabajadas ostentando las letras entrelazadas de *A* (Almonester) y *P* (Pontalba), sus acogedores soportales, la armonía cromática del rojo de sus ladrillos, el negro de sus balcones y el gris de sus tejados, constituyen un impresionante conjunto, que es fiel demostración de las dotes que adornaban a su impulsora y creadora (que intervino hasta en los mismos dibujos de las distintas partes de los inmuebles).

Tras el fallecimiento de sus padres, la baronesa había vivido larga temporada en Francia, en la que estuvo a punto de perecer en 1834, asesinada por su suegro, quien acto seguido del intento se suicidó. Posteriormente, decidió edificar los mencionados alojamientos, para lo que viajó a Nueva Orleáns, acompañada de sus dos hijos; en el otoño de 1850 pudo trasladarse a vivir a los nuevos edificios, que contenían 16 viviendas, y cuyo alquiler fue públicamente anunciado. A poco partió de nuevo para París, en donde murió en 1874. Sus herederos poseyeron los edificios Pontalba hasta el 1920; hoy son propiedad de la ciudad de Nueva Orleáns, y visitables, después de la restauración a que quedaron sometidos. El mobiliario expuesto procede de la casa de D. Fernando Puig, antigüedad conocida de más de un siglo. En la ciudad falleció el 9 de septiembre de 1783 el poeta Antonio Crespo y Neve, teniente de Caballería quien, apresado por los corsarios, sufrió innumerables calamidades, hasta llegar a Nuevo Orleáns un mes antes. Había dejado una colección manuscrita de poesías, dedicada en 1782 a don Bernardo de Gálvez, cuyo retrato colocado al frente de la obra dibujó el mismo Crespo.

Alcanzaron considerable resonancia las conferencias cervantinas pronunciadas por Juan Antonio Cavestany en febrero de 1910.

Continuando el recorrido de las calles del Vieux Carré guía en mano, comprobaremos el origen español anteriormente anunciado de la mayoría —por no decir todas— de las antiguas mansiones. Desde hace unos años, además, en las principales esquinas se han colocado preciosas placas en azulejos talaveranos indicando el nombre español que la calle de referencia ostentó en tiempos. Así, se recuerda la existencia de las calles Real, Tolosa, San Pedro, del Arsenal, San Felipe, del Muelle, etc.

Si tomamos, por ejemplo, la calle Real (Royal Street), nos tropezaremos con una serie de casas, parándonos al azar en algunas, resultará que *The Old Gaz Bank* (número 339) fue construido en 1880 por D. Pablo Lanuesse; el *Patio Royal* (número 417) debe su erección al comerciante español D. José Faurie; en 1792 se elevó la *Casa Merieul* (número 529), por D. Pedro de Aragón y Villegas; el edificio *Royal Castilian Arms* tuvo su nacimiento en 1795, etc.

Sector meridional

Cuando nos toque salir de Nueva Orleáns debemos prepararnos previamente sobre el país luisianense que vamos a recorrer, porque existen dos diferentes: uno, al norte del río Red, y otro al sur. En la parte meridional se aposentaron los inmigrantes venidos durante el siglo XVIII; la septentrional, con algunas excepciones, fue preferida por los colonos norteamericanos que bajaron a Luisiana procedentes del este o del norte. El sur es la tierra de los *bayous*, o brazos en que se dispersa el Mississippi, de los terrenos pantanosos. En este sector se encuentra la Isla de Gato regalada en 1814 por el estado de Luisiana al español don Juan de las Cuevas por su preciosa colaboración en la guerra contra Gran Bretaña de 1812.

Vale la pena visitar algunas localidades de esta región meridional. Lake Charles deriva su nombre de D. Carlos Salia, español que se estableció en el lugar hacia 1781, y quien construyó la primera casa dentro de los límites de la ciudad. New Iberia deriva de la *Colonia de Iberia*, fundada por un grupo de canarios traídos después de 1778, a expensas del rey, durante la gobernación de Gálvez, y que se dedicaron al cultivo del cáñamo y del lino y a la crianza del ganado: la colonia es incluida en el censo realizado por las autoridades españolas entre 1785 y 1788, y contaba en este año con una población a los 200 habitantes, número que se fue multiplicando y cuya estirpe sigue habitando hoy las tierras pobladas por sus antepasados. En las cercanías de Opelousas existe una plantación, con un magnífico edificio de ladrillo, que fue concedida a Hipólito Chretien por el gobernador español en 1776.

Abajo de Nueva Orleáns se asoma la parroquia de St. Bernard, en las márgenes del Lake Borgne, en cuyo sector *Terre aux Boeufs* se asentó en 1778 un grupo de "isleños," procedentes de las Canarias, siendo gobernador D. Bernardo de Gálvez. Desde entonces y hasta la segunda guerra mundial, el grupo se mantuvo unido e incontaminado de extrañas influencias, de modo que los descendientes de los primeros colonos consiguieron conservar el español, sus costumbres, etcétera, al contrario de lo ocurrido en otros grupos de españoles de Luisiana. Se trata de un caso único, en la consecución de lo cual contribuyeron, además de los matrimonios, entre la misma gente y no con los de fuera, las ocupaciones a que predominantemente se dedicaron —la pesca de gambas y camarones, la caza con trampas, la agricultura de la caña de azúcar— que les permitían el alejamiento de los vecinos y la constante reunión con los propios que fomentaban los relatos de historia, los chistes y el mantenimiento del folklore español. Este grupo ha guardado el español como lengua propia, el cual, por obra de su aislamiento y de las poderosas influencias del inglés, francés, francés de la Luisiana, modismo del español hablado en el Caribe, etc., ha ido adquiriendo ciertas modalidades en la fonética y en el vocabulario, que constituye un caso interesantísmo para quienes se preocupen de la lengua español, su supervivencia y evolución, aspectos competentemente estudiados por el profesor Raymond R. MacCurdy. Delacroix es la ciudad de mayor entidad en la parroquia, y cuenta con unos 1.000 habitantes; las de Regio, Shell Beach e Yscloskey juntas alcanzan la cifra parecida.

No lejos de la parroquia de St. Bernard, al sur también de Nueva Orleáns, nos espera una localidad, por nombre nada menos que Barataria.

Baton Rouge

Baton Rouge, al borde del sinuoso Mississippi, es la capital de Luisiana. En el *hall* del Capitolio ondean 10 banderas, entre ellas, la española de castillos y leones y la de Carlos III. El vestíbulo anterior a la Cámara de Representantes está decorado con mármol rosa español. En la fachada del edificio, ocho medallones contienen los perfiles de los hombres más representivos en la historia estatal: corresponde a Hernando de Soto el número primero.

En el parque adyacente al Capitolio se sitúa el *Old Arsenal Museum*, instalado en el antiguo arsenal español. En la sala amplia de éste, 10 vitrinas, acompañadas de otras tantas banderas, se refieren a los distintos poderes que se relacionan con la historia de la ciudad: en primer término se muestra un maniquí representando la figura de Soto, acompañado de un mosquete de la época; en la cuarta aparece D. Bernardo de Gálvez junto a una silla española.

Ya en pleno núcleo comercial de Baton Rouge nos topamos con un monumento erigido a los hijos de Luisiana muertos en la guerra, en la persona de un soldado sudista. Una vecina placa explica que las tropas de Gálvez y sus aliados nativos derrotaron a los ingleses en aquel sitio.

Tras la conquista de Fort Manchac por las tropas del gobernador español en Luisiana, Bernardo de Gálvez, a raíz de la declaración de guerra contra Inglaterra, se planteó la necesidad de proseguir la afortunada vía emprendida y complementarla con la toma de Baton Rouge. Unos días de recuperación dejó el jefe a sus cansadas tropas, que aprovechó para informarse de las defensas de la plaza. Llegó a la conclusión de que contaba con 13 cañones frente a los 10 suyos y de que disponía de unos 500 hombres. Sólo una brecha en los muros de la fortaleza, lograda por una adecuada preparación artillera, podría dar la posibilidad de que los infantes penetrasen en el recinto fortificado. La estratagema de distraer la atención de los sitiados para colocar a corta distancia una batería dio resultado y permitió que el fuego, comenzado en la madrugada del 21 de septiembre, destruyera tan considerablemente el fuerte que el comandante de éste, Alexander Dickson, no pudiera por menos de solicitar una tregua apenas pasado el mediodía. Dickson rindió el fuerte de Baton Rouge y el de Fort Panmure.

En el interregno, el capitán de Pointe Coupée, Carlos Grand Pré, había ocupado con sus tropas de voluntarios los destacamentos británicos en Thompson's Creek y Amite. Gálvez le recompensó nombrándole comandante del distrito. El gobernador de Nueva Orleáns completó sus éxitos militares con el dominio del lago Pontchartrain y la captura en el Mississippi de ocho embarcaciones enemigas.

Alrededores

La carretera 168, río abajo, nos llevará a Donaldsonville, cabeza de parroquia de la Ascensión (en español). Su nombre derivó de la Misión dedicada por el padre Revillagodos, con anterioridad a 1772. En esta parroquia y en la vecina de Assumption se instalaron en 1778 grupos de *isleños*, o colonos, procedentes de las islas Canarias, merced a la facilidades dadas por el gobernador Bernardo de Gálvez. En honor de éste se fundaría Galveztown en la primera de las parroquias citadas entre 1775 y 1789. Comandante del fuerte correspondiente sería D. Francisco Collel, quien daría nombre a Colyell Bay, no lejos del lago Maurepas. La localidad más importante en la parroquia de Assumption sería Valenzuela, con 1.057 habitantes. Durante el siglo XIX, el español se mantuvo como la lengua dominante en ambas circunscripciones, y aunque a lo largo del siglo XX defiende su supervivencia, ha decaído extraordinariamente en los últimos tiempos.

Todavía existen hispano-parlantes —en número no superior a 300— en los siguientes puntos: Barton, Brusly Sacramento, Brusly Capite, Brusly Vives y Brusly McCall, en la primera de las parroquias mencionadas, y Brusly St. Martin, Brusly Maurin y Belle Rose, en la segunda. *Brusly* es la anglificación de la palabra francesa *brulé* y se refiere a los campos quemados, anteriormente con árboles y arbustos, para cultivar en ellos productos hortícolas. En el lenguaje español local, dichos campos se denominan *brulis*. El profesor MacCurdy hace notar el fenómeno curioso de que este grupo español no ha mantenido contactos con el de St. Bernard, habiendo permanecido ignorados el uno del otro a lo largo de sus casi dos siglos de vecindad. Quizá su predominante ocupación agrícola y su no participación en las faenas pesqueras contribuyó a que este sector se viera más influido por sus vecinos ingleses y franceses, con la consiguiente mayor y más rápida pérdida de sus características originales. Se aprecia otra diferencia entre ambos grupos en la manera de recibir las palabras francesas en préstamo: los de St. Bernard las hispanizan o las adaptan a la fonética española, en tanto que los de los *brulis* conservan las palabras francesas, sin cambiar o intentar usar sonidos galos en las hispanizadas importaciones.

Si tomamos la carretera 61-65 hacia el norte, denominada *Old Spanish Trail*, pasaremos por "El Cipresal del Diablo," para alcanzar St. Francisville, fundada por los Capuchinos a fines del siglo XVIII, merced a la concesión otorgada por el rey de España; aquí nos hallamos en la parroquia de West Feliciana, que como su vecina la East Feliciana, tiene nombre de origen español y en tiempos fue poblada por españoles.

Sector central: Natchitoches

Al explorador francés St. Denis (que casó con la española Manuela Ramón) fundó el fuerte de Saint Jean Baptiste y queda de él mención; St. Denis, que vivió muchos años en la localidad, murió en ella y fue sepultado en un terreno —según consta— en el que hoy funciona un *drug store*. Situado Natchitoches en la margen occidental del Red, no tuvo durante considerable tiempo iglesia, de aquí que los servicios religiosos corrieran a cargo, durante ese período, de los frailes españoles de Los Adaes; esto explica que los registros parroquiales que se conservan recen en español. Guarde la ciudad bastante ambiente, y varios de sus edificios mantienen su pátina antigua; en los alrededores se conservan todavía plantaciones tradicionales, alguna con extensión de 10.000 acres.

Al pasar la Luisiana a manos de España en 1763, Natchitoches quedó naturalmente en la nueva esfera de influencia, pero su comandante francés, M. Athanase de Mezières y Clugny, notable parisiense (cuya hermana había casado con el duque de Orleáns), permaneció en su puesto no obstante el cambio de soberanía. El gobernador O'Reilly, conocedor de las buenas relaciones que Mezières mantenía con los indios de la región, le mandó llamar a Nueva Orleáns y, después de conferenciar con él, le confirmó en su cargo. Así, Mezières fue uno de los muchos franceses que se convirtió en súbdito del rey español y colaboró lealmente en el paternal gobierno que distinguió a los años de permanencia de España en Luisiana. Hubo momentos, sin embargo en que envidiosos pusieron su fidelidad en entredicho, pero sus hechos, su actitud siempre al unísono de la del comandante español de Los Adaes, teniente González, y sus éxitos cerca de las tribus amigas para que lo fueran también de España, confirmaron la visión de O'Reilly, y motivaron su designación como gobernador interino de Texas durante la ausencia de D. Domingo Cabello, y que el visitador General, Croix, le comunicara el 30 de septiembre de 1779 su nombramiento como gobernador en propiedad. La corona premió así sus servicios a Mezières, pero éste no pudo ejercer el cargo por morir en San Antonio el 2 de noviembre siguiente, no sin antes recomendar al rey a sus cuatro hijos varones —dos ya oficiales del ejército— y sus dos hijas.

Cuando los franceses fundaron Natchitoches, las autoridades españolas temieron por la intrusión gala en territorios de Texas. Las Misiones creadas en 1690 por D. Domingo de Terán, que habían sido abandonadas a los pocos años, aparecieron como necesarias para contener el expansionismo vecino; por ello, otra expedición al mando de D. Domingo Ramón, y con el padre Antonio Margil participando, echó los cimientos en 1716 de varias Misiones en torno a la actual localidad de Nacogdoches, en el este de Texas. Pero hicieron más: atravesando el río Sabine —que sirve hoy de frontera entre Texas y Luisiana— levantaron la Misión de Los Adaes a unos 12 kilómetros de Natchitoches. Superando unos años difíciles a causa de las incursiones francesas, el marqués de San Miguel de Aguayo, gobernador de Coahuila, las consolidó en 1721, añadiendo el Presidio de Nuestra Señora del Pilar de Los Adaes. En el área de la ciudad de Robeline, una piedra anuncia la proximidad de Los Adaes. Se trata de una arboleda distribuida en dos lomas: en una estuvo el Presidio y en la otra la Misión; dos placas informan someramente de la significación del lugar. No queda rastro aparente alguno y tan sólo se perciben hondonadas, montículos, etc., que hacen presentir la existencia de pasadizos, trincheras o muros que quizá podrían ser halados si una expedición arqueológica se lo propusiera.

Es lástima que subsista tan poco de la capital española del este de Texas, pues esa fue la condición de Los Adaes por espacio de cincuenta años, hasta la transferencia en 1772 del Gobierno a San Antonio. La medida se tomó como resultado de la publicación de las Nuevas Regulaciones, basadas en el informe al término del viaje de 9.000 kilómetros que realizó en 1766 por los Presidios al norte de Nueva España; en su virtud, el gobernador Riperdá ordenó el traslado a San Antonio del comandante, soldados, misioneros y colonos de Los Adaes, orden que no todos aceptaron de buen grado (algunos la resistieron): su cumplimiento ocasionó a los viajeros muchos problemas, e incluso a algunos la muerte. En el afán de ahorrar gastos al erario español y de fortalecer, por otra parte, los establecimientos militares —suprimiendo los mal dotados, expuestos a los ataques indios—, capacitándoles para realizar un efectiva labor de defensa y de protección, Los Adaes no tenía razón de ser una vez que la soberanía española se ejercía en Luisiana y no había temor alguno de infiltraciones francesas.

Dado el régimen especial por el que se rigió Luisiana, se mantuvo la frontera entre este territorio y el vecino de Texas, incluido en las Provincias Internas, de modo que se precisaba un pasaporte especial para atravesarla: en él debemos ver el origen de los límites de Texas y Luisiana.

En el período desde 1803 —época de la compra de la Luisiana por Estados Unidos— a 1822 —año en que España perdió su soberanía en Texas— se suscitó una serie de disputas hispano-norteamericanas en relación con el sector comprendido entre los ríos Sabine y Red; al final fue declarado neutral, aunque susceptible sí de colonización.

Se tienen noticias de varias concesiones de terrenos otorgados durante la etapa española en la región; así por ejemplo, D. Jacinto Mora recibió 207.360 acres en 1795, al este de Sabine, que recibieron el nombre de *Las Ormegas*; a Ed Murphy se le atribuyeron en 1797 12 millas cuadradas, que incluyen la localidad de Many.

El pastor protestante Timothy Flint visitó la región en el primer cuarto del siglo XIX en el curso de sus viajes por las tierras tributarias del Mississippi. En Natchitoches permaneció dos semanas, en las que gozó de la amabilidad de sus habitantes, del lujo que presidía en la mesa y del arte musical de las jóvenes, de los dos de las cuales —una española con sus *fandangos* y otra norteamericana— hizo cumplidos elogios. Intentó, sin éxito, el suministro de los últimos auxilios espirituales a un volteriano francés, Dr. Prevot, que había sido condenado a muerte por el asesinato del fiscal del distrito.

Se acercó Flint a Los Adaes, y su conocido relato es uno de los pocos testimonios sobre lo que se conservaba a comienzos del siglo XIX. La iglesia, construida de madera, tenía cuatro campanas y varias pinturas de santos que, por sus cualidades estéticas, provocaron una severa crítica en el viajero.

Los naturales del país, de diferente fisonomía a la de los franceses, hablaban el español lentamente con una actitud pasiva de oyentes más que de parlantes; le hicieron beneficiario en gran medida de su hospitalidad y se mostraron simples y amigables en sus modales.

Su estado de pobreza en aquel momento era considerable, como lo denotaban sus casas con paredes de barro, el pan de maíz (cuya fabricación Flint describe) que comían, sus vestidos, etc.

Más progresivos están ahora los descendientes de los que recibieron a Flint y que se sitúan en los aledaños de Robeline; la comarca se denomina *Spanish Lake*, y muchos de ellos son todavía hispanoparlantes (a su modo): al parecer, durante muchos años han practicado la política de no casarse fuera de su círculo. Su aspecto es decididamente hispánico y sus apellidos Mora, Ocón, Hernández, Hidalgo, etc., no dejan lugar a dudas. No están agrupados en un pueblo, pero acuden a la misa de ocho y media de la mañana, que se dice en la iglesia rural de St. Anne.

Sector septentrional

Al norte del río Red entramos en el sector anglosajón del estado. Remontando el Mississippi aguas arriba de su confluencia con aquél, la parroquia de Concordia incluye la localidad de Vidalia, cercana a Ferriday, en cuyas proximidades hay quien calcula falleció Hernando de Soto; aquellos nombres son españoles a causa del aposentamiento en sus límites de hispanos.

En febrero de 1783, D. Juan Bautista Filhiol recibió el nombramiento de comandante del puesto de los Washitas. Partiendo de Nueva Orleáns con un grupo de soldados y colonos, remontó los ríos Mississippi, Red y Ouachita, hasta desembarcar en 1785 en el emplazamiento de Monroe. Para defenderse de los ataques indios, levantó el fuerte Miró, en homenaje al gobernador español D. Esteban Miró, poblado que progresó en el curso de los años hasta que en 1819 cambió su nombre, con motivo de denominarse *James Monroe* el primer barco de vapor que navegó el río, abriendo una era de prosperidad a la región.

Monroe se halla conectada por la carretera 80 con Shreveport, que conserva el *King's Highway* o *Camino Real* de los españoles. Aquí hay inevitablemente que recordar las veces que Shreveport aparece en el epistolario desde Washington D. C. de D. Juan Valera. Sucedió que D. Santos Ollo, miembro de una casa comercial española de Larache, había comprado durante la guerra civil algodón al gobierno sudista, exportándolo luego a México. Poco después de terminar la lucha fratricida, el Gobierno federal se apoderó en Shreveport de 1.369 pacas de algodón, cuyo valor ascendía a 700.000 dólares, las vendió en Nueva Orleáns y se embolsó el precio. El Sr. Ollo reclamaba dicha cantidad, y Valera confiaba en el éxito de la correspondiente gestión diplomática para salir de sus apuros económicos, gracias al tanto por ciento que le tocaría con arreglo al arancel. Pero Valera partiría con las ganas y su sucesor Muruaga tendría que defender ante el secretario de estado, Bayard, los argumentos españoles.

Nombres españoles

Lleva Luisiana nombres españoles las parroquias de Ascensión, Concordia, De Soto, East Feliciana, Iberia y West Feliciana, y las localidades de Ama, Barataria, Bonita, Columbia, Gonzales, Lake Charles, Marrero, New Iberia, Vidalia, Alto, Bolívar, Columbus, Toro, Lunita, Castor, Magnolia y Lamar.

◆ *MISSOURI* ◆

Históricamente Missouri nació y se desarrolló por una serie de sucesivas corrientes, en sentido Norte-Sur en una primera etapa, y un el inverso en una segunda, promotoras de su trasfondo franco-español y de una solera sin rival en el medio Oeste.

Los franceses, procedentes de Canadá y después de Nueva Orleáns, fueron heredados por los españoles que tuvieron como punto de partida esta última ciudad. Bien es verdad que durante el gobierno hispano hubo contactos —más otros considerables intentos fallidos— entre Missouri y Texas y Nuevo México, pero estas influencias no verticales carecieron de la trascendencia de las provenientes del sur a través de *El Camino Real* o del excepcional complejo fluvial del Mississippi y sus afluentes.

Kansas City ha firmado un programa de hermandad con Sevilla, exteriorizado, entre otras manifestaciones, con la erección en la ciudad de Missouri de una reproducción de la Giralda de 40 metros de altura y de la fuente que existe en la plaza de la Virgen de los Reyes de la capital andaluza, y en Sevilla de un monolito dedicado a la urbe fraterna.

St. Louis

St. Louis —o San Luis, durante la época española— sigue siendo la Puerta hacia el Oeste, y para recordarlo se ha elevado un *monumental arco de acero* con 210 metros de altura. A sus pies se exhibió, durante años, una reproducción de la colombina carabela *Santa María*, pero un día chocó con algo y se destrozó.

Causa buena impresión la aproximación a St. Louis: se entra por el *Kingshighway* o antiguo *Camino Real*.

De los viejos edificios no quedan en St. Louis sino la *Antigua Catedral*, consagrada a San Luis, la cuarta norteamericana en el tiempo e inaugurada en 1834; su altar mayor está ocupado por una muy buena copia del Cristo, de Velázquez, obra de Charles Quest. En su museo encierra una conmovedora y bien timbrada campana, regalo en 1774 del teniente gobernador español D. Pedro J. Piernas y de su esposa a la primera iglesia católica levantada en la ciudad.

En la misma área urbana se inauguró solemnemente en mayo de 1969 el *Pabellón español de la Feria de Nueva York*, donado por España a la ciudad de St. Louis y reconstruido a costa de ésta. Fue vendido una cadena de hoteles.

En el *City Art Museum*, en el que una buena muestra de arte español puede admirarse: un apóstol de El Greco, dos santos de Valdés Leal, un monje y un bodegón de Zurbarán, un retrato de Murillo, un Juan Gris, un Tapies y varios Picassos, entre otros, *La Madre*, de 1900. Tiene el museo una sala de arte hispanoárabe, a base de los muebles, tapices, etc., traídos del convento de Santa Isabel de Toledo. Aparte de varios bargueños, sobresalen en ella una alta puerta de dos hojas y un estupendo artesonado.

Presencia española colonial. La organización del gobierno de los territorios españoles de la Alta Luisiana se configuró así: el capitán general, con sede en La Habana, constituía la máxima autoridad y de él dependía el gobernador de Nueva Orleáns, con mando específico en toda la demarcación. Para ocuparse más de cerca de la Alta Luisiana, y en forma delegada, un teniente gobernador residía en San Luis y tenía, a su vez, a sus órdenes varios comandantes, diseminados en diferentes puestos; sólo tres de entre ellos recibían pago por sus servicios, a saber: los de Santa Genoveva (Ste. Geneviève), Nuevo Borbón (New Bourbon) y Cabo Girardeau (Cape Girardeau). Algunos de ellos eran de origen francés y más de uno de los españoles se hallaba casado con francesa.

Se inició la vida de St. Louis en el año 1764. Correspondió su paternidad a dos franceses, Pierre Laclede y su joven protegido Auguste Chouteau. Con el permiso del comandante francés de Nueva Orleáns, M. D'Abbadie, partieron con un grupo de colonos, en agosto de 1763, río arriba, y después de exploraciones preliminares, comenzaron a preparar el terreno para su fundación el 14 de febrero siguiente. No realizóse hasta abril la asignación de los lotes a repartir y el bautizo de la ciudad con el nombre del santo patrón del reinante monarca Luis XV, última conexión que fue olvidada con el tiempo, para perdurar la referente al Rey Cruzado.

Los ciudadanos de ésta se enorgullecen de haber tenido tres banderas —la francesa, la española y la norteamericana— pero la primera estuvo tan sólo arbolada, sin derecho, hasta la toma de posesión por España de la ciudad y un día más, el que transcurrió desde la descensión de la bandera española y el izamiento de la francesa, cuando la transferencia del dominio de la Alta Luisiana a Norteamérica, a raíz de la famosa compra de Jefferson. Hay que reconocer, sin embargo, que aunque el mando francés *de facto* no pasó de los siempre difíciles días fundacionales y el progreso de la ciudad fue obra, en gran parte, del buen gobierno español, la población se compuso casi siempre con exclusividad de franceses, y los ciudadanos más sobresalientes y emprendedores procedieron de aquel origen, comunicando así a la nueva urbe un aire francés.

Con la desaparición de Francia de la Luisiana y su sustitución por Inglaterra en la orilla izquierda del Mississippi, se produjo un fenómeno paralelamente a la marcha de las autoridades francesas, comenzaron a llegar en cantidades considerables colonos de dicha nacionalidad que deseaban establecerse en los nuevos dominios españoles. Y es que en éstos gobernaban gentes latinas y católicas, en contraposición con el gobierno anglosajón y protestante en la otra orilla, que puso en zozobra a los galos del territorio. Así se originó una benéfica colaboración entre los gobernantes españoles y sus súbditos franceses, que redundó en el progreso de la región y en la fundamentación de las bases de la prosperidad que con el correr de los lustros alcanzarían Missouri y otros estados vecinos.

St. Louis, conocida también por el nombre de *Paincourt*, a causa de la escasez de pan a que por tiempos estuvo sometida, tenía al otro lado del río el establecimiento inglés de Cahokia, o Kaó. En éste habitaba el padre Luc Callet, quien en los primeros días fundacionales de San Luis atravesaba el Mississippi para administrar auxilios espirituales a los colonos desprovistos de cura permanente. A su muerte sería el padre Pierre Gibault, vecino de Kaskasia —en la otra ribera, más al sur— quien visitaría periódicamente a sus abandonados feligreses. La primera iglesia de la ciudad —modesto edificio de madera— sería bendecida por él en junio de 1770, en presencia del nuevo teniente-gobernador. El padre Gibault tendría en los años posteriores una valiosa participación en la lucha por la independencia norteamericana.

El padre capuchino Valentine Neufchateau vivió tres años en San Luis, pero es su hermano en religión, fray Bernardo de Limpach, quien debe ser considerado como el primer pastor de la población de St. Louis, al haber sido formalmente instalado, el 19 de mayo de 1776, por el teniente-gobernador D. Francisco Cruzat, cargo en el que permaneció hasta 1789, dos años antes de su muerte. Una temporada se quedó de nuevo St. Louis sin cura residente, recibiendo periódicas visitas, entre otros, del irlandés padre James Maxwell, procedente del Colegio de los irlandeses de Salamanca, y persona que pronto se hizo querer de todos. Cuando la cesión a Norteamérica, Maxwell fue el único sacerdote que se quedó, por lo que sirvió de fundamental vínculo entre al antiguo y el nuevo régimen.

Es curioso el informe de D. Pedro Piernas al gobernador O'Reilly de fecha 31 de octubre de 1769 sobre la tierra y el puesto a que había sido enviado: "El país de Ylinoeses es en general sano y fértil; su clima, delicioso y apto para toda clase de plantas, frutas y granos. En partes es montañoso y en otras al nivel... El territorio abunda en caza..." (antes había tenido problemas con los hielos, al remontar el río); estima la situación de San Luis alta y agradable, construida sobre rocas, por lo que no hay peligro de inundación.

De fecha 11 de julio de 1778 es la carta que dirige al gobernador Gálvez don Fernando de Leyba dándole cuenta de su toma de posesión como comandante, al coronar noventa y tres días de viaje. Durante su gobierno, hasta su muerte, en San Luis, el 28 de junio de 1780 (fue enterrado en la iglesia), tuvo una actuación clave en años cruciales para la revolución norteamericana. A Leyba acudió frecuentemente Clark desde la otra orilla en demanda de dinero, armas y ropa para sus necesitadas tropas, y a su protección hubo de ampararse en más de una apurada ocasión. A las razones guerreras de estos contactos hay que añadir el amor que despertó en Clark la hermana del gobernador, Teresa de Leyba, la cual ingresó en un convento de monjas ursulinas en Nueva Orleáns a raíz del prematuro fallecimiento de don Fernando y de su esposa. Conocedor de la ruina en que había quedado la familia de Leyba, a causa de la depreciación de los vales del estado de Virginia suscritos por el gobernador, Clark solicitó a Teresa en matrimonio (la había salvado de un incendio en el convento); ella declinó por haber emitido ya sus votos religiosos. En este romance de la vida real se aprecia gran paralelismo con *Evangelina*, el relato acadiano de Longfellow.

Leyba tenía a su mando una pequeña guarnición, que pudo reforzar gracias a la ayuda de los indios amigos, y sólo dispuso de dos meses para prepararse contra la invasión procedente del norte, que fuentes dignas de crédito anunciaban. El 17 de abril de 1780, el padre Bernardo de Limpach bendijo la colocación de la primera piedra del fuerte que Leyba ordenó construir en la loma cercana a la iglesia, dominando el río, y que recibió el nombre de San Carlos, en honor de Carlos III. Emplazó asimismo Leyba cinco cañones en puntos neurálgicos del perímetro de la ciudad. Cuando las fuerzas enemigas, al mando de Emanuel Hesse, aparecieron, sorprendieron en los campos cercanos a varios desgraciados, que perecieron en sus manos. A la una de la tarde del 26 de mayo, 650 indios se lanzaron al ataque, siendo rechazados por la guarnición española, compuesta por 25 soldados y 289 civiles. Dos horas de lucha bastaron para que se decidieran a renunciar a sus intentos y retirarse, después de martirizar 32 prisioneros. Una roca, instalada en el *Spanish International Pavilion*, ostenta una inscripción en bronce que dice: "En memoria del fuerte de San Carlos que aquí fue construido por el comandante Leyba y sus soldados españoles, que derrotaron al Ejército inglés y defendieron así la permanencia de la revolución americana."

Por culpa de esta victoria, los ingleses se quedaron sin dominar el valle del Mississippi y realizar la operación envolvente, desde el oeste, de las colonias sublevadas, según su estrategia había planeado. Con esta derrota y la anterior en Vincennes, la guerra en el oeste quedó perdida para ellos mucho antes de que la Paz de París pusiera fin formal a la lucha. Cantando tan señalada victoria, uno de los ciudadanos de St. Luis, Jean Baptiste Trudeau (propietario de una escuela desde 1774, en la que beneméritamente enseñó durante cincuenta años), escribió un poema titulado *Balada del año de la sorpresa*. Leyba fue ascendido a teniente coronel.

Está fechado en 1780 el valioso mapa de la ciudad de St. Louis hecho por Cruzat. En 1788, el teniente-gobernador D. Manuel Pérez propuso a Miró la reparación de las fortificaciones de San Luis y obtuvo la autorización. A Carondelet se deben las instrucciones recibidas por Carlos Howard de fecha 26 de noviembre de 1795 para organizar una expedición que defendiera la Alta Luisiana contra las incursiones procedentes del otro lado del Mississippi y reuniera, en su caso, las fuerzas españolas de San Luis y de los otros puestos dependientes.

En 1793, el gobernador de Nueva Orleáns dio permiso a los comerciantes de San Luis para formar una única Compañía que explotara el comercio a lo largo del río Missouri: se denominó "Compañía de Exploradores del Alto Missouri" (*Company of Explorers of Upper Missouri*). La Compañía envió tres grandes expediciones de comercio y exploración desde San Luis: *1)* en 1794, al mando de Jean Baptiste Trudeau, que resultó un desastre; *2)* en 1795, sin éxito, por los ataques de los indios ponca, y *3)* en 1796, al mando de James Mackay, pero que tampoco produjo resultados. Años más tarde, el galés John Evans, al servicio de dicha Compañía, remontaría el Missouri hasta sus fuentes, grabando el nombre de Carlos III en rocas y árboles para probar sus descubrimientos. Sería en 1808 el español Manuel Lisa quien pondría en marcha la *Missouri Fur Co.*, que tantos éxitos cosecharía hasta 1820, fecha de su muerte.

De 1792 es el Diario de Pedro Vial dando cuenta de su viaje desde Santa Fe a San Luis, por mandato del gobernador de Nueva México, D. Fernando de la Concha, con José Vicente Villanueva y Vicente Espinosa. Esta es una de las relevantes hazañas de la época, por abrir unas posibilidades insospechadas en las comunicaciones entre tan distantes regiones. Estas noticias serían bien aprovechadas en el futuro por Zebulon Pike y cuantos le siguieron en la frecuentación del *Santa Fe Trail*, o ruta de Santa Fe.

Los años subsiguientes a la independencia ya hemos visto que trajeron intranquilidad, desasosiego e incertidumbre al oeste de los Apalaches. Ello se reflejó en un aumento de la emigración hacia el oeste del Mississippi, que mayor hubiera sido de no requerir al principio las autoridades españolas la condición de catolicidad. En 1790, una afluencia de franceses se produjo por dos motivos: el fracaso de la colonización Barlow-Playfair en la región del Ohio y la huida del terror extendido en Francia a raíz de la revolución que llevaría a la guillotina a Luis XVI. El gobernador Carondelet autorizó en 1795 el establecimiento en territorio español de colonos norteamericanos sin distinción de fe. En 1796, el teniente-gobernador Trudeau informaba de la llegada diaria de familias de este origen. Puede calcularse que entre 1796 y 1804 se instalaron 5.000 de ellos. Según un informe de De Lassus, la población del Missouri español ascendía en 1799 a 8.000 almas.

En el mes de febrero de 1804, una compañía norteamericana de infantería, al mando del capitán Amos Stoddard, se aposentó en Cahokia y cruzó posteriormente el río para disponer con la autoridad española los pormenores de la entrega de la alta Luisiana a sus nuevos dueños. Traía Stoddard la representación de Francia y de los Estados Unidos. Todo marchó bien, excepto un penoso resfriado de Carlos Dehault de Lassus, que causó una demora en el día de la entrega. Por fin, el 9 de marzo la compañía de infantería se situó ante la casa del gobernador, en la calle Real. Gran muchedumbre se agolpaba, con lágrimas en los ojos, para presenciar el fin del Gobierno cesante y para asustarse ante las inciertas perspectivas del nuevo régimen. La ceremonia consistió en la firma del acta de transmisión de dominio y en un discurso del español a sus queridos ciudadanos hispano-franceses y a los indios delawares, shawnees y sacs, de este tenor: "Vuestros antiguos padres, los españoles y los franceses, que dan la mano ahora a vuestro nuevo padre, los Estados Unidos, han renunciado a estas tierras por un acto de su buena voluntad y en virtud del último tratado. El nuevo padre mantendrá y defenderá la tierra y protegerá a todos los blancos y pieles rojas que residan aquí. Viviréis tan felizmente como si los españoles estuvieran todavía..." La voz se le quebró en las últimas palabras, y a una señal convenida, los cañones del fuerte dispararon. La bandera española fue arriada. Izóse la francesa a continuación y, en lugar de ser descendida para dar paso a la de las estrellas y las franjas, permaneció durante el resto del día en el mástil, para complacer a ciertos elementos franceses; no se enarboló la norteamericana hasta el día siguiente. Así terminó oficialmente la presencia de España en Missouri.

El norte de St. Louis

Ha llegado el momento de salir de St. Louis y visitar los demás puestos fundados —y no fundados— por los españoles. Se sitúa al norte —ciertamente, a no muy lejana distancia— el distrito de St. Charles. Su primitiva razón de ser radicaba en la necesidad de protección de St. Louis. Ya el gobernador Ulloa había impartido, el 7 de enero, instrucciones al capitán Francisco Rui para establecer dos fuertes en el río Missouri, justamente en su confluencia con el Mississippi. Rui cumplió la orden, pero las condiciones del lugar le movieron al reunir un consejo de guerra con sus subordinados, y el 2 de octubre de 1767 se decidió el envío de una consulta a Ulloa. No obstante, siguiendo las instrucciones, Rui llevó a cabo la misión encomendada, haciendo entrega, el 10 de marzo de 1769, al primer teniente-gobernador, D. Pedro Piernas, del fuerte de *Don Carlos, el Señor Príncipe de Asturias*, y del fortín *Don Carlos Tercero el Rey*, localizados, el primero, en el banco sur de la desembocadura del Missouri, y el segundo, en el norte: se describen convenientemente en el acta de entrega y en el informe que el propio Francisco Rui hace al gobernador O'Reilly con fecha 29 de octubre de 1769.

Se fundó St. Charles en 1769 —en las márgenes del Missouri, río arriba, y en su sector de "Femme Osage." Consiguió el pionero Daniel Boone 1.000 "arpents" de tierra, quien actuó como síndico, cargo oficial español, entre 1800 y 1804. La casa que se construyó allí con su hijo, de 1803 a 1810, y en que fue enterrado, se conserva. Hay también en St. Charles otras antiguas edificaciones. Vinieron a completar el sistema Portage de Sioux en 1779, y La Charette en 1797, y Côte Sans Dessein en 1808, y en época del dominio norteamericano.

Al norte de St. Louis, pero en sus cercanías, y formando parte de su distrito, nació a la vida San Fernando de Florissant en 1786. Esta es la fecha en que el primer comandante pasó a residir en tan fértil valle, en el que con anterioridad se habían ido estableciendo algunos colonos; correspondió a François Dunegant el nombramiento como autoridad civil y militar. Según consta en los archivos españoles de La Habana, se contaban ya en la época del censo de 1787 40 habitantes y siete plantaciones. El nombre —como es fácil de colegir— se debió al patronazgo espiritual que se atribuyó al santo rey de España, conquistador de Sevilla, y una iglesia en su honor se levantó en 1789. La existente en la actualidad —bajo la misma denominación— remplazó a la anterior en 1821, convirtiéndose así en la iglesia católica más antigua en la Alta Luisiana. Entre sus muros se enterró al padre J. Didier en 1790, quien mucho trabajó por la extensión del catolicismo en la región. En el vecino convento viviría entre 1819 y 1827 la madre Phillippine Duchesne, de la Orden del Sagrado Corazón —beatificada en 1940—, y en la iglesia sería ordenado sacerdote el padre De Smet, de gran influencia en los años posteriores. El altar mayor contiene una imagen de San Fernando. El baldío, cercano a la entrada principal, ha sido escenario de la instrucción militar a cargo de las tropas españolas. En los alrededores, y en la calle de St. Denis, se conserva todavía la casa de Eugenio Alvarez, de 1790, el único edificio superviviente de la época española, destinado a residencia del comandante.

Carondelet, hoy incluida en el sur de St. Louis, y nombrada así en homenaje al gobernador español, tuvo su origen urbano en 1767 como *Prairie à Catalan*: conserva algunos edificios que datan de hace un siglo. Crève Coeur y Pointe Labadie completan los puestos, que con Florissant, formaban el distrito de San Luis.

El sur de St. Louis

El distrito de Ste. Geneviéve (Santa Genoveva) comprendía el sur, situada aguas abajo del Mississippi, el más antiguo establecimiento permanente en las tierras de Missouri. Fundada en 1735, sirvió pronto de centro de reunión de los exploradores franceses de minas de plomo; los jesuitas de Kaskasia, poblado en la otra orilla del río, la hicieron objeto de periódicas visitas. Tanto para la fundación de St. Louis como para las distintas expediciones españolas con meta en aquella ciudad, Ste. Geneviéve constituyó un punto obligado de descenso. El informe de Francisco Rui al gobernador O'Reilly de fecha 29 de octubre de 1769 califica a Santa Genoveva — por otro nombre, Misera— como el primer pueblo de los Ylinenses. Don Pedro Piernas lo describe en 1769 como habitado por unas 600 personas, contando los negros (un 10 por 100 tan sólo de blancos), y con casas esparcidas, dando a la población un aspecto de mayor tamaño que el real; detalla a varios de los ricos del lugar. En 1785 sufrió una grave inundación del Mississippi, y sus habitantes —según el informe del gobernador Miró al conde de Gálvez, en La Habana, de 10 de julio de 1785 —tuvieron que abandonar sus casas y perder todos sus enseres, refugiándose en una montaña cercana.

Se conservan todavía casas antiguas en la ciudad, tres, por lo menos, datando de época española: la *J. B. Valle House*, de 1782 (con calabozos en sus sótanos); *Bolduc House*, de 1770, y *Janis-Ziegler House*, de 1790. El ambiente de los edificios, de las calles y de las plazas ha mantenido en Ste. Geneviéve el sabor de los tiempos antiguos: la campana de la parroquia situada en la plaza Du Bourg sigue tocando el *Angelus* a las seis, a las doce y a las dieciocho horas, las procesiones recorren las calles en las festividades religiosas, y en la Nochevieja las gentes se disfrazan y, cantando *La Guignolée*, golpean las puertas de casas en demanda de vino.

La ciudad de Mine à Breton pertenecía al distrito de Ste. Geneviève. Fue fundada por Francisco Azor como resultas del descubrimiento de una mina de plomo en 1773. En 1797 se estableció allí, procedente de Virginia, Moses Austin, quien mejoró el proceso de la fundición del mineral de plomo y obtuvo la concesión de una mina, construyó nuevos hornos y una torre en Herculaneum e intervino en el establecimiento de la ciudad de Potosí. New Bourbon, o Nuevo Borbón, surgió en 1793, y sus habitantes hicieron en noviembre de 1799 una colecta patriótica para ayudar al comandante español a sufragar los gastos militares ocasionados por la tensión existente con los Estados Unidos. También nació en época española St. Michaels, la luego Fredericktown. No lejos se halla la localidad por nombre De Soto (en San Luis, una calle honra el recuerdo de este conquistador).

El distrito de Cape Girardeau está ligado a la figura del canadiense Louis Lorimier, quien, al servicio de España, fundó su capital en 1793. El gobierno español le concedió exclusivos derechos de comercio con las tribus shawnee y delaware, residentes entre el Mississippi y el Arkansas. Por dicho lugar cruzaron los indios cherokees el Gran Río en su *Trail of Tears*, o Ruta de las Lágrimas, cuando fueron sacados de sus tierras del este y enviados a asentarse en el territorio de Oklahoma.

Más al sur, siempre en el borde del río Mississippi, aparece anclada New Madrid, o Nuevo Madrid. Sus cimientos se deben, por concesión del representante español en Filadelfia, D. Diego Gardoqui, al grupo capitaneado por Jorge Morgan (14 de febrero de 1788). Se cruzó una muy notable correspondencia de éste a Gardoqui y al gobernador Miró al respecto. Así, por ejemplo, en la carta fechada el 14 de abril de 1789, dirigida a Miró, incluye copia de otra de la misma fecha, firmada por varios de sus compañeros confundadores de Nuevo Madrid, dando cuenta de la elección del sitio a sus amigos de Fort Pitt (hoy Pittsburgh) y terminando con la afirmación de que todos gozaban de tan magníficos clima y territorio. Pedro Foucher fue nombrado el primer comandante de la nueva población, los habitantes de la cual, durante el período comprendido entre 1789 y 1796, firmaron una serie de juramentos de fidelidad al rey de España. Dicho comandante recibió al general norteamericano David Forman en 1790, quien informó: "Me dio una cena espléndida, al estilo español, con abundancia de buenos vinos y café sin crema."

Siendo comandante de Nuevo Madrid, Louis Lorimier obligó, en 1794, a Montgomery, con una fuerza de 600 hombres, a abandonar el bloqueo del Mississippi, así como el fortín construido siguiendo las órdenes de Clark. Otro de los comandantes, Henri Peyroux de la Coudrenière, intervino activamente en 1803 en la captura de los famosos bandidos Mason y Harpe, cuyas fechorías les levaron a un desastroso fin. New Madrid pasaría por malos momentos cuando los terremotos de 1811 y 1812 sacudieron sus cimientos. Son a este respecto curiosas las noticias que proporciona sobre su vida y actividad, una vez repuesta de las terribles secuelas de aquellas conmociones naturales, el pastor protestante Timothy Flint, quien la visitó en los años viente del siglo XIX. Es interesante su descripción del descenso en primavera de embarcaciones, sobrepasando el centenar, procedentes de Nueva York, Ohio, Kentucky, Tennessee, Illinois y Missouri.

Nombres españoles

Además de las localidades citadas, que tienen su origen en la época española, existen en Missouri, entre otras Alba, Amazonia, Aurora, Callao, Columbia, Concordia, Cuba, Delta, El Dorado Springs, Galena, Iberia, Lamar, Lamonte, La Plata, Laredo, Meta, México, Montserrat, Nevada, Polo, Potosí, Risco, Séneca, Spanish Lake, Isabella, Bolívar, Vista, Rollo, Brazito, Molino, Santa Fe, Florida, y Chula.

ARKANSAS

Derivado su nombre de una tribu de indios *arcansas*, se sitúa el estado de Arkansas —pronunciado sin razón aparente *Akansó*— entre Missouri, al norte, y Luisiana, al sur; Tennessee y Mississippi, al este; y Oklahoma y Texas, al oeste. Su frontera oriental es el Gran Río.

Hernando de Soto tuvo, con sus compañeros, la primacía europea en explorar Arkansas a fines de 1541. Entrara en Arkansas bien por el emplazamiento de la ciudad de West Memphis, bien un poco más abajo en la confluencia del río St. Francis con el Mississippi, el hecho es que en la provincia de Pacaha encontró a su jefe en guerra con su vecino el cacique de Casqui. Consiguió reconciliarlos y les invitó a cenar; en agradecimiento, este último jefe le regaló su hija, en tanto que el antiguo rival le entregó dos hermanas. Prosiguió su marcha con rumbo, pasando por paraje coincidente con la capital del estado, hasta Hot Springs. Este punto habría de ser considerado por Soto y los suyos lugar adecuado para invernar. En la aldea india de Autiamque se instalaron, y para los tres meses de su estancia en ella construyeron una alta empalizada en su derredor que les protegiera de los nativos que habían huido ante su presencia, dejando vacío el poblado; con los abundantes alimentos abandonados por éstos, con los conejos que podían cazar y con el fuego que encendían gracias a las maderas de los bosques cercanos, consiguieron sobrellevar el duro invierno y las copiosas nieves que cayeron. En marzo de 1542 se puso de nuevo en marcha la expedición y, pasando por las cercanías de las ciudades actuales de Arkadelphia y Camden, siguieron por el río Ouachita hasta su desembocadura en el Mississippi.

Algunos cerdos de la expedición quedaron atrás, y con el tiempo sus descendientes se hicieron salvajes; todo el mundo los conoce bajo el nombre de *razorback hogs*.

Arkansas español estaba dividido en dos distritos: Arkansas Post y Esperanza, dependientes ambos del teniente-gobernador de San Luis. Se conocen los nombres de algunos comandantes españoles de Arkansas Post: capitán Chalmette, 1780; capitán Joseph Vallière, 1786-1790; Carlos Villemont, 1790-1801; Francisco Luengo, 1802-1803; Ignacio el Leno, 1803-1804.

El pastor protestante Timothy Flint, cuando visitó Arkansas Post allá por el año 1820 y siguientes, junto a sus relatos sobre la llanura de sus alrededores, los defectos del gobierno del recién creado territorio (funcionarios venales, influencias, etc.) y el carácter violento de sus habitantes, describió, aquella localidad, poblada entonces por 10.000 almas, y evoca los tiempos españoles, en los que las autoridades consistían en un comandante, un cura y un destacamento de soldados; relata también haber conocido a un anciano jefe indio Quawpaw, autor de una muy notable acción para con el jefe español. Ocurrió que un grupo de indios muskogees o creeks penetraron en Arkansas Post y, hallándolo desguarnecido en aquel momento, consiguieron raptar al hijo del comandante. Ante la angustia de éste al comprobar lo sucedido, el Quawpaw se prestó a recuperarle; siguió a los raptores y cuando les dio caza les envió un guerrero en desafío, según era costumbre entre dichas tribus al anunciar la guerra; los creeks, creyendo que se aproximaba un numeroso contingente hispanoindio, huyeron precipitadamente, abandonando todo, incluso el niño, que pudo retornar sano y salvo a sus agradecidos padres.

El Servicio de Parques Nacionales es responsable hoy del *Arkansas Post National Memorial*. El Terreno está muy cambiado con respecto a la época española; en realidad, la única estructura que se conserva de ella es un antiguo pozo, al que se ha enladrillado y cubierto con un tejado.

Este fuerte de Arkansas jugó un papel relevante durante la revolución norteamericana. Al depender de los gobernadores de Nueva Orleáns, éstos le hicieron participar desde un principio en su política de ayuda a los sublevados. Como consecuencia de las órdenes de Unzaga, recibió calurosamente a los agotados hombres de Linn, los llamados "corderos de Gibson," quienes, portadores de 9.000 libras de pólvora y otras vituallas, habían partido de aquel puerto entrado el invierno de 1777. En Arkansas Post pudieron recuperarse hasta la llegada de la primavera y partir, en suficientes condiciones físicas y con los pertrechos y alimentos proporcionados por los españoles, hacia Fort Pitt, protegidos por la prometida escolta militar al atravesar el país enemigo. También fue Arkansas Fort refugio de la expedición de Willing cuando, en enero de 1778, bajó por el Mississippi a bordo del navío *Rattletrap*; debido a las fechorías perpetradas por el grupo y al consiguiente solivantamiento de los indios, un grupo de familias norteamericanas solicitaron a su comandante la protección del fuerte.

En la cercana desembocadura del río White en el Mississippi, François D'Armond —con el permiso español— fundó en 1766 lo que con el tiempo se denominaría Montgomery's Landing, por haber pasado a propiedad del general de este nombre. En el sector sur del estado, por el que Soto salió, se instalaron, doscientos cincuenta años más tarde, colonias autorizadas por el gobernador español Carondelet; así, el 20 de junio de 1797 dio licencia al marqués de la Maison Rouge para traer 30 familias, que se agruparían en un área de 133.165 acres, que constituyeron la antigua localidad de Ecore Fabre, hoy Camden. Por otra parte, el barón de Bastrop consiguió aquiescencia en 1795 del mismo Carondelet para poblar en el presente condado de Oachita 640.000 acres con 500 familias, a extenderse en el Bayou de Lair y Bayou Bartholomew, en los alrededores de la línea fronteriza con Luisiana.

El distrito Esperanza o Hopefield tenía su cabeza en el emplazamiento de West Memphis, en las márgenes del Mississippi. De él dependerían los establecimientos que a lo largo del recorrido superior de los ríos White y Arkansas, se fijarían en torno a los terrenos de la ciudad de Dardanelle. No lejos de esta región, el condado de Lawrence nos trae también recuerdos de fundaciones españolas. Inmigrantes franceses —portadores de concesión real— se instalaron en 1766 en Lauratown bajo la dirección de Antoine Vincents, Le Bass, Le Mieux y Peter Guignolett. Hace pocos años se desenterraron en un campo arado de Lauratown 400 dólares españoles en monedas. Se tienen noticias de que en estos asentamientos y en los otros españoles en los contornos del estado figuraban familias por nombre Winter, Stilwell, Philips, Hew, Scull..., cuyos descendientes sobreviven. Todas estas concesiones realizadas válidamente, según la ley española, han sido admitidas, no obstante el tiempo transcurrido, en sentencias de los Tribunales de los Estados Unidos, y algunas de las cuales han tendido lugar en el presente siglo.

Nombres españoles

En Arkansas existen tres condados con nombres de ascendencia española. A saber: Columbia, Nevada y Sebastian. Además, se encuentran las siguientes localidades: Alma, Alpena, Cerrogordo, Columbus, El Dorado, Lavaca, Lepanto, Manila, Marianna, Mena, Ola, Magnolia, Casa, Havana, Lamar, Moro, Salado y Minorca.

♦ OKLAHOMA ♦

Oklahoma significa *pueblo rojo*, de aquí la elección de este nombre cuando se buscó un hogar para las tribus de indios o pieles rojas desplazadas del este y del sur del país. A raíz de la derrota del jefe seminola Assunwha en 1843, el Congreso de los Estados Unidos ordenó la deportación paulatina, aunque masiva, de las llamadas Cinco Tribus Civilizadas: choctaws, chickasaws, cherokees, creeks y seminolas, a una apartada —entonces— región, en la que, concentradas, dejaran de ser un problema al expansionismo de los blancos rectores de la nueva nación.

En grupos formados por varios centenares, por vía terrestre y remontando ríos, fueron arribando a su nueva tierra, en este caso no ciertamente de promisión. Tribus acostumbradas a terrenos pantanosos, plenos de vegetación y de humedad, se vieron confinadas a una región desértica dominada por el polvo. Los sufrimientos que tuvieron que afrontar tanto en el camino —se denominó *ruta de las lágrimas*— como al establecerse, son de dominio popular, y las reservas en que se organizaron, si en su comienzo fueron extensas, viéronse reducidas paulatinamente cuando los blancos también allí empezaron a presionar; de los 137 millones de acres que ocupan en 1887, hoy no alcanzan los 53. La mayoría de dichas reservas supervivientes son pobres, y con la excepción del caso de los indios osages, que se encontraron poseedores de valiosos yacimientos de petróleo, no han progresado mucho desde el aposentamiento de los antepasados de sus actuales habitantes. Y es que en el 1889 el Congreso abrió el territorio indio a la colonización de los blancos, y hasta el 16 de noviembre de 1907 no le concedería la categoría de estado en paridad de derechos con los demás de la Unión.

Estos indios son administrados por la Oficina de Asuntos Indígenas del Ministerio del Interior en Washington, y notables esfuerzos se realizan por mejorar su suerte. Es verdad que mientras permanezcan en esa situación no tienen derecho a voto, pero no lo es menos que son libres de salir de las reservas y participar activamente en la vida nacional. El problema es el nivel de sus condiciones para competir. Es un hecho comprobado que mientras al norteamericano anglo-sajón de hoy no le agrada normalmente la posibilidad de entremezclar su sangre con el negro, se siente casi orgulloso cuando entre sus antepasados aparece un creek o semínola. Muchos choctaws viven en el sector Kiamichi, y las ciudades de Shawnee, Muskogee y Okmulgee denotan su origen indio. Un fenómeno de ahora es el crecimiento de su población, en lugar de decrecer como antaño. El fin de las exterminadoras guerras y los progresos en su higiene son los factores favorables para ello. En el último medio siglo han aumentado en 120.000 almas.

No han olvidado estas tribus las amistosas relaciones que mantuvieron en tiempos con España. Vimos la gestiones de los semínolas (al tratar de Florida). En cuanto a los cherokees, recordaremos que en noviembre de 1966 el jefe de la tribu nombró "Gran Jefe Mata-Toro" al Embajador Merry del Val quien recibió en Washington los atributos correspondientes a su nueva jerarquía. Pocos meses después, en marzo de 1967, los indios creeks enviaron a Franco, mediante un delegado, una auténtica pipa de la paz y un mensaje de salutación, invitándole a visitarles en Oklahoma.

Coronado inauguró, entre los blancos, las tierras de Oklahoma, en 1541, las del *llano estacado*, que se alargan en su *panhandle*, o mango, que introduce entre Texas y Kansas. En su viaje de regreso atravesó Oklahoma por un paraje situado entre Ponca City y Bartlesville. A partir de él, casi todas las expediciones españolas que se dirigieron a Kansas o Nebraska tuvieron a Oklahoma por paso obligado. Fray Juan de Padilla y sus acompañantes, Oñate y los suyos, el gobernador Peñalosa, Pedro de Villazur, en pos de su trágica muerte, etc. El historiador Octavio Gil Munilla sostiene que Hernando de Soto arribó a sus contornos en 1542, y ésta es la creencia existente en el estado. En Oklahoma finiquitó la desastrosa jornada de Francisco Leyva de Bonilla y Antonio Gutiérrez de Humaña, que perecieron a manos de los indios. Los españoles controlaron esta parte del país hasta la cesión de Luisiana en 1803, y aportaron a su progreso el caballo y la oveja, cuya lana comenzó a ser utilizada por los indios navajos para sus apreciados tejidos y mantas, entre las que destacan las denominadas *Bayetas*.

Nombres españoles

Guardan nombres españoles los condados de Alfalfa y Cimarrón, las localidades de Alfalfa, Calera, Camargo, Carmen, Concho, Eldorado, El Reno, Panamá, Ramona, Vinita, Optima, Cestos, Fonda, Santa Fe, Salinas, Clarita, Blanco, Lamar, Isabella, Castaneda, Terral y Loco, y los ríos de vario caudal, Cimarrón (río de los Carneros Cimarrón), Verdigris, Aqua Frío Creek, Palo Duro Creek, Carrizozo Creek, Gallinas Creek y Cieneguilla del burro.

♦ KANSAS ♦

Al ascender desde Oklahoma a Kansas, seguimos la ruta de D. Francisco Vázquez de Coronado, el primer occidental en avistar en 1541 su vasta extensión. Entramos de lleno en la región denominada, por unos, las Grandes Llanuras, y por otros, el Gran Desierto. En su informe al emperador Carlos V con fecha de 20 de octubre de aquel año, el conquistador decía: "Viajé por cuarenta y dos días desde que dejé la fuerza (en Nuevo México), viviendo sólo de la carne de los bueyes y vacas que matábamos... y marchando muchos días sin agua y cocinando la carne con el excremento de las vacas, porque no hay en este país ninguna clase de madera, con la excepción de los ríos o de los arroyos, que son pocos." Esta es la primera descripción que el mundo ha tenido de estas tierras extensas, planas, sometidas a las más extremas temperaturas (corto e intenso el verano, largo y agudo el frío invernal), y que se han convertido en el granero del país.

El sector oriental de Kansas difiere de la descripción del resto. También a Coronado debemos su descripción primera: "esta provincia de Quivira... a 950 leguas de México... es la mejor que he visto para producir todos los productos de España, porque, además de ser el campo muy negro y rico, está bien regado por arroyuelos, manantiales y ríos, y encontré en él ciruelas como las de España, y nueces y muy dulces uvas y moras." Y como complemento, conejos, que, marchando al paso del caballo, eran fácilmente lanceables desde la silla. Junto a todo ello, indios que comían carne cruda —de lobo, a menudo—, que llevaban una tripa de vaca fresca alrededor del cuello, de la que, cuando sedientos, bebían sangre y jugo estomacal, y que afilaban pequeños cuchillos de pedernal en sus propios dientes. Constituía todo esto un ambiente miserable, en comparación con el cuadro que el indio apodado "el Turco" les había pintado en Nueva México. La Quivira sospechada era otra cosa muy diferente, y Vázquez de Coronado —"Don Quijote de América" en la pluma de Donald Culross Peattie—, que se había entregado, lanza en ristre, en las llanuras de Kansas, en pos del oro de la soñada Quivira, se encontró al aproximarse a ella que se trataba tan sólo del sol de las grandes planicies, que, pasando el tiempo, se reflejaría en los campos, amarillos por el trigo, aun cuando no por el rey de los metales. No había riquezas, ni minerales nobles como en Perú o México, ni perlas en abundancia. El sueño de una noche de verano se rompió de pronto, y don Francisco hubo de volverse, moribundo, a la Nueva España, derrotado en su empresa.

No se muestran los historiadores concordes en el emplazamiento de Quivira: unos la sitúan en el paralelo 40° latitud norte, otros en el 39° entre el río Arkansas, en Great Bend, y la confluencia de los ríos Republican y Kansas, o mejor, entre Salina y Junction City. Fue aproximadamente en este punto en donde "el Turco" pereció ahorcado por traidor. Coronado y los suyos habían entrado en el estado procedentes de Oklahoma, y llegados el día de San Pedro y San Pablo de 1541 (29 de junio) al río más ancho hallado en toda su expedición: el Arkansas, al que denominaron por los santos del día. El punto debió coincidir aproximadamente con Spearville. Los expedicionarios continuaron su camino en dirección nordeste hasta la actual Lyons, en el condado de Rice (en la que se ha encontrado recientemente la armadura de un conquistador). Más tarde atravesaron el Smoky Hill River, alcanzando primero Quivira, y después un poblado indio en el río Republican, cerca de Belleville. Una gran colina al sudoeste de Salina se denomina *Coronado Heights* y se asegura que el conquistador subió a ella para divisar desde allí el gran valle y la aldea india de Quivira.

Con el capitán español participó en la expedición el franciscano fray Juan de Padilla, y durante su estancia en Quivira plantó una cruz de madera en la calle principal del poblado, ayudado por los indios locales, muy receptivos a la evangelización.

Después de que el grupo regresó a Nuevo México en abril de 1542, fray Juan de Padilla predicó un sermón en la misa de campaña que ofició días antes de la partida del ejército para Nueva España. En él comentó las Sagradas Escrituras y la obligación que por ellas él tenía de quedarse para evangelizar a los indios. Así lo hizo, y vio marchar a sus compatriotas rumbo al sur; con él permanecieron el hermano lego fray Luis de Escalona y los oblatos Lucas y Sebastián, a los que se unieron el soldado Andrés Do Campo, un negro libre y un indio mexicano. El general les dejó un caballo, mulas y ovejas. Fray Luis restó en Nuevo México con su criado negro Cristóbal, y los demás pusieron rumbo al norte. Al aproximarse a Quivira tuvieron la alegría de encontrar la cruz plantada meses antes: el hallazgo era buen síntoma de la disposición favorable al cristianismo de los indios locales, los pawnees. Cercana a ellos, acampaba otra tribu de los indios guas, traicioneros y rivales de los primeros; advertido Padilla del peligro no quiso renunciar a su conversión. Entre las varias teorías emitidas sobre la muerte del padre, la de mayor veracidad, tomada de la declaración de Do Campo, es la de que fray Juan se adentró en el peligroso poblado, ordenando a sus compañeros aguardaran fuera. Presenciaron éstos cómo avanzó el misionero ante los hostiles indios, cómo se arrodilló para rezar por su conversión y cómo cayó muerto atravesado por las numerosas flechas que le dispararon.

Las ciudades de Council Grove y Herington, a 45 kilómetros de distancia entre sí, reclaman el honor de ser escena del primer martirio acaecido en el territorio de los Estados Unidos. Fray Juan de Padilla ostenta con justicia el título de protomártir de la causa cristiana en Norteamérica.

Do Campo, los oblatos y el indio obtuvieron permiso para recoger el cadáver de fray Juan y lo enterraron en cierto punto, que situaron mediante un mapa que levantaron. Viajaron después a México, en compañía de dos perros que les ayudaron a lo largo del camino en la caza de conejos. Con un grupo de padres franciscanos retornaron al cabo de varios meses al lugar del martirio, y gracias al mapa pudieron dar con el cuerpo incorrupto de fray Juan. Le colocaron en un ataúd y se lo llevaron a Nuevo México y lo sepultaron en la capilla de la pequeña Misión de Isleta, en la que, según la tradición, se produjeron con posterioridad hechos milagrosos. Los padres franciscanos repusieron en su puesto las piedras que, cubriendo la tumba de fray Juan, les habían orientado en su búsqueda: dicho montón ha perdurado hasta nuestros días, fue objeto de piadosa visita en los tiempos de la *Ruta de Santa Fe* y hoy está cuidado por los ciudadanos de Council Grove que evitan la depredación que suelen cometer los cazadores de recuerdos.

En 1594 Francisco Leyva de bonilla y Antonio Gutiérrez de Humaña se aventuraron en las tierras de Kansas allende el río Arkansas: se dirigieron hacia el norte doce días y alcanzaron otro río (¿quizá el Republican?). En su camino de regreso, fueron asesinados por los indios. Estas noticias las lograron a los pocos años D. Juan de Oñate y sus compañeros de expedición, quienes, partidos de Nuevo México a fines de septiembre de 1601, deambularon por el Reino de Quivira durante dos meses. Ninguna novedad trajeron consigo de vuelta, excepto una sangrienta batalla que tuvieron que librar con unas tribus indias y las renovadas afirmaciones de un prisionero tomado, Miguel, de las fabulosas riquezas existentes más allá. Desengañados, no quisieron caer de nuevo en las falaces redes que la natural astucia de los nativos tendrían a los ansiosos conquistadores, y se dirigieron al sudoeste. Aquí confirmaron la llaneza de la región en la que los carros se deslizaban fácilmente: con el tiempo esta indicación se demostraría muy útil.

En 1706, ante la proximidad de los franceses provenientes de Canadá, Juan Ulibarri encabezó una expedición desde Santa Fe que alcanzó Kansas. En 1709 el gobernador Valverde de Nuevo México se dirigió a Quivira con fuerza armada de cierta consideración, pero no continuó más que hasta el norte del río Arkansas. En 1720 D. Pedro de Villazur pasaría por la región con otro grupo de españoles con el mismo designio antifrancés; le esperaría la muerte en el estado de Nebraska.

Cuando el norteamericano Zebulon Pike partió de St. Louis el 24 de junio de 1806 en su exploratoria marcha pondría sus plantas en la región de los indios pawnees en las inmediaciones del río Republican el 25 de septiembre siguiente. Ondeaba una bandera española, regalada días antes por una expedición de 300 jinetes procedentes de Santa Fe, y pidió Pike que se quitaran aquellos colores para emplazar en su lugar los norteamericanos; ante la resistencia de los indios, accedió a que ondearan éstos tan sólo mientras durara su estancia y les devolvió la enseña roja y gualda para que la izaran, si querían, después de su partida. Pike continuaría su ruta por el río Arkansas en dirección oeste hasta la localidad de Pueblo Colorado, en donde sería capturado por los españoles y llevado a Santa Fe.

El desarrollo de Kansas comenzó durante la etapa de gobierno español. Pierre Laclède y Auguste Chouteau, fundadores de San Luis en 1764, desarrollaron sus negocios durante los años subsiguientes a la cesión de Luisiana a España. Enviaron agentes para el comercio de pieles a los extensos dominios occidentales, entre otros Kansas. Estos agentes, aunque no muy numerosos, prepararon el camino para que Kansas se convirtiera en territorio. El español Manuel Lisa fue el alma de la *Missouri Fur Co.*, creada en St. Louis en 1808, en colaboración con los Chouteau. Un año antes había establecido ya una serie de estaciones aguas arriba del río Missouri, llegando a convertirse hasta su muerte en el más poderoso traficante en pieles de los Estados Unidos.

Aparte de la sangre del primer mártir y de los monumentos descritos, dejaron los españoles entre otros recuerdos, una estela románica en Kansas, que haría exclamar a uno de sus escritores: "Vinieron llenos de color y gloria, con esperanzas tan intrépidas como vanas, vinieron con la sandalia humilde de los mártires misioneros y con la punta de la espada invencible de los caballeros de España." Precisamente una de estas espadas, de doble filo, fue descubierta hace unos años en el condado de Finney y entregada a la *State Historical Society*; lleva el nombre de uno de los oficiales de Coronado, Juan Gallego, y su hoja contiene la siguiente inscripción: "no me desvaines sin razón; no me enfundes sin honor."

Nombres españoles

Y, junto a lo anterior, uno serie de localidades conservarían nomenclatura española: Alma, Agrícola, Alta Vista, Bonita, Cimarrón, Columbus, Concordia, De Soto, El Dorado, Galena, Isabel, León, Morán, Rolla, Salinas, Séneca, Victoria, Arma, Havana, Perú, Lucas, Navarrete.

NEBRASKA

Cuanto se ha dicho sobre la geografía de Kansas es aplicable a Nebraska. También pertenece al Gran Desierto, como lo calificara el pionero norteamericano Zebulon Pike, o a las Grandes Llanuras. Su superficie es sinónima de planicie, con la excepción de algunas colinas arenosas en el oeste, que reciben el poco halagador nombre de *Badlands*, o tierras malas; el Missouri le sirve de frontera oriental.

Hacia el norte se sitúa la mesa *Wild Horse*, así nombrada por los rebaños de caballos salvajes que desde tiempos atrás merodeaban por la región. Procedían de los traídos por los españoles, dejados libres y criados después montaraces.

La escritora local Maria Sandoz, al referirse a Nebraska, comienza por recordar la frecuencia con que en las charlas de su padre aparecía el nombre de Coronado y sus exclamaciones sobre la razón del conquistador en la persecución de su sueño: Quivira, río de nueve kilómetros de ancho, peces como caballos, grandes canoas con águilas doradas en su proa. No andaba muy lejos de la verdad el conquistador: el Missouri se ha desbordado generosamente hasta hace poco en varios kilómetros de extensión, y por sus aguas —y las del Platte— se deslizan embarcaciones todos los días cargadas de una gran riqueza, la del ganado —derivada del *longhorn* español de Texas— que se conduce a Omaha, uno de los grandes mataderos del país.

En Lincoln la sala occidental se recoge gráficamente el paso por el estado de españoles y franceses y es entusiásticamente recordada la presencia de Vázquez de Coronado y sus hombres en el territorio estatal, en su búsqueda de Quivira. La Universidad de Nebraska convocó en abril de 1989 a un simposio sobre "La Presencia hispánica en las Grandes Llanuras" con un temario muy atractivo y variado.

Vázquez de Coronado es reconocido como el primer blanco que pisó Nebraska. Algunos historiadores no se limitan a admitir su presencia en el paralelo 40°, coincidente con la frontera con Kansas, sino que le hacen avanzar hasta el emplazamiento de la propia Lincoln, en cuyos alrededores suponen tuvo lugar la ejecución de "el Turco" por traidor. Según el historiador Charles F. Lummis, Oñate pisó Nebraska también.

Existen dudas sobre si la expedición despachada por D. Diego de Peñalosa desde Nuevo México en 1662 alcanzó Nebraska. En todo caso, estableció contacto con las tierras al norte de Quivira, y su jefe convocó en consejo 70 caciques de la región. En 1720 el gobernador de Santa Fe se propuso destruir los establecimientos franceses de Illinois, sustituyendo sus habitantes por colonos de México. Cazadores y comerciantes habían descubierto una ruta a través de las Grandes Llanuras desde Santa Fe. Contaban los españoles con la colaboración de los indios osages, enemigos de los missouri. La partida preparada se componía de 42 soldados colonos, 60 indios y un sacerdote —a más de un considerable número de animales—, e iba al mando de D. Pedro de Villazur. Atravesó tres ríos: el Napestle (Arkansas), Jesús y María (meridional parte del Platte) y San Lorenzo (parte norte del Platte). Los guías se equivocaron y condujeron a la expedición al campo de los missouri. Como éstos hablaban la misma lengua que los osages, no se percataron los españoles en un comienzo de su equivocación, y les entregaron 180 mosquetes. Antes de que los viajeros se dieran cuenta, cayeron los indios sobre ellos, entablándose tenaz batalla, que acabó con la muerte de casi todo el grupo español; el sacerdote acertó a salvarse por comprometerse a enseñar a los indios a montar a caballo. Gracias a ello, un día pudo escaparse y contar lo sucedido. El desastre debió de ocurrir cerca de la posterior ciudad de North Platte o en las inmediaciones de Columbus, en la confluencia de los ríos Platte y Loup.

Varios traficantes protegidos por España, precedieron a Lisa en sus exploraciones del país de los omaha y tribus contiguas. En 1789, un vecino de San Luis, llamado Juan Munico, tomó el primer contacto con los indios poncas, viviendo en el río Niobrara, al norte del estado, el gobernador le concedió el monopolio del comercio en aquel sector como recompensa a su esfuerzo. Al año siguiente, Jacques d'Eglise obtuvo permiso para cazar en el Missouri y hubo otros que extendieron la influencia de las autoridades españolas en Nebraska. Para controlar y ampliar las transacciones en el Alto Missouri, un grupo de negociantes de San Luis organizó la "Compañía de Exploradores del Alto Missouri" en 1793. El delegado real les otorgó exclusivos derechos para el trato con los indios situados más al norte de los poncas. La compañía envió una serie de expediciones mercantiles.

A 16 kilómetros al norte de Omaha se elevó en 1812 el Fort Lisa, así nombrado por su constructor y propietario, el español Manuel Lisa, quien arribó a St. Louis desde Nueva Orleáns en 1799. Cuando Lewis y Clark regresaron de su famoso viaje, Lisa planeó entablar comercio con los indios en el sudoeste y con los españoles de Santa Fe. No pudiendo llevar a cabo estos planes, se dedicó en 1807 a abrir el intercambio con el Missouri. Entre dicha fecha y 1820, año de su muerte, Lisa realizó varios viajes río arriba. En 1817 transportó a St. Louis, en una sola remesa, pieles por valor de 35.000 dólares, cifra en aquellos tiempos muy considerable. Lisa se conquistó la amistad de la mayoría de los indios, con quienes trató y les proporcionó simientes de calabaza, nabo, alubia y patata y se las enseñó a cultivar. Esta amistad le sirvió en el curso de la guerra de 1812, en la que, como ciudadano ya de los Estados Unidos, tomó parte en contra de Inglaterra. A él se debe la lealtad a Estados Unidos de los indios de la región del Missouri.

Lisa llegó a tener más de 100 blancos empleados en su Empresa, la *Missouri Fur Company*, así como cientos de caballos y numeroso ganado. Se dice que ésta, en sus mejores días, manejó pieles y cueros por valor de 600.000 dólares. Fort Lisa se convirtió en el mayor puesto comercial de Nebraska. Entre sus muros vivió don Manuel largas temporadas, junto a su esposa india e hijos (tenía esposa blanca, con hijos, en St. Louis). Su esposa india era una princesa de la tribu omaha, mujer de belleza y valor: salvó una vez la vida de uno de sus hijos arrojándolo por encima de la empalizada antes de que indios enemigos lo asesinaran. La hija de ambos, Rosalía, se educó en un convento de St. Louis y casó con un granjero de Illinois (los hijos blancos de Lisa murieron aún niños). Cuando el norteamericano Long acampó en 1819 cerca del fuerte Lisa, ofreció a don Manuel y a su esposa —en esta ocasión, la blanca, que pasaba una temporada con él; la india no se halló presente— una muy elaborada cena. Lisa y su Compañía tuvieron una especial significación para Nebraska, por el gran papel que jugaron al promover los comienzos del comercio y de los establecimientos permanentes en la región.

Nombres españoles
Ostentan nombres españoles: Alma, Anselmo, Aurora, Columbus, Madrid, Loma, Perú, Valparaíso, Lamar, Panamá, Cordova, Almería, Eldorado, Séneca, Lorenzo.

♦ DAKOTA DEL SUR Y ♦ DAKOTA DEL NORTE

Entre 1750 y 1850 se desarrolló la primitiva historia de los Dakotas. En ella tuvo España intervención, pues no en balde quedaban incluidos en el territorio de Luisiana. Cuantos establecimientos comerciales fueron autorizados por los gobernadores de Nueva Orleáns para tratar con los indios de las praderas se relacionaron más o menos intensamente con la región.

El primer colono blanco que residió en ella es Pierre Dorin (en 1775), quien, casado con una india de la tribu sioux, construyó una cabaña en el emplazamiento de Yankton. La primera instalación permanente fue obra de la *North West Fur Company* en Pembina cerca de la frontera canadiense.

La "Compañía de Exploradores del Alto Missouri" comenzó sus operaciones en 1793, y en el curso de los años siguientes varias de sus expediciones recorrieron grandes distancias, sin duda alguna, hasta los Dakotas. A fines del siglo XVIII, el galés John Evans, al servicio de dicha Compañía, remontó el Missouri, alcanzando sus fuentes (en Montana) y grabando el nombre de Carlos III en rocas y árboles para probar sus descubrimientos.

Manuel Lisa tuvo una participación activa, como hemos visto, en Kansas y Nebraska, en la apertura de las Grandes Llanuras al hombre blanco. Sus agentes penetraron profundamente en las tierras regadas por el Missouri y su amistad con los indios sioux, manda, poncas, pawnees, cheyenes, crows y arikaras —varios de ellos, los dueños de los Dakotas— valieron a los Estados Unidos la fidelidad durante los difíciles momentos de la guerra de 1812 con Inglaterra, dueña del vecino Canadá.

En el intento de enlazar San Luis con el restablecimiento de Nutka —dice Bolton—, España envió hombres que ascendieron por el río Missouri, por lo menos hasta el Yellowstone.

Nombres españoles

Llevan nombres españoles las siguientes localidades en North Dakota: Columbus, Medina, Portal, Alamo, Plaza, Grano, Fortuna, Loma, Adrian, Arena, Ruso, Silva, Raza, Juanita, Leal, Havana; en South Dakota: Aurora Center, Bonilla, Conde, Corona, Séneca, Isabel, Alpena, Capa, Avance, Columbia, Plana, Hermosa, además del condado de Aurora.

MINNESOTA

La región de los Diez Mil Lagos —Minnesota significa "aguas túrgidas o blanquecinas"— tiene su extremo oriental en el Superior, el mayor y el menos levantino de los Grandes (el complejo de agua dulce más extenso del mundo), y limita al Occidente por el río Red, el único de los Estados Unidos que enviar también el precioso fluido hacia las costas atlánticas y en dirección sur, con el Golfo de México por meta.

Minnesota perteneció a Luisiana, y su sector situado al oeste del Mississippi fue cedido por Francia a España en 1763; por ello quedó éste incluido en 1803 en el *Luisiana Purchase*; la parte oriental se incluyó en el Northwestern Territory. Nominalmente, pues, sus tierras dependieron del rey de España durante cuarenta años. Aparte de esta radical circunstancia, no existe —salvo error— otra relación histórica concreta de Minnesota con España.

Nombres españoles

Sólo así puede explicarse que se den localidades con las evocadoras denominaciones de Alvarado, Columbia Heights, St. Rosa, Santiago, Granada o Montevideo; los nombres de Fernando, Isabella, Carlos, Adrian, Victoria y Clara; los románticos de Alma, Aurora y Amor; el pintoresco Vergas, y los indiferentes de Almora, Mora, Reno y Altura, además del condado de Nobles.

IOWA

Si bien Iowa fue vista por primera vez en 1673, cuando Louis Joliet y el padre Marquette recorrieron el Alto Mississippi, la región no comenzó a entrar en la vida civilizada europea hasta el período en que España gobernó el territorio de Luisiana, en que Iowa estaba incluida. En 1769 apareció el primer comerciante que pisó sus tierras: Jean Marie Cardinal, quien murió en San Luis el 26 de mayo de 1780, formando parte de la guarnición española, en el asalto perpetrado por los ingleses en el curso de la guerra de la independencia. El 9 del mes de abril de dicho año, las márgenes del río Little Maquoketa, al norte de Dubuque, presenciaron el ataque de fuerzas armadas inglesas a comerciantes y mineros españoles, franceses y revolucionarios, que vieron partir a 17 compañeros como prisioneros. Como represalia se organizó una fuerza al mando del coronel Montgomery, contando en total con 300 hombres (100 españoles proporcionados por Leyba, el teniente gobernador de San Luis). Tomó río Illinois arriba hasta Peoria, para alcanzar después el río Rock (en el estado de Illinois) y Prairie du Chien (en la actual frontera de Iowa con Wisconsin). Los indios de la región huyeron, pero sus poblados y depósitos de armas y provisiones quedaron quemados.

Años después, el irlandés Andrew Todd obtuvo del gobernador español en Nueva Orleáns, barón de Carondelet, la concesión de comercio exclusivo en el Alto Mississippi, a cambio de un impuesto del 6 por 100. El gobernador Miró, por su parte, planeó la construcción de dos fuertes en las cercanías de la confluencia en el Mississippi de los ríos Des Moines e Iowa. En el otro costado del territorio, es posible que el galés John Evans, al servicio de la española "Compañía de Exploradores del Alto Missouri," recorriera sus márgenes orientales y tomara posesión simbólica de ellas en nombre de Carlos IV.

Pero las más significativas contribuciones españolas a la historia de Iowa son Julien Dubuque y el fortificado establecimiento que fundó, en los alrededores de la ciudad de su nombre, bajo el título *Les Mines d'Espagne* (Las Minas de España). Canadiense de procedencia, Dubuque se instaló en el lugar indicado, en 1785, convirtiéndose así en el primer colono blanco permanente en el estado de Iowa. En septiembre de 1788 firmó un contrato con los caciques de los indios fox, por el que le reconocían la posesión de ciertas tierras y el derecho a explotar sus minas de plata; años después extendió sus operaciones a la otra orilla del río Mississippi, abriendo minas cerca de la actual ciudad de Elisabeth, en Illinois, y en territorio de Wisconsin, en donde hoy se asienta la localidad de Potosí. El reconocimiento formal a sus derechos le fue otorgado por el gobernador español, Carondelet, en 1796, y queda constancia del escrito peticionario de Dubuque. El momento de la solicitud no pudo ser elegido mejor, dado que las autoridades españolas fomentaban en aquellos años la venida de colonos; la inminencia de una guerra con Inglaterra primero y su posterior estallido en 1796, recomendaban la instalación en los aledaños de la frontera canadiense de gentes que cooperan en la contención de un posible ataque británico. En aquella oportunidad, Dubuque colaboró como leal súbdito de España, y dirigió una expedición contra los ingleses instalados en Prairie du Chien, 75 kilómetros al norte, en la otra orilla del Gran Río, consiguiendo su retirada y retornando victoriosos con un considerable botín.

Los negocios marcharon bien a Dubuque, y el norteamericano comandante Stoddart pudo informar en 1804, tras hacerse cargo del gobierno de la Alta Luisiana, que el comercio en pieles de aquél podía calcularse, en el curso de los últimos quince años transcurridos, en la cifra anual de 203.000 dólares. Se conserva en el *Eagle Point Park*, de Dubuque, una de las cabañas en que habitó el pionero; su cadáver reposa bajo una alta torre erigida en el escenario de sus afanes.

Nombres españoles

Quedan con nombres castellanos, entre otros, los siguientes condados: Buena Vista, Cerro Gordo y Palo Alto (aparte del de Dubuque), y localidades: Alta Anita, Columbus Jct., Durango, Fonda, Madrid, Manila, Nevada, Toledo, Rubio, Farragut, Lima, Perú, Buena Vista, Palo, Traer, Ira, Morán, Panamá, Eldorado, Ventura, Séneca, Nevada, De Soto y California.

PARTE V:
ESTADOS DEL SUDOESTE

♦ *TEXAS* ♦

He aquí la más difundida versión del origen del nombre del estado: los españoles entendieron que los indios de la región al pronunciar sonidos que asemejaban a *tejas*, querían indicarles el nombre de su nación, cuando en realidad les daban bienvenida y les calificaban de "amigos"; de aquí el lema oficial, *friendship*, o amistad.

Al fundar el burgalés D. Martín de León en 1824 la ciudad de Victoria bautizó su arteria principal *Calle de los Diez Amigos*; la vía, que en época posterior fue conocida por *The Street of the Ten Friends*, recuperó su antiguo nombre en colorida ceremonia celebrada el 14 de abril de 1962.

Simultáneamente, se inauguró un monumento de las *Seis Banderas*, al frente de las cuales ondeaba la española de los castillos y leones, y se abrió *La Ruta de las Seis Banderas*, que une a Victoria con las localidades de Cuero, Goliad, Refugio, Port Lavaca y Edna.

Es el único estado norteamericano que realmente puede presumir de haber tenido vida independiente (dejemos aparte los contactos de California, Luisiana y Florida) por espacio de casi diez años. La cosa sucedió así: los establecimientos anglosajones en Texas comenzaron con Moses Austin, gracias a la autorización que le concedió el virrey de Nueva España el 17 de enero de 1821. al caer la región bajo el gobierno mexicano, a continuación del término del régimen español, el número de inmigrantes aumentó, y los incidentes con las autoridades se sucedieron hasta culminar en guerra declarada, que tuvo dos hitos: El Alamo, en cuyo sitio, puesto por el general mexicano Santa Ana, perecieron el 6 de marzo de 1836 William D. Travis, Davy Crockett y 187 teneseanos, y la batalla de San Jacinto, ganada por Sam Houston el 21 de abril siguiente, al grito de "¡Recordemos El Alamo!" y en la que cayó prisionero Santa Ana.

Como corolario se proclamó el 22 de octubre la República independiente de Texas, y Sam Houston quedó nombrado su primer presidente. Su bandera contaba con una "estrella solitaria." El sucesor de aquél, Mirabeau B. Lamar, desarrolló una intensa política para asegurar la independencia del nuevo país y firmó tratados con Francia, Holanda, Bélgica y Gran Bretaña, e incluyo cayó en veleidades expansionistas, como su intento de penetración en Nuevo México.

Por su parte, los mexicanos invadieron Texas en 1842. La anexión de Texas a la Unión culminó, después de una serie de incidentes, en la firma, el 12 de abril de 1844, de un tratado, que sólo recibió la aprobación conjunta de las dos Cámaras federales el 28 de febrero de 1845.

Así entró Texas a formar parte de la ya gran nación, constituyendo su ingreso —derivado de un acuerdo entre estipulantes soberanos— una excepción con respecto a la incorporación de los demás estados, ya que no le queda excluida la posibilidad teórica de poder un día retirarse voluntariamente de la Unión, si así lo decidieran los tejanos. Una cláusula de dicho tratado autoriza a Texas a subdividirse, si un día lo estimara conveniente, en cinco estados.

Ciudades

La capital del estado es Austin. La sala central de su capitolio ofrece la contemplación de un gran escudo español, formando una especie de artística alfombra de mosaico en armoniosa combinación con otros cinco, y en su vestíbulo la de un montón de nombres escritos en el suelo, como Gonzales, Bexar, Alamo, San Jacinto, Palo Alto y Palmito.

En el callejero local una rápida selección nos proporciona un significativo manojo hispánico.

El parque de *Las Seis Banderas*, entre Fort Worth y Dallas (la primera, la española), ofrece al público curioso las reproducciones de otros tantos pequeños poblados destacados de los períodos correspondientes de la historia de Texas bajo cada una de las banderas.

Dallas alberga dos museos que tienen lucida representación del arte español: el Museo de Arte y el Museo Meadows. En el primero, alternan con la *Figura de Cristo*, de Goya, y un *San Juan*, de El Greco, *San Onofre Ermitaño*, de Ribera; dos Miró, y un Juan de Juanes; en el segundo cuelgan *La Adoración de los Pastores*, de El Greco; *El Borracho*, de Ribera; *El Pícaro*, de Murillo, y *Santa Catalina de Siena*, de Zurbarán.

En Houston el Museo de Arte Moderno ostenta en sus paredes un retrato de Pantoja, un cartón de Goya, una Virgen de Murillo y cuadros de Miró, Tapies, Feito y Millares.

La isla de Galveston. Descubierta probablemente en 1518 por Juan de Grijalva, poco después recibió la visita de Alonso Alvarez de Pineda, a quien se debe el primer mapa de las costas de Texas. Quedó bautizada como isla de San Luis por el lugarteniente de Soto, Moscoso, quien tocó en ella, en compañía de sus hombres, en su derrotado regreso a Nueva España, y quien quiso honrar así a su santo patrón. También fue conocida como "Isla Blanca" e "Isla de Aranjuez". Pero José de Hevia, que hizo una inspección de la isla, bahía y puerto en 1785, dio a la bahía el nombre del virrey de México, D. Bernardo de Gálvez. A poco, la isla tomó la denominación de la bahía, y lo mismo la aglomeración urbana, que se iría elevando.

De Galveston hicieron su residencia en 1816 dos enemigos de España, en la lucha de México por su independencia, Luis Aury y Francisco Javier Mina, y durante varios años tuvo en ella asentados sus reales el temido pirata Lafitte. Galveston tiene, además, el interés de haber sido el punto de desembarco de Alvar Núñez Cabeza de Vaca y sus compañeros náufragos, el 6 de noviembre de 1528. La arribada forzosa a sus costas era la culminación de una penosísima travesía en toscos botes, la última de cuyas escalas había sido la desembocadura del Mississippi. Los 80 supervivientes —entre los que no se contaba Narváez, el jefe— desnudos, desnutridos y agotados, fueron bien acogidos por los indios de la localidad, pero con el paso de tiempo, la escasez de alimentos y las epidemias que se propagaron, su hospitalidad se cambió en hostilidad, quedando reducido el número de españoles a 15 cuando la primavera floreció. Con el nombre de "Malhado" quedó bautizada la isla. Para escapar de la muerte hubieron los esclavos blancos de dedicarse a la curación de los heridos y enfermos con un poco de audacia y muchas plegarias al Cielo y llegando Alvar Núñez a practicar con éxito una operación quirúrgica, la primera realizada dentro de los límites de la Unión.

Al cabo de seis años, en 1534, el futuro autor de los *Naufragios* consiguió huir, topándose en las márgenes del Guadalupe River con tres compañeros de infortunio, los capitanes Andrés Dorantes y Alonso del Castillo y el esclavo moro Estebanico. Frustrado un intento de fuga de los cuatro, tuvieron que aplazar su realización al siguiente año en la época de recolección de las tunas en lo que son hoy condados Karnes y DeWitt. Pusieron entonces rumbo al oeste de Texas, la región de Big Spring, alargándose hasta lo que luego se denominaría "llano estacado" para seguir torciendo hacia Poniente y entrar en los territorios de Nuevo México. En estas andanzas vio Alvar Núñez por vez primera el búfalo, y los paisajes, habitantes y características de Texas serían conocidos por el mundo civilizado gracias a sus apasionantes comentarios, que se publicarían en Valladolid en 1542.

Como consecuencia de los informes de Cabeza de Vaca a las autoridades españolas, organizóse la expedición de Vázquez de Coronado, quien en su viaje de ida a Quivira (Kansas) pisó Texas, celebrando en la fecha probable de 29 de mayo de 1541 el primer *Thanksgiving* de la historia norteamericana, en el Cañón de Palo Duro, en el *Panhandle* o *mango de sartén* en el nordeste, a cargo de fray Juan de Padilla. El capitulo tejano de las *Daughters of the American Colonists* inauguró en 1959 allí una placa conmemorativa.

Juan de Oñate con sus hombres recorrería análogo trayecto en su búsqueda de los fabulosos territorios al norte. Hay quien sostiene que Moscoso, con las tropas que el agonizante Soto le confiara, se alargó hasta el oriente de Texas. Pero ninguna de dichas expediciones españolas en el curso del siglo XVI hizo propósito de establecerse en sus confines. Y no se equivocaron: dada su extensión, inútil hubiera sido toda tentativa en los primeros tiempos de la conquista. Sólo cuando la colonización del norte de México comenzó a afianzarse y vinieron a conocimiento de los españoles los designios franceses de arraigarse y las revelaciones de sor María de Agreda, comenzó propiamente la acción española en lo que es hoy Texas. Y puestas manos a la obra, no escatimaron esfuerzos ni se doblegaron ante la diversidad, fiel compañera de muchas empresas españolas fundacionales. Y se levantarían varios Presidios —una decena— y se sembrarían por doquier Misiones de franciscanos, que alcanzarían la cifra de 39 y se construirían alrededor poblados y se agruparía a los indios para enseñarles la religión cristiana, el cultivo del suelo y la cría de ganado en forma científica. Por otra parte, una serie de ranchos se crearían, cuyo número se calcula en cifra aproximada a la treintena.

Fugaz presencia francesa. Sirvió de aldabonazo para la presencia permanente española en Texas la visita a este territorio del francés René Robert Cavalier, Sieur de La Salle. Había desembarcado en febrero de 1685, en Pass Cavallo, pasando entre la isla de Matagorda y la península del mismo nombre. Al cabo de muchas penalidades, decidió construir el *Fort St. Louis*, unos siete kilómetros río arriba del Garcitas. Pero las cosas no le marcharon bien, y su colonización terminó con el asesinato de que fue víctima por sus propios hombres, el 20 de marzo de 1686.

Sector Oriental

En la reacción antifrancesa concerniente al sector más levantino, jugó el papel de protagonista el oficial D. Alonso de León, gobernador de Coahuila, a partir de 1688 y conocido por el apelativo "conquistador de Texas." Cinco incursiones realizó en el territorio tejano, y en la de 1689 comprobó la destrucción del Fort St. Louis y la ausencia de franceses y se enteró del trágico fin del fundador de aquél. En 1690 procedió a echar bases de permanencia en compañía del franciscano padre Damián Massanet en el oriente de Texas.

Alonso de León y el padre Miguel Fontcuberta, compañero de Massenet, eligieron aquellos parajes para la creación de dos Misiones, una de ellas, San Francisco de los Texas, el 24 de mayo de 1690 —próxima a donde hoy está Weches—; la otra, Santa María, y una piedra conmemorativa recuerda a los visitantes la hazaña de un puñado de españoles. Su reciente reconstruida estructura, no obstante hallarse en el presente vacía, ayuda a la imaginación a rememorar sus azarosos días dentro del remanso que proporcionarían a sus moradores las frondas de los bosques circundantes. Una de sus campanas se guarda en la Baylor University. Fundóse una provincia en este sector y fue nombrado gobernador D. Domingo de Terán de los Ríos, hasta que en 1693 hubo de ser abandonado por tener que concentrarse los esfuerzos españoles en la Florida occidental. Por San Francisco de los Texas pasaba el "camino real" hace Natchitoches, uniendo el oriente de Texas con San Antonio y Santa Fe.

Si el aventurero galo La Salle promovió los intentos colonizadores españoles de fines del siglo XVII, a comienzos del XVIII la presencia del traficante francés Saint Denis decidió a las autoridades hispánicas a la organización de una red de Misiones y Presidios en puntos estratégicos del territorio. En 1716, en el curso de la expedición mandada por D. Domingo Ramón, y a la que pertenecían los padres Francisco Antonio Margil y Espinosa, se echaron los cimientos, no lejos de las anteriores fundaciones, de las misiones de San Francisco de los Neches, San José de los Nazonis, Nuestra Señora de la Purísima Concepción de los Aunais, Nuestra Señora de los Dolores de los Ai —hoy San Augustine— y Nuestra Señora de Guadalupe. Esta se encontraba en el emplazamiento de Nacogdoches, notable burgo de la región. En aquel burgo se construiría un fuerte hacia 1779, que todavía puede visitarse, bajo la denominación de *Old Stone Fort*. Completando el plan proyectado, en 1717 fundó Ramón la Misión de San Miguel de los Adaes, al lado de Natchitoches, en los que es hoy estado de Luisiana, y el Presidio de Nuestra Señora de los Dolores, en el actual Douglas.

Abandonadas temporalmente estas fundaciones por culpa de las incursiones francesas, el marqués de San Miguel de Aguayo, gobernador de Coahuila, las restableció en 1721, añadiendo el Presidio de Nuestra Señora del Pilar de los Adaes, cerca de la presente ciudad de Robeline (Luisiana) y no distante de la aneja Misión.

Nacogdoches

Texas quedó erigida en gobierno independiente, y Los Adaes se convirtió en su capital —según ya vimos— por espacio de cincuenta años, hasta la transferencia del gobierno provincial a San Antonio en 1773, en los tiempos en que Luisiana era española y ya no había franceses de quienes defenderse. No aceptó la orden de retirada el burgalés Antonio Gil y Barbo. Utilizaría los abandonados muros de la Misión de Guadalupe para establecer una casa comercial. El y sus colaboradores habían de ser considerados los creadores de Nacogdoches.

Uno de sus descendientes, Henry Arechiga, reside en Waco, y conserva todavía parte de los archivos familiares. Es interesante, por lo que refleja el ambiente en que vivió, el testamento de Gil y Barbo, publicado recientemente.

San Antonio

Completando ese esfuerzo español por guarnecer el este de Texas, y para no dejar muy aislados aquellos establecimientos, se estimó procedente fundar una ciudad intermedia. Esta es la razón de la existencia de San Antonio, cuya partida de nacimiento data del 1 de mayo de 1718, correspondiendo su conjunta paternidad al capitán D. Martín de Alarcón —acabado de designar gobernador de Texas— y al padre Antonio de Buenaventura Olivares, de la Orden de San Francisco. Ocurrió así: algunas diferencias habían surgido entre ellos poco después de su partida de Monclova, en México, por lo que dividieron sus hombres y sus animales. A la vera del arroyo San Pedro, don Martín levantó un fuerte, al que denominó San Fernando de Béjar: San Fernando por el entonces Príncipe de Asturias, después Fernando VI, y Béjar por el duque de este título, hermano del virrey, muerto en defensa de Budapest contra los turcos. A media milla de distancia del anterior fuerte, fray Antonio erigió una misión, a la que tituló San Antonio de Valero, en honor del santo franciscano y del marqués de Valero, por aquel entonces virrey de México. A raíz de un posterior compromiso, la ciudad futura habría de llamarse San Antonio de Béjar. 16 familias canarias, enviadas por Felipe V, llegaron a San Antonio en 1731. Ellos fueron los primeros colonos en el Estado de Tejas; sus descendientes viven hoy en dicha ciudad o en sus alrededores. La plaza central de San Antonio ha recuperado recientemente su nombre original de "Plazas Yslas," el cual se puede leer en la placa frente a la Catedral. Aquéllos recibieron el título de "hidalgos."

Aquella misión sería conocida y reverenciada más tarde con el nombre famoso de El Alamo, y se convertiría en uno de los santuarios patrióticos de los Estados Unidos, por haber sido el lugar de la resistencia enconada —según ya referimos— en 1836 de un grupo de ciudadanos anglosajones con el legendario Crockett a la cabeza, contra las tropas mexicanas del general Santa Ana. Entre el presidio y la misión un pueblo de adobes se iría poco a poco elevando, y allí se emplazarían las casas de los oficiales y soldados con sus esposas indias, con las tiendas de los artesanos y alguna cantina, etc. Restos de todo ello constituyen el encantador hispánico rincón conocido por "La Villita." Allí se desarrollan anualmente las "Noches del Viejo San Antonio," alegradas por los vistosos colores de los trajes regionales, los sabrosos platos de cocina, los hispánicos aires de músicos y danzantes.

El éxito de la Misión de San Antonio, atrayendo y evangelizando a los indígenas de los contornos, promovió la fundación de otras en los alrededores. La primera, en 1720, fue la Misión de San José y San Miguel de Aguayo, hoy conocida por San José. En 1731 se levantaron tres más: Nuestra Señora de la Purísima Concepción de María de Acuña —en honor del virrey—, San Francisco de la Espada y San Juan Capistrano. Elevadas a lo largo del río, en una distancia no superior a 12 kilómetros, se enlazaban entre sí por un sistema de acequias y acueductos. Muy bien se han conservado estas misiones, y constituye su visita un incomparable peregrinaje hispánico. Tiene cada una su atractivo, y en todas destaca la magnitud de sus muros, la bondad de sus materiales y la importancia que alcanzaron, fiel reflejo del considerable centro en que San Antonio se convirtió desde los primeros días de su nacimiento.

No es posible hacer la historia detallada de las misiones tejanas, pero sí recordar su existencia, su papel operante en el momento histórico presente y su contribución en el futuro a un mayor estrechamiento de los lazos culturales hispano-norteamericanos. Cualquiera que visite, por ejemplo, la Misión Concepción, no podrá por menos de admirarse de la estructura de su iglesia (hoy en servicio) y de la capacidad de su enfermería, desde cuyos lechos los dolientes podían seguir —como allá, cerca de la capital del Imperio, el rey Felipe II había seguido en monástica celda escurialense— la misa que se celebraba en el altar mayor.

Aun el reacio a reconocer la obra civilizadora de España ha de quitarse el sombrero ante el maravilloso conjunto que forma la Misión San José, hoy bajo la guarda del Servicio Federal de Parques. Han sido reconstruidos la iglesia —con bóveda vencida hace años por los rigores del tiempo— y los cuarteles en que habitaban los indios, se almacenaban los granos o los aperos, o se practicaban y aprendían los oficios y las industrias; quedan en ruinas las moradas de los frailes por el romántico sabor que en ciertas circunstancias los muros derrumbados proporcionan. Y es que la evocación y la poesía se respiran en San José por doquier. Y allí está la famosa "Ventana de la Rosa," atribuida al amor del escultor criollo Pedro de Huizar por una muchacha española que, habiendo de venir de la Península, nunca llegó a reunirse con él; Huizar es autor también de la notable fachada de la iglesia. Dos joyas del arte colonial y dos argumentos a favor de los partidarios del barroco.

Todo este ambiente, con el que San José acoge el forastero, es obra, en gran parte, del entusiasmo y competencia de un dama, la señora Ethel Wilson Harris, quien se propuso restablecer y dar nueva vida a la misión y difundir su historia y significación. En este último orden de cosas, escribió hace años el *Relato de San José*, en colaboración con Frank Duane, comedia que tiene por lugar de acción, allá por 1777, la visita que el inspector, padre Morfi, realizó a la misión en compañía del comandante De Croix, en momentos en que Huizar trabajaba en ella; y ha representado por primera vez, en julio de 1964, en memorable sesión, su nueva obra *Los indios de San José*.

No puede ser más adecuado el local en que esta comedia se ha estrenado: el *Teatro histórico de Texas*, inaugurado en 1958, al aire libre, con espacio anfiteatro, y situado en los propios terrenos de la misión. En su ámbito se oyen por Navidad los sonidos españoles de la obra *Los Pastores*, que desde los tiempos misionales viene ofreciéndose casi sin interrupción a la piedad de los sanantonianos.

Con no menos amor ha sido conservado en San Antonio el palacio del gobernador español, construido en 1722, y que sigue situado en el punto central de la urbe. Desde ese palacio se gobernaron los asuntos de Texas en el curso del siglo XVIII, y sus estancias fueron testigos de los dramáticos años precursores de la independencia de España. De él salió el nombramiento a favor de D. Miguel Ramos Arizpe para representar en las Cortes de Cádiz la provincia de Coahuila, Texas, encargo que desempeñó el designado con puntual solicitud.

Siendo su morador D. Manuel Salcedo, fue testigo de la rebelión de José Antonio Gutiérrez de Lara, quien, entusiasmado con su hermano por las exaltadas prédicas por la independencia del padre Miguel Hidalgo, consiguió con un grupo de sublevados tomar San Antonio y hacer prisionero al gobernador en los finales de 1810. No se consolidó su victoria, dado que a los tres meses Salcedo sería liberado y restituido a su puesto de mando en San Antonio. Pero Lara no se desanimó, acudió a Washington D.C. para obtener auxilios de Monroe en hombres y en armas, y en marzo de 1813 había logrado sitiar de nuevo la capital, con la colaboración del estadounidense Magee, ciudad que fue asaltada en 2 de abril.

Salcedo y 16 oficiales españoles recibieron horrible muerte, y la primera República independiente de Texas quedó proclamada el 17 de dicho mes. Cuatro meses tendría de duración, ya que las fuerzas realistas procedentes de Laredo vencieron en la batalla de Medina el 18 de agosto siguiente.

El Tratado de Florida confirmó a España la posesión de Texas, estipulación que no recibió general asenso en los expansionistas estados de la Unión. En todo caso, ello supuso que México heredara de España sus extensos territorios cuando O'Donojú renunció para España la soberanía en los dominios mexicanos.

Calles y plazas. Predispone a favor San Antonio cuando al entrar en su casco urbano se ven en sus calles balcones españoles y flores por doquier y cuando se oye por plazas y mercados la lengua de sor Juana Inés de la Cruz. Su población está formada en gran parte por mexicanos de procedencia relativamente reciente y por sucesores de los pobladores de la época colonial. Unos y otros constituyen hasta el tercio de sus habitantes, conservando los segundos un considerable dominio del español. Tal grupo ejerce en la actualidad gran influencia en la vida ciudadana e incluso estatal; pasaron los tiempos da la segregación en los que su condición hispánica les sometía a vejámenes y situaciones de injusta desigualdad. El representante del distrito en el Parlamento federal se apellidó González, hombre de gran prestigio local y nacional. Durante años existió un Instituto de Cultura Hispánica. Cuando el Bicentenario, en 1976, fue fundada la Orden de Granaderos y Damas de Gálvez. Su misión es la de recuperar para la historia americana, no sólo la figura de Gálvez, sino todas aquellas etapas históricas en las que se produjeron contribuciones españolas.

En la Universidad funciona el *Teatro de la Esperanza*, fundado por el chicano Jorge A. Huertas.

En el callejero de San Antonio muchos nombres españoles podemos leer.

HemisFair 1968

La *HemisFair 1968*, bajo el lema "Confluencia de civilizaciones en America" y coincidiendo con el CCL Aniversario de la fundación de la ciudad, se inauguró el 6 de abril de 1968 y permaneció abierta seis meses.

Sectores central y meridional

Misiones y presidios. Al abandonar San Antonio con ánimo de recorrer algunas de las misiones en el centro y sur de Texas, no elegiremos mejor guía que Tomfra (Texas Old Misions and Forts Restoration Association), entidad que en su folleto divulgador, atribuye a las misiones españolas y a la cultura que ellas difundieron las siguientes benéficas consecuencias para Texas: 1.), plantaron las primeras semillas del progreso cultural de la región; 2.), sin el esfuerzo misionero no se habría formado el núcleo civilizado que atrajera a los iniciadores de la colonización angloamericana. Bajo la dirección de sus sucesivos presidentes, Tomfra se ha propuesto la reconstrucción del mayor número posible de misiones y su inclusión en una "Ruta de las Misiones de Texas" —*Texas Misión Trail*—, formando una hispánica cadena que abrace la geografía del estado. Desde su fundación viene publicando trimestralmente un boletín "El Campanario" en el que se recogen artículos y noticias de interés. En uno de ellos, el P.

Marion A. Habig llega a situar en Texas 36 misiones y 6 visitas submisiones, 9 presidios y 18 establecimientos; y en otro se contiene una selecta bibliografía para el estudio de las misiones y de los fuertes hispanotejanos.

Si descendemos hasta Anahuac, en la desembocadura del Trinity River en la Galveston Bay, nos enteraremos de los recientes hallazgos del profesor Curtis Tunnell de los restos de la Misión de Nuestra Señora de la Luz del Orocoquisac y del Presidio de San Agustín de Ahumada. Si tomamos, en cambio, la carretera 81 y ponemos rumbo a Rockdale, arribaremos a las márgenes del río San Gabriel. En sus contornos tuvieron vida una serie de establecimientos españoles; a excavar las ruinas de la Misión de San Francisco Xavier de los Horcasitas —fundada en 1746— y del presidio del mismo nombre se dedicará el equipo que dirige el profesor William C. Massey. De ellos y de las Misiones de San Ildefonso y de Nuestra Señora de la Candelaria, creadas, respectivamente, en 1748 y 1749, no quedan por el momento muchas trazas. Fray Francisco Mariano de los Dolores y Viana inició la primera, y lástima fue que el martirio del padre José Ganzábal y las circunstancias con él conexas determinaron el traslado de ella en 1755 a orillas del río San Marcos. De la Misión de San Ildefonso se observan restos de un dique y diversas obras de irrigación, y llegó a contar con 149 indios, a juzgar por las referencias del capitán José Joaquín de Eca y Muzquiz. Nuestra Señora de la Candelaria sufrió, como la anterior, las consecuencias de la muerte del padre Ganzábal, y hubo de ser trasladada también, andando el tiempo, cerca del río Nueces, en la carretera 55, cerca de la actual Montell. Es notable observar la primordial preocupación de los españoles, como baqueteados colonizadores, por el agua. Se percataron de que ésta era un problema fundamental en Texas, y procuraron emplazar las misiones en las orillas de los ríos y construir acueductos, acequias y diques para embalsar el tesoro líquido y aprovecharlo en regadíos.

Menard cuenta con 2.000 habitantes y está situada a trasmano de cualquier ruta importante de Texas. A visitar el emplazamiento de la Misión de Santa Cruz de San Saba nos dirigimos primero y allí hemos de figurarnos la escena tremenda del ataque de los temibles comanches, que dejaron en 1758 las edificaciones en ruinas y muertos los padres Alonso Giraldo de Terreros y José Santiesteban como mártires de la causa cristiana. El Fuerte, construido a cierta distancia, nada pudo evitar, y fue abandonado a raíz de la visita a la zona del Marqués de Rubí en 1766-67, acompañado por el capitán de Ingenieros, Nicolás Lafora, quien levantó un mapa y redactó un informe sobre él. A no mucha distancia se yerguen todavía las ruinas del Presidio de San Luis de las Amarillas, levantado por el coronel Diego Ortiz y Parrilla. Las tapias exteriores son vecinas en uno de sus costados del río San Saba, y sus restos dan idea de sus considerables proporciones. Alguna pared sostiene algún ruinoso arco y entre unas y otras se logra una aproximada idea del respetable tamaño del fuerte.

En Camp Wood estuvo la Misión de San Lorenzo de la Santa Cruz, fundada por D. Felipe de Rábago y Terán y fray Diego Jiménez. Con los datos proporcionados por un equipo de arqueólogos de la Universidad de Texas se reconstruyeron hace tiempo algunos muros con los mismos tipos de adobes utilizados en épocas españolas, pero los trabajos fueron interrumpidos por falta de información fidedigna. Tal reedificación, homenaje sería a la memoria de los españoles heroicos que en 1762 se propusieron civilizar a los indios apaches y protegerles contra sus rivales comanches.

Otra misión y otro presidio se sitúan en los alrededores de Goliad (cuyo nombre es el anagrama del apellido de Hidalgo, el héroe de la revolución mexicana), ciudad situada a mitad de camino entre Houston y San Antonio, el mismo que recorrieron muchas veces los españoles. La misión de Nuestra Señora del Espíritu Santo, de Zúñiga, fundada en el emplazamiento presente en 1749 (los anteriores, en los años 1722 —en el lugar del Fort St. Louis— y 1726), tuvo por objetivo cristianizar los indios caníbales de la región. Yérguense en el paisaje sus muros, con gran fidelidad levantados de nuevo, comprendiendo la iglesia y las habitaciones de los frailes y de los indios; se convirtió en la propietaria de los mayores ranchos de ganado en todo Texas, alcanzando el número de sus cabezas muchos miles.

A unos cuantos kilómetros de la misión se alza el presidio de Nuestra Señora de Loreta de La Bahía, construido por el capitán Orobio y Basterra en 1749, y fundado primeramente en 1722 por el marqués de Aguayo junto a la primitiva misión. Bajo la dirección de sus sucesores, el capitán Manuel Ramírez de la Piscina, Francisco Tovar y Cazorla, las fortificaciones crecieron en solidez y se evidenciaron como útiles para resistir los frecuentes ataques de los indios. Cayeron, sin embargo, en manos de la expedición de Gutiérrez de Lara y Magee, en 1812, pero no supieron éstos librarse del sitio de tres meses que les impuso el gobernador Salcedo; tras varios incidentes y ser Gutiérrez juzgado y destituido, se deshizo por completo la expedición. Un superviviente, Henry Perry, regresó en 1817 al frente de una considerable fuerza militar: sus intentos de asaltar el presidio fracasaron ante la aparición de tropas realistas, lo que llevó a Perry al suicidio. Otra partida armada, esta vez de 50 a 60 hombres, al mando de James Long, desembarcó en el otoño de 1821 en la desembocadura del río Guadalupe y cercó el fuerte; antes de veinticuatro horas había sido derrotado y hecho prisionero.

Tuvo importancia La Bahía, a juzgar por los muros en pie y por el terreno acotado de acuerdo con las avanzadas investigaciones Es admirable la labor del arquitecto Strippling, de sus colaboradores técnicos y del peonaje —en su mayoría mexicano— clasificando con extraordinario rigor científico y fidelidad histórica cuantos instrumentos, botones, herrajes, clavos, piezas de cerámica, etc., han ido encontrando. En la iglesia, una antigua imagen de la Virgen de Loreto se muestra a la piedad mariana y la general admiración artística, en una capilla lateral; en el altar mayor aparece un fresco moderno de pintor mexicano ante el que dice la misa dominical el cura de Goliad. Ambiente lugareño español se respira entre los muros de La Bahía, y hay que hacer esfuerzos para convencerse de que no nos movemos en la meseta castellana, sino en las tierras del Tío Sam, y eso que no debemos olvidar que la posterior historia del Presidio está muy ligada a la de la independencia de Texas.

Cercana a la anterior misión se yergue la misión de Nuestra Señora del Rosario, establecida en 1754 por los franciscanos; tuvo más de cuarenta años de conservación al ser elegida como escuela para las familias de los soldados y pobladores en 1818, siendo sus primeros profesores Juan Manuel Zambrano Y José Galán. Con posterioridad, albergaría una escuela femenina.

Sectores sudoccidental y occidental

Nos queda por recorrer el sector sur de Texas y el territorio próximo al Río Grande. Su historia española es considerable, lo cual no quita para que el hecho de una densa población hispanoparlante, procedente del otro lado de la frontera, deje de darle una peculiar impronta. En 31 condados situados en esta parte —entre los 254 que componen el estado— más del 50 por 100 de los niños asistentes a las escuelas públicas portan apellidos españoles. Muchas de las ciudades o localidades de menor tamaño muestran un gran porcentaje de hispanos.

"En 1519, tan solo 27 años después de la llegada de Cristóbal Colón a América —son palabras del Rey Juan Carlos I de España cuando visitó Texas— otro navegante de la Corona española, el capitán Alonso Alvarez de Pineda divisó la hermosa bahía que denominó 'Corpus Christi,' en recuerdo de la fiesta religiosa de aquel día." Hoy, en la desembocadura del gran río (al que él denominó Río de las Palmas), en la ciudad de aquel nombre, se yergue la estatua en bronce a dicho navegante, obra del artista J. Coleman. Por otra parte, cabe mencionar, por su consideración, el naufragio que sufrieron en sus inmediaciones, en la primavera de 1553 y producido por un terrible huracán desencadenado, 20 barcos que, partidos de Veracruz, se dirigían a Cuba y España. Sólo tres consiguieron su último destino, y uno retornó a su punto de partida; el resto fue víctima de los vientos enfurecidos, y sus tripulantes, en número de 300 arrojados a las playas meridionales de Texas. Narra los incidentes que les sucedieron el historiador Horgan. Por toda defensa contra los agresivos indios comarcanos contaban los arribados con dos arcos, que a poco perdieron al vadear una corriente en sus intentos de regresar a pie a Nueva España, bordeando la costa. Un día los indios capturaron a dos españoles y, quitándoles los vestidos, los devolvieron desnudos al grupo itinerante. Estimando sus componentes, llenos de confusión y desesperación por las penosas circunstancias en que se encontraban, que dicho despojo significaba e indicaba el resentimiento de los indígenas ante la vestimenta de los intrusos en comparación con su desnudez, decidieron desnudarse todos —hombres, mujeres, niños, frailes—, con el fin de ganar así la amistad y la paz con sus bélicos anfitriones. Tan tragicómica determinación de nada sirvió, porque los indios continuaron atacándoles, y hasta 100 náufragos murieron por obra de las flechas, las enfermedades, el hambre. Al llegar al Río Grande consiguieron atravesarlo, en pequeños grupos, en una lancha que encontraron, y no sin sufrir la hostilidad de los aborígenes. Entre los heridos figuraron fray Diego de la Cruz y fray Hernando Méndez, quienes resolvieron, a pesar de ello, no seguir a la expedición hacia el sur y quedarse en la región a evangelizar a sus naturales.

Después de volver a cruzar a orilla izquierda, fray Diego murió, no sin recibir los últimos sacramentos administrados por su compañero, quien le enterró en dicha orilla. Remontando el río, halló fray Hernando a un compatriota apellidado Vázquez y a una negra, con quienes compartió sus esfuerzos por sobrevivir; difícil debió de resultarles la convivencia careciendo los tres de vestidos, pero la situación se resolvió con la muerte del padre, el asesinato de la negra por los indios y la huida, en pos del grupo, de Vázquez. La ausencia de fray Diego y fray Hernando fue notada por sus tres hermanos de religión, por los que dos de ellos retrocedieron, y, al llegar al río, lo remontaron por medio de la balsa, de la que la expedición había hecho tan fundamental uso. En medio de la corriente hallaron una isla, en la que decidieron atracar para reponer fuerzas; cuál no sería su susto cuando de pronto la isla se hundió, dándoles el consiguiente chapuzón, y partió después veloz aguas abajo: se trataba de una enorme ballena. No encontrando a los buscados, volvieron a unirse al grupo, pero de los tres dominicos sólo fray Marcos de Mena llegaría a la ciudad de México, en unión de otros pocos supervivientes, en donde informaron de las peripecias sufridas. a todos les parecería un sueño hallarse a salvo, pero especialmente a fray Marcos, que se había visto enterrado en una tumba: tras el ataque de que fueron víctimas de los aborígenes los náufragos al alcanzar la costa. Mena quedó tan mortalmente herido que, no pudiendo seguir a sus compañeros en su huida y viéndose éstos precisados a abandonarle, le enterraron en una playa, dejando abierto un agujero en su sepulcro para que respirara hasta su fallecimiento; pero como no murió, pudo escapar de la fosa para contemplar los cadáveres de buena parte del grupo de sus enterradores, muertos por los indios.

El Paso. Remontemos ahora Río Grande en su sinuoso recorrido, y parémonos, tras larga boga, en El Paso, una de las principales ciudades de la región. Tuvo su primer origen en una iglesia de ramas y barro y en un monasterio techado con paja, levantados entre los indios mansos en 1659; en 1668 una iglesia de mayor entidad quedó completada y bautizada con el nombre de Nuestra Señora de Guadalupe de El Paso. Cuando los colonos españoles de Santa Fe y otros poblados de Nuevo México hubieron de replegarse como consecuencia de la sublevación de los indios pueblos en 1680, se refugiaron en El Paso del Norte. Fundaron entonces, el gobernador D. Antonio Otermin y fray Francisco Ayeta, en 1682 y 1683, las misiones de San antonio de la Isleta del Sur, San Francisco del Socorro del Sur, San Antonio de Senecu y San Lorenzo del Real, a no gran distancia de la primera. En 1770 vino a añadirse la de San Elizario con el presidio del mismo nombre. Durante toda la etapa del gobierno español El Paso jugó un papel fundamental por su relevancia adquirida y por su posición clave, sobrepasando en población a otros núcleos urbanos como Santa Fe y Albuquerque.

Presidio. Si rehacemos en parte nuestra boga, descenderemos hasta Presidio, en el condado del mismo nombre y enfrente del estado mexicano de Chihuahua. Este lugar tuvo por primer nombre el de Junta de los Ríos, pero recibió el de Presidio del Norte cuando el capitán Alonso Rubín de Celis fundó un establecimiento militar en 1759. En esta vecindad habían sido levantadas en 1783-84 por los franciscanos las misiones de San Antonio de lo Puliques, San Francisco de los Julimes, Santa María la Redonda, San Pedro de Alcántara, el Apóstol Santiago y San Cristóbal. Se debió ello a caer la comarca bajo el dominio de los indios jumanos, tan deseosos de ser cristianizados, desde que recibieron las periódicas y misteriosas visitas de la "señora de azul," que no era sino la monja sor María de Agreda (1602-1665) en un fenómeno de bilocación. Como consecuencia de sus insistentes solicitudes de ser misionados, una partida dirigida por el capitán Juan Domínguez de Mendoza y el padre Nicolás López salió de El Paso el 15 de diciembre de 1683 y, siguiendo el curso del Río Grande, se internó en el inmenso territorio que se extendía a su izquierda, entrada que duró seis meses; como secuela, en el 13 de junio siguiente. Mendoza tomó posesión oficial y legal de las tierras al otro lado de aquel río. Texas de nuestros días.

En el sector mexicano de Monterrey se instalaron colonos españoles que acudían a trabajar en las minas descubiertas ya en 1579. Más al norte no se aventuraron por el momento, pero cuando en la corte de Nueva España se consolidaron los rumores de asentamientos de franceses en Luisiana y dado que las misiones del este de Texas habían sido abandonadas en 1693, se decidió el establecimiento en la región de un sistema defensivo que sirviera de protección a los territorios mexicanos. La misión de San Juan Bautista, en un principio fundada en las márgenes del río Sabinas, en el estado de Coahuila, se trasladó e 1700 a las llanuras de la orilla del Río Grande. En los tres años siguientes, dos nuevas misiones elevarían sus paredes, San Francisco Solano y San Bernardo, al par que los cuarteles necesarios para albergar la guarnición de una tropa de 30, la "Compañía Volante" al mando del capitán Diego Ramón. El conjunto recibiría el nombre de presidio de San Juan Bautista del Río Grande y en las décadas sucesivas constituiría un punto neurálgico en la historia española de la región —jugó un fundamental papel en los días revolucionarios— y base de la ciudad mexicana de Guerrero, situada al sur de Piedras Negras.

Eagle Pass. En frente de Piedras Negras, y al otro lado del río, se yergue la ciudad estadounidense de Eagle Pass. Los indios de la región habían mantenido relaciones, pacíficas y belicosas, con los españoles en el curso de la primera mitad del siglo XVIII. A raíz de sus repetidas solicitudes de ser cristianizados, fray Manuel de la Cruz atravesó el río y se informó de la verdadera buena disposición de los naturales. Por órdenes del gobernador de Coahuila, parteó el teniente Fernando del Bosque con los padres Juan Larios y Dionisio de San Buenaventura, 10 españoles y 20 indios aliados, con sus dos jefes, el 30 de abril de 1675, y cruzó el llamado por los indios río del Norte, en punto cercano a Eagle Pass. Eligiendo una dirección septentrional, exploró el grupo la región y tomó notas de ellas y de sus productos. El día 16 de mayo una campanita sonó para convocar a la primera misa que se oyó cantar en Texas, a cargo del padre Larios. Muchos de los indios asistentes en número 1.172 pidieron el bautismo, pero sólo les fue concedido —hasta su ulterior instrucción— a 55 niños. La sagrada ceremonia se desarrolló en lugar próximo a la moderna localidad de Del Río, al que denominaron "San Ysidro" (¿corresponderá a "San Felipe Springs" de nuestros días?). Al sur de Del Río se elevaría en 1736 el presidio Sacramento.

El 5 de marzo de 1749 quedó formalmente fundada la ciudad de Camargo, al finalizar una solemne misa en presencia del teniente general D. José de Escandón. Camargo era el primer núcleo urbano entre los establecimientos propuesto por el organizador del Reino de Nuevo Santander, al nordeste de Nueva España, a lo largo del Río Grande. Había Escandón previamente convocado, en febrero de 1747 y en la desembocadura de este río, siete destacamentos armados equivalentes a 765 soldados, estacionados en una región con más de 120.000 millas cuadradas de extensión, para un cambio de impresiones. Como corolario había propuesto en un concienzudo y profundo estudio la creación de 14 centros —seis a lo largo del río—, en los que se agruparan colonos y se elevaran misiones. Su punto de vista era diferente al imperante hasta entonces: más que misiones, apoyadas en destacamentos militares, se debían formar agrupaciones de civiles que en sí tuviesen poder suficiente para superar los posibles ataques enemigos, contando, claro está, con fuerzas militares y religiosos evangelizadores. En la realización de su proyecto obtuvo la entusiasta colaboración de 500 familias, las que recibirían una cierta extensión de tierra libre, cantidades hasta 200 pesos y extensión tributaria por diez años.

El 14 del mismo mes de marzo quedó también iniciada, en la orilla derecha, la comunidad de Reynosa, y en el curso del verano de 1750, poco más arriba, Revilla, denominada, posteriormente, Ciudad Guerrero.

En 1753 se levantó, entre las dos, el núcleo de Mier. Por su parte, en la orilla izquierda —hoy Texas— fueron constituyéndose diversos centros: en el verano de 1750, Dolores, en el actual emplazamiento de San Ygnacio, bajo el patrocinio de José Vázquez Borrego (en el mismo año los franciscanos fundarían la misión de Peñitas, luego la Lomita, origen de la localidad de Mission); a partir de 1753, los que serían la base de Río Grande City y Roma; el 15 de mayo de 1755, la villa de Laredo, a cargo de Tomás Sánchez. De la nomenclatura elegida se deduce inevitablemente el origen montañés de Escandón, recompensado por el rey en 1749 con el título de conde de Sierra Gorda, denominación derivada de uno de los complejos montañosos de la región.

Los referidos establecimientos funcionaron en los primeros años en forma colectiva y no procedió Escandón a conceder individualmente tierras hasta que los pobladores se hallaron verdaderamente asentados y los peligros de los ataques indios, más de temer para los granjeros aislados, decrecieron. Sólo hizo la excepción con el capitán Blas María de la Garza Falcón, con el fin de constituir urgentemente un punto fortificado a mitad de camino entre el presidio de La Bahía y el Río Grande, en las márgenes del río Nueces. Así, viajó aquél en 1760 con su familia, colonos y soldados, situándose en terrenos que años más tarde pasarían a pertenecer al famoso *King Ranch*, hoy la mayor extensión terrícola en los Estados Unidos —más de 975.000 acres— equivalentes casi a la del estado de Connecticut, y perteneciente a la familia Kleber. "El Rancho Real de Santa Petronila" —así se llamó la concesión real— cumplió su papel de promotor de riqueza en el área, de defensor contra las algaradas de los pieles rojas y de civilizador, en suma: Garza bautizó muchos puntos de sus dominios y otorgó el nombre de la santa patrona de su hija María Gertrudis a una parcela de sus tierras y a un arroyo, que hoy día es la corriente principal del aludido King Ranch y que ha sido la causa, a su vez, del nombre del afamado ganado de "Santa Gertrudis."

En 1767 una Comisión real llegó a Nuevo Santander para proceder al reparto de tierras; de las *Actas de la Visita General* derivan los títulos de muchas propiedades en este sector de Texas, no siendo raro que todavía los Tribunales tengan que acudir a ellos en los litigios que se suscitan. La Comisión distribuyó porciones de terreno, cuyo mínimo por cabeza de familia solían tener 1.500 varas de ancho por 25.000 varas de largo, dando la parte estrecha a una corriente de agua.

En 1772, el español José Salvador de la Garza obtuvo 59 lenguas cuadradas de El Potrero del Espíritu Santo, en cuyo extremo sur hoy se levanta Brownsville. El ciudadano de Reynosa José Narciso Cavazos consiguió en 1781 medio millón de acres, conocidas por San Juan de Carricitos, y que comprendía el condado de Willacy y buena parte de los vecinos de Hildago y Kenedy. Entre 1777 y 1798, el capitán Juan José Hinojosa recibió la concesión de Llano Grande, y José María Ballí la vecina de La Feria, ambos sobre el Río Grande; Eugenio y Bartolomé Fernández adquirieron Concepción de Carricitos con análoga situación.

En 1804 Juan José de la Garza obtuvo el título para la Casa Blanca sobre el río Nueces, en tanto que el Rincón de Corpus Christi correspondió a Ramón de Hinojosa. En 1807 la familia Pérez Rey, asociada con

Manuel García, se estableció legalmente en el Rincón de los Laureles, precedente de la División Laureles, del King Ranch. La larga y estrecha isla, al otro lado de la laguna Madre —San Carlos de los Malaguitos—, fue donada al padre Nicolás Ballí, en la esperanza d que convirtiera a sus habitantes, los caníbales karankawas; si no consiguió sus propósitos, al menos dio su nombre, Padre Island, a dicha faja costera, a la entrada de la cual puede contemplarse un retrato de Isabel la Católica, por cuya reina se denomina la fronteriza localidad en tierra firme.

Nombres españoles

Merece la pena hacer un censo, aunque a la ligera, de las localidades tejanas que llevan nombres españoles. Su número no puede por menos de sorprender, y más aún si se agrupan por temas. Llevan nombres propios: Adrián, Antón, Candelaria, Celina, Cristóbal, Clara, Concepción, Elsa, Esperanza, Gerónimo, Guadalupe, Inez, Joaquín, Lolita, Mercedes, Natalia, Perico, Petronila, Ricardo, Sarita, Socorro y Sebastián. Patronímicos: Aguilares, Alba, Bolívar, Bustamente, Dávila, De León, De Soto, Gómez, Gonzales, Guerra, Hidalgo, Morales, Medina, Mendoza, Nararro, Palacios, Los Sáenz, Romero, Saltillo, Valera, Vera, Zapata y Zavalla. Colores: Amarillo, Blanco, Celeste, Colorado y Quemado. Aspectos de la naturaleza: Agua Dulce, Agua Nueva, Alamo, Alamo Alto, Alta Loma, Alto, Boca Chica, Charco, Coyote, Cuevas, Del Río, Del Valle, El Campo, El Lago, El Paso, El Sauz, Encinal, Encino, Era, Grulla, Hondo, Lagarto, La Paloma, Leona, Llano, Los Ebanos, Los Fresnos, Mico, Nevada, Palito Blanco, Palo Pinto, Plano, Río Frío, Río Grande, Río Hondo, Riomedina, Río Vista, Salado, Salmón, Sandía, Sierra Blanca, Vega y Víboras. Nombres de ciudades o fundaciones españolas: Carmona, Corpus Christi, Galveston, Laredo, La Villa, Loyola, Los Angeles, Puerto Rico, Saragoza, Segovia y Vigo. De Santos: San Antonio, San Benito, San Diego, San Elizario, San Felipe, San Gabriel, San Ignacio, San Isidro, San Juan, San Marcos, San Patricio, San Pedro, Santa Elena, Santa María, y Santa Rosa. Relaciones con el ganado: Bovina, Bronco, Cornudas, Cuero, Ganado, La Feria, Matador y El Toro. Con la construcción: Balcones, Camillas, Casón, Frontón, Lajitas, Presidio, Refugio, Spanish Fort y Tornillo. Varios: Bandera, Bonita, Boquillas, Brazos, Canutillo Chico, Dinero, El Indio, La Joya, La Reforma, Loco, Nada, Orla, Progreso, Realitos y Talco.

NUEVO MEXICO

Si el estado de Nueva México ha sido uno de los últimos en entrar en la Unión, para los españoles es uno de los primeros entre los que componen el mosaico que es hoy Norteamérica. En otros ha pasado la historia de España por su geografía, sus tierras han sido regadas con sangre ibérica, quedan edificios que hablan de la civilización peninsular, pero en ninguno como en Nuevo México se conservan los monumentos vivos, que son sus habitantes, descendientes de los españoles que durante cuatro siglos se fueron estableciendo en aquel "Reino." Es impresionante pensar que desde 1539 los españoles estuvieron recorriendo sus tierras y que todavía en noviembre de 1820 el gobernador en ejercicio, Facundo Melgares, convocara y presidiera una reunión de los alcaldes de Nuevo México para considerar los medios disponibles para sufragar los gastos del viaje a España de D. Pedro Bautista Pino, aquel de quien el pueblo cantara la copla: "¡Don Pedro Pino fue,/ Don Pedro Pino volvió!", como representante de la Colonia en las nuevas Cortes convocadas tras la sublevación de Riego en Cabezas de San Juan. La presencia de España en Nuevo México está transida de emociones al contemplar el abnegado interés de la Corona por el Reino lejano, de los virreyes, de los misioneros, de los españoles todos, que poco podían esperar de una región tan árida, falta de medios para enriquecer a sus eventuales pobladores y poblada por numerosas tribus indígenas, muchas de ellas rebeldes a la cristianización y, en ocasiones, a su vez, sometidas a sangrientos ataques de otras tribus enemigas. Si bien es verdad que el comienzo de la exploración se debió a la extendida fábula de la existencia de las Siete Ciudades de Cibola o de la Gran Quivira, no lo es menos que el esfuerzo colonizador español se prosiguió aún después de llegar a la conclusión de la falsedad de semejantes leyendas y quizá con más intensificada energía que con anterioridad.

Los indios pueblos

El problema de Nuevo México, que poco a poco va siendo encauzado, es el del agua. Allí en donde la hay, existen cultivos y la agricultura florece; donde no hay río cercano, la naturaleza se muestra pelada y desprovista de la menor posibilidad económica. De aquí la vital significación de la cuenca del Río Grande, que fue captada desde el principio por los españoles, utilizándola como vía de comunicación, como orientación en la inmensidad y como lugar de asiento para los colonos que fueron viniendo y para las misiones que comenzaron a fundarse. Los españoles aprovecharon su agua y la de otras corrientes fluviales para su utilización en los campos, en los que organizaron sistemas de irrigación basados en cuanto habían aprendido de los moros. Los mismos indios habitaban predominantemente en dichas tierras ribereñas; me refiero a los indios sedentarios pueblos, que los españoles encontraron agrupados en número aproximado a 20 comunidades, habitadas por unas 20.000 almas. Parece ser que dichas tribus llevaban instaladas en la región un período aproximado a cinco siglos. De sus tres grupos principales, los zuñi, los tano y los keresan, los primeros vivían alejados del río, en dirección oeste.

A ellos se debe la construcción de sus famosos edificios comunales de cuatro pisos —la primera planta, de cuatro habitaciones; la segunda, de tres; la tercera, de dos, y la cuarta, de una, con terrazas escalonadas y con pequeñas puertas o ventanas, a las que había que entrar por una escalera móvil. La explicación de esta originalidad, así como del tipo masivo de construcción, se halla en razones de defensa, en las condiciones climáticas, en los recursos naturales y en la organización social basada en el matriarcado. Estas edificaciones de adobes, que todavía pueden contemplarse en Taos, engañaron a fray Marcos con sus brillos al sol, al divisarlas de lejos y poseer una imaginación capaz de hacerle llegar a creer a sí mismo que había visto las legendarias Ciudades de Cibola. Las crónicas españolas describen la existencia en Pecos de dos grandes conjuntos de viviendas comunales, de cuatro plantas, conteniendo una 585 habitaciones y la otra 517, con cinco plazas y 16 kivas, o lugares de devoción. En cada poblado indígena la Kiva es el símbolo de un deseo de permanencia, según el profesor Manuel Alvar, quien recuerda que era junto a la Kiva que predicaba la religión fray Alonso de Benavides.

Necesitados de defensa andaban los indios pueblos, dada la vecindad de tres naciones nómadas, que los atacaban incesantemente, incluso en época española, ocasionando constantes pesadillas a los gobernadores españoles: los comanches, los apaches y los navajos.

La evangelización de todas estas tribus —las sedentarias y las nómadas— fue la principal y verdadera razón de que se mantuviese España en Nuevo México; la función de éste como avanzada protectora del virreinato de Nueva España, cuando otros países europeos comenzaron a prestar atención a Norteamérica, jugó durante el siglo XVIII tan sólo un papel subordinado con respecto a aquel primario motivo. La permanencia en Nuevo México no fue un buen negocio material: sólo entre 1609 y 1680 costó a España la conversión de los indios la cantidad de un millón de pesos, muy considerable, si se medita sobre todo en el valor de dicha moneda en aquella época. Desde un punto de vista espiritual constituyó, en cambio, una magnífica inversión: en pleno corazón de Norteamérica existe hoy un estado, que envía sus representantes y dos senadores al Congreso federal, con nombres como Chavez —ya fallecido— o Montoya, que tiene una población en gran parte hispánica de origen e hispanoparlante, que se rige todavía en muchos aspectos por el derecho promulgado por los Reyes de España y que reza a Cristo en español y es súbdito de la Iglesia de Roma. Según el profesor D. Cutter, "estos son indios sin tribu —son llamados 'genízaros'—, son ahora hispánicos, no son indios, viven la vida hispánica, hablan español, no saben su antigua lengua y viven como españoles a pesar de que tal vez no tienen una gota de sangre española. Tienen la cultura española en el sentido de su corazón, que es más importante que la sangre."

Etapa mexicana

La revuelta de Texas, bajo la dirección de Bernardo Gutiérrez de Lara, salpicaría a Nuevo México, muy ligada, por otra parte, al acontecer revolucionario en Nueva España. Pero el cambio de soberanía de España a la nueva nación se verificó pacíficamente. Las noticias de la cesión de los reales dominios, firmada por el virrey O'Donojú y Agustín de Iturbide, el 24 de julio de 1821, en Córdoba, y que comprendía Centroamérica, California, Nuevo México y Texas, llegaron a Santa Fe el 26 de diciembre siguiente, junto con la de la entrada del futuro emperador en la capital federal. El 6 de enero de 1822 el gobernador Facundo Melgares presidió las festividades del nacimiento de una nueva nación: salvas de artillería retumbaron en el aire, un desfile militar alegró las calles, un cotillón fue dirigido en palacio por el alcalde Pedro Armendariz y, por la noche, una representación teatral trajo al recuerdo el Plan de Iguala. Un nuevo acto se iniciaba en la vida de Nuevo México.

La etapa de su permanencia bajo la bandera mexicana no habría de ser larga: las flamantes autoridades, que abrieron la mano al comercio con el este, dando así iniciación a la famosa ruta de las caravanas entre San Luis y Santa Fe (*Santa Fe Trail*) ocasionaron su propia perdición al fomentar los contactos entre neomexicanos y anglosajones e incluso el establecimiento de muchos de ellos en sus tierras (algunos casaron con nativas, como Charles Bent o el popular Kit Carson). La mejor organización de la nación norteamericana frene a los problemas que la mexicana estaba haciendo frente a sus primeras épocas de independencia, el aumento progresivo de los residentes anglos, las fricciones causadas por la diferencia de religión entre los protestantes recién llegados y los antiguos católicos residentes y el resentimiento de éstos contra los anteriores a causa de su explotación comercial y de su actitud no siempre respetuosa para sus tradiciones y modo de vida, fueron razones que vinieron acumulándose para un final rompimiento de hostilidades. Por otra parte, en la rebelión de los indios de 1837, que eligieron en Taos como gobernador a José González, y que fueron derrotados en enero de 1838 por el gobernador mexicano Armijo, pudieron verse concomitancias de los norteamericanos. Otro episodio digno de recordación es el fiasco de la expedición a Santa Fe, organizada por el imperialista presidente del independiente estado de Texas, Mirabeau B. Lamar, en 1841; su éxito envalentonó al gobernador Armijo para intentar una invasión de su vecino, y en 1842 fuerzas mexicanas capturaron San Antonio y Corpus Christi.

Conquista por los Estados Unidos

Con las incorporación de Texas a los Estados Unidos, la guerra estalló entre éstos y México. El presidente Polk incluía Nuevo México en sus planes expansionistas hacia California. Pero no corrió la sangre cuando el ejército de Stephen Watts Kearny ocupó el territorio y entró en Santa Fe, el 18 de agosto de 1845. Otra etapa comenzaba.

Por difíciles momentos pasó la civilización hispánica en Nuevo México a raíz de su incorporación a los Estados Unidos en 1848, por obra del Tratado de Guadalupe-Hidalgo con México. Sus habitantes quedaron separados de su madre patria —México— y de su abuela patria —España— y sometidos a las presiones de los invasiones *anglos*, que quisieron imponer su civilización, lengua y costumbres y procuraron suprimir lo más rápidamente posible cualquier huella de la civilización derrotada. Su defensa consistió en cerrarse en sí mismo, aislarse lo más posible de las influencias externas, fomentar la pervivencia de las queridas tradiciones y los cruces entre las antiguas familias, apiñarse en torno a la Iglesia católica, hablar,

rezar y comer a la española. Episodios de esta lucha son los incidentes originados entre el primer obispo del Nuevo México anglosajón, Lamy, de origen francés, propulsor de novedades y no siempre protector de las tradiciones, y el clero hispánico (del que sólo quedaron 13), apoyados por la masa de los fieles y capitaneado por el famoso padre Martínez. La historia de esta ola, que un autor norteamericano califica de degradante, es la del intento de ahogar la cultura española. Así se relata en las novelas *Los espléndidos y despreocupados años cuarenta*, de Gertrude Atherton, y *La muerte llama al arzobispo*, de Willa Cather, y en el drama *Noche sobre Taos*, de Anderson, en el que se escenifica la lucha de Pablo Montoya —símbolo de lo hispánico— contra los *anglos* en la década posterior a 1840; la tensión culminaría en el levantamiento hispano-indio en Taos, en 19 de enero de 1847, seguido del asesinato del gobernador Bent y de la final victoria del coronel Price sobre los sublevados en la batalla de La Cañada, el día 24 siguiente. En esta oportunidad, los indios hicieron causa común con los hispanos —otrora sus enemigos—: intentaron liberarse de la dominación *angla*, personificada en el gobernador Bent.

En la necesidad de buscar en sí mismos la autodefensa, resolviendo sus problemas sin acudir a autoridades externas, se halla el florecimiento de la cofradía de los Penitentes. Con un origen similar a las hermandades de Semana Santa de España de conmemorar devota y dignamente el Viernes Santo y el Sábado Santo, se convirtió a partir de mediados del siglo XIX en una sociedad secreta, con férrea organización, que, desviada paulatinamente de sus objetivos fundacionales, llegó a administrar sangrienta justicia entre sus miembros, a defenderse violentamente contra sus enemigos y a repetir a lo vivo el Sacrificio de la Cruz, de cuya repetición muchas veces el émulo del Redentor fallecía por no poder superar los padecimientos que una realista crucifixión le había producido.

La Iglesia católica ha adoptado en la hora presente una inteligente política hacia esta organización —dividida en ramas en los sectores todavía hispánicos de Nuevo México, Colorado, etc.—, incorporándola y teniéndola bajo su control, de modo que se puedan evitar cualesquiera desviaciones que el alejamiento de la jerarquía eclesiástica y la ignorancia originer, remediando así la anterior actitud de otros obispos, que llegaron a separar del seno de la iglesia a sus adherentes.

En 1974 fue nombrado el primer arzobispo hispano en los Estados Unidos, para la diócesis de Santa Fe, Roberto Sánchez.

Actual hispanismo de Nuevo México

La segunda guerra mundial ha supuesto un cambio en este estado de cosas, que de continuar, terminará por acabar con esta permanencia hispánica: el aislamiento del ejército de la juventud neomexicana y su contacto con otros ambientes ha traído como inevitable corolario su mezcla con otras gentes —eran tradicionales anteriormente los matrimonios entre los hispánicos— y en muchos casos su no regreso a la patria chica; por otra parte, la participación más activa de Nuevo México en el acontecer nacional y el establecimiento en sus contornos del Centro Experimental Atómico de Alamogordo (en el sureste), en cuya gran reserva se ensayó en 1945 la primera bomba atómica, aparte de otras industrias, ha originado una inmigración creciente de *anglos* —como son denominados por los naturales, cuantos no son originarios hispánicos, aunque sean chinos— y una consiguiente aminoración en el porcentaje de los habitantes de origen español. Las regiones norte y oeste son las que mejor conservan sus tradiciones; no en balde se hallan pegadas a Colorado y Arizona, dos estados también con notable predominio hispánico; los sectores del este y de sur, influidos por el coloso de Texas —que viene a considerarlos como tierras irredentas—, han evolucionado más hacia el mundo anglosajón. Los mismos nombres de las ciudades de esta última región tienen una predominancia inglesa (en contraste con los numerosos del resto de ella que conserva su ortografía española): Roeswell, Hobbs, Lovington, Carlsbad, etc.

Es Nuevo México, no obstante, todavía muy español: ello le da un tinte especial y una peculiaridad sobresaliente y le capacita para aportar el gran *melting pot*, que son los Estados Unidos, un condimento bien aderezado, que ha de seguir contribuyendo a la originalidad de su futuro. Las discriminaciones raciales de que durante mucho tiempo han sido víctimas los hispanos —que eran apodados por los *anglos*, *greasers*, o grasientos— como consecuencia de su bajo nivel económico en comparación con el de los yanquis, y de su ausencia de intervención en la política, han comenzado a perder fuerza, y así hemos podido observar la influencia del senador Chávez en la capital federal o el respeto de que goza el diplomático Franc Ortiz en el Departamento de Estado (Embajador de Estados Unidos en Guatemala y Buenos Aires). Nos hallamos en un momento crucial para el porvenir de la civilización hispánica en Nuevo México: por el bien del país y por el orgullo que su existencia nos produce, todos los españoles en concreto y los hispanoparlantes en general debemos colaborar en lo posible en la gran labor que queda por realizar, y en la que muchas gentes están poniendo su contribución para lograr esa preservación; algunas de éstas, en verdad, son anglosajonas, conscientes de las riquezas inherentes a la tradición y de los males que toda extinción lleva consigo. Para acelerar el mejoramiento de la situación de los hispanos, el senador Montoya presentó en el Capitolio federal, el 11 de junio de 1969, la propuesta de establecer un Comité especial interministerial.

El idioma castellano

Es impresionante escuchar la lengua de Garcilaso por calles de Norteamérica hablada por gentes que la han aprendido de sus padres, de sus abuelos, etc., y no como resultado de meritorio estudio o de la agradable visita turística. Y lo magnífico es que su español es tan suyo como el de los demás hispanoparlantes, y sus títulos de propiedad lingüística tienen el mismo valor que el de los peninsulares, si no más, como consecuencia del mérito que aporta la lucha por la supervivencia y la resistencia a las presiones ambientes.

Existen emisoras de radio que transmiten en español, y en los semanarios de Santa Fe, Bernalillo, Albuquerque, Santa Rosa y española el lector de español puede saciar su sed en artículos y noticias redactadas con un gran encanto. Lo que ocurrió es que Nuevo México estuvo inevitablemente distanciado de la Península —desde el momento que sus contactos con ésta se verificaban a través de Nueva España, y no precisamente en la época de la aviación—, y aun bastante alejado de México, dadas las distancias que las separan, la pobreza entonces en medios de comunicación, los peligros que habían de arrostrarse en el camino, etc. Ello sirvió, por otra parte, para mantener mejor su pureza, de modo que el español que hoy se escucha tiene resonancias, en la mayoría de los casos, renacentistas y aun medievales. Este es el español que aprendieron los indios pueblos, y éste es el que se escucha hoy cuando en los soportales del antiguo palacio del gobernador español de Santa Fe los vendedores indios de cacharros, de bisutería y de otras obras artesanas cambian impresiones entre sí acerca del negocio o del cliente con matices muy jocosos cuando el presunto forastero comprador, aunque no lo demuestre, entiende la lengua de Cervantes.

Todavía se conservan nombres familiares como Lucero, Vigil, Apodaca, Aragón, Valencia...

Naturalmente que además de los descendientes de los españoles y además de los indios, hablan castellano los inmigrantes mexicanos que, en número de 300.000 (el 30 por 100 de la población), habitan en sus contornos. El castellano es considerado idioma oficial en el estado en parigual con el inglés, y todavía puede ser utilizado ante el Congreso y los Tribunales neomexicanos con plena validez.

No obstante lo anterior, para el dialectólogo Manuel Alvar, el español tiene debilitada sus posiciones en Nuevo México y "la Historia no se hace con nostalgias sino con realidades... Aquí no ha habido resistencias tenaces como en Puerto Rico."

Tradiciones

Los romances que llevaron a América los primeros colonizadores españoles se fueron transmitiendo de boca en boca y siguen recitándose por los hispanos y los indios de Nuevo México; así, *Gerineldo*, *Delgadina*, *La esposa infiel* y los demás recogidos de Aurelio M. Espinosa. Y lo mismo las canciones populares, los cuentos y los refranes. Las fiestas típicas siguen idéntica línea que las españolas y se centran en las ceremonias religiosas. Las procesiones callejeras están a la orden del día, cosa insólita en el resto de los Estados Unidos. La fortaleza de la unidad familiar se refleja en la relevancia que adquieren los bautizos (se impone a los recién nacidos el nombre del santo del día) y de las nupcias, en las que, amén del acto canónico, la cantidad y calidad de las viandas que se ingieren —rociadas con vino— al hispánico modo (muchas usuales recetas en la Península allí se conservan) y el baile que se organiza convierten a las bodas, no carentes de la "entrega" (o recitación de versos alusivos), en un acontecimiento inolvidable. Las damas de Nuevo México conservan la tradición de belleza, ojos negros, pie chico, buen talle y atractivo empaque de sus antepasadas, si bien no escandalizan, como sus abuelas, a más de un puritano viajero decimonónico al levantarse naturalmente las faldas hasta las rodillas para vadear un río.

Se conservan representaciones teatrales, y el espectáculo de "moros y cristianos," a caballo, que inauguraron los soldados de Oñate en 1598 (al celebrar la fundación de la primera capital, ante un auditorio en el que figuraban dos pueblos de indios), todavía puede contemplarse en el día de hoy. *El auto de los Tres Reyes Magos*, que se puso en escena, por ejemplo, en las Navidades de 1964, tiene el mismo antiguo origen, como los autos *Adán y Eva* o *Los Pastores* o *La Pasión*, durante la Semana Santa. Por supuesto que, además de estas representaciones en español, no faltan otras en inglés que, dirigidas a los anglófonos, tienen por tema motivos españoles o la historia hispánica de Nuevo México, verbi gracia: *La entrada a Santa Fe del reconquistador don Diego de Vargas*, original de Pedro Ribera Ortega.

Todas estas tradiciones son mantenidas vivas con la colaboración de dos organizaciones hispánicas: La sociedad folklorística y Los caballeros de Vargas. La primera tiene más amplitud que la segunda en la admisión de sus socios, y está animada principalmente por distinguidas damas de la mejor sociedad. No hay actividad de consideración en aquel campo en el Antiguo Reino que no cuente con la participación de tal agrupación; es tradicional la anual "Merienda," en que las damas lucen trajes, rebozos, mantillas, etc. —la mayoría conservados de sus antepasadas y en ocasiones confeccionados hace muchos lustros, y a veces procedentes de un ilusionado reciente viaje a España—, y en la que sirven el tradicional chocolate con bizcochos y otras especialidades de la cocina peninsular.

Los Caballeros de Vargas es una agrupación de creación relativamente reciente (en 1956) para pertenecer a la cual se requiere no sólo ser varón y descendiente de los conquistadores, sino haber participado en la patrulla —cada año compuesta por 16, más uno que representa a Vargas— que actúa en la "entrada" que en el mes de septiembre de todos los años se ejecuta para conmemorar la reconquista de Santa Fe por D. Diego de Vargas en 1692; una simple multiplicación de los años transcurridos por el número indicado nos dará la cifra de los actuales "caballeros." Tienen éstos por escudo el de la familia Vargas, amablemente autorizados por los descendientes de don Diego, y en cuantos actos públicos intervienen, y sean cívicos o religiosos, visten a la usanza militar española del siglo XVII.

Sus objetivos son los siguientes: "conservar viva la fascinante y patriótica historia de la América española; la promoción de los ideales y valores que supuso la humana reconquista de Vargas en 1692; mantener las armoniosas relaciones entre los hispanoparlantes descendientes de los conquistadores y sus vecinos indios; participar en las coloridas ceremonias religiosas que conmemoran la cristianización del Sudoeste; la activa asistencia en las históricas fiestas de Santa Fe (una mezcla de lo religioso y de lo civil); llevar a cabo los planes que aboquen a la erección de un monumento al gran reconquistador De Vargas, y fomentar una sencilla y amistosa camaradería entre los caballeros y sus familias en reuniones a lo largo del año."

Los Caballeros de Vargas participan en las anuales fiesta conmemorativas de la pacífica reconquista de Santa Fe por D. Diego Vargas el 14 de septiembre de 1692, tras la rebelión india de 1680, que a punto estuvo de hacer desaparecer para siempre todo rastro español en las riberas del río Grande. Actos de toda índole se suceden: pero constituyen el centro de las festividades una función religiosa y la reconstitución —o "entrada"— de la toma de la ciudad por los españoles.

Manifestaciones religiosas

También intervienen los "Caballeros" —llevando las andas— en las otras coloridas fiestas que tienen lugar en junio, en cumplimiento de un voto —si la reconquista se hacía sin pérdidas de vidas— de don Diego, y que se vienen celebrando desde el año en que éste conquistara la villa: son de índole predominantemente religiosa y mariana en torno a Nuestra Señora del Rosario, "La Conquistadora" —en español— y consiste en una procesión desde la catedral de Santa Fe a la ermita del Rosario —emplazada en los alrededores de la ciudad, en el lugar en que el ejército sitiador de don Diego acampara y el jefe español erigiera la primitiva.

"La Conquistadora" se venera en el altar izquierdo de la catedral de San Francisco, el único que se conserva de la misión de Nuestra Señora de la Asunción, elevada en 1627 por fray Alonso de Benavides y reconstruida, tras de su destrucción en 1680, en 1713. La belleza de su imagen, la historia de sus hechos y la devoción que inspira, nos transportan en plena Norteamérica a un pueblecito cualquiera de Castilla o de Andalucía. La talla fue traída de España por el aludido franciscano en 1625, y es, por ello, la imagen más antigua existente de la Virgen en los Estados Unidos. No sufrió los devastadores resultados de la famosa rebelión india de 1680, porque una de sus devotas, Josefa López Zambrano de Grijalva, la apretó contra su pecho y huyó con ella, al par que sus compatriotas en retirada, a El Paso, en donde permaneció trece años. Reconquistada Santa Fe, volvió la imagen triunfadora a su ciudad el 16 de diciembre de 1693, y a partir del año siguiente se inició la tradición de las procesiones y misas de acción de gracias, convirtiéndose dichas festividades en el festival mariano número uno de Norteamérica.

La cofradía de Nuestra Señora del Rosario, "La Conquistadora," agrupa a los devotos de la Virgen y vela por el mantenimiento de la piedad mariana. Los actos descritos alcanzaron especial significación el año 1960 al conmemorarse el 350 aniversario de la fundación de Santa Fe por el gobernador Peralta en 1610. Contaron con la presencia de las madrileñas señoritas de Pérez Balsera, descendientes en séptima generación de Vargas, y culminaron con la coronación papal de "La Conquistadora" por el Legado de Su Santidad Juan XXIII, su delegado apostólico en los Estados Unidos, arzobispo Egidio Vagnozzi. Bien satisfechos pueden considerarse con tan excepcional acontecimiento Aileen O'Bryan, D. Pedro Ortega y fray Angélico Chávez, promotores de la devolución a la Virgen de su nombre español y de su devoción al hispánico modo después de la segunda guerra mundial, tras años de deshispanización originados por el arzobispo Lamy, que dio en denominarla *Our Lady of Victory*. A ellos se debe también la resurrección de la cofradía —antigua en tres siglos—, la restauración de su altar y la construcción de un rico paso procesional.

Las navidades. No para en éstas las celebraciones católico-religiosas en Nuevo México y, concretamente, en Santa Fe, la capital del Estado. En otras localidades adquieren igual brillantez y preponderancia las fiestas del Santo Patrón, y no sólo en comunidades con predominancia del elemento hispánico, sino también en los poblados de indios que, aunque mantengan ciertas tradiciones ancestrales, son cristianos en sus mayoría. Las Navidades gozan de un profundo significado religioso, a la usanza de los países descendientes de España; los fieles suelen asistir a la Misa del Gallo siguiendo el precedente marcado por Oñate y sus hombres en el 1598, y visitar los distintos nacimientos que florecen en distintas partes de la ciudad o del poblado; los chiquillos rondan a vecinos y amigos en demanda de aguinaldo, que allí se denomina "la pedida de los Oremos", por la frase que recitan: "Oremus, oremus Angelitos somos; a pedir aguinaldos y rezando oremus". Se ejecutan las mexicanas "Posadas" en el atrio de una iglesia con las consiguientes paradas de casa en casa —en recuerdo de la búsqueda de alojamiento de San José con la Virgen— hasta que se llega a la elegida como destino, se representan los dramas medievales *Los Pastores*, *Adán y Eva*, *Las Apariciones de Nuestra Señora de Guadalupe* y *El Niño Perdido*, y se rompen en todas las casas las coloridas piñatas, costumbre, esta última, mexicana. La fiesta de los Reyes Magos guarda gran significación, y los chicos —y grandes— aguardan con ilusión la llegada de los generosos monarcas venidos del Lejano Oriente, portadores de un sinfín de regalos.

Santa Fe

Su fundador Peralta y otros gobernadores. Santa Fe debe su origen al gobernador Pedro de Peralta —el primer representante del rey después de la partida de Oñate— que la bautizó con el nombre de "la Villa Real de la Santa Fe de San Francisco de Asís." En 1610 se convierte así en la segunda ciudad norteamericana (después de San Agustín) por razón de edad, y en la capital estatal más antigua entre todas las de la Unión. Con Peralta comienza la lista de la serie de gobernadores hasta 1680, que pasan el período de su mandato -por lo general tres años- en continuas rivalidades, como representantes del Estado, con los misioneros, brazo militante de la Iglesia: Ceballos, Eulate, Sotelo, Rosas, Pacheco, Manso, López de Mendizábal, Peñalosa, Otermín. Como en todas las polémicas, la razón anduvo por barrios, y junto a magníficos gobernadores y entrometidos frailes, hubo arbitrarios delegados reales y esforzados misioneros, defensores del bien de su grey. Estas disensiones fueron una de las causas del progresivo movimiento de inquietud de los indios, que no acababan de adaptarse a la cristiana civilización traída por los españoles y de resignarse al abandono de sus antiguas prácticas, que se resentían de la falta de protección, a veces, contra !os ataques de sus enemigos, y que se rebelaban, especialmente en épocas de crisis, a surtir a los españoles las provisiones para que eran requeridos.

Rebelión de los indios pueblos en 1680. Este estado de descontento fue fraguando poco a poco merced a la potente personalidad del indio Popé, curandero de prestigio. Durante cinco años preparó la rebelión de sus hermanos de raza, que, convenida para el 13 de agosto de 1680, se adelantó al 9 por haberse enterado los españoles de ella en ese mismo día. Cuando el gobernador Otermín pudo reaccionar, la mayor parte de la destrucción estaba consumada: la rebelión comprendió, casi sin excepción, todos los indios pueblos y la sufrieron todos los establecimientos hasta entonces fundados por los conquistadores. Un total de unos 400 españoles, entre ellos mujeres, niños y misioneros, perecieron y las haciendas quedaron destruidas hasta sus cimientos. El sitio de Santa Fe comenzó el 15 de agosto, después de rechazar Otermín un ultimátum de los sitiadores. En la mañana del 20, una salida de 100 de los sitiados consiguió una victoria sobre sus enemigos, que murieron en número de 300. Pero las noticias del general levantamiento y del convencimiento de la imposibilidad de una futura resistencia sin perspectivas de recibir socorros, determinaron al gobernador a ordenar la retirada de los 1.000 supervivientes de la ciudad en ruinas, la que se realizó el 21, sin que fuera molestados por los indios, escarmentados por la anterior carnicería.

Otros diseminados españoles se habían agrupado en torno al teniente gobernador García, en Isleta, hacia el Sur, quien no recibió las demandas de socorro de Otermín y quien incluso desconocía la heroica lucha desempeñada por los santafecinos. El 13 de septiembre se reunieron los dos grupos, formando un total de 2.520 supervivientes. Juntos se dirigieron a El Paso, en donde mantuvieron enarbolada la bandera de Nuevo México durante trece años. Se había destruido en unos días la labor de casi un siglo, y el esfuerzo económico gastado aparecía como inútil, pero los acontecimientos futuros demostrarían que todo no se había perdido y que España tenía todavía mucho que hacer en el antiguo Reino.

Los desgraciados refugiados, con parientes y hacienda desaparecidos en el curso de la rebelión, siguieron una vía paralela al Río Grande, la misma qué había sido utilizada desde el siglo XVI por las expediciones de Chamuscado, Espejo y Oñate y, a lo largo del XVII, por las caravanas que cada tres años efectuaban el servicio de suministros a las Misiones y núcleos habitados españoles. Originadas corrientemente en la ciudad de México, los convoyes recorrían la ruta de Zacatecas, Durango, Parral y El Paso, tardando seis meses en llegar a Santa Fe; tiempo análogo solían invertir en distribuir por el país las mercancías y en hacer las reparaciones y otro tanto en regresar, con lo que año y medio transcurría en el viaje completo. Solían consistir en 32 vagones, tirados por ocho mulas capaces de transportar cada uno dos toneladas de provisiones. En el viaje hacia el norte, las mercancías consistían en alimentos, objetos para las Misiones, elementos para la construcción, vestidos, muebles, etc.; en el viaje de regreso los vagones iban cargados de cueros, mantas, piñones, ovejas y otros productos manufacturados por los indios.

En una de las caravanas llegaría a Santa Fe, en 1647, fray Francisco de Ayeta, y la misma ruta la recorrería varias veces en sus afanes por salvar la situación de la empobrecida posesión, evitar su paulatino deterioro y conseguir medios para revigorizarla económica y militarmente; sus esfuerzos no serían, sin embargo, bastantes para evitar el estallido de la rebelión (56). Encontrándose el padre Ayeta en El Paso el 25 de agosto de 1680, recibiría dos cartas, de fray Diego de Mendoza, pastor de la Misión de Socorro, y del granjero Juan Severiano Rodríguez de Suballe, informándole del desastre; desde El Paso organizaría con el comandante Pedro de Leiva las expediciones de auxilio —militares y de provisiones de alimentos— a los habitantes de Nuevo México en retirada. A su insistencia y sugerencia se debe el que el Reino de Nuevo México no desapareciera, porque, consciente del natural deseo de los entristecidos colonos de huir para siempre de la región de sus desgracias, comprendió que ello supondría el fin de cualquier intento de recuperación de lo perdido; era necesario su establecimiento en las cercanías de El Paso, en espera de tiempos mejores y se imponía su permanencia, por lo que el gobernador de Nueva Vizcaya dispuso que los refugiados de Nuevo México que partieran sin autorización escrita de Otermín serian detenidos y devueltos a El Paso, bajo pena de muerte y de traición al rey. La buena voluntad de todos se impuso y juntos se dedicaron a la construcción de tres campamentos, que evolucionarían en ciudades, en los alrededores de la cercana Misión de Guadalupe.

Primeros esfuerzos de reconquista. Por la misma ruta, río arriba, se canalizarían los esfuerzos españoles de reconquista, siguiendo las huellas de la expedición de Oñate, y se orientarían con los accidentes geográficos bautizados por éste: Sierra de Robledo, por el soldado enterrado en su falda el 21 de marzo de 1598; Perrillo Spring, por el animalito que ayudó a alumbrar un manantial para los sedientos expedicionarios; Jornada del Muerto (*Dead Man's March*), al trayecto de 135 kilómetros de desierto sin agua, y Fra Cristóbal al lugar —y su cercana sierra— en que el Río Grande recuperaba su dirección hacia el norte, en honor del capellán. El 5 de noviembre de 1681, con trompetas y banderas desplegadas, se pondrían en marcha las tropas mandadas por Otermín, que no encontrarían seres vivientes hasta Cochiti, en donde una avanzada al mando de Juan Domínguez de Mendoza estuvo a punto de ser víctima de una estratagema. En Isleta les aguardaban un grupo de fieles indios que en número de 385 les acompañaron en su viaje de regreso en el febrero siguiente a El Paso, en cuyas cercanías se aposentaron, fundando Isleta del Sur. La incursión había sido un fracaso. El general Domingo de Cruzate, sucesor de Otermín, se posesionó el 30 de agosto de 1683 y permaneció en el puesto hasta el 1689, con la excepción de un intervalo entre 1686 y 1688, a cargo de Pedro Reneros Posada. En 1689 Cruzate condujo un destacamento, que en lucha con los indios sía, ocasionó la muerte de 600 nativos, y con tan grave resultado preparó el terreno a la expedición pacificadora de su sucesor. Era éste D. Diego de Vargas Zapata Luján y Ponce de León, de noble familia y de considerable fortuna, que llegó a El Paso el 22 de febrero de 1891.

El Embajador Areilza visitó Isleta del Sur y recibió el homenaje en español de la "libre nación de los indios tiguas" (quedan unas cien personas) —las que recibieron tal condición por su fidelidad al Rey de España; el gobernador Salvador Granillo le nombró "adelantado, cacique y gobernador" de la tribu.

Reconquista por Diego de Vargas: consecuencias. Se distinguía Vargas por su valor, su energía, su experiencia, su diplomacia, su nobleza de carácter, cualidades que habían de servirle en su futura campaña. Seis meses tan sólo tardó en partir al frente de una compañía de 60 españoles y 100 indios, después de haber planeado cuidadosamente su estrategia. Al aproximarse a un pueblo, los españoles le pondrían sitio de forma que ningún habitante pudiera escapar; nadie dispararía sino por orden de su jefe; todos los soldados cantarían por cinco veces alabanzas a la Virgen, de forma que los sitiados las escuchasen; los misioneros acompañantes tratarían entonces de persuadir a los jefes de su retorno al seno de la Iglesia y de su sumisión a la Corona; caso de aceptar los indios, los sacerdotes les absolverían de sus pecados y bautizarían a sus hijos nacidos en el interregno; caso de negarse, se procedería al asedio militar y a la toma del pueblo por la fuerza. La situación de los indios era propicia, porque, aparte de recordar las prácticas cristianas y la lengua española, grandes disensiones habían estallado entre las distintas facciones, especialmente a raíz de su disgusto por el tiránico gobierno de Popé y de los sangrientos ataques de los envalentonados apaches. Las gentes de Vargas hallaron, hasta la capital, todos los pueblos desiertos.

El 13 de septiembre de 1692 200 voces se elevaron a las cuatro de la mañana ante los dormidos muros de Santa Fe entonando cinco veces "¡Alabado sea el Santísimo Sacramento del Altar!". En plena oscuridad, y ateridos de frío, los indios se levantaron, temiendo la presencia de apaches, y atisbando hacia el campo, oyeron una voz, la de Vargas, que les decía: "No temáis. Soy católico y cuando el sol salga podréis ver en mi estandarte la imagen de la Virgen Bendita." Para asegurarse, los indios pidieron un toque de trompeta, siendo complacidos. Al clarear, tras varias exhortaciones a la paz, romper el dique de los depósitos de agua y la demostración de su fuerza, acabaron los indios por aceptar la oferta al final de la jornada. Dos indios desarmados avanzaron, y Vargas, descabalgando, les abrazó. Entró el capitán en la ciudad y en el palacio acompañado tan sólo por dos franciscanos, dejando el ejército fuera a petición de los indios, que alegaban sustos en las mujeres y niños, y no obstante las advertencias en contra de los suyos. Este gesto de confianza le granjeó una cordial acogida de la población, que coreó entusiásticamente sus gritos de "Viva el Rey!" al levantar tres veces en la plaza el pendón real y que se arrodilló devota al entonar los padres el *Te Deum laudamus*.

Se retiró don Diego a dormir con sus tropas —en estado de alerta— en los alrededores, actitud que reforzó la primera buena impresión causada. Pudo reposar tranquilo, al haber reconquistado la capital del Reino sin derramamiento de sangre. En los días siguientes los caciques de varios pueblos acudieron a Santa Fe para rendir obediencia, y su visita a las regiones de Pecos y Taos produjeron la sumisión de dichas tribus y las de sía y jemez. Veintitrés pueblos habían sido pacificados y más de 2.000 indios serían bautizados. Y todo ello, sin haber costado a la Corona un maravedí, como no fueran los salarios de 50 hombres, pertenecientes a una fuerza auxiliadora procedente de Parral, en México.

Pero no todo iba a ser camino de rosas para Vargas. Después de su regreso a El Paso, el 20 de diciembre, tenía que proceder a la reconstrucción del Reino y de su capital, a reintegrar a sus hogares a los colonos, a poner en cultivo de nuevo las haciendas. El 4 de octubre de 1693 se puso en marcha la expedición compuesta de 100 guerreros españoles, indios aliados, 70 familias, 18 frailes, 1.000 mulas, 2.000 caballos, 900 cabezas de ganado, 18 vagones y tres cañones, llegaría a Santa Fe el 16 de diciembre en medio de una gran tensión, aunque ningún incidente ocurrió por el momento. Pero al ser invitados los indios a partir de la ciudad, que había sido devuelta a los concejales españoles, se resistieron. En los días transcurridos en el intento de conseguir su retirada voluntaria murieron 21 españoles de congelación, por falta de cobijo, por lo que hubo de obtener aquélla por la fuerza y recurriendo a la ejecución de 70 cabecillas.

Poco a poco las cosas fueron normalizándose, el tiempo mejoró, los frailes comenzaron a poner en pie sus Misiones destruidas, las haciendas volvieron otra vez a producir y nuevas familias se incorporaron procedentes de México. Se fundaron las primeras ciudades, después de Santa Fe y El Paso: Santa Cruz, en la primavera de 1695, y Bernalillo, en el otoño, en el antiguo emplazamiento de la finca de la familia Bernal.

La tormenta de un nuevo levantamiento estalló el 4 de junio de 1696, pero no se extendió tanto como la anterior; Vargas actuó rápida y severamente contra las tribus rebeldes, que asesinaron a cinco frailes y 21 soldados. Para fines de año el peligro estaba superado y los indios pueblos quedarían sometidos para siempre.

La petición de Vargas de ser nombrado para un segundo término no obtuvo aceptación empero, y en enero de 1697 llegó su sucesor, Pedro Rodríguez Cubero, quien a los pocos meses le encarceló y le tuvo entre rejas por espacio de año y medio. Cuando Felipe II conoció este tratamiento ordenó su inmediata libertad. En la ciudad de México Vargas pudo ser oído y recibió el nombramiento por otro período, de gobernador y capitán general de Nuevo México y de marqués de la Nava Brazinas. La real justicia había cumplido como lo que era, y el gobernador-marqués retornó a su querida ciudad de Santa Fe, en noviembre de 1703.

Muerte de don Diego. Gran obra tenía por delante para reparar los desastres cometidos por su enemigo Cubero. Una de las primeras tareas era la reorganización del ejército. Una campaña contra los apaches se reveló como necesaria, y el capitán general se puso al frente de las tropas. Hacia Bernalillo se dirigió a comienzos de abril y más tarde a Taxique, en donde fue sorprendido por fuertes dolores y fiebre. Trans-portado a la casa del alcalde de Bernalillo, Fernando Durán y Chaves Vargas comprendió la proximidad de su fin, por lo que dictó testamento el día 7. Entregó su alma a Dios el día 8 de abril de 1704 y recibió sepultura bajo el altar mayor de la iglesia parroquial de San Francisco. El nombre de Vargas se había hecho acreedor a figurar junto a los de los grandes conquistadores.

Siglo XVIII y primeros lustros del XIX. El siglo XVIII contempló un florecimiento de las Misiones, una perfecta armonía entre las autoridades religiosa y civil y un normal desarrollo de la vida hispanomexicana; la pacífica coexistencia de los colonos y de los indios pueblos vióse turbada, sin embargo, hasta 1763 por los intentos de infiltración francesa y por los continuos ataques de las tribus nómadas, navajos, comanches y especialmente apaches. La causa del aumento de esta presión guerrera se debió al descenso de los comanches desde el norte del país hasta el sur, a partir de 1706 obligando a los apaches a desviarse hacia el Oeste, de modo que ambas naciones quedaron en son de guerra, amenazando el Reino de Nuevo México. Los más irreconciliables enemigos fueron los apaches, pues con los potentes y peligrosos comanches se mantuvieron períodos de paz, en los que se intercambiaba un activo comercio y en los que los comancheros entraban libremente en territorio indio. Dos campañas, por otra parte, asestaron un duro golpe al poderío de los comanches: en 1717, con la expedición dirigida por Juan de Padellao, y en 1779, por el gobernador Juan Bautista de Anza, en la que el jefe indio pereció. En lo que se refiere a los apaches, la vacilante actitud española acabó entre 1775 y 1790, y una serie de ataques en sus guaridas se fueron sucediendo, destruyendo sus campamentos, luchando en cualquier momento, matando a tantos como posibles. Hábiles militares como Hugo O'Connor, Teodoro de Croix y Juan Bautista de Anza, consiguieron que los apaches, ante la perspectiva de verse aniquilados, se avinieran a asentarse e incluso firmaran Tratados de Paz que habrían de regir hasta 1810.

Un acontecimiento de trascendencia para las regiones cercanas al Río Grande representó el nombramiento de José de Escandón en 1746 como teniente general y reorganizador de todo el noroeste de la Nueva España.

Don Eusebio Durán y Chaves, desde su hacienda cercana a Albuquerque, partiría en 1774 para visitar a Carlos III. El rey, teniendo en cuenta los méritos contraídos por su familia en el Río Grande, le nombraría a su petición, en el curso de la audiencia que tuvo a bien concederle, alcalde perpetuo, con derecho de sucesión, de los pueblos de Sandía, San Felipe, Santo Domingo y Cochití.

De Santa Fe partiría en 1776 fray Silvestre de Escalante para indagar un paso por el oeste para enlazar con las Misiones de California, y a Santa Fe llegaría en 1807, en concepto de prisionero, Zebulon Pike, el primer americano que había osado entrar en el Reino de Nuevo México y quien, al regresar a su tierra y publicar su Diario, informaría a sus conciudadanos por primera vez de la existencia de unas tierras que un día podrían ser colonizadas por ellos. Santa Fe sería el punto de partida de las visitas del médico Larrañaga en 1805 a los distintos establecimientos y Misiones con el ánimo de aplicar preventivamente la vacuna como gran descubrimiento de la moderna medicina; a pesar de la resistencia encontrada, pudo informar de las vacunaciones en masa en El Paso, Cebolleta, Albuquerque, Santa Fe, Laguna y Zuñi. En dicho año el gobernador Joaquín Real Alencaster aceptaría la propuesta de comercio con los indios de las llanuras, que dos de ellos, con un cierto James Pursley, le trajeron en 1805. El mismo gobernador, alarmado por las infiltraciones de extranjeros, avisaría a sus superiores de la necesidad de reforzar la defensa de la provincia, pero poco podían éstos hacer cuando Napoleón había invadido la Península y Fernando VII había abdicado en él su corona. Respondiendo a la convocatoria de las Cortes de Cádiz, Nuevo México envió en 1810 a D. Pedro Bautista Pino, rico terrateniente, quien durante los tres años de estancia en España presentaría un programa urgente de recomendaciones en beneficio de su provincia.

Recorrido urbano

Guarda Santa Fe una impresionante armonía en sus calles y plazas, en sus antiguos y sus modernos edificios, todos ellos de dos pisos como máximo. El estilo neomexicano se fomenta en las construcciones de nueva planta, y así, se da el caso de que la Central de Correos, el Museo de Bellas Artes, el "Hotel La Fonda," el Instituto de Artes y Oficios Indios, las estaciones de gasolina etcétera, concuerden perfectamente con las casas de Borrego, Juan Rodríguez y Boyle con las posteriores y decimonónicas de Felipe B. Delgado, Juan José Prada o Padre Gallegos y con la Misión de San Miguel y la "casa más antigua." La ciudad es hermana de Santa Fe de Granada.

Palacio del Gobernador, edificio público más antiguo de Estados Unidos. Preside el Palacio del Gobernador la Plaza, centro de la ciudad, y con su sencilla estructura, protegida en su principal fachada por un amplio portal, nos transporta evocadoramente al otro lado del Atlántico. Dos placas, franqueando su entrada principal, informan al visitante de su historia, y su interior, hábilmente restaurado en 1909, alberga una exposición de objetos arqueológicos e históricos del sudoeste norteamericano. Se inició su edificación en 1610, la fecha de la fundación de la ciudad, y cuando la rebelión india en 1680 sufrió sólo parciales destrucciones.

Es la Plaza un lugar atractivo por su bien organizada jardinería, su tranquilidad, su ambiente español. En una de sus esquinas se yergue el Museo de Bellas Artes, y en su costado opuesto una placa nos recuerda que en aquel lugar erigió el gobernador Antonio del Valle, entre 1754 y 1760, la iglesia de Nuestra Señora de la Luz, más comúnmente conocida por La Castrense, destinada a la guarnición, y que allí permaneció hasta que el edificio fue derribado por Simón Delgado en 1859 para elevar su propia casa. Desde la ocupación norteamericana la iglesia había quedado desierta, y en 1851 el juez Baker intentó establecer su tribunal en ella, pero hubo de renunciar ante la firme actitud de Donaciano Vigil, el gobernador provisional. El retablo de La Castrense fue colocado primeramente en la iglesia de San Francisco, antecesora en su mismo emplazamiento de la catedral de San Francisco, y hoy podemos todavía contemplarlo en la moderna de Cristo Rey, en uno de los extremos de la ciudad, con Santiago Matamoros en el centro, la Sagrada Familia en la parte superior y San Antonio y San Ignacio en cada uno de los laterales.

La Catedral, custodia de "La Conquistadora." No cuesta esfuerzo llegar a la Catedral, ya que sólo hay que recorrer una manzana de la calle por nombre San Francisco. Se colocó su primera piedra el 14 de julio de 1869, y todavía tiene sin acabar sus dos torres. Propulsada por el arzobispo Lamy, que llegó al país en 1850, luce un marcado estilo francés, ajeno por completo al ambiente local; encierra entre sus muros, además del retablo con la imagen de La Conquistadora, las tumbas de los franciscanos padre Asensio Zárate —muerto en San Lorenzo de los Pecuríes el 8 de mayo de 1759— y padre Jerónimo de la Llana —fallecido en Quaraí el I de abril de 1759—, según rezan las inscripciones en español.

Misión de San Miguel, iglesia en uso más antigua de Estados Unidos. Párrafo aparte merece }a Misión de San Miguel, enclavada en paraje no lejano al centro de Santa Fe. Se remonta su antigüedad al año 1610, todo lo más a 1620 a juzgar por el comentario de fray Alonso de Benavides, custodio de los franciscanos a partir de 1665 y autor del famoso "Memorial sobre las misiones neomexicanas." Se convierte así este templo en la iglesia en uso más antigua de los Estados Unidos. Las excavaciones realizadas en ella en 1955 —y parte de las cuales se muestran al público cerca del altar mayor a través de una especie de trampa— confirmaron aquella antigüedad. Sólo un techo ardió —excepcionalmente— cuando el levantamiento de 1680; a partir de la reconquista de Vargas volvió a abrirse al culto, debidamente rehabilitada, y en 1710 quedó completamente restaurada por las obras del marques de la Pehuela, según consta en una de las vigas de la iglesia. En 1830 Simón Delgado colocó un tercer tejado, y fue objeto de nuevas reparaciones en 1887, a causa del desastre producido por una tormenta en 1872, que derribó su torre.

El altar data de 1798, gracias a la generosidad de D. José Antonio ortiz. Sustituido en el siglo XIX por otro de estilo victoriano, ocupa hoy su primitivo emplazamiento, tras las obras de restauración de la iglesia a su genuino estado, terminadas en 1955. Siguen presidiendo el altar la estatua —"santo"— de San Miguel, en perfectas condiciones de conservación}, y seis óleos representando al Arcángel vencedor de Lucifer, Santa Teresa de Avila, Santa Gertrudis, San Luis, San Francisco, todos de una época comprendida entre 1710 y 1776, y todos originales de la iglesia. Otros dos óleos no han podido recuperarse; y en su lugar han sido colocados dos "santos" o cuadros de San Antonio y San Francisco.

Completa la visita, llena de reminiscencias hispánicas, la contemplación y la audición de una gran y sonora campana, colocada hoy en la sacristía, ~ que contiene la inscripción de: "San José, rogad por nosotros. 9 de agosto de 1356". Procedente de Andalucía parece ser que arribo al Nuevo Mundo en 1712; se ignora la fecha de su llegada a Santa Fe.

La casa más antigua de Estados Unidos. Enfrente de San Miguel aguarda nuestra visita la casa más antigua en los Estados Unidos. Construidos sus muros básicos de adobe en el siglo XII y XIII por los indios pueblos, habitantes de la región fueron aprovechados por los españoles, que elevaron con ladrillos de adobes la edificación hoy existente. Pudo salvarse de la destrucción de 1680, porque, los indios la respetaron a causa del primitivo origen indígena. Las más variadas gentes han sido sus usuarios: indios, brujas, misioneros, esclavos, aventureros, etc.; todo tipo de leyendas rodea el lugar que hoy está convertido en un museo que ofrece, además la reconstrucción de lo que era un hogar hace dos siglos.

No hace mucho se ha constituido la *Colonial New Mexico Historical Foundation*" y se ha instalado en el *Old Cienaga Village Museum* el antiguo "Rancho de las Golondrinas," a unos 13 kilómetros. al suroeste de Santa Fe.

Calles y museos

No lejos de la catedral ubícase el hotel "La Fonda," centro social de la ciudad. Edificio no moderno, con aspecto externo de adobes, es confortable y tiene un acogedor patio central, en que se almuerza, presidido por una imagen de la Virgen de Guadalupe en azulejos. El comedor principal del hotel tiene entrada directa a la calle. En el vestíbulo principal, una de las paredes está cubierta totalmente por una gran pintura, conteniendo el mapa de Nuevo México con el escudo de España en el centro y figuras de conquistadores y misioneros a los costados; en los altavoces transmiten una suave música, la mayoría de las veces a base de pasodobles, sevillanas, canciones de *Los Chavales de España*, etc.

Pintorescas calles nos hacen disfrutar de las delicias de ser peatón, y más si se llevan por nombres de los de Don Gaspar, Don Diego Coronado, De Vargas, García, Castillo, Delgado, Cerrillos, Agua Fría, etc. Como nos encontramos en la ciudad de los "dons" (los antiguos españoles así son denominados), el Teatro de Comedia no podía menos titularse "Don Juan." Para reparar las fuerzas nos ofrecen sus especialidades *Three Cities of Spain, La cocina de Santa Fe, El Corral y El Nido*, y libros podemos comprar en *The Village Book Shop* o *La Conquistadora Book Shop*.

Si tomamos la Alameda y el Camino del Monte, arribaremos a los museos de Arte Ceremonial Navajo y de Arte Popular Internacional: una sección de éste dedicada al arte colonial local nos familiariza con los "santos" (tablas) y "bultos" (esculturas) en su mayoría de temas religiosos, en los que se patentiza el encanto, dentro de su primitivismo, de las influencias españolas en los artistas indígenas del Nuevo Reino, los llamados santeros, entre los que destacan Molleno (¿Moreno?) y Aragón. San Acacio se nos aparece crucificado y vestido con levita a la usanza decimonónica. Muchos "santos," obra del español Rafael Aragón, llegado a Nuevo México en 1820, nos muestran una más moderna influencia española. Un nicho nos describe con sus figuras en miniatura "el gran poder de Dios" y un retablo nos presenta en rojo al Santo Niño de Atocha; una colcha de lana o una jerga o alfombra nos hablan de la habilidad manual de las damas hispánicas, y un rincón una tarima o asiento, un trasero o aparador, una silla, una mesa y un banco, por ejemplo, nos sugiere el ambiente de un hogar en el Nuevo México del siglo XVIII.

Distinto es el espectáculo, inesperado también por no similares razones, de la representación al aire libre, en el curso del verano, en un parque de los alrededores de una ópera, por ejemplo, *Tosca*, cantada por la española Mirna Lacambra, con la Sierra de Sangre de Cristo por telón de fondo, o *La Vida Breve*, en agosto de 1975.

Visita de los Reyes de España. Don Juan Carlos I y doña Sofía visitaron la ciudad el 29 de septiembre de 1987. En el Palacio de los Gobernadores plantaron un álamo, visitaron la Catedral, el Museo de Arte Popular y el Museo Indio y fueron homenajeados por el gobernador Carryther con una cena de gala. En el Palacio dijo don Juan Carlos a los 350 asistentes: "En España añoramos a todos los españoles que partieron, pero nos sentimos a la vez orgullosos del prestigio y de la huella que habéis dejado y seguís dejando en nuestra cultura." En el Museo Indio recibió a 19 gobernadores de pueblos indios de dichas comarcas: el rey les entregó bastones de mando como sucesores de los jefes de poblados bajo la corona española, símbolo de autoridad sobre sus súbditos. El Rey recordó también que "Santa Fe es reliquia viva de nuestro pasado y todavía sentimos en ella el palpitar de nuestra Historia... sentimos el magnetismo de Nuevo México como debieron sentirlo los españoles que primero se aventuraron por estas tierras..."

Sector oriental

Cabeza de Vaca, el primer blanco. Corresponde el título de primer blanco que pisó tierra de Nuevo México a Alvar Núñez Cabeza de Vaca —junto con sus compañeros—, quien, después del naufragio en las costas de Galveston de la expedición de Pánfilo de Narváez, había sobrevivido a las duras penalidades infringidas por las tribus indígenas que le tuvieron por esclavo larga temporada. Pero sus habilidades de curandero le permitieron capear los malos tiempos y llegar vivo al año 1534, en que pudo reunirse con otros tres compañeros náufragos: Dorantes, Castillo y Estebanico, este último un moro esclavo del primero. En 1535 consiguieron los cuatro huir hacia el oeste atravesar lo que luego se denominaría "Llano estacado", remontar hacia el norte el río Pecos a cierta distancia, torcer hacia el sudoeste, no lejos de la localidad de Artesia, y cruzar el Río Grande poco más arriba de El Paso, cerca de Mesilla y Las Cruces. Su posterior llegada a la ciudad de México y su relato de las riquezas entrevistas en su larga jornada y de las considerables edificaciones existentes en algunos de los pueblos atravesados, promovieron la decisión virreinal de organizar una expedición que confirmara los esperanzadores datos aportados por el intrépido explorador.

Ante la negativa de éste de ponerse a su frente (por sus proyectos de viajar a España y obtener la autorización regia para la realización en su beneficio de tamaña empresa), el virrey Antonio de Mendoza escogió a fray Marcos de Niza, compañero de Pizarro, en la conquista del Perú, y le asignó Esteban como guía, además, de una escolta de soldados. De ser ciertos los informes, el gobernador de Nueva Galicia, Francisco Vázquez de Coronado, acometería la conquista de las regiones nórdicas y la organización de los establecimientos de colonos.

Sector occidental

El Estado que, en su centro, es dividido por gala en dos por el Río Grande, tiene su parte occidental atravesada por el impresionante macizo montañoso de las Rocosas, que, con diferentes alturas, se subdividen en diversas sierras conocidas, casi en su totalidad, por nombres españoles.

Las consiguientes bajas temperaturas invernales —como las secas y elevadas estivales en la llanura—, ocasionaron difíciles momentos a nuestros conquistadores y colonos, que padecieron mucho frío cuando las caravanas de aprovisionamiento faltaron o los ataques indios u otras circunstancias produjeron la destrucción de los alojamientos y de las ropas de abrigo.

Fray Marcos de Niza, el visionario. En la primavera de 1539 partió el grupo exploratorio a pie. Estebanico, en vanguardia, iba anunciando a su jefe la importancia de los poblados encontrados por medio de cruces de varios tamaños que le enviaba con los mensajeros indios hasta que un día le remitió una tan grande como un hombre: la alegría de hallarse cerca de la meta se vio enturbiada por la muerte de Estebanico —junto con sus compañeros—, que se había adelantado a la ciudad, sin aguardar el grueso de la partida. Los indios que se hallaban con fray Marcos rehusaron seguir más adelante, temerosos de correr la suerte de sus hermanos: sólo dos accedieron a acompañar al fraile, quien al llegar a cierta distancia de la ciudad creyó contemplar —con la ayuda de su poderosa imaginación— lo que esperaba: edificaciones con fachadas de oro y con terrazas capaces de albergar un millar de personas formando una agrupación urbana mayor que la ciudad de México.

Para aumentar su entusiasmo, uno de los indios informó que esta era la más pequeña de las ya legendarias ciudades de Cibola. Dio fray Marcos gracias a la Divina Providencia, nombró a las tierras descubiertas Reino de San Francisco, construyó un altar con piedras rematadas por una cruz y tomó solemne posesión de toda la región de Cibola en nombre del emperador. Habiendo regresado en el verano, informó a Coronado y al virrey acerca de las tierras recorridas —algunas desiertas— de la afabilidad de los nativos y de las exploraciones realizadas.

Vázquez de Coronado, el joven general. Con tan buenas nuevas, el virrey —que rechazó las entusiastas ofertas de Hernán Cortés para el comando de la empresa— otorgó a Vázquez de Coronado, el 6 de Junio de 1540, la comisión de llevarla a cabo, y gracias al dinero de Mendoza y de la esposa de don Francisco, pudieron ponerse en marcha 336 hombres debidamente equipados, 100 indios, 552 caballos, 600 mulas, 5.000 ovejas y 500 cabezas de ganado. La mayoría de los componentes no había cumplido los treinta años (el general, aunque llegado a ellos, no los había pasado) y eran de nacionalidad española, con la excepción de algún portugués, escocés, siciliano o alemán. Sólo tres trajeron consigo sus esposas, y una de ellas actuó como enfermera —la primera del continente— y cabalgó más de 10.000 kilómetros en el curso de la expedición. No podían faltar varios religiosos, con fray Marcos de Niza a su cabeza. Dada la proximidad de Cibola al golfo de California —según los informes de éste—, una formación naval acompañaría al grupo de tierra y le serviría de base de aprovisionamiento. "Es quizás la empresa exploratoria individual más elaborada de la historia de Norteamérica," al decir de E. G. Bourne.

Pronto se dieron cuenta los viajeros de las exageraciones del fraile franciscano: ni los campos eran fructíferos, ni los indios tan amistosos, ni la tierra buscada estaba cerca del mar. André Maurois califica a los indios de cuentistas. Coronado tomó entonces la decisión de cambiar el rumbo hacia el Nordeste y de ponerse al frente de un grupo exploratorio de 50 hombres que, dada la lentitud de la caravana, pudiese adelantar las buenas nuevas que, sin duda, aguardaban. Entrando en Arizona recorrió Coronado su rincón sudeste, hasta llegar a la carretera 66, para torcer entonces hacia Levante. Mediado el verano divisó la avanzada la ciudad entrevista por fray Marcos, y para su gran desilusión el poblado no relucía de oro: se trataba de unas cabañas miserables de adobe, y los indios zuñis sus habitantes, carecían hasta de alimentos para subsistir; fray Marcos recibió las reprimendas consiguientes.

Hawikuh, una de las ciudades de Cibola. Las ruinas de la ciudad de Cibola, Hawikuh para los nativos, se conservan a 22 kilómetros al sudoeste del subsistente pueblo de zuñi, cerca de Ojo Caliente. En ella había muerto Estebanico, en parte quizá por las demasiadas libertades que se había tomado con.las mujeres indias, y en ella morirían, el 7 de julio, 20 indios al oponerse a los ejércitos del emperador; cuando los desilusionados conquistadores entraron en la ciudad, encontraron que las mujeres y niños habían huido y que el poblado estaba vacío de todo. Coronado, por lo pronto, instaló en ella su cuartel general y la bautizó con el nombre de Granada.

Inmediatamente enviaría a sus lugartenientes en exploración de las regiones vecinas: Pedro Tovar partiría el 15 de julio hacia el Noroeste, y en el plazo de un mes recorrería las tierras de los indios hopis y atisbaría la existencia de la conmoción geológica del Gran Cañón del Colorado, que sería contemplada por primera vez entre los blancos por D. García López de Cárdenas con la patrulla que saló el 25 de agosto desde Hawikuh.

Cuatro días más tarde, Hernando de Alvarado se dirigiría hacia el este con vistas a confirmar los optimistas informes obtenidos sobre sus tierras. Hasta finales de noviembre no llegaría el grueso de la expedición al mando del capitán D. Tristán de Arellano; Coronado la dejaría reposar veinte días hasta su traslado a Alcanfor (cerca de la actual Bernalillo), cuyo emplazamiento —buscado por Cárdenas— le gustó cuando a él llegara en los primeros días de diciembre. Una guarnición de 30 hombres quedó en Granada hasta la retirada en abril de 1542 de la expedición a Nueva España.

Misioneros. Francisco Sánchez Chamuscado y su grupo serían los siguientes españoles que treinta y ocho años después visitarían el lugar, lo mismo que Espejo en 1583. En 1598, D. Juan de Oñate asignó a esta región al padre Andrés Corchado, pero la activa labor misional no empezó hasta 1629, en que los frailes Roque de Figueredo, Agustín de Cuéllar y Francisco de la Madre de Dios fundaron la primera misión en Hawikuh, bajo la advocación de la Inmaculada Concepción. En 1632 sufrirían el martirio los padres Francisco de Letrado y Martín de Arvide, consecuencia de lo cual el gobernador Francisco de la Mora Ceballos envió una punitiva expedición al mando de Tomás de Albizu. Un ataque de los apaches ocasionaría la muerte a fray Pedro de Avila y Ayala el 7 de agosto de 1670; se cree, sin embargo, que su sucesor no pereció en el curso de la rebelión de 1680 por haber huido a la sierra con los indios que sólo descendieron cuando Vargas les aseguró la paz.

Roca "El Morro." Acompañando a los expedicionarios españoles en su viaje hacia el este y especialmente a la patrulla exploratoria de Hernando de Alvarado, nos tropezaremos con "El Morro" (75 kilómetros al sudeste de Gallup), la famosa roca, hoy monumento nacional, que contiene esculpidas en sus varias caras 27 inscripciones, obra de otros tantos conquistadores que acamparon por sus alrededores y quisieron dejar huella escrita de su paso. La más antigua de ellas procede de D. Juan de Oñate el 16 de abril de 1606, no conservándose, si es que existió, la correspondiente a Coronado; pertenecen otras al gobernador D. Francisco Manuel de Silva Nieto, a D. Diego de Vargas, al gobernador Martínez, al insigne D. José de Payba y Basconcelos, al general Juan Pérez Hurtado, al obispo de Durango, don Martín de Elizacochea, en 1737 (el primer purpurado en visitar Nuevo México), etc. Es un impresionante lugar y un inigualable monumento a la gesta española en tierras norteamericanas.

Roca de Acoma. Más al este se sitúa Acoma, hoy una reserva india, inexpugnable roca, vista por vez primera en 1540 por Alvarado y su gente (y denominada por él Acuco) y posteriormente por Espejo. Pasó a la historia por el hecho de armas de que fue protagonista en la época de la expedición de Oñate. Ocurrió que, el 4 de diciembre de 1598, el sobrino del jefe, capitán Juan de Zaldívar, paró en Acoma con 30 soldados. Ante las invitaciones de los lugareños, y no sospechando traición alguna, trepó con seis de los suyos por el sendero hendido en la empinada roca una nube de indios cayó sobre ellos, salvándose sólo tres que relataron lo sucedido.

Enterado D. Juan de Oñate, y tras consultar al parecer de los frailes sobre las causas de una guerra justa, decidió atacar Acoma y nombrar jefe de la tropa punitiva a D. Vicente de Zaldívar, hermano del muerto, que arribo a su destino el 21 de enero de 1599. Al clarear del día siguiente se verificó el primer asalto, y sólo después de tres jornadas de furioso guerrear, Acoma se rindió, quedando el pueblo quemado y 600 indios muertos.

Severa justicia sería administrada a los prisioneros, y 60 muchachas indias escoltadas por el capitán Pérez de Villagra —el futuro autor del poema en 30 cantos *La historia de la Nueva México*, en el que se relata el asalto a Acoma— serían enviadas al virrey para su distribución en los conventos y su conversión y educación. Oñate informaría a su superior de lo acaecido y le pediría refuerzos, que obtuvo en las personas de 73 soldados que arribaron al campamento del general en la Nochebuena de 1600; pero la justicia ejercida, el asalto concluido, había de ser uno de los cargos contra Oñate en el juicio de "residencia" a que sería sometido al abandonar Nuevo México en la primavera de 1605 y perder a su único hijo en el curso de las últimas escaramuzas con los indios.

En cualquier caso, el asalto a Acoma quedara para siempre como uno de los más maravillosos de toda la historia de América, al decir del historiador Lummis.

El novelista, Ramón J. Sender habla mucho de Acoma y del difícil acceso a la aldea, hasta hace pocos años, por un lugar secreto, a cuatro pies y en fila de a uno, en su novela *Los tontos de la Concepción*.

Laguna. A unos kilómetros de Acoma, se encuentra Laguna, quizá uno de los pueblos mejor conocidos por su proximidad al ferrocarril y a la carretera 66. Su Misión de San José se construyó en 1699. Por cierto que uno de los pleitos sonados en la historia de Nuevo México se desarrolló en 1852 entre los pueblos de Acoma y Laguna por la posesión de una pintura de San José, de poderes milagrosos, regalo del rey don Carlos II a fray Juan Ramírez: mientras estuvo en la Misión de Acoma gozo este pueblo de prosperidad en contraste con las calamidades de todo género sufridas por el de Laguna, hasta que una delegación de éste consiguió de sus vecinos, al fin de arduas negociaciones, el préstamo de San José por un mes, llegado el término —y por mor de los felices resultados de su presencia— los vecinos de Laguna se negaron a la devolución, pasándose así meses y años. El veredicto del Tribunal de 1852 fue favorable a Acoma, y cuando una delegación se dirigió a recoger la milagrosa imagen encontraron a ésta a mitad de camino debajo de un árbol; la reintegraron a su primitiva iglesia, en la que aún hoy se venera.

Sector central

Albuquerque. La carretera 66 nos ha llevado, por fin, a Albuquerque. Su erección corresponde a la segunda etapa de dominio español en Nuevo México, a raíz de la reconquista del Reino por D. Diego de Vargas. Una serie de establecimientos se planearon, y el 23 de abril de 1706 el gobernador Francisco Cuervo y Valdés decretó su creación bajo el nombre de "La Villa de San Francisco de Alburquerque" (con el tiempo esta última palabra perdió la primera "erre"), en honor del duque del mismo nombre, virrey de Nueva España; el Gobierno de Madrid ordenó más tarde el cambio de Santo, para sustituir al navarro misionero por San Felipe de Neri, patrón del primer Borbón reinante. La nueva ciudad se centró en la antigua hacienda de D. Luis Carbajal, que se había destruido en la rebelión de 1680. Treinta familias se trajeron de Santa Fe, y el gobernador contribuyó con una campana, el altar y las casullas para el culto. Los edificios oficiales y las viviendas fueron levantándose poco a poco con arreglo al plano preparado, teniendo por centro la tradicional Plaza Mayo, que todavía puede ser visitada.

Albuquerque, que fuera tercera en el tiempo, es hoy la primera ciudad de Nuevo México en extensión y población. "La Alianza Federal de Mercedes" centraliza en ella las reclamaciones que los 75 herederos de aquellos beneficiados por España con concesiones de tierras formulan ante las autoridades correspondientes. Los Tribunales de Justicia deben todavía, con ese motivo, estudiar el derecho español.

Tiene su sede en la ciudad un Cónsul Honorario de España, así como la entidad "La Zarzuela en Albuquerque" que, al promover el género lírico español, ha venido poniendo en escena obras como *La Verbena de la Paloma* en 1984.

La Universidad de New México tiene en dicha ciudad su asiento, y sus modernos edificios muestran el aspecto de las construcciones de adobe típicas en el Estado. Su *Art Museum* patrocinó en 1986 una Exposición colectiva de fotografía española contemporánea. Su *Institute of Foreign Affairs*, y su departamento de español, y de Historia, destacan por su atención hacia lo hispánico.

Sur de Albuquerque: misiones. Como Albuquerque, se fundaron Los Padillas, en 1705, y Los Lunas, en 1716, las dos ciudades al sur de aquélla. En la misma dirección, y siguiendo la carretera 85, nos aguarda Isleta: su pueblo no participó en la rebelión de 1680, y sirvió de refugio al gobernador Otermín en su retirada desde Santa Fe; sus habitantes se establecieron cerca de El Paso, en el nuevo núcleo de Isleta del Sur. Bajo la advocación de San Antonio y San Agustín estuvo sucesivamente la Misión de Isleta, y la tradición sostiene que los restos de fray Juan de Padilla fueron allí enterrados y que su cadáver sube a la superficie una vez al año, e incluso deambula por las calles del pueblo.

Belén y Socorro son otras dos ciudades que se conservan en la misma ruta; la segunda fue bautizada por Oñate, en recuerdo de la amistosa acogida dispensada por los nativos. Estos, como los de la Misión de Sevilleta, se unieron a los españoles en su retirada hacia El Paso en 1680. Los fundadores de su Misión —Nuestra Señora del Socorro—, los padres Antonio de Arteaga y García de Zúñiga, plantaron en su recinto las primeras vides de Nuevo México. A estos padres se debe también la fundación de San Antonio de Senecu, destruida por los apaches en 1675.

Al sudeste de Albuquerque, y no lejos de las anteriores, existieron otras Misiones, de las que se dice que murieron de miedo. Y es que fueron víctimas de los ataques de los temidos apaches y comanches. Antes de la rebelión de 1680 ya estaban desiertas. La Misión de la Inmaculada Concepción, en Quarai, nació en 1629 por obra de fray Francisco de Acevedo —como las próximas de San Miguel de Tajique y San Gregorio de Abó—, y su sucesor, fray Gerónimo de la Llama, muerto en 1659, recibió sepultura definitiva en la catedral de Santa Fe. En los alrededores de las ruinas de Abó se conservan las de dos grandes iglesias, y un monasterio de la Gran Quivira. Este nombre, que durante mucho tiempo fue para los españoles sinónimo de Tierra Prometida o lugar de fabulosas riquezas, acabó por posarse en este modesto lugar, en el que, no obstante la magnitud de los edificios levantados, cuyos muros son elocuente testimonio, no resistió el embate de los indios guerreros y la falta de protección que ante sus incursiones sus habitantes sintieron.

Norte de Albuquerque: fin de la expedición de Coronado. Tomemos ahora la ruta que une a Albuquerque con Santa Fe. En un recorrido de unos 90 kilómetros se va ascendiendo poco a poco, al par que el paisaje cambia de color y pierde vegetación en cuanto se separa a la mitad del camino del verde cauce del Río Grande. La primera localidad de consideración con que nos topamos es Bernadillo. No podemos menos de recordar que nuestro trayecto lo estrenó Hernando de Alvarado con su gente en septiembre de 1540 y que el gran río lo bautizó como de Nuestra Señora (una de las muchas denominaciones que recibió en su historia), después de haber atravesado parajes que le recordaban a Castilla (existe una placa recordatoria en los alrededores). Los indios que encontraron a su paso le saludaron con grandes muestras de cordialidad, lo que le animó a proseguir su viaje al norte, hasta Taos, siempre con la guía de "Bigotes", uno de los caciques de Pecos. Como consecuencia del informe que remitió a Coronado, su general, recibió D. García López de Cárdenas, junto con 14 caballeros y un grupo de indios, el superior encargo de preparar para toda la expedición lugar adecuado en donde invernar. El paraje elegido fueron las 12 ciudades de Tiguex, en la orilla oeste del río, opuesta a la actual Bernalillo. A poco, en octubre, la primera nevada cayó, por lo que el aposentador español no vio más solución que rogar al cacique de Alcanfor, uno de los poblados vecinos, trasladara su gente a otra ciudad y dejara la suya para alojamiento de los españoles, de forma que el grueso del ejército cuando arribara tuviera cobijos en donde refugiarse. El cacique accedió y partió con sus súbditos. La elección complicó a Coronado cuando llegó en diciembre. El grueso del ejército se incorporaría poco después del Año Nuevo de 1541.

La resistencia del pueblo de Moho, 15 kilómetros al norte, determinó a Coronado a infligirle el oportuno castigo: un sitio en regla comenzó en el mes de febrero. El éxito acompañó a los expedicionarios, que regresaron a sus cuarteles setenta y siete días más tarde, después de haber dado un escarmiento —con ánimo de ejemplar— a los resistentes indios.

Con las nuevas del emplazamiento de la Gran Quivira en las tierras del norte facilitadas por el "Turco," un indio prisionero, partió el general con fray Juan de Padilla y un grupo de su gente. El resto pasó el invierno en Alcanfor bajo el mando del capitán Arellano. Durante el verano hicieron éstos incursiones en las regiones próximas, pero a su fin comenzaron a preocuparse por la suerte del jefe. Arellano dejó el mando a Barrionuevo y con 50 hombres se adelantó a Pecos. Allí dio la bienvenida al jefe, quien regresaba desalentado por el engaño del "Turco," al no existir Quivira ni las ricas tierras prometidas (el indio prisionero pereció agarrotado).

Coronado escribió desde Alcanfor al emperador el 20 de octubre de 1541 transmitiéndole sus desilusionadas impresiones: el frío, el hambre y los insectos se presentaban lúgubremente, por otra parte, a los españoles acampados.

El 27 de diciembre don Francisco salió a montar a caballo con el capitán Rodrigo Maldonado y pronto se pusieron a competir. Coronado cayó por defecto del aparejo y una de las pezuñas del caballo de su contrincante le golpeó el cráneo; muchos días pasó entre la vida y la muerte; pero cuando se recuperó, un ansia enorme de retornar con los suyos le invadió. Dio la orden de regresar a Nueva España. La partida comenzó en abril de 1542. Con tan desastroso resultado, Carlos V ordenó no gastar más dinero de las arcas reales en análogo tipo de empresas.

La malograda entrada de Sánchez Chamuscado. En el mismo paraje cercano a Bernalillo fundaron la Misión de San Bartolomé en 1581 los frailes Agustín Rodríguez, Francisco López y Juan de Santa María, escoltados por Francisco Sánchez Chamuscado con sólo ocho soldados cinco indios. Los misioneros habían obtenido permiso para su expedición basándose en la necesidad de convertir a los indios del norte, que en frecuentes ocasiones eran víctimas de los cazadores de esclavos, que lograran buen mercado para ellos en las minas que se estaban poniendo en explotación.

Habían atravesado la frontera mexicana el 5 de junio de 1581, en las cercanías de El Paso, y habían remontado el río Conchos y más tarde el Río Grande, en las cercanías de Socorro. Llegarían hasta Taos, en el norte, y, como hemos visto, hasta Acoma y Zuñi en el oeste. Una gran habilidad diplomática debieron de desplegar para moverse pacíficamente gente tan poca en región tan amplia; pero, al final, fueron pagados los frailes nada menos que con el martirio y Chamuscado con la muerte en su viaje de regreso. en abril de 1582.

Hernando Gallegos, uno de los supervivientes, informó de la jornada a la posteridad.

Misiones. Antes de Bernalillo hemos contorneado Alameda, en donde estuvo, en tiempos, San Francisco —la Misión cuyas ruinas se alzan todavía—, y no lejos de ellas el pueblo de Santa Ana, que ostenta igualmente los restos de su antigua iglesia. San Felipe —cuyo nombre se debe a Castaño de Sosa—, queda también próximo y su Misión fue levantada por fray Cristóbal de Quiñones en 1605. Todas ellas pasaron por la destrucción de 1680. No así la de Santo Domingo que fue hallada intacta por el gobernador Otermín en su retirada hacia el sur, si bien sus tres frailes —Francisco Antonio Lorenzana, Juan de Talabán y José Montes de Oca— sufrieron el martirio el 10 de agosto.

Pero si se salvó del fuego, no tuvo la misma fortuna con las inundaciones del río. Cuando reconstruida en 1885, fue trasladada a corta distancia. Hoy polariza la atención de las gentes de los alrededores en su fiesta anual del 4 de agosto. El cercano pueblo indio se resiste a la electricidad y demás adelantos modernos, incluso a ser fotografiado.

Desviándonos por la carretera 44, se nos hace accesible el pueblo Sía, en cuyos contornos fray Alonso de Lugo edificó la Misión de Nuestra Señora de la Asunción, allá por el 1598.

Los nativos se sumaron a la rebelión de 1680, y cuando el gobernador Cruzate intentó reconquistar Nuevo México, se desarrolló en Sía, el 1 de agosto de 1689, la más sangrienta batalla de toda la revuelta: 600 indios murieron y muchos cayeron prisioneros; no olvidarían en lo sucesivo esta sangrienta lección, y colaborarían eficazmente con Vargas cuando a los pocos años apareció con sus gentes. Carretera arriba en Jemez, se yerguen las ruinas de las tres misiones de San Diego, San José y San Juan. El capitán Barrionuevo bautizó los siete poblados encontrados en 1541 con el nombre de Aguas Calientes, que coincide con el moderno de Hot Springs.

Pero prosigamos nuestra marcha por la carretera 25. A poca distancia de ella nos aguarda el pueblo de Cochití, especialmente atractivo, el día 14 de julio, fecha de su conocido festival anual, o Danza de la Lluvia.

Se encuentra una antigua Misión —la de San Buenaventura— levantada por Vargas en el lugar de la anterior quemada, dos kivas y una pintoresca plaza en el centro del pueblo, que fue descubierto por D. Juan de Oñate en 1598.

Sector septentrional

Misiones y el santuario de Chimayó. La vía que une a Santa Fe con Taos nos depara, como primer poblado que nos da la bienvenida, Tesuque, construido después de 1694, al occidente del antiguo, abandonado en 1680, cuando la rebelión. Tenían motivos para huir sus habitantes, desde el momento que en Tesuque se derramó la primera sangre el 9 de agosto, cuando un español, Cristóbal de Herrera, pereció asesinado. El padre Pío, que se hallaba ausente, también murió al día siguiente. Dos indios amigos se apresuraron, camino de Santa Fe, para informar de la revuelta. Los dirigentes de ésta decidieron adelantar su estallido antes de que los españoles pudieran reaccionar. La chispa que todo destruyó se encendió, pues, en Tesuque. En este pueblo, aún hoy en día ningún tesucuano puede ausentarse sin el permiso de su gobernador.

A 21 kilómetros se sitúa la Misión de Nambé fundada en 1598 por fray Cristóbal de Salazar; uno de sus sucesores, fray Tomás de Torres, recibió el martirio en 1680, al par que su iglesia fue destruida. La actual procede de 1729, en que el gobernador D. Juan Domingo de Bustamante la erigió a sus expensas, a fin de dar cabida al número progresivo de conversos. No se muestra, sin embargo, con su genuino aspecto, ya que ella, como otras en Nuevo México, ha sido víctima de inadecuadas restauraciones que le han dado un aire moderno, con pérdida de su carácter primigenio.

En una solitaria región, el santuario de Chimayó es la ansiada meta de cuantos confían en sus virtudes milagrosas para curar enfermedades, y viejos y jóvenes, hombres y mujeres, a caballo, en automóvil o a pie, tullidos y enfermos. acuden a rezar fervorosamente, uniéndose a la piedad de los mexicanos residentes en el lugar (no es Misión de indios). Cuándo se descubrieron las milagrosas virtudes de la tierra de Chimayó no se sabe, pero sí que en 1816 su propietario, D. Bernardo Abeyta, erigió una considerable iglesia.

Dice la tradición que una pequeña cantidad de la tierra de Chimayó diluida en agua cura cualquier padecimiento si el recipendiario tiene sincera fe. No se cobra cantidad alguna por el tratamiento. pero los devotos hacen ofrendas en señal de agradecimiento. El santuario de Chimayó fue el motivo de un tremendo incidente a mediados del siglo pasado: la señora Carmela Chávez heredó de su padre el santuario, y con las cantidades recaudadas realizó extensas reparaciones en la iglesia e hizo cuantiosos donativos; sus relaciones con los franciscanos, aun con los franceses que sustituyeron a los españoles, siempre fueron excelentes. Pero un joven cura llegó a la parroquia y quiso obligar a la señora a donar el santuario a la Iglesia, bajo pena de excomunión: ante su negativa —por constituir su medio de subsistencia— la excomulgó, si bien el obispo, al enterarse, no mantuvo la decisión de su apasionado subordinado y la paz se restableció.

La Misión de San Ildefonso se encuentra en la región y en la carretera que lleva a "Rito de los Frijoles". En las revueltas de 1680 y 1696 murieron los padres Luis de Morales, Antonio Sánchez de Pro, Francisco Corvera y Antonio Moreno, y sus alrededores fueron escenario de dos terribles batallas entre los indios rebeldes y las tropas de Vargas, finalmente victoriosas. La cercana Misión de Santa Clara se mantuvo por largo tiempo en buen estado —no obstante su construcción en 1782—, constituyendo uno de los mejores ejemplos de la arquitectura de su género, pero no hace mucho, por el afán de modernizar su gran estructura se comenzaron unas obras, su techo se vino abajo y con él todo el edificio.

Santa Cruz. Se asienta Santa Cruz a unos 45 kilómetros de la capital, siempre en dirección norte. Se establecieron ya en el lugar colonos compañeros de Oñate, pero, forzados a huir, o muertos, cuando la rebelión, su fundación definitiva no se verificó hasta 1694, en que 66 familias fueron traídas por Vargas, constituyendo la segunda ciudad del Reino, después de Santa Fe. Recibiría el nombre de "La Villa Nueva de Santa Cruz de los Españoles Mexicanos del Rey Nuestro Señor Carlos Segundo", si bien sería conocida en los documentos como "La Villa Nueva de Santa Cruz de la Cañada." Acompañó a los colonos fray Antonio Moreno, que pronto moriría; la iglesia por él erigida sería sustituida por otra en 1733 y hasta hoy se ha mantenido, siendo la más grande y bonita de las iglesias dejadas por España en Nuevo México: cruciforme, contiene dos capillas dedicadas a la Virgen del Carmen y a San Francisco, la estatua de la cual es reputada como una de las mejores del siglo XVII. Santa Cruz ha perdido su otrora importancia (era la capital española del distrito norte de la provincia). En 1837 lucharon en sus alrededores las tropas mexicanas, mandadas por su gobernador, con los indios rebeldes, y también en 1847 —con cambio de papeles— el ejército del coronel Price contra los sublevados de Taos.

San Juan: el gobernador Juan de Oñate y la fundación de San Gabriel. El pueblo de San Juan dista menos de 10 kilómetros de Santa Cruz. Cuando D. Juan de Oñate llegó a Nuevo México, en julio de 1598, los indios recibieron a los españoles muy amistosamente y desalojaron el primitivo poblado voluntariamente para dar morada a los inesperados huéspedes. Por tal cortesía, Oñate otorgó al lugar el nombre de "San Juan de los Caballeros."

Era San Juan el hogar de Popé, por lo que se convirtió en el centro de la conjura antiespañola. De allí partió la orden de que el 10 de agosto de 1680 todos los pueblos se levantaran contra los blancos, los que perecieron en número no inferior a 400. Restaurado el antiguo sistema, toda traza de cristianismo fue destruida (los indios bautizados se lavaron con jugo de yuca para "purificarse") y el uso del español quedó prohibido. Popé, vestido ceremoniosamente, se convirtió en el emperador de los indios pueblos y gobernó en los años sucesivos con tremendo despotismo. Por esta actitud y los renovados ataques de los tradicionales enemigos de los pueblos, Popé fue depuesto, y, aunque restablecido a poco en su mandato, su prematura muerte le evitó presenciar el retorno de sus enemigos en la persona de Vargas. Una notable iglesia elevó éste en el lugar, y hubiera perdurado de no haber sido derribada en 1913 para construir en su lugar un edificio utilitario.

A poco más de un kilómetro, al oeste de San Juan, se encontraba San Gabriel, el primer establecimiento español en el Sudoeste y la primitiva capital de Nuevo México, fundada por Oñate el 8 de septiembre de 1598. Dicho día fue consagrada la capilla de la Misión, en un principio dedicada a San Francisco y más tarde a San Miguel. Sus existentes ruinas se convierten así en los restos más antiguos de cualquier edificación europea levantada en Estados Unidos. Varias celebraciones se organizaron con motivo del acontecimiento: una misa cantada. con asistencia de los caciques de los alrededores: una representación teatral; un torneo a caballo; una corrida de toros —la primera celebrada en el continente Norte—, y una batalla simulada entre "moros y cristianos." En la mañana del 9, Oñate se reunió con los jefes indios presente y les pronunció un discurso sobre la política benévola de España hacia los indígenas y el deber de éstos de prestar juramento de fidelidad al rey de España. La Universidad de Nuevo México ha realizado durante los veranos de 1959 y 1960 investigaciones arqueológica en el lugar, y son muy notables los hallazgos logrados por la profesora Florence Hawley Ellis gracias a los cuales ha sido muy bien localizado el antiguo emplazamiento de San Gabriel.

San Gabriel se convirtió en la capital y Cuartel General de Oñate y punto de partida de las expediciones a las regiones vecinas. De San Gabriel partió la expedición contra Acoma, y de San Gabriel salió Oñate con un grupo de los suyos rumbo al norte. San Gabriel constituiría el primer ensayo de explotación agrícola a base de las semillas y esquejes traídos de España, de trigo, centeno, avena, guisantes, cebollas, melones, melocotones, albaricoques, higos, almendras, nueces, castañas, vides y ciruelas, y de establecimiento ganadero con las ovejas (productoras de lana), vacas y caballos acompañantes de los expedicionarios. Sistemas de irrigación se establecieron, y los indios recibieron las debidas enseñanzas para el consiguiente desarrollo. Los españoles conocieron, al mismo tiempo, el chocolate y el tomate y disfrutaron con la abundancia de los piñones.

Con todo esto, la trascendencia del asentamiento se hacía prever: no podía ser menos, dadas las amplias concesiones obtenidas por Oñate —casado con una nieta de Hernán Cortés— del rey, quien, además de otorgarle el nombramiento de gobernador y un salario de 6.000 ducados al año, le dispensó en ocasiones —hasta el décimo— del quinto real, o participación en las ganancias de la conquista, y le autorizó a repartir tierras y a conceder títulos de "Hidalgo." La empresa se había desarrollado bien desde el principio, y el grupo —compuesto de 129 soldados, 8 frailes, 83 vagones y 7.000 cabezas de ganado, a más de 400 colonos (130 con esposas e hijos) y un número considerable de indios— había alcanzado sin novedad El Paso el 26 de abril de 1598. El día 30, tras solemne misa, había tomado el gobernador posesión de las tierras del Río Grande en nombre de sus reyes y se había arrodillado ante la Cruz; los expedicionarios se habían divertido con la representación teatral —rápidamente escrita y ensayada por el capitán D. Marcos Farfán de los Godos— en la que aparecían conquistadores, frailes e indios, y la primera puesta en escena en tierras norteamericanas.

Taos. Antes de Taos procede que nos adentremos un poco en las montañas que custodian la Misión de San Lorenzo de los Picuríes, bien conservada, ostentando en su altar mayor una escurialense figura de su patrón, junto con otras estatuas de la Virgen del Carmen y de San José. Su situación apartada ha sido su salvación, de modo que guarda su primitivo estilo. con muy pocas influencias subsiguientes. Conocido el pueblo por Coronado, la iglesia comenzó a construirse poco después de 1598 por fray Francisco de Zamora, y sufrió la quema en 1680, junto con su misionero, fray Matías Rendón. El actual edificio procede de años posteriores a 1706, y reúne la peculiaridad de la fabricación de sus muros con barro vertido en moldes, a la manera como se prepara el hormigón hoy día.

Y hénos en Taos, a 128 kilómetros de Santa Fe, bajo cuya denominación se acogen las localidades de Taos, Ranchos de Taos y Pueblo de Taos.

Pueblo de Taos, con sus viviendas comunales indígenas de cinco pisos, es una visita que no puede ser omitida por quien recorra Nuevo México. Ya fueron divisadas por Hernando de Alvarado en 1540 y por Francisco de Barrionuevo al año siguiente, quienes bautizaron al conjunto con el nombre de Valladolid. Taos sería, sin embargo, el que perduraría como transcripción española del indígena Towih. Oñate visitó el lugar en 1598 y le asignó fray Francisco de Zamora a quien se debe la erección de la Misión de San Jerónimo, recinto, andando el tiempo, histórico no sólo por el martirio de sus misioneros en 1680, sino por haber sido el reducto de defensa de los indios en su rebelión de 1847, en el que murieron 150, al ser derribados a cañonazos sus sólidos muros por la artillería norteamericana. También el pueblo de Taos señaladamente participó en la revuelta de 1694 contra Vargas (para vencerlos éste hubo de sitiarlos) y no se levantó de nuevo en 1910 por haber llegado oportunamente la milicia del Estado.

En los Ranchos de Taos se conserva en muy buen estado la Misión de San Francisco de Asís, construida de adobe en 1755, de 36 metros de larga y con dos torres a su entrada, y considerada como una de las más pintorescas de Nuevo México. Su altar mayor contiene ocho cuadros antiguos de reconocido valor artístico. En el costado izquierdo del crucero cuelga una pintura representando a Cristo, en la que éste aparece, si se la contempla de día, de frente y descalzo, y si se la observa de noche, portando una cruz con su silueta en sombra, iluminada por lejanos, resplandadores.

Taos, también conocida por Fernández de Taos, o Don Fernando de Taos, es una localidad situada equidistantemente a cinco kilómetros de las anteriores y que pasó por los desastres de la rebelión de 1680, de la que se salvaron sólo dos de sus habitantes: D. Fernando de Chaves y el sargento Sebastián de Herrera. Fundada de nuevo, después de Vargas, sufrió, en diciembre de 1761, un terrible ataque de los apaches, que obligó al gobernador Manuel de Portillo y Urrizola a dirigir una expedición de castigo, que dejó en el campo muertos a más de 400 indios. Para la historia posespañola, el lugar guarda el recuerdo del asesinato en su casa del primer gobernador norteamericano, Mr. Charles Bent, en 1847; de la estancia de Kit Carson, que se halla enterrado en su cementerio, y de la cura de almas ejercida por el famoso padre Martínez desde 1826 hasta 1856.

Taos ha celebrado solemnemente en 1965 el 350 aniversario de su segunda fundación, con motivo de lo cual se acuñó muy artística medalla. Los actos revistieron gran originalidad, tratándose de una localidad predominantemente habitada en la hora presente por artistas y abundante en galerías de arte. Aunque la mayoría de sus edificaciones de Taos son modernas, mantienen todas una unidad de ambiente de acuerdo a su estilo primitivo a base de adobes. En el "Kit Carson State Park" ondean permanentemente dos banderas rojo y gualda (junto a las de Estados Unidos y Nuevo México) y también a la entrada del principal café y de una tienda principal.

Pecos. No nos queda más que recordar la región de Pecos, al este de Santa Fe, de movida historia. De gran importancia en los tiempos del *Santa Fe Trail*, vio desaparecer su último habitante en 1838, Agustín Pecos, por haberse trasladado los demás poco a poco a Jemez, descorazonados por su indefensión contra los continuos ataques de las tribus enemigas y, sobre todo, por la tremenda epidemia de sarampión, que en dos ocasiones había diezmado la población. Pero su iglesia todavía se eleva al cielo y las cuevas de los indios antepasados siguen siendo visitadas por sus descendientes.

Antonio de Espejo, en busca de Sánchez Chamuscado. Coronado conoció el pueblo en 1540, que en aquella época contaba con numerosa población y con dos grandes edificios comunales. En 1582 apareció por allí Antonio de Espejo, un comerciante adinerado, que con un equipo de 13 soldados y varios indios, además de fray Bernardino Beltrán, había decidido investigar la suerte acaecida a fray Agustín Rodríguez y otros compañeros de Chamuscado. Fueron bien recibidos por las tribus indias encontradas en el camino (Alcanfor, Acoma...) y pudieron enterarse, para su consternación, de la violenta muerte de los buscados. Más al Oeste, Espejo tuvo ocasión de coleccionar muestras de minerales, que llevó consigo a su regreso.

Gaspar Castaño de Sosa y su patrulla. Otra expedición, al mando de Gaspar Castaño de Sosa, teniente gobernador de la provincia de Nuevo León, y formada por un grupo de 170 personas, acompañadas de abundante tren, había atravesado en diciembre de 1590 el Río Grande, cerca de Eagle Pass. Al frente de una patrulla exploratoria, había llegado a Pecos, tras salvar el pellejo a duras penas por haber confiado en exceso en la cordialidad de los nativos. Para el merecido escarmiento y con una audacia digna de los más arriesgados conquistadores, Castaño, con 19 soldados y 17 indios aliados, no se amilanó por las considerables fortificaciones, en las que los habitantes se hallaban parapetados; con la ayuda de dos cañoncitos, ganó la batalla el día final del año e impuso la paz a sus contrincantes. Más tarde estableció su cuartel general en el lugar que se llamaría, con el tiempo, Santo Domingo, y en todo momento mantuvo una severa política de protección al indio; pero había realizado su expedición sin comisión real y fue arrestado; cuando creía que el capitán Juan Morlete venía a honrarle en nombre del virrey, se encontró con la orden de regresar a México, en donde posteriormente seria juzgado y hallado culpable.

Cacique de Pecos era en 1680 Juan Ye, quien advirtió al misionero fray Fernando de Velasco de su muerte inminente (no se salvó de ella, sin embargo, al dirigirse a Galisteo a avisar a su colega) y quien colaboró con Vargas en su campaña contra Taos.

Otras Misiones existieron también en este sector: San Cristóbal, San Lázaro, Santa Cruz de Galisteo, San Marcos, San Pedro del Cuchillo y Ciénaga.

Nombres españoles

La Asociación cívica "New México Amigos" nos dice adiós, entre otras. Cuando el aeroplano se eleva sobre sus tierras, si echáramos mano del mapa para fijar una impresión general sobre lo visto y para hacer una lista-resumen de las localidades, ríos, picos y montañas con nombres españoles, la tarea sería demasiado larga y el lector se sentiría fatigado. En realidad, los nombres españoles sobrepasan, con mucho, en número a los ingleses. Los siguientes darán una medida de los que quedan sin mencionar: condados de Bernadillo, Chaves, De Baca, Dona Ana, Guadalupe, Hidalgo, Los Alamos, Luna, Mora, Otero, Río Arriba, Sandoval, San Juan, San Miguel, Santa Fe, Sierra, Socorro y Valencia, y localidades como Alameda, Alamogordo, Albuquerque, Alcalde, Archuleta, Belén, Bernalillo, Brazos, Capitán, Cárdenas, Carne, Carrizozo, Cebolla, Ciénaga, Del Macho, Cimarrón, Columbus, Corona, Costilla, Cornudo Hills, Cuchillo, Cuba, Dulce, El Huérfano, El Rito, El Vado, Encino, Española, Estancia, Flora Vista, Gallegos, Glorieta, Golondrinas, Guadalupita, Hachita, Hermanas, Isleta, Laguna, La Huerta, La Liendre, La Madera, La Mesa, Las Cruces, Las Vegas, Loco Hills, Los Alamos, Los Chávez, Los Hueros, Los Lunas, Luis López, Madrid, Magdalena, Mangas, Manuelito, Málaga, Mesilla Park, Mimbres, Mora, Mosquero, Ojo Feliz, Padilla, Penasco, Peralta, Pinos Altos, Portales, Ranchos of Taos, Ratón, Río Penasco, Rió Hondo, Romeroville, San Antonio, San Felipe, San Juan, San Rafael, Santa Cruz, Santa Fe, Santa Rita, Santa Rosa, Santo Domingo, Socorro, Solana, Tierra Amarilla, Trujillo, Villanueva y Yeso. De las montañas, unas tienen por tema el religioso, como Sangre de Cristo, Sacramento, Guadalupe, Nacimiento San Mateo, San Juan, San Andrés, San Pedro, Animas, Magdalena, Fra Cristóbal; otros, de animales, como Potrillo, Gallo, Burro, Caballo, Gallinas, o de aspectos naturales, como Alamo Hueco, Pinos Altos, Pedernal, Mimbres, Dátil, Los Pinos, Manzano, Sandía, Cebolleta.

ARIZONA

Fervor y estupor. El Diccionario de la Real Academia Española de la Lengua incluye las siguientes acepciones de la palabra "fervor": "Calor intenso. Celo ardiente. Eficacia suma Con que se hace una cosa." Todas ellas son aplicables a Arizona —como podría serlo a Nuevo México o a Texas—, y cada una refleja un aspecto sobresaliente y característico de este Estado. Su mismo nombre —de evidente origen español— da ya un poco idea de lo que nos aguarda en nuestra visita. En punto a calor, se lleva la palma en grados termométricos, y sus dos primeras urbes, Phoenix y Tucson, son las ciudades más cálidas de los Estados Unidos.

Pero este extremo verano cuenta con un factor digno de apreciar especialmente para los nacidos en Castilla: la sequedad de su ambiente. En Arizona no se respira humedad, no se siente uno agobiado por la intensidad del vapor que aumenta inevitablemente las molestias de la temperatura; en Arizona el aire es seco, y de aquí su importancia para la instalación de una serie de industrias electrónicas, las más avanzadas en el campo científico, que necesitan para su debido funcionamiento la atmósfera menos contaminada con otros agentes externos.

Esta es la razón de que su capital, Phoenix, sea hoy día una de las ciudades de más rápido crecimiento, y quién sabe si en un futuro no lejano se colocará a la cabeza del movimiento técnico de los Estados Unidos; para su beneficio, las nuevas fábricas no necesitan enrarecer el aire con sus "poluciones," sus hollines y humos de todas clases, por lo que Phoenix podrá llegar a ser una poderosa ciudad industrial, con las ventajas que ello implica, sin los inconvenientes tradicionales anejos.

Estas altas temperaturas estivales tienen por corolario unas muy agradables en el invierno; mientras en los estados septentrionales las nieves cubren los campos, en Arizona —en la mayor parte de su extensión— puede uno bañarse en las piscinas que casi todas las casas de un medio nivel poseen. Arizona se convierte así en un lugar ideal para el turismo y refugio de cuantos pueden permitirse el lujo de huir de los fríos y de elegir allí su residencia. Esta circunstancia climática hace también del territorio un lugar muy recomendado para todo tipo de enfermos.

La abundancia de calor trae una correlativa ausencia de agua, que ha ocasionado, en el curso de los tiempos, la formación de un tremendo desierto que cubre los dos tercios del Estado. La escasez del líquido elemento y la desnudez de vegetación con que la naturaleza ha dotado este sector del país se perciben el sobrevolar su geografía. Su aspecto general es rosado, y aun dominado en realidad por la llanura, cuenta con una serie de elevaciones que en sentido sur-norte atraviesan el centro del estado y otorgan a su superficie un ritmo ondulado que quita monotonía a la vista y da la sensación de un gran mar de arena, en el que, por razones geológicas misteriosas, unas olas se han quedado petrificadas antes de romper: Santa Rita, Sierrita, Rincón, Santa Catalina, Santa Rosa, Quijotoa, Cimarrón, Picacho, San Francisco..., son algunos de los nombres que ostentan. Dichas elevaciones, que alcanzan honrosa altitud y proporción en algunos puntos de los condados septentrionales, ofrecen en invierno unos pocos lugares magníficos —como Flagstaff— para los deportes de nieve: Arizona depara, en rara simultaneidad, el baño en el llano y el esquí en la serranía.

El problema del agua ha influido sin duda de manera sobresaliente en la configuración del acontecer arizoniano: sólo los españoles, con su hábito a los climas difíciles y sus enormes dotes de arrojo y de aguante para las penalidades pudieron encarar la ardua empresa de explorar y civilizar este sector del Sudoeste, cuyas características comparten el norte de México y, especialmente, su afín estado de Sonora. Varios ríos recorren la comarca y han pasado a la historia por su primordial intervención en las tareas colonizadoras: Santa Cruz, Gila, San Carlos, Verde... Su aprovechamiento para la irrigación, la prospección de pozos artesianos y la construcción de presas al septentrión han hecho posible que las flores alegren el paisaje desértico y que extensos oasis en valles, y en los que no lo son, proporcionen vegetales y frutas de extraordinario sabor. Estos resultados, cuya obtención fue ya iniciada por los misioneros españoles en el área meridional del estado, se han incrementado enormemente en los últimos tiempos, sobre todo, desde la puesta en marcha del Boulder Dam, enorme pantano que vierte la tercera parte de su caudal en Arizona.

Celo ardiente es la segunda acepción de "fervor." El simple recuerdo de la obra de los misioneros españoles basta para justificar su atribución a Arizona. Si con cualquier parte del mundo el celo misionero es digno de admiración, en esta árida región merece particular homenaje, dados los obstáculos climáticos y de todo tipo con que tuvieron que enfrentarse los hijos de San Ignacio y de San Francisco. Relativamente poco pobladas estaban las tierras de la Pimería Alta cuando los españoles aparecieron (así las nombraron por razón de los indios pimas que en ellas predominaban); por ello, el entusiasmo de los jesuitas primero —desde el padre Kino hasta la expulsión de la orden en 1767—, y de los franciscanos después —desde que sucedieron a los anteriores hasta que, con la independencia de México, desaparecieron las misiones—, tuvo que superar muchas veces el desaliento ante el escaso resultado logrado con los muchos esfuerzos realizados y las numerosas leguas recorridas. De gran ardor —en consonancia con el clima— debían de estar dotados estos misioneros para instalarse en las tierras más septentrionales de los dominios de España, exponerse a las dificultades a que la lejanía y las distancias les sometían y sufrir las periódicas devastaciones de los feroces apaches, que en una noche destruían la obra material, y la espiritual, a veces (por la muerte o el temor que introducían en los indios conversos), cuya granazón había costado años en conquistar. Bien es verdad que los pacíficos sobaipuris o papagos fueron campo fértil para la evangelización, y el florecimiento de las Misiones en Sonora y las que se establecieron en el hoy Estado de Arizona son prueba de ello, pero la rebelión de los pimas en 1751 y las constantes acometidas de los apaches hicieron retroceder los pasos avanzados y dificultar la de por sí ardua labor de cristianización.

La acepción "eficacia suma con que se hace una cosa" es muy aplicable a Arizona a través de diversas facetas y de distintas épocas: puestos a construir una Misión bella, los franciscanos españoles lo consiguieron en San Xavier de Bac (no lejos de Tucson), la más definitiva y la hoy mejor conservada muestra de la arquitectura religiosa española en Norteamérica; merecidas reputación y cotización gozan en todo el país, por su excepcional calidad, los productos artesanos (alfarería, tejidos, cestas...) de los indios navajos, que habitan las reservas del noroeste del estado; poco corriente es la obra realizada por los hombres de empresa norteamericanos al adquirir en corto tiempo para Arizona un notable grado de progreso y desarrollo (sólo fue admitido como Estado el 14 de febrero de 1912, el último, con exclusión de Alaska y Hawaii), concatenado con un paralelo aumento de población, que de 334.162 habitantes en 1920 pasó a un millón en el censo de 1960 (su superficie de 113.956 millas cuadradas permite un aumento aun mayor).

"Estupor" es la otra palabra que cuadra a nuestra actitud ante Arizona. En primer lugar, porque no nos hallábamos conveniente y previamente preparados sobre sus características (creo que es este un problema general); en segundo término, porque, aun habiendo ocurrido tal, la posición humana ante su naturaleza no puede ser otra. Dejando aparte su desierto, la configuración de su territorio y demás aspectos quizá merecedores de nuestra predisposición admirativa, Arizona cuenta con cuatro espectáculos acreedores a nuestra más reverente capacidad de estupor: el Gran Cañón del Colorado, el Desierto Pintado, el Bosque Petrificado y el Cráter del Meteorito.

Situado él Cráter del Meteorito a nueve kilómetros de la autopista 66, entre Winslow y Flagstaff. en el sector norte del territorio, aseguran los científicos que fue producido hace cincuenta mil años por un meteorito que, pesando entre un millón y 10 millones de toneladas, abrió un agujero que todavía tiene casi kilómetro y medio de diámetro v 600 metros de profundidad. La violencia de la escena debió de ser indescriptible. Un anejo museo muestra miles de trozos de minerales extra terrestres. El Bosque Petrificado ocupa nada menos que la extensión de 92.000 acres y es hoy monumento nacional. Se compone de troncos de todos los tamaños y en diversas posiciones, petrificados con el paso del tiempo; se cree que los árboles originales no crecieron en el área, vinieron arrastrados por enormes inundaciones y fueron luego sepultados durante siglos por semitropicales ciénagas. El Desierto Pintado cubre una distancia de 400 kilómetros de tierras desnudas, en las que el hierro y otros minerales ofrecen un formidable arco iris de azules, naranjas, rojos y amarillos en el marco de un paisaje multiforme.

Sector occidental

El Gran Cañón del Colorado. El Gran Cañón del Colorado constituye el espectáculo natural más formidable, impresionante y grandioso de cuantos puedan contemplarse. El río de aquel nombre es uno de sus protagonistas, aunque sea divisado apenas al fondo del cañón; la madre tierra es el otro, que se presenta en el máximo esplendor de formas agudas, romas, imponentes y diminutas, y con colores de la más completa paleta. Su longitud, de 300 kilómetros, con recorrido tortuoso; su anchura —en momentos—, de 14 kilómetros, y su profundidad, que en su punto máximo alcanza el kilómetro y medio, proporcionan una fabulosa visión. Es visitable el Cañón desde sus costados norte y sur, si se utiliza el automóvil, el medio de locomoción en torno al cual el turismo del lugar está montado; por tren se alcanza el sector meridional lo mismo que por avión, aunque esta última forma no es aconsejable, dada la escasez y pequeñez de los aviones en servicio, y la lejanía y elementales instalaciones del aeropuerto en *Grand Canyon*.

Tovar, el europeo que supo primero de su existencia. El primer europeo que tuvo noticias de tamaña maravilla fue el capitán español D. Pedro de Tovar, quien, como lugarteniente de D. Francisco Vázquez de Coronado, recibió la orden de explorar durante el máximo plazo de un mes la región al noroeste de Jawikhu. en donde el grueso de las fuerzas se encontraba. Habiendo partido el 15 de julio de 1540, visitó los poblados de los indios hopi y se agenció de éstos informes sobre la existencia del Cañón, pero, falto de tiempo, retornó a su punto de partida sin haberse acercado a aquél.

López de Cárdenas, quien lo descubrió. Ante las nuevas de Tovar, Coronado despachó el 25 de agosto a un grupo con D. García López de Cárdenas al frente: a éste cupo el privilegio de ser el primer occidental en divisar aquel portento geológico. No pudo, sin embargo. cruzarlo, no obstante los intentos realizados. El cronista de la expedición, Castañeda, enteró al mundo del suceso, sencillamente, a la manera como los españoles relataban sus descubrimientos. Correspondería a otro español la primacia en el cruce del Cañón, no inmediatamente, sino doscientos treinta y seis años después: el padre Francisco Garcés, quien, en el curso de uno de sus exploratorios viajes, lo atravesó en sentido oeste-este el día 26 de junio de 1776. Pocas semanas después, el 8 de noviembre de 1776, otros españoles utilizarían por segunda vez dicho paso: los franciscanos Silvestre Vélez de Escalante y Francisco Atanasio Domínguez, en su camino de regreso de la incursión que les llevara hasta el lago Utah. El paraje sería conocido en lo sucesivo por "El Vado de los padres" o *Crossing of the Fathers*.

En el Centro de Información del Cañón se halla instalada una exposición que recoge los diversos aspectos geológicos e históricos de aquél; incluye la mención a Cárdenas y al padre Garcés, y muestra la traducción del informe de Castañeda. En el sector Sudeste hay también unas elevaciones u oteros bautizados con los nombres de Cárdenas, Coronado, Morán y Escalante y al final del recorrido Sudoeste, en el *Hermits Point* una campana procedente de una de las misiones españolas nos despide. Un monumento a Powel, el primer norteamericano que transitó el Cañón en 1869, se destaca en uno de los observatorios sobre el Cañón, pero ninguno a los españoles pioneros en el lugar.

Curso bajo del Colorado

Hernando de Alarcón; Melchor Díaz. Para aprovisionar al contigente de Coronado arriba referido. unas naves al mando de Hernando de Alarcón remontaron el golfo de California e incluso surcaron el río Colorado, entre California y Arizona, pero ante la falta de noticias (que llegaron cuando habían partido). su capitán optó por ordenar el regreso También pisó tierra arizoniana en busca de Alarcón, con quien había convenido cita Melchor Díaz. soldado y Alcalde de Culiacán al mando de un grupo.

Juan de Oñate. Cincuenta años habían de pasar hasta que los españoles de nuevo exploraron dichas regiones, y así D. Juan de Oñate, en el otoño de 1604, las atravesaría primero de este a oeste, para realizar el camino contrario en el abril siguiente: procedente de San Juan, en Nuevo México, se aproximaría a la desembocadura del río Colorado (bautizándolo así), en el golfo de California, en busca de perlas y de bahías seguras. Esta sería la última expedición del gran gobernante.

El padre Francisco Garcés: martirio. Guarda la localidad de Yuma el recuerdo de la misión española establecida por el comandante-general D. Teodoro de Croix, en 1779, y regida por los franciscanos padres Francisco Garcés y Juan Díaz, de un Presidio y de un establecimiento de colonos.

No funcionaron bien las relaciones entre éstos y los indios, especialmente por la intromisión del ganado hispano en los campos de los nativos. El desastre se produjo con ocasión del tránsito por el lugar, y consiguientes días de descanso, del grupo expedicionario que, bajo el mando del capitán Rivera, se dirigía desde Sonora a California.

Irritados ante la utilización por las caballerías viajeras de sus pastos, los yumas cayeron sobre los blancos el 17 de julio de 1781, matando a Rivera, Garcés, Díaz y 100 personas más. Pedro Fagés dirigió tres expediciones punitivas por orden de Croix. resultado de las cuales fue la liberación de 74 colonos prisioneros. La posibilidad de que los yumas repitieran tan sangriento incidente impulsó a las autoridades españolas a suprimir por el momento la vía de comunicación terrestre con California, quedando ésta pendiente de la vía marítima.

En la localidad californiana de Winterhaven (en frente de la arizoniana Yuma), la estatua levantada al padre Garcés, de bellas proporciones y en medio de una plaza, recuerda a los viandantes la sangre derramada por unos españoles que intentaban abrir el oeste a la civilización occidental.

Sector septentrional

Juan de Oñate en Tusayán. Durante su incursión, Oñate visitó una región que constituiría en el futuro la provincia de Tusayán. Hay constancia —ya lo vimos— de su tránsito en la inscripción existente en "El Morro," la roca, que a pocos kilómetros, en el estado de Nuevo México, retiene en sus paredes marcado recuerdo de una serie de conquistadores y misioneros que pasaron por su aledaños. Habitada por los indios hopi —moqui para los españoles—, sus tierras fueron objeto, a partir de las exploraciones de Oñate, de insistentes intentos de cristianización. En realidad, habían recibido previamente a D. Pedro de Tovar, en compañía del padre Juan de Padilla y de 18 jinetes, y no con una cálida bienvenida: llegados de noche a las inmediaciones del poblado de Awatobi, aguardaron escondidos hasta ser descubiertos al alba por los lugareños, que no se amedrentaron por la presencia de los extraños animales de cuatro patas y opusieron tenaz aunque no victoriosa resistencia a los intentos de los hombres blancos de pasar.

De no haber torcido fray Marcos de Niza hacia el Oriente —y consecuentemente Coronado—, las buscadas y famosas ciudades de Cibola hubieran sido las de Hopiland y no las de los indios zuñi. Todavía se conservan algunos poblados hopi, formando parte de una reserva, incluida a su vez en la mucho más extensa de los indios navajos, que ocupa la mitad norte del estado de Arizona y un trozo del Nuevo México. En estas reservas, en las dos de apaches —en el este—, en la de los indios papagos, en el sur y en las menores de los indios gila, en el centro —no lejos de Phoenix—, y en las cercanías del Cañón, en Hualpai, habitan unos 60.000 indios, lo cual otorga a Arizona unas características especiales de diversos puntos de vista. Durante el mes de agosto continúa representándose en Hopiland la Danza de la Serpiente y de la Flauta, alternándose unos años en Hotevilla, Shipaulovi y Shongopovi, y otros en Walpi y Mishongnovi.

Misiones. La Misión de San Bernardino fue el primer edificio erigido en 1629 por el los españoles en Arizona. Se encontraba en la localidad hopi de Awatobi, y se debieron sus orígenes a los padres Francisco Porras,

Andrés Gutiérrez y Cristóbal de la Concepción, quienes llegaron a la provincia de Tusayán el día de aquel santo patrón. Otras misiones fundaron dichos padres en la misma época: San Francisco de Oraibi, San Buenaventura de Mishongnovi, San Bartolomé de Shongopovi y Kisakobi. El comienzo de su labor misional fue fructífero y contribuyó a ello un milagro atribuido al padre Porras, al devolver la vista a un hijo del cacique. Pero no duraría mucho la bonanza; el 28 de junio de 1633 el padre Porras moriría envenenado por los hechiceros de la tribu; se supone que parecida suerte correspondió a sus compañeros (se carece de datos ciertos).

Posteriormente, los padres José de Espeleta, José de Trujillo, José Figueroa y Agustín de Santa María misionaron en la región hasta que en la rebelión de los indios pueblos de 1680 en Nuevo México, perecieron a manos de los indios hopi; según la tradición conservada hasta hoy, Espeleta y uno de sus compañeros murieron despeñados desde los acantilados de Oraibi. Cuando la reconquista de Vargas en 1692, el general español marchó a Tusayán y recibió la sumisión de casi todos los pueblos antes aludidos. El cacique de Awatobi incluso le solicitó el envío de un misionero, por lo que el padre Garaycoechea visitó Tusayán en la primavera de 1700; le aguardaban, reconstruida en Awatobi, la iglesia incendiada durante el levantamiento y 73 indios que querían recibir el bautismo; pero en el resto de los poblados se topó con una actitud hostil, que cuando partió se exteriorizó violenta con sus hermanos de raza de Awatobi, a los que aniquilaron una noche por sorpresa, en venganza de sus buenas disposiciones cristianas, quedando destruidas por completo sus casas.

La novela de Ramón J. Sender *Los tontos de la Concepción* tiene lugar en este área. Tales indios abrían la boca para recibir las vibraciones acústicas y transmitirlas al tímpano, aliviando así a su innata sordera; su inevitable aspecto, originó el nombre que se conserva en el Río Tonto Basin, Tonto National Monument. etc.

Padre Vélez de Escalante. El padre Vélez de Escalante nos cuenta en su diario que pasó ocho días del mes de junio de 1775 en Tusayán. Era el primer misionero que se aventuraba en aquella tierra después del padre Garaycoechea, pero al constatar la invariable oposición de los indios a la evangelización, llegó a recomendar el establecimiento de un presidio en su territorio. Durante esta estancia concibió la idea de unir a Santa Fe con California, por medio de una ruta que rodeara el Cañón por el norte, idea que puso en ejecución el año siguiente, partiendo de la capital de Nuevo México el 29 de julio de 1776. En su viaje de regreso Santa Fe, atravesando "El Vado de los Padres," volvió a visitar los poblados de Hopi el 16 de noviembre siguiente.

Padre Francisco Garcés. Unos meses antes había pernoctado en ellos el padre Garcés —el 2 de julio de 1776—, después de cruzar por vez primera el Cañón, y en ruta para la Misión de San Xavier del Bac.

Inscription House. Al norte de la reserva de los navajos, y a unos 200 kilómetros de Flagstaff, se halla la *Inscription House*, así llamada por el nombre apenas legible de "Carlos Arnaiz 1661," hendido en una de sus paredes. Ignórase de qué personaje se trata, aunque bien pudiera ser uno de los muchos españoles que se aventuraron por su cuenta en la región y quiso dejar constancia de su paso.

Sector oriental

Fray Marcos de Niza y Vázquez Coronado en busca de las ciudades de Cíbola. No se conservan indicios de que Cabeza de Vaca y sus tres compañeros de fatigas pusieran pie en el estado de Arizona, pero está fuera de duda que, como secuela de sus declaraciones, el virrey de Nueva España envió como avanzada a fray Marcos de Niza en compañía del ex esclavo moro Estebanico; en el año 1539 ellos pisaron los primeros el territorio arizoniano, en camino a las ya legendarias ciudades de Cíbola.

En 1540 el propio fray Marcos acompañó a la expedición que, en virtud de su testimonio, se organizó bajo el mando de D. Francisco Vázquez de Coronado, siguiendo la misma ruta anterior, Coronado y sus hombres estuvieron, pues, dentro de los contornos de Arizona: entraron por la parte Sudeste y, manteniendo la dirección norte, llegaron a la hoy ruta 66, para torcer entonces a la derecha, rumbo a Nuevo México. Numerosas designaciones geográficas han quedado en Arizona como homenaje a semejante empresa: Coronado National Memorial Park. Coronado Mesa. Coronado Trail, Coronado Mountains. Padilla Mesa y Fray Marcos Mountains.

Sector meridional

Los padres Salvatierra y Kino. Con independencia de estas penetraciones españolas en el norte de Arizona, procedentes de Nuevo México, otras de mayor resultado se realizaron por el sur a partir de 1680, después de la rebelión de los indios pueblos. Correspondió el peso de esta empresa a los padres jesuitas y, entre ellos, al padre Eusebio Francisco Kino, natural de Segno, en los Alpes tiroleses, y quien durante su etapa de profesor de la Universidad de Ingolstadt hizo promesa de dedicarse a la conversión de los indios si se recuperaba de unas fiebres malignas. Desde 1687 a 1711 dedicó su vida a la salvación de las almas de los indios del sector norte de Nueva España, llegando a establecer 29 misiones, con 73 visitas (o misiones dependientes de las anteriores, en las que no había misionero residente), y bautizar más de 48.000 neófitos.

De dichas misiones, ocho se encontraban en el territorio de la moderna Arizona.

Tomando como punto de partida la de Nuestra Señora de los Dolores, en Sonora, visitó tribu tras tribu hasta realizar 13 incursiones al estado que nos ocupa. Así recorrió casi todo su mediodía, levantando mapas que todavía causan admiración por su exactitud.

Su última entrada en Arizona data de 1702. Con posterioridad permaneció en Dolores hasta que en marzo de 1711, contando setenta años, acudió a Magdalena a consagrar la capilla servida por su hermano en religión, el padre Agustín de Campos: durante la ceremonia se sintió inesperadamente indispuesto. y a poco murió. El gobierno mexicano ha anunciado en mayo de 1966 el hallazgo de sus restos. El padre Luis Valverde, que le asistió en sus últimos momentos, relata que tuvo por lecho dos pieles de ternero como colchón, dos mantas de las usadas por los indios y una albarda por almohada.

En sus afanes apostólicos, el padre Kino contó desde 1691 con otro gigante que le acompañaría y completaría en sus conquistas espirituales: el padre Juan María Salvatierra, a quien tocó la responsabilidad asimismo de establecer, merced a su nombramiento, en 1690, de superior de la Compañía de Jesús en Sinaloa y Sonora, las misiones en la Baja California, con Loreto por base. Kino y Salvatierra realizarían conjuntamente en 1701 su memorable jornada hacia el oeste, con el fin de comprobar la peninsularidad de California y de indagar un posible pasaje hacia el mar: aunque se orearon en las costas del golfo no pudieron remontarlas hasta el norte, por el agotamiento de las caballerías, pero sí divisar en el crepúsculo las opuestas y deducir la falta de pasaje marítimo a su través. En dos ocasiones posteriores haría el padre Kino la misma constatación que trasladó a los correspondientes mapas. Otro inseparable compañero del misionero fue el capitán Juan Mateo Manje, quien compartió sus penalidades y se desvivió por proteger con sus hombres al "sotana negra" (según era llamado el padre Kino por los indios). Las andanzas misioneras del padre Kino han sido conocidas últimamente merced al descubrimiento por parte del hispanista Dr. Herbert E. Bolton del *Diario* (en español) del jesuita.

Misión de San Gabriel de Guevavi. Solicitada la presencia de Salvatierra y Kino por una delegación de los indios sobaipuris, asentados en las márgenes del río de Santa Cruz, ambos procedieron a la fundación de San Gabriel de Guevavi en punto cercano a Nogales, en la frontera actual con México. Se tienen noticias de que fray Juan de San Martín se hizo cargo de la Misión, con San Cavetano de Calabazas y San Luis de Bacuancos como visitas. Después de la muerte del padre Kino ningún misionero permaneció en Guevavi, hasta que, en 1731, fray Bautista Grasshoffer fue a ella destinado. Cuando la rebelión de los indios pimas, en 1751, el padre de Guevavi se salvó: no así los padres Francisco Xavier Saeta, Enrique Ruhen y Tomás Tello, residentes en Sonoita (Arizona) y Caborca (Sonora), quienes fueron muertos junto con unos 100 españoles más, la mayoría de ellos mineros en yacimientos recién descubiertos. La rebelión fue dirigida por un indio, Luis Saric, quien, con el prestigio del título de "capitán general de los pimas de las montañas" otorgado por el gobernador español D. Diego Ortiz Parrilla, pudo organizar con éxito el levantamiento. El visitador de los jesuitas, padre Juan Antonio Balthasar, redactaría con posterioridad un informe desfavorable para don Diego.

Aunque los misioneros regresaron a Arizona en 1752, ninguno hubo permanente en Guevavi hasta 1754. En 1763 se hizo cargo de ella fray Ignacio Pfefferkorn y le sucedieron fray Jimeno y fray Pedro Rafael Díaz. Cuando los jesuitas fueron expulsados de los dominios de España por el Decreto de Carlos III de 1767, se hizo cargo de Guevavi el franciscano Juan Crisóstomo Gil Bernabé: tomó entonces la Misión el nombre de los Santos Angeles de Guevavi. Con la desidia laboral de los indios y los ataques de los apaches en varias ocasiones, la misión decayó rápidamente, hasta su abandono en 1784. Los muros se derrumbaron y el tiempo y los buscadores de tesoros acabaron su destrucción. Incluido hoy su emplazamiento en terrenos de propiedad particular, prometedoras excavaciones se están llevando a cabo por arqueólogos del Arizona State Museum. Nada subsiste, sin embargo, en pie que recuerde la existencia de los misioneros en aquel lugar.

Otras misiones. Paralelamente a Guevavi. y como visita, se fundó la Misión de Jamac en una ranchería de Sobaipuris, junto a las ya referidas de Sonoita y Calabazas. De la de Jamac se conoce poco atañente a su fundación y duración, y en lo que se refiere al emplazamiento, sólo se sabe que se encontraba en el valle del río Santa Cruz. en las proximidades de la aludida frontera con México. No lejos se hallaba San

Marcelo de Sonoita, fundada por Kino en el curso de uno de sus viajes, y más tarde conocida por San Ignacio de Sonoita. En ella fue asesinado el padre Enrique Ruhen, cuando la rebelión de los pimas (21 de noviembre de 1751); volvió a ser visitada años después, pero, como Guevavi, quedó abandonada en 1784. De ella no resta ruina alguna.

Sí quedan trazas, además de una placa explicativa, de San Cayetano de Calabazas, en las cercanías de la autopista 19, a unos cuantos kilómetros de Nogales. Se atribuye su origen al padre Kino, en 1694, para el servicio de los indios papagos. Calabazas quedó dependiente de Tubac cuando Guevavi fue abandonado. Al construirse en 1791 una iglesia y una casa para el misionero, se constituyó en misión autónoma. Al desaparecer los religiosos españoles con la independencia de México, la región de Calabazas pasó a manos de D. Manuel de la Gándara, gobernador de Sonora por los años cuarenta. El rancho, con su gran mansión de adobes rodeada por un ejército de peones y vaqueros, se convirtió en uno de los lugares más famosos de la época. Cuando gobernador, Gándara levantó un fortín militar de piedra dentro de sus propiedades para protegerlas de los ataques apaches. Un cambio en la fortuna política obligó a Gándara a huir a California, con lo que su rancho se perdió y con el tiempo sus edificaciones se derrumbaron.

Otras visitas de Guevavi fueron Arivaca, San Francisco de Ati y San Luis Bacuancos, abandonadas probablemente a raíz de la muerte del padre Kino.

Al este de Nogales se extiende el mencionado *Coronado National Memorial Park*, amplio parque conservado por el Servicio Federal y bautizado así por suponerse que el conquistador español entró en Arizona por aquella región o sus proximidades. Un poco más distante, y en el condado de Cochise, tuvo su existencia el Rancho de San Bernadino, muy famoso en la historia de la ganadería arizoniana. La propiedad —de una extensión de 73.240 acres, parte de los cuales pertenecen hoy a México— se originó en una concesión del gobierno mexicano en 1822 a D. Ignacio Pérez. Pasó por varias manos, para acabar en las del famoso "sheriff" John Slaughter, quien en él vivió desde 1890 hasta 1922, año de su muerte. La casa, de estilo español, se convirtió en uno de los puntos de reunión del Sudoeste. Tomó su nombre de las ruinas de una antigua misión situada en su término, de la que no se tienen otras referencias que las contenidas en el *Diario* del padre Garcés.

Misión de Tumacarori. Puesto que hemos entrado en Arizona de la mano del padre Kino, llevando la dirección sur-norte, proseguiremos el camino —por autopista 19, que sigue el valle del río Santa Cruz— hasta Tumacarori, a una distancia de 72 kilómetros de Tucson. A este área arribó el padre Kino en 1691, quien bautizó el poblado con el nombre de San Cayetano y dijo misa en un cobertizo improvisado por los propios indios sobaipuris. En 1698 ya había en el lugar —según testimonio del misionero— una casa de adobes, campos de trigo y rebaños de vacas, ovejas y cabras. La misión, que funcionaba como visita de Guevavi, llegó a alcanzar gran prosperidad; pero la rebelión de los pimas constituyó un paso atrás. Al año siguiente, el pueblo indio se trasladó al presente emplazamiento de aquélla —anteriormente a cierta distancia—, y para protección de todos se fundó un presidio en Tubac, cuatro kilómetros al norte; la Misión recibió la nueva designación de San José de Tumacarori.

Consumada la expulsión de los jesuitas, San José fue atacado en 1769 por los apaches, que, sorprendiendo a los habitantes en pleno mediodía, quemaron las casas y la iglesia, de la que no quedaron más que las ruinas. Cuando Guevavi hubo de ser abandonada, Tumacacori se convirtió en misión permanente y centro de las demás del distrito. Se cree que la presente iglesia comenzó a construirse en 1800 y que ya estaba en uso en 1822. Con la independencia de México sobrevino la decadencia de San José. La expulsión de los misioneros, colonos y soldados españoles, la indefensión de Tumacarori ante los apaches y la falta de la ayuda anual del gobierno español, que el mexicano no continuó facilitando para su sostenimiento, son unas cuantas de las razones por las que la misión se vino abajo. Vendida en 1840 a un particular, en 1848 los indios abandonaron el lugar, llevándose las imágenes y otros objetos de valor a San Xavier del Bac, en donde hoy se hallan.

Una inspección a Tumacarori nos servirá para comprobar el buen estado de conservación de las ruinas de la iglesia y el cuidado que en ello pone el Servicio Nacional de Parques; el resto de los edificios —con la excepción de la capilla circular mortuoria— se derrumbó. Arqueólogos de aquel Servicio están realizando fructíferos trabajos de investigación y descubriendo los graneros, establos y alojamientos; en el edificio de una escuela de reciente construcción se han levantado los suelos para manifestar los pertenecientes a las antiguas edificaciones. El suelo de una especie de claustro aparece en inmejorables condiciones. Es curioso notar que buena medida del daño causado a la Misión en general, y en concreto a la iglesia, se ha debido a los "buscadores de los tesoros de los jesuitas" —aquí, como en otras partes—, que creían en la leyenda del oro sepultado por los padres al partir, suposición errónea, toda vez que la iglesia no comenzó a levantarse hasta treinta años después de su marcha. La reconstrucción —no completa todavía— se ha verificado en diversas etapas, la última en 1949, gracias a los procedimientos inventados por Rutherford J. Gettens y Charlie R. Steen. Con la guía de las pinturas rescatadas, llegaron estos expertos a la conclusión de que podría ser recreada la decoración interior con un suficiente grado de aproximación a la realidad.

La iglesia no es de grandes proporciones y, aparte de conservar sus muros y su techo, muestra trazas de los altares laterales, del púlpito, del altar mayor y de los característicos colores, todavía vivos, del retablo; existió un coro, pero el arco que lo sostenía se derrumbó. Sobre el altar mayor, la cúpula, en perfecto estado, se eleva a unos 11 metros sobre el suelo. Le sirve de remate una linterna, a la que asciende desde el exterior por unos escalones esculpidos en su superficie. La fachada de la iglesia consta de tres cuerpos: el primero, el portalón flanqueado por dos partes de columnas; el segundo, una ventana con igual adorno, y el tercero y superior, una especie de frontón, todo ello rematado por un medio círculo. Junto a la iglesia se conserva también el antiguo cementerio, y se alza un moderno museo, en el que se exhiben una serie de dioramas alusivos a la historia de Tumacarori (construcción de la iglesia, ataque de apaches y defensa. etc.), una pequeña estatua ecuestre en bronce del padre Kino, pistolas y otras armas de fuego, sables, una campana de madera, libros utilizados por los misioneros, etc.

Tubac: presidio; los Anza, padre e hijo. A cuatro kilómetros de Tumacarori, y siempre hacia el norte, hallamos Tubac. Se trata del emplazamiento del antiguo Presidio de Tubac, establecido en 1752 por orden del gobernador de Sonora, don Diego Ortiz Parilla, de fecha de 18 de marzo de dicho año, a raíz de la rebelión de los pimas. De él, hoy no queda rastro alguno y en su lugar se ha levantado un museo, en el que se muestran dos banderas españolas —una, blanca, con el escudo imperial en el centro, y otra, roja y gualda— y una serie de recuerdos y guerreros españoles, además de otros objetos relativos a los indios de la región.

Tubac contaba, en 1745, 400 habitantes y diez años más tarde una cifra superior a los 500. Tuvo por comandantes a Juan Bautista de Anza, padre e hijo, el segundo de los cuales nació en el Presidio. De Tubac partió el joven para sus famosas expediciones a California, la primera con el objeto de explorar una ruta desde Sonora, y la segunda (el día 8 de enero de 1774), conduciendo un grupo de colonos cuidadosamente elegidos, con destino a la fundación de San Francisco. Con posterioridad, Anza "junior" sería nombrado gobernador de Nuevo México. Es el suyo uno de los ejemplos que contradicen las alegaciones de que los criollos no tenían oportunidad de participar en el alto Gobierno de los Reinos de Indias.

En 1754 se erigió en Tubac una iglesia, bajo la advocación de Santa Gertrudis, que servia a la guarnición y a los indios de las cercanías. Cuando el padre Garcés fundó en 1772, la ciudad de Tucson, se ordenó a la guarnición de Tubac trasladarse al nuevo puesto, lo que no se realizó hasta 1776. Tubac hubiera sido destruido completamente por los padres de no quedarse un grupo de colonos y acudir en su defensa un contingente de indios aliados pimas. Varios escalones descendió hacia su decadencia en los años sucesivos, hasta que en 1856 se abrieron unas minas en las cercanas montañas de Santa Rita. Pasó Tubac entonces por unos años de apogeo e incluso vio salir a la luz el primer periódico de Arizona, *The Arizonian*. Con la orden del Gobierno de la Unión de retirar todas las tropas para acudir al este cuando la guerra civil estalló, quedó la ciudad sin defensa, y primero debido a los apaches v luego a unos bandidos mexicanos, acabaron sus muros en ruinas y emigrando hacia Tucson el resto de sus residentes.

Misión de San Xavier del Bac: 1) padre Kino y otros jesuitas. Con anterioridad a Tucson tenemos que desviarnos a la izquierda para entrar en la reserva de los indios papagos y visitar San Xavier del Bac, la más bonita de las Misiones españolas en Norteamérica. Tiene la peculiaridad de seguir atendiendo a los mismos indios para quienes fue fundada, de modo que no otros —si se exceptúan los turistas— disfrutan de las bellezas estéticas que esta joya arquitectónica nos depara.

Visitó el padre Kino por primera vez Bac (que significa "lugar en donde el agua subterránea emerge temporalmente en un cauce para desaparecer a poco"), atendiendo la solicitud que le hicieran los indios sobaipuris.

Es curiosa su propia referencia a uno de sus sermones, en el que, con afán ejemplar, relató a los indios cómo en los tiempos antiguos los españoles no eran cristianos, la venida de Santiago a sus tierras a enseñarles la Fe, las dificultades del Apóstol en los primeros catorce años, en que sólo bautizó a unos pocos nativos y la aparición a él (en Zaragoza) de la Virgen consolándole y anunciándole que los españoles convertirían a las demás gentes del orbe. Esta argumentación de Kino, su utilización exclusiva de la lengua castellana y del nombre "Francisco Eusebio" y la hispanización de su apellido original de "Chini," son razones —entre otras— que demuestran la completa actuación y el perfecto sentimiento españoles durante su vida misional; desde este punto de vista debe enfocarse su apostolado en los Reinos de Indias al servicio de los intereses de la Corona de España.

A partir de 1692 Kino retornó a Bac muchas veces, siendo siempre cordialmente bienvenido por los indios comarcanos y siempre recibiendo la solicitud de enviar un misionero residente; en noviembre de 1697 pudo alojarse —en compañía del capitán Juan Mateo Manje— en una casa de adobes con vigas y un techo plano que los nativos habían construido para el promedio misionero; en abril de 1700 comprobó, por la información que le proporcionaron los indios congregados, que las conchas azules que habían visto en la Pimería Alta procedían del océano Pacífico y no del golfo de California, con lo que se confirmaba su opinión sobre la peninsularidad de ésta y la posibilidad de hallar una ruta terrestre hasta el mar. El 28 de abril de 1700 se colocaron los cimientos de la primera iglesia, confiada a la protección de San Francisco Xavier; Kino escribió a su superior, padre Leal, solicitando ser nombrado primer residente. En abril de 1701 volvió Kino con Manje por San Xavier y encontró el poblado medio vacío: la mitad de los hombres habían partido como voluntarios a una expedición de la "Compañía Volante de Sonora," que, al mando del alférez Juan Bautista de Escalante, se había organizado para castigar a los apaches, que habían robado caballos y habían matado seis pimas.

Al padre Kino se deben los primeros caballos, vacas y ovejas de Arizona. (Desde entonces las ovejas son importantes en la economía local: la mayoría de los borregueros son vascos, santanderinos o descendientes de españoles de otras regiones.)

El primer sacerdote permanente no sería, sin embargo, Kino, sino el padre Francisco Gonzalvo, en 1701, quien había acompañado a su tocayo en su visita de 1699. Con posterioridad al fallecimiento de Gonzalvo no sería posible el envío de nuevos misioneros hasta 1731, en que llegó el padre jesuita suizo Philip Segesser von Brunegg, instalado por el capitán Juan Bautista de Anza, el padre, no duró; sin embargo, su permanencia ni la de sus sucesores, los padres Stigel, Rapicani, Torres y Bauer. El padre Alonso Espinosa fue el jesuita más notable, después de Kino, y en Bac moró desde 1756 hasta 1766. Cuando la orden de expulsión, regentaba la misión el padre José Neve.

2) Padre Garcés y otros franciscanos. Como remplazante franciscano se incorporó, el 29 de junio de 1768, a San Xavier del Bac, el puesto más septentrional de los dominios de España, el padre Francisco Hermenegildo Garcés. Le aguardaban 60 familias de indios y una iglesia de adobes alzada por Espinosa. Corrió San Xavier a su cargo hasta 1799, si bien durante esa época se halló ausente en una serie de viajes. Ya en octubre de 1768 alcanzó el río Gila —en donde sufrió una apoplejía—, para realizar una segunda "entrada" en el marzo siguiente y padecer en el curso de ella una insolación. Aparte de otras salidas —en cuyo intermedio reparó la iglesia— acompañó al joven Anza en la primera expedición a California, que duró desde el 8 de enero de 1774 al 10 de julio siguiente, y también en la segunda, que le retuvo ausente desde octubre de 1775 hasta septiembre de 1776. La misión quedó atendida en estas etapas por los padres Juan Gorgoll y Félix de Gamarra. respectivamente. Fray Juan Antonio Valverde sucedió a Garcés cuando éste fue trasladado a Yuma en 1779.

Se debe al padre Juan Bautista Velderrain —quien se constituyó en Bac dos años después— el comienzo de la edificación de la actual iglesia de San Xavier, con el dinero prestado por D. Antonio Herreros, con la garantía de las futuras cosechas. Al morir en el 1790 Velderrain, le sustituyó fray Juan Bautista Llorenz, quien terminó la iglesia en 1797. Los nombres de los técnicos autores de esta maravilla arquitectónica se ignoran. Unos suponen que Pedro Bojorquez (cuya gracia aparece en una puerta) y otros, que los hermanos Gaona. Llorenz permaneció al frente de la Misión más allá de 1814, y a su sucesor, padre Juan Vaño, correspondió presenciar al paso de la soberanía de España a México. Fray Rafael Díaz tuvo que abandonar la Misión en 1828, y desde entonces quedó ésta sin padre espiritual. Días de abandono se sucedieron y el edificio comenzó a sufrir los embates del tiempo, de los buscadores de tesoros y de las tropas, que, a veces, allí se refugiaron.

Cuando por el Tratado de México los Estados Unidos obtuvieron los extensos territorios del Sudoeste, las tierras al sur del río Gila, entre las que se contaban San Xavier, quedaron en poder del primero. Más tarde, en 1854, por el denominado *Gadsden Purchase*, los Estados Unidos adquirieron el sector comprendido entre la hoy establecida frontera y el río Gila, es decir, el territorio de que nos estamos ocupando.

A partir de 1866, sacerdotes procedentes de Tucson visitaron San Xavier. Durante todos estos períodos y los que se sucedieron, San Xavier y sus obras de arte se salvaron gracias al amor de los indios, que los vieron, cuando el culto permanente se restableció. En 1873 unas monjas abrieron una escuela para indios, y en 1895 la misión fue ofrecida de nuevo a la orden franciscana. En 1913 se alojó el primer fraile, el padre Ferdinand Ortiz, y unos años después el padre Nicholas Perschl. Al obispo Henry Granjon se deben las obras de reparación que en 1906 salvaron los edificios; ideó, además, el arco de la parte posterior de la misión, que es conocido por su nombre.

3) Edificio. Ostenta la fachada de la iglesia dos blancas torres, con terrazas, inacabada la de la derecha, que flanquean —en impresionante y colorido contraste— un rojizo cuerpo central que se compone de tres partes: portalón, balcón y frontispicio, en el que aparecen los leones de Castilla.

El templo consta de una nave, y el crucero es suficientemente amplio como para albergar, junto con el altar mayor, dos capillas en cada uno de los costados, a cual más rica, en artística ornamentación. Construida con adobe cocido (lo que le ha otorgado una notable durabilidad), mide 33 metros de larga por siete de ancha.

Sus paredes tienen un metro de espesor como término medio. Sobre el crucero se levanta una cúpula de 17 metros de altura. El retablo del altar mayor, de estilo churrigueresco, está presidido por una imagen vestida de San Francisco Xavier, y ostenta en su parte superior, en un rincón, la Inmaculada Concepción, con estatuas de San Pedro y San Pablo a sus lados; rematando el retablo se destacan un busto de Dios Padre y unos medallones de Adán y Eva.

En la capilla de la izquierda, del Salvador, existe una reproducción del sepulcro del santo titular de la iglesia, rematada por una imagen de San Francisco de Asís; la de enfrente se halla bajo la advocación de la Virgen de las Angustias. Uno de los frescos del templo está dedicado a la Virgen del Pilar y abundan los motivos de la concha jacobea encima de las puertas y en otros muchos puntos de las naves. Dos hispánicos leones dan guardia al altar mayor.

Espléndida vista se goza desde la torre terminada, en la que las campanas se hacen oír a larga distancia convocando a misa a los indios feligreses. Desde allí se divisa el antiguo cementerio y la capilla funeraria, próximos a la iglesia, el convento de los padres, la vecina loma en la que se ha reproducido en tiempos recientes la gruta de Lourdes, el poblado indio, la plaza delantera de la iglesia, en otros tiempos adecuadamente enmarcada por edificaciones, etc.

En una capillita, adosada al templo y con salida al claustro, se veneran dos imágenes españolas traídas de Tumacácori; en ella dicen la misa diaria los padres residentes.

San Xavier es escenario de una abigarrada fiesta a cargo de los indios el viernes siguientes a la Pascua de Resurrección, en el curso de la cual se conmemora el arribo de los conquistadores y misioneros, con el desfile de una vistosa comitiva con trajes de época. La visita a San Xavier del Bac quedará imperecederamente en el recuerdo de quienes la realicen y la evocación de la silueta blanca de su iglesia recortándose a lo lejos, confirmará siempre el merecido sobrenombre de "Paloma del Desierto" con que es conocida.

Tucson. Y llegamos a Tucson, esta ciudad tan plena de casas de estilo español, bien sea el llamado colonial, bien el de adobes al modo de Nuevo México, de iglesias de todas las confesiones inspiradas en San Xavier del Bac (verbigracia, la episcopaliana de *St. Phillis in the Hills*), y con multitud de calles, la mayoría bautizadas con nombres en castellano que abarcan la más variada gama de temas, y que en ocasiones constituyen los nombres más bonitos y poéticos dados en ciudad hispánica alguna: sirvan como ejemplo —en transcripción literal— Alta Vista St.. calle Primorosa, avenida Alegre, avenida de Sueños, calle de La Azucena, calle Mecedora, El Burrito Avenue, Flamenco Place, plaza del Encanto, Poquita Vista, vía Golondrina, calle Bendita, calle Loma Linda, camino Aire Fresco, camino A Los Vientos, Cerco del Corazón, Corrida de Venado, La Linda Rama, plaza de Linos, placita del Lobo, Mañana Grande Place, etc., etc. Los conquistadores y misioneros son honrados en el callejero tucsoniense, con Balboa Ave., Alvarado Ave., Camino Coronado, Calle De Soto, Davila Cir., Cortez Place, Columbus Blvd., Soto Ave, camino de Anza, camino de Fray Marcos, calle Alarcón, Coronado Drive, Coronado Rd., El Tovar Ave., El Moraga Dr., camino Escalante, Escalante Rd., Ponce de León Rd., etc. También las ciudades y regiones españolas se hallan representadas: Zamora Pl., calle Zamora, Aragon Rd., calle Aragon, calle Barcelona, Granada Ave., Melilla St., Valencia Ave., Valencia Rd., camino Santiago, calle Sevilla, etc. Referente al santoral, tenemos paseo San Pedro, San Carlos Pl., San Felipe Dr., calle del Santo, camino del Santo, San Rafael Ave., Santa Cruz Ave., San Ignacio Dr, y tantos otros. Existe el Camino Real, el Camino del Norte, Spanish Trail, Camino Español, Camino del Rey, Los Reales Rd., Isabel Blvd., y como estos ejemplos podrían darse hasta una cifra próxima a los 800.

Tucson española recaudó la suma de 450 pesos para ayudar a los rebeldes que combatían a Inglaterra por su independencia.

Es Tucson sede de la Universidad de Arizona, instalada muy bellamente en un parque, poseedora de unas eficaces y prolíficas prensas universitarias y del Arizona State Museum, especialmente consagrado a los indios de la región; en esta última institución se ha distinguido el antropólogo Bernard Fontana.

Pertenece también a la Universidad el Museo de Arte en el que aguarda la sorpresa de la gran colección de obras del pintor español Fernando Gallego, procedentes del retablo de la catedral de Ciudad Rodrigo. Se trata tan sólo de la mitad, y aún así alcanzan la cifra de 26, algunas de considerable tamaño. Son obras de fines del siglo XV, que cuando la invasión napoleónica sufrieron graves daños en los dos asedios a que fue sometida la ciudad salmantina. Vendidas en 1877, pasaron por varias manos, hasta que las adquirió la fundación Samuel H. Kress, con destino al museo en que se exhiben. Formando parte de la colección Gallagher, a la que también aloja el museo, figuran cuadros de Picasso, Dalí, Miró e Hipólito Hidalgo de Caviedes. En otra sala puede admirarse un Ribera.

No lejos del *campus* universitario se halla la *Arizona Pioneer's Historical Society*, uno de cuyos rincones aparece dedicado a España: dos vitrinas ostentan recuerdos de todo tipo (pistolas, espadas, trajes, libros, planos de las Misiones de Kino, reproducciones de disposiciones legislativas, etc.). Una bandera española ondea en la sala, y una serie de valiosos documentos son custodiados celosamente en una caja fuerte por los historiadores Brinckerhoff, Faulk y Peterson. También la biblioteca alberga interesantes ejemplares. El moderno Palacio de Justicia se enorgullece de un aire barroco en consonancia con el estilo de San Xavier: en el jardín posterior del Ayuntamiento se levanta un monumento a la memoria de Eusebio Francisco Kino, formado por un considerable relieve en bronce enmarcado por un gran rectángulo pétreo.

Abunda en Tucson la población hispanoparlante, y sorprende tropezar en las esquinas de las calles, en las plazas, en los bares, etc., con gentes que se expresan en nuestro idioma, algunos descendientes de los colonos españoles, la mayoría procedentes de inmigraciones mexicanas recientes. La jerga denominada *Pachuco* también se deja oír. Existe magnífica hermandad entre las gentes y las autoridades situadas a ambos lados de la frontera, por sentirse pertenecientes a la misma tierra; los mexicanos no son objeto, en general, de menosprecio, lo contrario de lo que suele suceder en otras partes próximas a la línea internacional.

La novela *Cristo Versus Arizona* se desarrolla en el territorio del estado, y su autor, el escritor español y Premio Nobel Camilo José Cela vivió varias semanas en él en 1987; recibió el diploma de "ciudadano honorario de Tucson."

Padre Kino y su fundación. El "Antiguo y Honorable Pueblo de Tucson" debe su origen a una Misión establecida en un poblado indio en pleno desierto. El padre Kino paró en el lugar en 1694, en la ranchería "El Tusonino." Como visita de San Xavier del Bac fue fundada una Misión en San Cosmo del Tucson, pero a raíz del fallecimiento de aquel jesuita no hubo sacerdote que pudiese ocuparse de su servicio. Tucson es la hispanización del toponímico del lugar en dialecto papago, que significaba "al pie de la negra montaña" (el "Sentinel Peak", cercano a la ciudad), y lo usó por primera vez el padre Kino el 1 de noviembre de 1699. En los mapas de este misionero de 1698 y 1701 aparece también el establecimiento de San Agustín del Oyaur, seis kilómetros al norte de San Cosme, para el que el religioso recomendó, en 1706, la fundación de una misión. En los años subsiguientes, las únicas menciones que aparecen son para San Agustín del Tucson. Cuatro meses tan sólo duró en 1757 el intento del jesuita Middendorff de reconstruir la misión: sus 10 soldados no pudieron resistir el ataque de 500 indios. En 1762 el capitán Francisco Elías González escoltó a 250 sobaipuris para su localización en el pueblo, al que denominó San José del Tucson, por haberse verificado el día de la festividad del Patriarca. Al año siguiente se elevó una iglesia bajo su protección.

Padre Garcés; la primera escuela de formación profesional. Antes de partir los jesuitas en 1767, la iglesia se había ya derrumbado. Cuando el padre Garcés vino procedente de San Xavier en 1772, procedió a la erección de alojamientos, una iglesia y una casa para el cura. Cuándo se terminó ésta no se sabe con exactitud, si bien el padre Iturralde informó en 1797 haber visitado una iglesia de adobes con tejado de vigas. A la muerte del padre Garcés en 1781, el pueblo de Tucson comprendía la Misión de San Agustín y la ranchería de San José. Con el progresivo asentamiento de indios de diversa procedencia, se patentizó la necesidad de entrenarles y enseñarles en las distintas modalidades de las industrias manuales: así surgió en Tucson, a cargo de los franciscanos, la primera escuela de formación profesional en los Estados Unidos. Una notable concentración urbana se había consolidado en torno a San Agustín en 1814, pero la expulsión de dichos religiosos en 1828 ocasionaría que la "gente de razón" abandonara el pueblo para residir en el Presidio.

Presidio de San Agustín del Tucson. Desde 1756 el pueblo de Tucson tuvo estacionados intermitentemente soldados españoles, pero hasta 1776 no se estableció en el lugar un presidio, al otro lado del río Santa Cruz. Como resultado de la reestructuración de las defensas fronterizas aconsejada por el marqués de Rubí en 1767, se ordenó la mudanza de la guarnición de Tubac a Tucson, cuyo emplazamiento fue elegido personalmente por don Hugo O'Connor, el comandante-inspector de la frontera el día 20 de agosto de 1775. Durante la construcción del Real Presidio de San

Agustín del Tucson los soldados acamparon en el Pueblo. Las primeras fortificaciones consistían en una empalizada de madera levantada bajo las órdenes de D. Pedro Allende y Saavedra, quien tomó el mando el 11 de febrero de 1777 (el traslado de la guarnición se había efectuado bajo las órdenes del teniente Juan María Oliva). Murallas de adobe se elevaron, así como las necesarias edificaciones: la tarea no estaría terminada hasta 1781 y la superficie urbana comprendería una notable extensión. Tucson se convirtió, pues, en la única ciudad norteamericana rodeada de murallas a lo largo de su historia: tamaña configuración defensiva se patentizaba como necesaria ante los continuados ataques de los apaches. Los años comprendidos entre 1780 y 1810 llevaron aparejado un continuado progreso del presidio, en el que tuvo especial participación el comandante D. José de Zúñiga —anterior jefe del de San Diego—, quien gobernó desde 1795 a 1810.

No se poseen informes completos sobre la constitución del presidio. Parece ser que la muralla tenía una altura de unos cuatro metros, y que en las esquinas del cuadrado fortificado se hallaba una torre dotada con dos cañones. En los primeros tiempos contaba con una sola entrada (situada en la intersección de las calles Main y Alameda), si bien más tarde recibió la adición de otra puerta. Los establos se orientaban hacia el sector norte, con una plaza militar delantera: los cuarteles de los soldados en el sur, dando a la Plaza de Armas, y los graneros y almacenes en el costado este, juntamente con la capilla. La muralla se mantuvo en pie hasta los tiempos de la incorporación de la región a los Estados Unidos, y su emplazamiento venía a coincidir con la calle Pennington hasta el Palacio de Justicia, torcía por la Main St. —*Camino Real*— hasta la de Washington, se alargaba por ésta hasta cierta distancia, en que se dirigía hacia el sur hasta enlazar con Pennington. De su existencia apenas queda un solo recuerdo, empotrado en una de las casas de las calles mencionadas.

Phoenix y sus cercanías. Abandonamos Tucson, siempre rumbo norte, por la carretera 84, que nos conduce a la conocida "Casa Grande" —hoy monumento nacional—, visitada por vez primera por el padre Kino en noviembre de 1694, gracias a las informaciones que le suministró el capitán Manje. Dentro de los antiguos muros de la torre de adobe de cuatro pisos que había sido elevada muchos siglos antes, el jesuita dijo misa.

Un poco más arriba está Phoenix, la capital del Estado. En su Capitolio y en su piso tercero, la serie de pinturas murales titulada *La Caravana del Progreso de Arizona* incluye los orígenes españoles. En el gran vestíbulo del aeropuerto y en uno de sus tres frescos, se muestran las gallardas figuras de un conquistador y de un misionero. A 13 kilómetros hacia el Sudeste se halla la *Marcos Niza Rock*, en la que están inscritos el nombre de este fraile y la fecha de 1539, como recordatorio de su paso por la región en busca de las Siete Ciudades de Cíbola.

No faltan en Phoenix edificios e iglesias al estilo español —verbigracia. el templo de *Brophy Preparatory School*—, ni calles con nombres españoles hasta un número —contando los alrededores— de 170. Sirvan de ejemplo: Aire Libre Ave., Camino de los Ranchos, El Camino Real, Vista del Cielo, avenida El Alba, Camino Del Contento, Loma Linda Dr., Mariposa St., Balboa Dr., Cortez Rd., Coronado Rd., Don Carlos Dr., Granada Rd., Almería Rd., etc.

Entre Phoenix y Flagstaff emerge la ciudad de Prescott, otra de las grandes urbes del Estado. Se tiene noticias de que el español Antonio de Espejo se adentró por esta comarca, en compañía de nueve hombres, durante el invierno de 1582-83. En el camino hubo un momento en que tuvieron que enfrentarse con 2.000 indios.

Minas españolas. Merece la pena tratar, aunque sea brevemente, de las minas descubiertas por los españoles y explotadas por ellos durante un considerable número de años. Se inicia su historia con la aludida expedición de Espejo, quien denundió yacimientos de plata y sales potásicas en las fuentes del río Verde, y que marca el comienzo de la minería en Arizona. Juan de Oñate halló también el metal argentífero en 1604, en las márgenes de los ríos Santa María y Bill Williams. Pero solamente a partir de las prospecciones realizadas por el padre Kino en 1705 pueden considerarse en actividad los trabajos mineros, que alcanzaron relativa significación a lo largo del siglo XVIII: unas minas se situaban en el condado de Mariposa —cerca de Phoenix—; otras, en las montañas de Santa Catalina —al este de Tucson—; alguna por el Desierto Pintado. Si en 1736 se descubrieron los famosos depósitos "Bolas de Plata," en la frontera con Sonora, en 1750, se comenzó a trabajar el cobre en Ajo; el distrito de Quijotoa dio oro en 1774, y en 1777 funcionaba en Arivaca una comunidad minera.

En todo caso, quedó una dorada leyenda acerca de la riqueza de dichos criaderos (se dice que el altar mayor de San Xavier del Bac contenía plata por valor de $ 60.000), y su reciente hallazgo ha sido la preocupación en el pasado siglo y en el presente de numerosos buscadores, siempre ávidos de dar con un verdadero filón. Algunas fueron efectivamente excavadas y beneficiadas de nuevo; muchas siguen permaneciendo en el más profundo de los misterios. Entre las primeras figura la antigua mina de Montezuma, cerca de

Vulture; entre la segunda se cuenta la *Iron Door* (Puerta de hierro), a la que se supone al norte de Tucson.

Nombres españoles

Dentro de la escasa lista de localidades de que el estado de Arizona se compone, las siguientes llevan nombres españoles: Ajo, Casa Grande, Eloy, Guadalupe, Mesa, Nogales, Patagonia, Picacho, Salomé, San Carlos, San José, San Manuel, San Simón, Sierra Vista y Sonora, junto a Anita, Aguila, Agua Caliente, Amado, Bonita, Bosque, Camp Verde, Canyon Diablo, Carrizo. Concho, Cazador, Dos Cabezas, Estrella, La Palma, Ganado. Pica, Piedra y Séneca.

PARTE VI:
LOS ESTADOS DE LAS MONTAÑAS ROCOSAS

El macizo de las Montañas Rocosas es el factor determinante, en esta sexta parte, de la agrupación de una serie de estados. Si en la Primera y Sexta son los océanos Atlántico y Pacífico. respectivamente, y en la Segunda y Tercera la gran corriente fluvial del Mississippi los que sirven de elemento unitivo, en la presente el gran complejo roquero, la cadena más importante en América del Norte, jugará el papel de protagonista. Y en verdad que lo merece, pues se trata nada menos que de un conjunto de unos 6.500 kilómetros de largo, que se extiende de norte a sur, desde México al océano Glacial Artico, con una anchura que oscila entre 600 y 650 kilómetros. Con arreglo a tal criterio, deberían haber sido también incluidos en esta parte los estados de Nuevo México y Arizona, pero su situación sudoccidental ha dejado mayor impronta en ellos, y es predominante, sobre todo desde el punto de vista sustentado en este trabajo, a la de su condición serrana. Serán, pues, tratados a continuación: Colorado, Nevada, Utah, Wyoming, Montana e Idaho.

A Colorado se consagrará un capítulo especial: su pasado y su presente hispánicos plenamente lo justifican. Pero todos ellos constituyen el casi legendario Oeste, el famoso *Far West* de las películas de *cowboys*, y, en especial, los tres últimos. Los estados vecinos, tanto los de la costa de Pacífico —California, Oregón y Washington— como los fronterizos por la otra banda —Arizona, Nuevo México, Oklahoma y Texas— participan en las características con las que los *westerns* nos han familiarizado, pero no son típicos del "Oeste." En los estados de que nos vamos a ocupar, todavía predomina la figura del vaquero —tan española en su origen— y la silueta del caballo —descendiente de los importados hace siglos de Andalucía—: son estados con economía ganadera. En unos y otros abundan las bellezas naturales, pues nos ofrecen nada menos que el Gran Cañón del Colorado, el Hell Canyon, en Idaho, y el Yellowstone National Park. en Wyoming, por citar tan sólo un trío excepcional.

Los territorios correspondientes a esta Parte VI se incluyeron históricamente en la esfera de influencia española (aunque ésta fuera discutida en los que al territorio de Oregón se refiere). El hecho de que parte de los estados de Montana y Wyoming pertenezcan a la cuenca del Mississippi y quedaran encuadrados, por tanto, en los dominios de Luisiana, no pareció razón suficiente para dejar de tratarlos aquí, dada su escasa incorporación real al acontecer histórico de aquella gobernación.

Estos estados, junto con los de la costa del Pacífico, cuentan con una característica desde nuestro punto de vista fundamental: la presencia en sus contornos de los pastores vascos. Son con justicia, pues, desde nuestro punto de vista, los estados vascos de Norteamérica.

Los primeros vascos llegaron a California cuando el descubrimiento del oro, en 1850: a partir de dicha fecha comenzó una afluencia intermitente de ellos, que en un primer momento se dedicaron al pastoreo y en una segunda etapa cambiaron a otras ocupaciones más lucrativas. En lo que a los vascos españoles se refiere, se establecieron predominantemente en Idaho —que cuenta con el núcleo más numeroso de vascos fuera de España—, en Nevada y Oregón, lo cual no quita que también haya habido o haya en los de California, Montana, Wyoming y Colorado. En 1860 un grupo de vascos arribó a Nevada, pero los nombres que primero se conocen son los de Antonio Azcuénaga y José Navarro, que, cabalgando —se les murieron las caballerías en el camino—, procedieron de Texas, y el de Julia Eizaguirre, discutiéndose a cuál de ellos corresponde la primacía. No se sabe por qué dedicaron los vascos al pastoreo de las ovejas, dada que no era esa su común profesión: quizá vieron un campo inexplotado de grandes posibilidades.

La vida de pastor no es realmente muelle, y el salario derivado tampoco se cifra entre los mejores, pero dado que además del sueldo recibían alojamiento y manutención, y que practicaban una vida aislada que les obligaba a ahorrar toda su paga, muchos pudieron formar pronto un capital que les permitió convertirse en propietarios y muchos de ellos en millonarios. Hay que tener en cuenta que en un principio cobraban unos 40 dólares mensuales. cantidades que hoy reciben quintuplicadas cuando se emplean por vez primera en la profesión. Pasan en las montañas la primavera, el verano y el otoño, y bajan a los ranchos en invierno, en la "invernada," época de la "parisión," palabra con la que designan el nacimiento y los primeros cuidados de las crías.

Hace años los pastores se pasaban en el monte meses enteros, con la exclusiva compañía de las ovejas, el perro, el caballo y el rifle; su único contacto con el mundo era la periódica visita cada diez o doce días del "campero" con provisiones. Hoy el borreguero vive en un carro de campaña tirado por caballerías, dotado de cama, cocina de gas, lámpara de pilas o de keroseno y un receptor de transistores; le acompaña además un peón que recibe el nombre de "campero," quien, mientras él se ocupa de las 2.000 ovejas, se dedica a la preparación de la comida, al cuidado de las cuatro o cinco caballerías a su disposición, a la limpieza de los bártulos y, si llega el momento, a la cooperación en la defensa contra zorros y coyotes (pasaron los tiempos de los cuatreros).

Para superar las dificultades de la venida de los pastores ocasionadas por las leyes migratorias de 1921 y 1924, el senador MacCarran, de Nevada, consiguió del Congreso federal, en 1952, la votación de una ley por la que se permitiría la inmigración de vascos "fuera de cuota" y con posibilidad de lograr con posterioridad la residencia permanente. Debido a que la mayoría de los pastores cambiaban pronto de ocupación y la progresiva falta de brazos para las tareas pastoriles, se abolió aquella disposición legislativa, sustituyéndola por un estatuto firmado por los gobiernos español y norteamericano, en el que se limita a tres años —prorrogables— la estancia de los pastores contratas posibilidad de variar de oficio, bajo pena de expulsión del país. Para organizar estos contratos, se fundó en 1950 la *California Ranger Association*, en la que más tarde se dieron cabida a los demás estados cambiando el nombre por el de *Western Ranger Association*. Junto a esta agrupación de patronos, recientemente los pastores han creado una asociación para la defensa de sus intereses y con el fin de estar a salvo de las eventuales irregularidades a cometerse con ellos en su trabajo.

Los vascos se han distinguido siempre por su ejemplar honradez individual y civismo, y con orgullo proclaman que entre los vascos norteamericano no se ha dado caso alguno de criminalidad. Aparte de la profundidad de sus convicciones religiosas, los vascos han mantenido muy unida la institución de la familia en torno a la figura del padre y aun del abuelo. Procede, por último, señalar que no todos los pastores españoles de la región son vascos, no faltando entre ellos andaluces, castellanos y gallegos, que compiten con sus connacionales en ostentar el título de los mejores ovejeros del mundo. Se calcula que hoy viven en esta región unos 60.000 vascos, contando en esta cifra los descendientes de originarios del país hispanofrancés; trabajan con contrato temporal unos 1.200.

COLORADO

Llegando a Colorado en vuelo procedente del oeste, el primer coloquio con las Montañas Rocosas predispone a su favor. Este complejo orográfico, el más importante de los Estados Unidos (excepción hecha de Alaska), impresiona en la manera que todo lo grande de la Naturaleza hace sentirse pequeños a los humanos, no obstante los adelantos técnicos de la civilización. Su altitud y su notable extensión convierten a Colorado en uno de los estados más montañosos de la Unión y en el de superior cota sobre el nivel del mar, con el siguiente haber: 600 picos, de 4.000 metros de altura; 300, de 4.300 metros, y 52, de 4.700 metros, aproximadamente. Nada tiene de particular, pues, que surja el vocablo altor como uno de los dos simbolizadores de las características locales. Y es que las abundantes alturas que se alargan en el mapa en sentido sur-norte separan en dos las tierras coloradenses, que reverenciosas se arrastran a los pies del coloso, que, generosamente las abraza. Esta situación geográfica y esta elevación hacia el cielo han tenido notable influjo en su Historia, la que en su vertiente oriental se ligó, en parte, a los avatares de la Luisiana y se incorporó en su lado occidental a los dominios españoles, siquiera sea de manera teórica. Dicha condición montañosa, en superlativo, favorece la cría ganadera; de aquí la presencia en sus ámbitos de una lucida representación de pastores vascos. Un hombre, Rivera, pudo —a mediados del siglo XVIII— perforar los misterios serranos y conquistar el título de primer europeo atravesador del complejo roquero.

Si damos, a vuelo de pájaro, una vuelta a la redonda por el estado de Colorado, una serie de impresiones se irán recogiendo en nuestras alforjas viajeras. En punto a concretarse en otro vocablo, aparece *vigor* como el mejor resumen de las características de los seres a quienes contemplamos. Porque suponen fuerza intelectual las investigaciones atmosféricas y atómicas que se desarrollan cerca de Boulder, sede de óptima universidad. Necesitaron excepcional vigor los padres Escalante y Domínguez en sus exploratorias correrías, lo mismo que Juan Bautista de Anza para derrotar al temible "Cuerno Verde"; ejemplo de legendarias energías fue el pueblo comanche, y avanzada civilización representaron los indios cesteros, establecidos en el siglo tercero de nuestra era en Mesa Verde; eficacia en la acción —segunda acepción de *vigor*— necesitó la creación *ex novo* por las autoridades españolas de un poblado a la manera occidental con indios salvajes como exclusivos habitantes, y pueden presumir de expresión enérgica —otra acepción— las estupendas obras artísticas de los santeros locales, que vertieron su inspiración y su piedad en "santos" y "bultos"; hay que reconocer un formidable vigor religioso en los penitentes, miembros de las distintas Moradas, quienes, a través de los años, consiguieron conservar las tradiciones de sus mayores, aun a costa de desviaciones heterodoxas, y vigor físico sublimado en valor y en heroísmo lo patentizaron hijos del estado en el pasado conflicto guerrero; excepcional hispano vigor, por último, siembran cada día cuantos descendientes de los conquistadores pueblan el sector meridional, practicando sus costumbres, conservando su fe y hablando el idioma de Cervantes, que incluso radiofónicamente esparcen por los cuatro vientos.

Denver y alrededores

Denver, la capital del estado, es una atractiva ciudad. Por su situación próxima a las montañas (las Rocosas) y su aire seco y limpio recuerda a Madrid. Tiene notable parque con un arco por entrada, bellamente cuidado, que centra los edificios urbanos principales: el Capitolio, el Museo de Historia (Colorado State Museum, en el que trabaja el historiador Harry Kelsey), el Museo de Arte, la Biblioteca y el *City and Country Building*, en el que se albergan los servicios del condado y de la ciudad.

Nada contiene de particular el Capitolio desde nuestro punto de vista. Tratándose de un estado en el que la contribución hispánica es tan notable, no encierra referencia alguna a dicha aportación; en la rotonda existen unos cuantos murales que describen la Historia de Colorado, y del primero, reflejando la vida de los indios, se pasa al segundo, que representa a los *tramperos* o comerciantes en pieles procedentes del este. Tampoco se dan alusiones en las puertas de los ascensores, que ilustran diversos aspectos de la vida del estado. Solamente la bandera local, con la "C" (de Colorado) en rojo y su centro en amarillo, constituye un tributo a los españoles, si es que no se considera tal el retrato de don Casimiro Barela en una de las vidrieras de la cúpula, junto con otros de prohombres del estado, dado que allí aparece este personaje en su calidad de senador del estado por espacio de treinta años (representando a su distrito de Trinidad) y no como descendiente de los colonizadores hispanos.

En el Colorado State Museum, dedicado a la historia del estado, abundan los dioramas, muy bien conseguidos, en los que se relatan gráficamente varias escenas de la vida de los indios (la caza del búfalo es especialmente realista), de la búsqueda del oro a mediados del siglo XIX, etc. No se presta mucha atención a la presencia de España: sólo existe una vitrina con un mapa histórico sobre los primeros tiempos de Colorado, en el que se incluyen varias de las expediciones españolas, y otra, bajo el título de *Conquista española*, que contiene un mapa dibujado a mano de las expediciones de Vargas y Escalante, una coraza, una cota de malla, un par de estribos de plata (procedentes del Perú), una hoja de espada (con la tradicional inscripción *no me saques sin razón, no me enfundes sin honor*) y un dibujo de la bandera de Vargas, consistente en una Cruz de Borgoña con un escudo real en el centro. En el piso superior del Museo, y en una sección dedicada a armas, se exponen algunos objetos procedentes de la conquista española.

En el Museo de Arte se exhibe una notable colección de "santos" y "bultos", obras típicas producidas por los santeros de Nuevo México y del sur de Colorado, especialmente en el período comprendido entre 1750 y 1850, si bien la tradición aún continúa en algunas comunidades. Muchos de ellos fueron creados con destino a las "moradas" de las distintas cofradías de penitentes, que, con un origen parecido a las de Semana Santa de Sevilla, se componían y se componen —ya lo hemos visto— de laicos, que practican especiales ceremonias religiosas y, en particular, las conmemorativas de la Pasión del Señor. Llaman la atención entre los "santos" —o pinturas en madera o cuero— un retablo formado por ocho tableros, atribuido a un maestro, Molleno, de comienzos del siglo XIX, una témpera con los tres arcángeles Miguel, Rafael y Gabriel, y otra, representando el Velo de la Verónica; entre los "bultos" —esculturas de madera cubiertas con yeso y pintadas— el *Carro de la Muerte*, de descarnado realismo, obra del santero José Inez Herrera; varios crucifijos de diferente tamaño; un San Acacio crucificado (vestido de militar, con sus soldados en derredor) y una Santa Librada en la cruz (única mujer así representada).

Contiene también el Museo una sala barroca española, con un retrato de cuerpo entero, debido a Murillo, de D. Diego Félix de Esquivel y Aldama; una mesa; cuatro sillones fraileros; un magnífico bargueño con sus candelabros y otros objetos, y las paredes cubiertas con cordobanes y espejos, y el techo, con un artístico artesonado; un *San Jorge y el dragón*, de un anónimo catalán del siglo XV; un *Abad con báculo*, de anónimo castellano del mismo siglo; *La Adoración de los Reyes Magos*, del Maestro del Retablo de los Reyes Católicos; una imagen de *El Santo* (San Fernando), del siglo XVII, y un *Bodegón*, de Picasso, completan la representación del arte español.

Denver fue fundado en 1858, cuando el descubrimiento de las minas de plata. Se dice que su área fue pisada por vez primera por uno de los hermanos Zaldívar, de la expedición de Oñate, y que el primer *trading post* establecido en su vecindad fue fundado en 1832 por L. Vásquez. No obstante aquella fecha originaria, cuenta con más de 70 calles con nombres españoles, debido a que su población hispánica supera los 25.000; he aquí algunos de los cuales: Alameda Ave, Alamo, Dr., Barcelona, Cimarrón St., Columbia Pl., Colorado Blvd., Coronado Part-way, Cortez St., Durango St., El Camino Dr., Explorador Calle, Mariposa St., Medina Way, Panorama Lane, Toledo St., Tejón St., De Soto St., Verbena St., Vista Ln., Linda Vista Dr., etc. Denver auspicia un Instituto de Cultura Hispánica, presidido durante muchos años por el abogado Charles Vigil, descendiente de antigua familia de conquistadores.

Comprende 35 parques en su área, y en la cercana localidad de Golden reposa enterrado el legendario Buffalo Bill, con un museo complementario. A 45 kilómetros de la capital que alberga a la Universidad de Denver, la localidad de Boulder acoge a la Universidad de Colorado, la única en el país que posee un glaciar para su consumo de agua, y situada en muy bello paraje al pie de las montañas. En su Departamento de español trabajan varios reputados profesores y entre ellos José de Onís, hijo de don Federico y descendiente del diplomático español que negoció el Tratado de cesión a los Estados Unidos de Florida. La Colorado State University tiene por emplazamiento la no muy lejana localidad de Fort Collins, también al norte.

Fort Vásquez. A mitad de camino, en dirección del septentrión, por la carretera 85, y poco antes de Platteville, nos aguarda el "Fort Vásquez", hoy acertadamente reconstruido y al cuidado de la *Historical Society of Colorado*. Se debió su fundación, en 1835, a los comerciantes Andrew Sublette y Louis Vásquez, hijo de español éste y nacido súbdito de Carlos IV, en la ciudad de San Luis (Missouri), el 3 de octubre de 1795. Huérfano de padre a temprana edad, Vásquez pronto participó en el comercio de cueros y pieles al servicio de otros comerciantes, tratando con varias tribus de indios. Recorrió así las cuentas de los ríos Laramie, Green, Big, Horn, Yellowstone, North y South Platte y Clear Creek, la última de las cuales, en los tiempos de los pioneros, era conocida por *Vásquez Fork*. Gracias a tan dilatada experiencia, pudo independizarse y fundar, en unión de su socio, un fuerte, que se convirtió en uno de los centros comerciales de la región. En 1838 organizó una expedición, siguiendo la ruta de Santa Fe y el río Arkansas, para torcer al norte y terminar en el South Platte. Queda una descripción hecha del fuerte en 1839 por E. Willard Smith, como *a nice place*, fabricada con *daubies*, o adobes (ladrillos secos al sol). El fuerte fue vendido en 1842 y Vásquez se dedicó a trabajar en los hoy estados de Wyoming y Utah. Casado en St. Louis en 1846, murió en Westport (Missouri) en 1868.

Oeste de las Rocosas

Interesantes lugares para visitar nos ofrecen las Rocosas. Por el Loveland Pass (casi a 4.000 metros de altura) atravesamos el *Continental Divide*, o División Continental, cima de aquel gran complejo montañoso, que divide realmente en dos partes el estado de Colorado. Esta cima jugó un papel de protagonista en su historia, ya que fue tomada como base teórica para delimitar el costado oeste de los territorios franceses —y luego españoles— de Luisiana. Así aparecen éstos en el sello postal conmemorativo de la compra de la Luisiana por Norteamérica (emitido en 1904) y así fueron entendidos por Jefferson cuando aquélla se llevó a cabo. Dados los derechos adquiridos previamente por España —como luego veremos— en buena porción del estado de Colorado, los dos gobiernos no aceptaron tal divisoria, zajándose la discrepancia entre los puntos de vista norteamericano y español sólo en el Tratado de 1819 de cesión de Florida en la manera que al comienzo vimos.

En la cima referida se sitúa la localidad de Climax, y en ella el primer coronágrafo solar del hemisferio occidental, un telescopio capaz de crear eclipses artificiales del sol, haciendo posible estudiar muchos aspectos de la actividad del astro rey, con anterioridad únicamente observables durante los eclipses totales. A corta distancia, el poblado minero de Fairplay muestra con orgullo el monumento a un hispánico burro, "Prunes", que trajo la buena suerte desde 1867 a 1930 a cuantos fueron sus propietarios. Más hacia el oeste, la carretera 82 nos conducirá a Aspen, excepcional centro para los deportes de invierno, promovido por John L. Herron. Walter Paepcke, fundó en la ciudad el *Institute for Humanistic Studies*, cuya celebración en 1949 del II centenario de Goethe, a la que acudieron una serie de personalidades —pongo por caso, D. José Ortega y Gasset— consiguió gran resonancia. Entre otras actividades culturales, el Instituto concede un sustancioso premio anual e internacional a la persona que más se haya destacado en la promoción de la cultura, y organiza todos los meses de agosto un Festival de Música, que congrega a los aficionados a dicho arte. Al extremo oeste del estado, la ciudad de Grand Junction, centro minero del uranio, nos introduce en el Colorado National Monument, 18.061 acres de monolitos de formas extrañas, cañones, acantilados cortados a pico, cuevas, bosques petrificados y restos prehistóricos con esqueletos de dinosaurios y otros animales, cuya búsqueda es la ocupación de muchos aficionados.

Rivera, el primer europeo en atravesarlas. Los españoles hollaron los terrenos de este sector oeste ya en el siglo XVIII. La existencia de minas, comunicada por los indios amigos, atrajo a los españoles hacia las montañas de La Plata, en los condados de La Plata y San Juan. El gobernador de Nuevo México, Tomás Vélez Cachupín, despachó varias expediciones exploratorias en los años sesenta. Una de ellas, al mando de D. Juan María de Rivera, partió de Santa Fe, según Bancroft y De Voto. en 1761; en 1765, según Alfred B. Thomas. Le acompañaban Joaquín Laín, Gregorio Sandoval y Pedro Mora, entre otros. Llevando una dirección noroeste, pasaron por las estribaciones de las montañas de San Juan. En los cañones de La Plata obtuvieron algunas muestras de mineral y continuaron hacia el río Dolores. De aquí cruzaron al San Miguel. Dirigiéndose hacia el este, atravesaron el Uncompahgre Plateau, desde el que descendieron al río Uncompahgre. Siguieron esta corriente hasta el Gunnison, en el que uno de los hombres grabó en la corteza de un chopo una cruz, las letras de su nombre y el año de la expedición. Este acto tuvo lugar cerca de la localidad de Sapinero. Se trata de la primera vez en que los hombres blancos atravesaron las Montañas Rocosas. Parece ser que el grupo retornó por la misma ruta. En 1775 algunos de los compañeros de Rivera regresaron al río Gunnison, adentrándose durante tres días, pero nada se sabe acerca de si actuaron por su cuenta o en virtud de órdenes superiores.

Los padres Vélez de Escalante y Domínguez. Este sector occidental fue también testigo del magnífico esfuerzo realizado por los padres Francisco Silvestre Vélez de Escalante y Atanasio Domínguez, quienes, animados por el padre Junípero Serra, organizaron una expedición, que partió de Santa Fe el 29 de julio de 1776 —el mismo año de la revolución independentista— y que, en palabras del historiador Alfred B. Thomas, es, incuestionablemente, la más sobresaliente exploración en el oeste de Colorado en el siglo XVIII. Con los padres iban 12, algunos compañeros anteriormente de Rivera; he aquí los nombres que se conocen: Joaquín Laín, Pedro Cisneros y Bernardo Miera. Dirigiéronse hacia el noroeste, en pos de las montañas de La Plata, atravesaron una serie de corrientes de agua que procedían de la cadena de San Juan. De dichas corrientes y de los lugares que marcaban como excelentes emplazamientos de futuras ciudades españolas tomaron deliciosos esbozos a pluma. Su itinerario se ajustó, más o menos, a las siguientes líneas: Abiquiú, en el río Chama; rió San Juan, al que llegaron el 5 de agosto (se cree que traspasaron la frontera entre Colorado y Nuevo México por los alrededores de la actual localidad de Caracas); torciendo más hacia el noroeste, pusieron nombres a una serie de accidentes geográficos: Piedra Parada, Los Pinos, Florida y Las Animas. La parte oriental de La Plata la bautizó Escalante como Sierra de la Grulla, y al río La Plata, como de San Joaquín. Al descender al valle del río Dolores, los campamentos fueron denominados: Asunción, Agua Tapada, Cañón Agua Escondida, Miera, Laberinto y Ancón San Bernardo.

En la segunda quincena de agosto indagaron un paso en los rocosos desfiladeros del valle del Dolores y, no hallándolo, viraron hacia el noroeste en busca de los indios sabuaganas, a quienes sabían situados en aquella dirección. Por fin. dieron con el Cañón del Yeso (Gypsum Canon), para escalar después las montañas y bajar al río San Miguel. Constituyó esta marcha una dura prueba, que dejó a las pezuñas de las caballerías sangrando. El San Miguel fue bautizado como rió San Pedro. En dicho valle pasaron dos jornadas, al término de las cuales treparon al Uncompahgre Plateau, y a partir de cuya cima un indio les sirvió como guía para descolgarse hacia el río Uncompahgre. Siguieron el curso de éste hasta su confluencia con el Gunnison, en lugar próximo a Robideau. Allí se repusieron durante varios días; decidieron los padres después continuar la ruta —no obstante los consejos en contrario de varios indios amigos— y remontar la Plateau Creek hasta el Grand River, en los aledaños de Battlement Creek. En dirección noroeste de nuevo, y a través de una difícil región, abordaron el río White al que cristianizaron como San Clemente, y acamparon en la vecindad de Rangley. Hacia el 9 de septiembre cruzaron la frontera de Colorado con Utah, bordeando el río Green, derrotando a Poniente, hasta el lago Utah. Estas noticias, tomadas del *Diario* del padre Escalante, constituyen el primer relato serio de un sector del estado que nos ocupa.

Mesa Verde

Centro de los indios cesteros. Bajando por la carretera 550, desde Grand Junction, se pasa por Delta, Montrose y Ouray, ciudad esta última denominada en honor del jefe indio Ute, que tanta influencia tuvo en la firma del Tratado de Paz por el que sus gentes accedieron a retirarse hacia Poniente. Ouray hablaba español, lo mismo que sus colaboradores Ignacio y Severo. Más al sur, en el rincón sudoeste del estado, se sitúa la ciudad de Durango (que mantiene relaciones con su homónima vizcaína), y no lejos, a medio camino de Utah, el *Mesa Verde National Park*, en el que, cosa excepcional en los Estados Unidos, es un punto cercano coinciden cuatro estados: Arizona, Nuevo México, Utah y Colorado. Mesa Verde es una alta y aislada meseta, así nombrada por un desconocido explorador español a causa de los bosques de enebros y pinos que la cubren. Dadas las circunstancias topográficas y climáticas de la región, la fertilidad de su tierra y la posibilidad de horadar cuevas propias para la vivienda y el almacenaje en sus escarpados muros, se convirtió en un centro de civilización y colonización precolombinas.

En Mesa Verde habitaron los indios cesteros entre los años 200 y 500 de nuestra Era, y, con cultura modificada, hasta los 700, a partir de los cuales experimentaron adelantos en la edificación de casas y pueblos y en las obras artesanas. Durante el siglo XI, gran parte de los indios se refugiaron en los muros rocosos, edificando en sus oquedades alojamientos, que adaptaron a las posibilidades de espacio. El *Cliff Palace*, con 200 moradas formando terrazas y sus 23 *kivas*, o salas de ceremonia y reunión, es el mayor conjunto conocido, descubierto por los hermanos Wetherill en 1888. Por sus inmediaciones acamparon el padre Escalante y sus acompañantes. La comarca hubo de ser abandonada por sus habitantes en 1276, a raíz de los veintitrés años consecutivos de sequía, que imposibilitándoles la existencia, les obligaron a emigrar y establecerse en la cuenca del Río Grande, en la que Coronado —los indios pueblos— los encontró en 1540.

Sector meridional

Archuleta: la primera penetración europea. Y nos aproximamos al sector sur del estado de Colorado, cuya frontera con Nuevo México sirvió de escenario a diversas penetraciones españolas. En realidad, se trata de una región homogénea, en la que no existen diferencias entre el norte de Nuevo México y el sur de Colorado. Las Montañas Rocosas, en su parte central, y las estribaciones de menor altitud, en su costado oriental, albergando espaciosos valles, forman un conjunto de gran belleza, pero que ocasiona, a veces, dificultades de las comunicaciones, lo que forzó a los españoles a una constante búsqueda de los más convenientes pasos. No se tiene noticia cierta de que Coronado, Rodríguez y Espejo, Sosa u Oñate pusieran los pies en las tierras a que nos referimos, aunque hay historiadores que sostienen que Juan de Zaldívar, uno de los sobrinos de Oñate, las halló, alcanzado las inmediaciones de Denver, y bautizó al río como *Chato,* aludiendo a la poca profundidad del cauce, con parecido significado al de su denominación sajona de *Platte.*

Sí, en cambio, se sabe seguro que a partir de la empresa colonizadora de Oñate los españoles fueron extendiendo su esfera de influencia y asegurando paulatinamente su dominio en el sector. En la consecución de esta política, el gobernador de Nuevo México despachó en 1644 a Juan de Archuleta y un grupo de soldados, portadores también de la más concreta consigna de hacer regresar a varios indios de Taos que se habían refugiado en un lugar que luego sería llamado "El Cuartelejo." Esta expedición constituye definitivamente la primera penetración conocida en el territorio de Colorado por los europeos. Uno de los condados meridionales del estado lleva el nombre de Archuleta como homenaje a dicho conquistador (también una localidad en el norte de Nuevo México). Se cree que por el Río Grande arriba se adentró hasta el valle de San Luis.

Diego de Vargas pisa Colorado. El diario del gobernador D. Diego de Vargas, durante mucho tiempo desconocido, ha sido descubierto recientemente por J. M. Espinosa y nos informa de que el pacificador de Nuevo México pisó los terrenos de Colorado en el año 1694 y que durante varios días en ellos permaneció con su gente. Además, dichas noticias tienen la relevancia de hacernos constatar, al referirse a accidentes geográficos portadores de nombres españoles, que con anterioridad a la de Vargas se habían realizado, indudablemente, diversas incursiones, que, aparte otras tareas, habían llevado a cabo la de bautizar al hispánico modo la neófita geografía.

La expedición partió de Taos en la noche del 6 de julio con el objeto de distraer las fuerzas indias, alarmantemente belicosas e incrementadas en número en los alrededores, con posterioridad a la reconquista de Nuevo México en 1692, motivada por el cruento levantamiento de 1680. El gobernador comprendió que de atacar los indios no iban a tener fuerzas bastantes para rechazarlos, por lo que consideró procedente salir a campo abierto y conseguir entablar batalla con ellos en un terreno en el que los españoles pudieran aprovecharse de su capacidad maniobrera y de las ventajas que les proporcionaban los caballos y las armas de fuego, y, en todo caso, no regresar a Santa Fe por el camino corto. Prefiriendo dar un rodeo, se dirigieron hacia el norte, en la cuenca del río Chama, actuando como regidor del grupo el capitán Lázaro de Misquia e intérprete Mathias Luxan.

Llegados a Arroyo Hondo, el capitán Juan de Olgin avisó de la presencia de una numerosa tropa india, con la cual a poco trabaron combate, con resultado favorable para los españoles, quienes obligaron a huir al enemigo, que dejó en el campo cinco muertos y varios heridos, a más de dos prisioneros, que informaron del conocimientos de los indios de los movimientos de los españoles y de haberles pisado los talones desde su partida, el día anterior —Pasado el Colorado Creek y seguido el Costilla Creek, entraron en el actual Colorado, ganando el río Culebra, para girar después hacia el oeste; surgióles a poco el problema de vadear el Río Grande (al que Vargas denomina Río del Norte), lo que pudo realizarse el 10, dedicando el resto de dicho día y el siguiente a la caza del alce y del búfalo de la provisión de cuya carne estaban muy necesitados los españoles. En el curso del 12 sobrevino un inesperado ataque de los indios utes, que, rechazados, a poco retornaron en son de paz: ocurrió que habían tomado a los españoles por indios pueblos —sus enemigos— disfrazados, y al darse cuenta de su error, quisieron reanudar las amistosas relaciones que con los españoles habían tenido antes de la rebelión de los otros en 1680. Descendiendo de nuevo, y costeando las cercanías de Antonito, salieron de Colorado, para remontar el denominado San Antonio, llegar al río de Ojo Caliente y a la confluencia del Chama con el Río Grande, el que volvieron a atravesar a la vista de San Juan, Pueblo, para entrar sin novedad en Santa Fe el día 16. Con Vargas viajó fray Juan de Alpuente, por lo que es el primer sacerdote que pisó Colorado y posiblemente el primero que ofreció en sus contornos el Santo Sacrificio de la Misa.

Juan Uribarri toma posesión del país. Años después, los indios picuríes huyeron, como los anteriores de Taos, a El Cuartelejo, discutiéndose por los historiadores si ello ocurrió en 1696 o en 1704, o en ambas fechas. El caso es que Juan Uribarri fue enviado en 1706 a recuperarlos, en unión de 40 españoles y una centena de indios aliados. Partiendo de Taos pasó por Fernando Creek hacia las montañas, en dirección de Levante hasta Urac Creek, en cuyo momento, aconsejado por indios amigos, torció hacia el norte, alcanzando la divisoria que separa el río Red de los tributarios del río Purgatoire; el nombre original de éste, en realidad, era "El Río de las Animas Perdidas en el Purgatorio," así bautizado por los españoles que murieron en cierta ocasión en sus cercanías, con posterioridad al padre que les acompañaba por lo que no pudieron recibir la absolución (de aquí el nombre de la ciudad y del condado de Las Animas). Atravesaron Uribarri y los suyos el Cuchara Pass, bordearon los Spanish Peaks y se aproximaron a las Greenhorn

Mountains, mojándose en el río Arkansas justamente en los alrededores del Pueblo. Desde allí se dirigieron durante cinco días hacia El Cuartelejo.

La exacta localización de este punto ha sido objeto de discusión: mientras hay quien lo sitúa en el hoy estado de Kansas, los historiadores Bolton y Thomas no dudan en emplazarlo en el Colorado y en las cercanías de la carretera 50. En este trozo de recorrido los españoles se enteraron de la presencia de los franceses a no muy larga distancia. Una vez arribado el grupo a El Cuartelejo Uribarri tomó posesión del país, con las ceremonias de costumbre, en nombre del rey de España D. Felipe V. Según el informe del propio Uribarri, el abanderado real D. Francisco de Valdés sacó su espada y Uribarri exclamó: "Caballeros, compañeros y amigos: Pacifiquemos por nuestras armas la gran y nueva provincia de San Luis y el gran establecimiento de Santo Domingo de El CuarteleJo como vasallos que somos de nuestro monarca, rey y señor natural, don Felipe V, que viva siempre." El abanderado preguntó: "¿Hay alguien que lo contradiga?" Todos respondieron: "No." El jefe entonces gritó: "Viva el rey, viva el rey, viva el rey", a lo que el abanderado cortó el aire en las cuatro direcciones se dispararon las armas y los sombreros volaron.

Valverde y Pedro de Villazur. No volvieron los españoles a penetrar en Colorado hasta 1719, en que el gobernador Valverde de Nuevo México quiso castigar a los indios utes y comanches: el 15 de septiembre salieron de Santa Fe 105 españoles y 500 indios aliados, siguiendo una ruta similar a la de Uribarri, y acamparon en las márgenes del Purgatoire, cerca del solar de la futura ciudad de Trinidad. Prosiguiendo hasta el río Arkansas en las inmediaciones de Pueblo, hubieron de luchar con varias partidas de osos que se les interpusieron en el camino, y remontaron el curso de aquel río hasta una distancia que coincide con la ciudad de Las Animas. Aquí tuvieron noticias bastante exactas de la proximidad francesa, y después de unos días regresaron a Santa Fe, al parecer sin contratiempo alguno.

A raíz de los informes de Valverde sobre la vecindad gala y los facilitados al virrey de Nueva España por otros conductos, un Consejo de Guerra se reunió en México en enero de 1720 y dispuso que Valverde despachara una expedición para fijar la posición de los franceses en el noroeste. Así, el día 16 de junio de dicho año, D. Pedro de Villazur partió de Santa Fe con 40 soldados, un grupo de colonos y comerciantes, 70 indios y un sacerdote. Adoptando ruta análoga a Uribarri, torcieron después de El Cuartelejo hacia el norte, recorriendo casi todo el moderno estado de Colorado y llegando al río South Platte, cuyo curso continuaron hasta el estado de Nebraska. Como bien sabemos, fueron sorprendidos en su buena fe por los indios missouri, pereciendo en el ataque nocturno casi todos, con excepción del sacerdote, que pudo escapar y contar lo sucedido, y, al parecer, 10 ó 12 de los expedicionarios.

Juan Bautista de Anza: San Carlos de los Jupes. La siguiente visita española a Colorado transcurrió en 1750, cuando Bustamante y Tagle dirigieron una expedición punitiva contra los indios hasta el río Arkansas. Mucha más trascendencia tuvo la gran empresa llevada a cabo por D. Juan Bautista de Anza a poco de posesionarse de la gobernación de Nuevo México. El propósito perseguido era castigar a los indios comanches, que, bajo la dirección de su jefe Cuerno Verde (Green Horn), habían asesinado a unos colonos españoles. En agosto de 1779, un ejército compuesto por 645 hombres abandonó Santa Fe al mando de Anza. Bordeando en su mayor parte el cauce del río Grande y cruzando riachuelos por nombre Las Nutrias, San Antonio, Conejos, Las Jaras, Los Tumbres (río Alamo) y San Lorenzo (Piedra Pintada Creek), atravesaron aquel río cerca de la localidad actual de Del Norte. Continuaron bordeando el macizo de las Rocosas hasta aproximarse al terreno en que hoy está emplazada la ciudad de Salida. Después de orillar el río Arkansas, descendieron y cruzaron el río St. Charles y se toparon, el 3 de septiembre, con las fuerzas de Cuerno Verde, a las que derrotaron fulminantemente en las Cercanías de Rye, muriendo en la batalla el jefe indio. Las montañas inmediatas al lugar de acción, así como un próximo río, quedaron bautizadas con su nombre *Greenhorn*, y en los aledaños de la carretera 85, en el condado de Pueblo existe hoy un monumento elevado en 1932 por la Historical Society of Colorado, relatando el fin del "cruel azote" indio y la victoria de Anza, a cuya expedición se reconoce haber sido la primera en atravesar ciertas partes de Colorado.

Es curioso recordar que a poco de vencer a los comanches, Anza intentó realizar una política de paz con ellos. Originariamente asentadas en el sur de Wyoming y en el norte de Colorado, a comienzos del siglo XVIII, presionaron con sus movimientos a los apaches hacia el sur, forzaron el abandono de las Misiones de la región de San Gabriel y San Saba, en Texas, y sembraron el terror en este área y en el norte de Nuevo México. De aquí que la política española entre 1750 y 1786 fuera de suprimir las posibilidades de ataques de los comanches y de los apaches. Con el establecimiento de las provincias internas en 1776, el primer comandante general D. Teodoro de Croix fijó como punto cardinal de su política la implantación de la paz con los comanches. El gobernador Cachupín, de Nuevo México, ya había logrado en 1762 una tregua, y el comandante de Natchitoches, Athanase de Mezières, que había conseguido la amistad con varias naciones de indios, había dirigido sus esfuerzos en los años 1769-1776 a obtenerla con los comanches. Pero la sublevación de las Trece Provincias y la ruptura de la concordia por los comanches, aparte de otros factores, ocasionaron la renovación de las hostilidades, la defensa de Nuevo México por parte del gobernador Mendinueta y la organización de la expedición ya relatada de Anza. Gracias a la habilidad de éste, las relaciones comerciales hispanocomanches fueron a~mentando, y los principales jefes comanches visitaron a Anza en Santa Fe en 1786 y firmaron con gran ceremonia un tratado de paz y alianza.

Los españoles concedieron el titulo de "general en jefe comandante" al jefe Ecueracapa o Cota de Malla, que representaba a los cuatro grupos de comanches. La rivalidad que por ello se suscitó entre éstos y los indios utes —antiguos aliados— fue hábilmente salvada por Anza. El 14 de julio de 1787 pudo informar Anza al comandante general Ugarte que el teniente general Paruanarimuco le había visitado y propuesto que los españoles ayudaran a su gente a hacerse sedentaria y cultivadora de trigo, y constituirse en localidades a orillas del río Napestle (Arkansas). Como le visitara de nuevo el día 25, Anza no pudo por menos —no obstante carecer de autoridad— de aprobar un programa de ayuda, por el que le proporcionó el 10 de agosto siguiente 30 cultivadores con herramientas y aperos de trabajo, bajo la dirección de un maestro por nombre Manuel Segura. Los dos jefes convinieron en denominar a la primera fundación San Carlos de los Jupes (los Jupes formaban uno de los grupos de los comanches). Para el siguiente octubre, 19 casas se habían terminado y muchas más habían sido empezadas. La exacta ubicación de San Carlos no ha sido posible, y tan sólo su localización a orillas del Arkansas. Para el nuevo pueblo, los españoles llevaron a su costa ovejas, bueyes, maíz y semillas.

Pronto los utes hicieron objeto a Anza de peticiones de ayudas análogas, a las que se les contestó favorablemente con la aprobación de Ugarte, que igualmente había dado su aquiescencia al proyecto de San Carlos. Pero he aquí que en este crucial momento surgió el traslado de Anza a otro puesto y su sustitución por Concha; los comanches vieron en ello un signo de la retirada de ayuda española, por lo que devolvieron a Nuevo México los operarios, el maestro y los aperos. Menos mal que Concha —quien había recibido unas instrucciones de Ugarte llenas de sabiduría sobre la psicología india y que proporcionaban extraordinaria luz sobre la generosa política española con respecto a los aborígenes— pudo ganarse de nuevo la confianza de los jupes y reanudar el trabajo interrumpido, terminándose !as casas empezadas. En San Carlos permanecieron los comanches hasta enero de 1788, en que repentinamente la abandonaron, por causa del fallecimiento de una de las mujeres que Paruanarimuco estimaba, y siguiendo la costumbre comanche de abandonar el lugar en circunstancias tan tristes y trasladarse a larga distancia. No hubo manera de convencerles de lo erróneo de su determinación, ni posibilidad de establecer en el lugar a colonos españoles. Así acabó este intento de colaboración hispano-india de fijar en un pueblo, construido con pretensiones de permanente, a unas tribus nómadas y que muy bien habla de la política hacia los indios de los españoles, que no dudaron en realizar unos considerables gastos en favor de unos recientes enemigos, a fin de lograr la paz con ellos y no su exterminación.

San Luis y su valle

Su hispánica fundación. Las expediciones de Archuleta y Vargas entraron en Colorado por el valle de San Luis, en el que se halla la ciudad del mismo nombre, situada en la carretera 159 que une Denver con Santa Fe. Se trata del primer establecimiento permanente en el estado de Colorado, y tiene su partida de nacimiento en 1851. Naturalmente que con anterioridad a dicho año, y en época española, hubo colonos asentados en dichas tierras, formando parte de ranchos o puestos militares, o asentados en grupos diseminados. Como afirma el historiador Lummis, los españoles se adelantaron a los sajones en medio siglo en poblar Colorado, así como se adelantaron varios siglos en descubrirlo. En dicho período habían sido concedidos algunos terrenos por el rey, pero los *grants* o donaciones más considerables tuvieron lugar durante la etapa de dominación mexicana, a saber: Nolan, Sangre de Cristo, Vigil y St. Vrain, etc. El de Sangre de Cristo correspondió en 1843 a Luis Lee, Narciso Beaubien y otros, e incluía lo que formaría el condado de Costilla y parte del de Taos en Nuevo México.

Ya el año antes habían intentado arraigarse en el mismo territorio Antonio José Martínez, Juan Manuel Salazar, Julián Gallegos, Venancio Jazquez y otros, pero sin éxito, a causa de los ataques indios. A la muerte de Narciso Beaubien en la matanza de Taos, le sucedió en sus derechos su padre Carlos Beaubien, casado con una española, y a él se debe el logro de la fundación de la ciudad de San Luis de la Culebra, así llamada por haber llegado sus primeros pobladores —Faustino Medina, Mariano Pacheco, Ramón Rivera, Juan Manuel Salazar, Venancio Jazquez, Darío Gallegos, Antonio José Vallejos, Diego Gallegos, Juan

Angel Vigil, Juan Ignacio Jacquez, José Gregorio Martínez y José Hilario Valdez— el día de San Luis, 21 de junio de 1851. Todos ellos procedían de Taos, incluso los sacerdotes que atendían a su salud espiritual.

Se construyó la primera iglesia en 1854, y no tuvo cura residente hasta 1881.

La fundación de San Luis precedió a la de San Pablo (entonces San Pedro), que se llevó a cabo en 1852, y a la de San Acacio y Chama, en 1853, a corta distancia, en los bordes del río Culebra. Todos estos asentamientos eran hispánicos totalmente con carácter y nacionalidad de los pobladores que practicaban la religión católica. La autoridad nombrada por el propietario de la concesión residía en un Juez de Paz, quien con el cura regía los destinos de los nuevos entes; la protección contra los utes fue necesario, sin embargo, encomendarla a una guarnición federal que sentó sus reales en el Fort Massachusetts.

Fuerte español. Existió en la región un fuerte español. Como consecuencia de los ataques indios a los colonos españoles y ante el creciente aumento de norteamericanos que, como Zebulon Pike, irrumpían en los territorios españoles, el virrey de Nueva España, Venadito, consideró procedente la construcción de un fuerte en un lugar estratégico, que estuvo situado a unos 37 kilómetros al este de la localidad de Walsenburg, cerca de Sangre de Cristo Pass.

Se tiene noticias de que el gobernador de Nuevo México, D. Facundo Melgares, cumplió las órdenes recibidas y que levantó el fuerte en el costado oriental del mencionado paso entre mayo de 1819 y octubre del mismo año.

Ya el 18 de este mismo mes de octubre, unos 100 hombres vestidos de indios atacaron el fuerte, siendo rechazados por la escasa fuerza al mando de D. José Antonio Valenzuela; se cree que se trataba de americanos disfrazados a las órdenes de Benjamín O'Fallen.

Por otra parte, la expedición que exploró en 1820 la región de las Montañas Rocosas bajo la dirección del Major Stephen H. Long, obtuvo noticias de los indios pawnees de una batalla llevada a cabo el año anterior por ellos contra los españoles, de la que regresaron con una serie de mercancías, dinero y caballos. Cuándo fue abandonado el fuerte nada sabemos.

En 1934, el profesor Dr. Hafen, conoció el lugar y comprobó el tamaño del fuerte de unos 40 metros por 40 metros; por sus cercanías pasaba el *Old Taos Trail* o Antigua Ruta de Taos y a los pies de la loma en que se recostaba, corre el Oak Creek.

Trinidad y cercanías

Si entramos en Colorado procedentes de Nuevo México, siguiendo el *Santa Fe Trail* (carretera 85), después de haber pasado por Ratón y Raton Pass, llegaremos a la ciudad coloradense de Trinidad, la más importante en el sur, y que nació por los años sesenta del pasado siglo.

Bien emplazada, tuvo por fundadores en 1859 a D. Juan Ignacio Airiz y otras gentes hispánicas procedentes del valle de San Luis y de Taos, que allí establecieron sus ranchos.

Muchos nombres podrían recordarse al contemplar los documentos, fotografías y demás mementos recogidos en el *Pioneer Museum* de la *Old Baca House*, mansión hasta 1920 de D. Felipe Baca, uno de los pioneros de la región con Vigil, Casimiro Barela (senador del estado por treinta años), etc. En 1877 Trinidad se organizó como ciudad.

La Ruta de Santa Fe (*Santa Fe Trail*) ensartaba Trinidad y torcía hacia el noroeste, coincidiendo con las carreteras 350 y 50, que pasan por las localidades de La Junta, Las Animas (entre estas dos se halla el Fort Bent), Lamar, Granada y otras, hasta desaparecer en el estado de Kansas, camino de St. Louis, Missouri. A partir de 1821 frecuentarían aquella ruta Kit Carson, Ceran St. Vrain, los hermanos Bent, etc.

En honor del primero existe una estatua ecuestre en Trinidad. No lejos de ésta, en el valle del río Purgatorio y en las estribaciones de la sierra de Sangre de Cristo, se agrupan unas cuantas familias y casas bajo el nombre de Madrid, poblado que surgió a causa de la explotación de los cercanos yacimientos de carbón, hoy abandonado, y su capilla de San Saturnino, sin culto.

Si continuando nuestro viaje hacia el norte mantenemos la carretera 85, pasaremos por Aguilar (fundada en el 1867 por D. José Ramón Aguilar, prominente pionero del sur de Colorado) antes de arribar a Walsenburg —esta última se tituló primitivamente Plaza de Los Leones, por su iniciador D. Miguel Antonio León. Walsenburg es la cabeza del condado de Huérfano, denominación que llevan también un río una loma. El río fue bautizado por Uribarri como San Juan, y por Valverde como San Antonio.

Cuándo uno y otro recibieron aquel apelativo no se sabe con certeza, pero sí que en 1808 y en 1809 ya eran así conocidos incluso por los extranjeros, según se desprende de documentos de la época y de la anónima descripción de las tierras de Nuevo México realizada por un francés, en 1818.

El río Huérfano se atraviesa en la ruta hacia Pueblo, y la solitaria loma —originadora del nombre— emerge a la vista del viajero cuando transita por aquélla.

En las cercanías —si bien al otro lado de la carretera— está la localidad de San Isabel, que juntamente con San Isabel Forest deriva su nombre de la española y católica gobernante. Al oeste de Walsenburg nos saludan los Spanish Peaks. Isabella and Ferdinand también en honor de la reina castellana y de su marido aragonés. Al norte de ellos, el pueblecito de La Veta guarda el Museo Francisco Plaza, y en La Veta Pass, unas millas al oeste —por la carretera 160—, se ha levantado un monumento de granito rosa de Colorado, de dos metros de alto, a Félix Mestas, con la siguiente inscripción que traduzco del inglés: "Monumento en honor de Félix B. Mestas, jr., nacido el 23 de agosto de 1921, en La Veta, Colorado. Murió el 29 de septiembre de 1944, Mt. Battaglia, Italia. Le tributamos homenaje [sigue una lista de 62 nombres de hispánicos hijos del condado de Huérfano que murieron en la segunda guerra mundial]."

La ruta 160 nos llevará en dirección a Fort Garland, hoy museo al cuidado de la State Historical Society de Colorado, y que guarda una serie de recuerdos españoles y de los primeros tiempos de la región, así como unos dioramas y cuadros que reproducen el advenimiento de diversas expediciones españolas a Colorado. Fue construido en 1858 para albergar la guarnición de Fort Massachusetts, cuya clausura se consideró procedente, dada la mejor ubicación del nuevo fuerte y su capacidad para proteger a los aislados colonos de la región. Más al oeste, está Alamosa, otro de los considerables núcleos urbanos de la comarca.

Pueblo

El más populoso de todos los ayuntamientos del sur de Colorado es, sin embargo, Pueblo, en la carretera 85, y que supone, con el río Arkansas que la baña y que se dirige hacia el estado de Kansas en dirección oeste-este, la línea divisoria de la región hispánica de Colorado. De sus 120.000 habitantes, el 30 por 100 son hispanoparlantes y buena parte, dominan a la perfección el castellano. En Pueblo residen descendientes de los primeros habitantes y mexicanos de reciente arribo; los "anglos" llaman a todos mexicano o *chicanos*, en tanto que los procedentes de México denominan a los hispanoamericanos —como ellos a sí mismos con orgullo se califican— "manitos".

En Pueblo sigue existiendo la organización religiosa conocida por "los Penitentes," quienes con un origen similar al de los cofrades sevillanos, conmemoran con especial énfasis la Pasión del Señor. Conservan hoy día su popularidad y se extienden por toda la región. Dicha asociación agrupa a sus miembros en capillas pequeñas. "moradas", en cuyas reuniones no se permite presencia de extraños. La religión católica se mantiene muy firme entre los hispanos, y éste es uno de los legados que España les ha dejado.

En 1842 se fundó en Fort Pueblo, que pasó por una terrible tragedia el día de Navidad de 1854: sus habitantes, con el buen humor —y quizá algunos grados de alcohol— propio de la festividad, no tuvieron inconveniente en dejar pasar e invitar al jefe "Tierra Blanca" y una partida de sus indios utes, los cuales, a la postre de una acalorada disputa con ocasión del juego, asesinaron a todos los blancos, con excepción de uno que pudo huir. Como reacción a semejante acto, Kit Carson dirigió una expedición punitiva que sólo terminó cuando los utes se avinieron a las condiciones de paz impuestas. Dicho fuerte es hoy museo, inaugurado en 1959, que contiene una reconstrucción de tamaño natural del primitivo. Existe también en Pueblo un monumento a Colón.

En Pueblo fue apresado por los españoles el pionero norteamericano Zebulon Pike, quien, habiendo comenzado su viaje exploratorio del sector sudoeste de los territorios comprendidos en la compra de la Luisiana el 15 de julio de 1806, alcanzó en febrero siguiente Sangre de Cristo y construyó una empalizada en la confluencia del río Conejos con el Río Grande; no comprendiéndose indudablemente la región en la cuenca del Mississippi y de sus tributarios, Pike se había posesionado de terreno extraño, por lo que fue llevado prisionero a Santa Fe y luego a Chihuahua hasta julio de 1807, en que quedó en libertad. A su regreso a los Estados Unidos, escribió un relato de su viaje y peripecias, que obtuvo un tremendo éxito de público y abrió los ojos de muchos sobre las posesiones españolas como posible asentamiento futuro.

A unas millas al este del Pueblo, en la margen derecha del río Huérfano y en su confluencia con el Arkansas, existe una iglesia, resto de Huérfano Abajo, comunidad fundada en 1853 por Charles Autobees; todos los 15 de mayo los miembros de la St. Isidore's Society (también en el Museo de Denver San Isidro es traducido por St. Isidore) acuden a venerar al santo madrileño celebrándose procesión y acabando la fiesta con opípara comilona.

En Pueblo hay vías públicas denominadas así: Balboa, Coronado, De Soto Cortez, Anita, Carmen, Loyola, Chapa, Corona, Mesa, Abriendo, Veta, Vista, Aurora, San Diego, San Mateo, Santa Ana, Santa Bárbara, Santa Clara, Santa Rosa, Grenadillo, etc.

Colorado Springs

En Colorado Springs nos encontramos con calles que portan los siguientes nombres: Balboa, Espanola, Columbia, Juan, San Juan, San Miguel, San Rafael,

Santa Fe, Buena Ventura, Caramillo, Cucharras, El Parque, El Paso, Fontanero, Las Animas, etc.

El más notable museo de la ciudad es el Taylor Museum que encierra la mejor colección de arte hispano-colonial del sudoeste de los Estados Unidos. Aparte de los "santos" y "bultos" que tiene expuestos en las salas abiertas al público, su colección excepcional sobre el tema alcanza la cifra aproximada de 1.000 piezas. Abundan las representaciones de San Francisco, San José —muy popular—, San Isidro, San Miguel, el Niño de Atocha, la Virgen en sus varias advocaciones, curiosas interpretaciones de la Santísima Trinidad.

Los "santos" suelen ser en madera, si bien no faltan los más primitivos en cuero; muchos "bultos" son de tamaño natural, y en gran número están vestidos a la usanza española (el museo tiene un verdadero ropero para los "bultos"). Impresionantes "carros de la muerte" se muestran, así como una pesadísima y grande cruz, perteneciente a una congregación de penitentes (la mayoría de las obras de arte expuestas proceden de "moradas" pertenecientes a éstos). Es curioso observar que los muchos Cristos Crucificados que también existen aparecen con perilla y con muy varios atuendos, y que algunos tienen un angelito en la brecha de su costado.

Este arte realista y popular de los santeros ha continuado hasta el siglo XX, como en el caso de José Dolores López, natural del pueblo de Córdova, que murió en 1938; el estilo más reciente tiende a no utilizar colores, y sólo a tratar la madera sacando el máximo partido a la materia prima.

Nombres españoles

Los condados que guardan nomenclatura española en Colorado son los siguientes: Alamosa, Baca, Conejos, Costilla, Dolores, El Paso, La Plata, Las Animas, Mesa, Mineral, Otero, Pueblo, Río Blanco, Río Grande, San Juan y San Miguel. Y las ciudades: Aguilar, Alamosa, Antonito, Arriba, Aurora, Blanca, Campo, Cortez, Del Norte, Dolores, Durango, Eldorado Springs, Granada, La Jara, La Junta, Lamar, Las Animas, La Veta, Monte Vista, Pueblo, San Luis, Trinidad, Valdez y Vilas.

◆ NEVADA ◆

Es el menos poblado de los estadoss federales, con excepción de Alaska, y su inmenso desierto debe considerarse como una especie de colchón intermedio entre California —cuyo sector oriental es igualmente desértico— y Utah. Su enorme extensión pelada es, como otras también existentes en el país, áspera, aunque rosada y llena de diferencias de nivel, con montañas que sobrepasan los 2.500 metros de altitud. Es de dominio público que la Comisión de Energía Atómica ha acotado un extenso sector de la superficie de Nevada para la experimentación de artefactos. Nevada formó parte de los dominios españoles y quedó incluida en la herencia que México tomó y que conservó hasta el Tratado Guadalupe-Hidalgo de 2 de febrero de 1848. Los Estados Unidos incluyeron en 1850 sus contornos en el territorio de Nuevo México. Ya en 1861 obtuvo la consideración de territorio separado, siendo admitida como estado el 31 de octubre de 1864.

La capital de Nevada —cuyo árbol oficial es el "piñón pine"- es la pequeña localidad de Carson City, pero las dos ciudades más importantes —prácticamente, las únicas— son Reno y Las Vegas. Cada una de ellas puede considerarse como una sucursal de San Francisco y de Los Angeles, respectivamente. Pasaron los tiempos del auge de la explotación de las minas, como la de Comstock Lode, cuyos yacimientos de oro y de plata fueron descubiertos en 1859 y dieron progreso a Virginia City.

Las Vegas

Las Vegas recibe su nombre de Antonio Armijo, el neomexicano que, al frente de un grupo de comerciantes. partió de Abiquiu en noviembre de 1829, siguiendo un itinerario parecido al que tres años antes había elegido Jedediah Smith explorando desde Salt Lake City una vía hacia California meridional; la caravana de 60 hombres, transcurridos ochenta y seis días de viaje, arribó a la Misión de San Gabriel. Dicha expedición logró unir Nuevo México con el Pacífico, a través de "El Vado de los Padres," estableciendo la ruta que tan frecuentada se vería con posterioridad, especialmente durante los años 1830 a 1850, y que sería conocida con el nombre de *Spanish Trail*.

Hoy quedan como recuerdos españoles en Las Vegas, nombres de hoteles, de restaurantes y de calles. En el callejero ciudadano nos tropezamos con Balboa Av., Carrillo Av., Cervantes, Columbia Av., Garcés Av., Isabella Av., Isabel Av., Oquendo Rd., Cordova, Granada Cir., Bolivia Av. y Perú Av., un grupo de calles dedicadas a santos, como San Pablo, Santa Inés, Santa Paula, Santa Clara, San Pedro y Santa Rosa, además de San José, Santiago, San Joaquín y San Mateo, en otros sectores y un abundante número de vías urbanas con los variados títulos —sirvan de ejemplo— de Alhambra Dr., Alturas Av., Bonita Dr., Caballero Way, El Cajón, El Jardín Av., La Alameda, Las Flores, Las Lomas, Presidio Av., Paso De Oro, Sombra Cir. y Vía Vaquero.

Su nombre. Es fácil colegir que su nombre proviene del complejo montañoso que bordea su frontera occidental: la Sierra Nevada. Se atribuye aquél al padre español Pedro Font, que la contempló, todavía cubierta del albo manto invernal, el 3 de abril de 1776, cerca de la unión de los ríos Sacramento y San Joaquín, junto con el grupo expedicionario de que formaba parte; en el mapa que dibujó en 1777 aparece tal denominación. Parece ser, sin embargo, que quien consagró el nombre de Sierra Nevada fue el coronel John C. Frémont en su informe oficial al Senado de los Estados Unidos, sobre su viaje al oeste y su actuación en California. El propuso que el nuevo territorio se denominara *Sierra Nevada*, su sugerencia prosperó, pero tan sólo en su parte segunda. No encontró unánime aceptación el nombre, por considerar un grupo de residentes que su elección podía llevar a muchas gentes a ideas equivocadas sobre el país, ya que la sierra sólo lo tocaba tangencialmente y traer inevitablemente aneja la idea de nieve, fenómeno natural bien alejado del paisaje predominante en la región.

Existe la leyenda de que Alarcón, Ulloa, Cárdenas y Garcés, entre otros, denunciaron minerales en El Dorado, y de aquí que así lo bautizaron. Pero la verdad es que Alarcón y Ulloa llegaron tan sólo hasta Yuma, a 450 kilómetros de Nevada, y que no se cree verosímil que Cárdenas pisara aquellas tierras con su gente.

Padre Garcés, el primer europeo. Lo que sí es cierto es que el primer europeo que pisó Nevada fue el padre Francisco Garcés, quien partió de Sonora en 1775 con una expedición al mando de Juan Bautista de Anza; paró en la unión de los ríos Colorado y Gila, a fin de buscar lugar para una misión. Sobre esta expedición escribió el padre Font e hizo el mapa aludido. En enero de 1776 estableció una residencia en el anterior emplazamiento de Fort Yuma. Visitó a sus hermanos en religión en San Gabriel. El 9 de abril partió de aquí, para regresar por el valle de San Fernando al Tulare Valley, y cruzar el Mojave River. Los habitantes de Las Vegas han querido honrar el inaugural viaje otorgando el nombre de Garcés a una de las calles céntricas de la ciudad, y la asociación *Daughters of the American Revolution*" ha titulado su grupo local *Garcés Chapter*. El padre Escalante no alcanzó a Nevada; quedó a 30 kilómetros de distancia cuando torció al Santa Clara Valley, en el más sudoeste extremo de Utah.

Pastores vascos. Existen vascos en Nevada desde el año 60 del pasado siglo, en que un grupo se dedicó al pastoreo. Antonio Azcuénaga estaba ya en McDemitt en 1877. A partir de entonces gran número de paisanos acudieron al sector montañoso del estados, y puede decirse que los españoles se concentraron en él y en Idaho, y más tarde en Oregón; en el curso de 1964, unos 538 pastores viajaron desde las Provincias Vascongadas a dichos estados. Algunos vascos han alcanzado puestos de relevancia en Nevada, como Peter Echevarría, senador del estados, Bob Laxalt, teniente gobernador, es también vasco de origen. En el sector sur fundó D. Pedro Altube en 1873 su afamado "Spanish Ranch", y sus ovejas tuvieron un millón de acres de terreno para pacer. De él se comenta la frase: "Esta mañana salí de mi rancho, he cabalgado todo el día y esta noche dormiré en mi rancho." De Pete Elia se cuenta que ignoraba la real existencia de sus propiedades que alcanzaron cifra parecida a la de Altube. Otros nombres dignos de recordar en este mundo ovejero son los de Garay, Itcaina, Etchart, Jaureguey y Saval, así como el del "Smoke Creek" de los hermanos Iriart, Duc y Poco, que comprendía 40.000 ovejas. Juan Calzagorta, ranchero de la región, se hizo popular por su fortaleza: cascaba con las manos hasta las herraduras más resistentes.

Hay quien ha denominado a los pastores vascos "centinelas solitarios del Oeste Americano," haciendo justicia a su soledad y a su permanente vigilia en defensa de los intereses que se le han encomendado. Se les puede ver concentrados a fines de mayo o comienzos de junio en Scraper Springs, cuando los empleados en las Compañías *Allied Land* y *Livestock* bajan de las montañas para el esquileo de sus ovejas. Se han convertido ya casi en tradición los Festivales Vascos de Elko, que suelen contar con la presencia del gobernador y demás autoridades, así como representantes oficiales españoles; consisten en un vistoso desfile de trajes regionales, un almuerzo abundante al estilo de la tierra, un espectáculo de canciones y bailes típicos y un festival en el *Softball Park*, a base de alzamiento de pesos y corte de troncos. Con tan fausto motivo el diario *Elko Daily Free Press* publica artículos en vascuence. Al festival celebrado en Reno y Sparks, en mayo de 1958, asistió el embajador de España, conde de Motrico —vasco de nacimiento—, junto con su colega francés y 5.000 personas más.

La Universidad de Nevada incluye un *Centro de Estudios Vascos*, dotado de nutrida biblioteca compuesta de libros en español y en vascuence. Existe también un "Euzkaldunak Club".

Los "mustangs" de Nevada. Los medios de comunicación se hicieron eco a fines de 1988 del aniquilamiento por unos pistoleros de 40 mustangs que se encontraban abrevando en una cañada aislada. Tales caballos descienden de los llevados por los conquistadores españoles en el siglo XVI. Existen en Nevada unos 28.000.

Nombres españoles

Una siembra de nombres españoles se da en la geografía del estado: ciudades de Las Vegas y Reno, condado de Esmeralda (puesto por J. M. Corey en 1860, por gustarle la palabra), localidades de Mina, Caliente, Aguas Calientes y Golconda, "Flag station" de Hoya y Vista, Santa Rosa Range, San Jacinto, Sacramento Pass, Pinto Creek, Rancho Romano, Cortez Mountains, Monte Cristo Range, San Antonio Mountains, Amargosa Desert, Amargosa River, Virgin River (originalmente río de la Virgen), La Madre Mountains, Potosi Mountain, Candelaria, Aurora, El Dorado, Alamo...

♦ UTAH ♦

Sobrevolando el sector meridional de Utah, en el trayecto Las Vegas-Denver, una gran variedad de formas y colores se ofrecen abajo a la observación del pasajero curioso. Poco a poco van desfilando el Zion National Park, que se distingue por su color verde oscuro; el Bryce Canyon National Park con el rojo como predominante; las blanquecinas tierras del Glenn Canyon National Park, amarillas en el valle cuando no rosas las tierras erosionadas, semejando a mesas. que dejan pasar el Green River (muy poco verde); el Arches National Monument, que adopta variadas formas y arcos naturales, unos ya derrumbados y otros en pie, como el *Landscape Arch*, con una luz de 97 metros, la más amplia en el mundo entre las producidas por la Naturaleza.

Desde un punto de vista turístico, el territorio de Utah es pintoresco. Pero siendo uno de los estados de menor población relativa, apenas tiene carreteras en dirección este a oeste. De norte a sur, y en su costado oriental, corre el río Green, que penetra el Dinosaur National Monument (que también se extiende por el estado de Colorado) y que desemboca en el Colorado; el espectáculo del trayecto de éste por el sector sudeste es unánimemente elogiado como extraordinario con lugares como *Dead Horse Point*, *The Needles* o las *Cliff Dwellings*; el río San Juan también afluye en el Colorado, y sus *Goosenecks* o meandros, de una profundidad de 500 metros, provocan la más sincera admiración.

En este sector sudeste yacen ricas minas de uranio, de aquí que las localidades de Monticello, Blanding y Moab se estén desarrollando muy velozmente. Otras minas en el estado son las de cobre, en Bingham, las más considerables en cielo abierto de los Estados Unidos. El 96 por 100 de las tierras de Utah son puro paisaje, y tan sólo el resto se cultiva.

Junto a la capital, Salt Lake City, se elevan dos importantes ciudades: Ogden y Provo siendo ésta la sede de la Universidad Brigham Young, que, aunque mormona de confesionalidad, acepta estudiantes de todas las creencias. Además, existen la University of Utah, en la capital, y la Utah State University, en Logan.

Utah, cuyo nombre con diversas modificaciones procede de los indios utes, que originariamente habitaban aquel territorio, se orienta al oeste del *Continental Divide*, y, por tanto, nunca anduvo involucrado en los asuntos de la Luisiana. Al contrario, y teniendo por vecinos a sus costados —uno a cada lado— Colorado y Nevada, perteneció siempre teóricamente a España; no se vio tampoco envuelto en la disputa de Oregón a causa de su situación al sur del paralelo 42°, que constituye la mayoría de su frontera norte (con excepción del pico cuadrado que le ha quitado el estado de Wyoming). Por ello, cuando la independencia de México, este país pasó a dominar su superficie y lo cedió a los Estados Unidos por el Tratado Guadalupe-Hidalgo.

Los españoles fueron los primeros que tuvieron noticias de él y de los indios que lo poblaban, y en sus escritos aparece ya la palabra *Yutah*. Hay algún historiador que sostiene que la expedición de D. García López de Cárdenas, al merodear en 1540 en torno al Cañón del Colorado, pisó las tierras que forman hoy el condado de San Juan en el sudeste del estado.

Los padres Vélez de Escalante y Domínguez, descubridores de Utah. Pero la primera entrada comprobada de los hombres blancos en Utah corresponde a dos frailes franciscanos españoles, Francisco Silvestre Vélez de Escalante y Atanasio Domínguez, acompañados por Joaquín Laín, Pedro Cisneros y Bernardo Miera, más otros nueve colegas. Partieron de Santa Fe el 29 de julio de 1776 con la misión de inventar una vía de comunicación entre Nuevo México y California. Las dificultades con que tropezaron, la aspereza del terreno que hubieron de recorrer y el extremismo del clima que tuvieron que soportar, hacen de esta empresa, que se alargó por caminos no hollados previamente por ser civilizado alguno unos 2.500 kilómetros, en lapso apenas superior a cinco meses, una de las hazañas más notables en los anales de la exploración y una de las menos conocidas.

Atravesaron en la primera parte de su jornada el sur y el oeste del estados de Colorado, y entraron en el estados de Utah por las cercanías de la carretera 40, en el sector nordeste. Del valle del White pasaron al del río Green, cerca del *Dinosaur National Monument*, gracias al río Duchesne, perforaron las montañas Wasatch, llegando al lago Utah el día 23 de septiembre. Al ascender a una pequeña loma en la boca del cañón, divisaron el lago y el extenso valle de "Nuestra Señora de la Merced de los Timpanogotzis," como lo bautizaron los frailes. Hubieron de atraerse a los indios, que habían huido a la vista de los extraños visitantes así como quemados sus campos, estimaron el valle bueno y confortable, y el lago generoso en pescado. Restos de dicha estadía es el nombre de la localidad de *Spanish Fork* a orillas del lago.

No sin haber comprado a los indígenas pescado seco, partieron los expedicionarios el día 26 de septiembre, rumbo a Monterrey. El 5 de octubre les cogió en Blackrock Springs, cerca de Milford. Colaborando con las dificultades del terreno, la deserción de los guías complicó la situación. Ante la proximidad de los fríos y las difíciles montañas que les aguardaban, estimaron oportuno considerar la procedencia de continuar la marcha hacia Monterrey o el retorno al punto de partida. Decidieron salir de dudas, echando a suerte, en la confianza que con las previas y fervorosas plegarias, Dios habría de indicar indirectamente el camino a tomar; la contestación fue el regreso, con lo que eligieron una dirección sudeste.

Por el Ash Creek, entraron en el valle del río Virgin, en donde años más tarde el jefe mormón Brigham Young establecería su *Dixie of the Desert*. El día 14 de octubre acamparon cerca de la actual Toquerville. Tras ascender a una meseta y bajar luego a una llanura, pasaron tres semanas intentando orientarse en el territorio que hoy forma la frontera entre Utah y Arizona, y buscar un paso al río Colorado. Tratándose de un desierto montañoso, con poca agua y escasez de vegetación, padecieron tremendas penalidades. El 18 de octubre registraron su estancia en San Samuel, hoy Cooper Pockets, y luego en Santa Gertrudis, a unos 15 kilómetros al sur de Pipe Spring National Monument, en Arizona, en cuyos contornos alcanzaron el extremo norte de las montañas Kaibab; el 7 de noviembre dieron por fin con el tan deseado esguazo del río Colorado: el cruce se realizó sin mayor novedad. El lugar se denominaría en adelante El Vado de los Padres, con la casualidad de que pocos meses antes lo había igualmente descubierto otro español, el padre Garcés, que lo había atravesado en el mismo sentido. La ciudad de Santa Fe los recibiría el 2 de enero de 1777.

En los terrenos del Palacio de Justicia de Provo se guarda una roca de granito con una placa de bronce a la memoria de los padres Escalante y Domínguez. Este era en realidad el jefe de la expedición, si bien Escalante ha alcanzado más fama por haber sido el autor del famoso *Diario*, un informe muy completo sobre los hallazgos realizados, entre otros, de plantas y animales: su descripción de los pájaros y los peces reúne notables condiciones científicas, y sus juicios suponen una aguda comprensión para las posibilidades locales en materia de irrigación. Con el *Diario* se inicia, además, la historia de tal sector norteamericano, según reconoce en explicativo texto, narrador de la hazaña de los viajeros, la lápida conmemorativa número 33 del estado, situada en la carretera número 91, al sur de Scipio. Spanish Fork y Cedar City tienen también monumentos a los frailes caminantes. Cerca de Monticello existe una placa en bronce, que ha sido colocada sobre el río Colorado, en Lee's Ferry, y otro monumento hay en Jensen. Además, en el sudeste del estados, una localidad y un río se denominan Escalante, y se extiende en el sudoeste un "Escalante Desert". Recordemos, por otra parte, las veces que su nombre ha sido utilizado en el nomenclátor de otros estadoss. No ha quedado, pues, falta de reconocimiento la hazaña de los padres franciscanos.

Otras presencias. Otras presencias de España en Utah: la utilización local de la palabra *cañón*, en lugar de —o alternativamente con— *canyon*: Echo Cañón, Weber Cañón, Ogden Cañón, etc.

El emblema floral de Utah es el "sego-lily", también conocido por "Spanish Mariposa," por haber visto en ella los españoles semejanza con dicho insecto. Un español llamado Mestas persiguió —sin éxito— las huellas de caballos robados, siguiendo el *Spanish-Ute Trail*, desde Nuevo México al pueblo de Timpanogos (cerca del lago Utah), en 1805.

En 1813 los comerciantes Mauricio Arza y Lagos García estuvieron en Utah comerciando con cueros y esclavos. Fort Buenaventura se llamaba el fuerte levantado en el emplazamiento de Ogden, al oeste de las Montañas Wasatch, por Miles Goodyear en 1844--45. Cuando Ashley y sus gentes, en los años veinte del siglo XIX, visitaron el Salt Lake, formaba parte del grupo el español Louis Vásquez, procedente de Colorado; se considera a dicha expedición la primera que circunnavegó el lago. Vásquez se estableció como comerciante en Salt Lake City en 1849; en 1855 vendió sus intereses a los mormones y regresó a Missouri.

Pastores vascos. Y, por último, la presencia actual y real de España en Utah, a través de los pastores vascos. Existe en el estados una fuerte colonia vascongada, que tiene peso dentro de una comunidad que cuenta tan sólo con 830.000 habitantes. La influencia se deja sentir especialmente en la capital, Salt Lake City, en la que el "Hotel Hogar," fundado por Juan Landa (que llegó al lugar en 1909), constituye el centro de reunión de los vascos del estados. Una hija de dicho propietario María Landa, alcanzó cierta celebridad en el mundo cinematográfico de Hollywood. Los pastores se esparcen en la primavera, verano y otoño por las montañas y en invierno bajan a los ranchos —en ocasiones muy distantes entre sí— y a la capital.

Nombres españoles

Llevan nombres españoles en Utah: las localidades de Pintura, La Sal, Columbia, Santa Clara, Lola, Oasis, Bonanza, Callao, Escalante, Spanish Fork, Alta, Mona, Loa, Manila, San Rafael, Santa Clara, Aurora, Salina y Vernal; los ríos Paria, San Juan y Escalante, las montañas de Confusión, La Sal y San Rafael; la Alhambra Rock; el Escalante Desert; Spanish Valley...

WYOMING

Wyoming es uno de los típicos estados del "Oeste," en donde todavía se ve al *cowboy* en su salsa. Inmensos prados cubren el territorio y, desde 1864 —cuando un empleado del Gobierno perdió en diciembre su ganado y lo recuperó en la primavera en perfectas condiciones de salud y de peso— grandes rebaños pacen en sus contornos, constituyendo la principal fuente de riqueza. Tardó el territorio en ser poblado, por no detenerse en él los afanados yanquis que se dirigían a la costa del Pacífico en busca de oro. A los franceses François y Louis Joseph de la Verendrye corresponde el haber sido los primeros blancos en pisar las tierras de Wyoming en el invierno de 1742-43; el iniciador de la colonización anglo-sajona fue John Colter en 1806, al regresar con la expedición de Lewis y Clark del Pacífico y separarse de ellos para traficar con los indios de la región. Hasta 1842, sin embargo, ninguna misión oficial visitó el país: John Frémont dirigió la empresa, con la que abrió la segunda fase de la historia local. La inmigración se produciría hasta 1888 a lo largo del Oregon Trail, que a través de Wyoming tendría muchos puntos de apoyo que hoy se conservan como verdaderos monumentos. El primer grupo de colonos se asentó en Fort Bridger en 1853: se trataba de mormones. En 1868 Wyoming quedó admitido como territorio; hasta el 10 de julio de 1890 no lo consiguió como estados.

De gran extensión, Wyoming tiene una reducida densidad de población humana, —no así de cabezas de ganado- en la proporción de veinte a uno. Junto a esta principal riqueza, sus entrañas ofrecen petróleo, carbón (grandes yacimientos) y una serie de minerales. Sólo tres ciudades sobrepasan la cifra de 15.000 habitantes: Cheyenne, Laramie y Casper. Cheyenne, la capital y la ciudad más populosa del estado, nació en 1867, como terminal del ferrocarril Unión Pacific; Laramie es la sede de la University of Wyoming e hija del ferrocarril "Chicago and North Western," Casper, la segunda en población, fue uno de los Puntos ligados al Oregon Trail, como Fort Laramie (fundado en 1834 y con guarnición federal a partir de 1849) e Independence Rock, un tremendo roquedal de granito, en el que a través de los años se han estampado más de 50.000 firmas. Sheridan es la ciudad más relevante en el sector norte.

El estados es atravesado en sentido noroeste-sudeste por el *Continental Divide* de las Montañas Rocosas: su sector oriental —tres cuartos— forma parte de la cuenca del río Mississippi y de sus tributarios, en virtud de lo cual perteneció a Luisiana y fue comprendido, por tanto, en la cesión que Francia hizo a España en tan enorme extensión de tierras en 1763; su sector occidental se extiende arriba y abajo del paralelo 42°, y siempre considerado por España como una prolongación de Oregón, se dividió entre este país y los Estados Unidos, a partir de aquella línea divisoria, a raíz del Tratado de 1819, en que estos últimos compraron la Florida a España y quedaron zanjados una serie de problemas existentes entre las dos naciones. Tanto, pues, su sector oriental como el occidental han tenido conexiones con el dominio de España, aunque sean predominantemente teóricas o, si se quiere, más jurídicas que prácticas, ya que la soberanía real no fue ejercida con efectividad por los representantes españoles por razón de la lejanía de Wyoming de las vías de penetración de los conquistadores y misioneros españoles.

Dejando sentada la adscripción de Wyoming a la esfera de influencia española —el sector oriental, por cuarenta años y el occidental, con una fecha que podría tener un hipotético origen en 1542 cuando el descubrimiento por Ferrelo de las tierras de Oregón y un fin de 1819 y 1822, fechas del Tratado de referencia y de la independencia de México—, puede afirmarse que ha habido conexiones españolas con dicho territorio largo de la Historia. Bancroft recoge la posibilidad de que los españoles encontraran en él oro antes de 1650, abriendo canales para minas y construyendo casas; una matanza perpetrada en dicho año por los nativos no dejaría sobreviviente alguno y destruiría todo lo logrado. Hay quien sostiene que en 1865 se descubrieron restos de dicha colonización.

Cerca de la localidad de Laramie, el viajero español Jordana se sorprendió en 1876 al encontrar el *Spanish Trail*, abierto por los exploradores españoles que pasaban desde California al interior, jalonando el derrotero que más adelante habían de seguir los pioneros.

Lisa, Vásquez y otros comerciantes. El comerciante español Manuel Lisa, establecido en St. Louis, Missouri, fundó un imperio comercial que se extendió entre 1800 y 1820 por las tierras al oeste del río Missouri. Sus colaboradores y él mismo recorrieron la gran región y consiguieron pacíficas relaciones y pingües negocios con los indios, que les proporcionaban pieles, cueros, etc. Se tiene noticias de que también las tierras de Wyoming fueron transitadas por ellos y de que Lisa, por tanto, tuvo informaciones directas acerca de esta región del país.

Otro comerciante español, Luis Vásquez, nacido en St. Louis en 1795, actuó como uno de los socios de Bridger en la erección y en las operaciones comerciales de Fort Bridger a partir de 1842 y hasta 1855; por otra parte, se sabe que en el invierno de 1833-34 Vásquez negoció con los indios crows, con quienes se hallaba en buenos términos, y que en la primavera siguiente llevó a Fort William (posteriormente rebautizado como Fort Laramie) 30 fardos de pieles de búfalo y uno de pieles de castor. En 1855 vendió su participación a los mormones. Situado en el rincón sudoeste del estado de Wyoming, Fort Bridger fue con posterioridad un punto estratégico para el *Pony Express* (o correo que, a base de relevos de caballos. se organizó desde St. Joseph, Missouri, hasta Sacramento, California), y hoy puede visitarse su reconstruido edificio, así como su museo anejo.

Pastores vascos. En el este del estados y en los alrededores de Cheyenne también pastorean vascos, quienes, conservando los rasgos de su raza, se han sabido adaptar a las características del país.

Nombres españoles

Pocos nombres españoles se destacan en su geografía: tan sólo el condado de Carbón, y las localidades de Alcova, Alta, Mona, Peru, Uva y Violan, además de la Moran Mountain.

MONTANA

El estados de Montana, al par de ser el más desconocido de la Unión, es uno de los que guarda más personalidad. De enorme extensión (semejante a la de Alemania), solo sobrepasada por Alaska, Texas y California, y con una prolongada frontera con Canadá (tan larga como la de este país con los estadoss de North Dakota y Washington juntos), ofrece una escasa densidad de población solamente batida por Nevada. Las Montañas Rocosas son de gran trascendencia en la configuración del estados al ocupar su sector occidental. En el oriental, sus tierras forman la cuenca de los ríos Missouri y Yellowstone. Tres son los recursos principales del estados, que ocupan, por otro lado, a la mayor parte de sus habitantes, casi toda nativa: las minas, la ganadería y la agricultura.

La mina fue la primera fuente de riqueza, y conserva su monta; el minero, sus costumbres, sus problemas, etc., han dejado una indeleble impronta en la vida del estado. El coloso minero es la Anaconda Copper Mining Company que explota el cobre, el cinc, el manganeso, la plata, el oro. La ciudad de Butte es el centro principal de operaciones, dándose el caso poco frecuente de la involucración de las actividades ciudadanas con las extractivas. Consecuencia de ello Butte es una ciudad tirando a fea y sucia, una urbe no ciertamente saludable y sede de vida alegre. De su loma (es el significado de Butte) se han extraído minerales por un valor muy superior a 4.000 millones de dólares. En Butte nació el sindicalismo norteamericano; el año 1881 vio la constitución del primer Sindicato de Mineros, que se amplió en 1891 a todo el oeste, y en 1905 alcanzó esferas mundiales. Desde aquella fecha inicial se sucedieron una serie de huelgas: la de mayor gravedad en 1891, las trágicas de 1917, las más recientes de 1946, con el villanaje desmandado, amo de la situación durante sesenta horas.

Como protagonistas en el campo capitalista recordaremos los nombres de Marcus Daly, William Andrews Clark y Frederick Augustus Heinze; estos dos inauguraron la Jornada de ocho horas antes de que fueran obligatorias en 1901. En la actualidad, la Anaconda desarrolla una actividad social y cultural complementaria de la industrial, en la línea de muchas Compañías en los Estados Unidos: ha establecido un teatro, una biblioteca, salas de deporte, un club, etc..

La ganadería es la segunda ocupación de los habitantes de Montana. Aquí se encuentran también, como en los otros estadoss del oeste, los *cowboys*, pero los *cowboys* de verdad, en fraterna compañía con los pastores vascos. Juntamente apacientan un millón de cabezas de ganado vacuno y otras tantas ovejas. Su vida es, indudablemente, dura, pero es vida reconfortante, en contacto con la Naturaleza. Pero deben superarse a sí mismos constantemente en la lucha con ésta, con la geografía difícil de las Rocosas, con los tremendos fríos invernales, y esforzarse por ayudar al ganado en su nacimiento, en la supervivencia, cuando pasta, cuando ha de ser sacrificado. Pasan su vida al aire libre y sólo bajan a la ciudad en invierno. De no caer en el vicio del juego, los *cowboys* y los pastores pueden acabar ricos y no tanto por lo que ganen, sino por lo que no han gastado en el curso de su vida. El *cowboy* es, por ello, muy individualista, sentimiento característico de los habitantes de Montana, y que también cuadra a los hijos de Euzkadi.

La agricultura viene detrás en las fuentes de riqueza y, en definitiva, se halla ligada a la ganadería. En los últimos tiempos grandes modificaciones se han introducido en este campo, y gracias al predominio de la maquinaria, el granjero se ha aficionado a vivir en la ciudad y a trasladarse a sus campos en los modernos medios de transporte, e incluso se da el caso de que en los ranchos se coma hoy a base de alimentos comprados en los "supermarkets," de los que no se excluye la leche o las conservas vegetales. El trigo es el producto número uno en el campo de Montana. Para el granjero los máximos problemas son la lluvia y la interferencia en sus asuntos del Gobierno.

De accidentada geografía, de temperaturas extremas que abarcan los 50 bajo cero hasta los 110 sobre cero, Farenheit, con animales que campan por sus tierras en pleno estado de salvajismo, con la vida inquieta que producen las minas, con los peligros que a diario afrontan los *cowboys*, Montana es un estado de tensión, con alegría, quizá en momentos cargado de violencia. Ya en 1860 un grupo de ciudadanos se asociaron para autodefenderse de los muchos bandidos que imponían su ley, y formaron los *Vigilantes*, con pleno éxito para sus objetivos. Todo esto parece ser que ha pasado a la Historia y hoy se presenta más bien como una región con potenciales recursos para el turismo. Es uno de los paraísos de los cazadores, pues abunda en alces, ciervos, antílopes, osos negros, castores, visones, ratas azmizcleras, etc.

Los primeros blancos en pisar el territorio fueron los franceses Verendryes, padre e hijo, en 1743, y les siguieron Lewis y Clark, en 1805. Se convirtió en territorio en 1864 y alcanzó la categoría de estados el 8 de noviembre de 1889. En sus contornos se conservan siete reservas de indios: una de ellas, la de Big Horn, custodia el *Custer Battlefield National Monument*, en la que el general Custer, uno de los héroes locales, fue derrotado por los indios sioux el 25 de junio de 1876. La capital del estado es Helena, una pequeña urba. Butte es la ciudad minera por excelencia.

El sector oriental formó parte de Luisiana, y como tal pasó a posesión de España en 1763, hasta su retrocesión a Francia en 1803, que la vendió a los Estados Unidos en el mismo año. La occidental estaba comprendida en la disputa de Oregón, y los derechos españoles sobre ella fueron cedidos por el Tratado de 1819, merced al cual España vendió Florida a los Estados Unidos y zanjó con éstos una serie de problemas fronterizos. Estas tierras fueron escenario de los desvelos evangelizadores de los jesuitas franceses; uno de ellos, el padre Pierre Jean De Smet, tributó un homenaje a su fundador, el santo español, escribiendo en una piedra las siguientes palabras: "Sanctus Ignatius Patrones Montiun Die Julii 23, 1840."

Su nombre. El nombre de Montana proviene de la palabra española *montaña*, desprovista de la tilde por inexistencia de ésta en el alfabeto anglosajón. Su aceptación se debió a los esfuerzos del representante por Ohio, James Ashley, cuando se planteó la creación del nuevo territorio, y en vista a las características de su geografía. El 5 de febrero de 1865, el gobernador Edgerton promulgó una resolución conjunta de las dos Cámaras estatales, instituyendo el sello oficial del estados, en el que, bajo una escena compuesta de montañas, las cataratas del Missouri, un arado y un pico, aparece el lema —el oficial del estados— "Oro y Plata" (en español).

Lisa y otros comerciantes. Manuel Lisa, el emprendedor español nacido en Nueva Orleáns, al conocer en St. Louis (Missouri) los resultados de la expedición de Lewis y Clark, equipó una expedición de 42 hombres y los condujo aguas arriba del Yellowstone hasta su confluencia con el Big Horn; allí construyó, en 1807, el primer *trading post* de Montana. Lo bautizó con el nombre de Fort Ramón, por su hijo, pero los cazadores y comerciantes de la región lo conocieron por Fort Lisa o Fort Manuel. Su compañía —ya lo hemos visto en otros estados— llegó a emplear muchas gentes y progreso hasta la muerte de Lisa, en 1820. Hasta Montana se había adentrado con anterioridad el escocés Mackay en 1796, al servicio de la compañía de Lisa y, en busca de pieles para el comercio, remontó las aguas del Missouri, y lo mismo el galés John Evans, quien en las cortezas de muchos árboles dejó constancia.de su presencia al servicio de España. El arribo de españoles hasta estas regiones es confirmado por el gran historiador Bolton.

En Montana también se encuentran pastores vascos.

Nombres españoles

Uno de los condados del estado se denomina Carbon; Montana tiene localidades con nombres como Columbia Falls, Columbus, Lima, Saco, St. Ignatius Santa Rita, Andes, Alzada, Laredo, Loma, Lustre, De Borgia. Ovando.

♦ IDAHO ♦

Adoptan las 83.557 millas cuadradas del estado de Idaho la forma de una porra que, colgando de la frontera canadiense, apoya su grueso extremo en el paralelo 42°, o límite con los estados de Utah y Nevada Su frontera oriental está dibujada por la cadena de montañas del *Continental Divide* y por las denominadas Bitteroot; la occidental con Oregon y Washington viene marcada, en parte, por el curso del río Snake y, en parte, por el designio del hombre. Dos sectores se distinguen en su territorio: el septentrional, dominio de leñadores y mineros, y el meridional, tierra de ganaderos, agricultores y, cada vez más industriales. El norte, de altas montañas, alguna como Mt. Borah, de 4.200 metros, ostenta paisajes y lagos alpinos, tales los de Pend Oreille —en cuyas orillas hubo en tiempos una base naval Farragut, nombrada en honor del descendiente de menorquinos—, Coeur d'Alene, y Priest, paraíso —con los ríos del estado— de los pescadores de salmón y truchas; sus bosques de abetos, alerces, cedros y pinos se extienden por superficies próximas a los 20 millones de acres explotados por compañías potentes, otrora descuidados en su debido aprovechamiento, hoy controlados por los servicios Forestales, que tratan de evitar por todos los medios —publicidad, vigilancia, equipos móviles— la repetición de devastadores incendios como el de 1931, en el que ardieron 22.000 acres, o el de 1910, en el que se salvaron del achicharramiento 40 bomberos gracias a la energía —incluso acudió a la amenaza de su revólver— de E. C. Pulaski, que consiguió el necesario refugio en el túnel de una mina abandonada. También ostenta el sector norte el Hell's Unidos, superior a kilómetro y medio de profundidad. La caza mayor —lobos, antílopes, osos negros y grises, linces y alces— y la menor —faisanes, perdices y patos—, están a la orden del día en Idaho.

Los cazadores de pieles fueron los primeros visitantes de la región, en pos de la huella abierta por Lewis y Clark (46). Les siguieron los mineros en 1860, a raíz del descubrimiento del oro, en la posteriormente llamada Orofino Creek (existe una ciudad con dicho nombre español). A este hallazgo sucedieron los de otros metales, pero si la minería de aquél está decadente, no le ocurre igual a la del plomo, cinc o plata en el distrito de Coeur d'Alene, con la ciudad del mismo nombre y las de Mullan, Kellogg y Wallace. Los yacimientos de fosfatos en las cercanías de Soda Springs y Pocatello suponen casi la mitad de las reservas del país. En su virtud, las Compañías Monsanto, Anaconda, San Francisco Chemical y otras han invertido una serie de millones en fábricas de productos químicos, lo que constituye un trascendental paso hacia la industrialización del estado. Además, una serie de nuevos minerales ha comenzado a ser extraída en el sudeste: niobium, magnetita, zirconio y monazite, el último de los cuales, muy raro en el globo terráqueo, es fundamental para la energía atómica. Idaho es el único estado de Norteamérica con considerables reservas de antimonio.

Paralelamente a los mineros, aparecieron los agricultores: los primeros, un grupo de mormones procedentes de Utah. En las tierras meridionales, bañadas por el Snake y sus afluentes, fueron floreciendo plantaciones, y hoy se exporta trigo desde Palouse; patatas y cebollas desde Ashton, Pocatello, Burley, y Twin Falls frutas desde Lewiston (en donde se cría el caballo Appaloosa), etc. Los ganaderos ya pastaban sus ganados en 1875: desde esa época, el *cowboy* de Idaho se enseñoreó del paisaje, como sus hermanos de profesión y de espíritu hicieron en Montana y en Wyoming, y la figura del ganadero a caballo pasó a las pantallas del cine, primero, y más tarde, a la televisión, entreteniendo a sus seguidores durante más horas que ningún otro tipo de espectáculo conocido: el rodeo, otra faceta típica de la actividad del *cowboy*, con contar con muchos aficionados que disfrutan admirando la destreza y la fortaleza de los hábiles jinetes, no puede competir con los *westerns* en la afición de las multitudes. A causa de la abundancia en ganadería, es alta la producción de lana, quesos, mantequilla y leche condensada.

Tras la pionera expedición de Lewis y Clark, se establecieron en el sector meridional los hombres de John Jacob Astor, pero después de la guerra de 1812 estos territorios quedaron bajo la influencia británica durante tres décadas. Las cosas cambiaron con la arribada progresiva de colonos procedentes del este; la tensión fue creciendo con la Gran Bretaña hasta zanjarse en 1846 con el establecimiento del paralelo 49° como frontera. No trajo esta solución pacífica la desaparición de la tensión guerrera en la región; entre 1870 y 1880 los indios "nezpercés" se levantaron, y Whitebird y Kamah fueron campos de batalla, que determinaron la derrota de los primitivos nativos y su retirada, al mando de su jefe Joseph, hacia tierras de Montana.

Idaho se convirtió en territorio en 1863 y consiguió su admisión como estado el 3 de julio de 1890. En 1880 irrumpió la línea férrea del Northern Pacific, por el sector septentrional, y dos años más tarde la Oregon Short Line, por la región del sur. Luego de los yanquis, contribuirían a poblar el estado chinos, suecos y españoles, representados por el grupo de pastores vascos.

Boise es la capital del estado, Pocatello su más próximo rival, Idaho Falls la ciudad principal desde el punto de vista comercial y Moscow sede de la University of Idaho.

Pastores vascos. Boise está situada en su feraz valle, escenario desde 1929 de una anual fiesta campestre, organizada en un principio por la *American Basque Fraternity*, más tarde por la organización *La Social Independencia*, y desde 1962 por la *Euskaldunak Organization*. Esta institución mantiene el *Basque Center* en Boise, con más de seis centenas de socios, promotor del grupo de danzas vascas (que representó al estado de Idaho en la Feria Mundial de Seattle), de un orfeón y del "Baile de los Pastores," que se celebra el 27 de diciembre. Hay que tener en cuenta que en el listín telefónico de la capital aparecen incluidos unos 1.000 nombres vascos, equivalente a, por lo menos, 2.000 personas de tal origen, con lo que dicha ciudad, de 35.000 habitantes se convierte en la mayor concentración urbana de vascos fuera de España y de Francia.

Se cree que el primer vasco que llegó a Idaho fue Antonio Azcuénaga procedente de California, Oregón y Nevada. Muchos le siguieron, y, si al principio se dedicaron al pastoreo, cambiaron de profesión en cuanto pudieron. Hoy actúa ya una cuarta generación de vascos. Además de las referidas existen la *Sociedad de Socorros Mutuos* y la *Fraternidad Vasco-Americana*, las dos sociedades mutuas de ayuda.

Una institución en la ciudad es el "Hotel Valencia" propiedad de Benito Izueza —desde 1940 en que lo construyó— y que durante mucho tiempo ha sido el centro de reunión de la Colonia vasca de Boise.

Varias iglesias católicas existen en la capital, invariablemente impulsadas y sostenidas por los vascos; fue la primera la iglesia del Buen Pastor, financiada enteramente por los pastores vascos, pero es hoy la primordial la catedral de San Juan Evangelista, cuyo coadjutor ha sido el capellán vasco D. Santos Recalde, oficiante los domingos de una misa en vascuence, en un altar regalado por el paisano José Domingo Aldecoa, en memoria de su hijo muerto en la segunda guerra mundial.

Muchos vascos se han destacado en Idaho: Luis J. Bideganeta, secretario del tribunal supremo del estado; Eustaquio Iríbar, Julio Echevarría, Julio Asumendi y Ricardo Pagoaga, vicepresidentes de diversos Bancos locales, Agustín Urresti, jefe de la policía de la ciudad; Nash Barinaga, abogado en la localidad de Mountain Home, doña Esperanza Alegría, sobrina de D. Patricio, el famoso industrial de Legazpia; Delphine Aldecoa, operador de la torre de control del aeropuerto municipal de Boise etc.

Y entre todos, Juan y Daniel Achabal y su cuñado Zenón Eizaguirre, hijos de Juan Achabal y herederos de su fortuna ganadera. En torno a la localidad de Homedale poseen sus dos extensos ranchos, a nombre de la *Jump Creek Sheep Company* (aparte de otros), con unas 100.000 cabezas de ganado y que se aumentan por término medio en cada invierno con unos 25.000 corderitos. Complementariamente, se dedican a la manufactura de la lana que esquilan.

Para la escritora Carmen Laforet, en su novela *Paralelo 35*, existe en Idaho un país vasco americano, junto al país vasco español y el país vasco francés. "La tierra americana —dice— no los ha fundido ni uniformado a través del paso de las generaciones."

Nombres españoles

Localidades con nombres españoles existen en Idaho las siguientes: Alameda Arco, Orofino, Ola, Mesa, De Lamar, Santa, Bonanza, Acequia, Salmon, Lorenzo, Carmen.

PARTE VII:
ESTADOS DE LA COSTA DEL PACIFICO

♦ *CALIFORNIA* ♦

Es California el tercer Estado de la Unión en tamaño (detrás de Alaska y Texas): se pueden recorrer 1.400 kilómetros en línea recta sin salir de sus límites. Esta distancia permite grandes diferencias de temperatura, humedad y flora entre sus extremos norte y sur. Por otra parte, en California se producen fenómenos únicos en la geografía del continente norteamericano, Alaska aparte: la montaña más alta (el monte Whitney de 4.500 metros de altura), el valle más profundo (*Death Valley*, bajo el nivel del mar), los árboles más altos (los famosos sequoias del Yosemite National Park), el único volcán en actividad, un terrorífico desierto (el "Mojave")... Dos cordilleras la vertebran en sentido vertical, y entre ellas se sitúa el feraz valle Central. Para el escritor Irving Stone la California de hoy es el resultado de las relaciones amorosas entre el sector norte, frío, áspero, masculino, sajón, y el sector sur, sensual, femenino, voluptuoso, cálido, hispánico. Si tal conjunción de características hacen de su territorio un lugar único, tierra prometida dentro de los Estados Unidos de hoy, no ha de extrañar que haya visto aumentada enormemente en los últimos años su población, que dentro de poco incluso sobrepasará a la del "Estado Imperio" de Nueva York. El aumento comenzó con los descubrimientos de las minas de oro a mediados del siglo XIX, y se completó con la construcción de los ferrocarriles transcontinentales; la expansión de la industria, después de la segunda guerra mundial, ha dado el último empujón al auge de su riqueza y a la consecución de uno de los mejores niveles medios de vida en los Estados Unidos, no obstante sus millones de habitantes. Ello explica que California sea el 2º estado de la Unión en número de millonarios: 38.691.

California nació a la vida de la mano de los seráficos hijos del Santo de Asís. Las 21 misiones vertebran la geografía regional y las campanas de *El Camino Real* evocan los afanes apostólicos de fray Junípero, el fundador, y de sus hermanos en religión. Hablar de California supone la automática asociación con la idea de los establecimientos franciscanos y con su entrada en la civilización de la mano de la Cruz.

Su nombre. El origen del nombre *California* ha sido causa de apasionados debates. ¿Fue alguna palabra india mal entendida por los españoles? ¿Procedería de los vocablos latinos *callida fornax* por indicar el mucho calor que en ella se sentía? Ya en 1849 el historiador Ticknor se inclinaba por situarlo en el libro de caballerías *Las Sergas de Esplandián* (en la ciudad de San Clemente existe una Avenida Esplandian): esta es la teoría más bonita y aceptable. El autor de dicha novela, Garci Ordóñez de Montalbo, la presentó como quinto libro de su versión del *Amadís de Gaula*, en la primera edición de Zaragoza de fecha probable de 1508. En ella aparece, ayudando a las fuerzas paganas que ponen sitio a Constantinopla, Calafia, reina de la isla de California. "Sabed —dice el autor— que a la diestra mano de las Indias, hubo una isla llamada California, muy llegada a la parte del Paraíso Terrenal, la cual fue poblada de mujeres negras, sin que algún hombre entre ellas hubiese, que casi como las amazonas era su manera de vivir. Estas eran de valientes cuerpos y esforzados y ardientes corazones y de grandes fuerzas; la ínsula en sí la más fuerte de rocosas y bravas peñas que en el mundo se hallaba; las sus armas eran todas de oro, y también las guarniciones de las bestias fieras, en que, después de las haber amansado, cabalgaban; que en toda la isla no había otro metal alguno..." Al comentar Stone semejante prominencia de las mujeres con exclusión de los hombres, no puede menos de exclamar: "Se parece un poco al actual Hollywood."

Aplican ya el nombre de California Francisco Preciado (narrador de la expedición de Francisco de Ulloa en 1539 y 1540), Cabrillo en la relación de su viaje en 1542 y Bernal Díaz del Castillo al contar las expediciones de Cortés del año 1535. Pero en las primeras épocas, la palabra California no se refería a la tierra la que hoy cubre con su nombre, sino a una bahía (la de la Paz), un cabo (Punto Ballenas), o una isla. Por otra parte, el territorio recibió otros bautismos, menos afortunados, que el de Ordóñez: Nueva Albión por el pirata Drake, isla Carolina, Nueva Rusia... A los primeros pobladores españoles se les conoció como *Californios*.

Descubrimiento y colonización. De dominio público es la presencia de España en la historia de California. Viene inevitablemente a nuestro recuerdo la novela *La Reina Calafia*, de Blasco Ibáñez, en la que, además de la leyenda de Montalbo, se recogen brillantemente una serie de aspectos y momentos españoles en la región. Si en los Estados Unidos se sugiere el tema de la participación de España en su herencia, se presentan inmediatamente las misiones californianas como resumen y símbolo. Pero la contribución española a la historia de California, que reviste extraordinario interés, no se limita a unas cuantas capillas erigidas por unos más o menos ilusos frailes, como algunos quieren presentar la cuestión.

La conquista y colonización por España de las tierras occidentales de los hoy Estados Unidos no se debió al azar, ni constituyó una bicoca que cayó como regalo en el rico panero del Imperio español. Resultado de una larga cadena de intentos, costó ríos de sangre, cantidades de dinero y esfuerzos y una serie prolongada de años. No hay que olvidar, por otra parte, que la ruta terrestre para alcanzarla estaba sembrada de dificultades, y que la marítima, a través del poco pacífico océano, se demostró difícil por las borrascas tremendas, las calmas interminables, los piratas ávidos de tesoros y, sobre todo, su desconocimiento. Los españoles fueron los primeros en levantar los mapas de las costas occidentales, y ello a costa de fracasos. Cuando hoy se contemplan la feracidad del valle Central, las magníficas carreteras que recorren el Estado, las populosas urbes en él situadas, las florecientes industrias establecidas aquí y allí, inevitablemente se olvida las distintas circunstancias de su geografía en épocas prehispánicas: tierras sin cultivar, escasez de agua, complejos montañosos a veces insuperables de franquear y la existencia de una serie dispar de tribus indias, bastante atrasadas en general y no siempre pacíficas y amistosas, amas y señoras de su superficie. Reconoce el escritor francés André Maurois que los españoles introdujeron en California el naranjo, el albaricoquero, la higuera y el olivo, "mucho más preciosos que el oro y las perlas que ellos se llevaban de allí."

Tras el descubrimiento del mar del sur (hoy Pacífico), en 1513, por Vasco Núñez de Balboa y del estrecho de Magallanes —como comunicación de dicha ingente masa de agua con el Atlántico— por el gran marino que le prestó su nombre, se planteó la necesidad del al mismo tiempo que indagar la insularidad o peninsularidad de California, buscar un paso nórdico entre ambos océanos como camino para alcanzar las costas de Asia y demostrar que el Nuevo Mundo no era el Catay, en el que Colón se muriera creyendo. Varios siglos se gastaron en tamaña empresa y varias naciones pusieron a contribución su esfuerzo con la esperanza de obtener retribuidos beneficios, pero los españoles se distinguieron por la calidad y cantidad de sus expediciones, como en múltiples ocasiones profesó el diplomático Antonio Espinosa.

Bordearon las naves españolas las costas orientales y meridionales americanas en las primeras decenas del siglo XVI, y lo mismo las occidentales, correspondiendo al infatigable Hernán Cortés, así como a los marinos Cabrillo y Ferrelo, los puestos de adelantados en esta última empresa. Tocó a D. Antonio de Mendoza la sucesión en el virreinato, y mucho más tarde a Bucarelli, Flores y Revillagigedo, entre otros; en el siglo XVII y, especialmente a lo largo del XVIII, los marinos españoles perseverarán en sus intentos con el mismo entusiasmo que sus antepasados renacentistas. Los nombres de los navegantes Sebastián Vizcaíno, Iturbe, Cestero, Nicolás de Cardona, Pedro Porter Cassanate, Pérez, Heceta, Martínez, Bodega y Quadra, y Malaspina quedarían para siempre inscritos entre los fautores del Oeste norteamericano.

Junto a la búsqueda de dicho paso, otras razones intervendrían en la organización de las expediciones exploratorias: en primer lugar, el deseo de evitar el establecimiento en aquel sector del Pacífico oriental de otra potencia extranjera rivalidad que pronto comenzó a esbozarse en lo que a Inglaterra se refiere con la aparición de los piratas Drake y Cavendish a finales del siglo XVI y que alcanzó su punto culminante en la Controversia de Nutka, zanjada en 1791 con un convenio amistoso que evitó una inminente conflagración; en cuanto a la presencia rusa en estas regiones, abierta con los descubrimientos de Bering y la subsiguiente colonización de Alaska, es evidente que, de no haber actuado eficaz y rápidamente los hombres de Carlos III ante las órdenes de éste (originadas por una información suministrada por su embajador en San Petersburgo, conde de Lacy, sobre los proyectos de Catalina la Grande de organizar colonias), las costas de California se hubieran visto pobladas de súbditos del zar, más difíciles de desalojar que los establecimientos en las frías e inhóspitas tierras de Alaska. Se ha afirmado —y con razón— que España salvó a California —y quién sabe si a sus vecinos territorios— de convertirse en dominio ruso, rindiendo así un inestimable servicio a la consecución del "Destino Manifiesto" y a la formación de los Estados Unidos.

Otros tres motivos motores de las expediciones españolas existían y de muy diferente índole: uno, material, de afán de riquezas, representado en la búsqueda de criaderos de perlas; otro, espiritual, en el invariable designio de los reyes de España de conseguir la cristianización de las tribus indias aborígenes de los territorios al norte de Nueva España, y un tercero, la sistematización de un puerto, en el que el *galeón de Manila* pudiera refugiarse con seguridad contra tempestades y piratas. En estas empresas las más de las veces la iniciativa es real, y a costa de la hacienda del monarca se organizan; otras responden a impulsos particulares, y algunos, como Cardona o Porter, invierten en ellos cuantiosas sumas, no siempre reembolsadas.

Sobre el afán colonizador español, es interesante leer el Informe del Padre jesuita Gaspar Rodero en 1737, quien afirmaba que los territorios californianos "poseían un sano temperamento" y eran en ellos "regulares los tiempos según las estaciones del año."

Obras misioneras. Si hacia la segunda mitad del siglo XVIII se concreta en este sector occidental el ardor misionero, puede decirse que se debió en gran medida a la personalidad del franciscano fray Junípero Serra. Por otra parte, no se podía cristianizar sin previamente conquistar y colonizar, y ésta fue la orden impartida por Carlos III, a través de su ministro de Estado, el marqués de Grimaldi al virrey, marqués de Croix, y al visitador general D. José de Gálvez. Gracias a la valía de estas tres personalidades y del siguiente virrey Antonio Bucarelli, la gran empresa de la colonización y evangelización de California pudo ponerse en marcha; merced a ellos y a un sinnúmero de españoles ilustres, los afamados "dons" en la historia norteamericana. Para proteger al galeón de Manila, para frustrar los intentos rusos de establecimiento en California, la mejor solución —así se había decidido— era el establecimiento, junto a algunos Presidios militares —que llegaron a ser cuatro: San Diego, Monterrey, Santa Bárbara y San Francisco—, de una serie de misiones que cristianizaran a los indios de la región, convirtiéndoles en aliados de las armas de la política de España. Porque la tarea principal de los misioneros era la difusión de la fe, pero entre las otras, también relevantes, figuraban las de enseñar a los indígenas la civilización europea, como el castellano, la agricultura, las artes y los oficios, y la manera de gobernarse. Las Misiones habrían de ser sostenidas en buena parte por el rey, y sus gastos llegarían a superar los ocasionados por el gobierno militar y civil de Nuevo México y California juntos.

En costearlas tuvo participación fundamental el "Fondo Piadoso de las Californias," ideado por el padre Kino y puesto en ejecución por los padres Salvatierra y Ugarte. Tropezando el erario real con dificultades en 1696, decidieron —para la evangelización de California, en aquella época tan sólo la Baja— suscitar la generosidad de personas pudientes y reunir un capital, con cuyas rentas pudieran sostenerse los misioneros necesarios. Con el tiempo aumentó en cantidad, y cuando el Gobierno mexicano, heredero en las dos Californias del español desde 1822, secularizó en 1833 las propiedades eclesiásticas, se comprometió a abonar a la Iglesia una cantidad anual en concepto de los intereses producidos por los dichos bienes del Piadoso Fondo. Con la incorporación de la Alta California a los Estados Unidos, la Iglesia de este sector se consideró acreedora de los intereses impagados desde 1848, lo que ocasionó un litigio internacional entre México y los Estados Unidos, que se solucionó, en una primera fase, mediante el opinable arbitraje del embajador inglés en Washington, Sir Edward Thornton, en 1875, como efecto del cual el gobierno mexicano abonó la cantidad fijada de 904.070,79 dólares, importe del 6 por 100 de los intereses durante veintiún años del valor fijado al Fondo de 1.436.033 dólares (43.080 dólares anuales correspondientes a la Iglesia norteamericana; otro tanto asignóse a la mexicana de Baja California). El conflicto no se zanjó entonces definitivamente, ya que en 1891 los obispos norteamericanos de California reclamaron los intereses devengados hasta la fecha; al surgir la desavenencia, las partes llevaron el asunto ante el Tribunal Internacional de Arbitraje, el cual, en 1902, condenó al Gobierno mexicano al pago de 1.420.682,67 dólares, en concepto de atrasos, más la cantidad anual, en lo sucesivo, de 43.050,99 dólares. El I de agosto de 1967, mediante el oportuno canje de notas entre ambos Gobiernos, se liquidó definitivamente el caso con el pago total por parte de México de 719.546 dólares.

A lo largo de las tierras comprendidas entre San Diego y Sonoma (al norte de San Francisco) fueron floreciendo poco a poco 23 Misiones en el curso de unos cincuenta años. Algunas alcanzaron verdadera prosperidad, cuyas causas y razones fueron discutidas, cuando no combatidas, en ocasiones, por la autoridad civil. Ecos de ella son las cartas del general norteamericano Sully, en 1849, desde Monterey, en las que recoge los comentarios de los naturales del lugar sobre los días en que los padres reunían a sus fieles a toque de campana y en que sus conventos eran refugio para todos, buenos o malos (el derecho de asilo, mantenido por los padres, originó más de un conflicto), ricos o pobres, blancos o indios, españoles o extranjeros. Los nombres de los colaboradores de Serra, los padres Crespi, Palou —el autor de la biografía de fray Junípero—, Lasuén y López y los de los numerosos que les siguieron han merecido un lugar de excepción en la historia de España y de California.

En su honor, se han constituido la "Asociación de Amigos de Fray Junípero Serra" de Petra (con una Sección Juniperiana en Palma) y los "Amigos de Fray Fermín Lasuén," de Vitoria.

Las misiones fueron establecidas escalonadamente, de forma que distaran entre sí una jornada a caballo; el fatigado viajero podía acogerse de este modo a los amigables muros de la misión y disfrutar de su bien abastecida cocina. La ruta que unía unas con otras recibió el nombre de *El Camino Real*, carretera que hoy ostenta el número 101. En 1904 nació la *El Camino Real Association*, con el propósito de reavivar tan excepcional vía y promover la restauración de las misiones que la jalonaban; consiguió sus objetivos ampliamente, dada la acertada reconstrucción a que han sido sometidas la mayoría de éstas, muestran a cuantos las visitan un trozo de la común Historia hispano-norteamericana. Una serie de 125 campanas, réplicas de las existentes en las misiones, colocadas en los bordes de *El Camino Real* a distancia de 10 millas, invitan a cualquiera que lo recorra hoy a dedicar un periódico recuerdo a los misioneros españoles.

Revivir el pasado español de California no es tarea difícil, ya que su ocupación constituye uno de los esfuerzos colonizadores mejor documentados. Si se medita en las condiciones ambientales, asombra el número de registros, cuentas, censos y diarios redactados en el curso de los primeros cincuenta años de la existencia de California. La formación legalista de los gobernantes y misioneros y los diferentes puntos de vista que sostuvieron a veces ante sus respectivos superiores contribuyeron a la producción de tan excepcional archivo.

San Diego

Rodríguez Cabrillo, descubridor. En San Diego se verificó el descubrimiento de California para España y para el resto del mundo civilizado. Autor: el portugués Juan Rodríguez Cabrillo (hay argumentos de que fue español), al servicio del emperador Carlos V, con la ayuda de su piloto, el valenciano Bartolomé Ferrelo. Barcos: el *San Salvador* y el *Victoria*, por cuenta de D. Pedro de Alvarado. Fecha: el 28 de septiembre de 1542. Nombre dado al lugar: San Miguel. Habrían salido del puerto de Navidad el 27 de junio de 1542. A los 27° habían bautizado Magdalena, a una bahía y a los 32°, cabo del Engaño, a un saliente costero.

En la península *Point Loma*, a la entrada de la bahía de San Diego, se destaca hoy el Cabrillo National Monument, que ocupa 80 acres. Se cree que es el punto en que el navegante desembarcó, en una lengua de tierra, a la que bautizo "La Punta de los Guijarros" (hoy *Ballast Point*). El fuerte que se estableció allí sería denominado *Fuerte Guijarro*. Se han descubierto recientemente en México documentos en que se demuestra que el primitivo nombre de aquél era "Real Fuerte de San Joaquín de Punta de Guijarros." Los portugueses regalaron en 1949 a la ciudad una estatua de Cabrillo, obra del escultor Alvaro de Bree. El historiador norteamericano Harry Kelsey aportó convincentes argumentos sobre el nacimiento en España —Sevilla o Cuéllar— de Juan Rodríguez Cabrillo. Cerca se encuentra la *Old Spanish Lighthouse*, o antiguo faro español, que nada genuino tiene de tal, dada su construcción en 1850.

Sebastián Vizcaíno, primer cartógrafo. El 11 de noviembre de 1602 avistó Sebastián Vizcaíno un puerto que a primera vista le pareció muy seguro para las naos de Filipinas: lo denominó San Diego, por ser la festividad de este santo. "Es este puerto de San Diego muy bueno y capaz," dirá en su *Relación resumida* uno de los historiadores de la expedición, fray Antonio de la Ascensión, quien consignará entre otras cosas que los indios informaron de la proximidad de gente blanca: ¿dónde?, ¿quiénes? Había tomado puerto el capitán con tres navíos: *San Diego*, en el que iban, además de Vizcaíno, el piloto mayor Francisco de Bolanos, el maestre Baltasar de Armas y el cosmógrafo Jerónimo Martín Palacios; *Santo Tomás*, al mando de Toribio Gómez de Corbán, con Juan Pascual como piloto y fray Antonio de la Ascensión como cosmógrafo, y la fragata *Tres Reyes*, que tenía por corporal al alférez Sebastián Meléndez y por piloto a Antonio Flores. Se trataba de la segunda expedición que en exploración de California Vizcaíno intentaba. La primera le había llevado al puerto de Zalagua, a las islas de Mazatlán y a la entrada del golfo de California, en uno de cuyos puertos —al que denominó de San Felipe— tomó solemne posesión de la tierra a la que bautizó con el nombre de Nueva Andalucía, de la misma manera que a una ensenada, al Noroeste, la denominó de La Paz, etc., pero no le había proporcionado la posibilidad de descubrir tierras más al norte.

Esta segunda vez la expedición había sido preparada detalladamente y con tiempo, y las naves se habían hecho a la mar en Acapulco el 5 de mayo. Recorrida la ruta anterior y rebasado el cabo de San Lucas, visitaron una serie de puntos levantándose el correspondiente mapa. El 19 de noviembre celebraron junta los expedicionarios y acordaron el sistema de señales para comunicarse unos barcos a otros los descubrimientos costeros. Frente a las islas de Santa Catalina fondearon diez días más tarde.

Gaspar de Portolá y fray Junípero Serra, los fundadores. 1769 es la fecha fundamental en la historia de San Diego. El 1 de julio, dos expediciones, marítima y terrestre, se encontraron en el sitio. Formaban la marítima, en un principio, tres barcos, transportando tropas y cuatro misioneros: el *San Carlos*, el *San Antonio* y el *San José*, que habían zarpado del puerto de La Paz el 9 de enero, el 15 de febrero y el 16 de junio de 1769, respectivamente. El *San Carlos* acudió a la cita veinte días después del *San Antonio*, en tanto que del *San José* nunca más se volvió a saber. La expedición terrestre se distribuyó en dos grupos: al mando del capitán D. Fernando de Rivera y Moncada, la vanguardia, y de D. Gaspar de Portolá —jefe de la expedición—, el resto, del que formaba parte el padre Junípero Serra. En ruta, el franciscano fundó la Misión de San Fernando de Vellicatá. (A Portolá, como gobernador del Presidio de Loreto, había tocado expulsar a los jesuitas de sus misiones, en junio de 1767, en cumplimiento del Edicto de Carlos III). De los 219 hombres que habían salido dos meses antes, poco más de un centenar, y no todos sanos, acudió a la cita. Y es que fueron muchas las penalidades por que tuvieron que pasar.

El Estado de California celebró con gran entusiasmo el bicentenario de la fundación de San Diego, oportunidad en la que quiso contar con la hispana colaboración, según se especificaba en la Resolución que el gobernador Ronald Reagan entregó al embajador de España en Washington y que fue respaldada y completada con la visita a Madrid en junio de 1969 de una serie de personalidades californianas. La aportación solicitada se concretó en la celebración en San Diego de la "Semana de España," en abril de 1969, y en cuya inauguración, presidida por el alcalde Frank Curran y el obispo Francis J. Furey; representó al ministro de Información y Turismo, el director general León Herrera. Se instalaron la "Expotur", resumen de España, y Exposiciones de Documentos Históricos —a base de reproducciones procedentes de diversos archivos ibéricos—, del teatro español, de pintura figurativa, del libro español y de filatelia, además de contarse con la actuación del ballet de Paco Ruiz y con la presencia del buque escuela *Juan Sebastián Elcano*. España emitió un sello conmemorativo en tal oportunidad.

Existe en Cataluña una entidad titulada "Amigos de Gaspar de Portolá." Lleva el nombre de este capitán el Parador Nacional sito en Arties (Lérida), lugar de su nacimiento. Basándose en su figura, Cataluña y California firmaron un pacto de hermandad en mayo de 1986, con la presencia en Monterey del presidente de la Generalitat, Jordi Pujol.

Tras dos semanas de descanso, el gobernador Portolá, con un grupo de los sanos, partió rumbo al norte en busca de la bahía de Monterrey, una de las metas de la expedición, llevando en su compañía al teniente Pedro Fagés, el sargento Ortega y al padre Crespi. Junípero Serra se quedó, a causa del mal estado de su ulcerada pierna. Seis meses transcurrieron hasta el retorno del jefe y los suyos sin haber alcanzado la apetecida meta. ¿Qué les había ocurrido? Desde el segundo día de camino aparecieron indios, que, queriendo acompañar a los expedicionarios, se resistieron a separarse de ellos, ocasionándoles entorpecimientos. Portolá calculó en cinco pueblos unos 6.000 indios. El capitán trató de seguir la costa, pero cuando no le fue posible tuvo que habérselas con profundos cañones en uno de los cuales el grupo se enfrentó con una manada de plantígrados (de aquí el nombre de "Cañón de los Osos"), cuya carne pudieron probar. Con arduas dificultades tropezaron para hallar un paso en las montañas de Santa Lucía (así bautizadas por Vizcaíno, un 13 de diciembre), hasta que Ortega brindó como única solución la de trepar por una peligrosa pendiente. Habiendo superado la penosa ascensión, el 26 de septiembre divisaron los expedicionarios una gran masa de agua: Portolá comisionó, sin éxito, a Rivera a averiguar si se trataba de la bahía de Monterrey. Continuando la marcha la patrulla en vanguardia de Ortega trajo las alentadoras nuevas de haber divisado la bahía de San Francisco, de acuerdo con la descripción de Cabrera Bueno en 1732, piloto de los galeones de Manila. A los pocos días todo el grupo acampó en sus orillas. Comprendiendo que Monterrey quedaba al sur. Portolá ordenó el regreso a San Diego, creyendo que no había logrado su objetivo; en realidad, lo había alcanzado —se detuvo en Monterrey— sin darse cuenta.

Misión de San Diego de Alcalá, la más antigua. Durante su ausencia, y a dos días tan sólo de su partida, fray Junípero Serra fundó, el 16 de julio, la Misión de San Diego de Alcalá. Poco después los indios atacaron el establecimiento, ocasionando destrozos, matando a un muchacho e hiriendo a dos. Durante varios meses Portolá se dedicó a supervisar la construcción del Presidio y de las casas que alojarían a cuantos permanecieran en San Diego. Dado que no retomaba el navío *San Antonio*, enviado a San Blas por provisiones y socorros, Portolá llegó a considerar la retirada de San Diego y el retorno a Nueva España, vista la situación angustiosa de la primera fundación española en California. Fray Junípero Serra se mostró opuesto a esta determinación; salieron de dudas, y la situación quedó salvada, cuando, el 19 de marzo de 1770, apareció, para alivio de tantos sufrimientos, el ansiado navío.

En vista de ello, Portolá partió por tierra, en abril, de nuevo rumbo a Monterrey; fray Junípero se embarcó con el mismo destino en el *San Antonio*. Para Portolá y sus hombres la jornada fue mucho más fácil y rápida, desde el momento en que era conocida en su mayor trayecto. Cierta soleada mañana alcanzaron una playa y comprobaron con satisfacción el buen estado de conservación de una de las cruces que habían plantado la vez anterior. Los indígenas les contaron maravillados su iluminación en las noches de luna. Tras varias deducciones concluyeron que se trataba precisamente de Monterrey.

Presidio; nace el primer hispanocaliforniano. Al retirarse D. Gaspar de Portolá a Nueva España, conforme en un principio planeado (la hostería nacional inaugurada en el valle leridano de Arán en el verano de 1967 lleva su nombre), quedó al mando del Presidio de San Diego el capitán Fernando de Rivera y Moncada hasta su traslado en 1774, a Monterrey. En San Diego le sustituyó el ya teniente D. José Francisco de Ortega, quien se trajo consigo a su esposa, Dª María Antonia Carrillo, residente en Loreto. Ella y las esposas de otros soldados fueron las primeras damas occidentales en habitar California. En febrero de 1775, doña Antonia tuvo un hijo, el primer español nacido en el territorio.

En el curso del año siguiente, Ortega recibió la orden de fundar la Misión de San Juan de Capistrano, a unos 110 kilómetros de distancia de San Diego, con el objeto de establecer un apoyo en la ruta hacia el norte que neutralizara las frecuentes incursiones de los indios de la región. Durante su ausencia, la Misión de San Diego padeció un violento ataque de los indios el 4 de noviembre de 1775. En la etapa en que el presidente de los franciscanos era el padre Fermín Lasuén (en tanto duró el viaje de Serra a México), había sido trasladada a nueve kilómetros de distancia del presidio, de modo que cuando el asalto se produjo no pudo ser visto por los soldados de éste, ni defendidos sus habitantes. Murieron el padre Jaume, un herrero, Romero, y un carpintero, Urselino, a más de numerosos heridos entre los indios de la Misión. Ortega regresó inmediatamente al enterarse de los sucedido, pero tuvo la satisfacción de comprobar que nada grave había ocurrido a los habitantes del Presidio y que su familia se hallaba a salvo.

Rivera se personó en el enero siguiente con ese motivo, acompañado de don Juan Bautista de Anza, quien acababa de capitanear hasta Monterrey una expedición de colonos destinados a establecerse en la bahía de San Francisco. Se llevó a cabo el interrogatorio de los prisioneros, pero fue difícil dar con los cabecillas Carlos y Francisco. Por fin, se capturó al primero, quien, traído al presidio, pudo escapar y refugiarse al asilo de la iglesia. Al reclamarlo Rivera y apresarlo por la fuerza, no obstante las advertencias en contra del padre Serra, fue excomulgado por éste. La tirantez entre las autoridades civiles y religiosas que este incidente ocasionó se vio aliviada con el nombramiento y consiguiente toma de posesión del capitán de Neve como nuevo gobernador. El capitán Rivera recibió la comisión de escoltar un grupo de colonos procedentes de Sonora hasta la Misión de San Gabriel, pero un ataque de los indios yumas liquidó a la expedición, pereciendo casi todos sus componentes, su jefe incluido.

Ortega permaneció en San Diego hasta 1782, en que recibió la orden de fundar un presidio en Santa Bárbara. Quedó en su lugar el capitán D. José de Zúñiga. En 1787 correspondió a D. Juan Pablo Grijalva la comandancia, durante los ocho años que siguieron organizó 15 expediciones contra los salvajes, recibiendo en 1795 el encargo de fundar un presidio a mitad de camino entre San Diego y Santa Bárbara, para cuyo emplazamiento eligió el valle de San José. En 1796, Grijalva obtuvo de la Corona la concesión de unos terrenos que formarían a poco el rancho Santiago de Santa Ana, al pie de las montañas de Santiago, a unos 120 kilómetros al norte de San Diego. Participaría como socio suyo D. José Antonio Yorba, su yerno, también adscrito al Presidio. El rancho se haría con el tiempo muy popular, y, sólo a seis kilómetros de El Camino Real, se convertiría en la parada obligada para cuantos transitaban esta ruta. Tocó a Grijalva recibir al navío *Discovery*, con el capitán George Vancouver a bordo, lo mismo que a su sucesor, el comandante Rodríguez, le correspondió atender, en 1,803, al barco americano *Betsey*, con William Shaler como capitán.

Durante todo este tiempo, la Misión de San Diego progresó, y a comienzos del siglo XIX contaba con 20.000 ovejas, 10.000 vacas y 1.250 caballos; cubría un área de 50.000 acres y gozaba de gran reputación por sus vinos. La Misión decayó al pasar el Gobierno de California a manos de México. En 1846 fue vendida a D. Santiago Argüello. Devueltos a la Iglesia Católica, en 1862, 22 acres, la restauración de la iglesia se inició en 1931, y pocos meses después se abrió al culto.

La ciudad. Un sector de la ciudad de San Diego se denomina *Old Town*: el lugar original de la primera misión española en 1769, situada al sudeste del cruce de las carreteras 101 y 80. En el ámbito de Presidio Hill se alzó "El Presidio Real," derrumbado en 1835. Se trata del Presidio más antiguo del Oeste norteamericano. Cerca se sitúa la antigua plaza (en la esquina de Calhoun y Wallace Streets), reconstruida guardando el sabor español. En el área, la *Casa de Estudillo*, conocida por *Ramona's Marriage Place*, ganó extendida popularidad, merced a la novela *Ramona*, de Helen Hunt Jackson, que tiene por fondo la vida en la hispánica California.

Situado a 180 kilómetros al sur de Los Angeles, y a 24 kilómetros de la frontera de México, San Diego alardea de una de las menores oscilaciones termométricas de los Estados Unidos: entre 54° F. y 70° F., y centra comarcas agrícolas de gran riqueza, distinguiéndose en ellas el cultivo del aguacate. La ciudad se extiende por las orillas de la *San Diego Bay*, o Bahía, desde cuyo "Embarcadero" pueden visitarse muchos alrededores: entre otros, la vecina península de Coronado, con la ciudad del mismo nombre (en homenaje al conquistador español). Su *Balboa Park* encierra en su notable extensión una serie de sorprendentes edificaciones de estilo renacimiento español (fue sede de dos exposiciones internacionales en 1915 y 1935): *El Prado*, con el *Cabrillo Bridge*; el *Alcázar Garden* —inspirado en el de Sevilla—, con una estatua de El Cid, de Anna Hyatt Huntington; *La Laguna de las Flores*; el *Spanish Village Art Center*; el *Old Globe Theatre*; la *Fine Arts Gallery*; el *Organ Pavilion*; el *Balboa Park Bowl* (para conciertos); el *Balboa Stadium*, y el Jardín Zoológico. San Diego cuenta con la California Western University.

Alrededores de San Diego

Si desde San Diego nos dirigimos tierra adentro, tropezaremos con una región predominantemente montañosa, con las reservas indias *Pechanga*, *Pauma*, *La Jolla*, *Santa Ysabel* y *Viejas*. La Misión de Pala, fundada en 1816, todavía atiende a los indios, para quienes fue establecida. Al este de las montañas aludidas se extiende, al norte, el Borrego State Park, y al sur, el Anza Desert State Park, constituyendo ambos un enorme desierto, con exclusiva flora salvaje. Así como la parte meridional de dicha región lleva por nombre el del gran explorador español que la atravesó por vez primera, su lugar más destacado fue bautizado con el del capellán que acompañó a los colonos dirigidos por Anza: *Font's Point*.

Juan Bautista de Anza, al frente de colonos fundadores. En 1774 Juan Bautista de Anza, hijo, recibió órdenes del virrey de encontrar una ruta desde Sonora a California, a través de la región del río Colorado. Comandante a la sazón del Presidio de Tubac, en Arizona, Anza, criollo de la región, siguió el curso del río Gila en compañía de tan sólo unos cuantos soldados. Al cabo de muchos despistes y pérdidas en el desierto, Anza consiguió conducir a los suyos a la Misión de San Gabriel. Al informar a su jefe en México del éxito, fue comisionado para reclutar colonos y conducirlos hasta la bahía de San Francisco. Cada uno recibiría paga desde el momento de su participación en la expedición, y tanto él como su familia tendrían derecho a diarias raciones de alimentos, a vestidos y a otros elementos de primera necesidad. El costo por colono venía a ascender a la suma de 800 dólares. El grupo se compondría de 240 personas. Tres divisiones se organizaron: la primera, bajo el mando de Anza; la segunda, al cuidado del sargento Juan Pablo Grijalva, y la tercera, a las órdenes del segundo teniente, D. Joaquín Moraga. Los expedicionarios viajaron juntos desde Sonora al desierto californiano, en el que pasaron la Navidad de 1775. Para atravesar éste, cada división marchó separadamente para mayor seguridad. Intenso frío acompañado de nieve, escasez de agua, pérdida por robo y hielo de gran parte de los caballos, fueron algunas de las dificultades que el grupo hubo de afrontar y que las elevadas dotes de mando de Anza superaron. Pero el proyecto de Anza de alcanzar Monterrey por una nueva vía se presentó como arriesgado, por lo que consideró más prudente seguir la explorada ruta hacia San Gabriel. Después de atravesar el río Santa Ana y las "Del Trabuco Sierras," los cansados expedicionarios divisarían con alegría, el 4 de enero de 1776, el campanario de la Misión de San Gabriel.

La recreación de esta expedición se realizó en 1976 al conmemorarse el 200 aniversario por los estados de Arizona y California, y dio lugar a fiestas en ciudades, pueblos y reservas de indios.

Sur de Los Angeles

Misión de San Luis Rey, la opulenta. Si partimos de San Diego por El Camino Real, la segunda misión que nos recibirá será la de San Luis Rey cerca de la localidad de Oceanside. Ese puesto no lo ocupa en el tiempo, ya que correspondió a la de Carmel en Monterrey. Aquélla, por el contrario, fue la decimoctava en la lista de las misiones californianas. Su consagración tuvo lugar el 13 de junio de 1798 por el padre Fermín Lasuén, sucesor de Serra en la presidencia de los franciscanos de la región. Allí quedó seis semanas. hasta comprobar en marcha la nueva fundación. Con el tiempo, San Luis se convirtió en una de las misiones más progresivas y ricas, y ello en buena parte debido al padre Antonio Peyri, que la regentó durante treinta y tres años. Marchó en 1832, al considerar incompatible su presencia con la política de las autoridades mexicanas, y más de 500 indios le despidieron en el muelle de San Diego. Varios años de ruinas se sucedieron; vióse restaurada en 1950.

San Juan de Capistrano, "la joya de las misiones." Camino arriba, nos tropezamos con la Misión de San Juan de Capistrano. Sus golondrinas nos traen a la memoria los aires de la canción hace años de moda. Iniciada por el propio padre Serra el 1 de noviembre de 1775, es la única que tuvo un doble nacimiento, porque, en realidad, había sido establecida por vez primera un año antes en la presente localización de San Luis Rey, una vez que fray Junípero consiguió convencer al capitán Rivera de la procedencia de levantar una Misión entre San Diego y San Gabriel; el ataque indio a San Diego recomendó —en aquellos momentos prologales de la evangelización— la retirada y el enterramiento de las campanas. Estas fueron colocadas en su campanario en 1797, pero las necesidades de la misión aconsejaron en dicho año construir una más amplia iglesia, la que pudo elevarse gracias a los servicios de Isidoro Aguilar, constructor experto —muerto antes de su término—, lo que explica la existencia de seis cúpulas y su estilo diferente del usual en otras Misiones, más sencillas de concepción.

El terremoto de 1812 quitó la vida a 40 neófitos, al ser sepultados por los muros derrumbados de la iglesia: nunca fue reconstruida, y el culto continuó en la primitiva. Así, en esta Misión, muy romántica y bellamente restaurada, poblada de jardines y de pájaros, y conocida por el sobrenombre de "La Joya de las Misiones," se enseñan los poderosos muros de la gran iglesia, la primitiva y recoleta capilla en la que el padre Serra dijo Misa, las campanas que tocaron a rebato cuando el ataque del pirata Bouchard en 1818, la estatua del fundador, varias fuentes pobladas de palomas, buganvillas por doquier adornando las paredes, etc. Al partir, un letrero nos despide con un "Vaya con Dios."

Los Angeles

Los Angeles debe su fundación al gobernador español de California D. Felipe de Neve, quien en 1781 la bautizó con el nombre de "El Pueblo de Nuestra Señora la Reina de Los Angeles." Respondió su iniciación a la política inaugurada por dicha autoridad de constituir pueblos en los que se asentaran españoles que, independientemente de las misiones franciscanas destinadas a los indios, dieran un firme contenido a la presencia de España y fueran el mejor auxiliar en la defensa del territorio contra enemigos y en su desarrollo económico. Antes de Los Angeles había sido fundado otro pueblo, San José de Guadalupe. De Neve encomendó al teniente Ortega la búsqueda de un lugar para la nueva fundación, y éste y su acompañante, el sargento Juan José Robles recorrieron la región hasta decidirse por las proximidades del río de la Porciúncula; su informe, sin embargo, no se llevó a la práctica hasta dos años después. Los colonos recibieron una parcela de terreno y en ella pudo cada uno ir edificando su morada, dando comienzo así a la populosa ciudad de nuestros días. Pero ninguna capilla se levantó, por lo que los angelenos tenían que desplazarse todos los domingos unos 15 kilómetros para asistir a Misa en la Misión de San Gabriel. Con el tiempo, una capilla sería erigida bajo la advocación de Nuestra Señora de los Angeles, y hoy puede visitarse en la *Old Spanish Plaza*, situada un poco al sudoeste de la original, a causa de las inundaciones que sobrevinieron: la superviviente se erigió entre 1800 y 1812.

Hoy está la iglesia en manos de los padres claretianos y dedicada a los numerosos mexicanos que habitan aquel sector de Los Angeles, unos soportales externos ostentan unos murales describiendo escenas de los tiempos fundacionales. En el costado occidental de la Plaza instaló su sede a fines de 1859 el primer obispo de Los Angeles (entonces Los Angeles-Monterey) el reverendo padre Tadeo Amat, natural de Barcelona. A sus esfuerzos se debió la construcción de la iglesia de Santa Vibiana, en que fue enterrado, y en cuya inauguración pronunció el sermón de circunstancias el arzobispo Sadoc Alemany, de San Francisco, en español; se tomó como modelo la iglesia de San Miguel del Puerto de la ciudad Condal. Le sucedió el obispo Francis Mora.

Olvera Street está cerca de la Plaza, y, con sus tiendas y establecimientos típicamente mexicanos, da una nota de color a este sector de la ciudad: forma parte de ella la casa "Avila Adobe," así llamada por haber sido su dueño y constructor en 1818 el alcalde D. Francisco Avila. Volviendo a la Plaza —incluso en época norteamericana escena de corridas de toro— un Banco nos depara la sorpresa de albergar una bandera rojo y gualda, y dos estatuas, situadas céntricamente en medio de los jardines, dan satisfacción a nuestro espíritu hispánico.

Los Angeles sirvió de escenario a una reunión de los rancheros y "dons" más influyentes de California cuando llegaron noticias de invasión de España por Napoleón y de la ascensión al trono español de su hermano José: furiosos contra el atropello cometido por el francés, juraron fidelidad a la Junta, y a propuesta de D. Antonio María Lugo, propietario del "Rancho San Antonio," situado al este de la ciudad en dirección de las montañas de San Bernardino, se estudiaron las medidas pertinentes para salvar la angustiosa situación en que la ausencia de barcos procedentes de Nueva España colocaba al territorio y a los presidios que no recibían provisiones ni dinero para pagar a sus guarniciones.

Muchas son las calles y plazas del gran Los Angeles que ostentan nombres españoles: de fundadores, como Junípero Ave., De Neve Square, Crespi St. y Portola Ave.; de santos, como San Ysidro Drive, San Fernando Road, San Vicente Blvd. y San Diego Freeway; de escritores, como Cervantes Place —también Don Quixote Drive—, Lorca Road y Unamuno Ave. (ésta inaugurada con ocasión de su reciente centenario); de arte, como Goya Drive, Alhambra Ave. y Giralda Walk; de regiones o ciudades, así Galicia Drive, Andalusia Ave., Madrid Ave., Barcelona Drive y Lugo St.; de conquistadores, como De Soto St., Alvarado St., Balboa Blvd. y Pizarro St.; otros en general —y algunos con errores ortográficos—: Redondo St., Los Feliz Blvd., El Granada St., La Granada St., El Segundo Blvd., Centinela Blvd., Bienveneda Ave., Alamitas Ave., Cañón Drive, La Canada Blvd., El Reposa Dr., El Rosa Drive, El Abaca Place, La Brea Ave. y El Vista Court; de prominentes "dons": Sepúlveda Blvd., Figueroa St. y West Pico Blvd.

Los Tribunales de Justicia, que admiten hasta 80 lenguas diferentes, disponen de una gran cantidad de intérpretes de español.

En el nordeste de la ciudad encontramos el "Elysian Park": a la izquierda de su entrada un bloque de granito recuerda que D. Gaspar de Portolá y el padre Juan Crespi establecieron allí su campamento en ruta para Monterrey. "El Alisal", hoy monumento estatal, fue hogar del gran historiador Charles F. Lummis, quien se lo construyó con sus propias manos; los pueblos hispánicos deben a Lummis su gran defensa en la obra *Los exploradores del siglo XVI* y la impulsión de la restauración de las misiones californianas. De estilo español son los edificios de la *Pasadena Community Playhouse*; el *Los Angeles County Arboretum* se sitúa en el antiguo *Rancho Santa Anita*. En San Marino, la *Art-Gallery* se aloja en la antigua residencia del millonario Henry E. Huntington, que da también nombre a la famosa Biblioteca adyacente, guardadora de una magnífica colección de manuscritos, cartas y documentos de todo tipo referentes a la colonización española en el sudoeste.

Gregorio del Amo y otros españoles. De gran significación cultural para los españoles es la *Fundación Del Amo*, creada en 1929 por D. Gregorio del Amo para promover el intercambio entre España y California, mediante becas destinadas a estudiantes de ambas. Su secretario fue el simpático D. Eugenio Cabrero. En Los Angeles residían el renombrado pianista valenciano José Iturbe y su hermana Amparo, concertista de primera fila, de quienes —y de su entorno— tan sugestiva descripción ha hecho el crítico Fernández Cid. Inolvidable recuerdo dejó de su etapa como cónsul, José Pérez del Arco.

A raíz de la huelga de vendimiadores en 1965, Luis Valdés fundó el *Teatro Campesino*, vehículo de expresión de la literatura chicana.

En mar abierto, y enfrente de Los Angeles, anclan las islas de Santa Catalina (así bautizada por Vizcaíno el 25 de noviembre de 1602), y San Clemente y Santa Bárbara, descubiertas por Cabrillo y avistadas por Vizcaíno.

Norte de Los Angeles

Misión de San Gabriel, la hospitalaria. No lejos de Los Angeles ya hemos visto que se emplaza la Misión de San Gabriel, bastante anterior a aquel "pueblo" en su fundación. Con la aportación en 1771 de 10 nuevos franciscanos procedentes de la Baja California, el padre Serra contó con personal para continuar su labor misional, y, acortando el camino entre las Misiones de Monterrey y San Diego, bendijo, el 8 de septiembre del mismo año, el nacimiento de la de San Gabriel. Gozó de vida próspera desde el principio, y ya en 1774, el 22 de marzo, pudo recibir a la expedición de colonos de Anza y albergarlos durante los muchos meses que el capitán Rivera los retuvo hasta la fundación de San Francisco. En realidad, los edificios que hoy pueden admirarse fueron construidos en 1796, al trasladar los padres la Misión a siete kilómetros al Noroeste. Cuando en 1834 pasó a manos de un administrador civil como secuela de las leyes desamortizadoras mexicanas, su granja contaba con 16.500 vacas. En 1908 se hicieron cargo de ella los padres claretianos.

Hoy San Gabriel posee una de las mejores colecciones de reliquias misionales, entre otras cosas, cuadros de la escuela de Murillo, copias de Rafael, Correggio y Andre del Sarto, esculturas españolas y una pila bautismal regalo del rey Carlos III. "La Fiesta de San Gabriel" se celebra anualmente en septiembre y entre los actos organizados merece mención la "Tardeada" que, organizada en 1934, consiste en una recepción ofrecida en la misión. En el "Campo Santo" existe desde 1961 una placa dedicada a las víctimas de la matanza perpetrada por los indios yumas en el río Colorado en julio de 1781.

Misión de San Fernando, Rey de España. La Misión de San Fernando, Rey de España, se orienta al norte de Los Angeles. La cuarta fundada por el vitoriano padre Lasuén, el 8 de septiembre de 1797, tuvo en un principio dificultades con su emplazamiento por tratarse de terrenos ocupados por el rancho de D. Francisco Reyes, alcalde de Los Angeles; la controversia terminó con el patronazgo de la Misión por Reyes y su padrinazgo del primer niño bautizado en la iglesia. La Misión progresó rápidamente, y en 1806 producía considerables cantidades de cueros, jabón, sebo y otras materias: llegó a poseer 13.000 vacas, 8.000 ovejas y 2.300 caballos. No situada en El Camino Real, se convirtió, sin embargo, en una parada obligada para los viajeros de esta ruta, de forma que los padres tuvieron que añadir una hospedería a los edificios ya existentes en la Misión. En el momento de la transferencia de soberanía a México, la regentaba el padre Ibarra, que se resistió a renunciar a su fidelidad a España; no teniendo sucesor, pudo quedarse en su querida Misión hasta 1835. Años de abandono en manos de particulares se sucedieron; en 1896 inició Lummis una vigorosa campaña de reconstrucción, que verdaderamente progresó a partir de 1923, cuando los padres oblatos se hicieron cargo de sus edificios. Hoy se siguen admirando el antiguo órgano y el altar, cuya parte baja está compuesta de espejos. A la entrada del parque nos saluda una estatua de fray Junípero.

Montañas de Santa Mónica. Las montañas de Santa Mónica se extienden paralelas a la costa septentrional de Los Angeles, con el "Saddle Peak" (943 metros), desde el que se divisa la región.

Misión de San Buenaventura. San Buenaventura es la siguiente misión en El Camino Real, rumbo norte, incluida en la ciudad de Ventura. La fundó el padre Serra el 31 de marzo de 1782, en un sitio descubierto para España cincuenta años antes por Cabrillo. En los primeros días de dicho mes de marzo había tenido lugar en la Misión de San Gabriel una reunión entre el gobernador Felipe de Neve, Serra, tres de sus franciscanos y el comandante en San Diego, Ortega, y en ella se había decidido las fundaciones de San Buenaventura y Santa Bárbara, así como un Presido al lado de esta última. Era la primera vez que Neve, partidario del establecimiento de pueblos españoles con colonos europeos más que de misiones para los indios, accedía a la fundación de éstas: alegaba la mayor baratura de los pueblos para el Erario español y su superior utilidad como elemento colaborador en la expansión de las fronteras hispánicas y en la defensa del territorio. De acuerdo con las instrucciones del comandante de Croix, las nuevas misiones no desarrollarían industria alguna y se limitaría su único padre a la evangelización de los indios. Neve se proponía intervenir en la fundación, pero por órdenes superiores hubo de ausentarse; cuando volvió se encontró con San Buenaventura fundada según los cánones antiguos.

Desde el principio la Misión de San Buenaventura creció con vigor, recibió al capitán Vancouver en 1793 y tuvo entre sus padres a fray José Senán. El terremoto de 1812 le causó graves daños, en tanto que la secularización en 1836 no le afectó en la medida que a otras, gracias a la competencia del nuevo administrador Rafael González. El museo que, como el resto, puede hoy visitarse, muestra dos campanas de madera de las más antiguas que se conservan, así como un molino de aceite usado en los primeros tiempos.

Misión de Santa Gertrudis. A 15 kilómetros de Ventura, el "Rancho Cañada Larga" custodia las ruinas de la Misión de Santa Gertrudis, inaugurada al parecer por Serra en 1790. Destruida por el fuego a poco, no se reconstruyó hasta 1809, pero volvió a derrumbarse con el terremoto de 1812. Durante la aparición del pirata Bouchard, el padre Senán y sus feligreses se refugiaron en Santa Gertrudis.

Santa Bárbara

Presidio. Santa Bárbara también en El Camino Real y descubierta por Cabrillo en 1542, recibió su nombre de Sebastián Vizcaíno en 1602, por haberla avistado el día 4 de diciembre. A Ortega encargó el gobernador Neve, en 1782, la erección en aquel pareje de un presidio; la reciente matanza de la expedición de colonos capitaneados por Rivera a cargo de los indios yumas, recomendaba el establecimiento de más guarniciones en puntos estratégicos. Con una considerable escolta y con su cuñado, el cabo Mariano Carrillo, partió Ortega de San Diego, visitó la Misión de San Juan de Capistrano (en ella pudo conversar con el jefe de la guardia, el veterano D. José Juan Domínguez), se reunió en San Gabriel con el padre Serra y el gobernador Neve, y continuó para el norte, participando en la fundación de San Buenaventura.

Dirigiéndose después a Santa Bárbara, Ortega eligió para presidio un dominante altozano distante de la playa kilómetro y medio tan sólo. Llegado Neve, el 21 de abril se levantó una cruz dentro de la gran empalizada ya levantada, y se tomó posesión oficial del lugar en nombre del rey Carlos III. Ortega quedó como comandante, y. con la colaboración de los soldados y marineros del galeón *San Blas*, pudo llevar a cabo su propósito de edificar un Presidio, una sólida muralla de piedras y adobes, alojamientos para los jefes y soldados, capilla, almacenes, etc. Ortega permanecería en Santa Bárbara hasta 1786, en que fue transferido a Monterrey, pero cuando se retiró en 1795 obtuvo la concesión de un terreno no lejos de la ciudad, que recibiría el nombre de "Rancho de Nuestra Señora del Refugio." Esta finca sufriría grandemente cuando el ataque del pirata Bouchard, si bien no tardaría en reponerse.

La "Reina de las Misiones". La Misión de Santa Bárbara no se fundó hasta 1787, siendo gobernador Pedro Fagés; no la vio, pues, Serra, correspondiendo su iniciación a fray Fermín Lasuén. Pronto progresó y contó en sus contornos con sucesivos edificios el último, completado en 1820, resistió admirablemente hasta 1925, en que un terremoto le ocasionó considerables daños. Cuando los frailes españoles fueron expulsados por el Gobierno mexicano en 1833, vinieron a sustituirles franciscanos del convento de Zacatecas; por otra parte, el primer obispo de California, D. Francisco García Diego, trasladó en 1842 su sede a la Misión. Así pudieron salvarse sus edificios hasta nuestros días y constituir la única Misión que jamás ha salido de manos franciscanas desde su fundación.

Su fachada se conserva hoy día impresionante y la hace acreedora al título de "Reina de las Misiones" con que es conocida; en la explanada de su entrada se contemplan restos de su primitivo lavadero. La capilla, los claustros, los nuevos edificios del noviciado franciscano (que ostenta letreros en español), sus jardines, etcétera, valen la pena de ser visitados.

La ciudad. Vale la pena un paseo por las calles y plazas de Santa Bárbara por el ambiente español que en ellas se respira; hay tantas con nombres españoles que la escritora Rosario Curletti les ha dedicado una obra titulada *Pathways to Pavements*. Así, Alameda Padre Serra, Alvarado, Argüello, Arrellaga, Ayala, Calandria, Calle Crespis, Calle Granada, Calle Noguera, Canon Perdido, Carrillo, De la Guerra, Ferrelo, Figueroa, Goleta, Juana María, Las Palmas, Lasuen, Micheltorena, Ortega, Paseo del Descanso, Plaza Rubio, Salsipuedes y otras muchas, en gran número dedicadas a santos.

Santa Bárbara es la ciudad que más ha conservado en California la huella española y que voluntariamente quiere mantenerla. Así se explica la brillantez de la "Old Spanish Days Fiesta," que anualmente se celebra, en agosto, y en el curso de cuyas cuatro jornadas hay "competición de vaqueros," "noches de ronda," "tardes de ronda," bailes españoles, "La Cabalgata", "La Misa del Presidente" (en la Misión), "El desfile histórico," una especie de resumida feria de Sevilla, y "La Fiesta Pequeña," representación teatral en la misión, que abre las festividades. Y todo ello con asistencia numerosa de participantes y espectadores, entre los que no faltan el gobernador del estado, el alcalde de la ciudad, el presidente de los franciscanos y cónsules de los países hispánicos.

Existe un sector de la ciudad que fue reconstruido en ambiente español por un alemán de apellido Hoffman. En una de sus callejas —de medidas andaluzas— atraen la mirada dos azulejos conmemorativos adosados en sus paredes: uno, dedicado por el marqués de Viana en 1924, y el otro, por el conde de Monterrey. Centra el conjunto la casa que edificó para sí el comandante del Presidio, D. José de la Guerra Noriega, denominada hoy *Old De la Guerra House*.

La oficina de Correos y un edificio del Gobierno ocupan parte del terreno que en tiempos perteneció al Presidio: "el Cuartel", que data de 1782, se conserva todavía, viniendo a ser el edificio más antiguo de la ciudad. No lejos están el "Lobero Theatre" (obra, en 1872, de José Lobero), la casa "Carrillo Adobe," la "Covarrubias Adobe" (elevada por D. Domingo Carrillo, pero propiedad, a partir de 1847, de la familia bajo cuyo nombre es conocida) y la "Historic Adobe." Estas dos últimas pertenecen en la hora presente a los "Rancheros Visitadores" organización de jinetes, quienes, en número de 500, participan en una gira de ocho días a través de las montañas y valles del condado de Santa Bárbara. En el nuevo Museo Histórico, la época española recibirá una atención relevante.

De marcado estilo español es la Court House, inaugurada en 1929, en sustitución de la anterior, quemada en un incendio. Su autor, el arquitecto William Mooser, ha sabido captar perfectamente el carácter andaluz y conseguir un feliz ejemplo de la posibilidad de adaptación a la época moderna de un espíritu que late en las bases históricas de la ciudad: su patio especialmente conseguido, los artesonados interiores de claras resonancias moriscas, sus blancas fachadas y sus rojas tejas, los pasillos internos flanqueados de artísticos zócalos de azulejos e iluminados por típicos faroles, y las salas principales decoradas con motivos hispánicos; la sala de los Supervisores incluye grandes cuadros sobre Cabrillo, Vizcaino. fray Junípero y Lasuén, debidos al artista Dan Sayre Groesbeck. Dos letreros en español se pueden leer en sus paredes: "Salud y pesetas. Gracias a Dios" y "Dios nos dio el campo; el arte humano edificó las ciudades."

Bajando hasta el mar, el East Cabrillo Blvd. nos llevará al Cabrillo State Park. La última razón de tan insistente recuerdo hacia dicho marino es la de su fallecimiento, el 3 de enero de 1543, en la vecina isla de San Miguel, o La Pasión: se cree que en ella reposa enterrado, y por eso sus compañeros la denominaron "Isla de Juan Rodríguez." Cabrillo murió por culpa de la caída que sufrió de una roca, de la consiguiente rotura de un brazo y de la gangrena que se le originó; designó a Bartolomé Ferrelo para que continuara al frente de la exploratoria empresa.

Norte de Santa Bárbara

La costa occidental de Santa Bárbara ofrece magníficas playas: Gaviota, Refugio, El Capitán, Goleta y Arroyo Burro. Por ellas atravesó la expedición de Portolá, que tuvo dificultades en hacer pasar por sus arenas a los animales. Las bordea El Camino Real, que bruscamente tuerce hacia el norte, para alcanzar las montañas de Santa Inés, por el *Gaviota Pass*.

Misión de Santa Inés. La Misión de Santa Inés, en perfecto estado de restauración, cuenta con uno de los museos históricos mejores entre los existentes en la cadena misionera. Su capilla jamás sufrió de abandono. El misionero que la regentaba cuando la desamortización, consiguió que sus edificios y parte de sus tierras se dedicaran a un colegio de religiosos, primero de franciscanos, y luego, de hermanos de la Doctrina Cristiana, y, por otra parte, cuando fue abandonada, el padre que quedó convenció al albañil picapedrero para que se trasladara a vivir allí, con lo que pudo efectuar pequeñas reparaciones y evitar la progresiva ruina.

La misión había sido fundada el 17 de septiembre de 1804 y, si sus comienzos fueron prósperos, los tiempos subsiguientes no confirmaron las esperanzas. El terremoto de 1812 causó graves destrucciones y, aunque reconstruida en 1817, cayó en las incendiarias manos de los indios que se levantaron en 1824, salvándose tan sólo la iglesia, en parte, gracias a los propios atacantes, que ayudaron a preservarla del fuego. Un feliz paréntesis para los destinos de la Misión lo constituyeron los años 1842 y 1845, en los que el gobernador mexicano Micheltorena, con grandes simpatías hacia España, mantuvo muy amistosas relaciones con los padres.

Misión de la Purísima Concepción. Si el desvío de EL Camino Real lo realizamos por la carretera 150, a la izquierda nos tropezaremos con la localidad de Lompoc, en cuya jurisdicción —a unos seis kilómetros del poblado— se yergue la Misión de la Purísima Concepción. Su primer emplazamiento coincide con el moderno centro urbano, pero la gran raja que quedó a raíz del terremoto de 1812 aconsejó a los padres redificarla un poco distante. Debe su nombre a la fecha de su fundación, por el padre Lasuén: 8 de diciembre de 1787. El padre más representativo de su historia, fray Mariano Payeras —otro mallorquín—, trabajó en ella durante veinte años y fue el alma de su reconstrucción, a raíz de aquel desastre geológico. Muerto en 1823, los indios se apoderaron de la misión y levantaron un fuerte, para desalojarlos del cual tuvo dificultades una fuerza de 100 hombres enviada desde Monterrey por el gobernador mexicano. En 1934 comenzaron las obras de restauración, hábil y fielmente realizada, y hoy pueden admirarse el convento, la iglesia, los cuarteles y los jardines, en los que se ofrecen tan sólo las plantas cultivadas por los padres.

La Cañada de Los Osos. Hasta la siguiente Misión de San Luis Obispo de Tolosa, El Camino Real nos hace pasar por las localidades de Los Alamos, Santa María, Arroyo Grande y Avila Beach. San Luis tiene por emplazamiento La Cañada de los Osos, así bautizada por D. Gaspar de Portolá en 1769, cuando su expedición se topó inesperadamente, con una partida de plantígrados que le cerraban el camino. La caza se organizó inmediatamente y dos osos cayeron bajo el plomo de los mosquetes; el teniente D. Pedro Fagés y el grupo de voluntarios catalanes la gozó en el incidente.

Misión de San Luis Obispo de Tolosa. La misión fue fundada el 1 de septiembre de 1772 por el padre Serra, rumbo a San Diego, en donde debía recoger las provisiones traídas para la Misión de Monterrey por los barcos *San Carlos* y *San Antonio*, cuyos capitanes se resistían a aproximarse a aquella bahía. Al comienzo, con un solo padre la Misión creció con rapidez, no obstante los tres ataques de indios que para 1774 ya había sufrido. El incendio de las cubiertas de bálago forzó a los misioneros a fabricar un tipo de teja que sería utilizado en lo sucesivo en todas las misiones. Con el tiempo llegó a contar con muchos edificios para alojar a los indios, y en 1804 sus libros registran hasta 2.074 bautismos.

La figura más característica de su historia es la del padre Luis Martínez quien se enfrentó en frecuentes ocasiones con las autoridades civiles, que, después de 1810, en que México comenzó su rebelión contra España, le requerían para contribuir a los gastos que el territorio debía financiar, al no recibirse remesas de España. Consiguió proporcionar días de gran prosperidad a la misión y mantuvo contactos comerciales directos con barcos ingleses y norteamericanos, que subrepticiamente se acercaban a sus costas. Cuando el ataque de Bouchard, el padre Martínez dirigió valientemente una compañía de indios en Santa Bárbara y San Juan de Capistrano. Al cabo de treinta y cuatro años de servicios en la Misión, la abandonó, en 1830, como consecuencia de las disposiciones del Gobierno mexicano.

San Simeón, residencia de Hearst. Hay muchos viñedos en el área del valle de San Luis. Siguiendo la costa, la ciudad de Morro Bay nos permite contemplar la roca "Morro", de casi 200 metros de altura, que emerge del mar como una inmensa cúpula. La extravagante residencia que William Randolph Hearst se mandó construir en San Simeón se halla poco más al norte. Visitados hoy sus edificios como atracción turística, "La Casa Grande" —más bien con apariencia de catedral española que de castillo— y "La Casa del Monte" conservan muchas de las excepcionales obras de arte que el millonario acumuló para su placer personal y el de sus amigos.

Las difíciles montañas de Santa Lucía. Constituyen el telón de fondo de toda esta región las montañas de Santa Lucía, así bautizadas por Vizcaíno por haberlas divisado el 13 de diciembre. La dificultad de sus pasos, su considerable altitud y la profundidad de sus barrancas forzaron a la expedición de Portolá a realizar una de las más meritorias hazañas en la historia de las exploraciones. Destacados el sargento Ortega y una patrulla, varios días gastaron en la búsqueda del paso, que se resistía a mostrarse, y con el que, por fin, dieron; tras abrirse camino a punta de hacha por espesos bosques de pinos y recorrer durante dos horas un peligroso sendero sobre un profundo abismo, la totalidad del grupo trepó hasta la cima de la cadena para admirar el panorama que la región norte les presentaba. *Cuesta Pass* y *Paso Robles* (el nombre de uno de los cabos acompañantes de Ortega) quedarían como recuerdo de la hazaña.

El feraz valle de San Joaquín (sector meridional). Al este de Santa Lucía se extiende el sector meridional del valle Central, o de San Joaquín, cuyos feraces campos de algodón, viñedos y otros productos agrícolas se centran en torno a las ciudades de Fresno y Bakersfield. La producción de la uva moscatel nos explica que una de las localidades se denomine Málaga. Este valle es uno de los productivos parajes californianos, gracias al agua que pudo proporcionarse a sus otrora secas tierras: constituyen sus vegetales y frutas la base de una industria conservera de variado tipo, que se ha difundido por el mundo entero. Para trabajar en estos campos y en los similares del estado se precisan los braceros mexicanos, que alcanzan cifra superior a los 450.000; los contratos se renuevan anualmente, y este problema ocasiona tensiones laborales incluso entre los países respectivos.

Los gigantescos "Sequoias." Al este del valle, dos complejos forestales satisfacen la mayor capacidad humana de admiración: el Sequoia National Park, con los famosos *sequoia*, los árboles gigantes (el denominado *General Sherman* tiene tres mil quinientos años de edad y mide 90 metros de alto por 12 metros de diámetro en la base), y el Kings Canyon National Park, con el árbol *General Grant*, dos metros más corto que el *Sherman*, pero dos más ancho en la base. A su costado oriental, el desierto Mojave contiene espacios no explorados todavía; a su derecha, el *Death Valley*, o Valle de la Muerte, conjunto de 3.500 millas cuadradas, se prolonga por el estado de Nevada.

Misión de San Miguel Arcángel. San Simeón, o, mejor, el rancho que existió en tal lugar, perteneció a la Misión de San Miguel Arcángel, como dependían de ella también el rancho del Paso de Robles, el de la Asunción y el de Santa Isabel. Esto da idea de los extensos dominios que llegó a poseer la Misión y la prosperidad económica que alcanzó. Y eso que no figura entre las primeras, pues vio su comienzo el 25 de julio de 1797. Un destructor fuego puso en peligro su existencia en 1806, pero su pronta reconstrucción y la ampliación de su iglesia en 1816 le devolvieron su prosperidad e importancia. Fray Juan Cabot fue la personalidad sobresaliente a partir de 1800 y por treinta años. El último franciscano desapareció de sus contornos en 1840, y a poco la Misión se convirtió en uno de los más populares *saloons* o lugares de entretenimiento a lo largo de El Camino Real. La iglesia de San Miguel, abierta al culto, es una de las pocas cuyas pinturas y decoraciones no ha habido necesidad de restaurar.

Misión de San Antonio de Padua. La carretera 101, en dirección norte, nos lleva, después de San Miguel, a San Ardo y San Lucas, y si nos desviamos aquí hacia la izquierda, nos conducirá a una reserva militar, en la que se emplaza la Misión de San Antonio de Padua, en las márgenes del río del mismo nombre. Esta es al tercera entre las fundaciones de fray Junípero, precedida solamente por San Diego y San Carlos.

El 14 de julio de 1771 recibió la primera bendición y el primer voltear de campanas echadas al vuelo por el fraile franciscano en llamada a los indios lugareños. Tuvo la Misión una progresiva vida desde el principio, y de ella existen testimonios como los del gobernador Pedro Fagés, en 1782 —no especialmente amigo de fray Junípero—, o del padre Font, en 1776, cuando Anza tuvo ocasión de detenerse en la Misión, en el curso de su segundo viaje.

Ya en 1779 se construyó una iglesia de 44 metros de larga, ritmo laboral que se mantuvo en los años venideros, incluyendo un depósito de agua y un acueducto. San Antonio conservó cura residente hasta 1882, por lo que su deterioro se contuvo hasta esa fecha.

En junio de 1950 se inauguraron las obras de restauración, que han mantenido intactos los alrededores de la misión, en análoga manera a como se encontraban hace dos siglos.

Misión de Nuestra Señora de la Soledad. Nuestra Señora de la Soledad es la siguiente misión estacionada al borde de El Camino Real. El nombre de Soledad, en realidad, había sido puesto por Portolá, cuando ante las preguntas que formularan los expedicionarios un indio contestase con sonidos y gestos que les sugirieron la palabra *soledad*.

Cuando el padre Lasuén estimó procedente inaugurar las obras de su fundación, el 9 de octubre de 1791, no dudó en aceptar el nombre existente en los mapas bajo la correspondiente advocación mariana.

La designación se apareció desde el principio como no bien elegida, dada la ausencia de indios neófitos, con que tropezaron especialmente al principio, y las dificultades para prosperar, ya que sólo seis años después de su iniciación pudieron sustituirse por adobe las edificaciones a base de matorrales y zarzas.

Por su parte, ya en 1805 la misión experimentó una rápida decadencia, no siendo causa ajena la declaración de una epidemia que produjo gran mortandad entre los indígenas.

Dos padres dejaron especial recuerdo de su paso por el recinto misional: fray Florencio Ibáñez, que, fallecido en 1818, yace allí (cerca de otra tumba, la del gobernador José Arillaga, que se refugió en la misión para bien morir, en 1814) y fray Vicente Sarría, el último franciscano de Soledad, quien, presidente de la orden en el momento de la secularización, fue hallado muerto ante el altar en mayo de 1835 y llevado en su ataúd solemnemente por sus fieles indígenas hasta la Misión de San Antonio.

Monterey

Rodríguez Cabrillo descubre la bahía y Vizcaíno la bautiza. Pasando González, Alisal y Salinas, podemos abandonar la carretera 101 y desviarnos hacia la cercana bahía de Monterrey. Hénos en un punto fundamental en la colonización española de California. Descubierta por Carrillo en 1542 Vizcaíno la bautizó así, en honor del entonces virrey gobernante. Previamente, el 16 de diciembre de 1602, en una junta habida de capitanes, pilotos y cosmógrafos, se había decidido explorarla, por lo que Enrico Martínez sacó dos dibujos, luego muy utilizados. Se recorrió detenidamente el puerto, se descubrió el río que en ella desembocaba (que recibió el nombre de Carmelo), se comprobó la existencia de bosques vecinos de posible utilidad en caso de necesidad de reparaciones de los barcos y se constataron las condiciones de la bahía para proteger las naves que, procedentes de Oriente, necesitaran acogerse a sus refugio. No se derivó resultado alguno concreto del descubrimiento en los muchos años subsiguientes; solamente cuando el rey Carlos III decidió de una vez la colonización de California se marcó Monterey como punto clave.

Portolá funda el presidio. Monterey era la meta que Portolá persiguió en el curso de su expedición exploratoria en 1769, y su descubrimiento la consigna que dio a la patrulla del capitán Rivera al superar la travesía del macizo de Santa Lucía; pero ni el designado logró lo que se le encomendaba ni el propio Portolá, con Fagés, Ortega, el padre Crespi y demás miembros de la expedición se apercibieron de su identidad cuando en sus orillas acamparon el 28 de noviembre al regresar desalentados después de haber alcanzado la bahía de San Francisco. Cuando don Gaspar decidió insistir en la búsqueda, organizando esta vez paralelamente una expedición por mar a base de la nave *San Antonio*, en la que viajaba embarcado fray Junípero, dieron con la bahía, así como con la cruz que había sido plantada en su playa meses antes y a cuyo resplandor los nativos habían atribuido propiedades milagrosas. En una semana precedió la expedición terrestre a la marítima. Tras la solemne ceremonia de izar la bandera española, de tomar solemne posesión en nombre de Su Majestad y de bendecir el lugar el 1 de junio de 1770, se comenzaron las obras del presidio y de la iglesia misional. En julio de 1970 Monterey ha conmemorado su fundación; también Lérida ha programado homenajes a Portolá. Sendas estatuas serán erigidas en Balaguer y Monterey obra del escultor Monjó.

Misión de San Carlos, la segunda (Carmel). Cuando D. Pedro Fagés sucedió en el mando, una vez realizada la fundación, a Portolá (cuya partida estaba desde un principio convenida), días de fricción entre fray Junípero y el nuevo jefe se sucedieron, lo que motivó la decisión del franciscano de trasladar la misión de San Carlos cinco millas hacia el sur, al borde del río Carmelo. La capilla del Presidio se mantuvo, no obstante, para uso de la guarnición. La misión nació bajo la advocación de San Carlos Borromeo, pero su localización motivó que fuera conocida más tarde por el sobrenombre de Carmel. En su consecución tendría una primordial intervención el constructor Esteban Ruiz. La rivalidad Serra-Fagés motivó un viaje del franciscano a México, en donde consiguió del virrey la destitución de su rival. En su puesto, fue nombrado el capitán Rivera y Moncada, con el que fray Junípero no mantuvo mejores relaciones.

Anza y los fundadores de San Francisco. En 1776 arribaron a Monterrey los colonos españoles que, dirigidos por Juan Bautista de Anza, se proponían fundar un establecimiento en la bahía de San Francisco. Retrasados en sus proyectos por la forzada temporada que tuvieron que pasar en la Misión de San Gabriel, como resultas del requerimiento de Rivera a Anza de que le acompañara con algunos de los suyos a San Diego, en donde se había producido un levantamiento indio Anza decidió después de muchas demoras, proceder a la realización de la comisión que le diera el virrey aun a riesgo de contrariar al gobernador, en definitiva jefe territorial de todos. La razón de semejante actitud de Rivera se entiende si se recuerda su anterior redacción de un informe desfavorable a la fundación de San Francisco, la realización de la cual le había de colocar inevitablemente en difícil posición. Los colonos fueron recibidos jubilosamente por Serra y otros tres padres, y el volteo de las campanas hizo presentir a los expedicionarios la proximidad del logro de sus sueños.

A fin de preparar el terreno, Anza quiso explorar personalmente el futuro emplazamiento con unos cuantos de sus hombres, y, no obstante su precaria salud y la mucha fiebre que le abatía, ordenó ser montado en el caballo y partir para el norte. Al regresar, Anza dejó instrucciones concretas a su lugarteniente Moraga para proceder a la fundación; había decidido intentar, por última vez, convencer a Rivera, o de lo contrario acudir hasta el propio virrey en México. No consiguió hablar con el gobernador, por lo que se vio forzado a partir, si bien a poco éste reflexionó y otorgó su permiso para el establecimiento del presidio, aunque no la misión. No se amilanó por esta orden Serra, y cuando el paquebote *San Carlos* arribó para transportar los equipos y enseres que los colonos necesitaban, convenció a su capitán, D. Fernando Quirós, para que incluyera el material necesario para la futura misión. La marcha por tierra de los fundadores sanfranciscanos se inició el 17 de junio en Monterrey con Grijalva al mando de la vanguardia, participando en el grupo los padres Francisco Palou y Pedro Benito Cambón (Serra quedó en San Carlos), a más de una considerable serie de indios y ganado.

Capital de California; Gobernador Felipe de Neve. Sustituyó a Rivera el gobernador Felipe de Neve. Con él la capital fue transferida de la Baja California a Monterrey, coincidiendo con la creación del nuevo puesto de comandante general a favor de D. Teodoro de Croix. Con ambos, un nuevo concepto entró a imperar en la civilización de las jóvenes tierras; había que insistir en su importancia como territorio español y en su papel defensivo ante las incursiones rusas, inglesas y de los piratas en general. Había que poblarlas, pues, con colonos españoles que, al mismo tiempo que promover el progreso del país. colaboran en las luchas contra los indios y contra los peligros exteriores. Para Neve, las misiones no debían cumplir otra tarea que la espiritual y, si bien no consiguió modificación alguna en las existentes, su etapa de gobierno entre 1777 y 1784 y la subsiguiente hasta 1786 sólo vio la fundación de la Misión de San Buenaventura. Don Pedro Fagés sustituyó a Neve en 1784, pero su confrontación con Serra, quien tanto había influido para su destitución en la primera etapa de gobierno, no se verificó por el fallecimiento del franciscano.

Fray Junípero Serra: muerte y enterramiento. Murió Serra el 28 de agosto de 1784 en su Misión de San Carlos Borromeo, en cuyo altar mayor yace, junto a sus compañeros de fatigas, Juan Crespi (muerto en 1782), Fermín Lasuén y Julián López. Con anterioridad a su muerte, Serra había recorrido las queridas Misiones fundadas durante su presidencia, como en son de despedida. En sus últimos momentos fue atendido por el padre Palou, quien, al retirarse en 1785 a México, escribiría la biografía del fundador de California. Fue enterrado Serra solemnemente con asistencia de los padres procedentes de varias misiones, los colonos de Monterrey, centenares de indios y la dotación de un barco surto en el puerto. Los cañones de éste dispararon de media en media hora, siendo contestados por las baterías del presidio. Una semana después grandes honras fúnebres se le tributaron, presididas por el entonces comandante del presidio.

A partir de entonces, la fama de fray Junípero y de su obra se extendería por todo el mundo, y sería honrado en públicas y muy variadas maneras: estatuas suyas se elevarían en muchos puntos de California, y en 1910 una gran cruz se erigiría en la cima del monte

Robidoux, California, recordando las fechas más memorables de su vida de misionero fundador. En el *Hall of Fame* del Capitolio federal, en Washington, una de las dos estatuas representando a California sería la de Serra, inaugurada el 28 de agosto de 1959; para ello había sido preciso hacerle previamente ciudadano norteamericano por Ley de 28 de agosto de 1934. En su inauguración como gobernador de California, en diciembre de 1966, Ronald Reagan quiso jurar sobre la Biblia usada por el franciscano. Surgiría el *Serra International Club*, con ramas en todo el mundo, como organización católica de laicos promotora de vocaciones sacerdotales. Paralelamente en su ciudad natal de Petra, en Mallorca, su casa se convertiría en museo y, adquirida por los rotarios de la isla, se donaría a la ciudad de San Francisco. En España se crearía una *Asociación de Amigos de Fray Junípero Serra*.

Con ocasión del bicentenario de su fallecimiento, se organizaron conmemoraciones en 1984 en Monterey y Petra, y se emitieron sellos postales con la efigie del misionero en las dos naciones. Un grupo de personalidades californianas viajó a la ciudad mallorquina, y un centenar de peregrinos de la isla balear se desplazó a California para hacer una gira por las misiones fundadas por su paisano.

En 1987 el Papa Juan Pablo II visitó Monterey y la tumba de Fray Junípero. Le elevó a los altares como beato en solemne ceremonia celebrada en el Vaticano el 25 de septiembre de 1988.

Visita del conde de La Perouse. Durante el gobierno de Fagés fue Monterrey testigo de la visita del marino francés conde de La Perouse, como efecto de la invitación que le formulara el rey Carlos III. Las órdenes habían sido de permitirle anclar —el primer barco extranjero que lo obtuvo—, proveerle de lo necesario, mostrarle toda la posible cortesía y agasajarle así como a su tripulación. La visita se vio como un indicio del comienzo de relaciones comerciales con otros países, por lo que cábalas de todos los tipos se forjaron sobre las mercancías que California podría ofrecer: ¿ganado, productos hortícolas, pieles de oso y de nutria...? Días de espera se sucedieron, hasta la aparición de los visitantes en dos barcos el 14 de septiembre; recepciones se celebraron e incluso un baile, el primer celebrado en el presidio, cenas, visitas a la Misión, retribución de las atenciones a bordo, etc. Cuando el 23 de septiembre las naves zarparon, dejaron una estela de recuerdos en la hasta entonces tranquila vida de Monterrey. Fagés fue sustituido en 1791 por Ortega como gobernador, y se debió su partida a las continuas peticiones de su esposa por un traslado, quien no gozaba del lugar en la misma medida que su marido, y quien con su actitud más de una vez le colocó en situaciones difíciles. Don Antonio Romeu y D. José Joaquín de Arrillaga fueron los gobernadores que por enfermedad rápidamente se sucedieron hasta la toma de posesión de D. Diego Borica en octubre de 1794.

California se independiza de España. Cuando el ataque del pirata Bouchard a Monterrey, en 1818, era gobernador D. Pablo Vicente Sola. Aunque notificado de su inminencia por el comandante de Santa Bárbara, no pudo evitar que 80 piratas saquearan e incendiaran el Presidio y sus alrededores. Sola desempeñaba su puesto de gobernador cuando la transmisión de poderes a México, y recibió una cortés despedida, siendo sucedido por el comandante del Presidio de San Francisco durante la época española, D. Luis Antonio Argüello, quien, como primer gobernador mexicano, desembarcó en Monterrey en noviembre de 1822, ciudad que le dispensó solemne recibimiento. La transferencia de soberanía de España a México se verificó, pues, en California pacíficamente; el país había permanecido leal a la España, sin que se produjera la más mínima sublevación contra sus gobernantes, pero aceptó de buen grado las nuevas perspectivas políticas que se le presentaban. Monterrey continuó reteniendo la capitalidad, incluso cuando pasó California a manos de los Estados Unidos. Acerca de cómo conservaba sus características españolas en 1849, son curiosas las cartas del general Alfredo Sully, quien casó con Manuela de la Guerra, perteneciente a una de las mejores familias de la región.

Todos los años celebra Monterrey el aniversario de su fundación en ceremonia presidida por el Alcalde y la "Favorita", una joven descendiente de españoles.

La ciudad. Guarda hoy Monterey (que ha perdido una "r") bastantes recuerdos españoles. El más significativo es el presidio, denominado *Old Custom House*, situado en la orilla de la bahía, y dedicado a la sede del *West Coast Branch of Defense Language Institute* (guarda una estatua de fray Junípero); la antigua capilla del Presidio, con una de las más elaboradas fachadas misioneras, es la única californiana que se mantiene procedente de un presidio y se halla en uso desde 1795: los pescadores la visitan en septiembre y llevan en procesión a la bahía la imagen de Santa Rosalía para que bendiga las barcas. Otros edificios son *Casa Sobranes, Casa del Oro, Casa Gutiérrez y Casa Estrada; Casa Munras* es un magnífico motel emplazado en el antiguo *Rancho San Vicente*, de D. Esteban Munras.

No faltan en Monterey calles con nombres españoles: así, Calle Principal Soledad Drive, Alvarado St., Bonifacio Pl., Abrego St., Sobranes St., Del Monte Ave, etc. No será extraño toparse al pasear por ellas con letreros como *El Estero* (florería), *El Patio* (restaurante), o *El Adobe* (motel).

La ciudad —junto con la localidad de Pacific Grove— se emplaza al norte de la península del mismo nombre que se ha convertido en uno de los centros turísticos más activos de los Estados Unidos. Su costa está rematada por numerosos cabos, muchos de ellos con denominación española: Cabrillo, Lucas, Pinos, Pescadero y Lobos (que en su original era "Punta de Los Lobos Marinos").

Carmel y la misión, hoy. Elegido como presidente de las misiones californianas, el padre Lasuén las gobernó durante veinte años; a él se debe la "edad de oro" de las Misiones. Carmel, que decayó tras las leyes desamortizadoras de 1836, comenzó a ser reconstruida en 1882, convirtiéndose en parroquia en 1933, fecha en la que se inició la nueva etapa merced al entusiasmo de su pastor, padre Michael D. O'Connell y del arquitecto Mr. Harry W. Downie. Hoy se muestra al público maravillosamente restaurada; su patio delantero lleno de flores, su cementerio posterior enlosado de nombres hispánicos y con el monumento regalado en nombre del Instituto de Cultura Hispánica de Madrid por su director, el patio interior de gran amplitud incluso para nuestra época, su campanario, sus edificaciones, la celda de fray Junípero, el monumento funerario de éste, obra del escultor Joe Mora, etc., cautivan al visitante e impelen a la imaginación a transportarse muchos años atrás.

En torno a la misión existe hoy Carmel, ciudad para el reposo y el descanso con pintorescas callejas repletas de atractivos comercios y galerías de arte, y con una playa amplia festoneada con umbrosos árboles.

Sur de San Francisco

Misión de San Juan Bautista. La Misión de San Juan Bautista se asoma a los bordes de El Camino Real. Su fundación se debe al padre Fermín Lasuén el 24 de junio de 1797, y en seis meses pudo contar con una capilla, un convento, un granero, cuartel e incluso viviendas para los neófitos. El nombre de la misión está ligado al del padre Arroyo de la Cuesta, quien desde 1808 hasta 1833 estuvo a su servicio, y a quien se debe la construcción en 1812 de una iglesia de tres naves, la más amplia entre las existentes en la provincia. El contrató, en 1820, al carpintero Thomas Doak (convirtiéndole así en el primer yanqui residente en California) para la decoración de los muros de la iglesia. De su pluma salieron dos considerables obras —compendio la una de frases indias, exhaustivo estudio la segunda de la lengua Mutsumi—; no en balde conocía una docena de lenguas indígenas y predicaba en siete de ellas.

La misión se distinguió por la habilidad musical de los neófitos merced a los esfuerzos del padre Esteban Tapia, y el padre Cuesta compró en 1828 el órgano que hoy todavía se enseña en el museo.

San Juan Bautista. A partir de 1839, un pueblo de europeos comenzó a formarse en derredor de la misión, conociéndose hoy por el mismo nombre de San Juan Bautista.

El cementerio ha venido usándose hasta 1930, en que murió D.ª Ascensión Solórzano, última entre los indios de la misión. Los largos soportales de ésta forman uno de los lados de su plaza principal, los restantes, que guardan una gran armonía en estilo, han sido declarados monumentos por el estado, a saber: el *Plaza Hotel* (levantado sobre el primer piso de los cuarteles españoles), la *Castro House* (del general mexicano José de Castro), el *Plaza Stable*, y la *Zanetta Cottage*.

Misión de Santa Cruz. Para llegar a la Misión de Santa Cruz, emplazada al norte de la bahía de Monterey, hay que desviarse de la carretera 101.

Fundada el 25 de septiembre de 1791 en las márgenes del río San Lorenzo, no vio terminada su iglesia hasta 1794; de ella queda como recuerdo una iglesia de nueva planta, exacta reproducción de la antigua si bien la mitad de tamaño.

Santa Cruz: pueblo de Branciforte. El establecimiento en 1797 por el gobernador Diego Borica de un pueblo —el tercero— en las inmediaciones, Branciforte (en honor del virrey, marqués de tal nombre, casado con una hermana de Godoy), tuvo influencia en el escaso progreso de la misión.

El proyecto fue preparado concienzudamente, y cada colono —sano y trabajador— habría de recibir casa, muebles, herramientas, vestidos y una paga de 116 dólares durante cada uno de los dos primeros años, y de 66 dólares, igualmente periódica, en el curso de los tres siguientes. Junto a los colonos blancos habitarían indios en casas alternadas, en la creencia de que su mezcla contribuiría a acelerar el proceso de asimilación del nativo a la cultura occidental.

La realidad no satisfizo las esperanzas puestas, y Branciforte no alcanzó ante la etapa española un notable desarrollo. Más tarde evolucionaría en la ciudad de Santa Cruz, lugar de veraneo. De Branciforte sólo queda como recuerdo una calle con ese nombre.

San José

Misión de Santa Clara. Alcanzamos por El Camino Real la Misión de Santa Clara, situada en proximidades de la ciudad de San José. Su fundación está ligada a la de San Francisco. Autorizada *a posteriori* ésta por el gobernador D. Fernando Rivera, no vio inconveniente en que el teniente Moraga y los padres Tomás de la Peña y José Murguía procedieran el 18 de enero de 1777 a comenzar los trabajos del nuevo establecimiento. La región se mostraba feraz en las márgenes del San José de Guadalupe, y los indios, desde el principio, manifestaron buena disposición a la evangelización. Como corolario de una desastrosa inundación en 1784, la misión tuvo que ser trasladada a otro emplazamiento en un alto, hasta su destrucción por un terremoto en 1818. Las edificaciones subsiguientes han durado hasta la fecha merced al cuidado que de ellas tomaron los jesuitas al dedicarlas en 1851 a un colegio que sigue abierto en nuestros días.

Primer pueblo español en California. La historia de la misión va pareja a la del primer pueblo de colonos españoles en California, San José de Guadalupe, obra del gobernador Felipe de Neve. Ya hemos visto cuáles eran las directivas que Neve traía de Croix y cuáles eran sus puntos de vista en cuanto a la política española en California. Comisionó al teniente Moraga para aquel cometido, quien, con algunos colonos de San Francisco, inició en junio de 1777 la comunidad que en poco tiempo habría de ser muy próspera; para noviembre ya funcionaba el Ayuntamiento. Las condiciones del lugar hicieron posible el florecimiento de cultivos remunerantes y la cría de buen ganado. No obstante su distancia de la Misión, unos cuatro kilómetros hubo momentos de fricción con ésta por razones de jurisdicción, hasta que en 1801 un deslinde oficial fijó los respectivos límites.

Misión de San José de Guadalupe. Veintidós kilómetros al norte de la ciudad de San José, y en las márgenes orientales de la bahía de San Francisco, tuvo su existencia la Misión de San José (le Guadalupe, hoy en la ciudad de Fremont. Nació veinte años después que el pueblo del mismo nombre, como consecuencia de la solicitud que el gobernador Borica, en nombre del padre Lasuén, formulara al virrey Branciforte. Concedido el permiso, el mencionado padre presidente, en compañía del sargento Pedro Amador y cinco soldados, procedió el 11 de junio de 1797 a su fundación. No fue fácil, sin embargo, la vida del nuevo establecimiento, porque los indios del valle se mostraron reacios a la evangelización y, con frecuencia, se opusieron con las armas a los pacíficos intentos de los padres. El propio Amador tuvo que dirigir una expedición, en la que hubo sangre derramada en abundancia y se hicieron muchos prisioneros. Ya en época mexicana, en 1826, una fuerza bajo el mando de Mariano Vallejo libró una cruenta batalla contra 1.000 indios rebeldes dirigidos por Estanislao, un neófito de San José; cuando la derrota india se confirmó, el dirigente no pudo ser encontrado por haberse acogido al asilo de aquella iglesia. La figura del padre Narciso Durán es la más representativa de la misión, en la que sirvió desde 1806 hasta 1833, año en que fue sustituido por un franciscano de nacionalidad mexicana procedente del convento de Zacatecas. Durante dos períodos actuó como presidente (1825-1827 y 1831-1838) y su acertada gestión ha sido comparada a la del padre Lasuén.

Alrededores meridionales de San Francisco

A partir de San José, se forma una península rematada en su extremo norte por la ciudad de San Francisco, península que es bañada por el océano y por la bahía de aquel nombre. En su vía dorsal la carretera 5 y varias cosas ofrece a nuestro interés: el Portolá State Park, el San Lorenzo Valley, la ciudad de Los Gatos, La Honda Road, que nos llevará a la localidad de San Gregorio, y al condado de San Mateo, la Cañada Road, gracias a la cual visitaremos Pulgas Water Temple en el Crystal Springs Reservoir, etc.

No lejos de San José, ya en la bahía, Palo Alto nos dará entrada en la Universidad de Stanford, de tanto prestigio; se dice que aquel nombre procede del apodo del vasco D. Pedro Altube, que parecía como un roble, largo y estirado, y que tuvo uno de sus ranchos en la región. Predominan en Stanford los edificios con estilo de marcada influencia del románico español. Centros de investigación hispánica son la *Bolivar House* y la *Alvarado House*.

San Francisco

Descubrimiento de la bahía por Ortega. Correspondió el honor de avistar por primera vez la bahía de San Francisco al sargento D. José Francisco Ortega, quien, con una patrulla de ocho hombres, había sido destacado en vanguardia por D. Gaspar de Portolá en búsqueda de la bahía de Monterrey, como ya se mencionó. Erase el 1 ó 2 de noviembre de 1769. En lo alto de una cima nada pudo ver durante un tiempo. por culpa de la niebla que cubría el lugar, del paisaje que se extendía a sus pies, hasta que el horizonte se aclaró y le dejó divisar a lo lejos una gran masa de agua rodeada de boscosas costas y esmaltada con algunas islas. Con tan optimista informe, Portolá ordenó avanzar, y tras recorrer trayectos difíciles los días 4 y 5, al fin descendió con su grupo a la bahía, que parecía un brazo del Pacífico, y pudo dedicarse a descansar al borde del agua, bajo frondosos árboles, de las duras jornadas precedentes. Volvió Ortega a encargarse de la exploración de los alrededores y, amén de algún incidente sin trascendencia con los asustados indios, regresó a los cuatro días informando de que se trataba de la bahía que en el mapa de Cabrera Bueno aparecía como de San Francisco, y no de la de Monterrey: Ortega había sido el primer occidental en recorrerla. En vista de ello, Portolá decidió replegarse hacia el sur en busca de aquella escurridiza ensenada.

Fundación por Juan Bautista de Anza. La siguiente visita al área corrió a cargo de D. Juan Bautista de Anza con un pequeño grupo de sus hombres: había dejado en Monterrey a la expedición de colonos que por orden del virrey de Nueva España se proponían establecer presidio, una colonia y una misión en el lugar, y trataba de conseguir una posición adecuada para la futura fundación. Tuvo que recurrir a su gran fuerza de voluntad para llevar a cabo la misión exploratoria; por la fiebre que le aquejó en Monterrey quedó apenas sin movimientos y hubo de ser montado en el caballo por sus soldados. Anza seleccionó para su propósito, un punto rocoso en la margen sur de la bahía, teniendo enfrente, a distancia, Punta Reyes y por espectáculo unas cuantas islas diseminadas en la entrada. No sin inspeccionar la región y entablar amistosas relaciones con los indios lugareños a quienes hizo regalos partió con sus hombres, decidido a dar inmediato nacimiento a la futura ciudad de San Francisco; si el gobernador Rivera continuaba en su manía de no permitir el establecimiento proyectado en contra de las superiores órdenes, Anza le convencería, y, de lo contrario, partiría para México a fin de poner el asunto en manos del virrey, lo que de mal grado se vio forzado a realizar.

El grupo expedicionario al mando del teniente José Moraga aguardaba impaciente noticias, cuando Grijalva, que había sido retenido por Rivera en San Gabriel, recibió por fin el permiso del gobernador —autoconvencido con retraso— de proceder a la fundación del Presidio de San Francisco. La llegada el 28 de mayo a Monterrey del mensajero con tan buenas nuevas llenó a todos de alegría; venía con él un pequeño grupo de soldados además de las familias de todos. Comenzaron inmediatamente los preparativos para la expedición. No obstante la negativa de Rivera acerca de la fundación de la misión, fray Junípero se mostró dispuesto a enviar dos padres con los viajeros y a intentar aquélla por todos los medios. En el paquebote *San Carlos*, que trajo provisiones para Monterrey y San Francisco, fueron cargados los materiales necesarios para el nuevo establecimiento más dos cañones para el fuerte; Serra aprovechó para incluir cuanto fuera preciso para la misión.

El primer grupo que marchaba por tierra partió el 17 de junio, al mando de Grijalva, y a él se unió el jefe de la expedición Moraga, una vez supervisado el cargamento del *San Carlos*; también figuraban los padres Francisco Palou y Pedro Benito Cambón. Todo el mundo se mostraba contento. A las tribus del pasaje, extrañadas de tanto aparato, les llamaba la atención especialmente la blanca piel y el atuendo de las damas. Atravesaron unas tierras de gran belleza —siguiendo la ruta de Anza—, y la vanguardia al mando de Grijalva contempló la bahía el 27 de junio. La alegría cundió entre los expedicionarios, y más cuando comprobaron la bondad del lugar elegido por Anza; un recuerdo y miles de alabanzas volaron inmediatamente hacia el buen jefe ausente.

Construcción del presidio. Descansaron convenientemente, se midió un cuadrado de 92 metros de lado para proceder a la construcción en él del Presidio y de las casas para soldados y Colonos. Por pura coincidencia, comenzaron los trabajos el 4 de julio de 1776, el mismo día en que en las costas orientales del gran continente un puñado de pobladores se declaraba independiente de la Gran Bretaña y ponía las bases para los Estados Unidos de América.

Se hizo desear el paquebote *San Carlos*; por fin, un día de agosto se divisó a lo lejos su velera silueta. El 18 ancló en la bahía ante el general regocijo. Los trabajos se aceleraron, y el 17 de septiembre —día de las llagas de San Francisco— pudo celebrarse la toma formal de la posesión de las viviendas y de los edificios del Gobierno; se cantó un solemne *Te Deum*, los escribanos levantaron solemne acta y los cañones dispararon sus salvas.

Misión de Nuestra Señora de los Dolores. La orden para fundar la Misión no había llegado, sin embargo, y ante la premura del capitán del barco por zarpar, se tomó la decisión —bajo la responsabilidad de los marinos— de inaugurar la Misión de San Francisco el 4 de octubre de 1776, bendiciendo el lugar, enarbolándose la Cruz y celebrándose Misa. Instalóse la misión a orillas de una laguna que Anza había bautizado con el nombre de Nuestra Señora de los Dolores; de aquí que fuere conocida en adelante como Dolores más que por el suyo verdadero. No tardó mucho en conocerse la aprobación de Rivera para cuanto había sido realizado sin su consentimiento, pero de acuerdo con las órdenes virreinales.

La misión Dolores pronto se hizo popular entre los indios ribereños que se acogían a ella en busca de protección y alimento, pero lo mismo que acudían desertaban, situación que supuso un grave problema para el establecimiento, dado que la huida de neófitos ponía en peligro la misma existencia de la misión. El tamaño de la península y las continuas brumas obstaculizaban, además, un desarrollo adecuado de la agricultura, sintiéndose la misión comprimida al norte por la expansiva colonia en torno al presidio, y al sur por las misiones de San José y Santa Clara. Por ello, Dolores nunca logró el grado de prosperidad agrícola de sus hermanas; las epidemias que, por otra parte, la azotaron impidieron el asentamiento de una considerable población indígena. Se pensó incluso en su traslado más al norte, pero si bien se llevó a cabo la nueva fundación, la anterior se conservó igualmente. En 1834 cayó en plena decadencia hasta su posterior devolución a la Iglesia Católica.

Su alejamiento de la vecina ciudad la salvó del famoso terremoto de 1906. Hoy se halla incrustada en plena urbe en la calle Dolores. No queda más que la capilla y un recoleto cementerio con la estatua del padre Serra y muchas tumbas con nombres de españoles, entre ellas las de los comandantes Moraga, el primero del presidio, y Argüello, y de D. Francisco de Haro, primer alcalde de San Francisco. Al lado de la pequeña capilla, se yergue una moderna y gran basílica católica, de estilo dispar, que con su mole realza la humildad de su vecina franciscana.

Amores del conde Rezanov y Conchita Argüello. La historia del Presidio de Yerba Buena —como en los primeros tiempos se le llamara— está especialmente ligada a la familia Argüello: José Darío Argüello fue su segundo comandante en 1786 quien casó con una sobrina de Moraga; en 1805 recibió la designación para el mismo puesto su hijo, Luis Antonio Argüello, con el tiempo primer gobernador mexicano de California.

En 1806 el barco *Juno* ancló en la bahía: traía a bordo al conde Nicolai Petrovich Rezanov, enviado por el zar Alejandro de Rusia, con la misión de buscar suministro para los establecimientos rusos en Sitka y otros territorios nórdicos. Confiaba en inaugurar un intercambio comercial con California y solicitó permiso para cazar nutrias y focas en las aguas costeras.

Su atractivo personal, su refinada educación y su figura conquistaron a la generalidad y especialmente a la hermana del comandante, Conchita.

Si en cuanto al comercio, consiguió se enviara una petición al virrey, en lo que se refiere a la obtención de concesiones en el territorio recibió del comandante el rechazo de plano a sus sugerencias: España no podía permitir la presencia de otra potencia en sus dominios.

En el curso de los días que se sucedieron, Rezanov participó en la vida diaria de los Argüello y pudo enamorarse rendidamente de Conchita; incluso fue invitado a visitar "El Rancho de las Pulgas." Rezanov, de cuarenta y cinco años, pidió a los padres consentimiento para esposar a su hija de quince, petición de buen grado concedida, con la condición de obtener el permiso del Papa y de Carlos IV. Rezanov se preparó para partir de inmediato, proyectando saludar al zar, solicitar su influencia cerca de la Corte de Madrid, visitar la capital de España y, antes de un año, regresar a California. Nada se volvió a saber de Rezanov; muchos años inútilmente esperó Conchita, hasta saber de su muerte en las estepas de Siberia en marzo de 1807; la desgraciada enamorada —la "Santa de las Castañuelas," según Blasco Ibáñez— optó por ingresar como religiosa en un convento, en el que murió en 1857. Estos amores han inspirado a varios escritores: recordaremos aquí a la novela de Gertrude Atherton *Rezanov* y el relato de Aurelio M. Espinosa. La *Russian Hill*, de San Francisco, quedó como recuerdo de novela tan romántica.

La estadía del ruso habría de tener, sin embargo, consecuencias, porque en 1812 los rusos establecerían un fuerte al norte de San Francisco, *Fort Ross*, y practicarían la solicitada caza de la nutria y la foca en los Farallones y en las costas; las fuerzas del Presidio no eran suficientemente poderosas como para evitar tamaña intrusión, y el comandante tuvo que resignarse a "no darse cuenta" de las violaciones de soberanía que representaban. Los rusos permanecieron en dicho establecimiento hasta 1842, en que voluntariamente lo abandonaron.

La ciudad. Hacia el oeste, tiene su emplazamiento el *antiguo presido español*. Es hoy éste sede del Sexto Cuerpo de Ejército de los Estados Unidos, que guarda los recuerdos españoles: en el club de oficiales que ocupa el sitio de la antigua fortaleza española, los diferentes salones ostentan nombres alusivos a militares de jerarquía, como Anza, Argüello, Moraga, Ortega y Portolá. El bar está adornado con frescos relatando episodios de la historia del presidio; las cerillas y las servilletas, lo mismo que las alfombras de la entrada principal, incorporan el escudo de España como tema, y profusión de carteles fuera y dentro narran al visitante los antecedentes del lugar.

En el oeste de la ciudad, el Golden Gate Park cuenta con el M. H. de Young Museum, de cuya valiosa colección de pinturas no faltan El Greco y otros pintores españoles, y, en paseo preferente, con las estatuas a fray Junípero Serra y a Cervantes, ésta, de Joe Mora, y debida al patriotismo de los antiguos oficiales de Ingenieros, D. Juan Cebrián y D. Eusebio Molera. Otro monumento en San Francisco a hijos de España es el de El Cid, delante del Palacio de La Legión de Honor, en Lincoln Park, obra de Anna H. Huntington.

El catalán Sadoc Alemany, primer arzobispo. Español fue el primer arzobispo de San Francisco, monseñor José Sadoc Alemany, nacido en Vich en 1814 y residente en los Estados Unidos desde 1840, en que, a causa de la política anticlerical del Gobierno español de la época y de la confiscación de los bienes de las Ordenes religiosas, fue destinado por sus superiores dominicos a San José (Tennessee). Diez años después, el Papa Pío IX le nombró obispo de Monterey y, tres más tarde, primer arzobispo de San Francisco. Durante treinta y cinco años monseñor Sadoc permaneció al frente de los destinos de dicha diócesis, en el curso de los cuales promovió la construcción de la catedral, 150 iglesias más, 6 colegios, 18 escuelas, 5 asilos, 4 hospitales y 12 hospicios. Cuando pisó por vez primera la ciudad sólo existían 500 católicos y tres sacerdotes; al partir para el Concilio Vaticano I —del que no regresó—, los fieles ascendían a 250.000 y los sacerdotes sumaban 250. Murió en Cataluña en 1887, pero sus restos han sido trasladados a la ciudad escenario de sus afanes, en febrero de 1965. Un solemne funeral de cuerpo presente fue cantado en la *Old St. Mary's Church* (cuyo altar mayor está presidido por una notable reproducción de la Inmaculada de Murillo) y sus restos mortales recibieron sepultura en la Capilla del Arzobispo, en el mausoleo del cementerio de la Santa Cruz (Holy Cross).

Otros españoles. En San Francisco han trabajado también en otro orden de actividades dos españoles que se han destacado en el campo de la música: Isaac Albéniz, en el curso de la visita que realizó a los Estados Unidos a fines del siglo XIX, y Enrique Jordá, quien ha permanecido muchos años al frente de la Orquesta Sinfónica de la ciudad. Su opera ha presenciado en los últimos tiempos la actuación de cantantes españoles como Alfredo Kraus.

Con ocasión del 12 de octubre se celebra anualmente el "Festival de la Raza y de la Hispanidad" así como la elección de cinco chicas jóvenes en el papel de la Reina Isabel y cuatro Princesas.

Calles con nombres españoles podemos contar, entre otras muchas, en San Francisco las siguientes: Alvarado St., Anza St., Arellano Ave., Argüello Blvd., Balboa St., Cardenas Ave., Cervantes Blvd., Columbus Ave., Cortez St., Crespi Dr., De Haro St., Delgado Pl., De Soto St., Dorantes Ave., Gabilan Way., Galindo Ave., Gálvez Ave., Garcés Dr., Guerrero St., Magellan Ave. (Magallanes), Marín St., Mendosa Ave., Moraga St., Noriega St., Ortega St., Peralta Ave., Pizarro Way., Portolá Dr., Quesada Av., Rivera St., Tovar Ave., Tapia Dr., Ulloa St., Valdez Av., Velasco Ave., Vidal Dr., Avila St., Barcelona Ave., Granada Ave., Linares Ave., Mallorca Way., Valencia St., El Camino del Mar, El Verano Way., Los Palmos Dr., Laguna Honda Blvd., Culebra Terrace, Higuera Ave., Teresita Blvd. y hasta tres docenas de santos españoles.

Alrededores septentrionales de San Francisco

Misión de San Rafael Arcángel. La Misión de San Rafael Arcángel es la penúltima de la serie fundada por los franciscanos españoles. Su existencia está ligada a la de Dolores en San Francisco, dado que se estudió durante tiempo la conveniencia de trasladar a otro emplazamiento, para su cura, a los muchos neófitos de ésta que, por culpa de la humedad y la bruma del lugar, mostraban ser fácil presa a las epidemias. El presidente padre Sarriá mucho dudó acerca de la nueva fundación, pero cuando fray Luis Gil se le ofreció voluntario, acabó por decidirse. Así, pues, el 14 de diciembre de 1817, inauguró los trabajos de la nueva misión, cuyas edificaciones al no haber pretendido ser desde el principio más que una asistencia de Dolores carecen de la amplitud de la mayoría de sus hermanas. Dados los motivos sanitarios que movieron a su erección, tuvo gran significación el que el padre Gil fuera versado en medicina, la que ejerció entre los indios por espacio de dos años. Le sucedió el padre Juan Amorós, hombre enérgico que dio gran impulso a la Misión e incluso consiguió su independencia. Los intentos de suprimirla, así como Dolores, para constituir otra más al norte, viéronse anulados por el padre Amorós que consagró a sus fieles trece años de su vida, hasta su muerte. Se hizo cargo entonces de la Misión un franciscano de Zacatecas, José Mercado, quien por sus conflictos con el general Mariano Vallejo dio ocasión a su expulsión y a que la Misión fuera secularizada, la primera entre todas las que habrían de padecer esa suerte.

Sonoma: Misión de San Francisco Solano. Con unos cuantos más kilómetros que recorramos por la conocida carretera 101, arribaremos a la localidad de Sonoma, y con ello acabaremos nuestro peregrinaje misionero. En su plaza nos encontraremos con la antigua Misión de San Francisco Solano, convertida en museo que, entre otros recuerdos, encierra 62 óleos sobre las misiones de Chris Jorgensen. En uso como parroquia de la ciudad —que comenzó a crecer en 1834— hasta 1880, sus propiedades fueron vendidas y con el dinero, edificada una iglesia moderna. Restaurada en su genuino origen, hoy nos recuerda que fue el último de los baluartes erigidos por España para defender su esfera de influencia en California y extender la cultura occidental a los indios.

Es obra del padre José Altimira, de la misión Dolores, quien deseando contar con un campo más fértil para su sed apostólica de almas propuso al Comandante del presidio Argüello su construcción, idea que a éste pareció muy bien. dada la próxima presencia de los rusos en Fort Ross. No concordó con ese parecer el presidente de los franciscanos, padre Senán, ni el padre de la Misión de San Rafael, padre Amorós, que no aceptaban la supresión propuesta de dicho establecimiento y el de Dolores por el nuevo a levantarse; la diferencia de pareceres se zanjó manteniendo los antiguos y creando el de San Francisco Solano El padre Altimira clavó una cruz en el futuro emplazamiento el 4 de julio de 1823, siendo consagrada la iglesia de madera en abril del año siguiente. España se había retirado de California y los buenos tiempos de las misiones habían pasado, por lo que el entusiasta padre no obtuvo las ayudas necesarias y sólo los rusos le proporcionaron artículos, entre otros unas campanas para el culto.

En 1833 se hicieron cargo de ella los franciscanos de Zacatecas, pero, al igual que en San Rafael, hubieron de enfrentar las dificultades que la actitud del comandante mexicano les originaba.

Proclamación de la República Independiente de California

Mariano Vallejo, que así era el nombre de este último, instaló aquí su Cuartel General, y se conservan de su época, aparte de la *Casa Grande* (su primer hogar), el *Swiss Hotel* (construido por su familia) y la *Salvador Vallejo Home*.

En Sonoma fue hecho prisionero cuando un grupo de colonos yanquis, dirigidos por el teniente John C. Fremont, se sublevaron e izaron la *Bear Flag* o Bandera del Oso el 14 de junio de 1846, proclamando la República Independiente de California; no duró mucho a tope del mástil, ya que el 7 de julio, con la ocupación de Monterrey por el Comodoro John D. Sloat, quedó reemplazada por la de las Bandas y las Estrellas.

El 31 de mayo anterior el Congreso Federal había declarado la guerra a la vecina República y Fremont hubo de rendir cuentas por su insubordinación. Dos años más tarde, México cedió Alta California a los Estados Unidos por el Tratado Guadalupe-Hidalgo; no tardó en ser admitida en la Unión como estado el 9 de septiembre de 1850. Vallejo colaboró con las nuevas autoridades y llegó a ser senador estatal, e incluso una próxima ciudad lleva su nombre.

Norte de San Francisco

Berkeley. La vecina Universidad de California tiene en Berkeley su *campus* principal y más numeroso en alumnado. Su departamento de español es renombrado (recordemos a Montesinos y Rodríguez Moñino) y el de historia ha sido tradicionalmente asiento de destacados hispanistas, como Bancroft, Bolton, Hammond y King.

Hubert Howe Bancroft tuvo una extraordinaria influencia en el progresivo interés en Estados Unidos por la historia de los pueblos hispánicos y su influencia en la norteamericana. Criticado por los historiadores eruditos por la forma burocrática de organizar la investigación histórica, en la que contó con la colaboración de 600 auxiliares que le ayudaron en la confección de sus 39 volúmenes, es indudable el enorme impacto que su obra produjo y la entidad de los manuscritos y libros por él recopilados, que quedaron a la disposición de los futuros investigadores. Su biblioteca, ya compuesta en 1890 por 50.000 volúmenes, pasó a ser propiedad de la Universidad de California en 1907, la que constituyó la excepcional Bancroft Library, dirigida por el hispanista historiador George P. Hammond.

Otra figura excepcional en la historiografía norteamericana es Herbert Eugene Bolton, el gran maestro de varias generaciones de historiadores y el autor de obras definitivas sobre la presencia de España en Norteamérica. Su afán de colocar la obra española en el lugar que le correspondía dentro de la historia general del país y su teoría de enfocar el acontecer de los Estados Unidos en el cuadro general de las Américas, logró hondas repercusiones; sus hallazgos y aportaciones concretas, tales el *Diario* del padre Kino, supusieron aportaciones inestimables para el esclarecimiento de la verdad histórica. El nombre de Bolton aguarda el público homenaje que España le debe.

Sacramento. Al salir de Berkeley suele desaparecer la bruma de la bahía y surge a poco el valle de San Joaquín en toda su luminosidad y florecimiento. Las dos direcciones de la carretera 40-80 quedan divididas por macizos de flores, y el camino hasta Sacramento, situado en el valle y en las márgenes del río de este nombre, se desliza muy amablemente. La entrada a esta ciudad, a través de un pequeño puente, nos lleva hasta el Capitolio, enmarcado por un estimable conjunto de edificios —uno de ellos ostenta el lema en inglés "dadme hombres parejos a mis montañas"— y en un bien trazado parque. Dentro del Capitolio varias satisfacciones nos aguardan: una bandera rojo y gualda en su rotonda alta —junto a otras—, un impresionante grupo escultórico en el vestíbulo presidido por Isabel la Católica, acogiendo maternalmente a Colón y su hijo Diego, y una serie de escenas de la historia de California pintadas al fresco en las paredes del salón de entrada, de las cuales seis están dedicadas a la obra española y a sus protagonistas. En Sacramento existe un "Círculo Hispano."

La fiebre del oro hizo a Sacramento, que es la capital estatal desde 1854. Pero pronto la fuente de sus ingresos y del valle fue la agricultura. Con la inauguración el 19 de julio de 1963 de considerables obras de canalización, Sacramento se ha convertido en el segundo puerto fluvial de California. En la ciudad se enseña el *Sutter's Fort*, construido por un pionero suizo en 1839, mucho antes del *gold rush*: hoy es museo de los recuerdos conservados de aquella febril coyuntura.

Valle de San Joaquín (sector septentrional). Los granos preponderaron durante un tiempo como cultivo de la región, pero hoy han sido prácticamente sustituidos por los productos de regadío: remolacha, cebollas (en Vacaville), algodón (desde Pacheco Pass a Los Baños), espárragos (en el condado de Contra Costa), almendras (en Chico), peras (en Placerville), frutas en general (en Manteca y Merced), etc. Gallo, en Modesto, y Petri, en Escalón, son los mayores bodegueros. Cerca de Red Bluff, el *William B. Ide State Historical Monument* marca el emplazamiento de la casa del único presidente de California.

La fiebre de oro. En la región situada a lo largo de la carretera 49, en sentido de norte-sur, se canalizó la fiebre del oro, causa durante muchos años de la repoblación de California, y a partir de que James Marshall descubriera las primeras pepitas en 1848. Los españoles, según recuerda Lummis, lo habían descubierto siglos antes y se habían adelantado a Marshall diez años en su explotación. San Francisco entonces se convirtió en la capital de California, arrebatándosela a Monterey. Es curioso visitar poblaciones, con riqueza y animada vida en tiempos pretéritos, sumidas hoy en la soledad y dedicadas exclusivamente a la conservación de algunos locales para uso de turistas y de amantes de la tranquilidad. El juzgado de Mariposa, construido en 1854, es el más antiguo del Estado; Hornitos —con su plaza de estilo hispánico— nos recuerda al famoso bandido Joaquín Murrieta, el vengador de los hispánicos a quienes los sajones —a veces con la violencia— impedían participar en la búsqueda del dorado metal; quedó inmortalizado en la obra literaria *Fulgor y muerte de Joaquín Murieta* de Pablo Neruda. Jacksonville, Columbia, Angels Camp (en el condado de Calaveras), San Andreas, Mokelumne Hill, Amador city (con un museo), Placerville, Grass Valley (en donde residió Lola Montes) y Nevada City son otros tantos nombres que nos traen a la memoria una época que dio auge a California y que forma una parte muy representativa de su historia.

Sector septentrional de California

Sierra Nevada. La Sierra Nevada se sitúa al este del valle Central y de la región anteriormente descrita. Constituye un enorme bloque que recorre el este de California de norte a sur, con alturas como las del Monte Whitney, que se aproximan a los 5.000 metros. La "Feather River Country," al norte del país del oro, toma este nombre del río que la baña, el que a su vez fue bautizado con su significado en español, "río de las Plumas," por el comandante D. Luis Argüello en 1820. Fronteriza con Nevada es la pequeña localidad de Portola, en honor del colonizador de California. Cerca está el extenso Lago Tahoe, dominando el Desolation Valley. Más al sur nos aguardan las maravillas naturales del Yosemite National Park, en un valle de 10 kilómetros de longitud, cuyas paredes alcanzan la altura de 1.000 metros, como en el caso de *El Capitán*.

Trinity Alps. Al norte de California tenemos los Trinity Alps, que a veces son más compactos que Sierra Nevada. Allí está la región de Shasta, en donde a partir de 1849 comenzaron a aposentarse pobladores procedentes del norte. En el Nordeste, la ciudad de Alturas centra los Montes Warner, los que se atraviesan desde el este por el *Fandango Pass*, así llamado por el baile allí celebrado por unos inmigrantes en 1855 al considerarse arribados felizmente a California, arribo que en verdad no fue tan venturoso, dado que los indios les sorprendieron en su alegría y les asesinaron sin compasión.

Costa

Naufragio de Rodríguez Cermeñón. Nos queda por recorrer solamente la costa al norte de San Francisco. *Point Reyes* nos recuerda el naufragio —el primero comprobado en la historia naval de California— que en sus inmediaciones sufrió el navío *San Agustín*, en 1595, al mando del español Sebastián Rodríguez Cermeñón. A un lado está la bahía Drake, en memoria del pirata inglés que visitó estas costas a fines de dicho siglo XVI. Doblando la punta, nos adentraremos en la bahía Bodega —próxima a la localidad del mismo nombre—, en homenaje al marino español de tal apellido.

Veintiséis kilómetros y acostaremos Fort Ross, lugar en que se establecieron los rusos en 1812 para realizar el comercio de pieles con los naturales de la región. La antigua casa del comandante es hoy un museo, y la iglesia de rito ortodoxo sigue funcionando. Pasaremos Point Arena antes de recalar en Mendocino. nombre que se aplica a un pequeño poblado y a un condado, y, muchos kilómetros más al norte, al cabo descubierto por la expedición de Ferrelo en 1542 (antes habremos pasado por Pt. Cabrillo, Pt. Delgada y Punta Gorda y el Mendocino National Forest). Albion es otro nombre originado por la presencia de Drake. Fort Bragg es la ciudad más importante del sector.

Ferrelo y Vizcaíno. El cabo Mendocino fue bautizado así por Ferrelo en 1543 en honor del virrey Mendoza promotor de la expedición, y de la que se hizo cargo aquel navegante por muerte de Cabrillo. A la misma lengua terrestre atracó Sebastián Vizcaíno con la capitana y la fragata de su expedición el 12 de enero de 1603; con ello cumplía la primera parte de la misión que le había sido encomendada. En dicho paraje, la junta de capitanes y pilotos aconsejó al general regresar y no proseguir con la segunda etapa proyectada, dada la estación invernal y las muchas enfermedades que aquejaban a la tripulación. Los vientos le empujaron involuntariamente, sin embargo, más al norte.

Bosques de "Sequoias" Gigantescos. En la región aledaña al Mendocino se yerguen algunos de los famosos árboles *Sequoia*, o árboles rojos, de que tan abundante era California y de los que tan escasa ha quedado después de su desordenada utilización en la construcción. Los parques *Humboldt*, *Prairie Creek* y *Del Norte*, encierran ejemplares de las especies más altas del mundo; se lleva el campeonato uno que mide 359 pies (en líneas generales, 120 metros) y le sigue el *Founder's Tree*, con 347 pies (115 metros).

Heceta y Bodega. Eureka es la ciudad más populosa en la costa hasta rebasar los confines jurisdiccionales de Oregón, en la que también se sitúa Trinidad. Se debe el bautizo de este nombre a la expedición de D. Bruno de Heceta, que fondeó en el lugar el 9 de junio de 1775. Dos días después tomó solemne posesión en nombre del rey, y tocó a D. Juan Francisco de la Bodega y Cuadra y a D. Francisco A. Mourelle la tarea de levantar el correspondiente plano. Allí permanecieron hasta el 19 de junio.

Nombres españoles

A lo largo de nuestro relato acerca de California han ido saliendo multitud de nombres españoles en localidades, ríos y montañas, explicando unas veces su origen y otras no. Pero no hemos agotado la lista. Mencionaremos los condados cuya nomenclatura se basa en la lengua castellana: Alameda, Amador, Calaveras, Contra Costa, Del Norte, El Dorado, Fresno, Imperial, Los Angeles, Madera, Marín, Mariposa, Mendocino, Merced, Mono, Monterey, Nevada, Placer, Plumas, Sacramento, San Benito, San Bernardino, San Diego, San Francisco, San Joaquín, San Luis Obispo, San Mateo, Santa Bárbara, Santa Clara, Santa Cruz, Sierra, Solano y Ventura. En total, cuatro quintas partes de los condados californianos. Y las localidades de vario tamaño: Adelanto, Alameda, Alamo, Alhambra, Alisal, Alta Loma, Altaville. Alturas, Amador City, Aptos, Arlanza Vil, Arroyo Grande, Atascadero, Bodega, Borrego Sprs., Buena Park, Cabezón, Cádiz, Camarillo. Camino, Campo, Carpintería, Casitas, Castro Valley, Castroville, Chico, China, Chula Vista, Columbia, Corona, Coronado, Corte Madera Costa Mesa, Del Dios, Del Mar, Del Paso, Esperanza, Famoso, Indio, La Jolla La Mesa, La Mirada, La Puente, La Quinta, La Sierra, Loma, Linda, Lomita, Los Alamitos, Los Alamos, Los Angeles, Los Bancos, Los Gratos, Los Molinos, Los Nietos, Los Olivos, Madera, Málaga, Marina, Mariposa, Martínez, Mendocino, Merced, Mira, Loma, Miramar, Modesto, Montecito, Monterey, Monterey Park, Monte Río, Moraga, Moreno, Morro Bay, Murrieta, Nevada City, N. Sacramento, Novato, Nuevo, Oro Grande, Oroville, Pacífica, Pala. Palo Alto, Palo Verde, Palos Verdes Estates, Paso Robles, Pescadero, Pico Rivera, Planada, Pta. Arena, Portola, Pulga, Ramona, Rancho Santa Fe, Redondo Beach, Río Linda, Rió Oso, Rió Vista, Sacramento, Salida, Salinas, Sierra Madre, Sierraville, Solano Beach, Soledad, Sonora, S. Dos Palos, S. Laguna Sultana, Tiburón, Tres Pinos, Trinidad, Vacaville, Vallecitos, Vallejo, Ventura, Vidal, Vina, Vista, Yermo, Yerba Linda, Zamora y 41 localidades con nombres de santos, entre las que destacan San Francisco y San Diego.

ESTADOS DE LA COSTA DEL PACIFICO

◆ *OREGON* ◆

El primer establecimiento anglosajón se debe a John Jacob Astor, quien en 1811 fundó un *trading post* en la desembocadura del Columbia, Astoria, hoy todavía urbe de consideración, si bien dedicada a la pesca. Procedente de Nueva York, su imperio peletero tuvo que luchar con la competencia de los ingleses de la Columbia Británica; fue cedido a éstos en 1813 y recuperado cinco años más tarde. Durante los seis lustros siguientes, se desarrolló una pacifica lucha entre ambas influencias en el marco real de una especie de territorio neutral. En 1819, por el Tratado de la cesión de Florida, quedaron zanjadas las diferencias entre España y los Estados Unidos sobre los derechos de soberanía al norte del paralelo 42°, que se convirtió en la frontera nórdica de los dominios del rey Fernando VII. Cuando en 1846 los Estados Unidos acordaron con Inglaterra que el paralelo 49° marcara la línea divisoria entre aquéllos y Canadá, no fue bien recibida tan "inútil adquisición de territorio" en los estados del Este y en la capital federal. Oregon quedó organizado como territorio en 1848, y admitido como estado de la Unión el 14 de febrero de 1859. En 1853 se separó su franja norte, que vino a convertirse en el territorio de Washington.

Hay tres sectores geográficos a distinguirse en Oregon: el *Great Basin*, o región de gran altura media, con notables elevaciones, región de ganados, habitáculo de los vascos; los valles de cereal próximos al río Columbia, y el valle comprendido entre las cadenas costeras de montañas y el gran espinazo que, también en dirección norte a sur, es conocido por el nombre de Cascade Mountains. El Columbia es el paraíso del salmón, que, no obstante las presas y los aprovechamientos industriales a que está siendo sometido aquél, se mantiene fiel a su tradición y regresa a depositar sus huevas en los lugares mismos en que él vino a nacer. Las *Cascades* cuentan con promontorios considerables, y basta para afirmarlo los nombres de Mount Washington, Mount Adams, Mount Jefferson, Mount Shasta...

Bend y Klamath Falls son dos ciudades dedicadas a la industria de la madera que se extrae de dos espesos bosques: Deschutes y Fremont. En el *Great Basin*, los grandes lagos —Silver, Summer, Goose, Abert—, alternan sus colores con los de los picos como el Hart, los aficionados a la caza pueden saciar su pasión cinegética —antílopes, ciervos, patos silvestres, etc.—, y la ganadería es objeto de amoroso cuidado —vacas, ovejas, caballos...

En todo caso, a lo largo de la geografía del estado, nos encontramos con una flora salvaje que tiene resonancias españolas en sus nombres: el *Spanish Moss* o musgo, que cuelga también de los árboles, según vimos, de Florida y Luisiana, y que es excelente alimento para el ganado; la *chamisa*, corta hierba de magníficas condiciones reproductoras de carne, y la *filaree* (procede de *alfilerilla*), planta que florece en los campos con colores azules.

Los estados de Washington y Oregon están separados por el Columbia. Oregon —que ostenta en su sello oficial una carabela, como homenaje a España— es un estado conservador, que no se preocupó por el oro y sus buscadores más que como posible mercado de absorción de los productos agrícolas de sus tierras, con lo que consiguió mayor riqueza para sus habitantes que con haberse dedicado éstos a la búsqueda del ansiado metal. La capital es Salem, con la Willamette University, pero la ciudad principal es Portland, a orillas del río Columbia. Su nombre le viene de la ciudad homónima en Maine, cuna de uno de sus fundadores, Francis W. Pettygrove (con Amos L. Lovejoy). La ciudad es bella, con parques grandes y bello paisaje, y sede de la Universidad de Portland.

El Estado de Oregon conserva el nombre de un vasto territorio que fue objetivo de rivalidades internacionales y de cabildeos diplomáticos en la primera mitad del siglo XIX. Reclamado por España como consecuencia de sus exploraciones marítimas, considerado por Gran Bretaña como suyo a raíz de la presencia física de sus exploradores y comerciantes en pieles, ocupado por olas sucesivas de colonos provenientes del este, tuvo una activa vida histórica a poco de entrar de manera permanente en la órbita del mundo occidental. Su nacimiento está marcado, sin embargo, con fechas mucho más lejanas, anteriores a la de la mayoría de las tierras del continente norte de América, con una antigüedad que ya ha rebasado los cuatrocientos años.

Su nombre. Si el conocimiento de la existencia de territorios no es de ayer precisamente y los derechos de España sobre ellos remontan a tan lejanos orígenes, el nombre de *Oregon* —como aparece hoy— tiene una modernidad decimonónica y unas indudables ataduras con nuestro mundo cultural. Muchas teorías se han esbozado para explicarlo, pero la mayoría de los expertos coinciden con la opinión sustentada por el arzobispo Blanchet: según él, Jonathan Carver atravesó el continente desde Boston, ciudad que abandonó en 1766 y a la que no regresó hasta 1768, y seis años más tarde publicó sus impresiones sobre el viaje transcontinental realizado y las tierras asomadas al borde del Pacífico, en aquéllas aparece, por vez primera, la palabra *Oregon*. Explica el padre Blanchet que los españoles llevaron la delantera en explorar la región en la que tropezaron con indios de grandes orejas, a los que denominaron *orejones*; al transcribir al inglés la palabra en su singular, Carver y cuantos le sucedieron cambiaron la "j" —cuyo sonido español no pronunciaban— por la "g", que mejor reflejaba la forma suave anglosajona de modular aquélla. En esta opinión abunda André Maurois en su *Historia de los Estados Unidos*.

Exploraciones marítimas

Dos tipos distintos de presencias han tenido los españoles en el territorio de Oregon: una, a lo largo de los siglos pasados, en las costas a cargo de los marinos españoles, con el papel descubridor y con la tarea de bautizar cabos, bahías, ríos y decenas de accidentes geográficos, otra, en altas tierras del este, sembradas de altas prominencias, realizada por los pastores vascos desde fines del pasado siglo hasta la hora presente. Así, Oregon se nos muestra como abrazada a través del tiempo y del espacio por lo español otrora en sus costas occidentales, hoy día en sus serranías levantinas y ligada a lo hispano con lazos que reclaman indisolubles. Debe recordarse la periódica presencia, dependiente de factores climáticos, del llamado *Galeón de Manila*; el denominado *San Francisco Javier*, que desapareció en 1705, fue descubierto en julio de 1989 bajo las aguas del río Nehalem.

Bartolomé Ferrelo alcanza el primero los 44° latitud Norte. Como resultado de las exploraciones de Cortés en la Baja California y de los informes traídos por fray Marcos de Niza acerca de la existencia al norte de las Ciudades de Cíbola, el virrey D. Antonio de Mendoza consideró procedente realizar un esfuerzo más para tratar de incorporar a la esfera española las tierras septentrionales que tan prometedoras aparecían. Concordó con D Pedro de Alvatado el pertrechamiento de 12 navíos; la muerte del conquistador de Guatemala en la expedición de socorro al gobernador de Jalisco, no impidió la puesta en marcha del proyecto, ya que el virrey autorizó a que dos de los navíos preparados —el *San Salvador* y el *Victoria*— se confiaran al hábil marino D. Juan Rodríguez Cabrillo y a su piloto Bartolomé Ferrelo. La expedición zarpó del puerto de Navidad el 27 de junio de 1542. Cabrillo no ascendería más que hasta el paralelo 38° 41', por venírsele la muerte en la isla de San Miguel. Pero en testamento ordenaría a Ferrelo prosiguiera sus tareas descubridoras, las que llevó a cabo con pleno éxito, pasando en enero de 1543 por los 40° latitud Norte, alcanzando el 10 de marzo siguiente los 44° (más o menos en la mitad de las costas del moderno Oregon), sufriendo tremendos fríos y siendo juguete de peligrosos vientos. Parece ser que desembarcó cerca del actual Port Orford. En el sur, en los alrededores de los 42°, el Cape Ferrelo hace justicia a la presencia pionera del español, que fue el primero en entrar en contacto con aquella parte del continente y en hacerlo entrar en el ámbito de la civilización occidental.

Sebastián Rodríguez Cermeñón perece en sus intentos. Durante el gobierno del virrey D. Luis de Velasco en Nueva España, el navío *San Agustín*, mandado por Rodríguez Cermeñón, fue despachado por el fin de reanudar los descubrimientos comenzados y de dar con un abrigado puerto para los navíos procedentes de las islas Filipinas, pero una tormenta lo hundió y nada se supo de los hallazgos.

Sebastián Vizcaíno bautiza la costa. Hay que aguardar a los albores del siglo XVII para que se manifieste una gran figura, la de Sebastián Vizcaíno. El virrey, conde de Monterrey, había recibido órdenes del rey Felipe II de proseguir los intentos de descubierta y penetración en la Alta California, con propósitos de expansión misional, control de las pesquerías de perlas y búsqueda de puertos aptos para el comercio con Asia. El primer viaje de Vizcaíno no interesa para nuestros presentes propósitos: el segundo, en cambio, reviste la trascendencia de que con los navíos *San Diego* y *Tres Reyes*, y tras haber reunido Vizcaíno junta de capitanes y pilotos el día 13 de enero de 1603, en las cercanías del cabo Mendocino, sobre la conveniencia de continuar o no la exploración encomendada por el virrey —a poder ser, hasta los 44°—, llegó hasta los 43°, al cabo de ocho días de navegación. Según el cronista de la expedición, fray Antonio de la Ascensión, "aquí es la cabeza y fin del reyno y tierra firme de California y el principio y entrada para el estrecho de Anian." En el curso de esta misión, una de las puntas avistadas recibió el nombre de San Sebastián. La elección se debió al santo patrono del capitán de la expedición: uno de los pocos casos en que el bautismo de lo descubierto no estuvo ligado al santo patrón del día en que se realizó. Queda como testimonio en el lugar una placa colocada entre dos palos con un texto en inglés, cuya traducción es la siguiente: "Historia de Oregon. Cabo San Sebastián. Los navegantes españoles fueron los primeros en explorar la costa norteamericana del Pacífico, comenzando cincuenta años después de que Colón descubriera los continentes occidentales. Sebastián Vizcaíno vio este cabo en 1603 y le nombró por el santo patrón del día de su descubrimiento. Otros navegantes españoles, británicos y americanos siguieron siglo y medio después" (como puede observarse, en la placa existe un error sobre la razón del título). También bautizó Vizcaíno como Santa Ynes el río que desagua en las inmediaciones. Más al norte se mantiene el Cape Blanco, que se debe a Martín de Aguilar, uno de los tenientes de Vizcaíno, y a cargo de quien corrió la primera investigación conocida de Umpqua River. El día 20 de enero de 1603 Vizcaíno ordenó el regreso de la expedición a Nueva España.

Juan Pérez levanta planos. Trasladémonos ahora a la segunda mitad del siglo XVIII, cuando la Corte española recibió noticias de su embajador en San Petersburgo sobre los intentos rusos de expansión por las costas norteamericanas del Pacífico. Acto seguido Carlos III, a través de su primer ministro, conde de Floridablanca, impartió instrucciones al virrey de Nueva España para que investigara el caso y dispusiera la ocupación de las tierras septentrionales de las costas americanas del Pacífico. El virrey designó a D. Juan Pérez para ejecutar una misión de exploración de dichas costas hasta el paralelo 60°, sin por el momento realizar ocupación alguna que pudiese traer conflicto con los rusos, acaso establecidos. El navío *Santiago* zarpó de San Blas el 24 de enero de 1774, pasó por Oregon en mayo, llegó hasta la isla hoy llamada Prince of Wales y regresó en julio, bordeando de nuevo aquellas costas. Cabe a Pérez la primacía en la exploración del litoral de British Columbia, Washington y Oregon y ser el primero que levantó un plano de ellas, si bien no realizó desembarco alguno. Púsose en contacto con los nativos de la región, pero no procedió a pisar sus tierras.

Bruno Heceta y J.F. Bodega y Cuadra; descubrimiento del río Columbia. Como secuela de los informes de Pérez, que fueron mantenidos en secreto, el virrey despachó en 1775 al teniente Bruno Heceta, llevando a Pérez como segundo en la *Santiago* (la misma de Pérez en su primer viaje), acompañada de la goleta *Sonora*, al mando del teniente D. Juan Francisco de Bodega y Cuadra. Habiendo zarpado el 16 de marzo arribaron a las orillas pacíficas de Washington. A causa de una serie de penalidades, la junta reunida por Heceta determinó que la *Sonora* tornase al punto de partida, decisión que Bodega consiguió no fuese mantenida por Heceta. Al fin de una tremenda tormenta, los dos navíos se separaron: Bodega costeó hasta el paralelo 57°, en el que dio la vuelta para descender explorando el sector meridional de Oregon; Heceta remontó hasta el estuario de Nutka, si bien le pasó inadvertido el estrecho de Juan de Fuca, y al regresar hacia el sur ancló en la bahía en la que desemboca el río Columbia.

Se debe a Heceta la primera descripción del río Columbia, uno de los señeros de su geografía. Lo bautizó con el nombre de San Roque, que también impuso al luego Cape Disappointment, y con el de Cabo Frondoso, al Cape Adams; la bahía recibió la denominación de la Asunción. Quiso Heceta bajar a tierra la mañana siguiente de su arribada y comprobar si se trataba de un isla. De hallarse en presencia de un caudaloso río no tuvo dudas, al verificar la gran masa de agua dulce que empujaba al barco hacia el sudoeste y le impidió aproximarse a ribera, como proyectado. Las descripciones de Heceta de la bahía, los cabos y s montañas vecinas no dejan lugar a duda respecto a la identificación del lugar con la desembocadura del Columbia. En la bahía de Monterrey se reunieron la *Santiago* y la *Sonora*, y juntas procedieron hasta San Blas, el puerto de partida en México. Después de esta expedición, los españoles adquirieron una idea bastante acabada de la costa Noroeste y supieron los primeros de la existencia del gran río.

Controversia de Nutka. Tres años más tarde el capitán Cook divisaría las costas de Oregon, pero no penetraría en ella apenas, y, eso sí, bautizaría algunos puntos con nombres que en buena parte quedan: Cape Perpetua, Arago, etc. Los incidentes que pocos años después se conocerían con el nombre de *controversia de Nutka*, originada por las pretensiones inglesas de dominio en las regiones que hoy pertenecen a Canadá, en torno a la isla de Vancouver y tierras próximas, originarían la organización de otras expediciones españolas que recorrieron las costas de Oregon. España sostenía sus derechos de soberanía basada en su primera presencia en dichas regiones, anterior a la de Cook, el primer inglés. Las circunstancias de la política interna española ocasionarían, al final, un debilitamiento de la posición nacional y el reconocimiento de no poder sostener con la fuerza de las armas lo que el derecho le otorgaba. Por los convenios de Nutka de 1790 y 1794 España renunció a sus pretensiones en el noroeste americano del Pacífico.

Pastores vascos. La otra presencia española en Oregon es la de los vascos en las sierras del este. Dura vida la que llevan en dichas regiones, como en las análogas de California, Nevada, Idaho y Montana. Se cree que el primero en pisar Oregon, en 1889, fue Antonio Azcuénaga, que se afincó en el Jordan Valley; luego se reunieron con él Agustín Azcuénaga, Juan Acarregui (que poseyó 5.000 cabezas) y Luis Yturraspe (con 7.000 cabezas). Llegó a ser tan numerosa la concentración de vascos en Jordan Valley, que durante muchos años pudo funcionar con éxito y plena concurrencia un frontón. Hoy siguen acudiendo naturales de las provincias Vascongadas españolas a Oregon, siendo en este Estado y en los de Nevada e Idaho en donde se agrupan. Uno de los senadores del Estado es Antonio Iturri, prestigioso abogado.

Nombres españoles

Como huella del paso de España, quedan en las costas de Oregon, entre otros de ascendencia hispana, el Cape Falcon, la población de Manzanita, Tierra Del Mar, Heceta Head en Florence y a punta, el faro y la gran ensenada de Heceta (¿en la desembocadura del Columbia?), aparte de los ya descritos Cape Ferrelo, Cape Blanco y Cape Sebastián y el monumento a Vizcaíno. Localidades en el resto del estado con nombres españoles pueden citarse Toledo, Estacada, Salado, Leona, Columbia City, Bonanza Alfalfa, Cornucopia, Chico, Flora, Camas Valley, La Grande, Moro, Galena, Paulina, Wasco y Vida, además del condado de Columbia; en las montañas tenemos a Cape Sebastián Summit, Camas Mountains, Eldorado Pass, y Juniper Mountain.

♦ WASHINGTON ♦

Incluido al principio de su activa vida histórica en el territorio de Oregon, inició sus propios destinos cuando fue creado territorio independiente, en 1853, y aún más cuando consiguió la categoría de Estado, el 11 de noviembre de 1889.

Su nombre llenó abundantes días y páginas de controversia: el primeramente propuesto fue el de Columbia partiendo del nombre del río que lo atraviesa y en honor del descubridor de América: pero voces se alzaron ante el peligro de confusión que aquella denominación pudiera ofrecer con la de Distrito de Columbia otorgado a la capital federal, sin percatarse de que la nuevamente propuesta —y que, al fin, logró éxito— incurría en los mismos defectos en relación con la ciudad sede del Gobierno central.

El Estado de Washington está lleno de vitalidad, tanto por lo que de progreso económico supone como por el conglomerado de razas que lo pueblan: suecos, finlandeses, noruegos, polacos, yugoslavos, chinos, japoneses, filipinos y anglo-sajones.

Puede decirse que viven en dos sectores distintos: el oriental, dedicado a la agricultura y la ganadería, de clima extremo, a base de crudos inviernos y calurosos veranos, con Spocane por principal ciudad (sede de la Universidad Gonzaga, de los jesuitas) y Walla Walla, centro triguero, con la producción de manzanas más importante del país y modernas industrias conserveras de vegetales; y el occidental, con clima suave, gracias a las benéficas influencias marinas que ocasionan ocho meses de lluvias, y cielo gris, con la pesca y su conserva.

Y en medio de las dos regiones, la impresionante cadena de las montañas Cascade, en las que descuellan Mount Rainier —de 4.500 metros—, Mount St. Helen y Mount Baker. Y en medio también, el curso del río Columbia, que atraviesa el estado de norte a sur (le sirve en buena parte de frontera meridional).

Dos densos parques nacionales se custodian en Washington: el Olympic —en península de su nombre, que albergó en 1792 un establecimiento español— y el Mount Rainier. Seattle es la ciudad de más relieve, cuyo auge —paralelismo con San Francisco— se inició en 1897 con el descubrimiento de oro en Klondike (Yukon); desde entonces es el lugar de paso casi indispensable para el joven estado. Olympia es la capital del Estado.

Exploraciones marítimas

Juan de Fuca falsea la realidad. No surcaron las aguas del hoy Estado de Washington las naves de los españoles Ferrelo y Vizcaíno en el curso de los siglos XVI y XVII, pero sí la expedición fletada en 1560 por el virrey de México, en la que parece ser participaba el marino griego Apóstolos Valerianos, mejor conocido por Juan de Fuca. Según la información que éste proporcionó en 1596 a Michael Lok, cónsul inglés en Alepo, había estado cuarenta años al servicio de España y actuando como piloto en la mencionada empresa descubridora de un hipotético paso —el estrecho de Anian—, comunicador en el sector norte de América de los océanos Atlántico y Pacífico: partido en 1592 con dos buques pequeños, a los 47° halló un largo brazo de mar, siguiendo el cual —son los informes de Fuca— navegó hasta el Atlántico, para regresar por aquél a México. Investigadores posteriores demostraron su falsedad, pero es indudable que Juan de Fuca visitó dichas costas, testimonio de lo cual es el nombre del estrecho que separa la isla de Vancouver de la costa continental.

Juan Pérez levanta planos. Cuando la Corona española decidió proceder a la ocupación de California, es decir, de las tierras al borde del Pacífico Noroeste, para evitar la penetración rusa —anunciada por su embajador en San Petersburgo— en el continente americano, varias expediciones marítimas fueron despachadas, que exploraron los distintos puntos de la costa hasta Alaska. Visitaron las tierras y las aguas de Oregon, y lo mismo sucedió con las de Washington y las próximas de la Columbia británica.

El virrey de México despachó en 1774 el navío *Santiago*, al mando de don Juan Pérez, con Esteban Martínez como segundo, quienes se acercaron a la desembocadura del río Queets, en las costas de Washington y más tarde a las islas de Queen Charlotte, en su extremo norte, y en las que buscaron aprovisionamientos de agua fresca; más al septentrión todavía avistaron la isla del Príncipe de Wales, en Alaska. El 22 de julio el navío puso rumbo al sur, volvió a costear las anteriormente mencionadas islas y ancló el 2 de agosto en la bahía de Nutka. a la que Pérez bautizó como de San Lorenzo, en la posterior isla de Vancouver. Uno de los cabos cercanos ostenta hoy el nombre de Esteban Point, en honor de Martínez. Los intentos de obtener nuevamente agua fresca fracasaron, debido al desencadenamiento de una tremenda tormenta, por lo que, tras recobrar el bote lanzado con tal designio, el buque se hizo a la mar. El día 10 siguiente, Pérez denominó Sierra Nevada de Santa Rosalía a unas montañas que se conocen por Mount Olympus: este hecho es recordado por una lápida conmemorativa en el Olympic National Park. Prácticamente, todas las costas del estado de Washington quedaron bordeadas, si bien no recibieron otros intentos de desembarco. Pérez regresó a su base y pudo dibujar el primer plano de esta costa norteamericana del Pacífico; a él corresponde el honor de haber sido el primer descubridor de las islas Queen Charlotte, Prince of Wales y Vancouver, así como de las costas de Washington y parte de Oregon.

Bruno Heceta y J.F. Bodega y Cuadra. A la vista de los resultados obtenidos, una nueva expedición se organizó en 1775, al mando de D. Bruno Heceta, con la *Santiago*, llevando a Pérez de segundo, y con la goleta *Sonora*, con D. Francisco Bodega y Cuadra por capitán. La primera tierra que divisaron del estado de Washington, al término de una difícil y lenta travesía, fue la península Olympic, que separa el Pacífico del Puget Sound, o bahía a la que se asoma Seattle. Empujados por una suave brisa, buscaron en las costas algún seguro abrigo, agenciándoselo la *Santiago* en lo que se denomina hoy Pt. Grenville, y unas millas al norte, la goleta. El 14 de julio de 1775 Heceta ordenó arriar un bote, y acompañado por el padre Sierra, Cristóbal Revilla y el médico Dávalos, además de un grupo de marineros, bogaron hacia tierra. Si no fue posible al padre celebrar misa por culpa del mal tiempo, una cruz pudo ser erigida y Heceta tomar posesión en nombre del rey de España, denominando al lugar Rada de Bucarelli, en nombre del virrey. Grupos de indígenas presenciaron la ceremonia y traficaron después de ella de buen grado con baratijas que los barbados rostros pálidos les ofrecieron.

Mientras tanto, la goleta *Sonora* había pasado por momentos difíciles, al intentar evitar los escollos costeros y ser recibida por una multitud de indios que en un principio cantaban y les arrojaban plumas. Necesitados de agua fresca y alentados por la acogida, Bodega dispuso que el contramaestre, Pedro Santa Ana, y cinco hombres remaran en un bote a tierra. No bien desembarcaron, los indígenas los mataron. Acto seguido se dirigieron a la *Sonora*, que con grandes dificultades fue defendida por Bodega, su asistente y el piloto Mourelle, hasta que pudieron hacerse a la mar y reunirse con la *Santiago*. Con su tripulación reforzada, Bodega consiguió permiso de Heceta para proseguir hacia el norte en sus exploraciones, en las que alcanzó el paralelo 58°; a su regreso ancló frente a la isla de Vancouver, y en el camino hizo varios desembarcos y comerció con los nativos; pero, a causa de la niebla, no vio el estrecho de Juan de Fuca. En su descenso hacia el sur, ya hemos visto, al hablar del estado de Oregon, cómo descubrió el río Columbia.

Reacción ante la llegada de Cook. El 7 de marzo de 1778, los navíos *Resolution y Discovery*, bajo el mando de James Cook, avistaron las tierras de Oregon, pero no fondearon sino en la bahía que el capitán denominaría de Nootka, en la isla de Vancouver. Esta se convertiría en los años sucesivos en el centro del comercio de pieles y manzana de discordia con España. Los indios se mostraron desde el primer momento dispuestos al intercambio, pero los costaneros procuraron impedir a los del interior su participación en él. Una cosa sorprendió a los ingleses: el hallazgo de dos cucharas de plata en posesión de un indio, testimonio inexcusable de la anterior presencia española en la región. Siete años más tarde visitaría Nootka el capitán James Hanna, proveniente de China; pero sería a partir de 1786 cuando los británicos menudearían sus visitas a la región, siempre procedentes de Asia: entre ellos, John Meares.

Esteban José Martínez pasa hacia Nutka. Noticioso el virrey de Nueva España, Flores, de la numerosa presencia británica en el Pacífico septentrional, y siguiendo las instrucciones impartidas desde Madrid, tomando como base los informes de La Perouse, despachó en las fragatas *Princesa* y *San Carlos* a D. Esteban José Martínez —antiguo compañero de Pérez—, quien llevaba como piloto a D. Gonzalo de Haro, con la orden de construir un fuerte en Nutka y ocupar la bahía en nombre del rey de España dado el derecho de soberanía que a España correspondía sobre las costas americanas del Pacífico por razones de primera exploración y toma de posesión.

Habiendo zarpado el 8 de marzo de 1788, Martínez encontró en Nutka a los navíos norteamericanos *Lady Washington* y *Columbia*, al mando respectivo de los capitanes Gray (quien había bautizado como río Columbia a la gran corriente de agua) y Kendrick, pero no les puso inconveniente alguno, visto que sus pasaportes indicaban la veracidad de su viaje de circunvalación de la Tierra. Comenzó inmediatamente a apoderarse de una serie de barcos ingleses (*Iphigenia, Northwest America, Princess Royal* y *Argonaut*), levantó cuarteles, casas para viviendas, cocina y reparaciones, y montó un fuerte —San Miguel— con una batería de 10 cañones en una eminencia dominando la bahía. Con algunas de sus presas retornó al puerto de San Blas, en México.

Es curioso recordar cómo el aniversario de la independencia de los Estados Unidos fue celebrado en Nutka el 4 de julio de 1789: la fragata *Columbia* disparó una salva de 13 cañonazos (por los años de libertad) y su capitán invitó a Martínez, oficiales de los navíos españoles y del *Argonaut* —prisioneros—, capellanes y misioneros a bordo a un magnífico banquete, en el que se brindó por el rey Carlos III. El *San Carlos* y el fuerte hicieron, a su vez, las salvas de ordenanza en honor de la nación amiga.

Controversia de Nutka

C. Vancouver y J.F. Bodega y Cuadra. Cuando Meares se enteró en China del apresamiento de los navíos ingleses, tomó en cuanto pudo un barco rumbo a Londres. A poco de llegar, en abril de 1790, presentó un memorial al gobierno. El ambiente era propicio, porque tres meses antes el encargado de negocios británico en Madrid, Anthony Merry, había enviado una información secreta, proveniente de México, sobre el apresamiento por Martínez de un navío inglés en Nutka. La respuesta transmitida por el embajador español, marqués del Campo, a la reclamación inglesa indicaba que para mantener la armonía felizmente existente entre ambas Coronas, Gran Bretaña debería admitir el derecho de soberanía español, por razones de descubrimiento y exploración, en las costas del Pacífico Norte. Gran Bretaña contestó con un ultimátum. Merry informó a su Gobierno en abril que el Gobierno español había ordenado un inventario de sus armamentos. Días después, España enviaba una nota a Gran Bretaña reconociendo la devolución de las propiedades confiscadas y considerando cerrado el incidente, pero reafirmando sus derechos de soberanía. En estos momentos arribó Meares. A la vista de su informe, el Gabinete inglés exigió satisfacción del Gobierno español, pidiendo, aparte de las restituciones e indemnizaciones, el reconocimiento del derecho libre a comerciar, navegar y pescar, así como el de tomar posesión de los establecimientos en aquellos lugares, no previamente ocupados por otras naciones europeas cuando se realicen con el consentimiento de los nativos. Dos meses duraron las negociaciones en el curso de las cuales Gran Bretaña se aseguró —para el caso de guerra— la amistad de Prusia y la alianza de Holanda, y España consiguió promesa de ayuda de Luis XVI de Francia, virtual prisionero de los revolucionarios de la Bastilla. La decapitación de éste y la tensión creciente, determinó al rey de España a seguir el consejo del conde de Floridablanca y aceptar la firma del Tratado propuesto por los ingleses, en el que permitía a éstos el comercio en las aguas del Pacífico Norte. Otro convenio, con fecha 28 de octubre de 1790, admitía la devolución a los públicos de Gran Bretaña de los terrenos de que los españoles habían desposeído.

Para cumplir lo convenido, Gran Bretaña nombró al capitán Vancouver, y España a D. Juan Francisco Bodega y Cuadra. Bodega arribó a Nutka antes que su colega, a quien dio la bienvenida con una salva de 13 cañonazos disparada por las baterías del fuerte, y le invitó a una cena de cinco platos. Bodega desplegó sus muchas cualidades de inteligencia, simpatía y diplomacia para atraerse a Vancouver y sus compatrio tas. Muestra de ello es el bautizo de la actual isla de Vancouver como *Quadra and Vancouver's Island*, según aparece en el mapa que el marino inglés levantó a poco de la región. En ella inauguró el Rey don Juan Carlos I, en marzo de 1984, un monumento a su memoria. Bodega fue despedido con tristeza, a pesar de no haber realizado la transferencia de poderes para la que había sido enviado.

Hubo necesidad de que ambos gobiernos firmaran los convenios adicionales de 12 de febrero de 1793 y de 11 de enero de 1794, para que nuevos agentes llevaran a cabo la cesión de los dichos territorios que España abandonaba a Inglaterra. El 23 de marzo de 1795 canjearon en Nutka las correspondientes declaraciones Sir Thomas Pierce y D. Manuel de Alava. En recuerdo de éste, un cabo en la costa norte del Estado de Washington recibió el bautismo de su apellido: se trata del Finisterre de los Estados Unidos, en la longitud de 124° 44' 10" al oeste del Cape Blanco. Así acabó la presencia física de España en la región; quedaron en la isla de Vancouver los nombres de Canal de Arro, Punta de San Gonzalo, Punta de San Juan, Canal de Alberni, bahía de Carrasco, Boca de Canavera, Ysla de Feran, Boca de Saavedra, Punta San Rafael, Isla de Galiano and Valdes (al norte); Canal de Nuestra Señora del Rosario, etc., según reza el aludido mapa de Vancouver publicado en 1798. Una colina, vecina a la futura capital de la Columbia Británica, Victoria, conservaría el nombre de Gonzales Hill, que le pusiera Manuel Quimper en 1790.

Pastores vascos. Los pastores vascos se concentran en el sector oriental, que, como hemos visto, está primordialmente dedicado a la agricultura y a la ganadería. Su número es, sin embargo, muy inferior al de los asentados en Oregon y en otros "Estados Vascos."

Nombres españoles

Restos de la época española en el estado son los del establecimiento español que existió en 1792 en la punta más occidental, entre el Pacífico y el estrecho de Juan de Fuca, hoy incluido en una reserva de indios makah; las islas que componen el condado de San Juan en el *Strait of Georgia*, explorado en 1791 por el español Francisco Eliza: Patos, Sucia, San Juan López, Morán, etc.; en el condado denominado Island, las isla Camano y Fidalgo, con los burgos de Anacortes y San de Fuca; las poblaciones en las cercanías de Seattle por nombre Redondo, Medina, Chico...; Port Angeles, en el estrecho de Juan de Fuca; las localidades en el resto del estado de Toledo, Málaga, Camas, Orondo, Trinidad, Lamona, Plaza, Rosalía, Buena, Covada, Mesa, Sumas, Oroville, Ayer, Bandera, etc.; los picos Eldorada, Bonanza, Monte Cristo, etc.

PARTE VIII:
LOS ESTADOS ALEJADOS

ALASKA

El distrito 24º, Alakanuk, ha sido representado en la Cámara de Diputados estatal por el padre jesuita español, Segundo Llorente. Es quizá su caso único en la historia constitucional norteamericana, dada su elección por sus conciudadanos sin haber aparecido previamente como candidato (había llegado en 1935); ello muestra la popularidad de que gozaba en su parroquia de 5.000 kilómetros cuadrados de extensión, con 800 esquimales católicos, situada en las costas del estrecho de Bering, enfrente de Siberia. Para acudir a la capital del estado Juneau, tenía que volar 2.000 kilómetros —no existe otro medio de comunicación—, lo cual no siempre es factible, debido al mal tiempo que de ordinario aflige a dicha región. Y, sin embargo, el hijo de San Ignacio estuvo contento de realizar una notable labor en pro del mejoramiento espiritual y material de la gente de Alaska, con la que convivió durante treinta y cinco años. Murió en 1989 en el hospital de Gonzaga University (Spokane) a los 82 años y está enterrado en un pueblecito de Idaho.

Correspondió a los rusos la primacía en el interés por Alaska, después les siguieron los españoles, y más tarde los ingleses y los norteamericanos. El explorador danés Vitus Bering, al servicio de Rusia, descubrió Alaska en 1741 (en 1728 había hallado el estrecho que lleva su nombre), para morir en una de sus islas a poco. Alexander Baranov sería el primer gobernador, en nombre del zar, de 1790 a 1819, teniendo por sede Kodiak y más tarde Sitka, fundada en 1799 con el nombre de Nueva Arcángel (en ruso). En Sitka se celebró la transferencia en 1877 del dominio ruso sobre Alaska a los Estados Unidos como consecuencia de la compra por la suma de 7.200.000 dólares, convenida en el acuerdo de cesión de 30 de marzo de 1867 firmado en Washington por el secretario de Estado William H. Seward y el representante del zar Alejandro II, barón Edouard Stoeckl. Tan colosal negocio no gozó de una favorable opinión pública norteamericana, la que dio en llamarle "la locura de Seward," y, sin embargo, lo fue estupendo: baste pensar que tan sólo el oro ha producido más de 1.000 millones de dólares.

Durante muchos años los asuntos de Alaska no consiguieron la atención federal, incluso en los años posteriores a 1896, en que se descubrieron las minas de oro en Klondike. En 1912 se concedió una Cámara Legislativa al territorio merced al Acta Orgánica de dicho año.

Alaska se convirtió en el 49º estado de la Unión por la firma de la ley correspondiente por el presidente Eisenhower el 7 de julio de 1958, después de los votos favorables de la Cámara de Representantes de 28 de mayo y del Senado de 30 de junio anteriores. Desde aquella fecha, dos senadores y un representante son los portavoces en Washington de los deseos y necesidades del nuevo estado. Sus principales recursos son el oro, el carbón, la arena, la grava (encierra además casi todos los minerales estratégicos), petróleo, madera, la pesca y sus conservas (entre otras, salmón, halibut, arenque, bacalao, cangrejos, etc.) y diversas variedades de pieles (mink, marta, castor, foca, y rata-almizclera).

Su población cuenta con un 15 por 100 de esquimales, aleutianos e indios, y se extiende en una superficie de 586.400 millas cuadradas, doble que Texas y el 25 por 100 sobre el Círculo Polar Artico. Quinta parte en extensión del sector continental de los Estados Unidos, si se superpusiera a éste tocaría a los océanos Atlántico y Pacífico y a las fronteras canadiense y mexicana. Volando sobre Alaska hay que retrasar tres horas el reloj. Sus costas alcanzan una longitud de 39.000 kilómetros, cifra superior a las restantes del país. Así se explica por la extensión de la parte continental de Alaska, por la longitud del llamado *mango* (*panhandle*) meridional, en el que se encuentra la capital Juneau, por las 1.100 islas del archipiélago Alexander, situadas a lo largo de aquél, y por la cadena de las islas Aleutianas, que se dirigen hacia el Oeste en una longitud de 1.800 kilómetros. El pico más alto en Norteamérica es el alaskino Mt. McKinley, cercano a los 7.000 metros, coronado entre 1971 y 1986 por seis expediciones de alpinistas españoles, la última en junio de 1986 protagonizada por dos tinerfeños y patrocinada por Caja Canarias. Las carreteras del estado suman 6.000 kilómetros, 3.000 de ellos transitables durante todo el año.

Los católicos suman hoy en Alaska 22.500, distribuidos en la diócesis de Juneau y el vicariato de Fairbanks. Han sido los jesuitas quienes más han trabajado en este campo desde 1880, pero corresponde la primacía en pisar aquel territorio y en decir misa en sus contornos a los franciscanos españoles: los padres Juan Riobo y Matías Nogueira celebraron el Santo Sacrificio el 13 de mayo de 1779, al desembarcar, en su calidad de capellanes, de las fragatas españolas *Favorita* y *Princesa*. Y es que los españoles han tenido también en Alaska una notable presencia y una destacada actividad en las tareas descubridoras de sus mares y de sus tierras.

En 1983 se dedicó en Anchorage un monumento en memoria de Félix Rodríguez de la Fuente, el científico español muerto, en 1980 en accidente de aviación cuando filmaba con otros compañeros una carrera de trineos.

Exploraciones marítimas

Dos etapas pueden distinguirse en la expansión marítima de España en el Pacífico Norte: la primera, de 1774 a 1779, en la que se realizaron las expediciones de Juan Pérez, Bruno Heceta, Arteaga y Bodega y Cuadra, y la segunda, de 1788 a 1792, en la que deben recordarse las de Esteban Martínez, Eliza, Fidalgo, Quimper, Valdés y Alcalá Galiano, Malaspina y Caamaño. Las razones que motivaron las de este último período son las de contener la expansión inglesa; las del anterior tuvieron por meta contrarrestar la actividad exploratoria rusa, denunciada por el embajador español en la Corte de los zares, conde de Lacy, en cartas de 1773 al secretario de Estado, marqués de Grimaldi.

Juan Pérez, el primer europeo en arribar. La primera expedición estuvo confiada al alférez de fragata Juan Pérez, por el virrey de Nueva España D. Antonio de Bucarelli y Ursúa, por ser el piloto más versado en los mares que habían de surcarse. El 25 de enero de 1774 zarpó dicho marino en la fragata *Santiago* con la instrucción de navegar hasta los 60° de latitud Norte, no debiendo realizar establecimiento alguno, aunque sí tomar posesión en nombre del rey de aquellos lugares que le pareciesen aptos para ser poblados, y más si en las cercanías descubriese algún extranjero; se le ordenaba primordialmente la obtención de la máxima información geográfica sobre los indios de la región, sus costumbres, sus impresiones sobre los posibles anteriores visitantes, etc. Según el diario del padre Juan Crespi, quien con fray Tomás de la Peña sirvió de capellán a la expedición, el 18 de julio de 1774 llegaron a tres islas —las actuales *Prince of Wales*—, bautizándolas con el nombre de Santa Margarita, patrona del día, situadas en los 55° 41', tierras meridionales de Alaska. Aquí los españoles vieron por vez primera a los indios, quizá de la tribu haida, quienes, vestidos, de tez blanca, con pelo largo, cubiertos de pieles, se aproximaron a la *Santiago* cantando y echando plumas al agua en señal de bienvenida. De los 200 indios que en 21 canoas se aproximaron a la nave, sólo dos se aventuraron a subir, si bien el resto no tuvo inconveniente en recibir, con grandes muestras de contento, las baratijas y pañuelos que les fueron lanzados por la borda. Este viaje no produjo grandes resultados tangibles, pero tuvo gran resonancia por el descubrimiento de diversos puntos de la costa occidental (entre otros, Nutka), por aclarar la cuestión del no establecimiento —todavía— de los rusos en aquellas regiones, por servir de preparación para los ulteriores viajes que se organizaron y, en lo que a este capítulo respecta, por suponer el primer contacto español con Alaska, anterior al de los ingleses.

Bruno Heceta y J.F. Bodega y Cuadra; toma de posesión. La segunda expedición que ordenó el virrey Bucarelli fue confiada al teniente de navío D. Bruno Heceta, con la fragata *Santiago*, llevando como segundo a D. Juan Pérez; la goleta *Sonora*, al mando de D. Juan Manuel de Ayala, con D. Juan Francisco de la Bodega y Cuadra como segundo y D. Francisco Mourelle como piloto, y el paquebote *San Carlos*, mandado por el teniente de navío don Miguel Manrique, con D. José Cañizares como piloto. Las instrucciones se asemejaban a las del anterior viaje, con la diferencia de la latitud de 65° que debían alcanzar. Levadas anclas en el puerto de San Blas el 16 de marzo de 1775, hubo que reajustar a poco los mandos por enfermedad de Manrique, quedando Ayala dirigiendo el *San Carlos* y Bodega la *Sonora*.

Como resultas de una serie de incidentes, narrados en este libro al tratar de los estados de California, Oregon y Washington, las embarcaciones se separaron el 30 de julio.

La *Sonora* alcanzó el 15 de agosto el paralelo 57° de latitud y descubrió tierra de Alaska al día siguiente, observando montes altísimos, a uno de los cuales denominaron San Jacinto —hoy Mt. Edgecumbe—, situado en un cabo, al que llamaron Engaño, Cape Cook actual. Tras haber descubierto el día 17 el Port Mary —bautizado como de Guadalupe—, el 18 desembarcó D. Juan Francisco Bodega y Cuadra en otro más pequeño, dotado de una considerable playa, con 14 hombres armados, con el fin de tomar posesión y de conseguir provisiones de agua y leña: se cumplieron las formalidades, se designó al puerto como de Nuestra Señora de los Remedios y se trató con los indios, que mostraban un aire no demasiado tranquilizador.

El 21 continuó la navegación, y el 22 se alcanzaron los 58°, pero dada la lastimosa situación sanitaria de la marinería y el frío reinante, ordenó Cuadra el regreso hacia el sur, recorriendo la costa con bastante detalle y descubriendo y bautizando una serie de lugares: el 24 de agosto, Puerto de Bucarelli; día 26, isla de San Carlos; día 27, cabo San Agustín; día 28, ensenada del Príncipe...

El 30 de agosto de 1775, ante los estragos que estaba haciendo el escorbuto en la tripulación, decidió abandonar las aguas de Alaska y poner rumbo a Monterrey, adonde llegó el 7 de octubre —al fin de penosa navegación, en la que Cuadra y Mourelle también enfermaron—, reuniéndose con la *Santiago* y el *San Carlos*.

De su navegación tomaron abundantes datos ambos navegantes en sus *Diarios* y en los mapas que levantaron, que supusieron un enorme avance en el conocimiento de las costas del Noroeste americano: el diario de Mourelle fue conocido en Europa y sirvió de mucho al capitán Cook en sus ulteriores exploraciones. Puede afirmarse sin exageración que la hazaña de Cuadra y Mourelle constituye uno de los más bellos capítulos del heroísmo humano, dada la pequeñez de su navío y lo reducido de su tripulación.

Ignacio de Arteaga y J.F. Bodega y Cuadra alcanzan los 61° latitud Norte. Aunque era proyecto de los virreyes de Nueva España organizar expediciones anuales exploratorias del Pacífico Norte, ninguna pudo realizarse hasta 1779, debido a los cambios políticos surgidos en el escenario mundial, especialmente en el norteamericano, y a otros más absorbentes compromisos. Pero se tenían noticias de la progresiva presencia rusa en la región, y se presentó como urgente confiar al teniente de navío D. Ignacio de Arteaga y a D. Juan Francisco de la Bodega y Cuadra el mando respectivo de las fragatas *Princesa* (construida en San Blas) y *Favorita* (comprada por Bodega en el Perú y llevando a Mourelle como segundo). Considerable tiempo transcurrió desde que se decidió el envío de la expedición hasta que se levaron anclas el 11 de febrero de 1779: entre las instrucciones figuraba el alcanzar los 70° de latitud Norte.

Después de ochenta y dos días de navegación atracaron en el puerto Bucarelli, en la latitud de 55°17', y fondearon en un puerto contiguo, al que denominaron de Santa Cruz, el 3 de mayo, y al que así bautizaron solemnemente el día con misa cantada en tierra. Dada la amplitud del puerto de Bucarelli, que comprendía a su vez a otros 11, formando un conjunto capaz de albergar con plena seguridad "todas las embarcaciones que en el día surcan los mares en las cuatro partes del mundo" —en palabras de Arteaga—, se procedió al detenido recorrido de sus costas y al levantamiento del correspondiente plano, el primero de dicho sector de la isla Prince of Wales, tarea en la que invirtieron veintiséis días y que ocasionó el nacimiento de la siguiente nomenclatura: Puertos de San Antonio de Padua, de Nuestra Señora de la Asunción, de Mayoral, de la Caldera, de la Estrella, del Refugio y de los Dolores, ensenadas de San Alberto y del Almirante, bahías de Esquivel y de Juan de Arriaga, islas de San Fernando, de San Juan Bautista y de la Madre de Dios, Canal de Portillo, Caños del Trocadero, Punta de la Arboleda, etc.

Por fin, el 2 de julio, las dos fragatas continuaron rumbo al norte. El día 9 ganaron la latitud de 58° 6', y el 15 reconocieron el cabo de San Elías y contemplaron unas altas cimas nevadas que tuvieron por las de dicho nombre en la latitud de 59° 52'. Se sucedieron una serie de descubrimientos que quedaron reflejados en los mapas con los nombres de Puerto de Santiago, —luego, bahía de Nuchik—, isla de la Magdalena, etc., y quedaron rebasados los 61°. Continuaron la navegación, bordeando las costas en dirección a Poniente, y se refugiaron en una abrigada ensenada: el 2 de agosto bajaron a tierra D. Juan Francisco de la Bodega, el segundo de la *Princesa*, D. Fernando de Quirós (Arteaga no pudo, por indisposición), los capellanes y tropa, y plantando la cruz con los requisitos de ordenanza, tomaron posesión de la ensenada, a la que denominaron de Nuestra Señora de Regla, así como a la mayor de las islas. Al volcán Iliamna dieron por nombre el de Miranda.

Cerciorados de la inexistencia del famoso paso que comunicarse a los océanos Pacífico y Atlántico, decidieron regresar rumbo a Monterrey, fondeando en la bahía de San Francisco el 14 de septiembre, en donde los expedicionarios se enteraron de la guerra con Inglaterra. Más tarde llegaría a su conocimiento el viaje del capitán Cook, por los parajes por ellos recorridos, en el curso del año anterior. Muerto Bucarelli, correspondió al nuevo virrey D. Martín de Mayorga felicitar a los expedicionarios y recompensarles con ascensos y otras distinciones.

Esteban José Martínez toma posesión de una de las islas Aleutianas. Casi diez años se pasaron sin que los españoles regresaran a la región, y durante ellos los ingleses realizaron grandes avances que luego serían difíciles a los españoles de superar. La reacción ante aquéllos provocó, por fin, la organización de la cuarta expedición, que el comandante de San Blas, nada menos que don Francisco de la Bodega y Cuadra, puso en manos de D. Esteban José Martínez, un veterano acompañante de D. Juan Pérez en su primera expedición, que mandaría la fragata *Princesa*, y de D. Gonzalo López de Haro, que dirigiría el paquebote *San Carlos*. La última razón de aquella determinación hay que buscarla en los informes que el navegante francés, conde de La Perouse, diera en febrero de 1786 en Santiago de Chile sobre la presencia en aguas del Pacífico Norte de ingleses y rusos. Zarparon el 8 de marzo de 1788, y los navíos recalaron el 17 de mayo en Prince William Sound, tomando Martínez posesión del puerto de Flores (en homenaje al Virrey promotor de la expedición). Tocaron los 60° 7', bautizando a un excelente puerto con el nombre de Floridablanca y alargándose hasta las islas Aleutianas, en la parte septentrional de una de las cuales, la de Unalaska, situada en los 167° de longitud Oeste, desembarcaron y se posesionaron de ella en nombre del rey de España. En la isla Trinidad tropezaron con establecimientos rusos, con cuyo jefe, Delarof, mantuvieron amistosas relaciones.

Salvador Fidalgo repite recorridos anteriores. La quinta expedición, a cargo de D. Esteban José Martínez, que tuvo por objeto la ocupación de San Lorenzo de Nutka, no siguió hasta Alaska, como tampoco la sexta, confiada a D. Francisco de Eliza, para revelar al grupo expedicionario de la anterior. Desde dicho punto partiría, el día 4 de mayo de 1790 a bordo del paquebote *San Carlos*, la séptima confiada al teniente de navío don Salvador Fidalgo. El 23 del mismo mes se aproximaría a las tierras del Prince William Sound, en los 60° 15' de latitud Norte, fondeando en el puerto de Santiago y recorriendo el anchuroso golfo, abundante en ensenadas, al que denominó —después de tomar posesión— de Méndez. Con la experta guía de dos indios continuaron sus descubrimientos: puerto de Revillagigedo, isla de Conde, volcán Fidalgo y ensenada de Valdés. El 4 de julio recalaron en la isla de Unalaska, visitada por Martínez en 1788, en la que encontraron a los rusos, con los que entablaron cordiales contactos.

Expedición científica de Alejandro Malaspina. Volvieron los españoles a Alaska en 1791, con las corbetas *Descubierta* y *Atrevida*, al mando de Alejandro Malaspina y José de Bustamante, respectivamente. Con el primordial fin de realizar una expedición científica, ascendieron hasta el Cape Edgecumbe —habían partido de Acapulco el 1 de mayo—, cuya distancia hasta Nutka midieron, y con lo que comprobaron la falsedad de la existencia del famoso estrecho de Anian, anunciado por Ferrer de Maldonado. Malaspina continuaría su viaje por el Pacífico, circunvalando la tierra y atesorando privilegiada información científica. El *Glacier Malaspina* queda como recuerdo de la visita de esta expedición.

Jacinto Caamaño toma los últimos contactos. En 1792, Jacinto Caamaño exploraría con la fragata *Aranzazu* el sector norte del Pacífico y alcanzaría las islas del Príncipe de Gales y Reina Carlota, y las de Revillagigedo y Aristizábal, que aún conservan estos nombres. Con esta expedición se cerraría la actividad española en la región y los últimos contactos oficiales con Alaska.

Homenaje a Luis de Córdoba y Antonio de Valdés. Las ciudades de Valdez (azotada en 1964 por un terrible terremoto) y Córdoba fueron el principal motivo del viaje que el embajador de España en Washington, D. Antonio Garrigues, hizo a Alaska en septiembre de 1962, en compañía del consejero D. Nuño Aguirre de Cárcer. En el curso de la visita realizada al gobernador de Alaska en Juneau, William Egan, fueron entregados los retratos de D. Luis de Córdoba y D. Antonio de Valdés, con destino al Museo del estado. Ni Córdoba, el capitán general de la Armada, ni Valdés, el secretario de Estado y de las Indias, anduvieron por las costas de Alaska, pero la impulsión a ellos debida de algunas de las expediciones marítimas que tuvieron como resultado la presencia española en aquellos parajes, les valió el que sus nombres hayan quedado como prenda del esfuerzo español en Alaska.

Nombres españoles

Como corolario de los viajes relatados, el litoral de Alaska quedó sembrado de nombres españoles, que, si no todos han subsistido, es posible sea ello achacable a la escasa publicidad que los españoles siempre dieron de sus descubrimientos. Aún así, es impresionante comprobar los que Luis Bolín ha espigado de los mapas locales y cuya enumeración consideró interesante transcribir: "... en el mapa de la región de Craig, que es el de Prince of Wales Island y sus proximidades —abarca desde los 132° a los 134° de longitud Oeste, y desde el paralelo 55° al 56°— he encontrado los siguientes: islas Españolas, de Heceta, de Anguilas, de Esquivel, de San Lorenzo, de San José, de la Culebra, de San Felipe, de las Animas, de Suémez, de San Ignacio, de San Fernando, de Catalina, de la Cruz, de San Alberto, de la Ballena, de la Balandra, de San Juan Bautista, de las Cabras, de Arboleda, de los Ladrones, de la Madre de Dios, de Coronado, de Ranchería y de Culebrinas; puntas Desconocida, de Bocas, de la Encarnación de Santa Teresa, Lontana, de San Antonio, de Cocos, de San Rafael, de San Roque, Arrecife, Maravilla, de Santa Gertrudis, de Santo Tomás, del Crucero de Milflores, de Azucenas, de Arboleda, de Quesada, de San José del Rosario, del Refugio, del Cangrejo, de la Providencia, de Amargura, Tranquila, del Batán, de las Lomas, de las Perlas, de San Sebastián, de Miravalles y del Blanquizal; bocas de Finas; sierra Derrumba; bahías de Anguilas, de Aguirre, de Veta, de la Fortaleza y de San Alberto; golfo de Esquivel; pasaje de Sonora; canal de San Cristóbal; calas de García, de Pedro y de la Arena; canal del Portillo; peñón de la Gaviota, de Granito, de la Arcada; lago y altos de la Fortaleza; cabo y monte de Bartolomé; puertos de San Antonio, de Alonso, de la Asunción, Carocal, Mayoral, Real, de la Real Marina, de Dolores, de Santa Cruz y de la Estrella, monte de la Pimienta; canal de San Nicolás; paso de las Palmas y paso de la Cruz; monte Juan; canal de Ulloa; cabo Fénix; cala Adrián, bahía de Farallón, monte de la Madre, el pasaje de Decisión, la isla Parida y punta Caimán.

"En Prince Rupert está la isla de las Vegas; en la región de Kechikan encuentro la cala y el poblado de Santa Ana y punta Caamaño; en la isla de Gravina, muy distante, por cierto, del puerto e isla de Gravina, en las proximidades de Cordova, están la bahía, la punta y el peñón Vallemar; la profunda boca de Quadra tiene próximos a los montes North Quadra y South Quadra y al canal de Revillagigedo. Cabo Decisión y puerto Toledo aparecen en el mapa de Port Alexandre, y en el de Dixon Entrance, el cabo y la bahía de Agustín, la de Cordova el cabo Magdalena, el puerto y la punta de Bazán, el cabo Muzón, el puerto y peñón de Núñez y el cabo Chacón. Cerca de Sitka están la punta y los bajos de Fortuna, el puerto de Mar; la bahía de las Islas, en la de Chichagof, una de las mayores de Alaska, y también punta Engaño, en las proximidades de Mount Edgecumbe, la misma que durante algún tiempo llevó el nombre de cabo Cook.

"En la región de Mount Fairweather está punta Villaluenga y la bahía de Palma; cerca de Valdez, la ciudad que lleva el nombre del ministro de Marina, D. Antonio de Valdés y Bazán, el brazo y el puerto de Valdez; el glaciar de Malaspina y punta Muñoz se encuentran próximos a la bahía de Yukalat, y el monte del Diablo aparece la península de Kenai, al norte de la bahía, isla y pasaje de Nutka. En las cercanías de Cordova, nombre del capitán de Navío D. Luis de Córdoba y Córdoba, están el campo de aterrizaje y el aeropuerto de este nombre, la bahía de San Mateo, el puerto y la isla de Gravina y puerto Fidalgo."

♦ HAWAII ♦

Comienza así Vicente Blasco Ibáñez su capítulo X del libro I de *La vuelta al mundo de un novelista*: "Cuando se examina la carta de navegar del Océano Pacífico, llama inmediatamente la atención un entrecruzamiento de líneas que cubre su parte superior. Son como los rayos de una rueda, con los filamentos de una telaraña, y el centro de esta periferia de líneas, que significan para los pilotos rumbos de navegación, se halla en el archipiélago de Hawaii." Si en lugar de escribir lo que antecede en los años treinta, el novelista valenciano hubiera empuñado la pluma otros tantos después, se hubiera maravillado de comprobar los 1.818 barcos que el puerto de Honolulú recibe anualmente y los numerosos aviones de reacción que aterrizan a diario en su aeródromo, procedentes de los cuatro puntos de su rosa de los vientos. Tras el tremendo impacto del bombardeo de Pearl Harbor, el 7 de diciembre de 1941, por los japoneses, que precipitó en la guerra mundial a los Estados Unidos, las tranquilas islas polinésicas, otrora el "Paraíso del Pacífico," entraron activa y bruscamente en la llamada vida civilizada, con la creciente presencia, como residentes o como turistas, de *malihinis*, o extranjeros, ante la melancolía de los *kammaainas*, o nativos, por los tiempos que pasaron. Si desde el siglo XVI las islas recibieron visitas de europeos y tuvieron contactos más o menos permanentes con los blancos y aun con los amarillos, es a partir del siglo XIX que las islas comienzan a participar más intensamente en la historia occidental hasta desembocar en su presente situación de 50º estado de la Unión norteamericana.

A comienzos del siglo XIX Honolulú era ya un puerto de mucho movimiento, frecuentado por los barcos de Boston, que hacían escala en su viaje a Cantón. Su situación le convertía en un precioso punto de aprovisionamiento de carne, vegetales, agua, sal, maderas, etc.

El progreso que todo ello trajo coincidió con —o quizás mejor, fue impulsado por— el gobierno del rey Kamehamea I desde 1784 a 1819. Su moderna estatua preside uno de los paseos de Honolulú, ciudad por él fundada, y recuerda sus grandes empresas guerreras y civilizadoras, que le permitieron crear un imperio marítimo con la conquista de las islas vecinas, en los mismos años que Napoleón formaba su Imperio terrestre. Consiguió el apoyo de Vancouver y otros exploradores ingleses, comprándoles cañones y un barco de guerra; creó, además, una flota de canoas equipadas bélicamente.

A su muerte quedó como regente su esposa, Kaahumanu, quien, de costumbres licenciosas durante su vida matrimonial, impuso una severa disciplina moral durante su gobierno, coincidente con la decadencia de sus atractivos físicos. Mal aceptaron semejantes rigores los isleños, acostumbrados a la tradicional libertad de costumbres, por lo que respiraron con alivio al ascender al trono su hijo, ya mayor de edad, Kamehamea II. Este quiso, sin embargo, conocer Europa, y en un velero se embarcó con su esposa en 1824. No regresaría, por haber fallecido de melancolía, en Londres, a los pocos meses de llegar. Kaahumanu permanecería como regente hasta 1832, fecha de su defunción: durante su primera regencia llegaría, hacia 1820, los primeros misioneros protestantes, que colaborarían con ella en su política de austeridad.

Kamehamea III es llamado el "Franklin D. Roosevelt hawaiano," por el gran *Mahele*, o *New Deal*, que implantó en su país. El rey dividió el territorio en tres partes: un tercio para la Corona, un tercio para los jefes y un tercio para el pueblo (anteriormente no tenía éste participación alguna directa); de la parte que le correspondió cedió la mitad, ejemplo que siguieron muchos de los nobles. No dejó heredero al expirar, en 1847, por lo que fue elegido rey, entre los notables, David Kalakaua, quien realizó un viaje a los Estados Unidos y a Europa con el propósito de estudiar sus adelantos y la forma de introducirlos en su país. A poco falleció también, y su sucesión recayó en su hermana, Liliuo-Kalami.

Los elementos pro-americanos organizaron una revolución en 1893, consiguiendo destronarla. Un Tratado fue firmado inmediatamente entre el nuevo Gobierno y la administración Harrison, previendo la posibilidad de la anexión de las islas a los Estados Unidos, determinación que el presidente Cleveland se resistió a aceptar por considerarla injusta y obra de la coacción, hasta que no tuvo más remedio que ceder ante los hechos consumados y reconocer formalmente a la nueva República de Hawaii. Con el regreso de los republicanos al poder, con McKinley, la anexión se daba por descontado: la guerra con España la precipitó. La situación estratégica de Honolulú como punto de aprovisionamiento de la flota de Dewey, la necesidad de salvaguardar las comunicaciones con Filipinas y el peligro del expansionismo del Japón motivaron las resoluciones de la Cámara, de 15 de junio, y del Senado, de 6 de julio de 1898, y la firma del presidente, de 7 de julio. Las islas Hawaii pasaron materialmente a la soberanía americana el 12 de agosto siguiente, siendo organizadas como territorio.

Como resultado del plebiscito de 27 de junio de 1959, el presidente Eisenhower proclamó, el 21 de agosto de dicho año, la adición de una estrella a la bandera nacional, convirtiéndose así las ocho islas —Hawaii (con Hilo), Oahu (con Honolulú y Pearl Harbor), Kahoolawe, Lanai, Maui. Molokai, Kauai y Niihau— en el segundo estado norteamericano no contiguo a los otros 48, y a una distancia de San Francisco de unos 3.500 kilómetros.

Los productos agrícolas, como la caña de azúcar o las piñas, han asegurado su mercado, constituyendo la fuente de ingresos de las islas, junto con la temperatura media anual de 74.6° Farenheit y los bellos paisajes que en ellas se pueden divisar. Entre los clientes de las piñas hawaiianas se cuenta España, quien, a su vez, exporta a las islas vinos, corcho y bisutería.

En el aspecto cultural, merece destacarse la Universidad de Hawaii, en Honolulú y su excelente cuadro de profesores, en el que sobresale el gran hispanista Edgar Knowlton.

Exploraciones marítimas

Fernando Magallanes y Juan Sebastián Elcano. Es lugar común en las historias anglosajonas atribuir el descubrimiento de las islas Hawaii al capitán Cook, en 1778, quien las denominó *Sandwich Islands*, en honor de su protector, el *Earl of Sandwich*. Pero la verdad es muy otra. En este terreno también corresponde la primacía a España. Y nada tiene de particular: durante los siglos XVI y XVII y parte del XVIII, el océano Pacífico fue prácticamente un mar español, surcado casi con exclusividad por las naves del rey de España procedentes del Oriente, con la excepción de las de algún pirata inglés (Drake) u holandés, y en competencia, en el mercado de las especias, con los portugueses, procedentes del Occidente. Con ser una masa de agua tan inmensa y con tener España que penetrar y colonizar tantas tierras en otras latitudes y surcar tan dilatados mares, pudieron los navegantes españoles ser los adelantados en el Mar del Sur desde que Magallanes lo cruzara con sus naves —y lo bautizara Pacífico— para mayor gloria de la majestad de Carlos V, y Diego de Ribeiro lo introdujera bajo tal nombre, con su mapa de 1529, en la cartografía mundial.

Al zarpar, el 20 de septiembre de 1519, de Sanlúcar de Barrameda, cinco navíos, con 276 hombres, al mando del portugués Fernando Magallanes, España inauguraba la empresa más arriesgada y trascendente después del descubrimiento del Nuevo Mundo por Colón: la circunnavegación del globo terráqueo, coronada con éxito solamente por una de las naves, la *Victoria*, al mando de Juan Sebastián Elcano, segundo del capitán, al arribar a Cádiz, el 6 de septiembre, 1522, con 31 hombres, después de casi tres años de viaje. Entre otros hechos dignos de mención, se había descubierto, en marzo de 1521, el archipiélago de San Lázaro (más tarde rebautizado en honor del rey Felipe 11 de España), en una de cuyas islas Magallanes encontró muerte violenta el 27 de abril de dicho año.

Desastre de la expedición de García Jofre de Loaysa. Dicho viaje produjo gran reacción en Portugal, que, por la Bula del Papa Alejandro VI, y más tarde por el Tratado de Tordesillas, se había repartido el mundo con España; por la necesidad de conocer la línea de demarcación de ambas esferas de influencia en el Lejano Oriente, el rey de España decidió enviar, para investigarla, una expedición al mando de García Jofre de Loaysa, con Elcano como piloto mayor. En julio de 1525 diéronse a la vela, en La Coruña siete navíos que surcaban el Pacífico el 25 de mayo del siguiente año: sucesiva mente murieron de disentería Loaysa, Elcano y el tercero en el mando, Alonso de Salazar; cuando, en noviembre de 1526, se alcanzaron las islas de las Especias, tan sólo quedaba un buque al mando de Martín de Iñiguez, quien también murió a poco, siendo sucedido por Hernando de la Torre.

Alvaro de Saavedra; náufragos en las islas. Ante la ausencia de noticias de la expedición, Hernán Cortés decidió desde Nueva España enviar en su búsqueda a Alvaro de Saavedra, quien partió de Zacatula (México), el 31 de octubre de 1527. Al sur de la isla Kauai, una terrible tormenta hizo naufragar, en diciembre, a la *San Diego*, mandada por Luis de Cardoza, y a la corbeta *Espíritu Santo*, dirigida por Pedro Fuentes; la navealmirante, el galeón *Florida*, capeó el temporal y Saavedra pudo continuar hacia Guam y las Molucas, las que abandonó en junio de 1528, poniendo rumbo a Nueva España; no consiguió éste llegar a su destino, dado los vientos en contra y a pesar de los varios intentos, y acabó sus días en las costas septentrionales de Nueva Guinea, el 9 de octubre de 1529. La *Florida* consiguió, sin embargo, entrar en España, bordeando el cabo de Buena Esperanza en 1536.

La expedición de Saavedra tiene interés en lo que concierne a las islas Hawaii, dado que a una de ellas, por obra del naufragio aludido, arribaron algunos españoles. La tradición oral de los hawaiianos narra la aparición de un barco de vela deshecho por el temporal y el refugio en tierra del capitán (a quien se denomina Kukanoloa), de su hermana (Kamalau) y otros compañeros. En recuerdo de su larga permanencia de rodillas en la playa, en acción de gracias por su salvación, el lugar conserva todavía el nombre de Kulou. Los nativos les recibieron cordialmente y les ofrecieron comida y alojamiento; con el tiempo, se casaron con hawaiianas, constituyéndose en progenitores de las mejores familias, como la de Kaikioewa, uno de los gobernadores de Kauai, o de los más cercanos colaboradores del emperador Kamehamea 1, el "Napoleón de Oceanía," quienes se vanagloriaron de su ascendencia.

En mapa inglés del Pacífico septentrional, fechado en 1687, copia de otro español, aparece un grupo de islas en la latitud de las Hawaii, con la alusión a 1527, año del viaje de Saavedra. A esta fecha se remonta, pues, el conocimiento de los españoles del hoy 50º estado de la Unión.

Ruy López de Villalobos y Juan Gaetano, que levanta mapa. No se cree que la expedición de Grijalva, enviada al Pacífico por Hernán Cortés, recalara en las islas Hawaii antes del asesinato del jefe en las islas de las Especias, en 1539. Ruy López de Villalobos, en cambio, llevando como piloto mayor a Juan Gaetano o Juan de Gaytán, y como primer piloto a Gaspar Rico, y al mando de seis naves, descubrió a los treinta días de navegación, desde Navidad, cerca de Acapulco (partió el I de noviembre de 1542), un grupo de islas bordeadas de corales y abundantes en cocos, a las que denominó "Islas del Rey," identificadas por muchos historiadores con Hawaii. Más tarde visitaron otro archipiélago, que en 1686 sería titulado como de las Carolinas, en homenaje al monarca reinante Carlos II de España. El honor de la invención de Hawaii para el occidente corresponde, pues, a Villalobos, Gaetano y Rico; si se atribuye comúnmente a Gaetano en 1555 es debido al mapa realizado por éste en dicho año.

Alvaro de Mendaña y Pedro Sarmiento de Gamboa descubren el archipiélago de Salomón. El descubrimiento del archipiélago de Salomón, el 9 de febrero de 1568, correspondió a Alvaro de Mendaña y Pedro Sarmiento de Gamboa, tres años después del primer victorioso viaje logrado desde las islas Filipinas a las costas americanas por el padre Urdaneta, navegando al norte del paralelo 36° de latitud aprovechando los vientos occidentales e inaugurando la ruta del luego famoso *galeón de Manila*. Sarmiento había hecho saber al gobernador del Perú, D. Lope García de Castro, la tradición incaica de la visita de Tupac a las lejanas islas oceánicas, por lo que el virrey le confió el mando de la expedición, juntamente con su sobrino, Mendaña. Partieron del puerto del Callao el 19 de noviembre de 1567, y avistaron, el 27 de diciembre siguiente, la isla que bautizaron como de Ulloa, y que no era otra que la de Kauai, del grupo de las Hawaii.

A causa de haber cambiado varias veces de rumbo, no descubrieron Australia, aunque sí el archipiélago de Salomón, así denominado por suponer se trataba del ofir del rey bíblico. En una de sus islas, Isabel —cuyo nombre se conserva—, el piloto Hernán Gallego y Pedro Ortega construyeron un bergantín con el que descubrieron, entre otras, Guadalcanal.

Alvaro de Mendaña y Pedro Fernández de Quirós dan con las islas Marquesas. Las islas Salomón volvieron a ser visitadas por la segunda expedición de Mendaña, salida del Callao el 9 de abril de 1595, y esta vez con Pedro Fernández de Quirós como piloto mayor, llevando 378 personas, de ellas muchas mujeres, en seis buques. El 21 de julio atisbaron, por vez primera, el archipiélago de las Marquesas de Mendoza, así llamadas en honor del virrey del Perú.

En el curso de esta expedición murió Mendaña el 18 de octubre de 1595, en la isla de Santa Cruz por él descubierta, tomando el mando conjuntamente, su esposa doña Isabel Barreto, como "Adelantada del Mar Océano," y Quirós. Durante los doscientos años subsiguientes las Salomón no volverían a ser encontradas.

Pedro Fernández de Quirós y Juan Báez Torres avistan y bautizan Australia. El 21 de diciembre de 1605 zarpó de *El Callao* Quirós, esta vez con Luis Báez de Torres como piloto, dando el 14 de mayo de 1606 con una de las islas de Nuevas Hébridas. En tal fecha, por orden de su rey Felipe III y en el nombre de la Santísima Trinidad, tomó solemne posesión de todas las islas y tierras descubiertas y a descubrir por él hasta el Polo, conjunto al que bautizó con el nombre de Australia del Espíritu Santo, en honor de la dinastía reinante en España. El erudito Carlos Sanz demuestra convincentemente que éste fue el origen de la actual denominación del quinto continente, y no el de *terra australis*: "si quizá es imposible mantener —dice— que los españoles fueron los primeros en pisar Australia, es, por el contrario, evidente que a ellos debe el mundo el conocimiento de la existencia de un vasto territorio en el sector sur del océano Pacífico." Hasta 50 informes elevó Quirós al rey en relación con sus descubrimientos, y el octavo de ellos, en el que calcula el tamaño de Australia como el de Europa y Asia Menor, incluidas las islas del Mediterráneo y del Atlántico, consiguió extraordinaria difusión en Europa, conociéndose ediciones de 1617 en Londres y París. No es de extrañar que Tasman y Cook tuvieran en cuenta el citado memorial de Quirós al acometer sus empresas exploratorias a mediados y a fines del siglo XVII.

Por su parte, Báez de Torres, al separarse de su jefe por consecuencia de una furiosa tempestad, bordeó la costa sur de Nueva Guinea —de aquí Torres Strait—, divisando por vez primera las tierras opuestas del continente australiano y descendiendo en algunas islas, que hoy forman parte de Australia. Son, por tanto, sus hombres y él los primeros blancos que tomaron un contacto físico con el novísimo continente.

El historiador francés Eliseo Reclus atribuye a Mendaña el hallazgo de las islas de Hawaii, Santa Cruz, Marquesas y Salomón. William Harvey, acompañante de Cook en 1778, encabeza su *Diario*, durante su estancia en Hawaii, con el título de *Mendaña Islands*.

Esteban J. Martínez y Manuel Quimper aconsejan el establecimiento. En 1789 visitó las islas el oficial español Esteban J. Martínez; sus escritos al virrey de Nueva España aconsejando el establecimiento español en dichas islas por las ventajas de su posición estratégica y para evitar su ocupación por otra potencia, impulsaron a dicho real representante a enviar al teniente Manuel Quimper, quien en la primavera de 1791 exploró las islas y pudo hacer un informe sobre sus habitantes, productos y posibilidades comerciales; pero los asuntos internos españoles no permitirían la puesta en práctica de las ideas expansionistas de Quimper.

Expediciones inglesas

En el mes de junio de 1743, el navío inglés *Centurion*, al mando de Lord Anson, capturó el galeón de Manila al final de un sangriento combate. En él se custodiaba un mapa conteniendo todos los descubrimientos realizados hasta la fecha en el Pacífico por los españoles, descubrimientos que, al parecer, los gobernantes españoles trataban de mantener secretos. En dicho mapa se incluía un grupo de islas situadas en la misma latitud que las Hawaii, si bien unos 17° hacia el este. La más meridional aparecía como "La Mesa" (Hawaii); hacia el norte, "La Desgraciada" (Maui) y el triunvirato de "Los Monjes" (Kahoolawe, Lanai y Molokai). En el *Theatrum Orbis* de Ortelius, atlas publicado en Amberes en 1570, se incluyen unas islas bajo los mismos nombres de las reseñadas en el mapa del galeón. Dichas islas —las Hawaii— no se incluían, sin embargo, en la ruta normal de la nave de Acapulco, dado que en su trayecto hacia las Filipinas adoptaba una latitud más meridional, 13° ó 14°, en tanto que su viaje de regreso a Nueva España ascendía hasta el paralelo 30°.

En Waimea, en la isla de Kauai o "Gorden Island," desembarcó el 18 de enero de 1778 el capitán James Cook, y un monumento marca el lugar; otro, en la bahía de Kealakekua, en la isla de Hawaii o "Big Island," recuerda el sitio en que murió a manos de los guerreros nativos un año después. Le recibieron leyendas de blancos arribados en épocas pasadas y diferentes piezas de hierro, obra de europeos —españoles—; por otra parte, conocía indudablemente el mapa conseguido por Lord Anson y no dudó en identificar las islas de Mesa y de los Monjes, con las que acababa de localizar. A la misma conclusión llegó el navegante francés La Perouse en su viaje científico en 1786.

El considerable aumento de la navegación inglesa en el Pacífico y la creciente valía de éste por las ventajas comerciales que sus aguas y sus costas proporcionaban ocasionaron una serie de fricciones con España, produciéndose incidentes, capturas de barcos ingleses, etc., que culminaron en la controversia de Nutka y es el casi estallido de la guerra entre España e Inglaterra, que se soslayó con la firma del Tratado de Nutka y la retirada por España de sus pretensiones monopolísticas. En lo que se refiere a las islas Hawaii, los capitanes Portlock y Dixon las visitaron en 1786, así como Meares en 1787 y 1788, Vancouver cinco veces en 1792, 1793 y 1794.

Otras presencias españolas

No para en lo descrito las relaciones de Hawaii con España. El primer ganado importado en la isla procedió de Santa Bárbara, California en 1794, por obra de Vancouver, y los primeros caballos los transportó el capitán Cleveland desde el cabo San Lucas. Es, por otra parte, muy curiosa la figura del andaluz D. Francisco de Paula Marín, alias *Mianini*, quien arribado a Hawaii en 1791, allí permaneció hasta la fecha de su muerte en 1837, no sin dejar una numerosa familia. Gozó de la confianza de Kamehamea I, a quien sirvió de intérprete y a quien atendió en su mortal enfermedad. A Marín se debe la implantación del cultivo de muchas frutas y flores en Hawaii, como las naranjas, los higos, las uvas. las rosas, etc. Ya en 1809 fabricaba mantequilla, carne en salazón para los barcos, vino, etc. Celoso practicante de su religión católica, parece ser que en secreto bautizó a más de 300 naturales. Su *Diario*, escrito en español, es de valor inapreciable.

Otro personaje español en las islas fue D. Juan Elio de Castro residente desde 1814, a raíz de su liberación por el capitán Kotzebue de las manos de las autoridades californianas que le habían condenado por trabajar con los rusos en el negocio de las pieles. Llegó a ser el secretario privado de Kamehamea I. Uno de los inventores norteamericanos de la bomba atómica, Luis W. Alvarez, es nieto de un notable médico español apellidado Fernández Alvarez, que, emigrado a California, fue conocido en adelante —y lo mismo su familia— por su último apellido, a la manera anglosajona. El Dr. Fernández practicó su profesión en Hawaii desde 1887 hasta 1896, en que, solicitada su colaboración en la lucha contra la lepra, se ausentó temporalmente para estudiar en la Universidad de John Hopkins y retornar después a las islas, en donde realizó por unos años una benemérita labor. Durante ellos ejerció el cargo de vicecónsul honorario de España en Honolulu.

Es indudable que en el curso de los años, como consecuencia de las navegaciones españolas por la región y aún más de los naufragios sufridos por muchos navíos, hubo españoles que se quedaron a vivir en las islas y se mezclaron, como sus antepasados de la expedición de Saavedra, con los indígenas.

El ministro Henry Augustus Peirce constató en 1825 la existencia de Ehus en Hawaii, es decir, personas de ambos sexos con piel más clara que la de los nativos puros y con rasgos europeos. Peirce sostenía que la palabra *Ehus* provenía de una corrupción de la española *hijos*.

A dicho tipo racial se refiere el busto que Blasco Ibáñez contempló en 1932, cuando realizaba su viaje alrededor del mundo, en el Museo Bishop de Honolulú (el original se conserva en Bremen, Alemania): desenterrado a comienzos de siglo al profundizar para la cimentación de un edificio; el catálogo lo titula

"Capitán de buque español esculpido por un artista del país." Se trata de una cabeza con melena, bigote, perilla y gola rizada y, aunque sus facciones están ensanchadas como por obra de un espejo deformatorio. bien podrían pertenecer a un hidalgo pintado por El Greco.

El novelista valenciano se encontró también con un mallorquín antiguo bajo del Teatro Real. Joaquín Vanrell, dirigiendo la escuela de música local y emocionándose con la arenga en español que pronunció don Vicente a los postres del banquete que le ofreció la Asociación de la Prensa de Hawaii.

A lo largo del siglo XIX, e incluso a comienzos del XX, hubo núcleos españoles que se establecieron en las Hawaii, bien procedentes de Filipinas, bien de América (California, México y, más tarde, Puerto Rico), bien directamente de España.

La presencia de D. Francisco de Paula Marín influyó en dicha inmigración, ya que los reclamó para los cultivos agrícolas y para la cría de ganado. El nombre *paniolos*, hoy sinónimo en las islas a jinetes, procede de dichos vaqueros o *españoles*. A ellos se debe la introducción de los métodos de cría y de entrenamiento de los caballos, el uso del lazo, de las espuelas, del poncho y del sombrero hoy típicos hawaianos.

Las monedas españolas circularon, por otra parte, durante mucho tiempo en las islas, y especialmente la pieza de ocho o dólar español, y sólo hace relativamente poco tiempo fueron retirados de la circulación los reales.

Con el descubrimiento del oro en California algunos españoles emigraron, en tanto que en el período comprendido entre 1907 y 1913 unos 8.000 andaluces se establecieron en las islas. En tal época inmigraron también labradores procedentes de Puerto Rico. En cualquier caso no parece que el número de españoles en ningún momento haya excedido la cifra de 1.430, correspondiente al censo de 1920.

Hawaii ha sido visitada en el siglo XX por una serie de personalidades españolas, buena parte de ellas atendidas por el entonces vicecónsul honorario de España en Honolulú, el profesor de la Universidad de Hawaii, Irving O. Pecker.

♦ TERRITORIO DE GUAM ♦

El gobernador de la isla de Guam, Manual L.F. Guerrero, desfiló después de los gobernadores de los 50.° Estados de la Unión en la caravana organizada en Washington en homenaje del nuevo presidente Lyndon B. Johnson, el día de su toma desposesión en enero de 1965. Sorprendía distinguir en la lista de las prominentes personalidades participantes un nombre tan español, al que se unieron en la recepción que le ofreció la "Guam Society of Washington" los de los dirigentes de ésta: Ben Calvo, Joe Borja, Nito Blas, Doris Sánchez. Guerrero ostenta su cargo desde que su antecesor renunció en enero que arrasó a la isla; anteriormente había pertenecido a la Primera Legislatura elegida como resultado de la "organic Act" firmada por Truman en 1950, que atribuía el gobierno de la isla a la autoridad civil, y había sido nombrado por el presidente Kennedy en 1961 "Secretary of Guam," cargo semejante al de vice-gobernador.

Por capital Agaña —cuyo centro urbano mantiene la "Plaza de España" y una catedral bajo la advocación de "The Dulce Nombre de María"— y con una extensión de 534 kilómetros cuadrados, Guam tiene una población de 67.044 personas. Sus residentes ostentan la ciudadanía norteamericana, pero no poseen el derecho a voto, dada la condición de territorio de la isla, distante unos 2.300 kilómetros de Manila y 7.500 kilómetros de San Francisco. Guam es actualmente la principal base en el Pacífico del "Strategic Air Command" de las Fuerzas Aéreas Norteamericanas, y se halla unida al resto del mundo por líneas aéreas y marítimas, éstas utilizando el puerto existente en San Luis de Apra Harbour desde la primera arribada de las naves españolas.

Presencia española

Varias denominaciones han recibido Guam y las islas polinésicas de su grupo: "Islas de las Velas Latinas," dado por Magallanes al contemplar las ligeras y veloces embarcaciones, desde las que los nativos saludaron a los visitantes españoles; "Islas de los Ladrones," que guardaron durante mucho tiempo, por la lancha que los indígenas robaron a la anterior expedición mencionada, según relato de Pigafetta, e

"Islas Marianas," todavía conservado, dado por los jesuitas, en honor de la reina Mariana de Austria, viuda del rey Felipe IV de España, y quien, como regente, alentó la acción misionera a fines del siglo XVII (otras islas Marianas son Saipán, Rota, Tinián y Agrinán.

Fernando Magallanes. Fernando Magallanes descubrió Guam el 6 de marzo de 1521, en el curso de su famoso viaje. Hasta la mañana del 9 permaneció con su gente en la bahía de Umatac, sucediéndose diversos contactos —amistosos y guerreros— con los nativos, conocidos por los historiadores como chamorros, palabra de indudable origen español. Sin haber tropezado con Guam, el éxito de la primera circunnevegación del globo quizá no hubiera acompañado a la empresa de Magallanes-Elcano.

La expedición de García Jofre. La expedición de García Jofre de Loaysa fue la segunda en tocar en Guam; el día 4 de septiembre de 1526, cuando intentaban anclar, apareció, junto con el grupo de nativos dándoles la bienvenida, el español Gonzalo de Vigo, perteneciente a la anterior tripulación descubridora. El barco visitante permaneció hasta el día 10 siguiente, y sus bodegas pudieron avituallarse adecuadamente (Loaysa y Elcano habían ya muerto).

Miguel López de Legazpi. El tercer contacto español con la isla correspondió al general Miguel López de Legazpi cuando ancló en 22 de enero de 1565: tanto gustó el lugar al padre Urdaneta, miembro de la expedición, que propuso poblarla, a lo que no accedió el jefe, dadas las órdenes que llevaba concernientes a las Filipinas y a la prioridad que debía darse a su colonización; algunos incidentes se sucedieron, no obstante las órdenes del general de evitarlos, y el maestre de Campo, Mateo del Saúz, hubo de desembarcar al mando de 100 hombres, mientras los frailes Grijalva y Gaspar se dedicaban a estudiar las características de las islas, sobre las que escribieron un interesante informe.

El padre Antonio Morga. En el año 1600 el navío *Santa Margarita* naufragó cerca de la isla de Rota, por causa de un tifón, y su cargamento fue objeto de botín entre los indígenas; el año siguiente, seis supervivientes lograron alcanzar al galeón español *Santo Tomás*, navegando en las aguas circundantes; al enterarse de la existencia de otros 26 náufragos españoles en la isla, el padre Antonio de Morga consideró su deber no dejarles abandonados, y bajó de la nave para compartir su suerte. Tres años antes, un anónimo franciscano, habitante en otra de las islas con los indígenas de resultadas de un naufragio, había conseguido informar a D. Lope de Ulloa, comandante de una flota que pasaba por las cercanías, de la necesidad de recibir misioneros; transmitido el mensaje al gobernador de Filipinas D. Francisco Tello, llegó la noticia al rey Felipe III, quien ordenó el establecimiento español en las islas de Ladrones. No tuvo éste realidad hasta 1668, en que el padre Sanvitores desembarcó en Guam.

El padre Diego Luis de Sanvitores, el "Apóstol de Guam." El castellano jesuita Diego Luis de Sanvitores consiguió para sí aquel encargo por su previo conocimiento de la isla y de sus instancias a la reina Mariana, quien, primero como esposa y luego como regente a la muerte de Felipe IV en 1665, tomó con mucho empeño la empresa. Le acompañaban cinco padres de su orden y algunos filipinos laicos.

Los comienzos misioneros no pudieron ser más fructíferos: en 1669 los indígenas habían ya ayudado a edificar una iglesia en Agaña; pero teniendo por iniciación el martirio del hermano Laurent en su visita a Anatjan, la situación se fue deteriorando —conociendo con las rivalidades de dos facciones locales—, lo que obligó al uso de la fuerza militar en la isla Tinián, en la que también perecieron asesinados el padre Luis Medina y el filipino Hipólito de la Cruz. El nuevo martirio del catequista Peralta y la declaración en abierta rebeldía de los nativos forzó a los españoles a construir un fuerte, *Santa Soledad*, en que montaron varios cañones. La llegada en junio de 1671 de cuatro nuevos padres, sin compañía de soldados, se simultaneó con un nuevo levantamiento alentado por los "makahnas," o brujos de las tribus, intranquilidad que culminó en el asesinato del padre Sanvitores y de su asistente filipino el 2 de abril de 1672. Tales sucesos provocaron el reforzamiento de la guarnición militar, que llevó a cabo una enérgica represión.

La tranquilidad se estableció al fin, y la semilla del cristianismo prendió entre los chamorros, de forma que la religión católica es todavía la predominante en la isla. Capilla e iglesias se elevaron por doquier, y los padres jesuitas introdujeron la vid, una variedad pequeña de banana, café cacao, maíz, batata y otras plantas, así como los ganados vacuno y porcino, el carbao filipino, perros, gatos, ciervos y aves de corral (la lucha de gallos se ha convertido en el espectáculo local). A poco de la muerte de Sanvitores, nació el Colegio de San Juan de Letrán, dotado con 3.000 pesos anuales por la reina Mariana. Los agustinos sustituyeron el 2 de noviembre de 1769 a los jesuitas cuando el Edicto de expulsión de Carlos III. Sanvitores fue beatificado en octubre de 1985 por el Papa Juan Pablo II.

Fuertes. Durante los siglos XVII y XVIII se construyeron los siguientes fuertes militares: una empalizada (1671), Santa María de Guadalupe (1683), Santiago (1721), batería Merizo (1724), San Luis (1737), Ntra. Sra. del Carmen (1742), Santo Angel (1742), San Fernando (1772) y San Rafael (1799). En el s. XIX se levantarían: Santa Agueda (1800), Ntra. Sra. de los Dolores y la Santa Cruz (1801), San José (1803), el reconstruido Soledad (1803) y Semi-Reductos (1835). Quedan en pie: Santa Agueda, Santiago, Santo Angel, Soledad y San José. (De estos Fuertes se ocupa con detalle Yolanda Delgadillo y otros en su obra "Spanish Forts of Guam").

Expediciones científicas. Guam recibió la vista de la expedición científica enviada por Carlos IV de *Alejandro Malaspina* en febrero de 1792, trayendo a bordo a los botánicos Thaddaeus Haenke y Luis Née, el geólogo Pineda y el dibujante Ravenet, que permanecieron en la isla doce días. Las plantas y datos coleccionados quedaron depositados en el Jardín Botánico de Madrid en 1794. Colaboró muy activamente con los hallazgos científicos en 1817 de la expedición Romanzoff, canciller del Imperio ruso, en la que participaba el botánico Adalbert von Chamisso, el sargento mayor de la guarnición española, Luis de Torres.

Gobernadores españoles. Una serie de notables gobernadores españoles pasaron por la isla en Guam: en 1681 fue nombrado D. Antonio de Saravia "con poderes enteramente independientes del virrey de México y del gobernador de Filipinas." Su primer acto consistió en la convocatoria de una Asamblea General de los isleños, en la que éstos prestaron acatamiento al rey de España en virtud de un acuerdo, en el que figuraban como iguales a los otros súbditos españoles. Don Damián Esplaña, D. Antonio Pimentel y d. Enrique de Olavide superion evitar las incursiones y ataques de los piratas. Don Mariano Tobías produjo la más entusiasta admiración en el teniente Crozet, quien tuvo oportunidad de conocer personalmente la obra civilizadora realizada por dicho gobernador y por España en Guam, como partícipe de la expedición exploradora francesa de Marion-Dufresne; sus escritos sirvieron de base para que el abate Reynal, en su famosa "Historia," de tanta influencia en la revolución francesa, presentara su labor como la arquetípica de un hombre moderno cerca del "buen salvaje." En el siglo XIX, D. Francisco Ramón de Villalobos, D. Pablo Pérez, D. Felipe de la Corte y D. Francisco Moscoso hicieron cuanto estuvo en su mano por mejorar la economía de la isla, combatir la lepra y otras enfermedades y conseguir la aclimatación de inmigrantes extranjeros para las labores agrícolas.

Guerra de 1898 con los Estados Unidos

Hallándose las cosas en esta situación, sobrevino, en 1898, la guerra hispano-norteamericana. Sin previo aviso, el crucero "Charleston" entró en la bahía de San Luis de Apra el 20 de junio; los fuertes Santiago y Santa Cruz no se le opusieron. Desembarcada la tropa, pudo el capitán Glass tomar posesión de la isla sin disparar un tiro, ante los asombrados y sorprendidos guarnición y pueblo, que ignoraban la existencia de la guerra. Los españoles fueron hechos prisioneros con su gobernador, D. Juan Marina, al frente y transportados a Manila. Así terminó el dominio efective de España en Guam.

Por el Tratado de París de 10 de diciembre de 1898, España cedió a los Estados Unidos las islas de Puerto Rico, Filipinas y Guam. Meses antes, España había vendido varias estratégicas islas del archipiélago de las Carolinas a Alemania, la cual compró más tarde el resto de dicho archipiélago, el grupo de las Palau y las Marianas, con la excepción de Guam.

APENDICES

HISTORIA

Gobernadores Españoles en los Estados Unidos

Gobernadores de Florida

PRIMER PERIODO, 1565-1763

Pedro Menéndez de Avilés, 1565–1574
Hernando de Miranda, 1575–1577
Pedro Menéndez Marqués (interim governor), 1577–1578
Pedro Menéndez Marqués, 1578–1589
Gutierre de Miranda, 1589–1592
Rodrigo de Junco, 1592
Domingo Martínez de Avandaño, 1594–1595
Gonzalo Méndez de Canzo, 1596–1603
Pedro de Ybarra, 1603–1609
Juan de Salinas, 1618–1623
Luis de Rojas y Borja, 1624–1629
Andrés Rodríguez de Villegas, 1630–1631
Luis Horruytiner, 1633–1638
Damián de Vega Castro y Pardo, 1639–1645
Benito Ruiz de Salazar Ballecilla, 1645–1650
Nicolás Ponce de León (interim governor)
Pedro Benedit Horruytiner (interim governor)
Diego de Rebolledo, 1655–1659
Alonso de Aranguiz y Cortés, 1659–1663
Francisco de la Guerra y de la Vega, 1664–1670
Manuel de Cendoya, 1670–1673
Nicolás Ponce de León (interim governor), 1674
Pablo de Hita y Salalazar, 1675–1680
Juan Marqués Cabrera, 1680–1687
Diego de Quiroga y Losada, 1687–1693
Laureano de Torres y Ayala, 1693–1699
José de Zúñiga y Cerda, 1699–1706
Francisco de Córcoles y Martínez, 1706–1716
Juan de Ayala Escobar (interim governor), 1717–1718
Antonio de Benavides, 1718–1734
Francisco del Moral Sánchez, 1734–1737
Manuel José de Justis (interim governor), 1737
Manuel de Montiano, 1737–1749
Melchor de Navarrete, 1749–1752
Fulgencio García de Solís (interim governor), 1752–1755
Alonso Fernández de Heredia, 1755–1758
Lucas de Palacio, 1758–1761
Melchor Felíu, 1762–1763

SEGUNDO PERIODO, 1783-1821

Florida Oriental

Manuel de Zéspedes, 1783–1790
Juan Quesada, 1790–1795
Bartolomé Morales, 1795
Enrique White, 1795–1811
Juan de Estrada, 1811–1812
Sebastián Kindelan, 1812–1815
Juan de Estrada, 1815–1816
José Coppinger, 1816–1821

Florida Occidental

Arturo O'Neill, 1781–1793
Enrique White, 1793–1795
Francisco de Paula Gelabert, 1795–1796
Juan Folch, 1796–1811
Francisco St. Maxent, 1811–1812

Mauricio de Zúñiga, 1812–1813
Mateo González Manrique, 1813–1815
José Masot, 1816–1819
José Callava, 1819–1821

Gobernadores de Luisiana
Antonio de Ulloa, 1766–1768
Phillippe Aubry (interim governor), 1768–1769
Alejandro O'Reilly, 1769–1770
Luis de Unzaga y Amézaga, 1770–1777
Bernardo de Gálvez, 1777–1785
Esteban Rodríguez Miró, 1785–1791
Francisco Luis Héctor, baron of Carondelet, 1791–1797
Manuel Gayoso de Lemos, 1797–1799
Marqués of Casa Calvo, 1799–1801
Juan Manuel Salcedo, 1801–1803

Gobernadores de Texas
Domingo Terán de los Rios, 1691–1692
Gregorio de Salinas, 1692–1697
Francisco Cuervo y Valdes, 1698–1702
Mathias de Aguirre, 1703–1705
Martín de Alarcón, 1705–1708
Simón Padilla y Córdova, 1708–1712
Pedro Fermín de Echevers y Subisa, 1712–1714
Juan Valdez, 1714–1716
Martín de Alarcón, 1716–1719
Marqués de San Miguel de Aguayo, 1719–1722
Fernando Pérez de Almazán, 1722–1727
Melchor Media Villa y Ascona, 1727–1730
Juan Bustillo Zevallos, 1730–1734
Manuel de Sandoval, 1734–1736
Carlos Benítez Franquis de Lugo, 1736–1737
Prudencio de Orobio Basterra, 1737–1741
Tomás Felipe Wintuisen, 1741–1743
Justo Boneo y Morales, 1743–1744
Francisco García Larios y Jáuregui, 1751–1759
Angel Martos y Navarrete, 1759–1766
Hugo Oconor, 1767–1770
Barón de Riperdá, 1770–1778
Domingo Cabello, 1778–1786
Bernardo Bonavia, 1786–1786
Rafael Martínez Pacheco, 1787–1788
Manuel Muñoz, 1790–1798
José Irigoyen, 1798–1800
Juan Bautista de Elguezabal, 1800–1805
Antonio Cordero y Bustamante, 1805–1810
Manuel Salcedo, 1811–1813

Cristóbal Domínguez, 1814–1817
Ignacio Pérez, 1817–1817
Manuel Pardo, 1817–1817
Antonio Martínez, 1817–1822

Gobernadores de Nuevo Mexico
Juan de Oñate, 1608–1608
Cristóbal de Oñate, 1608–1610
Pedro de Peralta, 1610–1614
Bernardino de Ceballos, 1614–1618
Juan de Eulate, 1618–1625
Felipe Sotelo Ossorio, 1625–1630
Francisco Manuel de Silva Nieto, 1630–1632
Francisco de la Mora y Ceballos, 1632–1635
Francisco Martínez de Baeza, 1635–1637
Luis de Rosas, 1637–1641
Juan Flores de Sierra y Valdez, 1641
Francisco Gómez, 1641–1642
Alonso Pacheco de Heredia, 1642–1644
Fernando de Argüello Carvajal, 1644–1647
Luis de Guzmán y Figueroa, 1647–1649
Hernando de Ugarte y la Concha, 1649–1653
Juan de Samaniego y Jaca, 1653–1656
Juan Manso de Contreras, 1656–1659
Bernardo López de Mendizábal, 1659–1661
Diego Dionisio de Peñalosa Briceño y Verdugo, 1661–1664
Juan Miranda, 1664–1665
Fernando de Villanueva, 1665–1668
Juan de Medrano y Mesía, 1668–1671
Juan Durán de Miranda, 1671–1675
Juan Francisco de Treviño, 1675–1677
Antonio de Otermin, 1677–1683
Domingo Jironza Petri de Cruzate, 1683–1686
Pedro Reneros de Posada, 1686–1689
Domingo Jironza Petri de Cruzate, 1689–1691
Diego de Vargas Zapata Luján Ponce de León, 1691–1697
Pedro Rodríguez Cubero, 1697–1703
Diego de Vargas Zapata Luján Ponce de León, 1703–1704
Juan Páez Hurtado, 1704–1705
Francisco Cuervo y Valdés, 1705–1707
José Chacón Medina Salazar, Marquis of the Peñuelas, 1707–1712
Juan Ignacio Flores Mogollón, 1712–1715
Felipe Martínez, 1715–1717
Juan Páez Urtado, 1717
Antonio Valverde y Cossío, 1717–1722

Juan Domingo de Bustamante, 1722–1731
Gervasio Cruzat y Góngoza, 1731–1736
Enrique de Olavide y Michelena, 1736–1739
Gaspar Domingo de Mendoza, 1739–1743
Joaquín Codallos y Rabal, 1743–1749
Tomás Vélez Cachupin, 1749–1754
Francisco Antonio Marín del Valle, 1754–1760
Mateo Antonio de Mendoza, 1760
Manuel de Portillo y Urrisola, 1760–1762
Tomás Vélez Cachupín, 1762–1767
Pedro Fermín de Mendinueta, 1767–1778
Francisco Trébol Navarro, 1778
Juan Bautista de Anza, 1778–1788
Fernando de la Concha, 1788–1794
Fernando Chacón, 1794–1805
Joaquín del Real Alencaster, 1805–1808
Alberto Maynez, 1808
José Manrique, 1808–1814
Alberto Maynez, 1814–1816
Pedro María de Allende, 1816–1818
Facundo Melgares, 1818–1822

Gobernadores de California

Gaspar de Portolá (of Upper and Lower California), 1768–1770
Felipe de Barri (of Upper and Lower California), 1770–1775
Felipe de Neve (of Upper and Lower California), 1775–1782
Pedro Fagés, 1782–1791
José Antonio Romeu, 1791–1792
José Joaquín de Arrillaga, 1792–1794
Diego de Borica, 1794–1800
José Joaquín de Arrillaga, 1800–1814
José Argüello, 1814–1815
Pablo Vicente Sola, 1815–1822

Misiones Españoles en los Estados Unidos

Arizona

Arivaca
Jamac
Kisakobi
San Agustín y San José del Tucson
San Bartolomé de Shongopovi
San Bernardino
San Bernardino de Awatobi
San Buenaventura de Mishongnovi
San Cayetano de Calabazas
San Cosme del Tucson
San Francisco de Ati
San Francisco de Oraibi
San Gabriel de Guevavi
San José de Tumacacori
San Luis Bacuancos
San Marcelo de Sonoita
Santa Gertrudis de Tubac
San Xavier del Bac
Yuma

California

La Purísima Concepción
Nuestra Señora de la Soledad
Pala
San Antonio de Padua
San Buenaventura
San Carlos Borromeo (Carmel)
San Diego de Alcalá
San Fernando Rey de España
San Francisco de Asís
San Francisco Solano
San Gabriel Arcángel
San José de Guadalupe
San Juan Bautista
San Juan Capistrano
San Luis Obispo de Tolosa
San Luis Rey de Francia
San Miguel Arcángel
San Rafael Arcángel
Santa Bárbara
Santa Clara de Asís
Santa Cruz
Santa Gertrudis
Santa Inés

Florida

Afuyca
Asunción del Puerto
Nombre de Dios
Nuestra Señora de Guadalupe de Tolomato
Nuestra Señora de la Purísima Concepción de Ayubale
Purificación de Tama
Río Dulce

San Agustín de Urica
San Antonio de Bacuqua
San Antonio de Ecanape
San Carlos de las Calus
San Carlos de Chacatos
San Cosme y San Damián de Escambé
San Diego de Laca
San Diego de Salamototo
San Francisco de Chuaquín
San Francisco de Ocone
San Francisco Potano
San Ildefonso de Chamino
San José de Ocuia
San Juan de Aspalaga
San Juan de Guácara
San Juan del Puerto
San Lorenzo de Ivitachuco
San Luis de Acuera
San Luis de Tamalí
San Martín de Ayaocuto
San Martín de Tomole
San Mateo de Tolapatafi
San Miguel de Asile
San Pedro de los Chines
San Pedro de Potohiriba
San Pedro y San Pablo de Patale
San Salvador de Macaya
San Sebastián
Santa Catalina de Afuyca
Santa Cruz
Santa Cruz de Cachipile
Santa Cruz de Capola
Santa Cruz de Tarihica
Santa Elena de Machava
Santa Fe de Toluco
Santa Lucía
Santa María
Santa María de los Angeles de Arapaja
Santo Tomás de Santa Fe
Tequesta
Tocobaga

Georgia
Chatuache
Coweta
Nuestra Señora de la Candelaria de Tama
Ocotonico de Asao
San Buenaventura de Guadalquini
San Felipe

San José de Zapala
San Pedro de Mocamo
San Pedro y San Pablo de Porturibato
Santa Catalina de Guale
Santa María de Sena
Santiago de Ocone
Santo Domingo de Asao
Santo Domingo de Talaje
Tolomato (Espogache)
Tupique

Louisiana
San Miguel de los Adaes

New Mexico
Cebolleta
Ciénaga
Gran Quivira
Halona
La Concepción de Hawikuh
La Inmaculada Concepción de Quarai
Nambé
Nuestra Señora de Belén
Nuestra Señora de Guadalupe de Pojoaque
Nuestra Señora de la Asunción de Sía
Nuestra Señora de Navidad de Chililí
Nuestra Señora del Socorro
Pecos
San Agustin de Isleta
San Antonio de Isleta
San Antonio de Senecú
San Bartolomé
San Buenaventura de Cochití
San Cristóbal
San Diego de los Jémez
San Esteban Rey de Acoma
San Felipe
San Francisco de Asís de Los Ranchos de Taos
San Francisco de Pojoaque
San Francisco de Sandia
San Gabriel
San Gregorio de Abó
San Ildefonso
San Jerónimo de Taos
San José de Laguna
San José de los Jémez
San Juan
San Juan de los Jémez

San Lázaro
San Lorenzo de Picuris
San Luis Obispo de Sevilleta
San Marcos
San Miguel
San Miguel (Santa Fe)
San Miguel de Tajique
San Pascual
San Pedro del Cuchillo
Santa Ana de Alameda
Santa Ana de Alamillo
Santa Ana de Tamayo
Santa Clara
Santa Cruz
Santa Cruz de Galisteo
Santo Domingo
Tesuque
Zuñi

North Carolina

Guatari

Texas

Corpus Christi de Isleta
Dolores
Nuestra Señora de Guadalupe de El Paso
Nuestra Señora de Guadalupe de los Nacogdoches
Nuestra Señora de la Candelaria
Nuestra Señora de la Candelaria del Cañón
Nuestra Señora de la Luz del Orocoquisac
Nuestra Señora de la Purísima Concepción de los Aynais
Nuestra Señora de la Purísima Concepción de María de Acuña
Nuestra Señora del Espíritu Santo de Zúñiga
Nuestra Señora de los Dolores de los Ais
Nuestra Señora del Pilar de Bucareli y de Nacogdoches
Nuestra Señora del Refugio
Nuestra Señora del Rosario
Nuestro Padre San Francisco de las Tejas
Penitas
San Agustín de Laredo
San Antonio de la Isleta del Sur
San Antonio de los Puliques
San Antonio de Senecú
San Antonio de Valero (El Alamo)
San Clemente
San Cristóbal
San Elizario
San Francisco de la Espada
San Francisco de los Julimes
San Francisco de los Tejas
San Francisco de los Neches
San Francisco del Socorro
San Francisco Solano de Ampuer
San Francisco Xavier de Horcasitas
San Ildefonso
San Joaquín del Monte
San José de los Nazones
San José y San Miguel de Aguayo
San Juan Bautista
San Juan Capistrano
San Lorenzo de la Santa Cruz
San Lorenzo el Real
San Miguel de Linares de los Adaes
San Pedro de Alcántara de los Tapalcomes
Santa Cruz de San Saba
Santa María de Navidad
Santa María la Redonda de las Cíbolas
Santiago

Virginia

Axacan

Fuertes y presidios españoles en los Estados Unidos

ALABAMA

Carlota
Confederación
Esteban
Holy Trinity
Spanish Fort (Mobile)

ARIZONA

San Agustín del Tucson
Tubac
Yuma

ARKANSAS

Arkansas Post
Esperanza

APENDICES

CALIFORNIA
Guijarros
Monterey
San Diego
San Francisco (Yerbabuena)
Santa Barbara

COLORADO
Sangre de Cristo Pass

FLORIDA
Diego
Matanzas
Mosa
Picolata
San Bernardo de Pensacola
San Carlos de Austria
San Carlos de los Calus
San Carlos (Fernandina Beach)
San Luis de Apalache
San Marcos de Apalache
San Marcos de San Agustín
San Mateo
San Miguel
Santa Lucía
Sombrero
Tequesta
Tocobaga

GEORGIA
Chiaha
Coweta
Espogache
San Pedro
Santa Catalina de Guale
Zapala

LOUISIANA
Baton Rouge
Galvestown
Manchac
Miró
Nuestra Señora del Pilar de los Adaes
Spanish Fort (New Orleans)

MICHIGAN
San José (conquered by the Spaniards)

MISSISSIPPI
Nogales
Panmure

MISSOURI
Don Carlos el Señor Principe de Asturias
Don Carlos Tercero el Rey
San Carlos

NORTH CAROLINA
Cauchi
Guatari
San Juan de Xualla

SOUTH CAROLINA
San Felipe
San Marcos

TENNESSEE
Manchester
San Fernando de las Barrancas

TEXAS
Del Norte
Nuestra Señora de Loreto de La Bahia
Nuestra Señora de los Dolores
Old Stone Fort (Nacogdoches)
Sacramento
San Agustín de Ahumada
San Elizario
San Fernando de Béjar, later San Antonio
San Francisco Xavier de los Horcasitas
San Luis de las Amarillas
Santa Cruz de San Saba

Hechos en los que los españoles han sido adelantados en Norte América

El primer occidental que pisó el territorio de los Estados Unidos y permaneció en él fue D. Juan Ponce de León, el 2 de abril de 1513, y la primera dama, una de las españolas de la expedición de Ayllón en 1526.

En los territorios de los siguientes Estados introdujeron los españoles, con su presencia, la civilización occidental: Virginia, Carolina del Norte, Carolina del Sur, Georgia, Florida, Tennessee, Alabama, Mississippi, Luisiana, Arkansas, Texas, Oklahoma, Kansas, Nebraska, Colorado, New Mexico, Utah, Arizona, Nevada, California Oregón, Washington, Alaska (después de los rusos) y Hawaii.

HISTORIA

El primer blanco nacido en el continente norte de América se debió—al parecer—a una de las mujeres que formaron parte de la expedición de Vázquez de Coronado entre 1540 y 1542. En todo caso, el que sería en tiempos sargento mayor, Martín de Argüelles, nació en San Agustín, Florida, en 1566, veintiún años antes que Virginia Dare, en la Colonia inglesa de Roanoke, Virginia.

La primera dama en habitar California (en 1774) respondía por el nombre de doña María Antonia Carrillo de Ortega, y su hijo, nacido en febrero de 1775, ostenta el título de californiano número uno.

El primer intento europeo de establecer en el territorio una colonia permanente se realizó con San Miguel de Gualdape, en 1526, por Lucas Vázquez de Ayllón, en los contornos de las dos Carolinas (la colonización europea en América comenzó en 1494, con la ciudad de Isabel, en la isla Española).

La familia norteamericana con más antiguos antecedentes en los Archivos nacionales es la de Solana, en San Agustín, Fla., merced a la partida que en dicha ciudad se conserva, con fecha 4 de julio de 1594, referente al matrimonio de Vicente Solana y María Viscente.

Nadie recorrió los Estados Unidos de Este a Oeste antes de que Alvar Núñez Cabeza de Vaca lo hiciera entre 1528 y 1536. Se duda si correspondió a él la pristina visión del búfalo o a los colonos de San Miguel de Gualdape. Alvar Núñez fue el primer historiador de los EE.UU.

La corriente cálida del golfo de México fue descubierta durante la expedición a Florida (1512-13) de Juan Ponce de León, y fue bautizada con el nombre de éste; el piloto de la expedición fue Antón de Alominos.

La primera carretera de los futuros Estados Unidos se construyó hacia 1565 desde San Agustín al Fuerte Caroline, en el St. Johns River.

Las tierras al norte del Río Grande recibieron el bautismo de sangre europea cuando D. Juan Ponce de León cayó herido de muerte en Florida, en al año 1565.

La ciudad más antigua del país es St. Augustine, Florida, fundada por D. Pedro Menéndez de Avilés el 8 de septiembre de 1565.

El edificio público que se conserva con más años es el Palacio de los Gobernadores españoles de Santa Fe, comenzado a construir en 1610.

La más vieja plaza pública de los Estados Unidos es la plaza de la Constitución de St. Augustine, Fla.

La parcela de tierra regada que lleva más tiempo en continuo uso en el territorio de la Unión es la organizada en la Misión de Isleta, cerca de El Paso, Texas, en 1681.

La industria naval del país se inaugura con la botadura del barco construido por los colonos de San Miguel de Guadalupe en 1526. A poco, en 1528, los expedicionarios de Pánfilo de Narváez tuviero que construir sin medios tres lanchones en la bahía de Apalache, con los que pudieron hacerse a la mar.

Ostenta el título de decana de las enfermeras norteamericanas una de las mujeres que participó en la expedición de Váquez de Coronado entre 1540 y 1542.

La primera Misa parroquial se dijo en la Misión de Nombre de Dios, el 8 de septiembre de 1565 (la primera en el continente americano había sido rezada el 6 de enero de 1494); con anterioridad, se habían dicho indudablemente en el curso de las distintas expediciones españolas, pero en establecimientos provisionales que no han perdurado, y sin el carácter parroquial aludido. El padre Larios cantó la primera misa en los contornos de Texas, el 16 de mayo de 1675, y en California se celebró por vez primera el 1 de julio de 1769.

La iglesia más antigua de los Estados Unidos es la de San Francisco, St., Augustine, Fla.

La iglesia en uso más antigua, cuyos primitivos muros se conservan, es la Misión de San Miguel de Santa Fe, construida en 1610.

La iglesia que se ha servido desde más tiempo como catedral es la de San Luis (hoy St. Louis), en Nueva Orleáns, elevada en 1794 por el español D. Andrés Almonester y convertida ya en catedral en 1795.

El primer obispo que ha pisado el territorio de los Estados Unidos es De Juan de las Cabezas Altamirano, obispo de Cuba, que visitó Florida y las Misiones de George en 1606.

El obispo católico más antiguo del país es D. Luis de Peñalver y Cárdenas, quien tomó posesión de su sede en Nueva Orleáns en 1795

La imagen más antigua en todo el territorio de la Unión es la de la Virgen "La Conquistadora," que se venera en la catedral de Santa Fe, traída de España por fray Alonso de Benavides en 1625.

El protomártir de la causa cristiana es el padres Juan de Padilla, asesinado por los indios de Kansas en el año 1542.

Hernando de Soto y sus compañeros celebraron las primeras Navidades observadas en el continente Norte, en los alrededores de la actual Tallahassee, en diciembre de 1539.

No existe descripción del territorio de los Estados Unidos anterior a la obra "Naufragios," de Alvar Núñez Cabeza de Vaca, publicada en 1542. Puede considerársele el periodista número uno de la Unión.

Se considera al franciscano Percival de Quiñones como el primer profesor de música en los Estados Unidos, pues a comienzos del siglo XVII enseñó a los indios de Nuevo México a cantar e importó desde Nueva España un órgano.

La escuela de formación profesional más antigua tuvo su sede en la Misión de San Agustín, a unos dos kilómetros de la actual ciudad de Tucson, Arizona, alá por los años finales del siglo XVIII y comienzos del XIX.

La primera representación teatral en el ámbito de los Estados Unidos se celebró en las cercanías de El Paso, con ocasión de la toma de posesión el 30 de abril de 1598 del Reino de Nuevo México por D. Juan de Oñate y sus compañeros de expedición. La comedia fue escrita por el capitán Marcos Farfán de los Godos para tal ocasión y ensayada a toda prisa: trataba de la llegada de los franciscanos a la región, sus caminatas, sus encuentros con los nativos, sus prédicas del Evangelio y sus éxitos en conseguir su conversión. La segunda comedia representada — se ignora su autor — tuvo por actores los componentes de la misma expedición, y fue puesta en escena el 8 de septiembre del mismo año en San Juan, Nuevo México; acabó can un simulacro de lucha entre moros y cristianos, costumbre que en el Sudoeste ha perdurado hasta nuestros días.

El festival ciudadano más antiguo entre los que todavía se celebran en el país es la denominada "Santa Fe Fiesta," que tuvo sus comienzos en septiembre de 1712.

La primera corrida de toros celebrada en el continente norte de América ocurrió en el curso de la referida expedición de Oñate, en San Juan, el 8 de septiembre de 1598.

El primer proceso jurídico tenido el ámbito del territorio norteamericano se desarrolló en la ciudad de San Agustín del 31 de agosto al 23 de septiembre de 1602, con motivo de la investigación ordenada por el rey en torno al mantenimiento de Florida y de su capital.

APENDICES

El primer "Thanksgiving" o Acción de Gracias fue celebrado por Fray Juan de Padilla en el Cañón de Palo Duro, Texas, durante la expedición de Vázquez de Coronado en 1541, o si se quiere, en la Misa de Navidad de la expedición de Soto, en 1539, en el emplazamiento de la actual Tallahassee, Florida.

Principales entidades de índole histórica

ALABAMA

Alabama Historical Association
c/o James F. Sulzby Jr.
Sec., 3121 Carlisle Rd.
Birmingham, AL 35213

Historic Mobile Preservation Society Inc.
350 Oakleigh Place
Mobile, AL 36604

Alabama State Department
of Archives and History
624 Washington Ave.
Montgomery, AL 36130

Mobile Historic Development Commission
Box 1827
Mobile, AL 36633

Museums of the City of Mobile
355 Government St.
Mobile, AL 36602

ALASKA

Alaska Historical Library and Museum
Capitol
Juneau, AK 99811

Alaska Historical Society
Box 10-355
Anchorage, AK 99511

Kodiak Historical Society
101 Marine Way
Kodiak, AK 99615

ARIZONA

Arizona Historical Foundation
Hayden Library
Arizona State University
Tempe, AZ 85281

Arizona State Dept.
of Library and Archives
Third Floor, Capitol
Phoenix, AZ 85007

Coronado National Memorial
RR2, Box 126
Hereford, AZ 85615

Primeria Alta Historical Society
Box 2281
Nogales, AZ 85621-2281

Arizona Historical Society
949 East 2nd St.
Tucson, AZ 85719

Tubac Presidian State Historic Park
River Rd. and Broadway
Tubac, AZ 85640

ARKANSAS

Arkansas Historical Association
History Dept., University of Arkansas
12 Ozark Hall
Fayetteville, AR 72701

Arkansas History Commission
One Capitol Mall
Little Rock, AR 72201

CALIFORNIA

Historical Society of Southern California
200 East Ave., #43
Los Angeles, CA 90031

Monterey History and Art Association
550 Calle Principal
Monterey, CA 93940

Cabrillo Historical Association
Box 6670
San Diego, CA 92106

San Diego Historical Society
2727 Presidio Dr.
Box 81825
San Diego, CA 92138

California Historical Society
2090 Jackson St.
San Francisco, CA 94109

California History Foundation
University of the Pacific
Stockton, CA 95211

Conference of California Historical Societies
University of the Pacific
Stockton, CA 95211

California Mission Trails Association, Ltd.
25 West Anapamu St.
Santa Barbara, CA 93104

Committee for El Camino Real
25 West Anapamu St.
Santa Barbara, CA 93104

Huntington Library
1151 Oxford Road
San Marino, CA 91108

Coronado Historical Association
718 Orange Ave.
Coronado, CA 92118

San Ramon Valley Historical Society
Box 521
Danville, CA 94526

Encino Historical Society
16756 Moorpark St.
Encino, CA 91436

Amador County Historical Society
235 Church St.
Jackson, CA 95665

El Pueblo de Los Angeles State
Historic Park
845 N. Alamaba
Los Angeles, CA 90012

Colton Hall Museum
City of Monterey Civic Center
Monterey, CA 93940

Presidio of Monterey Museum
Monterey, CA 93940

Committee for the Celebration
of the Quincentennial Discovery
of America
453 South Spring St., Suite 1201
Los Angeles, CA 90013

Los Angeles Public Library
Mexican–American Collection
307 West Seventh St.
Los Angeles, CA 90014

National Hispanic Museum
Box 985377
Los Angeles, CA 90087

National Hispanic Research Center
2727 West Sixth St.
Los Angeles, CA 90057

Cabrillo National Monument
Box 6670
San Diego, CA 92106

El Pueblo de Los Angeles Historic Monument
845 North Alameda St.
Los Angeles, CA 90012

COLORADO

Huerfano County Historical Society
Box 3
La Vela, CO 81089

The State Historical Society of Colorado
1300 Broadway
Denver, CO 80203

CONNECTICUT

Connecticut Historical Society
1 Elizabeth St.
Hartford, CT 06105

Connecticut League
of Historical Societies, Inc.
114 Whitney Ave.
New Haven, CT 06510

Connecticut Historical Commission
59 S. Prospect St.
Hartford, CT 06106

DELAWARE

Historical Society of Delaware
505 Market St. Hall
Wilmington, DE 19801

DISTRICT OF COLUMBIA

American Catholic Historical Association
Catholic University of America
Washington, DC 20064

American Historical Association
400 A St. SE
Washington, DC 20003

National Archives
8th & Constitution Ave.
Washington, DC 20408

APENDICES

National Trust for Historic Preservation
1785 Massachusetts Ave. NW
Washington, DC 20036

Historic House Association of America
1600 H St. NW
Washington, DC 22314

Smithsonian Institution
1000 Jefferson Dr.
Washington, DC 20560

Naval Historical Center
Bldg. 220 Navy Yard
Washington, DC 20374

U.S. Army Center of Military History
Washington, DC 20314-0200

U.S. Department of State
Bureau of Public Affairs
Washington, DC 20520

American Historical Association
400 A St. SE
Washington, DC 20003

National Endowment for the Humanities
806 15th St. NW
Washington, DC 20506

Hispanic Foundation
Library of Congress
Washington, DC 20540

Academic Association
for the Quincentenary 1492–1992
Box 9650
Washington, DC 20016

FLORIDA

Historical Association of Southern Florida
3280 S. Miami Ave. Bldg. B
Miami, FL 33129

Pensacola Historical Society
405 S. Adams at Zaragossa
Pensacola, FL 32501

St. Augustine Historical Society
271 Charlotte St.
St. Augustine, FL 32084

Florida Historical Society
University of South Florida Library
Tampa, FL 33620

Historic St. Augustine Preservation Board
48 King St.
P.O. Box 1987
St. Augustine, FL 32084

Cuban Exile History and Archives Project
Center for Multilingual and Multicultural Studies
Florida International University
University Park
Miami, FL 33199

Historic Services Florida National Guard
P.O. Box 1008 State Arsenal
St. Augustine, FL 32085–1008

University of Miami
Cuban Archives
Box 248214
Coral Gables, FL 33124

Miami Dade Public Library System
The Hispanic Library
101 West Flagler St.
Miami, FL 33130–1504

Manatee County Historical Society
8012 1st Ave. W.
Bradenton, FL 33529

Institute for Early Contact Period Studies
2121 Turlington Hall
University of Florida
Gainesville, FL 32611

P.K. Yonge Library of Florida History
404 Library West
University of Florida Libraries
Gainesville, FL 32611

Florida Historical Research Foundation
2301 E. 148th Ave.
Lutz, FL 33549

Pensacola Historic Preservation Society
204 S. Alcaniz St.
Pensacola, FL 32582

Castillo de San Marcos
and Fort Matanzas National Monuments
1 Castillo Dr.
St. Augustine, FL 32084

Florida Division of Archives,
History and Records Management
R.A. Gray Building
Pensacola and Bronough Streets
Tallahassee, FL 32301

Florida Trust for Historic Preservation
P.O. Box 10368
Tampa, FL 33679

GEORGIA

Department of Archives and History
330 Capitol Ave. SE
Atlanta, GA 30334

Georgia Trust for Historic Preservation
11 Baltimore Pl. NW
Atlanta, GA 30388

Historic Columbus Foundation, Inc.
700 Broadway
Columbus, GA 31901

Guale Historical Society, Inc.
P.O. Box 398
St. Marys, GA 31558

Coastal Georgia Historical Society
600 Beachview
St. Simons Island, GA 31522

Coastal Heritage Society
1 Fort Jackson Rd.
Savannah, GA 31402

Georgia Historical Society
501 Whitaker St.
Savannah, GA 31401

GUAM

The Maritime Historical Association
of the Western Pacific
The Guam Maritime Museum
Marine Dr., Asan
Agaña, GU 96910

HAWAII

Hawaiian Historical Society
560 Kawaiahao St.
Honolulu, HI 96813

Bernice P. Bishop Museum
1355 Kalihi St.
Honolulu, HI 96818

IDAHO

Idaho State Historical Society
610 N. Julia Davis Dr.
Boise, ID 83702

ILLINOIS

Chicago Historical Society
Clark at North Ave.
Chicago, IL 60614

Illinois State Historical Society
Old State Capitol
Springfield, IL 62706

Society of American Archivists
330 S. Wells, Suite 810
Chicago, IL 60606

Newberry Library
60 West Walton St.
Chicago, IL 60610

INDIANA

Indiana Historical Society
315 W. Ohio St.
Indianapolis, IN 46202

Northern Indiana Historical Society
112 S. Lafayette Blvd.
South Bend, IN 48601

Organization of American Historians
112 North Bryan St.
Bloomington, IN 47408

Charles and Margaret Hall
Cushwa Center for the Study
of American Catholicism
614 Hesburgh Library
University of Notre Dame
Notre Dame, IN 46556

Indiana Junior Historical Society
140 N. Senate
Indianapolis, IN 46204

IOWA

Iowa State Dept. of History and Archives
E. 12th and Grand Ave.
Des Moines, IA 50319

State Historical Society of Iowa
402 Iowa Ave.
Iowa City, IA 52240

Foundation for Historic Conservation
216 Davidson Building
Des Moines, IA 50309

APENDICES

KANSAS

Kansas State Historical Society
120 W. Tenth St.
Topeka, KS 66612

Santa Fe Trail Center
Rt. 3
Larned, KS 67550

KENTUCKY

Kentucky Historical Society
300 W. Broadway
Frankfort, KY 41601

Kentucky Genealogical Society
Box 153
Frankfort, KY 40602

LOUISIANA

Southeast Louisiana Historical Association
Box 1088, SLU
Hammond, LA 70402

Louisiana Historical Association
University of Southwestern Louisiana
Lafayette, LA 70504

The Historical Association of Central Louisiana
Box 843
Alexandria, LA 71301

Foundation for Historical Louisiana
900 North Blvd.
Baton Rouge, LA 70802

Imperial Calcasieu Museum Inc.
204 W. Sallier St.
Lake Charles, LA 70601

The Louisiana Historical Society
203 Carondelet St.
600 Maritime Bldg.
New Orleans, LA 70130

Spanish Public Library
219 Loyola Ave.
New Orleans, LA 70140

De Soto Historical Society
Box 523
Mansfield, LA 71052

MAINE

Maine Historical Society
485 Congress St.
Portland, ME 04101

MARYLAND

Maryland Historical Society
201 W. Monument St.
Baltimore, MD 21201

Academy of America Franciscan History
9800 Kentsdale Dr.
Bethesda, MD 20817

United States Naval Academy Museum
United States Naval Academy
Annapolis, MD 21402

MASSACHUSETTS

Massachusetts Historical Society
1154 Boylston St.
Boston, MA 02215

Boston Athenaeum
10½ Beacon St.
Boston, MA 02108

American Antiquarian Society
185 Salisbury St.
Worcester, MA 01609

MICHIGAN

Historical Society of Michigan
2117 Washtenaw Ave.
Ann Arbor, MI 48104

Fort St. Joseph Historical Association
508 E. Main St.
Niles, MI 49120

MINNESOTA

Minnesota Historical Society
690 Cedar St.
St. Paul, MN 55101

Catholic Historical Society of St. Paul
2260 Osceok St.
St. Paul, MN 55105

MISSISSIPPI

Mississippi Historical Society
100 S. State St.
Jackson, MS 39201

Mississippi State Department
of Archives and History
100 S. State St.
Jackson, MS 39201

Mississippi Coast Historical
and Genealogical Society
Box 513
Biloxi, MS 39533

MISSOURI

State Historical Society of Missouri
1020 Lowry St.
Columbia, MO 65201

Missouri Historical Society
Jefferson Memorial Bldg.
Forest Park
St. Louis, MO 63112-1099

Missouri Heritage Trust
Box 895
Jefferson City, MO 65102

MONTANA

Historical Society of Montana
225 N. Roberts
Helena, MT 59601

NEBRASKA

Historical Center
Nebraska Wesleyan University
Lincoln, NE 68504

Nebraska State Historical Society
1500 R St.
Lincoln, NE 68508

Museum Association of American Frontiers
Rt. 2. Box 18
Chadron, NE 69337

NEVADA

Nevada Historical Society
1650 N. Virginia St.
Reno, NV 89503

Northeastern Nevada Museum
1515 Idaho St.
Elko, NV 89801

NEW HAMPSHIRE

New Hampshire Historical Society
30 Park St.
Concord, NH 03301

NEW JERSEY

New Jersey Historical Society
230 Broadway
Newark, NJ 07104

The Newark Museum
49 Washington St.
Newark, NJ 08101

New Jersey Historical Commission
113 W. State St., CN 520
Trenton, NJ 08625

NEW MEXICO

Historical Society of New Mexico
P.O. Box 5819
Santa Fe, NM 87502

Museum of New Mexico
Division of History
Palace of the Governors
Santa Fe, NM 87501

Colonial New Mexico Historical Foundation
135 Camino Escondido
Santa Fe, NM 87501

The Historic Santa Fe Foundation
136 Griffin
Santa Fe, NM 87501

Historical Society of Southwestern New Mexico
WNMU Museum
Silver City, NM 88061

Society for Historical Archaeology
c/o National Park Service
5000 Marble NE, Room 211
Albuquerque, NM 87110

Spanish History Museum
2221 Lead SE
Albuquerque, NM 87106

The Albuquerque Historical Society
1611 Bayita Lane NW
Albuquerque, NM 87107

APENDICES

NEW YORK

New York State Historical Association
Rt. 80
Lake Rd.
Cooperstown, NY 13326

New York Historical Society
170 Central Park West
New York, NY 10024

Society of American Historians
Fayerweather Hall
Columbia University
New York, NY 10027

The Hispanic Society of America
613 W. 155 St.
New York, NY 10032

United States Catholic Historical Society
c/o St. Joseph's Seminary
201 Seminary Ave.
Yonkers, NY 10704

NORTH CAROLINA

North Carolina Literary
and Historical Association
109 E. Jones St.
Raleigh, NC 27611

Southern Appalachian
Historical Association Inc.
Horn in the West Drive
Boone, NC 28607

The Historical Society of North Carolina
109 East Jones St.
Raleigh, NC 27611

NORTH DAKOTA

State Historical Society of North Dakota
North Dakota Heritage Center
Bismarck, ND 58505

OHIO

The Ohio Historical Society
Ohio State Museum
1-71 and 17th Ave.
Columbus, OH 43211

American Society for Legal History
Toledo College of Law
Toledo, OH 43606

Ohio Academy of History
Dept. of History
University of Cincinnati
Cincinnati, OH 45221

OKLAHOMA

Oklahoma Historical Society
2100 N. Lincoln Blvd.
Oklahoma City, OK 73105

Thomas Gilcrease Institute
of American History and Art
1400 N. 25th W. Ave.
Tulsa, OK 74127

OREGON

Southern Oregon Historical Society
Jacksonville Museum
206 5th St.
Jacksonville, OR 97530

Oregon Historical Society
1230 S.W. Park Ave.
Portland, OR 97205

Columbia River Maritime Museum
1618 Exchange St.
Astoria, OR 97103

PENNSYLVANIA

Pennsylvania Historical and Museum Commission
P.O. Box 1026A
Harrisburg, PA 17108

National Historical Society
Cameron and Kelker Sts.
Harrisburg, PA 17105

Historical Society of Pennsylvania
1300 Locust St.
Philadelphia, PA 19107

Pennsylvania Historical Association
806 New Liberal Arts Bldg.
University Park, PA 16802

U.S. Army Military History Institute
Carlisle Barracks, PA 17013-5008

RHODE ISLAND

Rhode Island Historical Society
52 Power St.
Providence, RI 02906

John Carter Brown Library
Box 1894
Providence, RI 02912

SOUTH CAROLINA

South Carolina Historical Society
100 Meeting St.
Charleston, SC 29401

South Carolina Dept. of Archives and History
Box 22669
Columbia, SC 29211

Archeological Society of South Carolina
Institute of Archeology and Anthropology
Univ. of South Carolina
Columbia, SC 29208

SOUTH DAKOTA

South Dakota Historical Society
Soldiers' & Sailors' Memorial Bldg.
Capitol Ave.
Pierre, SD 57501

TENNESSEE

Tennessee Historical Society
War Memorial Bldg.
Nashville, TN 37219

American Association for State
and Local History
708 Berry Rd.
Nashville, TN 37204

Mississippi Valley Collection
Memphis State University Libraries
Brister Library
Memphis, TN 38152

TEXAS

Texas State Historical Association
SRH2-306 University Station
Austin, TX 78712

Texas Old Missions Restoration Association
524 North 22nd St.
Waco, TX 76707

Dallas Historical Society
Hall of State, Fair Park
3539 Grand Ave.
Dallas, TX 75226-9990

Texas Historical Foundation
305 West 9th St.
Austin, TX 78711

Texas Catholic Historical Society
16th Congress
Austin, TX 78711

Southeast Texas Genealogical
and Historical Society
c/o Tyrrel Historical Library
695 Pearl St.
Beaumont, TX 77704

East Texas Historical Association
Box 6223, S.F.A. Station
Nacogdoches, TX 75962

The Institute of Texan Cultures
Hemisfair Plaza
San Antonio, TX 78294

Spanish Governor's Plaza
105 Plaza de Armas
San Antonio, TX 78205

San Antonio Conservation Society
107 King William
San Antonio, TX 78209

UTAH

Utah State Historical Society
307 West 2nd St.
Crane Bldg., Suite 1000
Salt Lake City, UT 84101

VERMONT

Vermont Historical Society
State Administrative Bldg.
Montpelier, VT 05602

VIRGINIA

Virginia Historical Society
428 North Blvd.
P.O. Box 7311
Richmond, VA 23221

APENDICES

Institute of Early American
History and Culture
Box 220
Williamsburg, VA 23185

The Mariner's Museum
Museum Dr.
Newport News, VA 23606

WASHINGTON

Washington State Historical Society
315 N. Stadium Way
Tacoma, WA 98403

Lopez Island Historical Society
Lopez, WA 98261

WEST VIRGINIA

West Virginia Historical Society
c/o Dept. of Culture and History
Charleston, WV 25305

WISCONSIN

State Historical Society of Wisconsin
816 State St.
Madison, WI 53706

WYOMING

Wyoming State Archives Museum
and Historical Dept.
Barrett Bldg.
Cheyenne, WY 82002

♦ *LENGUA Y CULTURA* ♦

Asociación nacional "Sigma Delta Pi" de alumnos de español de universidades y colleges en Norte América

ABILENE CHRISTIAN UNIVERSITY
Department of Foreign Languages
Abilene, TX 79699

ADELPHI UNIVERSITY
(Tau)
Department of Foreign Languages
Garden City, NY 11530

ALABAMA A&M UNIVERSITY
Department of Foreign Languages
Normal, AL 35762

ALABAMA STATE UNIVERSITY
Department of Foreign Languages
Montgomery, AL 36195

ALFRED UNIVERSITY
(Mu Beta)
Department of Foreign Languages
Alfred, NY 14802

AMERICAN UNIVERSITY
Department of Foreign Languages
Washington, DC 20016

ANGELO STATE UNIVERSITY
(Eta Nu)
Department of Foreign Languages
San Angelo, TX 76909

ANTIOCH UNIVERSITY
Department of Foreign Languages
Yellow Springs, OH 45387

APPALACHIAN STATE UNIVERSITY
(Epsilon Omicron)
Department of Foreign Languages
Boone, NC 28608

ARIZONA STATE UNIVERSITY
(Theta Epsilon)
Department of Foreign Languages
Tempe, AZ 85287

ARIZONA STATE UNIVERSITY WEST
Department of Foreign Languages
Phoenix, AZ 85019

ARKANSAS STATE UNIVERSITY
(Pi Theta)
Department of Foreign Languages
State University, AR 72467

ATLANTA UNIVERSITY
Department of Foreign Languages
Atlanta, GA 30314

AUBURN UNIVERSITY
(Theta Delta)
Department of Foreign Languages
Auburn University, AL 36849

BAKER UNIVERSITY
(Nu Beta)
Department of Foreign Languages
Baldwin City, KS 66006

BALL STATE UNIVERSITY
Department of Foreign Languages
Muncie, IN 47306

BAYLOR UNIVERSITY
(Nu)
Department of Foreign Languages
Waco, TX 76798

BOISE STATE UNIVERSITY
Department of Foreign Langauges
Boise, ID 83725

BOSTON UNIVERSITY
Department of Foreign Langauges
Boston, MA 02215

BOWLING GREEN STATE UNIVERSITY
Department of Foreign Languages
Bowling Green, OH 43403

BRANDEIS UNIVERSITY
Department of Foreign Languages
Waltham, MA 02254

BRIGHAM YOUNG UNIVERSITY
(Delta Pi)
Department of Foreign Languages
Provo, UT 84602

BROWN UNIVERSITY
Department of Foreign Languages
Providence, RI 02912

BUCKNELL UNIVERSITY
(Alpha Upsilon)
Department of Foreign Languages
Lewisburg, PA 17837

BUTLER UNIVERSITY
(Delta Upsilon)
Department of Foreign Languages
Indianapolis, IN 46208

CALIFORNIA LUTHERAN UNIVERSITY
Department of Foreign Languages
Thousand Oaks, CA 91360

CALIFORNIA POLYTECHNIC STATE UNIVERSITY
Department of Foreign Languages
San Luis Obispo, CA 93407

CALIFORNIA STATE UNIVERSITY, BAKERSFIELD
(Omicron Theta)
Department of Foreign Languages
Bakersfield, CA 93311

CALIFORNIA STATE UNIVERSITY, CHICO
Department of Foreign Languages
Chico, CA 95929

CALIFORNIA STATE UNIVERSITY, DOMINGUEZ HILLS
Department of Foreign Languages
Carson, CA 90747

CALIFORNIA STATE UNIVERSITY, FULLERTON
Department of Foreign Languages
Fullerton, CA 92634

CALIFORNIA STATE UNIVERSITY, HAYWARD
Department of Foreign Languages
Hayward, CA 94542

CALIFORNIA STATE UNIVERSITY, LONG BEACH
Department of Foreign Languages
Long Beach, CA 90840

CALIFORNIA STATE UNIVERSITY, LOS ANGELES
(Gamma Psi)
Department of Foreign Languages
Los Angeles, CA 90032

CALIFORNIA STATE UNIVERSITY, NORTHRIDGE
Department of Foreign Languages
Northridge, CA 91330

CALIFORNIA STATE UNIVERSITY, SACRAMENTO
(Iota Kappa)
Department of Foreign Languages
Sacramento, CA 95819

CALIFORNIA STATE UNIVERSITY, SAN BERNARDINO
(Zeta Pi)
Department of Foreign Languages
San Bernardino, CA 92407

CALIFORNIA STATE UNIVERSITY, STANISLAUS
Department of Foreign Languages
Turlock, CA 95380

APENDICES

CARNEGIE MELLON UNIVERSITY
Department of Foreign Languages
Pittsburgh, PA 15213

CASE WESTERN RESERVE UNIVERSITY
Department of Foreign Languages
Cleveland, OH 44106

CATHOLIC UNIVERSITY OF AMERICA
(Kappa Alpha)
Department of Foreign Languages
Washington, DC 20064

CENTRAL MICHIGAN UNIVERSITY
(Theta Theta)
Department of Foreign Languages
Mt. Pleasant, MI 48859

CHICAGO STATE UNIVERSITY
Department of Foreign Languages
Chicago, IL 60628

CITY UNIVERSITY of NEW YORK
Department of Foreign Languages
New York, NY 10036

CLARK UNIVERSITY
Department of Foreign Languages
Worcester, MA 01610

CLEMSON UNIVERSITY
(Iota Phi)
Department of Foreign Languages
Clemson, SC 29634

CLEVELAND STATE UNIVERSITY
(Iota Omicron)
Department of Foreign Languages
Cleveland, OH 44115

COLGATE UNIVERSITY
(Lambda Xi)
Department of Foreign Languages
Hamilton, NY 13346

COLORADO STATE UNIVERSITY
Department of Foreign Languages
Fort Collins, CO 80523

COLUMBIA UNIVERSITY
(Gamma Zeta)
Department of Foreign Languages
New York, NY 10027

CORNELL UNIVERSITY
(Lamba Theta)
Department of Foreign Languages
Ithaca, NY 14853

CORPUS CHRISTI STATE UNIVERSITY
Department of Foreign Languages
Corpus Christi, TX 78412

DALLAS BAPTIST UNIVERSITY
Department of Foreign Languages
Dallas, TX 75211

DELTA STATE UNIVERSITY
(Omicron Eta)
Department of Foreign Languages
Cleveland, MS 38733

DENISON UNIVERSITY
(Phi)
Department of Foreign Languages
Danville, OH 43023

DE PAUL UNIVERSITY
(Delta Epsilon)
Department of Foreign Languages
Chicago, IL 60614

DE PAUW UNIVERSITY
Department of Foreign Languages
Greencastle, IN 46135

DICKINSON STATE UNIVERSITY
Department of Foreign Languages
Dickinson, ND 58601

DILLARD UNIVERSITY
(Kappa Nu)
Department of Foreign Languages
New Orleans, LA 70122

DREW UNIVERSITY
(Omicron Gamma)
Department of Foreign Languages
Madison, NJ 07940

DREXEL UNIVERSITY
Department of Foreign Languages
Philadelphia, PA 19104

DUKE UNIVERSITY
(Alpha Theta)
Department of Foreign Languages
Durham, NC 27706

DUQUESNE UNIVERSITY
Department of Foreign Languages
Pittsburgh, PA 15282

EASTERN CONNECTICUT STATE UNIVERSITY
(Nu Chi)
Department of Foreign Languages
Willimantic, CT 06226

EASTERN ILLINOIS UNIVERSITY
(Zeta Eta)
Department of Foreign Languages
Charleston, IL 61920

EASTERN KENTUCKY UNIVERSITY
(Eta Mu)
Department of Foreign Languages
Richmond, KY 40475

EASTERN NEW MEXICO UNIVERSITY
Department of Foreign Languages
Portales, NM 88130

EAST TENNESSEE STATE UNIVERSITY
Department of Foreign Languages
Johnson City, TN 37614

EAST TEXAS BAPTIST UNIVERSITY
Department of Foreign Languages
Marshall, TX 75670

EAST TEXAS STATE UNIVERSITY
(Theta Zeta)
Department of Foreign Languages
Commerce, TX 75428

EDINBORO UNIVERSITY OF PENNSYLVANIA
(Theta Omicron)
Department of Foreign Languages
Edinboro, PA 16444

EMORY UNIVERSITY
Department of Foreign Languages
Atlanta, GA 30322

EMPORIA STATE UNIVERSITY
(Delta Theta)
Department of Foreign Languages
Emporia, KS 66801

FAIRFIELD UNIVERSITY
(Zeta Tau)
Department of Foreign Languages
Fairfield, CT 06430

FAIRLEIGH DICKINSON UNIVERSITY
Department of Foreign Languages
Rutherford, NJ 07070

FAYETTEVILLE STATE UNIVERSITY
Department of Foreign Languages
Fayetteville, NC 28301

FLORIDA A&M UNIVERSITY
Department of Foreign Languages
Tallahassee, FL 32307

FLORIDA ATLANTIC UNIVERSITY
Department of Foreign Languages
Boca Raton, FL 33431

FLORIDA INTERNATIONAL UNIVERSITY
Department of Foreign Languages
Miami, FL 33199

FLORIDA STATE UNIVERSITY
(Alpha Delta)
Department of Foreign Languages
Tallahassee, FL 32306

FORDHAM UNIVERSITY
(Nu Delta)
Department of Foreign Languages
Bronx, NY 10458

FRIENDS UNIVERSITY
(Kappa Phi)
Department of Foreign Languages
Wichita, KS 67213

FROSTBURG STATE UNIVERSITY
(Iota Psi)
Department of Foreign Languages
Frostburg, MD 21532

FURMAN UNIVERSITY
(Rho Kappa)
Department of Foreign Languages
Greenville, SC 29613

GANNON UNIVERSITY
(Mu Eta)
Department of Foreign Languages
Erie, PA 16541

GEORGE MASON UNIVERSITY
(Mu Phi)
Department of Foreign Languages
Fairfax, VA 22030

GEORGETOWN UNIVERSITY
(Lambda Beta)
Department of Foreign Languages
Washington, DC 20057

GEORGE WASHINGTON UNIVERSITY
(Delta Eta)
Department of Foreign Languages
Washington, DC 20052

GEORGIA STATE UNIVERSITY
(Eta Omega)
Department of Foreign Languages
Atlanta, GA 30303

APENDICES

GONZAGA UNIVERSITY
Department of Foreign Languages
Spokane, WA 99258

HAMLINE UNIVERSITY
(Lambda Omicron)
Department of Foreign Languages
St. Paul, MN 55104

HAMPTON UNIVERSITY
Department of Foreign Languages
Hampton, VA 23668

HARDIN-SIMMONS UNIVERSITY
(Beta Sigma)
Department of Foreign Languages
Abilene, TX 79698

HARVARD UNIVERSITY
Department of Foreign Languages
Cambridge, MA 02138

HOFSTRA UNIVERSITY
(Alpha Sigma)
Department of Foreign Languages
Hempstead, NY 11550

HOUSTON BAPTIST UNIVERSITY
Department of Foreign Languages
Houston, TX 77074

HOWARD PAYNE UNIVERSITY
Department of Foreign Languages
Brownwood, TX 76801

HOWARD UNIVERSITY
(Theta Xi)
Department of Foreign Languages
Washington, DC 20059

HUMBOLDT STATE UNIVERSITY
(Pi Eta)
Department of Foreign Languages
Arcata, CA 95521

IDAHO STATE UNIVERSITY
Department of Foreign Languages
Pocatello, ID 83209

ILLINOIS STATE UNIVERSITY
(Eta Upsilon)
Department of Foreign Languages
Normal, IL 61761

ILLINOIS WESLEYAN UNIVERSITY
Department of Foreign Languages
Bloomington, IL 61702

INDIANA STATE UNIVERSITY
(Iota Nu)
Department of Foreign Languages
Terre Haute, IN 47809

INDIANA UNIVERSITY
Department of Foreign Languages
Bloomington, IN 47405

INDIANA UNIVERSITY OF PENNSYLVANIA
(Iota Mu)
Department of Foreign Languages
Indiana, PA 15705

IOWA STATE UNIVERSITY
Department of Foreign Languages
Ames, IA 50011

JACKSON STATE UNIVERSITY
Department of Foreign Languages
Jackson, MS 39217

JACKSONVILLE UNIVERSITY
Department of Foreign Languages
Jacksonville, FL 32211

JAMES MADISON UNIVERSITY
(Mu Psi)
Department of Foreign Languages
Harrisonburg, VA 22807

JOHN CARROLL UNIVERSITY
(Pi Lambda)
Department of Foreign Languages
Cleveland, OH 44118

JOHNS HOPKINS UNIVERSITY
Department of Foreign Languages
Baltimore, MD 21218

KANSAS STATE UNIVERSITY
(Epsilon Xi)
Department of Foreign Languages
Manhattan, KS 66506

KENT STATE UNIVERSITY
(Beta Lambda)
Department of Foreign Languages
Kent, OH 44242

KENTUCKY STATE UNIVERSITY
Department of Foreign Languages
Frankfort, NY 40601

LAMAR UNIVERSITY
(Central Campus)
(Eta Iota)
Department of Foreign Languages
Beaumont, TX 77710

LAREDO STATE UNIVERSITY
Department of Foreign Languages
Laredo, TX 78040

LASALLE UNIVERSITY
(Pi Beta)
Department of Foreign Languages
Philadelphia, PA 19141

LEHIGH UNIVERSITY
Department of Foreign Languages
Bethlehem, PA 18015

LIBERTY UNIVERSITY
(Pi Chi)
Department of Foreign Languages
Lynchburg, VA 24506

LINCOLN MEMORIAL UNIVERSITY
(Beta Psi)
Department of Foreign Languages
Harrogate, TN 37752

LOMA LINDA UNIVERSITY
Department of Foreign Languages
Riverside, CA 92515

LONG ISLAND UNIVERSITY
(Brooklyn Campus)
Department of Foreign Languages
Brooklyn, NY 11201

LOUISIANA STATE UNIVERSITY
(Alpha Lambda)
Department of Foreign Languages
Baton Rouge, LA 70803

LOUISIANA STATE UNIVERSITY
(Alpha Lambda)
Department of Foreign Languages
Shreveport, LA 71115

LOUISIANA TECH UNIVERSITY
(Alpha Omega)
Department of Foreign Languages
Ruston, LA 71272

LOYOLA MARYMOUNT UNIVERSITY
Department of Foreign Languages
Los Angeles, CA 90045

LOYOLA UNIVERSITY IN NEW ORLEANS
Department of Foreign Languages
New Orleans, LA 70118

LOYOLA UNIVERSITY OF CHICAGO
(Iota Sigma)
Department of Foreign Languages
Chicago, IL 60626

LUBBOCK CHRISTIAN UNIVERSITY
Department of Foreign Languages
Lubbock, TX 79407

MARQUETTE UNIVERSITY
(Gamma Gamma)
Department of Foreign Languages
Milwaukee, WI 53233

MARSHALL UNIVERSITY
(Beta Kappa)
Department of Foreign Languages
Huntington, WV 25755

MARYMOUNT UNIVERSITY
Department of Foreign Languages
Arlington, VA 22207

McNEESE STATE UNIVERSITY
Department of Foreign Languages
Lake Charles, LA 70609

MEMPHIS STATE UNIVERSITY
(Gamma Delta)
Department of Foreign Languages
Memphis, TN 38152

MIAMI UNIVERSITY
(Alpha Alpha)
Department of Foreign Languages
Oxford, OH 45056

MICHIGAN STATE UNIVERSITY
(Beta Beta)
Department of Foreign Languages
East Lansing, MI 48824

MIDDLE TENNESSEE STATE UNIVERSITY
(Pi Omicron)
Department of Foreign Languages
Murfreesboro, TN 37132

MISSISSIPPI STATE UNIVERSITY
(Epsilon Gamma)
Department of Foreign Languages
Mississippi State, MS 39762

MONTANA STATE UNIVERSITY
(Lambda Phi)
Department of Foreign Languages
Bozeman, MT 59717

MOORHEAD STATE UNIVERSITY
(Rho Alpha)
Department of Foreign Languages
Moorhead, KY 40351

APENDICES

MORGAN STATE UNIVERSITY
(Xi Xi)
Department of Foreign Languages
Baltimore, MD 21239

MURRAY STATE UNIVERSITY
(Zeta Upsilon)
Department of Foreign Languages
Murray, KY 42071

NEW MEXICO HIGHLANDS UNIVERSITY
Department of Foreign Languages
Las Vegas, NM 87701

NEW MEXICO STATE UNIVERSITY
(Beta Eta)
Department of Foreign Languages
Las Cruces, NM 88003

NEW YORK UNIVERSITY
(Beta Theta)
Department of Foreign Languages
New York, NY 10003

NORTH CAROLINA STATE UNIVERSITY
(Xi Omicron)
Department of Foreign Languages
Raleigh, NC 27695

NORTHEASTERN UNIVERSITY
Department of Foreign Languages
Boston, MA 02115

NORTHEAST LOUISIANA UNIVERSITY
(Lambda Sigma)
Department of Foreign Languages
Monroe, LA 71209

NORTHERN ARIZONA UNIVERSITY
Department of Foreign Languages
Flagstaff, AZ 86011

NORTHERN ILLINOIS UNIVERSITY
(Beta Upsilon)
Department of Foreign Languages
De Kalb, IL 60115

NORTH TEXAS STATE UNIVERSITY
(Alpha Pi)
Department of Foreign Languages
Denton, TX 76203

NORTHWESTERN STATE UNIVERSITY
of LOUISIANA
Department of Foreign Languages
Natchitoches, LA 71497

NORTHWESTERN UNIVERSITY
Department of Foreign Languages
Evanston, IL 60208

OHIO NORTHERN UNIVERSITY
(Eta Eta)
Department of Foreign Languages
Ada, OH 45810

OHIO STATE UNIVERSITY
(Mu Lambda)
Department of Foreign Languages
Columbus, OH 43210

OHIO UNIVERSITY
(Pi Rho)
Department of Foreign Languages
Athens, OH 45701

OKLAHOMA STATE UNIVERSITY
(Mu Upsilon)
Department of Foreign Languages
Stillwater, OK 74078

OLD DOMINION UNIVERSITY
(Lambda Chi)
Department of Foreign Languages
Norfolk, VA 23529

ORAL ROBERTS UNIVERSITY
(Kappa Rho)
Department of Foreign Languages
Tulsa, OK 74171

OREGON STATE UNIVERSITY
Department of Foreign Languages
Corvallis, OR 97331

OUACHITA BAPTIST UNIVERSITY
(Xi Lambda)
Department of Foreign Languages
Arkadelphia, AR 71923

OUR LADY of the LAKE UNIVERSITY
(Xi Upsilon)
Department of Foreign Languages
San Antonio, TX 78285

PACIFIC WESTERN UNIVERSITY
Department of Foreign Languages
Los Angeles, CA 90049

PAN AMERICAN UNIVERSITY
(Xi Rho)
Department of Foreign Languages
Edinburg, TX 78539

PAN AMERICAN UNIVERSITY at BROWNSVILLE
Department of Foreign Languages
Brownsville, TX 78520

PEMBROKE STATE UNIVERSITY
(Iota Epsilon)
Department of Foreign Languages
Pembroke, NC 28372

PEPPERDINE UNIVERSITY
(Omicron Alpha)
Department of Foreign Languages
Malibu, CA 90265

PRAIRIE VIEW A&M UNIVERSITY
(Theta Iota)
Department of Foreign Languages
Prairie View, TX 77446

PRINCETON UNIVERSITY
Department of Foreign Languages
Princeton, NJ 08544

PURDUE UNIVERSITY
(Delta Sigma)
Department of Foreign Languages
West Lafayette, IN 47907

RADFORD UNIVERSITY
(Xi Iota)
Department of Foreign Languages
Radford, VA 24142

RICE UNIVERSITY
(Gamma Upsilon)
Department of Foreign Languages
Houston, TX 77251

ROOSEVELT UNIVERSITY
Department of Foreign Languages
Chicago, IL 60605

RUTGERS UNIVERSITY
Department of Foreign Languages
New Brunswick, NJ 08903

SAINT BONAVENTURE UNIVERSITY
(Xi Delta)
Department of Foreign Languages
St. Bonaventure, NY 14778

SAINT CLOUD STATE UNIVERSITY
(Pi Gamma)
Department of Foreign Languages
St. Cloud, MN 56301

SAINT JOHN'S UNIVERSITY
(Epsilon Kappa)
Department of Foreign Languages
Jamaica, NY 11439

SAINT JOSEPH'S UNIVERSITY
(Omicron Phi)
Department of Foreign Languages
Philadelphia, PA 19131

SAINT LAWRENCE UNIVERSITY
(Theta Mu)
Department of Foreign Languages
Canton, NY 13617

SAINT LOUIS UNIVERSITY
(Kappa Omega)
Department of Foreign Languages
St. Louis, MO 63103

SAINT MARY'S UNIVERSITY of SAN ANTONIO
Department of Foreign Languages
San Antonio, TX 78284

SAINT THOMAS UNIVERSITY
Department of Foreign Languages
Miami, FL 33054

SALISBURY STATE UNIVERSITY
Department of Foreign Languages
Salisbury, MD 21801

SAMFORD UNIVERSITY
(Delta Nu)
Department of Foreign Languages
Birmingham, AL 35229

SAM HOUSTON STATE UNIVERSITY
(Kappa Zeta)
Department of Foreign Languages
Huntsville, TX 77341

SAN DIEGO STATE UNIVERSITY
Department of Foreign Languages
San Diego, CA 92182

SAN FRANCISCO STATE UNIVERSITY
Department of Foreign Languages
San Francisco, CA 94132

SAN JOSE STATE UNIVERSITY
(Alpha Epsilon)
Department of Foreign Languages
San Jose, CA 95192

APENDICES

SANTA CLARA UNIVERSITY
Department of Foreign Languages
Santa Clara, CA 95053

SETON HALL UNIVERSITY
(Theta Rho)
Department of Foreign Languages
South Orange, NJ 07079

SLIPPERY ROCK UNIVERSITY OF PENNSYLVANIA
(Epsilon Nu)
Department of Foreign Languages
Slippery Rock, PA 16057

SONOMA STATE UNIVERSITY
Department of Foreign Languages
Rohnert Park, CA 94928

SOUTHEASTERN LOUISIANA UNIVERSITY
(Mu Chi)
Department of Foreign Languages
Hammond, LA 70402

SOUTHEASTERN MASSACHUSETTS UNIVERSITY
(Mu Phi)
Department of Foreign Languages
North Dartmouth, MA 02747

SOUTHERN METHODIST UNIVERSITY
(Alpha Eta)
Department of Foreign Languages
Dallas, TX 75275

SOUTHERN UNIVERSITY at NEW ORLEANS
Department of Foreign Languages
New Orleans, LA 70126

SOUTHWESTERN UNIVERSITY
Department of Foreign Languages
Georgetown, TX 78626

SOUTHWEST MISSOURI STATE UNIVERSITY
(Eta Lambda)
Department of Foreign Languages
Springfield, MO 65804

SOUTHWEST STATE UNIVERSITY
(Iota Delta)
Department of Foreign Languages
Marshall, MN 56258

SOUTHWEST TEXAS STATE UNIVERSITY
(Epsilon Beta)
Department of Foreign Languages
San Marcos, TX 78666

STANFORD UNIVERSITY
(Kappa)
Department of Foreign Languages
Stanford, CA 94305

STATE UNIVERSITY OF NEW YORK
(Eta Psi)
Department of Foreign Languages
Albany, NY 12222

STATE UNIVERSITY OF NEW YORK
(Iota Zeta)
Department of Foreign Languages
Binghamton, NY 13901

STATE UNIVERSITY OF NEW YORK
(Beta Nu)
Department of Foreign Languages
Buffalo, NY 14260

STATE UNIVERSITY OF NEW YORK
Department of Foreign Languages
Stony Brook, NY 11794

STEPHEN F. AUSTIN STATE UNIVERSITY
(Epsilon Psi)
Department of Foreign Languages
Nacogoches, TX 75962

STETSON UNIVERSITY
(Alpha Kappa)
Department of Foreign Languages
De Land, FL 32720

SUL ROSS STATE UNIVERSITY
Department of Foreign Languages
Alpine, TX 79832

SUSQUEHANNA UNIVERSITY
(Xi Kappa)
Department of Foreign Languages
Selinsgrove, PA 17870

SYRACUSE UNIVERSITY
Department of Foreign Languages
Syracuse, NY 13244

TARLETON STATE UNIVERSITY
Department of Foreign Languages
Stephenville, TX 76402

TEMPLE UNIVERSITY
(Delta Kappa)
Department of Foreign Languages
Philadelphia, PA 19122

TENNESSEE STATE UNIVERSITY
(Main Campus)
(Gamma Eta)
Department of Foreign Languages
Nashville, TN 37209

TEXAS A&I UNIVERSITY
(Gamma Lambda)
Department of Foreign Languages
Kingsville, TX 78363

TEXAS A&M UNIVERSITY
(Lambda Tau)
Department of Foreign Languages
College Station, TX 77843

TEXAS SOUTHERN UNIVERSITY
(Epsilon Phi)
Department of Foreign Languages
Houston, TX 77004

TEXAS TECH UNIVERSITY
(Alpha Phi)
Department of Foreign Languages
Lubbock, TX 79409

TEXAS WOMAN'S UNIVERSITY
(Xi Epsilon)
Department of Foreign Languages
Denton, TX 76204

TRANSYLVANIA UNIVERSITY
(Eta Epsilon)
Department of Foreign Languages
Lexington, KY 40508

TRINITY UNIVERSITY
(Epsilon Omega)
Department of Foreign Languages
San Antonio, TX 78284

TUFTS UNIVERSITY
Department of Foreign Languages
Medford, MA 02155

TULANE UNIVERSITY
(Theta of Louisiana)
Department of Foreign Languages
New Orleans, LA 70118

UNIVERSITY OF AKRON
(Eta Kappa)
Department of Foreign Languages
Akron, OH 44325

UNIVERSITY OF ALABAMA
(Beta Alpha)
Department of Foreign Languages
Tuscaloosa, AL 35487

UNIVERSITY OF ALABAMA AT BIRMINGHAM
(Omicron Mu)
Department of Foreign Languages
Birmingham, AL 35294

UNIVERSITY OF ARIZONA
(Pi)
Department of Foreign Languages
Tucson, AZ 85721

UNIVERSITY OF ARKANSAS
(Gamma Epsilon)
Department of Foreign Languages
Fayetteville, AR 72701

UNIVERSITY OF ARKANSAS
(Zeta Sigma)
Department of Foreign Languages
Little Rock, AR 72204

UNIVERSITY OF ARKANSAS
Department of Foreign Languages
Monticello, AR 71655

UNIVERSITY OF ARKANSAS
Department of Foreign Languages
Pine Bluff, AR 71601

UNIVERSITY OF BRIDGEPORT
Department of Foreign Languages
Bridgeport, CT 06601

UNIVERSITY OF CALIFORNIA, BERKELEY
(Alpha)
Department of Foreign Languages
Berkeley, CA 94720

UNIVERSITY OF CALIFORNIA, DAVIS
Department of Foreign Languages
Davis, CA 95616

UNIVERSITY OF CALIFORNIA, IRVINE
(Xi Tau)
Department of Foreign Languages
Irvine, CA 92717

UNIVERSITY OF CALIFORNIA, LOS ANGELES
(Iota)
Department of Foreign Languages
Los Angeles, CA 90024

APENDICES

UNIVERSITY OF CALIFORNIA, RIVERSIDE
(Zeta Omega)
Department of Foreign Languages
Riverside, CA 92521

UNIVERSITY OF CALIFORNIA, SAN DIEGO
Department of Foreign Languages
La Jolla, CA 92093

UNIVERSITY OF CALIFORNIA, SANTA BARBARA
(Xi Pi)
Department of Foreign Languages
San Barbara, CA 93106

UNIVERSITY OF CALIFORNIA, SANTA CRUZ
Department of Foreign Languages
Santa Cruz, CA 92504

UNIVERSITY OF CENTRAL FLORIDA
Department of Foreign Languages
Orlando, FL 32816

UNIVERSITY OF CHARLESTON
Department of Foreign Languages
Charleston, WV 25304

UNIVERSITY OF CHICAGO
Department of Foreign Languages
Chicago, IL 60637

UNIVERSITY OF CINCINNATI
(Gamma Tau)
Department of Foreign Languages
Cincinnati, OH 45221

UNIVERSITY OF COLORADO
Department of Foreign Languages
Boulder, CO 80309

UNIVERSITY OF COLORADO
(Theta Nu)
Department of Foreign Languages
Colorado Springs, CO 80933

UNIVERSITY OF COLORADO
Department of Foreign Languages
Denver, CO 80204

UNIVERSITY OF DALLAS
Department of Foreign Languages
Irving, TX 75062

UNIVERSITY OF DAYTON
Department of Foreign Languages
Dayton, OH 45469

UNIVERSITY OF DELAWARE
(Kappa Upsilon)
Department of Foreign Languages
Newark, DE 19716

UNIVERSITY OF DETROIT
Department of Foreign Languages
Detroit, MI 48221

UNIVERSITY OF DUBUQUE
Department of Foreign Languages
Dubuque, IA 52001

UNIVERSITY OF FLORIDA
(Beta Rho)
Department of Foreign Languages
Gainsville, FL 32611

UNIVERSITY OF GEORGIA
(Delta Gamma)
Department of Foreign Languages
Athens, GA 30602

UNIVERSITY OF HARTFORD
Department of Foreign Languages
West Hartford, CT 06117

UNIVERSITY OF HAWAII AT MANOA
(Theta Tau)
Department of Foreign Languages
Honolulu, HI 96822

UNIVERSITY OF HOUSTON
(Gamma Rho)
Department of Foreign Languages
Houston, TX 77004

UNIVERSITY OF IDAHO
(Theta)
Department of Foreign Languages
Moscow, ID 83843

UNIVERSITY OF ILLINOIS
    AT URBANA–CHAMPAIGN
(Lambda)
Department of Foreign Languages
Urbana, IL 61801

UNIVERSITY OF ILLINOIS AT CHICAGO
Department of Foreign Languages
Chicago, IL 60680

UNIVERSITY OF INDIANAPOLIS
Department of Foreign Languages
Indianapolis, IN 46227

UNIVERSITY OF IOWA
(Gamma Alpha)
Department of Foreign Languages
Iowa City, IA 52242

UNIVERSITY OF KANSAS
(Beta Pi)
Department of Foreign Languages
Lawrence, KS 66045

UNIVERSITY OF KENTUCKY
(Epsilon Upsilon)
Department of Foreign Languages
Lexington, KY 40506

UNIVERSITY OF LA VERNE
(Omicron Xi)
Department of Foreign Languages
La Verne, CA 91750

UNIVERSITY OF LOUISVILLE
(Mu Epsilon)
Department of Foreign Languages
Louisville, KY 40292

UNIVERSITY OF MAINE AT AUGUSTA
(Zeta Kappa)
Department of Foreign Languages
Augusta, ME 04330

UNIVERSITY OF MAINE AT FARMINGTON
(Zeta Kappa)
Department of Foreign Languages
Farmington, ME 04938

UNIVERSITY OF MAINE AT ORONO
(Zeta Kappa)
Department of Foreign Languages
Orono, ME 04469

UNIVERSITY OF MARY-BAYLOR
Department of Foreign Languages
Belton, TX 76513

UNIVERSITY OF MARYLAND
(Delta)
Department of Foreign Languages
Baltimore, MD 21228

UNIVERSITY OF MARYLAND
Department of Foreign Languages
College Park, MD 20742

UNIVERSITY OF MASSACHUSETTS
(Omicron Tau)
Department of Foreign Languages
Amherst, MA 01003

UNIVERSITY OF MIAMI
(Alpha Chi)
Department of Foreign Languages
Coral Gables, FL 33124

UNIVERSITY OF MICHIGAN
(Beta Omicron)
Department of Foreign Languages
Ann Arbor, MI 48109

UNIVERSITY OF MICHIGAN
(Beta Omicron)
Department of Foreign Languages
Dearborn, MI 48128

UNIVERSITY OF MINNESOTA
Department of Foreign Languages
Minneapolis, MN 55455

UNIVERSITY OF MISSISSIPPI
(Delta Iota)
Department of Foreign Languages
University, MS 38677

UNIVERSITY OF MISSOURI
Department of Foreign Languages
Columbia, MO 65211

UNIVERSITY OF MISSOURI
Department of Foreign Languages
Kansas City, MO 64110

UNIVERSITY OF MISSOURI
Department of Foreign Languages
Rolla, MO 65401

UNIVERSITY OF MISSOURI
(Omicron Psi)
Department of Foreign Languages
St. Louis, MO 63121

UNIVERSITY OF MONTANA
(Zeta Xi)
Department of Foreign Languages
Missoula, MT 59812

UNIVERSITY OF NEBRASKA
(Rho Mu)
Department of Foreign Languages
Lincoln, NE 68588

UNIVERSITY OF NEBRASKA AT OMAHA
(Omicron Lambda)
Department of Foreign Languages
Omaha, NE 68182

APENDICES

UNIVERSITY OF NEVADA
(Zeta Omicron)
Department of Foreign Languages
Las Vegas, NV 89154

UNIVERSITY OF NEW HAMPSHIRE
(Theta Gamma)
Department of Foreign Languages
Durham, NH 03824

UNIVERSITY OF NEW MEXICO
(Mu Alpha)
Department of Foreign Languages
Albuquerque, NM 87131

UNIVERSITY OF NEW ORLEANS
(Pi Kappa)
Department of Foreign Languages
New Orleans, LA 70148

UNIVERSITY OF NORTH CAROLINA
(Lambda Gamma)
Department of Foreign Languages
Asheville, NC 28804

UNIVERSITY OF NORTH CAROLINA
Department of Foreign Languages
Chapel Hill, NC 27599

UNIVERSITY OF NORTH CAROLINA
Department of Foreign Languages
Charlotte, NC 28223

UNIVERSITY OF NORTH CAROLINA
(Alpha Tau)
Department of Foreign Languages
Greensboro, NC 27412

UNIVERSITY OF NORTH CAROLINA
Department of Foreign Languages
Wilmington, NC 28403

UNIVERSITY OF NORTHERN COLORADO
(Pi Zeta)
Department of Foreign Languages
Greeley, CO 80639

UNIVERSITY OF NORTHERN IOWA
(Theta Eta)
Department of Foreign Languages
Cedar Falls, IA 50614

UNIVERSITY OF NORTH FLORIDA
Department of Foreign Languages
Jacksonville, FL 32216

UNIVERSITY OF NOTRE DAME
Department of Foreign Languages
Notre Dame, IN 46556

UNIVERSITY OF OKLAHOMA
(Gamma Theta)
Department of Foreign Languages
Norman, OK 73019

UNIVERSITY OF OREGON
(Gamma)
Department of Foreign Languages
Eugene, OR 97403

UNIVERSITY OF THE PACIFIC
(Zeta Delta)
Department of Foreign Languages
Stockton, CA 95211

UNIVERSITY OF PENNSYLVANIA
(Gamma Omicron)
Department of Foreign Languages
Philadelphia, PA 19104

UNIVERSITY OF PORTLAND
(Delta Mu)
Department of Foreign Languages
Portland, OR 97203

UNIVERSITY OF REDLANDS
(Mu Iota)
Department of Foreign Languages
Redlands, CA 92373

UNIVERSITY OF RHODE ISLAND
(Theta Beta)
Department of Foreign Languages
Kingston, RI 02881

UNIVERSITY OF SAINT THOMAS
Department of Foreign Languages
Houston, TX 77006

UNIVERSITY OF SAN DIEGO
(Eta Zeta)
Department of Foreign Languages
San Diego, CA 92110

UNIVERSITY OF SAN FRANCISCO
(Nu Tau)
Department of Foreign Languages
San Francisco, CA 94117

UNIVERSITY OF THE SOUTH
(Kappa of Tennessee)
Department of Foreign Languages
Sewanee, TN 37375

UNIVERSITY OF SOUTH ALABAMA
Department of Foreign Languages
Mobile, AL 36688

UNIVERSITY OF SOUTH CAROLINA
(Chi)
Department of Foreign Languages
Columbia, SC 29208

UNIVERSITY OF SOUTH CAROLINA
Department of Foreign Languages
Spartanburg, SC 29303

UNIVERSITY OF SOUTH DAKOTA
(Nu Omicron)
Department of Foreign Languages
Vermillion, SD 57069

UNIVERSITY OF SOUTHERN CALIFORNIA
(Eta)
Department of Foreign Languages
Los Angeles, CA 90089

UNIVERSITY OF SOUTHERN COLORADO
Department of Foreign Languages
Pueblo, CO 81001

UNIVERSITY OF SOUTHERN MISSISSIPPI
(Beta Phi)
Department of Foreign Languages
Hattiesburg, MS 39406

UNIVERSITY OF SOUTH FLORIDA
Department of Foreign Languages
Tampa, FL 33620

UNIVERSITY OF SOUTHWESTERN LOUISIANA
(Alpha Rho)
Department of Foreign Languages
Lafayette, LA 70504

UNIVERSITY OF TAMPA
(Pi Sigma)
Department of Foreign Languages
Tampa, FL 33606

UNIVERSITY OF TENNESSEE AT CHATTANOOGA
(Rho)
Department of Foreign Languages
Chattanooga, TN 37403

UNIVERSITY OF TENNESSEE AT KNOXVILLE
Department of Foreign Languages
Knoxville, TN 37996

UNIVERSITY OF TENNESSEE AT MARTIN
(Mu Theta)
Department of Foreign Languages
Martin, TN 38238

UNIVERSITY OF TEXAS AT ARLINGTON
(Zeta Alpha)
Department of Foreign Languages
Arlington, TX 76019

UNIVERSITY OF TEXAS AT AUSTIN
(Zeta)
Department of Foreign Languages
Austin, TX 78712

UNIVERSITY OF TEXAS AT DALLAS
Department of Foreign Languages
Richardson, TX 75083

UNIVERSITY OF TEXAS AT EL PASO
(Alph Iota)
Department of Foreign Languages
El Paso, TX 79968

UNIVERSITY OF TEXAS AT SAN ANTONIO
(Omicron Zeta)
Department of Foreign Languages
San Antonio, TX 78285

UNIVERSITY OF TEXAS OF THE PERMIAN BASIN
Department of Foreign Languages
Odessa, TX 79762

UNIVERSITY OF TEXAS TYLER
(Mu Omicron)
Department of Foreign Languages
Tyler, TX 75701

UNIVERSITY OF TOLEDO
(Beta Epsilon)
Department of Foreign Languages
Toledo, OH 43606

UNIVERSITY OF TULSA
(Pi Iota)
Department of Foreign Languages
Tulsa, OK 74104

UNIVERSITY OF UTAH
(Zeta Gamma)
Department of Foreign Languages
Salt Lake City, UT 84112

UNIVERSITY OF VERMONT
Department of Foreign Languages
Burlington, VT 05405

APENDICES

UNIVERSITY OF VIRGINIA
(Zeta Zeta)
Department of Foreign Languages
Charlottesville, VA 22903

UNIVERSITY OF WASHINGTON
Department of Foreign Languages
Seattle, WA 98195

UNIVERSITY OF WEST FLORIDA
Department of Foreign Languages
Pensacola, FL 32504

UNIVERSITY OF WISCONSIN–EAU CLAIRE
(Delta Psi)
Department of Foreign Languages
Eau Claire, WI 54701

UNIVERSITY OF WISCONSIN–LA CROSSE
(Epsilon Theta)
Department of Foreign Languages
La Crosse, WI 54601

UNIVERSITY OF WISCONSIN–MILWAUKEE
(Epsilon Iota)
Department of Foreign Languages
Milwaukee, WI 53201

UNIVERSITY OF WISCONSIN–WHITEWATER
(Zeta Lambda)
Department of Foreign Languages
Whitewater, WI 53190

UNIVERSITY OF WYOMING
Department of Foreign Languages
Laramie, WY 82071

VANDERBILT UNIVERSITY
Department of Foreign Languages
Nashville, TN 37235

VILLANOVA UNIVERSITY
Department of Foreign Languages
Villanova, PA 19085

VIRGINIA COMMONWEALTH UNIVERSITY
(Pi Psi)
Department of Foreign Languages
Richmond, VA 23284

WAKE FOREST UNIVERSITY
Department of Foreign Languages
Winston–Salem, NC 27109

WASHINGTON & LEE UNIVERSITY
Department of Foreign Languages
Lexington, VA 24450

WASHINGTON STATE UNIVERSITY
Department of Foreign Languages
Pullman, WA 99164

WAYNE STATE UNIVERSITY
Department of Foreign Languages
Detroit, MI 48202

WESLEYAN UNIVERSITY
Department of Foreign Languages
Middletown, CT 06457

WEST CHESTER UNIVERSITY
(Pi Xi)
Department of Foreign Languages
West Chester, PA 19383

WESTERN KENTUCKY UNIVERSITY
(Epsilon Mu)
Department of Foreign Languages
Bowling Green, KY 42101

WESTERN NEW MEXICO UNIVERSITY
(Delta Delta)
Department of Foreign Languages
Silver City, NM 88061

WEST TEXAS STATE UNIVERSITY
(Gamma Kappa)
Department of Foreign Languages
Canyon, TX 79016

WICHITA STATE UNIVERSITY
(Gamma Nu)
Department of Foreign Languages
Wichita, KS 67208

WILLAMETTE UNIVERSITY
(Beta Zeta)
Department of Foreign Languages
Salem, OR 97301

WINSTON–SALEM STATE UNIVERSITY
Department of Foreign Languages
Winston–Salem, NC 27110

WITTENBERG UNIVERSITY
(Lambda Iota)
Department of Foreign Languages
Springfield, OH 45501

WRIGHT STATE UNIVERSITY
(Iota Omega)
Department of Foreign Languages
Dayton, OH 45435

XAVIER UNIVERSITY
Department of Foreign Languages
Cincinnati, OH 45207

XAVIER UNIVERSITY of LOUISIANA
Department of Foreign Languages
New Orleans, LA 70125

YALE UNIVERSITY
(Mu Nu)
Department of Foreign Languages
New Haven, CT 06520

YESHIVA UNIVERSITY
Department of Foreign Languages
New York, NY 10033

YOUNGSTOWN STATE UNIVERSITY
(Nu Epsilon)
Department of Foreign Languages
Youngstown, OH 44555

American Association of Teachers of Spanish and Portuguese (AATSP)

ALABAMA

Attn: Glenda Fritz
Star Route East, Box 12B
Greenville, AL 36037

ARIZONA

Attn: Sydney Reilly
7060 E. Opatas Place
Tucson, AZ 85715

ARKANSAS

Attn: Margot Martin
Route 11, 3570 Fonger Rd.
Fayetteville, AR 72701

CALIFORNIA

Central Coast
Attn: Wanda Hoagland
233 Travis Dr.
Los Osos, CA 93402

Northern California
Attn: José A. Villavicencio
3 Villa Lane
Millbrae, CA 94030

Southern California
Attn: Cara Miller
2065 W. College Ave.
San Bernardino, CA 92407

Attn: Amy Williamsen
4811 Stratford Rd
Los Angeles, CA 90042

COLORADO

Attn: Ken Janson
Box 1800
Steamboat Springs, CO 80477

CONNECTICUT

Attn: Celeste A. Masi
33 Wells Dr.
Farmington, CT 06032

DISTRICT OF COLUMBIA

Attn: Alfredo Benavides
6282 29th St. NW
Washington, DC 20015

FLORIDA

Florida
Attn: Christine H. Parrish
843 Mays Rd.
Tallahassee, FL 32312

Southeastern Florida
Attn: Michael D. Powers
University of Miami
P.O. Box 248093
521 Ashe Building
Coral Gables, FL 33124

GEORGIA

Attn: Sandra Walker
62 Rolling Hill St.
Valdosta, GA 31602

HAWAII

Attn: Raylice Wong
99–1440 Aiea Hts. Dr.
Aiea, HI 96701

IDAHO

Attn: Susana Conde-Leverett
7023 Ashland Dr.
Boise, ID 83709

APENDICES

ILLINOIS

Chicago
Attn: Geraldine Baginski
2154 W. Potomac Ave.
Chicago, IL 60622

Southern Illinois
Attn: Dolores Decaroli
409 Clark St.
Oglesby, IL 61348

Northern Illinois
Attn: Rudolf Strahl
2136 Tellis Lane
Lisle, IL 60532

INDIANA

Attn: Rita Sheridan
7715 Little John Dr., Apt. 7
Indianapolis, IN 46219

IOWA

Attn: Judith Vukelich
2020 Elm St.
Davenport, IA 52803

KANSAS

Attn: Mary P. Miller
1709 Indiana
Lawrence, KS 66044

KENTUCKY

Attn: Marcia Miller
3144 Hyde Park Dr.
Lexington, KY 40503

LOUISIANA

Attn: Marie Leckert
Ursuline Academy
2635 State St.
New Orleans, LA 70118

MAINE

Attn: Darlene Caseiro
Deering H.S.
370 Stevens Ave.
Portland, ME 04103

MARYLAND

Attn: Sherry Miles
c/o Western H.S.
4600 Falls Rd.
Baltimore, MD 21209

MASSACHUSETTS

Massachusetts Bay
Attn: Martha A. Russell
49 Gay St.
Norwood, MA 02062

Western Massachusetts
Attn: David N. Taylor
Box 111
Northfield Mt. Herman School
Mt. Herman, MA 01354

MICHIGAN

Attn: Charles Ahnert
509 Claremont
Buchanan, MI 49107

MINNESOTA

Attn: David Webb
523 W. Marsh St.
Stillwater, MN 55082

MISSISSIPPI

Attn: Marion Surles
P.O. Box 2027
Meridian, MS 39302

MISSOURI

Attn: Graciela N. Corvalan
30 Chaminade Dr.
St. Louis, MO 63141

MONTANA

Attn: Eileen Driscoll
Box 1193
Libby, MT 59923

NEBRASKA

Attn: Denny Hoy
Ralston H.S.
90th and Park Dr.
Omaha, NE 68127

NEW HAMPSHIRE
Attn: Frederick S. Fernald
RFD 1
Wolfeboro, NH 03894

NEW JERSEY
Attn: Douglas Otte
63A Reinman Rd.
Warren, NJ 07060–5124

NEW MEXICO
Attn: June Jaramillo
10412 Nogla Pl. NW
Albuquerque, NM 87114

NEW YORK
Dos Rios (NY and PA)
Attn: Margaret Ross
P.O. Box 443
Greene, NY 13778

Long Island (Nassau and Suffolk Counties)
Attn: Joan Sagginario
9 North Lewis Place
Rockville Centre, NY 11570

Metropolitan New York
Attn: Glenn Nadelbach
64 E. St. Marks Place
Valley Stream, NY 11580

Rochester
Attn: Virginia Errico-Bourji
572 Arnett Blvd.
Rochester, NY 14619

Western New York
Attn: Anthony Schwab
38 Eastvale Court
Buffalo, NY 14225

NORTH CAROLINA
Attn: Virgil McLeod
1513 Granville St.
Burlington, NC 27215

NORTH DAKOTA
Attn: Susan Callahan
359 W. 15th St.
Crafton, ND 58237

OHIO
Buckeye
Attn: Melody Brewer
1342 Sylvania
Toledo, OH 43612

Northern Ohio
Attn: Mary Anne Koontz
8564 Glenwood Ave., Apt. 1
Youngstown, OH 44512

OKLAHOMA
Attn: Carlos Galán
Tulsa Jr. College
909 S. Boston Ave.
Tulsa, OK 74110–2091

OREGON
Attn: Mike Montgomery
650 Justice St. SE
Salem, OR 97302

PENNSYLVANIA
Northeastern Pennsylvania
Attn: Mary M. Kashatus
55 W. Main St.
Glen Lyon, PA 11617

Río Arriba
Attn: Michael Dock
598 Orange St.
Northumberland, PA 17857

Southeastern Pennsylvania
Attn: Anne Budiwsky
127 Bishop Hollow Rd.
Newtown Square, PA 19073

RHODE ISLAND
Attn: Dora V. Waters
Box 233
Saunderstown, RI 02874

SOUTH CAROLINA
Attn: Bonner L. Guidera
164 Lakeland Dr.
Conway, SC 29526

APENDICES

SOUTH DAKOTA
Attn: Karen A. Gross
Rt. 2, No. 57
Watertown, SD 57201

TENNESSEE
Attn: Juanita A. Shettlesworth
Dept. of Foreign Languages
Box 5061
Tenn. Tech. Univ.
Cookeville, TN 38505

TEXAS
Alamo Valley (Corpus Christi area)
Attn: Esperanza Echevarria
1817 Stewart
Laredo, TX 78040

Brazos (Houston area)
Attn: Janice Sue Angevine
9343 Deanwood
Houston, TX 77040

Costa del Sol (Galveston area)
Attn: Kay P. Jones
212 Brokdale Dr.
League City, TX 77573

Llano Estacado (Lubbock area)
Attn: Juanita López
5729 Duke
Lubbock, TX 79416

Lomas de Arena
Attn: Leon Harville
1303 E. 38th
Odessa, TX 79762

Lone Star (Dallas–Fort Worth area)
Attn: Phillip Johnson
Dept. of Foreign Languages
Box 202
Baylor Univ.
Waco, TX 76798

Río Grande (El Paso area)
Attn: Joe Galindo
2619 Fort Blvd.
El Paso, TX 79930

San Antonio de Béjar
Attn: Irma Díaz de León
5515 Castle Top Dr.
San Antonio, TX 78218

Texas (Austin area)
Attn: Nereida Samuda Zimic
4904 Valley Oak Dr.
Austin, TX 78731

UTAH
Attn: Jill Christoffersen
1091 Country Hill Dr., No. 304
Ogden, UT 84403

VIRGINIA
Potomac
Attn: Mark Goldin
Dept. of Foreign Languages
George Mason Univ.
Fairfax, VA 22030

Virginia
Attn: Betty C. Whitehurst
Department of Modern Foreign Languages
Univ. of Richmond
Richmond, VA 23173

WASHINGTON
Attn: Linda Cresci Morton
5814 16th Ave. NE
Seattle, WA 98105

WEST VIRGINIA
Attn: Kelley Moore
RD Apt. 1., Box 183
Triadelphia, WV 26059

WISCONSIN
Wisconsin
Attn: Cathy Etheridge
232 Edgewater Dr.
Menasha, WI 54952

Badger
Attn: Cathy Rathjen
Whitefish Bay H.S.
1200 E. Fairmount.
Whitefish Bay, WI 53217

WYOMING
Attn: Ilva Childers
1977 N. 9th St.
Laramie, WY 82070

Asociaciones hispanas

ALABAMA

Latin American Club
1060 Government St.
Mobile, AL 36604

ARIZONA

ALDEEU (Asociación de Licenciados
y Doctores Españoles en Estados Unidos)
Dr. L. Teresa Valdivieso, Secretary
Department of Foreign Languages
Arizona State University
Tempe, AZ 85287

Alianza Hispano–Americana
133 West Congress St.
Tuscon, AZ 85701

Center for Bilingual and Bicultural Education
Arizona State University
College of Education
Tempe, AZ 85287–1511

Chicano Studies Collection
Arizona State University
Hayden Library
Tempe, AZ 85287

Hispanic Research Center
Arizona State University
P.O. Box 2702
Tempe, AZ 85287–2702

CALIFORNIA

Asociación de Intelectuales Hispanos
(Association of Hispanic Intellectuals)
3460 Division St.
Los Angeles, CA 90065

Asociación Española de California
La Peña
515 N. Altura Rd.
Arcada CA 91006

Basque American Foundation
P.O. Box 13212
Fresno, CA 93705

Basque Cultural Center
599 Railroad St.
South San Francisco, CA 94080

Casa de España
P.O. Box 2924
San Diego, CA 92112

Casa de España, Inc.
5456 Barton Ave.
Hollywood, CA 90038

Casa de España, Inc.
P.O. Box 2498
Pasadena, CA 91102–2498

Casa de los Catalanes
1705 Mission St.
South Pasadena, CA 91030

Casa dels Catalans de California
P.O. Box 91142
Los Angeles, CA 90009

Casa Social Española de Fontana
255 S. Glendora Ave.
Glendora, CA 91740

Centro Boeckman para los Estudios
Ibéricos e Iberoamericanos
Doheny Memorial Library
DML Basement
University of Southern California
University Park
Los Angeles, CA 90089–0182

Centro de la Raza
302 West Seventh St.
Long Beach, CA 90813–4206

Chicano Studies Department
Loyola Marymount University
Loyola Blvd. at West 80th St.
Los Angeles, CA 90045

Chicano Studies Program Center
University of California at Berkeley
3404 Dwinelle Hall
Berkeley, CA 94720

Chicano Studies Program Center
University of California at Davis
T.B. 101
Davis, CA 95616

Chicano Studies Research Center
University of California at Los Angeles
3121 Campbell Hall
Los Angeles, CA 90024

APENDICES

Chino Basque Club
P.O. Box 1080
Chino, CA 91710

Circulo Artistico y Literario de España
5006 Snow Dr.
San Jose, CA 95111

Circulo Español de Stockton
P.O. Box 7802
Stockton, CA 95202

Circulo Hispano
7055 Elder Way
Sacramento, CA 95831

Club Español
P.O. Box 15
Rocklin, CA 95677

Club Español de Fontana
8904 Locust St.
Fontana, CA 92335

Club Hispano del Pueblo
(People's Hispanic Club)
2323 Workman St.
Los Angeles, CA 90031

Club Ibérico Benéfico
1349 Hayes St.
San Leandro, CA 94577

Club Ibérico de España
P.O. Box 765
Winters, CA 95694

Comisión Hispano–Americana V Centenario
(Hispanic–American Commission
for the Celebration of the Fifth Centenary)
10292 Wembley Circle
Westminster, CA 92683

Comité Estatal para la Celebracion
del V Centenario del Descubrimiento de America
(State Committee for the Celebration
of the Fifth Centenary of the Discovery of America)
453 South Spring St., Suite 1201
Los Angeles, CA 90013

Comité para Fiestas Hispánicas
(Hispanic Festivities Committee)
1200 North State St., 1103
Los Angeles, CA 90033

Ethnic Studies Center
California State University at Humboldt
Wagner House 73
Arcata, CA 95521

Fundación de la Familia Hispano–Americana del
    Año
(Hispanic–American Family of the Year)
10654 Woodbridge St.
North Hollywood, CA 91602

Fundación Gregorio Del Amo
1162 Union Bank Bldg.
742 South Hill
Los Angeles, CA 90014

Hispanic Studies Program Center
West Coast Christina College
North Maple Ave.
Fresno, CA 93710

Instituto Literario y Cultural Hispanico
(Hispanic Literary and Cultural Institute)
8452 Furman Ave.
Westminster, CA 92683

Instituto para el Estudios
de la Cultura Hispánica
(Institute for Hispanic Cultural Studies)
2050 Colorado Ave., Suite 103
Santa Monica, CA 90404–3416

La Sociedad de las Américas
2235 47th Ave.
San Fransisco, CA 94116

Latin American Studies Center
California State College at Bakersfield
Bakersfield, CA 93309

Los Fundadores (The Founders)
1053 South White Rd.
San Jose, CA 95127

Los Pobladores 200 (The Settlers 200)
1200 South Atlantic Blvd.
Monterey Park, CA 91754

National Concilio of America
41 Sutter St, Suite 1067
San Fransisco, CA 94104

National Network of Hispanic Women
12021 Wilshire Blvd., Suite 353
Los Angeles, CA 90025

Pena Cultural "El Ateneo"
(Cultural Club "The Atheneum")
10977 Santa Monica Blvd.
Los Angeles, CA 90025

Public Affairs Office
Presidio of San Francisco Headquarters
Presidio, CA 94129

Public Affairs Office
Defense Language Institute
Presidio of Monterey, CA 93940

Public Affairs Office
Mission Dolores Basilica
3321 16th St.
San Francisco, CA 94114

San Joaquin Valley Military Historical Society
1408 "H" St.
P.O. Box 932
Fresno, CA 93714

Sociedad Agustina de Aragón
1349 Hayes St.
San Leandro, CA 94577

Sociedad Cultural Hispánica de California
(California Hispanic Cultural Society)
P.O. Box 41345
Los Angeles, CA 90041

Sociedad de Señoras Isabel La Católica
P.O. Box 60848
Sunnyvale, CA 94088

Sociedad Española Cervantes
627 East Tylor St.
Sunnyvale, CA 94086

Sociedad Española de Beneficencia Mutua
(Spanish Association for Mutual Assistance)
113 South 22 St.
Montebello, CA 90640

Sociedad Iberoamericana de Escritores
de los Estados Unidos de América, SIADE
(Society of Iberoamerican Writers
of the United States)
453 South Spring St., Suite 1202
Los Angeles, CA 90013

Sociedad Nacional Hispánica "Sima Delta Pi"
(Exec. Sec.: Ignacio R. Galbis)
P.O. Box 55125
Riverside, CA 92517

Society of California Pioneers
456 McAllister St.
San Francisco, CA 94102

Spanish American Heritage Association
1008 Larkin Circle
Salinas, CA 93907

Teatro Campesino
Box 1240
San Juan Bautista, CA 95045

Unión Española Benéfica
P.O. Box 1063
Hollister, CA 95023

Unión Española de California
2850 Alameny Blvd.
San Francisco, CA 94112

COLORADO

St. Thomas Seminary Library
1300 South Steele
Denver, CO 80210

CONNECTICUT

Daughters of Isabella
375 Whitney Ave.
New Haven, CT 06511

Knights of Columbus
Columbus Plaza
New Haven, CT 06507

Spanish Action Council
629 South Main St.
Waterbury, CT 06706

Spanish Community
37 Hall Ave.
Wellingford, CT 06492

Spanish Cultural Association
153 Howard Ave.
New Haven, CT 06519

DELAWARE

Foundation "The Good Samaritan"
9034 DuPont Bldg.
Wilmington, DE 19098

DISTRICT OF COLUMBIA

Afro–Hispanic Institute
3306 Ross Place NW
Washington, DC 20008

APENDICES

Asociació de Catalans de l'Area de Washington
P.O. Box 9481
Washington, DC 20016-9481

Aspira of America
1112 16th St. NW, Suite 340
Washington, DC 20036

Centro Anglo–Español
2022 Hillyer Place NW
Washington, DC 20009

Centro Español de Washington, D.C.
P.O. Box 9485
Washington, DC 20016

Centro Vasco
2915 Arizona Ave.
Washington, DC 20016

Christopher Columbus Quincentenary Jubilee
Commission
1801 F Street NW
Washington DC 20006

Club de las Américas
P.O. Box 11095
Washington, DC 20008

Congressional Hispanic Caucus Institute
504 C Street NE
Washington, DC 20002

Fernando Rielo Foundation
3636 16th St. NW
B. 1133
Washington, DC 20010

Foundation for the Advancement
of Hispanic Americans
Box 66012
Washington, DC 20035

Hispanic Higher Education Coalition
20 F Street NW, Suite 200
Washington, DC 20001

Hispanic Institute for the Performing Arts
1629 K St. NW, Suite 800
Washington, DC 20006

Latin American Institute
3713 Macomb St. NW
Washington, DC 20016

National Association
for Bilingual Education (NABE)
1201 16th St. NW, Room 408
Washington, DC 20036

National Association
of Hispanic Journalists (NAHJ)
National Press Bldg., Suite 634
Washington, DC 20045

National Association of Latino Elected
and Appointed Officials (NALEO)
708 G St. SE
Washington, DC 20003

National Council of La Raza
810 First St. NE
Washington, DC 20002

Secretariat for Hispanic Affairs
(Natl. Conf. of Catholic Bishops)
1312 Massachusetts Ave. NW
Washington, DC 20005

FLORIDA

Amigos de Madrid
2845 Coral Way
Miami, FL 33145

Asociación de Graduados
de Universidades Españolas (AGUE)
(Attn: Dr. Ramiro Marrero)
1221 SW 27th Ave.
Miami, FL 33135

Cámara de Comercio Latina
de los Estados Unidos (CAMACOL)
1417 West Flagler St.
Miami, FL 33135

Casa de España
del Este de la Florida Central
P.O. Box 14148 B
Orlando, FL 33857

Casa Sta. Marta de Ortigueira
1815 NW N. River Drive
Miami, Fl 33125

Casal Català
c/o Professor Joaquin Roy
Center for Ad. Int'l. Studies
University of Miami
P.O. Box 248123
Coral Gables, FL 33124

Casino Español de la Habana
110 20th St.
Miami Beach, FL 33139

Centro Asturiano de Miami
4315 NW 7th St.
Miami, FL 33126

Centro Asturiano de Tampa
1913 Nebraska Ave. and Palm Ave.
Tampa, FL 33602

Club Iberico Español
P.O. Box 261841
Tampa, FL 33685

Club Vasco
"Txoko Alai"
4315 NW 7th St.
Miami, FL 33126

Cuban American National Council
300 SW 12th Ave.
Miami, FL 33130–2038

Discovery of America Quincentennial Committee, Inc.
4011 W. Flagler St., Suite 505
Miami, FL 33134

Fiesta of Five Flags
(Order of Don Tristan de Luna)
2121 West Intendencia St.
P.O. Box 1943
Pensacola, FL 32589–1943

Florida's Columbus Hemispheric Commission
2701 Le Jeune Rd., Suite 330
Coral Gables, FL 33134

Hernando de Soto Historical Society
The Spanish Manor House
910 Third Ave. West
Bradenton, FL 34205

Hispanic Heritage Festival
4011 Flagler St., Suite 503
Miami, FL 33134

Koubek Center for Continuing Education
University of Miami
2705 SW Third St.
Miami, FL 33135

Men of Menendez
New World Garrison of the Spanish Marine Corps
ORDEN DEL MAR, an Honorary Living History Organization
Historic Florida Militia
42 Spanish St.
St. Augustine, FL 32084

Orden del Buen Vino (Order of Good Wine)
(Attn: Milton Lehr)
c/o American Travel Club
2351 W. Flagler St.
Miami, FL 33135

Real Club Social Deportivo Espanol
7401B NW 8th St.
Miami, FL 33126

Royal Order of the Ponce de Léon Conquistadors
P.O. Box 0664
Punta Gorda–Port
Charlotte, FL 33950–0664

Salvador Dali Foundation
Dali Museum
1000 3rd St. South
St. Petersburg, FL 33701

GEORGIA

Asociación Cultural Hispano–Americana
de la CSRA "Miguel de Cervantes"
P.O. Box 1083
Augusta, GA 30903

IDAHO

Basque Club
1421 Warm Spring Ave.
Boise, Idaho 83702

ILLINOIS

Hispanic Image
P.O. Box 11100
Chicago, IL 60611

Sociedad Española de Medio Oeste
5255 Carpenter St.
Downers Grove, IL 60515

Spanish Association of the Midwest
1448 Elm Ave.
Northbrook, IL 60062

INDIANA

Center for the Study of Contemporary Society
Memorial Library
University of Notre Dame
Notre Dame, IN 46656

Hispanic Society
1400 Western Hills Drive
Evansville, IN 47712

APENDICES

Sociedad Española Inc.
P.O. Box 10037
Merrillville, IN 46411

LOUISIANA

Cámara de Comercio Hispana de Louisiana
1221 Elmwood Park, Suite 401
Harahan, LA 70123

Centro Social Español de Beneficiencia
P.O. Box 13562
New Orleans, LA 70176

Cervantes
Fundación Hispanoamericana de Arte
5519 Elysians Fields Ave.
New Orleans, LA 70122

Hispanidad
7111 St. Charles Ave.
New Orleans, LA 70118

Sociedad Española
7111 St. Charles Ave.
New Orleans, LA 70118

MARYLAND

Casa de España
2508 Old North Point Rd.
Baltimore, MD 21222

National Clearing House
for Bilingual Education (NCBE)
8737 Colesville Road
Silver Spring, MD 20902

MASSACHUSETTS

Boston–Barcelona Sister City Association
Head, University Professors Program
Boston University
Boston, MA 02215

Cardinal Cushing Spanish Center
26 Union Park St.
Boston, MA 02110

Club Hispano–Americano
International House
470 Atlantic House
Boston, MA 02110

Spanish Cultural Institute of New England
152 North St.
Boston, MA 02109

MICHIGAN

Hispanos Unidos de Detroit
3564 W. Vernon Highway
Detroit, MI 48216

MINNESOTA

Society for Spanish and
Portuguese Historical Studies
Dept. of History
614 Social Sciences Bldg.
University of Minnesota
Minneapolis, MN 55455

MISSISSIPPI

American Association
of Teachers of Spanish and Portuguese
P.O. Box 6349
Mississippi University
(Exec. Dir: James R. Chatham)
State College, MS 39762

MISSOURI

Centro Hispano
Box 2032
St. Louis, MO 63158

Sociedad Española de St. Louis
7107 Michigan Ave.
St. Louis, MO 63111

U.S. Hispanic Chamber of Commerce (USHCC)
4900 Main St., Suite 700
Kansas City, MO 64112

NEBRASKA

Institute for Ethnic Studies
University of Nebraska
141 Andrews Hall
Lincoln, NE 68512

Society of Spanish and
Spanish–American Studies
Dept. of Modern Languages and Literatures
Oldfather Hall
Univ. of Nebraska
Lincoln, NE 68538

NEVADA

Club Euzkaldunak
P.O. Box 1321
Elko, NE 89801

Sociedad Cultural Hispana
P.O. Box 11174
Las Vegas, NE 89111

NEW JERSEY

Aula de Bayonne
"Calderón de la Barca"
767 Ave. A
Bayonne, NJ 07002

Aula de Manhattan
"Rosalia de Castro"
11–18 Floral Ave.
Fair Lawn, NJ 07410

Aula de Paterson
"García Lorca"
136 Franklin Ave.
Wyckoff, NJ 07481

Aula de Union City
"Camilo José Cela"
4916 Murphy Place
West New York, NJ 08093

Casa de España
2310 Summit Ave.
Union City, NJ 07087

Centro Español
88 Roosevelt Ave.
Carteret, NJ 07008

Centro Orensano, Inc.
148 Lafayette St.
Newark, NJ 07105

Club España Inc.
180–2 New York Ave.
Newark, NJ 07105

Club Español de Paterson
60 Butler St.
Paterson, NJ 07524

Federación de Asociaciones Españolas
de EE.UU. "Fase EE.UU."
P.O. Box 1363
Fair Lawn, NJ 07410-8363

Hispanic Institute for Research and Development
182 Main St.
Ridgefield Park, NJ 07660

Spanish American Citizens Club
382 Broadway
Bayonne, NJ 07002

NEW YORK

Academia Norteamericana
de la Lengua Española
GPO 349
New York, NY 10116

Agrupación Martinez
P.O. Box 48
East Norwich
Long Island, NY 11732

American Friends of Spain
667 Madison Ave.
New York, NY 10021

American Spanish Committee
80 Box 119 Canal St. Station
New York, NY 10013

Amigos de la Zarzuela
241 West 97th St., Suite 4M
New York, NY 10025

Asociación Pro-Zarzuela en América
Box 992 FDR Station
334 58th St., Room 30
New York, NY 10150

Association of Hispanic Arts
200 East 87th St.
New York, NY 10028

Aula de Queens
"Miguel de Cervantes"
236 W 10th St.
New York, NY 10014

Bergondo y Sus Contornos
Centro Español
239 W 14th St.
New York, NY 10011

Casa de España de I.E.E.
314 East 39th St.
New York, NY 10016

Casa Galicia, Unidad Gallega
125 East 11th St.
New York NY 10003

Catalan Institute, Inc.
173 Argonne Dr.
Buffalo, NY 14217

Center for Cuban Studies
124 West 23rd St.
New York, NY 10011

APENDICES

Centro Español de Staten Island, Inc.
147 Union Ave.
Staten Island, NY 10303

Centro Vasco–Americano
"Zorionak"
307 Eckford St.
Brooklyn, NY 11222

Cervantes Cultural Association
1000 Clove Rd.
New York, NY 10301

Circulo de Escritores y
Poetas Iberoamericanos de Nueva York
10 East 40th St., Suite 4110
New York, NY 10016

Circulo Español
41–01 Broadway
Astoria, NY 11103

Circulo Espanol de Nueva York, Inc.
P.O. Box 2889
New York, NY 10001

Club Acacia
71 West 23rd St.
New York, NY 10010

Club España
244 West 14th St.
New York, NY 10011

Comité del Desfile de la Raza
174–76 Fifth Ave., Suite 401
New York, NY 10010

Hispanic Institute in the United States
612 West 116th St.
New York, NY 10027

Hispanic Society of America
613 West 155th St.
New York, NY 10032

Latin American and Caribbean Studies
Hostos Community College
500 Grand Concourse
Bronx, NY 10451

National Hispanic Business Group
960 Southern Blvd.
New York, NY 10459

National Hispanic Historical Committee
150 Ash St.
Floral Park, NY 11001

North American Catalan Society
Peter Cocozzella, Secretary
Dept. of Romance Languages
State University of New York
Binghamton, NY 13901

Sociedad Española de Socorros Mutuos
239 West 14th St.
New York, NY 10011

Society of Spanish Engineers, Planners and
  Architects
P.O. Box 75
Church St. Station
New York, NY 10007

Spanish American Citizens Club Queens
23/09/31 Street Astoria
Long Island, NY 11105

Spanish Benevolent Society "La Nacional"
239 West 14th St.
New York, NY 10011

Spanish Institute
684 Park Ave.
New York, NY 10021

State University of New York at Albany
Department of Puerto Rican, Latin American
and Caribbean Studies
1400 Washington Ave.
Albany, NY 12222

Unidad Gallega de U.S. Inc.
Casa Galicia
119–125 East 11th St.
New York, NY 10003

Veterans of the Abraham Lincoln Brigade
799 Broadway, Room 227
New York, NY 10003

NORTH CAROLINA

Institute of Latin American Studies
University of North Carolina
215 Murphey Hall
Chapel Hill, NC 57599

OHIO

Committee on Relations with Toledo
245 Summit St.
Toledo, OH 43604

La Mesa Española de Cleveland
286 Sheri Lane
Brunswick, OH 44212

Mesa Española
2550 Kemper Rd.
Cleveland, OH 44120

Pan American Society of Cincinnati
8633 Mockingbird Lane
Cincinnati, OH 45231

OKLAHOMA

Hispanic Center
308 SW 25th St.
Oklahoma City, OK 73109

OREGON

Centro Cultural
Box 708
Cornelius, OR 97113

PENNSYLVANIA

Circulo Español
6564 Germantown Ave.
Philadelphia, PA 19119

Circulo Español
320 Wellington Rd.
West Chester, PA 19380

TENNESSEE

Pan American Association of Tennessee
P.O. Box 2751 Arcade Station
Nashville, TN 37219

TEXAS

American Institute for Catalana Studies
14314 Cindywood
Houston, TX 77079

Asociació d'Amics de Gaspar de Portolá
c/o Dr. Joan Oró
University of Houston
Department of Biophysical Sc.
4800 Calhoun Rd.
Houston, TX 77004

Benson Latin American Collection
University of Texas
Sid Richardson Hall 1.109
Austin, TX 78713-7330

Casa de España
P.O. Box 1667
Brownsville, TX 78520

Casa de España
2501 Oak Lawn Ave., Suite 201
Dallas, TX 75219

Casa de España
P.O. Box 20511
Houston, TX 77225

Casa de España
P.O. Box 790734
San Antonio, TX 78279-0734

Center for Inter-American and Border Studies
University of Texas
Miner Hall
El Paso, TX 79968-0605

Club de España Paso el Norte
P.O. Box 220295
El Paso, TX 79913

Club Patronato de la Cultura Hispano-Americana
232 Meadowbrook
San Antonio, TX 78232

Committee for Hispanic Arts and Research
P.O. Box 12865
Austin, TX 78711

El Patronato
620 Terrell Rd.
San Antonio, TX 78209

Hispanic Association of Colleges and Universities
411 SW 24th St.
San Antonio, TX 78285

Instituto de Cultura Hispánica
5 Chelsea Place
Houston, TX 77006

Instituto de Cultura Hispánica en Corpus Christi
P.O. Box 7201
Corpus Christi, TX 78415

Instituto de Estudios Catalanes
14314 Cindywood
Houston, TX 77079

APENDICES

League for United Latin American Citizens (LULAC)
262 Losoya, Suite 320
San Antonio, TX 78205

SER/Jobs for Progress
1355 River Bend Dr., Suite 240
Dallas, TX 75247

VIRGINIA

Club España
2756 Hyson Lane
Falls Church, VA 22043

Club Hispano Americano de Tidewater
507 Earl St.
Norfolk, VA 23503

Hogar Hispano
915 South Wakefield St.
Arlington, VA 22204

Rincon de España
P.O. Box 9895
Virginia Beach, VA 23452

WASHINGTON

Spanish Club of WA
P.O. Box 214
Hamilton Hill, WA 98225

WISCONSIN

Centro Hispano
1810 South Park
Madison, WI 53713

Club Español
2810 W. Highland Ave.
Milwaukee, WI 53208

Ibero–American Studies Center
University of Wisconsin
Van Hise Hall
Madison, WI 53706

Spanish Center
1212 57th St.
Kenosha, WI 53140

Festividades y celebraciones relacionadas en algún modo con lo español o lo hispánico

ENERO

San Ildefonse (New Mexico): San Ildefonse Fiesta, día 23.

Tucson (Arizona): Baile de las Flores, día 30.

FEBRERO

Punta Gorda (Florida): Conmemoración del desembarco de Ponce de León, primera quincena.

Scottsdale (Arizona): Parada Del Sol, primera decena del mes.

Phoenix (Arizona): Dons Club Travelcade (jira a caballo a diferentes localidades del Estado), a lo largo del mes y del siguiente.

Apache Junction (Arizona): Burro Derby, día 21.

Prescott (Arizona): Official Raising of the Avenue of Flags, día 14.

Tucson (Arizona): Fiesta de los Vaqueros, tercer fin de semana.

Tampa (Florida): Gasparilla Pirate Festival, primera quincena.

Boca Raton (Florida): Fiesta de Boca Raton, última decena del mes.

Mission (Texas): Texas Citrus Fiesta, primera decena del mes.

Brownsville (Texas): Fiesta Turista, fines del mes.

Monterey (California): Baile de los Cascarones, del Club Cívico.

MARZO

Phoenix (Arizona): World's Championship Rodeo of Rodeos, segunda semana del mes.

Hemet (California): De Anza Cavalcade, primera semana del mes.

San Juan Capistrano Mission (California): Fiesta de las Golondrinas, mediados del mes, generalmente el día de San José.

El Cajon (California): El Cajon Rodeo, última semana del mes.

Tampa (Florida): Latin American Fiesta, en Ybor City, segunda semana del mes.

Bradenton (Florida): De Soto Celebrations, mediados del mes.

Hollywood (Florida): Tropical Fiesta, última semana del mes.

Gulfport (Mississippi): Heritage Parade, en el curso del mes.

McAllen (Texas): Spring Fiesta, segunda semana del mes.

Orlando, Miami, Dania, Daytona Beach, Tampa, and West Palm Beach: Juego del Frontón o "Jai–Alai," o lo largo del invierno.

ABRIL

Crestview (Florida): Old Spanish Trail Festival, en el curso del mes.

Bullhead City (Arizona): Burro Days, último sábado del mes.

San Javier del Bac Mission, Tucson (Arizona): San Xavier Fiesta, viernes después de Pascua de Resurrección

Tucson (Arizona): Fiesta de la Placita, en el curso del mes.

Lakewood (California): Pan–American Week, en torno al día 14.

Los Angeles (California): Blessing of the Animals in the Old Plaza, día 19.

St. Augustine (Florida): Easter Week Festival, semana de Pascua de Resurrección.

New Port Pickey (Florida): Chasco Fiesta, en torno al día 1.

Corpus Christi (Texas): Holy Week Celebrations, Semana Santa.

San Antonio (Texas): Fiesta San Antonio, tercera semana del mes.

Columbus (Georgia): Miss Columbus Pageant, 24–25 del mes.

New Orleans (Louisiana): Pan American Days, en torno al 14 de abril.

Raymondsville (Texas): Onion Fiesta & Rio Grande Music Festival, en el curso del mes.

San Antonio (Texas): Representación en español del auto "La Pasión," en San José Mission, Semana Santa.

San Francisco (California): Día de las Américas.

El Paso (Texas): "First Thanksgiving ever held by Explorer 'Juan de Oñate'," fines del mes.

Miami (Florida): Ferias de Andalucía, una semana antes de la Feria de Sevilla.

MAYO

Pensacola (Florida): Fiesta of Five Flags, segunda semana del mes.

Toledo (Ohio): Day of the two Toledos, fines del mes.

Phoenix (Arizona): Fiestas de Mayo Celebrations, primera semana del mes.

Nogales (Arizona): Fiestas de Mayo Celebrations, primera semana del mes.

Monterey (California): Adobe Tour of Monterey, primera semana del mes.

Lompoc (California): La Purísima "Fiesta Pequeña," día 17.

Vacaville (California): Fiesta Days, segunda quincena.

San Antonio de Padua Mission (California): Corpus Christi Fiesta, el día de Corpus Christi.

Santa Barbara (California): Rancheros Visitadores Trek (jira a caballo al Valle de Santa Inez), en el curso del mes.

New Smyrna Beach (Florida): seaside Fiesta, en el curso del mes.

Los Cordovas, Taos (New Mexico): San Isidro Fiesta, día 15

Albuquerque (New Mexico): Corpus Christi Procession, día del Corpus Christi.

King City (California): Corpus Christi Fiesta, el día de Corpus Christi.

Fort Worth (Texas): Casa Mañana Musicals, desde fines del mes hasta principios de septiembre.

Gonzales (Louisiana): East Ascension Strawberry Festival, días 11–12.

San Francisco (California): Cinco de Mayo Celebration, primeros días del mes.

Chicago (Illinois): Cinco de Mayo Festival, primeros días del mes.

Dallas (Texas): Cinco de May Fiesta, primeros días del mes.

APENDICES

JUNIO

St. Augustine (Florida): Conmemoración de la "Night Watch," día 17.

San Antonio de Padua Mission (California): Animal Fiesta, día 14.

Tubac (Arizona): San Juan Day Celebrations, días 23–24.

Fernandina Beach (Florida): Fiesta of Eight Flags, segunda semana del mes.

Columbus (Georgia): Festival Days, tercera semana del mes.

Ketchum (Idaho): Basque Festival, segunda quincena.

Montevideo (Minnesota): Fiesta Days Celebration, días 26–28.

Llano (Texas): Llano Country Rodeo, primeros días del mes.

Goliad, Presidio La Bahía (Texas): Gálvez Fiesta and Spanish Nightwatch, primeros días del mes.

Santa Fe (New Mexico): La Fiesta de la Reconquista. Procesión a la Ermita del Rosario, segunda quincena.

Beaufort (North Carolina): Re-enactment of Spanish Invasion in 1747, día 27.

San Antonio (Texas): Fiesta Noche del Río, desde comienzos del mes a finales de agosto.

Cherokee (North Carolina): Representación teatral de "Unto These Hills," desde finales de junio a comienzos de septiembre.

Taos (New Mexico): Fiesta de la Loma, día 12.

Sandia Indian Pueblo (New Mexico): Fiesta in honor of San Antonio, día 13.

San Fernando (California): Fiesta, primera semana del mes.

Albuquerque (New Mexico): New Mexico Arts and Crafts Fair (exposición y demostraciones por artesanos representando las culturas española, india y norteamericana), fines del mes.

San Francisco (California): Celebración comienzo de la ciudad, cuando los primeros pobladores llegaron (6–27–1776).

JULIO

Washington, D.C.: Festival of American Folklife, primeros días del mes.

San Jan Bautista (California): Fiesta Rodeo, primera quincena.

San Diego (California): Trek to the Cross, honoring Father Junípero Serra, primera quincena. (Festival of the Bells.)

Monterey (California): Paisano El Toro Boat Races, primera semana.

Oceanside (California): Old Mission Fiesta, Mission San Luis Rey, días 25–26.

San Clemente (California): la Cristianita Fiesta (conmemorando el primer bautismo en California), fin de semana más próximo al día 21.

Leadville (Colorado): World's Championship Pack Burro Race, fines del mes.

Ely (Nevada): Basque Dance & Picnic, segunda quincena.Durango (Colorado): Spanish Trails Fiesta, fines del mes.

Las Vegas (New Mexico): Old Town Spanish Fiesta, día 4.

Taos (New Mexico): Spanish Colonial Fiesta, días 25–26.

Cochiti Pueblo (New Mexico): Fiesta, día 14.

Chula Vista (California): Fiesta de la Luna, primera quincena.

Detroit (Michigan): Latin American Festival, últimos días del mes.

El Paso (Texas): El Paso Festival, primeros días del mes.

AGOSTO

Santa Barbara (California): Old Spanish Days Fiesta, mediados del mes.

Callao (Missouri): Harvest Fiesta, segunda quincena.

Elko (Nevada): Basque Festival, primera quincena.

Boise (Idaho): Basque Festival, mediados del mes.

Red Lodge (Montana): Festival of Nations, tercera semana.

Santo Domingo Pueblo (New Mexico): Corn Dance & Fiesta, día 4.

Zia Pueblo (New Mexico): Assumption Day Fiesta, día 15.

Isleta Pueblo (New Mexico): San Agustín Fiesta, día 28.

Santa Clara Pueblo (New Mexico): Fiesta, día 12.

Lake Tahoe (California): Fun in the Sun Fiesta, días 12–15.

Petaluma (California): Old Adobe Days, días 15–23.

Aptos (California): Cabrillo Music Festival, segunda quincena.

Fort Collins (Colorado): Historical Pageant, días 6–8.

Norwood (Colorado): San Miguel Fair & Rodeo, primera quincena.

SEPTIEMBRE

Ventura (California): Fiesta de La Marina, primera quincena.

San Diego (California): San Diego Harbor Days, segunda quincena.

Santa Fe (New Mexico): Santa Fe Fiesta, primer fin de semana.

Laguna Pueblo (New Mexico): Fiesta, día 19.

Taos (New Mexico): Annual Taos Pueblo Fiesta, días 29–30.

Eagle Pass (Texas): Fall Fiesta, mediados del mes.

OCTUBRE

San Antonio (Texas): Día de la Raza, Festival in the Park, en torno al 12 de octubre.

Bodega Bay (California): Discovery Day Celebration, días 3–4.

San Francisco (California): Columbus Day, en torno al día 12.

Santa Clara (California): Columbus Celebration, primer domingo del mes.

Washington, D.C.: Discovery Day Celebration, día 12.

New York (New York): Columbus Day, en torno al día 12.

New York (New York): Spanish Week, semana en torno al 12. Día de la Hispanidad.

Columbus (Kansas): Miss Columbus Contest, día 12.

Columbus (Montana): Centennial Day Celebration, día 12.

Asbury Park (New Jersey): Columbus Day Celebration, día 12.

Manchester (New Hampshire): Columbus Day Celebrations, día 12.

Warren (Rhode Island): Miss Columbus Day Pageant and Parade, días 11–12.

Pawhuska (Oklahoma): Heritage Week, principios del mes.

Culver City (California): Fiesta La Ballona, primera semana del mes.

Soledad Mission (California): Children's Festival, primera semana.

Los Angeles (California): Port of Los Angeles Fishermen's Fiesta, segunda quincena.

Taos (New Mexico): Spanish Village Fiesta, día 3.

Del Río (Texas): Fiesta de Amistad, fin de semana más próximo al día 24.

New Orleans (Louisiana): Hispanic Parade, domingo anterior al 12 de octubre.

San Francisco (California): Día de la Hispanidad, día 12.

Miami (Florida): Hispanic Heritage Festival, a lo largo del mes.

NOVIEMBRE

San Diego (California): Fiesta de la Cuadrilla, primera semana.

St. Paul (Minnesota): Festival of Nations, primera semana.

Beatty (Nevada): World's Championship Wild Burro Races, primera semana.

Tesuque & Jemez Pueblos (New Mexico): St James Day Fiesta, día 12.

Edinburg (Texas): Bronco Days, fines de mes.

Weslaco (Texas): Fiesta de Amistad, mediados del mes.

DICIEMBRE

Santa Fe (New Mexico): Feast of Our Lady of

Guadalupe, día 12.

Taos (New Mexico): Feast of Our Lady of Guadalupe, día 12

Scottsdale (Arizona): Miracle of Rose Parade (tribute to Our Lady of Guadalupe), día 12.

San Diego (Mission of San Luis Rey): Festival of Our Lady of Guadalupe, día 12.

San Diego (California): Old San Diego Posada in the Old Town Plaza, segunda quincena.

Oceanside (California): "Las Posadas" en San Miguel Mission, día 15.

Santa Barbara (California): "Las Posadas" en la Misión, día 22.

San Antonio (Texas): Representación del auto "Los Pastores," en español, en San José Mission, época de Navidad.

Santa Fe (New Mexico): Representación del los autos "Los Pastores" y "Los Tres Reyes Magos," en español y en inglés, época de Navidad.

Laredo (Texas): Christmas Fiestas, a partir del día 16.

Boise (Idaho): Euzkaldunak's New Year's Dance (en el Basque Center), el día 31.

Aparte de los Rodeos mencionados en la lista anterior, se celebran numerosos en otras ciudades de los Estados Unidos.

Los nombres españoles de las fiestas que se relacionan son los usados oficialmente.

♦ *MEDIOS DE DIFUSION* ♦

Publicaciones periódicas en las que lo importante es el use del idioma español
(**NOTA**: algunas son bilingües)

ARIZONA

Ave Fenix de Arizona
(bimensual)
P.O. Box 398
Glendale, AZ 85311

Buen Dinero
(semanal)
1730 N. Tucson Blvd.
Tucson, AZ 85716

Revista Unidos
(semanal)
1715 E. Washington
Phoenix, AZ 85034

El Sol
(semanal)
8986 N. Central, Suite 206
Phoenix, AZ 85020

CALIFORNIA

Adelante!
(mensual)
125 Imperial St.
Oxnard, CA 93030

El Aguila
(semanal)
P.O. Box 42116
Los Angeles, CA 90042

Ahora Now Newspaper
(semanal)
675 E. San Ysidro Blvd.
San Diego, CA 92173

El Americano
(mensual)
Society of Ibero American Writers of the USA
453 South Spring St., Suite 1202
Los Angeles, CA 90013

MEDIOS DE DIFUSION

El Bohemio News
(bisemanal)
3133 22nd St.
San Francisco, CA 94110

Caminos Magazine
(mensual)
421 N. Avenue 19, 4th floor
Los Angeles, CA 90031

El Chicano Newspaper
(semanal)
P.O. Box 827
Colton, CA 92324

Conquista
(mensual)
P.O. Box 80244
San Marino, CA 91108

El Diario de Los Angeles
(diario)
2300 South Broadway
Los Angeles, CA 90007

Eastern Group Publications
(semanal)
P.O. Box 33803
Los Angeles, CA 90033

Eastside Journal
(semanal)
5420 N. Figueroa St.
Los Angeles, CA 90041

Entre Nosotros
(tres veces al año)
Sigma Delta Pi
(attn: Prof. I. R. M. Galbis)
P.O. Box 55125
Riverside, CA 92517

Familia Latina
(mensual)
421 N. 19th Ave., 4th floor
Los Angeles, CA 90031

La Guía de TV en Español
(semanal)
14654 Oxnard St.
Van Nuys, CA 91411

El Heraldo Católico
(cinco veces al año)
5890 Newman Court
Sacramento, CA 95819

Hispanic Business
(mensual)
360 S. Hope Ave., Suite 300C
Santa Barbara, CA 93105

Hispanic Conventioneer
(anual)
421 N. 19th Ave., 4th floor
Los Angeles, CA 90031

Hispanic News de California
(semanal)
1436 S. La Cienaga Blvd.
Los Angeles, CA 90035

El Hispano
(semanal)
928 Second St.
Sacramento, CA 95814

Horizontes
(mensual)
466 Collingwood St.
San Francisco, CA 94114

Humanizarte
(cuatro veces al año)
2868 Mission St.
San Francisco, CA 94110

El Independiente
(semanal)
6045 Atlantic Blvd.
Maywood, CA 90270

El Informador
(mensual)
1701 Colgate Circle
La Jolla, CA 92037

Latino Viewer
(mensual)
2929 19th St.
San Francisco, CA 94110

Legislative Bulletin
(cuatro veces al año)
National Hispanic Research Center
2727 West Sixth St.
Los Aangeles, CA 90057

El Mensajero
(semanal)
346 9th St.
San Francisco, CA 94103

APENDICES

El Mercado
(semanal)
1206 E. 17th St., Suite F
Santa Ana, CA 92701

Mr. Teve
(semanal)
3008 Belden Drive
Los Angeles, CA 90068

El Mundo
(semanal)
630 20th St.
Oakland, CA 94612

Mundo Artístico
(semanal)
217 East Alameda Ave., Suite 211
Burbank, CA 91502

Nacional Guía Cine, Radio y TV
(semanal)
7700 State St.
Huntington Park, CA 90255

Noticias del Mundo
(diario)
1301 West 2nd St.
Los Angeles, CA 90026

Nuestro Tiempo
(special section of *Los Angeles Times*)
(mensual)
Times Mirror Square
Los Angeles, CA 90053

El Observador
(semanal)
P.O. Box 1990
777 N. First St., Suite 420
San Jose, CA 95112

La Oferta Review
(semanal)
3146 Bilbo Drive
San Jose, CA 95121

La Opinión
(diario)
1436 South Main St.
Los Angeles, CA 90015

Los Padrinos
(diario)
Los Padrinos of Southern California
Box 479
San Bernardino, CA 92402

Pesca y Marina
(bimensual)
527 N. Las Palmas Ave.
Los Angeles, CA 90004

El Popular Spanish Newspaper
(semanal)
5512 S. Union Ave.
Bakersfield, CA 93307

La Prensa de Los Angeles
(semanal)
1505 Gardens Ave.
Glendale, CA 91204

La Prensa de San Diego
(semanal)
1950 5th Ave.
San Diego, CA 92101

La República
(semanal)
415 N. Abbey St.
Fresno, CA 93721

La Revista
(mensual)
1436 S. Main St.
Los Angeles, CA 90015

Saludos Hispanos
(seis veces al año)
19510 Ventura Blvd., Suite 204
Tarzana, CA 91356

El Sol
(semanal)
230 Capitol St.
P.O. Box 1610
Salinas, CA 93901

El Sol del Valle
(bimensual)
718 N St.
Sanger, CA 93657

El Sol Latino
(semanal)
1015 West First St., Suite B
Santa Ana, CA 92703

El Tiempo
(semanal)
3526 Stockton Blvd.
Sacramento, CA 95814

MEDIOS DE DIFUSION

El Tiempo Latino
(semanal)
3175 21st St.
San Francisco, CA 94110

Tiempo Latino
(semanal)
2595 Mission St., suite 300
San Francisco, CA 94110

Vida
(semanal)
2520 Miramonte Dr.
Oxnard, CA 93030

La Voz
(semanal)
685 West Mission Blvd.
Pomona, CA 91766

La Voz Libre
(semanal)
3107 W. Beverly Blvd, Suite 1
Los Angeles, CA 90057

COLORADO

La Voz de Colorado
(semanal)
812 Santa Fe Dr.
P.O. Box 4329
Denver, CO 80204

CONNECTICUT

Desarrollo Nacional
(mensual)
15 Ketchum St.
Westport, CT 06881

Qué Pasa
(mensual)
115 Bedford St.
Hartford, CT 06120

DISTRICT OF COLUMBIA

Caminando
(cuatro veces al año)
Casa del Pueblo
1459 Columbia Rd. NW
Washington, DC 20009

Hispanic
(mensual)
111 Massachusetts Ave. NW, Suite 410
Washington, DC 20001

Hispanic Link
(semanal)
1420 "N" St. NW
Washington, DC 20005

Hispanic Review of Business
(diez veces al año)
P.O. Box 75418
Washington, DC 20013

El Latino
(semanal)
P.O. Box 43284
Washington, DC 20010

The Reporter
(cuatro veces al año)
1030 15th St. NW
Washington, DC 20005

FLORIDA

Aboard
(bimensual)
777 41 St.
P.O. Box 40–2763
Miami Beach, FL 33140

Ahora
(mensual)
4048 SW 94 St.
Miami, FL 33156

Alerta
(mensual)
426 SW 8 St., Suite 6
Miami, FL 33130

Boletín de FESELA
(Feder. Sefaradí Latinoamericana)
(mensual)
1200 Normandy Dr.
Miami Beach, FL 33141

The Broward Latino
(bimensual)
2613 W. Davie Blvd.
Fort Lauderdale, FL 33312

Buenhogar
(bisemanal)
6355 NW 36th St.
Virginia Gardens, FL 33166

Cosmopolitan en Español
(mensual)
6355 NW 36th St.
Virginia Gardens, FL 33166

APENDICES

Customs Business
(mensual)
170 NE 214th St.
N. Miami Beach, FL 33172

Diario Las Américas
(diario)
2900 NW 39th St.
Miami, FL 33142

Erotica
(mensual)
6360 NE 4th Court
Miami, FL 33138

Espada de España Newsletter
(cuatro veces al año)
42 Spanish St.
St. Augustine, FL 32084

Estrella de Florida
(semanal)
2613 W. Davie Blvd.
Fort Lauderdale, FL 33312

Foto–Pimienta
(mensual)
6360 NE 4th Court
Miami, FL 33138

La Gaceta
(semanal)
P.O. Box 5536
Tampa, FL 33675

Geomundo
(mensual)
6355 NW 36th St.
Virginia Gardens, FL 33166

Golazo
(semanal)
2613 W. Davie Blvd.
Fort Lauderdale, FL 33312

Harper's Bazaar en Español
(mensual)
6355 NW 36th St.
Virginia Gardens, FL 33166

El Heraldo de Broward
(bisemanal)
2613 W. Davie Blvd.
Fort Lauderdale, FL 33312

Hombre del Mundo
(mensual)
6355 NW 36th St.
Virginia Gardens, FL 33166

Mecánica Popular
(mensual)
6355 NW 36th St.
Virginia Gardens, FL 33166

Miami Mensual
(mensual)
265 Sevilla Ave.
Coral Gables, FL 33134

Mi Casa
(semanal)
1800 W 49th St., Suite 121
Hialeah, FL 33012

La Nación
(semanal)
1393 SW First St., Suite 205
Miami, FL 33135

El Nuevo Herald
(diario)
3191 Coral Way
Miami, FL 33145

Panorama Metropolitano
(bimensual)
285 NW 27th Ave., Suite 19
Miami, FL 33135

La Prensa
(semanal)
395 N. Orange Ave.
Orlando, FL 32801

4 Tiempos
(seis veces al año)
5600 SW 135 Ave., Suite 110–A
Miami, FL 33183

Réplica
(mensual)
2994 NW 7th St.
Miami, FL 33125

El Sol de Hialeah
(semanal)
436 Palm
Hialeah, FL 33012

MEDIOS DE DIFUSION

Spanish Today
(mensual)
7751 SW 32 Court
Miami, FL 33165

Sweetwater Tribune
(semanal)
10702 SW 6th St., Apt. 1
Miami, FL 33174

Tenis Mundo
(bimensual)
P.O. Box 145456
Coral Gables, FL 33114

Tiles Newsletter
(cuatro veces al año)
635 Mariner Way
Altamonte Springs, FL 32701–5420

Tu
(mensual)
6355 NW 36th St.
Virginia Gardens, FL 33166

Turismo Latino
(seis veces al año)
P.O. Box 34–3106
Coral Gables, FL 33134

TV y Novelas
(bisemanal)
6355 NW 36th St.
Virginia Gardens, FL 33166

Vanidades Continental
(mensual)
6355 NW 36th St.
Virginia Gardens, FL 33166

La Voz
(Catholic Archidiocese)
(bimensual)
9401 Biscayne Blvd.
Miami Shores, FL 33138

La Voz Informativa (de Ecuador)
(cuatro veces al año)
585 E. 49th St., Suite 18–412.
Hialeah, FL 33013

GEORGIA

Mundo Hispánico
(mensual)
1275 Goodwin Rd. NE
Atlanta, GA 30324

IDAHO

El Centinela
(mensual)
1350 Kings Rd.
Nampa, ID 83653

La Voz de Idaho
(mensual)
P.O. Box 490
Caldwell, ID 83606

ILLINOIS

Applause/Aplauso
(mensual)
3918 W. North Ave.
Chicago, IL 60647

El Cometa
(bimensual)
4744 S. Loomis Blvd.
Chicago, IL 60602

El Día
(semanal)
4818 W. 23rd Pl.
Chicago, IL 60650

Extra Publications
(semanal)
3918 W. North Ave.
Chicago, IL 60647

El Heraldo
(semanal)
3734 W. 26th St.
Chicago, IL 60623

Industria Avícola
(mensual)
Sandstone Bldg.
Mount Morris, IL 61054

Industrias Lácteas
(bimensual)
5725 E. River Rd., Suite 825
Chicago, IL 60631

El Informador,
La Voz,
Impacto,
El Imparcial
(semanal)
3653 W. 26th St., Suite 3
Chicago, IL 60623

Latino
(cuatro veces al año)
Latino Institute
228 South Wabash, 6th floor
Chicago, IL 60604

El Mañana
(cinco veces a la semaña)
2700 S. Harding Ave.
Chicago, IL 60623

Panadero Latinoamericano
(bimensual)
5725 E. River Rd.
Chicago, IL 60631

La Raza Newspaper
(semanal)
3909 N. Ashland Ave.
Chicago, IL 60613

Success/Exito
(anual)
3918 W. North Ave.
Chicago, IL 60647

Tele Guía
(semanal)
P.O. Box 23133
Chicago, IL 60623

INDIANA

Estrella Hispana
(mensual)
22 E. Washington, Suite 316
Indianapolis, IN 46204

KANSAS

Radio y Televisión
(seis veces al año)
9221 Quvira St.
Shawnee Msn., KS 66215

LOUISIANA

Mensaje
(mensual)
P.O. Box 1817
Kenneth, LA 70063

Qué Pasa
(mensual)
P.O. Box 8261
New Orleans, LA 70182

Revista Internacional
(mensual)
World Trade Center
2 Canal St.
New Orleans, LA 70130

MARYLAND

El Pregonero
(semanal)
5001 Eastern Ave.
Hyattsville, MD 20782

Prensa Hispana
(mensual)
8519 Piney Branch Rd.
Silver Spring, MD 20901

MASSACHUSETTS

El Mundo
(semanal)
26 Bishop Richard Allen Dr.
Cambridge, MA 02139

La Semana
(semanal)
161 Harbor St.
Allston, MA 02134

MICHIGAN

El Renacimiento
(mensual)
1132 N. Washington Ave.
Lansing, MI 48906

La Voz
(bimensual)
560 Hall South West
Grand Rapids, MI 49503

MISSISSIPPI

Enlace
(tres veces al año)
AATSP
Lee Hall 218, Box 6349
Mississippi State University
Mississippi State, MS 39762

Hispania
(cuatro veces al año)
AATSP
Mississippi State University
P.O. Box 6349
Mississippi State, MS 39762–6349

MISSOURI

Dos Mundos Newspaper
824 Southwest Blvd.
Kansas City, MO 64108

NEVADA

Ahora Spanish News
(dos veces al año)
P.O. Box 3582
Reno, NV 89505

El Mundo
(semanal)
15 N. Mojave
Las Vegas, NV 89101

NEW JERSEY

Ahora
(semanal)
409 39th St.
Union City, NJ 07087

Avance
(semanal)
1803 Manhattan Ave.
Union City, NJ 07087

El Especial
(bimensual)
501 45th St.
Union City, NJ 07087

Mensaje
(semanal)
1106 Magnolia Ave.
Elizabeth, NJ 07201

La Tribuna de North Jersey
(bimensual)
P.O. Box 902
Newark, NJ 07101

La Voz
948 Elizabeth Ave.
Elizabeth, NJ 07201

NEW MEXICO

El Crepúsculo News
(semanal)
P.O. Box U, 11
Guadalupe Plaza
Taos, NM 87571

El Hispano News
(semanal)
P.O. Box 986
900 Park Ave. SW
Albuquerque, NM 87102

The Taos News
(semanal)
P.O. Box U
Taos, NM 87571

NEW YORK

Artes/Export Grafics USA
(cuatro veces al año)
399 Conklin St., 306
Farmingdale, NY 11735

The Business Link
(cuatro veces al año)
350 Fifth Ave., Suite 3514
New York, NY 10118

Canales
(mensual)
215 West 92nd St., Suite 1E
New York, NY 10025

Deportista Hispano
(mensual)
P.O. Box 188
Jackson Heights, NY 11372

El Diario/La Prensa
(diario)
143 Varick St.
New York, NY 10013

Futbol en el Mundo
(mensual)
1212 37th Ave.
Long Island, NY 11101

Impacto, The Latin News
(semanal)
853 Broadway, Suite 811–E
New York, NY 10003

Noticias del Mundo
(seis veces a la semaña)
401 5th Ave.
New York, NY 10016

Reader's Digest en Español
(mensual)
200 Park Ave.
New York, NY 10166

APENDICES

Reportero Industrial
(mensual)
150 Great Neck Road
Great Neck, NY 10017

Revista Aérea Latinoamericana
(diez veces al año)
310 E 44th St., Suite 1601
New York, NY 10017

Revista Maryknoll
(mensual)
Maryknoll Fathers
Maryknoll, NY 10520

Sugar y Azúcar
(bisemanal)
25 West 45th St.
New York, NY 10036

El Tiempo
(semanal)
37–37 88 St.
Jackson Heights, NY 11372

La Voz Hispana
(semanal)
159 East 116th St.
New York, NY 10029

OHIO

Albricias
Reading Community High School
810 E. Columbia
Cincinnati, OH 45215–4806

PENNSYLVANIA

La Actualidad
(semanal)
4953 N. 5th St.
Philadelphia, PA 19120

Cuadernos de ALDEEU
(dos veces al año)
Attn: Juan Fernandez, Division of Humanities
Pennsylvania State University
Erie, PA 16563

El Directorio Hispano
(semanal)
850 Lancaster Ave.
Reading, PA 19607

RHODE ISLAND

Nuevos Horizontes
(semanal)
484 Elmwood Ave.
Providence, RI 02907

TEXAS

El Continental
(diario)
2300 E. Yandell
P.O. Box 1950
El Paso, TX 79903

Del Rio News–Herald
(diario)
321 S. Main
Del Rio, TX 78840

El Heraldo de Brownsville
(diario)
P.O. Box 351
Brownsville, TX 78520

Hispanic News, The
(mensual)
349 St. Cloud
San Antonio, TX 78201

La Información Mundial
4010 Blue Bonnent Blvd.
Houston, TX 77025

Laredo Morning Times
(diario)
111 Esperanza Drive
Laredo, TX 78041

Latin American Music Review
(dos veces al año)
University of Texas Press
P.O. Box 7819
Austin, TX 78713

El Mundo
(semanal)
3130 SW Freeway, Suite 508
Houston, TX 77098

El Sol de Houston
(semanal)
3130 Navigation Blvd.
Houston, TX 77003

MEDIOS DE DIFUSION

El Sol de Texas
(semanal)
4260 Spring Valley Rd.
Dallas, TX 75244

La Verdad
(semanal)
910 Francisca St.
Corpus Christi, TX 78405

La Voz de Houston
(semanal)
7819 Easton
Houston, TX 77017

UTAH

Mundo Latino
(semanal)
840 West North Temple
Salt Lake City, UT 84116

WASHINGTON

The Hispanic News
2318 Second Ave.
Seattle, WA 98121

Publicaciones periódicas que prestan atención a los temas españoles o hispanos

America
(semanal)
106 W. 56th St.
New York, NY 10014
(Sujeto general, publicado por las jesuitas)

American Heritage
(bimensual)
60 5th Ave.
New York, NY 10011
(Sujeto histórico, publicado por el American Heritage Publishing Co, en colaboración con el American Association for State and Local History)

American Hispanist, The
(nueve veces al año)
Box 64
Clear Creek, IN 47426
(Sujeto general)

American Historical Review, The
(cuatro veces al año)
400 A St., SE
Washington, DC 20003
(Sujeto general, publicado por el American Historical Association)

Americas
(mensual)
Pan American Union
Washington, DC 20006
(Sujeto general, publicado en inglés y en español por la Organización de los estados americanos)

Americas, The
(cuatro veces al año)
Academy of American Franciscan History
P.O. Box 5966
Washington, DC 20014
(Sujeto histórico, publicado por frailes franciscanos)

Anales Galdosianos
(anual)
645 Commonwealth Ave.
Boston University
Boston, MA 02215
(Sujeto literario)

Anales de la Literatura Española Contemporánea
(anual)
Dept. of Modern Languages
Kansas State University
Manhattan, KS 66506
(Sujeto literario)

Archives of American Art Journal
(cuatro veces al año)
Archives of American Art
Smithsonian Institute
41 East 65th St.
New York, NY 10021
(Sujeto artístico)

Arkansas Historical Quarterly
(cuatro veces al año)
Arkansas Historical Association
History Dept.
University of Arkansas
Fayetteville, AR 72701
(Sujeto histórico)

APENDICES

Basque Studies Program Newsletter
(dos veces al año)
Basque Studies Program
University of Nevada
Reno, NV 89557
(Con referencia al pueblo vasco)

Boletín de la Academia Norteamericana de la Lengua Española
G.P.O. 349
New York, NY 10116
(Sujeto literario)

Books Abroad
(cuatro veces al año)
Oklahoma Univ. Press
Norman, OK 73069
(Sujeto literario)

Bulletin of the Comediantes
(dos veces al año)
Dept. of Foreign Languages
Auburn University
Auburn, AL 36830
and
Attn: Prof. James Parr
Dept. of Spanish
University of Southern California
Los Angeles, CA 90007
(Sujeto literario)

Business Link, The
(cuatro veces al año)
Spain–US Chamber of Commerce
350 Fifth Ave., Suite 3514
New York, NY 10118
(Sujeto comercial)

California History
(cuatro veces al año)
2090 Jackson St.
San Francisco, CA 94109
(Sujeto histórico, publicado por el California Historical Society)

Californian Historian
(cuatro veces al año)
University of the Pacific
Stockton, CA 95211
(Sujeto histórico, publicado por el Conference of California Historical Society)

La Campana
(cuatro veces al año)
Santa Barbara Trust for Historic Preservation
123 E. Cañon Perdido St.
Santa Barbara, CA 93102
(Sujeto histórico)

El Campanario
(cuatro veces al año)
The Texas Old Mission and Forts Rest. Assoc.
524 North 22nd St.
Waco, TX 76707
(Sujeto histórico)

Catholic Historical Review
(cuatro veces al año)
Catholic University of America Press
Michigan Ave., NE
Washington, DC 20017
(Sujeto histórico, publicado por el American Catholic Historical Association)

Celestinesca
(dos veces al año)
Attn: Prof. Joseph Snow
Dept. of Romance Languages
University of Georgia
Athens, GA 30602
(Sujeto literario)

Cervantes: Bulletin of the Cervantes Society of America
ASB 170, University of Florida
Gainesville, FL 32611
(Sujeto literario)

Chronicles of Oklahoma
(cuatro veces al año)
Oklahoma Historical Society Bldg.
2100 N. Lincoln Blvd.
Oklahoma City, OK 73103
(Sujeto histórico)

Colorado Heritage, The
(cuatro veces al año)
The State Historical Society of Colorado
1300 Broadway
Denver, CO 80203
(Sujeto histórico)

Comparative Literature Studies
(cuatro veces al año)
Illinois Univ.
Urbana, IL 61801
(Sujeto literario)

MEDIOS DE DIFUSION

Crítica Hispánica
(varia veces al año)
Box 24302
East Tennessee State Univ.
Johnson City, TN 37614
(Sujeto literario)

La Crónica
(cuatro veces al año)
Historical Society of New Mexico
P.O. Box 5819
Santa Fe, NM 87502
(Sujeto histórico)

*La Crónica: Spanish Medieval Language
and Literature Journal and Newsletter*
(dos veces al año)
Dept. of Languages
153 OSH
Univ. of Utah
Salt Lake City, UT 84112
(Sujeto literario)

Cuban Heritage
(cuatro veces al año)
Cuban Exile History and Archives Project
Florida International Univ.
University Park
Miami, FL 33199
(Dedicado a la herencia cubana)

De Soto Plume
(cuatro veces al año)
De Soto Historical Society
Box 523
Mansfield, LA 71052
(Sujeto histórico)

Despacho del Presidio de San Diego
(mensual)
The San Diego Historical Society
P.O. Box 10248
Old San Diego Station
San Diego, CA 92110
(Boletín dedicado a la historia de California)

Dieciocho
(varias veces al año)
Dept. of Spanish and Portuguese
Rutgers Univ.
New Brunswick, NJ 08903
(Sujeto literario)

Dispositio, Revista de Semiótica Literaria
(varias veces al año)
Attn: Prof. Walter Mignolo
Dept. of Romance Languages
Univ. of Michigan
Ann Arbor, MI 48109
(Sujeto literario)

East Florida Gazette, The
(cuatro veces al año)
The St. Augustine Historical Society
271 Charlotte St.
St. Augustine, FL 32084
(Sujeto histórico)

East Texas Historical Journal
(cuatro veces al año)
Box 6223 SFA Station
Nacogdoches, TX 75962
(Sujeto histórico)

Escandalar
(varias veces al año)
Hampton St.
Elmhurst, NY 11373
(Sujeto literario)

El Escribano
(anual)
The St. Augustine Historical Society
271 Charlotte St.
St. Augustine, FL 32084
(Sujeto histórico)

Estrenos: Cuadernos del Teatro Español Contemporáneo
(dos veces al año)
Dept. of Romance Languages and Literatures
Univ. of Cincinnati
Cincinnati, OH 45221
(Sujeto literario)

Explicación de Textos Literarios
(publ. periódicas)
Dept. of Spanish and Portuguese
California State Univ.
Sacramento, CA 95819
(Sujeto literario)

Five Hundred
(bimensual)
Five Hundred Publ. Group
1550 Madruga Ave., Suite 503
Coral Gables, FL 33146

APENDICES

Florida Historical Quarterly
Florida Historical Society
Univ. of Florida
Box 14045, University Station
Gainesville, FL 32604–2045
(Sujeto histórico)

Florida State Museum Newsletter
(mensual)
Univ. of Florida
Gainesville, FL 32611
(Sujeto histórico)

García Lorca Review
(publ. periódicas)
Foreign Language Dept.
State Univ. College
Brockport, 14420
(Sujeto literario)

Georgia Historical Quarterly
(cuatro veces al año)
Georgia Historical Society
501 Whitaker St.
Savannah, GA 31401
(Sujeto histórico)

Gulf Coast Historical Review
(dos veces al año)
History Dept.
Humanities Bldg.
Univ. of South Alabama
Mobile, AL 36688
(Sujeto histórico)

Handbook of Latin American Studies
(anual)
Univ. of Florida
Gainesville, FL 83611
(Sujeto bibliográfico, contiene todos los aspectos de América Latina preparado por el Library of Congress, Washington, D.C.)

Hemisphere
(tres veces al año)
Latin American and Caribbean Center
Florida International Univ.
Miami, FL 33199
(Sujetos americanos)

Hispania
(cuatro veces al año)
Van Rooy Printing Co.
Appleton, WI 54911
(Sujeto literario con artículos en inglés y en español, publicado por el American Association of Teachers of Spanish and Portuguese [AATSP])

Hispanic American Historical Review, The
(cuatro veces al año)
Duke Univ. Press.
Box 5697, College Station
Durham, NC 27706
(Sujeto histórico)

Hispanic American Report
(mensual)
Hispanic American Studies
Stanford Univ.
Stanford, CA 94305
(Sujeto general, contiene en particular aspectos políticas de los países hispánicos)

Hispanic Journal
(dos veces al año)
Dept. of Foreign Languages and Literatures
Sutton Hall
Indiana, PA 15705
(Sujeto literario)

Hispanic Review
(cuatro veces al año)
Dept. of Romance Language
Univ. of Pennsylvania
Philadelphia, 14114
(Sujeto literario)

Hispanofilia
(tres veces al año)
Dept. of Romance Languages
Univ. of North Carolina
Chapel Hill, NC 27514
(Sujeto literario)

Historic Preservation
(cuatro veces al año)
National Trust for Historic Preservation
1785 Massachusetts Ave. NW
Washington, DC 20036
(Sujeto histórico)

Historical Archaeology
(cuatro veces al año)
Society for Historical Archaeology
5000 Marble NE, Rm. 211
Albuquerque, NM 87110
(Sujeto arqueológico)

MEDIOS DE DIFUSION

History News
(cuatro veces al año)
American Association for State and Local History
708 Berry Rd.
Nashville, TN 37204
(Sujeto histórico)

Humanities
(cuatro veces al año)
National Endowment for the Humanities
806 15th St. NW
Washington, DC 20506
(Sujeto culturales importantes)

Ideas '92
(cuatro veces al año)
Institute of Iberian Studies
Graduate School of International Studies
Univ. of Miami
Coral Gables, FL 33124
(Sujeto relaciondos al quinto centenario del descubierto de América)

Ideologies and Literatures
(seis veces al año)
Folwell Hall
9 Pleasant St.
Univ. of Minnesota
Minneapolis, MN 55455
(Sujeto literario)

INTI
(dos veces al año)
Dept. of Modern Languages
Providence College
Providence, RI 02918
(Sujeto literario)

Journal of Arizona History, The
(cuatro veces al año)
Arizona Historical Society
949 E. 2nd St.
Tucson, AZ 85719
(Sujeto histórico)

Journal of Basque Studies
(dos veces al año)
407 Sutton Hall
Indiana Univ. of Pennsylvania
Indiana, PA 15702
(Sobre el pueblo vasco)

Journal of Hispanic Philology
(tres veces al año)
Dept. of Modern Languages
Florida State Univ.
Tallahassee, FL 32306
(Sujeto literario)

Journal of Interamerican Studies and World Affairs
(cuatro veces al año)
Inst. of Interamerican Affairs
Univ. of Miami
Box 248123
Coral Gables, FL 33124
(Sujeto político internacional)

Journal of Mississippi History
(cuatro veces al año)
Mississippi Historical Society
Mississippi State Dept. of Archives
100 S. State St.
Jackson, MS 39201
(Sujeto histórico)

Journal of Southern History
(cuatro veces al año)
Southern Historical Association
Dept. of History
Univ. of Georgia
Athens, GA 30602
(Sujeto histórico)

Kansas History
(cuatro veces al año)
Kansas State Historical Society
120 W. 10th St.
Topeka, KS 66612
(Sujeto histórico)

Kentucky Heritage
(cuatro veces al año)
Kentucky Historical Society
300 W. Broadway
Frankfort, KY 40601
(Sujeto histórico)

Kentucky Romance Quarterly
(cuatro veces al año)
Univ. of Kentucky
Lexington, KY 40506
(Sujeto literario)

APENDICES

Letras Femeninas
(dos veces al año)
Box 10023
Lamar Univ.
Beaumont, TX 77710
(Sujeto literario)

Louisiana History
(cuatro veces al año)
Louisiana Historical Association
203 Carondolet St.
New Orleans, LA 70130
(Sujeto histórico)

Mester
(cuatro veces al año)
Dept. of Spanish and Portuguese
Univ. of California
Los Angeles, CA 90024
(Sujeto literario, publicado por escolares universitarios)

Miami Jewish Tribune, The
(weekly)
3550 Biscayne Blvd., Suite 600
Miami, FL 33137
(Con referencia a los judíos y los sefarditas)

Mississippi Valley Collection Bulletin
(cuatro veces al año)
Memphis State Univ.
Memphis, TN 38152
(Sujeto histórico)

Missouri Historical Review
(cuatro veces al año)
State Historical Society of Missouri
Hitt and Lowry Streets
Columbia, MO 65201
(Sujeto histórico)

Modern Drama
(cuatro veces al año)
Univ. of Kansas
Lawrence, KS 66045
(Sujeto literario)

Modern International Drama
(dos veces al año)
Univ. of Pennsylvania
Philadelphia, PA 19104
(Sujeto literario)

Modern Philosophy
(cuatro veces al año)
Univ. of Chicago
Chicago, IL 60637
(Sujeto literario)

MLN (Modern Language Notes)
Dedicando una edicíon cada año para la literatura de español, italaño, frances y alemán
The Johns Hopkins Univ. Press.
Baltimore, MD 21218
(Sujeto literario)

National Geographic Society
P.O. Box 2895
Washington, DC 20013
(Sujeto cultural con predominancia de atención geográfico)

Nebraska History
(cuatro veces al año)
Nebraska State Historical Society
1500 R. St.
Lincoln, 68508
(Sujeto histórico)

New Mexico Quarterly
(cuatro veces al año)
Univ. of New Mexico
Albuquerque, NM 87131
(Sujeto literario)

New York History
(cuatro veces al año)
New York State Historical Association
Lake Rd., Rt. 80
New York, NY 13326
(Sujeto histórico)

North Carolina Historical Review, The
(cuatro veces al año)
Division Archives and History
109 E. Jones St.
Raleigh, NC 27611
(Sujeto histórico)

Noticias Quarterly
(cuatro veces al año)
Santa Barbara Historical Society
Old Mission
136 E. De La Guerra St.
Santa Barbara, CA 93101

MEDIOS DE DIFUSION

Oklahoma Heritage
(cuatro veces al año)
Oklahoma Heritage Association
201 NW 14th St.
Oklahoma City, OK 73103
(Sujeto histórico)

Oregon Historical Quarterly
(cuatro veces al año)
Oregon Historical Society
1230 SW Park Ave.
Portland, OR 97205
(Sujeto histórico)

Pacific Historian, The
(cuatro veces al año)
Publicada por el "Pacific Center for Western Studies"
Univ. of the Pacific
Stockton, CA 96211
(Sujeto histórico)

Pacific Historical Review
(cuatro veces al año)
Univ. of California
Los Angeles, CA 90007
(Sujeto histórico, publicado por el Pacific Southern Coast branch of the American Historical Association)

El Palacio
(cuatro veces al año)
Museum of New Mexico
Palace of Governors
Santa Fe, NM 87501
(Sujeto arqueológico)

PMLA
(cinco veces al año)
10 Astor Place
New York, NY 10003
(Sujeto literario, publicado por el Modern Language Association of America)

Prologue: The Journal of the National Archives
8th and Constitution Ave.
Washington, DC 20408
(Sujeto histórico con referencia a los depósitas de los archivos)

Revista Hispánica Moderna
(cuatro veces al año)
Hispanic Institute in the U.S.A.
Columbia Univ.
612 W. 116th St.
New York, NY 10027
(Sujeto literario en inglés y en español)

Revista Iberoamericana
(cuatro veces al año)
Dept. of Romance Languages
State Univ. of Iowa
Iowa City, IA 52242
(Sujeto predominantemente literario en inglés y en español)

Revista Iberoamericana de Ciencias Sociales
(cuatro veces al año)
Pan American Union
Washington, DC 20006
(Sobre las ciencias sociales, publicado en español por la Organización de los estados americanos)

Revista Interamericana de Bibliografía
(cuatro veces al año)
Pan American Union
Washington, DC 20006
(Sujeto bibliográfico con referencia a todós los ramos del saber, publicado por la Organización de los estados americanos)

Revistas de Estudios Hispánicos
(dos veces al año)
Dept. of Modern Languages
Univ. of Alabama
P.O. Box 3544
Tuscaloosa, AL 35487
(Sujeto literario)

Romance notes
(dos veces al año)
Dept. of Romance Language
North Carolina Univ.
Chapel Hill, NC 27514
(Sujeto literario)

Romance Philology
(cuatro veces al año)
Univ. of California Press
Berkeley, CA 94720
(Sujeto literario, dedicado a los idiomas románticos)

Romantic Review
(cuatro veces al año)
Univ. of Columbia
New York, NY 10027
(Dedicado a sujetos relacionods a literatura romántica)

APENDICES

San Antonio Conservation Society Newsletter, The
(mensual)
San Antonio Conservation Society
107 King William
San Antonio, TX 78209
(Con referencia a Texas)

Sea History
(cuatro veces al año)
National Maritime Historical Society
2 Fulton St.
New York, NY 11201
(Sujeto histórico-marítimo)

La Semana
(semanal)
778 Dudley St.
Boston, MA 02125

Sephardic Bulletin Yeshiva Univ.
(cuatro veces al año)
500 West 185th St.
New York, NY 10033
(Con referencia a sefarditas)

Sephardic Highlights
(mensual)
515 Park Ave., Suite 515
New York, NY 10022
(Con referencia a sefarditas)

Sephardic Home News, The
(mensual)
2266 Cropsey Ave.
Brooklyn, NY 11214
(Referring to Sephardics)

Sephardic Views International
(mensual)
2667 Coney Island Ave.
Brooklyn, NY 11223
(Con referencia a sefarditas)

Sister City News
(seis veces al año)
120 South Payne St.
Alexandria, VA 22314
(Sobre Sister Cities)

Smithsonian
(mensual)
Smithsonian Institution
100 Jefferson Dr.
Washington, DC 20560

South Carolina Historical Magazine
(cuatro veces al año)
South Carolina Historical Society
100 Meeting St.
Charleston, SC 29401
(Sujeto histórico)

Southern California Quarterly
(cuatro veces al año)
Historical Society of Southern California
200 East 43 Ave.
Los Angeles, CA 90031
(Sujeto histórico con referencia especial al sur de California)

Southwestern Historical Quarterly
(cuatro veces al año)
SRH2–308 Univ. Station
Austin, TX 78712
(Sujeto histórico, publicado por el Texas State Historical Association)

Sunland Tribune, The Journal of Tampa Historical Society
(mensual)
245 Hyde Park Ave.
Tampa, FL 33606
(Sujeto histórico)

Tennessee Historical Quarterly
(cuatro veces al año)
Tennessee Historical Society
War Memorial Bldg.
Nashville, TN 37219
(Sujeto histórico)

Texas People
(cuatro veces al año)
The Institute of Texan Cultures
Hemisphere Plaza
San Antonio, TX 78294
(Con referencia a Texas)

Texas Quarterly, The
(cuatro veces al año)
Univ. of Texas
Austin, TX 78712
(Sujeto general, con referencia especial a Texas)

Texas Studies in Literature and Language
(cuatro veces al año)
Univ. of Texas
Austin, TX 78712
(Sujeto literario)

Times Gone By
(cuatro veces al año)
The San Diego Historical Society
P.O. Box 10571
San Diego, CA 92110
(Sujeto histórico publicado en el suelo nativo de California y dedicado al estado)

Univ. of South Florida Language Quarterly
(cuatro veces al año)
Univ. of South Florida
Tampa, FL 33620
(Sujeto literario)

U.S. Catholic Historian
(cuatro veces al año)
United States Catholic Historical Society
c/o Seminary of St. Joseph
Dunwoodie
Yonkers, NY 10704
(Sujeto histórico)

Vista
(semanal en inglés)
999 Ponce de León Blvd., Suite 600
Coral Gables, FL 33134
(Asuntos contemporaneos)

Emisoras de radio y televisión que emiten en español
(La mayoría más de 100 horas semanales)

Emisoras de televisión

ARIZONA

KTVW, Channel 33
3019 E. Southern Ave.
Phoenix, AZ 85040

CALIFORNIA

Buena Visión Cable Televisión
912 North Eastern
Los Angeles, CA 90063

Eco/Galavisión
2121 Avenue of the Stars
Los Angeles, CA 90067

KCBA Channel 35
P.O. Box 3560
Salinas, CA 93912

KCSO Channel 19
2942 Iowa Ave.
Modesto, CA 95351

KDTV 14
2200 Palou Ave.
San Francisco, CA 94124

KFTV Channel 21
3239 West Ashlan
Fresno, CA 93711

KFTV Hanford
3239 W. Aslan Ave.
Fresno, CA 93711

KMEX TV–Channel 34
5420 Melrose Ave.
Hollywood, CA 90038

KNTV 11
645 Park Ave.
San Jose, CA 95110

KSCI Channel 18
1954 Cotner Ave.
Los Angeles, CA 92410
or
280 I St.
San Bernardino, CA 92410

KSTS–TV 48
2349 Bering Drive
San Jose, CA 95131

KVEA TV–Channel 52
1139 Grand Central Ave.
Glendale, CA 91201

XETV Channel 6
8253 Ronson Rd.
San Diego, CA 92111

COLORADO

K11SF Austin
Box 255
Evergreen, CO 80439

K54CQ Fort Collins
Box 255
Evergreen, CO 80439

APENDICES

DISTRICT OF COLUMBIA

W14AA Channel 14
5151 Wisconsin Ave. NW, Suite 303
Washington, DC 20016

FLORIDA

WHRS Channel 42
505 S. Congress Ave.
Boyton Beach, FL 33426

WINK Channel 11
2824 Palm Beach Blvd.
Ft. Myers, FL 33901

WLTV Channel 23
2600 SW 3rd Ave.
Miami, FL 33129

WSCV Channel 51
2100 Coral Way
Miami, FL 33145

W61BL
2942 W. Columbus Dr., Suite 204
Tampa, FL 33607

ILLINOIS

WCIU Channel 60
552 N. Broadway
Chicago, IL 60604

WSNS Channel 60
430 W. Grant Pl.
Chicago, IL 60614

WSNS-TV
430 W. Grant Pl.
Chicago, IL 60614

NEW JERSEY

WXTV Channel 41
Twinbridge Plaza
24 Meadowland Parkway
Secaucus, NJ 07094

NEW MEXICO

K48Am Channel 48
Albuquerque, NM

KGSW Channel 14
2017 San Mateo, NE
Albuquerque, NM 87110

NEW YORK

WNJU Channel 47
1740 Broadway
New York, NY 10019

TEXAS

KFWD-TV
1720 Regal Row
Dallas, TX 75235

KINT Channel 26
5426 N. Mesa
El Paso, TX 79912

KORO Channel 28
The 600 Building
Corpus Christi, TX 78401

KTMD-TV Galveston
3903 Stoney Brook
Houston, TX 77063

KUVN-TV
6015 Commerce Dr., Suite 440
Dallas, TX 75063

KWEX Channel 41
411 E. Durango
San Antonio, TX 78204

SATV Channel 17
600 Augusta
San Antonio, TX 78215

Emisoras de radio

ARIZONA

KPHX
824 E. WAshington St.
Phoenix, AZ 85034

KSUN
714 N. 3rd St.
Phoenix, AZ 85004

KVVA
1641 E. Osborne Rd., Suite 8
Phoenix, AZ 85016

KVVA-FM
1641 E. Osborne Rd., Suite 8
Phoenix, AZ 85016

MEDIOS DE DIFUSION

KXEW
889 El Puente Lane
Tucson, AZ 85713

KXMG–FM
889 El Puente Lane
Tucson, AZ 85713

CALIFORNIA

KAFY
1527 19th St.
Bakersfield, CA 93301

KALI
5723 Melrose Ave.
Hollywood, CA 90038

KBRG (FM)
39111 Paseo Padre Pkwy.
Fremont, CA 94538

KCAL
29800 Greenspot Rd.
East Highlands, CA 92346

KCTY
190 Natividad Rd.
Salinas, CA 93906

KDIF
1465–A Spruce St.
Riverside, CA 92507

KGST
1900 Mariposa Mall, Suite 121
Fresno, CA 93721

KHOT
219½ Yosemite Ave.
Madera, CA 93638

KIQI
2601 Mission St.
San Francisco, CA 94110

KJOP
15279 Hanford–Armona Rd.
Lemoore, CA 93245

KLFA (FM)
124 N. Second St.
King City, CA 93930

KLOC
1303 10th St.
Modesto, CA 95353

KLOQ
705 W. Main St.
Merced, CA 95340

KLVE (FM)
1645 N. Vine St.
Los Angeles, CA 90028

KNEZ
322 N. H St.
Lompoc, CA 93436

KNSE
8720 E. Ninth St.
Rancho Cucamonga, CA 91724

KNTO (FM)
416 Third St., Box 248
Livingston, CA 95334

KOXR
418 W. 3rd St.
Oxnard, CA 93030

KQVO (FM)
2300 Imperial AVe., Suite 1
Box 232
Calexico, CA 92231

KRAY (FM)
190 Natividad Rd.
Salinas, CA 93906

KRCX
8642 Quail Lane
Roseville, CA 95678

KSKQ
5700 Sunset Blvd.
Los Angeles, CA 90028

KSKQ–FM
5700 Sunset Blvd.
Los Angeles, CA 90028

KSTN–FM
2171 Ralph Ave.
Stockton, CA 95206

KTAP
104 W. Chapel St.
Santa Maria, CA 93454

KTNQ
1645 N. Vine St., Suite 200
Los Angeles, CA 90028

APENDICES

KTRO
3434 Dodge Rd.
Oxnard, CA 93034

KWAC
5200 Standard St.
Bakersfield, CA 93308

KWKW
6777 Hollywood Blvd., Suite 400
Hollywood, CA 90028

KXEM
Box 326
McFarland, CA 93250

KXEX
2247 W. Church
Fresno, CA 93706

KXMX (FM)
Security Pacific Bank Bldg.
1060 Fulton Mall
Fresno, CA 93721

COLORADO

KBNO
999 18th St., Suite 305
North Tower
Denver, CO 80202

FLORIDA

WAMA
5203 N. Armenia Ave.
Tampa, FL 33603

WAQI
2960 Coral Way
Miami, FL 33145

WCMQ
1411 Coral Way
Miami, FL 33145

WCMQ-FM
1411 Coral Way
Miami, FL 33145

WOCN
1779 W. Flagler
Miami, FL 33135

WQBA
2828 Coral Way
Miami, FL 33145

WQBA-FM
2828 Coral Way
Miami, FL 33145

WQBN
3303 W. Columbus Dr.
Tampa, FL 33607

WRHC
330 SW 27th Ave.
Miami, FL 33184

WSUA
2100 Coral Way
Miami, FL 33145

ILLINOIS

WIND
625 N. Michigan Ave.
Chicago, IL 60611

WOJO (FM)
625 N. Michigan Ave.
Chicago, IL 60611

WONX
2100 Lee St.
Evanston, IL 60202

WTAQ
9355 W. Joliet Rd.
La Grange, IL 60525

MARYLAND

WILC
Box 42
Laurel, MD 20707

NEW MEXICO

KABQ
1400 Central SE, Suite 22200
Albuquerque, NM 87196

KALY
9100 Second St. NW, Box 10267
Albuquerque, NM 87114

KDCE
403 W. Pueblo Rd.
Española, NM 87533

KIDI
3800 Carlisle NE
Albuquerque, NM 87107

MEDIOS DE DIFUSION

KXKS
1923 San Mateo NE
Albuquerque, NM 87110

NEW YORK

WADO
666 Third Ave.
New York, NY 10017

WJIT
600 Madison Ave.
New York, NY 10021

WKDM
570 7th Ave., Suite 1406
New York, NY 10036

WSKQ
1500 Broadway, 10th floor
New York, NY 10036

OREGON

KNTA
5410 SW Macadam Ave., Suite 240
Portland, OR 97201

TEXAS

KAMA
4150 Pinnacle
El Paso, TX 79902

KBNA
5710 Trowbridge
El Paso, TX 79925

KBNA–FM
570 Trowbridge
El Paso, TX 79925

KBOP
215 N. Main
Pleasanton, TX 78064

KBOR
1050 McIntosh
Brownsville, TX 78523

KCCT
701 Benys Rd.
Corpus Christi, TX 78408

KCOR
1115 W. Martin
San Antonio, TX 78207

KCTM (FM)
Route 2, Box 103 FM
Rio Grande City, TX 78582

KDSI
Hwy. 281 North, Box 731
Alice, TX 78333

KEDA
510 S. Flores St.
San Antonio, TX 78204

KELG
7524 N. Lamar Blvd., Suite 200
Austin, TX 78752

KEPS
127 Kilowatt Pass Dr.
Eagle Pass, TX 78852

KESS
7700 Carpenter Freeway
Dallas, TX 75247

KFHM
501 W. Quincy St.
San Antonio, TX 78212

KFLZ (FM)
110 E. Main St.
Bishop, TX 78343

KGBT
1519 W. Harrison
Harlingen, TX 78550

KHER (FM)
P.O. Box 743
Big Wells Hwy.
Crystal City, TX 78839

KIWW (FM)
5621 S. Expressway 83
Harlingen, TX 78552

KKHQ (FM)
4718 Leopard
Corpus Christi, TX 78408

KLAT
1415 N. Loop West, Suite 400
Houston, TX 77008

KLFB
2700 Marshall
Lubbock, TX 79415

APENDICES

KLVL
111 N. Ennis St.
Houston, TX 77003

KQQK–FM
5959 W. Loop South 444
Bellaire, TX 77401

KQXX (FM)
608 S. 10th St.
McAllen, TX 78501

KRGT–FM
Rt. 3 Box 390
Hutto, TX 78634

KRIA
3407 North East Pkwy.
San Antonio, TX 78218

KSAH
1777 NE Loop 410, Suite 803
San Antonio, TX 78217

KTXZ
3532 Bee Cave Rd., Apt. 210
Austin, TX 78746

KUNO
Box 4722
Corpus Christi, TX 78469

KVIV
4180 N. Mesa
El Paso, TX 79902

KVOZ
Box 1638
Laredo, TX 78041

KXYZ
2700 E. Pasadena Freeway
Pasadena, TX 77506

XEMU
352 Rio Grande, Suite 107
Eagle Pass, TX 78852

XEROK
2100 Trawood Dr.
El Paso, TX 79935

XHSG (FM)
2100 Trawood Dr.
El Paso, TX 79935

BIBLIOGRAFIA

Alonso, Jose Ramon. *Nortéamarica Hispanidad.* Barcelona: Francisco Daunis, 1965.

———. *Los Estados Unidos en sus Libros.* Madrid: 1967.

Alonso Gamo, Jose Maria. *Un Español en el Mundo: Santayana.* Madrid: Ediciones Cultura Hispánica, 1966.

Alonso Piñero, Armando. "Quando la Argentina Conquistó California," Revista *Americas,* 5e ed. 1955.

Arciniegas, Germán. *Biografia del Caribe.* Buenos Aires: Edit. Sudamericana, 5e ed. 1955.

Ardura, Ernesto. "Miranda y la Independencia de U.S.A.," Revista *Americas,* n. 4–5, 1976.

Areilza, José María de. *Memorias Exteriores, 1947–1964.* Barcelona: Edit. Planeta, 1984.

Asociacion Cultural Hispano Norteamericana. *Las Culturas Hispánicas en los Estados Unidos de América.* Madrid: Coloquios de el Escorial, 1979.

Ballesteros Gaibrois, Manuel. *Historia de España.* Barcelona: Edito. Surco. 1959.

Barnach-Calbo, Ernesto. *La Minoría Etnolingüística Hispana y la Política Lingüística en E.E.U.U.* Madrid: OEI, 1983.

Beardsley, Theodore S. "Institutiones Norteamaricanas Dedicades al Hispanismo," Revista *Arbor,* no. 451–454, julio–oct. 1983, Madrid.

Benet, Stephen Vincent. *Historia Sucinta de los Estados Unidos.* Madrid: Espasa-Calpe, 1965.

Blanco S., Antonio. *La Lengua Española en la historia de California.* Madrid: Edics. Cultura Hispánica, 1971.

Blasco Ibañez, Vicente. La Reina Calafia. Novela. *Obras Completas,* t. III. Madrid: Aguilar, 1961.

Bolin, L.A. "Nombres Españoles en las Costas de Alaska" (último tercio del siglo XVIII). *Revista General de Marina,* mayo 1959.

Cabeza de Vaca, Aalvar Nuñez. *Naufragios y Comentarios.* Madrid: Espasa-Calpe. 1936.

Cacua Prada, Antonio. "Manuel Torres, Primer Diplomático Latinoamericano en los E.U.A." Revista *Horizontes* n. 13, 1976.

Camba, Julio. *La Ciudad Automática.* Madrid: Espasa-Calpe. Agentina, S.A., 1955.

Campos, Jorge. "Noticia de la Literatura Chicano" Revista *Insula,* n. 422.

Cubeñas Peluzzo, José Antonio. *Presencia Española e Hispánica en la Florida desde el Descubrimiento hasta el Bicentenario.* Madrid: Edics. Cultura Hispánica. 1978.

Delibes, Miguel. *U.S.A. y Yo.* Barcelona: Edit. Destino, 1966.

———. *La Sombra del Ciprés es Alargada,* 11 ed. Barcelona: Edit. Destino. 1977.

Diaz Plaja, Guillermo. *La Solidade Cominante: Poemas de America del Norte.* Malaga: Libreria Anticuaria del Guadal-Horce, 1966.

España en los Estados Unidas. Recuerdos de . . . Revista Geográfica Espanola. n. 20.

Estados Unidos en su Bicentenario, Los: Homenaje de la OEA (varios autores). Washington, D.C.: O.E.A. 1976.

Fernández Florez, Darío. *Drama y Ventura de los Españoles en Florida*. Madrid: Edic. Cultura Hispánica, 1963.

Fernandez Cid, Antonio. *La Música en los Estados Unidos*. Madrid: Ateneo, 1955.

Fernández-Shaw, Carlos. *Poesías Completas*. Madrid: Edit. Gredos, 1966.

———. "Ayuda de España a la Independencia de los Estados Unidos." *Revista Interamericana de Bibliografía*, vol. XXVI, Oct. – Dic. 1976, n. 4, p. 456–502.

———. "Lo Español y lo Hispánico en Texas," *Cuadernos Hispanoamericanos*, vol. LXII, n. 184, abril 1965, p. 147–166.

———. "Puentes Hispánicos entre Paraguay y los Estados Unidos," *Cuadernos Hispanoamericanos*, n. 301, julio 1975.

Fernandez-Shaw, Félix. *La Organización de los Estados Americanos (O.E.A.)*. Madrid: Edics. Cultura Hispánica, 1963.

Fernandez de Velasco, Manuel. *Relaciones España-Estados Unidos*. Universidad Autónoma de Mexico, 1982.

Garcia Lorca, Federico. *Poeta en Nueva York*. Madrid: Aguilar, 1960.

———. "El Poeta y la Escultura. La España que Huntington Conoció," *Revista de Occidente*. Madrid, 1962.

Gilman, Richard, "América Cumple 464 Años." Revista *Mundo Hispanico*, n. 103, Oct. 1956.

Gómez del Campillo, Migul. *Relaciones Diplomáticas entre España y los Estados Unidos*. 2 Vols. Madrid: Inst. Gonzalo Fernández de Oviedo. C.S.I.C., 1944.

Hermida, Jesús. "USA, España, lo español y el español," Revista *Critica*, n. 604, abril 1973.

Hernández Sánchez-Barba, Mario, "Bernardo de Gálvez, Militar y Politico," Revista *Arbor*, t.CIX, n. 425.5 - 1981.

———. *La última Expansión Española en América*. Madrid: Inst. de Estudios Politicos, 1957.

Hidalgo Sereno, Jacinto, "Un Viaje de Descubrimiento por la Costa del Pacifico Norteamericano," *Revista de Indias*, C.S.I.C. Madrid 1961, Abril – Junio, p. 271–294.

Hurtado de Mendoza, "Fernando: Viva la Salsa," Revista *Replica*, Miami, año 20, 1989, no. 873.

Isern, José. *Obispos Cubanos de la Florida*, Miami: Edics. Universal, s/a.

———. *Gobernadores Cubanos de la Florida*. Miami: Edics. Universal, 1974.

Jova, Joseph, "Hispanoamérica y la Independencia de USA," Revista *Americas*, nos. 6–7, junio – julio, 1976.

Lejarza, P. Fidel de, "Descubrimiento y Exploraciones de California por Mary y por Tierra," *Boletín de la Real Sociedad Geográfica*, t. LXXXIV, nos. 7–12, Julio – Diciembre 1948, pp. 397–440.

Lopetegui, León & Félix Zubillaga, *Historia de la Iglesia en la America Española: Introduccion General*. Madrid: Biblioteca de Autores Cristianos, 1965.

Lummis, Charles F. *Los Exploradores del Siglo XVI*. Col. Austral. Espasa Calpe, 4e edición, 1960.

Maeztu, Ramiro de. *Norteamérica desde Dentro*. Madrid: Edit. Nacional. 1957.

Moncada, Alberto, *Norteamérica con Acento Hispano*. Madrid: ICI, 1988.

Morales Padrón, Francisco. *Conquistadores Españoles en Estados Unidos*. Publicaciones Españolas, no. 213. Madrid: Temas Españoles, 1959.

———. *Participación de España en la Independencia Politica de los Estados Unidos*. Madrid: Publicaciones Españolas, 1963.

Naughton, William A., "¿Que Dicen los Nombres Geográficos?" Revista *Americas*, Enero 1965. Washington, D.C.: Union Panamericana.

Nuñez, Ana Rosea. *La Florida en Juan Ramón Jiménez*. Miami: Edics. Universal, 1968.

Olivar Bertrand, Rafael, "Factores de la Realidad Española Vistos por Norteamericanos de Hace un Siglo," *Revista de Estudios Políticos*, no. 150, XI–XII, pp/ 53–81.

Olivié, Fernando. *Canadá. Una Monarquia Americana*. Edics. Cultura Hispanica, 1957.

Onís, José de, "La Revolución Americana y la Independencia de Iberoamérica," Revista *Horizontes USA*, n. 13, 1976.

Orantes, Alfonso, "Un Juan Rodriguez Cabrillo, el Descubridor de California," Revista *Cultura*, San Salvador, Abril-Mayo-Junio 1963, pp. 11–14.

Peñuelas, Marcelino C. *Cultura Hispánica en Estados Unidos. Los Chicanos*. Madrid: Edics. Cultura Hispánica, 1978.

Portell-Vila, Herminio. *Los Otros Extranjeros en la Revolución Norteamericana*. Miami: Edic. Universal, 1978.

Ramón Y Cajal, Santiago. *Recuerdos de mi Vida*. Madrid: Alianza Editorial, 1981.

Ramos-Catalina y de Bardaxí, Maria Luisa. "Expediciones Científicas a California," *Anuario de Estudios Americanos*, XIII, (1956), p. 217–310.

Reparaz, Carmen de. *Yo Solo. Bernardo de Galvez y la Toma de Pensacola*. Barcelona: Serbal-ICI, 1986.

Rodríguez, Mario. *La Revolución Americana de 1776 y el Mundo Hispánico*. Madrid: Edit. Tecnos, 1976.

Ruiz Fornells, Enrique. "Las Universidades de los Estados Unidos se dan Cita en España," Revista *Mundo Hispanico*, Sept. 1963.

———. "Cultura y Emigración: el Caso de España y los Estados Unidos." Revista *Arbor*, t. CXVI, n. 451–454, Julio-Octubre 1983.

———. "Indice de Publicaciones Norteamericanos referentes a temas literarios e Históricos sobre España." *Cuadernos Hispanoamericanos*, Inst. de Cultura Hispanica, n. 262 Abril 1972, pags. 209 y ss.

Stimson, Frederick S., "Pioneros del Hispanismo en los Estados Unidos," *Revista Arbor*, no. 451–454, Julio–Oct. 1983.

Suárez de Puga, Enrique, "La Educación Norteamericana y la Cultura Hispánica," *Revista Cuadernos Hispanoamericanos*, no. 196, Abril 1977, pags. 39–60.

Vigneras, L.A., "El Viage de Esteban Gómez a Norteamericana," *Revista de Indias*, XVII, 1957. pag. 15 y. ss.

Voltes, Pedro, "La Tentativa de Mediación de España en la Guerra de Independencia de los Estados Unidos," *Revista de Indias*, año. XXVII, n. 109–110, pags. 314 y siguientes.

Woodbridge, Henskey C., "Las Revistas Hispánicas en los Estados Unidos desde 1932," Revista *Arbor*, no. 451–454, Julio–Octubre 1983.

Ydígoras, Carlos María. *Los Libertadores USAS*. Madrid: Edit. Arrayan, 1965.

Zalamea, Luis, *España Omnipresente en la Florida: Ensayo Historico-Literario*. Miami: Ediciones Universal, 1978.

Zendegui, Guillermo de, "Biografia de una Nación: USA 1776–1976," Revista *Americas*, vol. 28, n. 3, 1976 Suplemento.

Zendegui, Guillermo de, "Cuando la Florida era Española," Revista *Americas*, vol. 26, n. 10, 1974.

INDICE

A

Abbot, John S. C., 43
Abeyta, Bernardo, 183
Acarregui, Juan, 248
Acevedo, Francisco de, 180
Acoma (Nuevo México), 179
actividad cultural, 20–30
    arquitectura, 21–22
    asociaciones e
      instituciones, 25–26
    banderas, escudos y otros
      símbolos, 22–23
    hispanistas, 26
    idioma español, 23–28
    intercambios culturales, 24
    literatura, 20–21
    música, 21
    nombres geográficos, 28–31
Adams, Henry, xxix
Adams, John, 6
Adams, John Quincy, xxiv
Adán y Eva, 20
Admiral of the Ocean Sea (Samuel Eliot Morison), 40
Agency for International Development (AID), 24
Agreda, María de, 18
agricultura, 31–32
Aguayo, marqués de, 162
Aguilar, José Ramón, 208
Aguilar, Martín de, 247
Aguirre, Nicolás de, 65
Ahuja, Elías, 24, 53
Airiz, Juan Ignacio, 208
Alabama, 116–123
    asociaciones hispánicas, 299
    bandera del estado, 22
    fuertes y presidios, 269
    sociedades históricas, 272
Alameda (Nuevo México), 181
Alaminos, Antón de, 77
Alamo, 157, 160
Alarcón, Hernando de, 3, 188
Alarcón, Martín de, 160, 211
Alas, Alonso de las, 81
Alas, Esteban de las, 64
Alas, Leopoldo Clarín, 88
Alaska, 253–257
    exploración, 3
    sociedades históricas, 272
Alava, Manuel de, 251
Albéniz, Isaac, 49
Albuquerque (Nuevo México), 179
Alcock, George, 41
Alejandro, zar de Rusia, 240
Alfonso X el Sabio, rey, 56
Alianza Federal de Mercedes, 36
Allende y Saavedra, Pedro, 196
Almonester y Rojas, Andrés, 138
Alonso, Don, 69
Alpuente, Juan de, 205
Altamirano, Juan de las Cabezas, 68, 79
Altimira, José, 242
Alton, James, 137
Altube, Pedro, 14, 238
Alvarado, Hernando de, 178, 180, 184
Alvarado, Pedro de, 246
Alvarez, Luis W., 18
Alvarez, Richard, 18
Alvarez de Pineda, Alonso
    Alabama, 118
    exploración, 3
    Florida, 93
    Luisiana, 134
    Mississippi, 124
    Texas, 158
Alvarez Quintero, Joaquín, 48
Alvarez Quintero, Serafín, 48
Amat, Tadeo, 228
American Association of Teachers of Spanish and Portuguese (AATSP), 25
    capítulos regionales, 295–298
American Field Service, 24
Amistad, Tratado de (1819), xxiv
Amistad y Cooperación, Convenio de (1970), xxvi
Amistad y Relaciones Generales, Tratado de (1902), xxvi
Amo, Gregorio del, 228
Amorós, Juan, 241
Ana, Doña, 72
Añasco, Juan de, 119, 134
Anderson, Maxwell, 168
anglosajona, población, 16
Angulo, Fabián, 73
Annapolis (Maryland), 54
Anson, George, 261
Antigua Catedral (St. Louis), 143
Anti-Imperialist League, xxv
Antonia, Doña (cacica), 83, 86
Anunciación, Domingo de la, 93, 116, 1125
Anza, Juan Bautista de
    actividad misional y civilizadora, 12
    Arizona, 192
    bosquejo histórico, 19
    California, 226, 227, 229, 234, 235, 239
    colonización, 13
    Colorado, 201
    exploración, 33
    indios comanches, 12
    Nevada, 211
    Nuevo México, 174
Aparicio, José Luis, 139
Aragón y Villegas, Pedro, 139
Aranda, conde de
    actividad cultural, 29
    exploración, 6, 8, 10
    Florida, 102
Arango, Sancho de, 65
Arciniega, Sancho de, 80
Arechiga, Henry, 159
Areilza, José María de, 14, 164
Arellano, Tristán de, 178, 181
Argüelles, Bartolomé, 81
Argüello, Conchita, 18, 240
Argüello, José Darío, 240
Argüello, Luis Antonio, 236, 240, 243
Arias, Gaspar, 65
Arizona, 185–197
    asociaciones hispánicas, 299
    bandera del estado, 22
    emisoras radiofónicas, 330–331
    estaciones televisivas, 329
    fuertes y presidios, 269
    Gran Cañón, 187
    misiones, 188–193, 267
    periódicos (en español), 312
    Phoenix, 196
    sector meridional, 189–190

INDICE

sector septentrional, 188
sociedades históricas, 272
Tucson, 194–196
Arizona State Museum, 194
Arkansas, 148–149
   bandera del estado, 22
   fuertes y presidios, 269
   sociedades históricas, 272
Arkansas, río, 3
Armas, Baltasar de, 224
Armendariz, Pedro, 167
Armijo, Antonio, 33, 168, 210
Armillas, José A., 10
Arnade, Charles, 81
Arnold, Benedict, 109
arquitectura, 21–22
Arrillaga, José Joaquín, 234, 236
Arriola, Andrés de, 94
Arroyo de la Cuesta, padre, 11, 237
Arteaga, Antonio de, 180
Arteaga, Ignacio de, 4, 255–256
Arvide, Martín de, 178
Arza, Mauricio, 214
Asao, 70
Ascensión, Antonio de la, xxx, 224, 246
Ashley, James M., 30, 216, 217
Asimov, Isaac, xxxviii
askenasíes, 15
asociaciones, 25–26, 299–308
Assunwha, 149
Atherton, Gertrude, 168, 240
Aubry, Philippe, 135
Augusta, tratado de (1783), 122
Auñón, Miguel de, 68–69
Aury, Louis, 75
Austin (Texas), 158
Austin, Moses, 35, 147, 158
Autobees, Charles, 209
Avalos, Juan de, 57, 136
Avila, Francisco, 229
Avila y Ayala, Pedro de, 178
Axacan, 59
Ayala, Juan Manuel de, 240, 254
Ayeta, Francisco de, 163, 172
Azcuénaga, Antonio, 218
Azor, Francisco, 147

B

Badajoz, Antonio de, 68
Báez, Domingo Agustín, 12, 21, 68
Báez de Torres, Luis, 260

Bahamas, 1
Baker, Juez, 175
Balada, Leonardo, 49
Balboa, Vasco de—ver Nuñez de Balboa, Vasco
Baldazar, Don Arturo, 45
Ballí, José María, 165
Ballí, Nicolás, 166
Balthasar, Juan Antonio, 190
Baltimore (Maryland), 54
Bancroft, Hubert Howe
   California, 242
   Colorado, 203
   concesiones de tierras, 36
   Wyoming, 215
banderas, escudos y otros símbolos, 22–23
Barba, Antonio, 71
Barreto, Isabel, 260
Barrionuevo, Francisco de, 181, 182, 184
Basílica de la Inmaculada Concepción (Washington, D.C.), 57
Basque American Foundation, 25
Bastrop, barón de, 35, 148
Bates, Katherine Lee, 42
Bayard, Thomas Francis, 55, 142
Bazán, Pedro de, 63
Bazares, Guido de los, 119
Beardsley Jr., Theodore S., 47
Beaubien, Carlos, 207
Beaubien, Narciso, 207
Beaumarchais, Pedro Caron de, 6, 51
Beauregard, Elías, 114
Becerra, Ana, 62
Belén (Nuevo México), 180
Bellechase, Josef Deville Degoutin, 114
Beltrán, Bernardino, 184
Bemis, Samuel Flagg, 102
Benavente, Jacinto, 48
Benavides, Alonso de
   colonización, 19
   Nuevo México, 166, 170, 177
Benét, Esteban, 14
Benét, Stephen Vincent, 14, 83
Bent, Charles, 168, 184
Berganza, Teresa, 49
Bering, Vitus, 223
Bermejo, Pedro, 76
Bernardete, Mair José, 15
Bertucat, Luis de, 92
Besso, Henry, 15
Betanzos, Amalia, 16
Beteta, Gregorio de, 87
Biblioteca del Congreso, 56
Bickerstaffe, Isaac, 52

Bideganeta, Louis J., 219
Bienville, Jean-Baptiste, 114
Blaetterman, George, 59
Blanchet, arzobispo, 246
Blount, William, 127
Blum, Robert F., 53
Blumenthal, George, 47
Bobadilla, Isabel de, 86
Bodega y Cuadra, Juan Francisco de la
   Alaska, 254–256
   California, 222, 243
   exploración, 4
   Washington, 247
Bolaños, Francisco de, 224
Bolin, Luis, 256
Bolton, Herbert Eugene
   Arizona, 190
   California, 242
   Colorado, 201
   Dakotas, 154
   Montana, 217
Bonaparte, José, 50
Boone, Daniel, 35, 108, 146
Boré, Etienne de, 137
Borgia, Francis, 65
Bori, Lucrecia, 49
Borica, Diego, 236, 237
Bosque, Fernando del, xxxi, 4, 164
Bouchard, Hipólito, 228, 231, 234, 236
Boulanger, Ludovicus, 29
Bourne, Edward Gaylord, 2, 43, 178
Bowles, William A., 116
Boyano, Hernando
   Alabama, 116
   Carolina del Norte, 61
   Carolina del Sur, 65–66
   exploración, 2, 5
   Georgia, 67, 70
Boyd, Mark F., 90
Brackenridge, H. H., 52
Branciforte, marqués de, 237
Brandenton (Florida), 86–87
Bree, Alvaro de, 224
Brewster Academy, 39
Brohead, Daniel, 108
Brown, John, 111
Brumidi, Constantino, 56
Bryant, William C., 41
Bucarelli y Ursúa, Antonio de
   Alaska, 254–255
   California, 222, 223
Buenaventura Olivares, Antonio de, 160
Burgoyne, Gen. John, 7
Bustamante, José de, 256

Bustamante, Juan Domingo de, 182
Bustamante, Pedro de, xxx, 206
Butler, Fanny Kemble, 48
Butler, Robert, 82

C

Caamaño, Alejandro, 254
Caamaño, Jacinto, 256
Caballé, Montserrat, 49
Caballeros de Vargas, los, 170
caballos, 31–32
Cabello, Domingo, 141
Cabeza de Vaca, Alvar Núñez
   Alabama, 118
   colonización, 20, 21
   exploración, xxx, 2, 5, 11, 32
   Florida, 87, 89, 90
   Luisiana, 134
   Nuevo México, 177
   Texas, 158
Cabildo, 138
Cabot-Delgado Foundation, 139
Caboto, Sebastián, 2
Cabrillo, Juan Rodriguez—ver Rodriguez Cabrillo, Juan
Cagigal, Juan Manuel de, 95
Cahokia, 103–104
Calderón, obispo, 90
California, 221–244
   asociaciones hispánicas, 299–301
   costa septentrional, 243–244
   derivación del nombre, 31
   descubrimiento y exploración, 221–225
   documentación de la presencia española, xxx
   el español, 24
   emisoras radiofónicas, 331–332
   estaciones televisivas, 329
   exploración, 4
   fuertes y presidios, 270
   gobernadores, 267
   Los Angeles, 228–230
   misioneros, 223–224
   misiones, 226, 228–234, 237–241
   Monterey, 234–237
   periódicos (en español), 312–315
   San Diego, 224–227

INDICE

San Francisco, 237–243
Santa Bárbara, 230–234
sociedades históricas, 272–273
California's Missions (Ralph P. Wright), xxx
Callava, José, 96
Calvo Manzano, María Rosa, 49
Calzagorta, Juan, 211
Camargo (Texas), 165
Cambón, Pedro Benito, 235, 239
Camin, Alfonso, 85
Camino Real, el, 26, 33, 90–91, 224
caminos, 32–33
Campbell, Archibald, 95, 120
Campbell, Mrs. Patrick, 48
Campo, marqués de, 250
Campos, Agustín de, 190
Camps, Pedro, 82
Camp Wood, 162
Cáncer, Luis
   exploración, 10, 11, 12
   Florida, 87–88
canciones, 20
Cañizares, José, 254
Cantino, Alberto, 2
Cantwell, arzobispo, 228
Canzo, Gonzalo Méndez
   Distrito de Columbia, 55
   exploración, 11
   Florida, 78, 80, 82
   Georgia, 67, 68, 70, 72
Capilla, Juan Bautista, 72
Carbajal, Luis, 179
Cardinal, Jean Marie, 155
Cardona, Nicolás de, 29, 222, 226
Cardoza, Luis de, 259
Cardozo, Benjamín, 14
Carlos III, rey de España
   Arizona, 190
   California, 234, 237
   exploración, xxiv, 6–10
   Florida, 96
   Luisiana, 131
   Nueva York, 46
   Nuevo México, 174
   Oregón, 247
   Pennsylvania, 51
Carlos V, Santo Emperador Romano, 2, 22, 180
Carnegie, Andrew, xxv
Carolina del Norte, 60–62
   asociaciones hispánicas, 306
   fuertes y presidios, 270
   misiones, 269
   sociedades históricas, 278

Carolina del Norte, universidad de, 62
Carolina del Sur, 63–66
   fuertes y presidios, 270
   sociedades históricas, 279
Carondelet, barón de
   Alabama, 123
   Arkansas, 149
   concesiones de tierras, 35
   Iowa, 155, 156
   Kentucky, 111
   Luisiana, 136
   Mississippi, 126–128
   Missouri, 145, 146
   Pennsylvania, 52
   Tennessee, 115
Carondelet (Missouri), 146
Carreras, José, 49
Carrillo, Domingo, 230
Carrillo, María Antonia, 226
Carrillo, Mariano, 230
Carrión, Luisa de, 19
Carson, Kit, 168, 184
Carter, Jimmy, xxviii, 16
Carver, Jonathan, 246
Casacalvo, marqués de, 129, 138
Casals, Pablo, 49
Caso y Luengo, Francisco, 92
Castañeda, Pedro de, xxx, 3, 187
Castaño de Sosa, Gaspar, 184
Castiella, Fernando María, 56
Castillo, Alonso del, 158, 166
Castillo, Juan del, 68
Castillo de San Marcos, 81–82
Castro, Juan Elio de, 260
Cavalier, René Robert, *ver La Salle, Sieur de*
Cavazos, José Narciso, 165
Cavazos, Lauro F., 16
Cavendish, Thomas, 222
Cela, Camilo José, 43, 54
Celi, Francisco María, 88
Cendoya, Manuel de, 81
Cerón, Jorge, 93, 116
Cerré, Gabriel, 104
Cervantes, Alfonso J., 18
Cervantes, Antonio de, 62
Cervantes, Miguel de, 48, 52
Cervera, Pascual, 53
Cesión de la Florida a los Estados Unidos, Tratado de (1821), 92
Céspedes, Manuel de, 82
Cevallos, Pedro Antonio de, 7
Chadwick, French Ensor, xxv
Chalmette, capitán, 148
Chamisso, Adalbert von, 264
Champmeslin, conde de, 94

Charleston (Carolina del Sur), 63
Chase, Gilbert, 21
Chauvin de Lafranière, Nicolas, 135
Chávez, César, 182
Chávez, Dennis, 169
Chávez, Fernan de, 184
Chevalier, Louis, 106
Chew, Benjamin, 51
Chicago (Illinois), 103–104
Chicora, Francisco, 13, 62
Chillida, Eduardo, 56
Chimayó (Nuevo México), 182
Chipacasi, 73
Chouteau, Auguste, 143, 152
Chretien, Hipólito, 139
Churruca, José, 195
Cid, El (Rodrigo Díaz de Vivar), 19
Cisneros, Henry, 18
Cisneros, Pedro, 203, 209
Civil Rights Act (1964), 28
Claiborne, William Charles Coles, 113, 129, 134
Clarín—ver *Alas, Leopoldo*
Clark, George Rogers
   colonización, 35
   exploración, 9
   Illinois, 103–104
   Indiana, 104–105
   Kentucky, 108–111
   Luisiana, 136
   Mississippi, 127–129
   Missouri, 144, 145
Clark, William, 153, 214
Clarke, Elijah, 128–129
Cleveland, Grover, xxv, 45
Cleveland, Stephen Grover, 261
Collel, Francisco, 140
Collins, George R., 22
Collot, Victor, 121
Colomb, Christophe, 141
Colón, Cristóbal
   actividad cultural, 28
   Distrito de Columbia, 55, 56
   economía, 31, 33
   exploración, xxiii, 1–2
Colón, Miriam, 49
colonización, 13–19—*ver también estados individuales*
   la mujer española, 18–20
   norteamericanos de origen español, 18
   población actual, 15
   primeros colonos, 13–15
Colorado, 201–210

asociaciones hispánicas, 301
bandera del estado, 22–23
emisoras radiofónicas, 332
estaciones televisivas, 329
fuertes y presidios, 270
periódicos (en español), 315
sociedades históricas, 273
Colorado, río, 3, 188
Columbia, 28–29
Columbia, río, 3
Columbus Exhibition, 34
Commager, Henry Steele, xxviii
Concepción, Cristóbal de la, 188
Concha, Fernando de la, 145, 203
Conferencia de Americanos de Origen Hispano, primera, 17
Conferencia Nacional de Obispos Católicos, 10
Congreso, de los EE.UU., xxii, 34
Congreso Continental, 34
conmemoraciones y festivales, 308–312
Connecticut, 43
   asociaciones hispánicas, 301
   periódicos (en español), 315
   sociedades históricas, 273
Conrotte, Manuel, 6
"conspiración española," 35
Controversia de Nutka, 223, 247–248
Convenio de Amistad y Cooperación (1970), xxvi
Convenio sobre Reclamaciones (1834), xxv
Cook, James
   Alaska, 254, 255
   Hawaii, 259, 261
   Oregón, 247
   Washington, 249–250
Coppinger, José, 75, 82
Coral Gables (Florida), 85
Corcoran Gallery (Washington, D.C.), 56
Córdova, Beatriz de, 18
Cornwallis, Edward, 8
Coronado, Carolina, 17
Coronado, Francisco Vázquez de—*ver Vázquez de Coronado, Francisco*
Coronado National Memorial Park, 191
Corpa, Pedro, 70
Corte, Felipe de la, 264

INDICE

Cortés, Hernán
  California, 222
  Hawaii, 258, 259
  Nuevo México, 178
  Oregón, 246
Corvera, Francisco, 181
Cosa, Juan de la, 2
Costaggini, Filippo, 55
Cotilla, Juan de la, 92
cowboys, 32
Cox, David, 55
Creeft, José, 18
Crespi, Juan
  Alaska, 254
  California, 224, 225, 230, 236, 238
Crespo, José, 48
Crespo y Neva, Antonio, 138
Cret, Paul, 56
Crockett, Davy, 157, 160, 161
Croix, marqués de, 223
Croix, Teodoro de, 174, 188, 234
crónicas, xxx–xxxi
Crozet, Teniente, 264
Cruz, Diego de la, 159
Cruz, Hipólito de la, 263
Cruz, Manuel de la, 165
Cruzat, Francisco
  Kentucky, 110
  Michigan, 106
  Missouri, 145, 146
Cruzate, Domingo de, 172, 181
Cuba, xxv–xxviii
Cubeñas, José A., 77
Cuellar, Agustín de, 177
cuerno largo de Texas—*vér longhorn de Texas*
Cuerno Verde, 12
Cuerno Verde, cacique, 12, 201
Cuevas, Juan de las, 139
Cuevas, marquesa de, 47
Cuevo y Valdés, Francisco, 179
Cumberland, isla de (Georgia), 71–72
Cumberland, territorio de, xxiv
Cumberland Compact, 114
Cunningham, Charles, 141
Cuomo, Ario, 45
Curletti, Rosario, 231
Curry, John Stewart, 151
Cutter, Donald, 36, 167

D

Dakota del Norte, 154–155
sociedades históricas, 278
Dakota del Sur, 154–155
  sociedades históricas, 279
Dalí, Salvador, 18
Dallas (Texas), 158
Daly, Agustín, 49
Dana, Richard H., 231
Daniel, coronel, 92
D'Arcy, don Manuel, 72
D'Armond, François, 148
Dart, H. P., 37
Davalos Ortega, Katherine, 18
Dávila, Francisco, 71, 73
Daza, Ignacio, 91
Deagan, Kathleen, 77
Deane, Silas, 7, 8, 29
De Cordova Museum (Boston), 41
Deering, James, 97
D'Eglise, Jacques, 153
De Grasse, François Joseph Paul, 9
Dehault de Lassus, Carlos
  Luisiana, 133
  Mississippi, 129
  Missouri, 143, 145
Del Amo, Gregorio, 20
Delaware, 53–54
  asociaciones hispánicas, 301
  sociedades históricas, 273
Delgado, Diego, 71
Delgado, Felipe B., 174
Delgado, Simón, 176, 177
Delibes, Miguel, 42, 56
Denver (Colorado), 201–202
Denver Art Museum, 202
Departamento de Estado de los EE.UU., 24
derecho, 36–38
derechos de aguas, 37
derechos de minería, 37
De Smet, Pierre Jean, 146, 217
De Soto, Hernando
  Alabama, 116–117, 119
  Arkansas, 148
  Carolina del Norte, 61–62
  Carolina del Sur, 66
  colonización, 13, 19, 31
  exploración, xxx, 2, 3, 6
  Florida, 84–85, 86, 87–89
  Georgia, 67
  Luisiana, 134, 145
  Mississippi, 124–125
  Tennessee, 113, 114
De Soto Trail, 3
De Voto, Bernard, 203
Día de la Raza, 1–2
Díaz, Juan, 33, 188

Díaz, Melchor, 33, 188
Díaz, Pedro Rafael, 191
Díaz, Rafael, 193
Díaz, Rosita, 49
Díaz de Badajoz, Alonso, 68
Díaz del Castillo, Bernal, 222
Díaz de Mendoza, Fernando, 48
Díaz Plaja, Guillermo, 43
Dickinson, Jonathan, 73, 83
Dickson, Alexander, 125, 140
Didier, padre J., 146
Diego, Don, 69, 71
discriminación, 16
Disney, Walt, 74
Distrito de Columbia, 55–58
  asociaciones hispánicas, 301–302
  estaciones televisivas, 330
  periódicos (en español), 315
  sociedades históricas, 273–274
Doak, Thomas, 237
doblón, 34
Do Campo, Andrés, 151–152
Dodge, Mrs. Horace Elgin, 81
dólar, 33–35
dólar pilar, 34
Dolores y Viana, Francisco Mariano de los, 162
Domingo, Don (indio), 70
Domínguez, Francisco Atanasio
  Arizona, 188
  Colorado, 203
  exploración, 4
  Utah, 213
Domínguez, José Juan, 33, 36
Domínguez de Mendoza, Juan, 164, 173
domínicos, 2, 10
Doncel, Ginés, 63
Donelson, John, 114
Doniphan, coronel, 37
Don Quixote, 5
Dorantes, Andrés, 32, 158, 177
Dorin, Pierre, 154
Dos Passos, John, 20
Downie, Harry W., 237
Doyaga, Emilia, 14
Doyle, Henry Grattan, 25
Drake, Francis, 64, 79–80, 222
drama, 20
Drama Nuevo, Un (Manuel Tamayo y Baus), 48
Duane, Frank, 160

Dubuque, Julien, 35, 104, 156
Duce, Alberto, 79
Duchesne, madre Philippine, 146
Duke, James B., 60
Duke, universidad de, 60
Dumé, Heriberto, 48
Dunbar, William, 118, 127
Dunegant, François, 146
Dunlap, William, 48
Dunn, J. C., 54
Durán, Manuel, 43
Durán, Narciso, 239
Durán y Chaves, Eusebio, 174, 175
Durnford, Elias, 120

E

Eagle Pass (Texas), 164–166
Eca y Muzquiz, José Joaquín de, 162
Echegaray, José de, 48
Echevarría, Peter, 14, 211
economía, 31–38
  agricultura y ganadería, 31–32
  concesiones de tierras, 35–36
  moneda, 33–35
  vías de comunicación, 32–33
Ecueracapa, 206
Edgemon, William S., 84
Edgerton, Sidney, 216
Elcano, Juan Sebastián, 43, 259
Eliza, Francisco de, 254
Elizachochea, don Marín de, 179
Ellicott, Andrew, 118, 127
Ellicott Line, 118
Ellis, Florence Hawley, 184
Ellis, John Tracy, 9
El Norte (película), 20
El Paso (Texas), 164
Elvas, Hidalgo de
  Arkansas, 148
  Carolina del Sur, 66
  exploración, xxx
  Florida, 89
  Georgia, 66
  Tennessee, 113
Enrique, Alonso, 87
Erausquin, Germán, 107
Escalante, Juan Bautista de, 192
Escalante, Silvestre de, 174
Escalona, Luis de, 151

INDICE

Escandón, José de
 exploración, 3, 5
 Nuevo México, 174
 Texas, 165
Escobal, Pedro Ramón, 19
Escobedo, Alonso Gregorio, xxx, 78
Escudero, Alberto, 62, 66
Eslava, Miguel, 120
Espejo, Antonio de
 actividad cultural, 30
 Arizona, 195
 exploración, xxx, 2
 Nuevo México, 173, 179, 184
Espeleta, José de, 189
Esperanza, 149
Espinosa, Alonso, 159, 193
Espinosa, Aurelio M., 26
Espinosa, Guillermo, 57
Espinosa, J. M., 201
Espinosa, Vicente, 145
Esplaña, Damián, 264
Estanislao, 12, 239
Esteban (Estebanico) (esclavo moro), 12, 158, 166, 177, 186
Esteban, Julio, 54
Estrada, Adolfo, 17
Estrada, Pedro, 62
Estrella de Sevilla, La (Lope de Vega), 48
Eulalia, Infanta, 103
Evans, John
 Dakotas, 154
 Iowa, 156
 Missouri, 145
 Montana, 216
Experiment in International Living, 24, 39
exploración—*ver también estados individuales*
 actividad en el espacio, 4–6
 antes de 1607, 2–4
 después de 1607, 4, 6
 informes escritos, xxx
Exposición Internacional de 1876, 52

F

Fagés, Pedro
 Arizona, 188
 California, 225, 234, 238, 239
 colonización, 14
Fairbanks, Charles, 89
Fajardo, Pedro, 47
Farfán de los Godos, Marcos, 20, 184

Farragut, David Glasgow
 Carolina del Sur, 63
 colonización, 18
 Maryland, 54
 Tennessee, 113
Farragut, Jorge, 63, 113, 124, 134
Fauchet, Joseph, 111, 128
Faurie, José, 139
FEDLMN—*ver Fondo Educacional y de Defensa Legal Mexicano Norteamericano*
Felipe II, rey de España
 Alabama, 119
 Carolina del Sur, 63
 Florida, 76, 79, 93
 Massachusetts, 43
 Nuevo México, 174
 Oregón, 246
Felipe III, rey de España
 exploración, 12
 Florida, 78
 Georgia, 67
 Guam, 263
 Hawaii, 260
Felipe IV, rey de España, 18
Felipe V, rey de España, 71, 205
Feliú, Melchor, 82
Ferdinando, rey de Aragón, 1
Ferdinando VII, rey de España, xxiv, 74, 77, 78
Feria, Pedro de la, 93, 117
Feriada, 13
Fernández Alvarez, Luis, 261
Fernández de Chozas, Pedro, 71–72
Fernández de Quirós, Pedro, 260
Fernández Ecija, Francisco, 58, 70
Ferrater Mora, José, 18
Ferré, Mauricio, 18
Ferré, Max, 48
Ferrelo, Bartolomé
 California, 222–224
 exploración, 3
 Oregón, 246
 Wyoming, 214
Ferrer de Maldonado, Lorenzo, 256
Ferris, Stephen, 52
festivales y conmemoraciones, 308–312
Fidalgo, Salvador, 254–256
Fielding, Henry, 52
Figueredo, Roque de, 178
Figueroa, José, 189
Filhiol, Juan Bautista, 141
Filipinas, xxv
Fisher, Mel, 85

Flagler, Henry M., 78, 814
Flint, Timothy, 142, 148
Florencia, Juan de, 91
Flores, Antonio, 225, 231
Flores, Manuel Antonio, 250
Florez, Luis de, 18
Florida, 73–97
 asociaciones hispánicas, 302–303
 bandera del estado, 22–23
 Bradenton, 86–87
 Cayos, 85–88
 costa oriental, 91–93
 El Camino Real, 90–91
 emisoras radiofónicas, 332
 estaciones televisivas, 330
 Fuerte de San Marcos, 90, 91–92
 fuertes y presidios, 270
 gobernadores, 265–266
 Jacksonville, 76
 Miami, 83–85
 misiones, 267–268
 Pensacola, 93–97
 periódicos (en español), 315–317
 sector central, 89
 sector septentrional, 89
 sociedades históricas, 274–275
 St. Augustine, 76–82
 Tampa, bahía de, 88
"Florida, La" (padre Escobedo), xxx
"Florida del Inca" (Garcilaso de la Vega), xxx
Florissant (Missouri), 146
Folch, Vicente, 92, 114, 120
Fondo Educacional y de Defensa Legal Mexicano Norteamericano (FEDLMN), 18
Font, Pedro, 211, 228
Fontainebleau, Tratado de (1762), 131, 132
Fontcuberta, Miguel, 159
Ford, Gerald, 6
Ford, J. D. M., 43
Formación de América del Norte, La (Isaac Asimov), xxviii
Forman, David, 148
Forster, Anthony, 125
Fortier, Alcée, 136
Fortuny, Mariano, 53
Fourcher, Pedro, 148
Fox, William, 81
Foxá, Agustín de, 85
Fraga Iribarne, Manuel, 57, 146
Francia, xxiii, 6, 8

franciscanos—*ver también nombres individuales*
 Arizona, 193
 California, 229, 233, 240
 colonización, 20
 exploración, 5
 Georgia, 68
 misioneros, 10–11
 Nuevo México, 181
Franco, Francisco, 46, 150
Frank, Waldo, 46
Franklin, Benjamín
 actividad cultural, 23, 29
 exploración, 7, 8–9
 Florida, 101
 Pennsylvania, 52
Franklin, estado de, xxiv, 60–62, 113, 126
Frémont, John C., 211
Freneau, Philip, 28
Fresnedo, Román, 56
Fuca, Juan de, 249
Fuentes, Carlos, 41
Fuentes, Francisco, 68, 70. 926
Fuentes, Pedro, 260
fuertes (listado), 269–270

G

Gabriel, Charles A., 18
Gades, Antonio, 49
Gadsden Purchase, 193
Gaetano, Juan, 259
Gainesville (Florida), 89
Galán, José, 163
Galbis, Ricardo, 146
Galería Nacional de Arte (Washington, D.C.), 56
Gallego, Hernán, 260
Gallego, Juan, 152
Gallegos, Darío, 207
Gallegos, Diego, 207
Gallegos, Hernando, 180
Gallegos, Julián, 207
Galveston, isla de, 158–159
Gálvez, Bernardo de
 Alabama, 118, 120
 Carolina del Norte, 60
 colonización, 13, 14
 exploración, 5, 6, 7, 9
 Florida, 93, 95–96
 Luisiana, 135–137, 140
 Mississippi, 125–126
 Missouri, 144
 San Antonio, 161
Gálvez, Genoveva, 49
Gálvez, José de
 California, 223
 Florida, 95
 Luisiana, 136

INDICE

Michigan, 106
Gálvez, Matías de, 136
Gamarra, Félix de, 193
ganadería, 31–32
Gándara, Manuel de la, 191
Gannon, Michael V., 89
Gaon, Nessim, 84
Gaona, Hermanes, 194
Garay, Francisco de, 3, 118
Garaycoechea, padre, 189
Garcés, Francisco
  Hermenegildo
    Arizona, 188, 189, 191, 193, 195
    economía, 33
    exploración, 5
    Nevada, 211
    Utah, 213
García, Alonso, 172
García, Juan, 87
García, Manuel, 48
García, María Felicidad, 46
García, Robert, 18
García de Castro, Lope, 260
García de Solís, Fulgencio, 92
García Diego, Francisco, 231
García La Vera, Alonso, 80
García Lorca, Federico, 48
Gardner, Isabella Stewart, 40
Gardoqui, Diego de
  Carolina del Norte, 60–61
  concesiones de tierras, 35
  exploración, 8
  Kentucky, 108–111
  Missouri, 146
  Nueva York, Ciudad de, 46
  Pennsylvania, 51–52
  Tennessee, 114
Garrigues, Don Antonio, 77, 256
Garza, José Salvador de la, 165
Garza Falcón, Blas María de la, 165
Gaspar, José, 85, 90
Gates, Horatio, 8, 108
Gaudí, Antonio, 22
Gavin, John, 18
Gayarré, Charles Etienne, 135
Gayoso de Lemos, Manuel
  Carolina del Norte, 60
  Luisiana, 135
  Mississippi, 125–127
  Tennessee, 114
Genet, Edmond, 111, 128
Genovés, Tomás, 21

George, Robert, 125, 136
Georgia, 66–73
  asociaciones hispánicas, 303
  fuertes y presidios, 270
  misiones, 268
  periódicos (en español), 317
  sociedades históricas, 275
Gettens, Rutherford J., 191
Gibault, Pierre, 104, 145
Gibson, George, 7
Gil, Luis, 240
Gila, río, 193
Gil Bernabé, Juan Crisóstomo, 190
Gil Munilla, Octavio, 149
Gil y Barbo, Antonio, 159
Glass, Henry, 264
gobernadores, 265–267
Godoy, Manuel, 126, 127
Goizueta, Robert, 18
Gómez, Esteban
  Connecticut, 43
  exploración, 2, 5
  Maine, 39
  Maryland, 54
  Massachusetts, 40
  Nueva York, 49
  Pennsylvania, 50
  Rhode Island, 42
Gómez, Francisco, 63
Gómez, Gabriel, 58
Gómez, Juan, 85
Gómez Canedo, Lino, 54
Gómez de Corbán, Toribio, 224
González, Jaime, 96
González, José, 168
González, Tomás, 78
González, Vicente, 58, 59, 70
Gonzalvo, Francisco, 193
Good Samaritan, fundación, 24
Goodyear, Miles, 214
Gordillo, Francisco
  Carolina del Norte, 62
  Carolina del Sur, 63
  exploración, 2, 12
Gorgoll, Juan, 192
Gottschalk, Louis, 21
Gourges, Dominique de, 79
Granados, Enrique, 43, 49
Gran Bretaña—ver Inglaterra
Gran Cañón, 187–188
Grande Covián, Francisco, 17
Grand Pré, Carlos de, 126, 140
Grand Pré, Louis de, 129
Granjon, Henry, 193

Grant, Ulysses, 43, 53
Grasshoffer, Bautista, 190
Gratiot, Charles, 104
Gray, Robert, 250
Greco, José, 49
Green, Paul, 79
Green, Thomas, 109
Griffin, John W., 91
Grijalva, Juan Pablo de
  California, 226, 227, 239
  derecho, 36
  Hawaii, 263
  literatura, 20
  Texas, 158
Grimaldi, marqués de
  Alaska, 254
  California, 223
  exploración, 6, 8
Grimarest, Enrique de, 124
Grisolía, Santiago, 18
Gross, Stuart M., 25
Guadalupe-Hidalgo, Tratado de (1848), xxxi, 27, 168, 210, 242
Guam, 262–264
  guerra hispano-americana, xxiv
  sociedades históricas, 275
Guastavino, Rafael, 22, 48, 57
Guazo, Gregorio, 94
Guerra, Manuela de la, 236
guerra civil española, xxvi
guerra de la independencia, 6–10, 135–137
guerra de sucesión al trono de España, 94
guerra hispanoamericana, xxv–xxvi
Guerra Noriega, José de la, 230
Guerrero, Lalo, 26
Guerrero, María, 48
Guevavi, 190
Guilleman, Gilberto, 138
Guimerá, Angel, 48
Gutiérrez, Andrés, 189
Gutiérrez, Diego, 2, 40
Gutiérrez, John, 23
Gutiérrez, Ramón, 21
Gutiérrez de Humaña, Antonio, 149, 152
Gutiérrez de Lara, Bernardo, 167
Gutiérrez de Lara, José Antonio, 161, 162
Gutiérrez de Vera, Francisco, 73
Gutman, Alberto, 84

H

Habis, Marion A., 162
Haenke, Thaddaeus, 264
Hall, Willard P., 37
Hamilton, Alexander, 35
Hamilton, George, 106, 137
Hammond, George P., 240
Hanke, Lewis, 46
Hanna, James, 250
Hardin, Kenneth, 74
Harmar, Josiah, 109, 121
Haro, Francisco de, 239
Harris, Ethel Wilson, 160
Harvard, universidad de, 41
Harvey, William, 261
Hawaii, 257–262
  sociedades históricas, 275
Hawikuh, 178
Hawkins, John, 75
Hayden, Mike, 153
Hearst, William Randolph, xxv, 84, 103
Heceta, Bruno de
  Alaska, 254–255
  California, 222, 244
  exploración, 3, 4
  Oregón, 248
Héctor, Don Francisco Luis, 135
Hemingway, Ernest, 48
Hemisfair 1968, 28
Henestrosa, Juan de, 59
Henry, Patrick, 60, 104, 127, 149
Heredia, José de, xxv
Herencia Hispánica, Semana Nacional de la, xxviii
Hernández, Gabriel, 96
Hernández de Córdoba, Francisco, 85
Herrera, Cristóbal de, 181
Herrera, Manuel, 75
Herrera, Sebastián de, 184
Herreros, Antonio, 193
Hesse, Emmanuel, 144
Heturno (indio), 106
Hidalgo, Miguel, 161
Hilton, Ronald, 239
Hinojosa, Juan José, 165
Hispanic Institute, 47
Hispanic Society of America, 47
hispanistas, 26
Hita y Salazar, Pablo de, 31, 77, 81
hogs, razorback, 31
Holmes, Jack, 128
Horgan, Paul, 3, 158, 163

INDICE

Houston (Texas), 157
Houston, Sam, 157, 159
Howells, William Dean, 48
Hubbard, David, 75
Hudson, Charles, 62
Huertas, Jorge A., 161
Huizar, Pedro de, 160
Humphreys, David, 42
Huntington, Anna, 63, 79, 240
Huntington, Archer M., 25, 47, 57, 63
Huntington, Henry E., 229
Hutchins, Anthony, 125, 127
Hyatt, Anna Vaughn, 47

I

Ibáñez, Florencio, 233
Ibarra, Pedro de
   California, 229
   Florida, 78
   Georgia, 68, 69, 71
Icino, padre, 194
Idaho, 219
   asociaciones hispánicas, 303
   periódicos (en español), 317
   sociedades históricas, 275
idioma español, 23–24, 26–27
   dialectos regionales, 28
   Nuevo México, 169
Illinois, 103–104
   asociaciones hispánicas, 303
   emisoras radiofónicas, 332
   estaciones televisivas, 330
   periódicos (en español), 317–318
   sociedades históricas, 275
Indiana, 105–106
   asociaciones hispánicas, 303–304
   periódicos (en español), 318
   sociedades históricas, 275
indios apaches, 162, 174, 180, 186, 191
indios arikaras, 154
indios cesteros, 201, 204
indios chatots, 91
indios cherokees, 6, 62, 112, 122, 150 174–175
indios cheyennes, 154
indios chickamauga, 113
indios chickasaw, 112, 114, 122
indios comanches, 162, 168, 171, 179, 202–204
indios coosas, 116, 117, 125
indios creek, 73, 92, 122, 126, 148
indios crow, 154, 214
indios delaware, 145
indios gilas, 188
indios haida, 254
indios hopis, 178, 187, 188, 189, 191
indios manda, 154
indios missouri, 152
indios mobile, 116
indios naguatex, 135
indios natchez, 116, 125
indios navajos, 167, 186, 187, 188
indios oconees, 90
indios osages, 153, 159
indios papagos, 186, 191
indios pawnees, 151
indios picuris, 205
indios pimas, 186, 190, 191
indios poncas, 153
indios pueblo, 31, 166–167, 173–174, 183, 184, 189
indios quawpaws, 148
indios sacs, 146
indios seminolas, 85
indios shawnee, 145
indios sioux, 155
indios sobaipuris, 186, 190, 191, 193
indios tequestas, 81
indios utes, 203, 205, 212
indios yumas, 188, 226, 229, 230
indios zuñis, 13, 163, 188
informes escritos, xxx–xxxi
Inglaterra, xxiii, 6–10, 33, 34, 100
inglés, idioma, 28
Iñiguez, Martín, 257
Innes, Harry, 110, 128
instituciones para la difusión de las lenguas, 25
Instituto de Arte John Herron (Indianapolis), 105
Instituto de Cooperación Iberoamericana, 24
intercambios culturales, 24
International Education Act (1966), 24
Iowa, 155–156
   sociedades históricas, 275
Irving, Washington, 43, 74, 107
Irwin, James, 75
Isabel, reina de Castilla, 1–2
isla Amelia (Florida), 75
Isla del Gato, 1
islas Baleares, 13–14
islas Canarias, 13, 139, 160
Isleta (Nuevo México), 179
Iturbe, Juan de, 222
Iturralde, padre, 194
Iturri, Antonio, 248

J

Jackson, Andrew, xxxi, 35, 96, 112
Jackson, Helen Hunt, 227
Jacksonville (Florida), 76
Jácquez, Juan Ignacio, 208
Jácquez, Venancio, 207
jai-alai, 14
Jaudenes, José de, 52
Jaume, padre, 226
Jay, John
   exploración, 8
   Florida, 101
   Kentucky, 109
   Michigan, 106
Jay, Tratado (1794), 126
Jefferson, Thomas
   actividad cultural, 23
   Alabama, 120
   derecho, 36
   economía, 33
   Jekyll, isla de (Georgia), 71
   Kentucky, 111
   Mississippi, 131–133
   Virginia, 59
Jerónimo, 93
Jesuitas—*ver también nombres individuales*
   Arizona, 189–194
   California, 235
   exploración, 2, 5
   Florida, 81
   Georgia, 68
   Guam, 264
   misioneros, 10
   Montana, 216
Jiménez, Diego, 162
Jiménez, Juan Ramón, 40, 46, 74, 85
Jofre de Loaysa, García, 259, 262
Johnson, Lyndon B., xxvii, 18, 77
Johnson, Samuel, 115
Joliet, Louis, xxxi, 134, 156
Jones, B. Calvin, 89
Jorda, Enrique, 240
Jordana y Morera, José, 215
Jordán de Reina, Juan, 94
Jorgensen, Chris, 240
Jova, John, 18
Jova, Joseph, 135
Juan Carlos I, rey de España
   actividad cultural, 23
   California, 229, 241
   exploración, 6, 9
   Georgia, 66
   Massachusetts, 43
   Nuevo México, 177
   Texas, 157, 158
   Washington, DC, 163
Juanillo (indio), 11, 55, 68–72
Juan Pablo II, Papa, 160, 236, 263
Juan XXIII, Papa, 171
Judge, Joseph, 66
judíos
   colonización, 17
   Georgia, 73
   Miami, 84
   Nueva York, ciudad de, 43
Junco, Juan de, 68

K

Kamehamea I, emperador, 260, 261
Kansas, 150–152
   periódicos (en español), 318
   sociedades históricas, 276
Kaskasia, 104, 146
Kearny, Stephen Watts, 27, 37, 168
Kelsey, Albert, 56
Kelsey, Harry, 224
Kemper, Reuben, 121, 128
Kemper, Samuel, 128
Kendrick, John, 250
Keniston, Hayward, 24
Kennedy, John F., xxvii, 16
Kentucky, xxiv, 108–112
   sociedades históricas, 276
Ketcham, Herbert, 62
Keyes, Frances Parkinson, 139
Key West (Florida), 85
Kinckley (pirata inglés), 71
Kindelan, Sebastian, 75
King, Georgina, 52
King, James F., 241
King Ranch, 166
Kino, Eusebio Francisco
   Arizona, 189–193, 195
   Distrito de Columbia, 56
   exploración, 5, 10
Knapp, William Ireland, 43
Knox, Henry, 128
Koch, Ed, 43
Kraus, Alfredo, 48
Kraus, Michael, 1

INDICE

L

La Cañada, batalla de, 168
Laclède, Pierre, 143, 152
Lacy, conde de, 254
Lado, Roberto, 58
La Fargue, Oliver, 37
Lafayette, marqués de, 6, 50
Lafora, Nicholas, 162
Laforet, Carmen, 219
Laguna (Nuevo México), 180
Laín, Joaquín, 203, 209
Lallemand, Charles, 50
La Luzerne, Chevalier de, 49, 100
Lamar, Mirabeau B., 157, 168
Lamberto, Don Pedro, 72
Lamy, Jean Baptiste, 168, 175
Lanning, John Tate, 68, 73
Lanuesse, Pablo, 139
Lanzos, Manuel, 120
La Pérouse, conde, 250, 261
Lara, Juan de, 55, 67
Larios, padre, 3, 164
Larrañaga, doctor, 174
Larrocha, Alicia de, 49
Larsen, Clark, 74
Larson, Lewis H., 68
La Salle, Sieur de, 94, 134, 159
Lasuén, Fermín, 224, 226, 228, 231, 237, 239
Laudonnièrre, René de, 76
Laussat, Pierre Clement de, 134
Laxalt, Bob, 211
Leal, padre, 193
Lee, Arthur, 7–8, 29, 51
Lee, Charles, 7, 136
Le Moyne, Jean Baptiste, 119
Leno, Ignacio, 149
León, Alonso de, 3, 30, 159
León, Martín de, 157
León, Miguel Antonio, 208
León, Tomás de, 65
Leslie, John, 91, 96
Letrado, Francisco de, 179
"letras de oro" (concurso literario), 20, 24
Lewis, Charles Lee, 113
Lewis, Meriwether, 153, 214
Leyba, Fernando de
    Illinois, 104
    Iowa, 156
    Missouri, 144, 145
Leyba, Teresa de, 21, 105, 144
Leyva de Bonilla, Francisco, 149, 152
Limpach, Bernard de, 144, 145
Linn, William, 7, 149

Lisa, Manuel
    Dakota, 154
    exploración, 5
    Kansas, 152, 153
    Missouri, 145
    Montana, 217
    Wyoming, 215
literatura, 21
Livingston, Edward, 37
Livingston, Robert R., 133
Llana, Jerónimo de la, 177, 179
Llorenz, Juan Bautista, 193
Logan, Benjamin, 109, 111
Lok, Michael, 249
Lonbies, Charles, 139
Long, James, 164
Long, Stephen H., 154, 208
Longfellow, Henry Wadsworth, 23, 43
longhorn de Texas, 32
Lope de Vega Carpio, Félix, 48
López, Aaron, 43
López, Baltasar, 72
López. Diego, 19
López, Francisco, 180
López, Julián, 224, 235
López, Justo, 75
López, Mezquita, 58
López Avilés, Juan, 55
López de Cárdenas, García, 179, 188, 211
López de Haro, Gonzalo, 250, 256
López de Legazpi, Miguel, 263
López de Mendoza Grajales, Francisco, 78–79
López de Villalobos, Ruy, 259
López Fabra, Francisco, 53
López Tijerina, Reyes, 18, 36
Lorca, Ana, 49
Lorengar, Pilar, 49
Lorente de No, Rafael, 18
Lorenzana, Francisco Antonio, 181
Lorenzo, Frank, 18
Lorimier, Louis, 128, 147
Losa, Ignacio de, 90
Los Angeles (California), 228–229
Los Angeles, Victoria de, 49
Los Padillas, misión de, 180
Louisiana Purchase, 132–133
Lowell, James Russell, 23, 24, 43
Lucas, Eugenio, 57
Luengo, Francisco, 149
Lugar, Richard G., 18

lugares, nombres de—*ver nombres geográficos*
Lugo, Alonso de, 181
Lugo, Antonio María, 36, 229
Luis, Don (indio), 12, 59
Luis, Juan, 18
Luisiana, 134–143
    asociaciones hispánicas, 304
    Baton Rouge, 140
    conquistadores, 134–135
    fin de la rivalidad colonial, xxiii–xxiv
    fuertes y presidios, 270
    Galveztown, 140
    gobernadores, 266
    gobernadores españoles, 135–137
    guerra de la independencia, 136–137
    misiones, 268
    Nueva Orleáns, 138–139
    periódicos (en español), 318
    sector central, 141–142
    sector meridional, 139–140
    sector septentrional, 142
    sociedades históricas, 276
Luisiana, territorios, xxxi
Luisillo (indio), 12
Luis XIV, rey de Francia, 132
Luis XV, rey de Francia, 132
Luis XVI, rey de Francia, 250
Luján, Manuel, 18
Lummis, Charles F.
    California, 228, 229, 243
    Colorado, 207
    economía, 32
    exploración, xxviii, 1, 2, 12
    Nebraska, 153
    Nuevo México, 179
Luna, Tristán de
    Alabama, 119
    colonización, 13
    economía, 31
    exploración, 2
    Florida, 92–93
Luxán, Mathias, 205
Lyon, Eugene, 89

M

Maanje, Juan Mateo, 190, 192, 195
MacCurdy, Raymond R., 140
Macho, Victorio, 56
MacIntosh, Alexander, 125
Mackay, David, 216
MacKay, James, 145

Madison, James
    Alabama, 121
    Florida, 75, 82
    Mississippi, 124
Madre de Dios, Francisco de la, 179
Magallanes, Ferdinando, 222, 259, 262
Magdalena (mujer india), 13, 86
Magee, Augustus, 160, 162–163
Maidique, Modesto, 18
Maimonides, Moses, 56, 846
Maine, 39
    sociedades históricas, 276
Maine (buque de guerra), xxv
Maison Rouge, marqués de la, 35
Malagón, Javier, 18
Malaspina, Alejandro
    Alaska, 254, 256
    California, 222
    exploración, 5
    Guam, 264
Maldonado, Francisco
    Alabama, 117, 118
    Florida, 90, 93
Maldonado, Rodrigo, 180
Manrique, Miguel, 255
Manso y Zuñiga, Francisco, 19
mapas, primeros, 3–4
Maramón, Gregorio, 58
Marcos, fray—*ver Niza, Marcos de*
Marden, Charles Carroll, 24
Margallo, Pedro, 28
Margil, Antonio, 141, 159
María, doña (mujer india), 78
María Cristina, reina de España, xxv
Mariana, reina regente de España, 81, 263
María-Padilla, Miguel, 18
Marín, Francisco de Paula, 262
Marion-Dufresne, Nicolas, 264
Marquette, Jacques, xxxi, 156
Márquez de Cabrera, Juan
    Carolina del Sur, 66
    Florida, 81, 96
    Georgia, 72
Marshall, James, 243
Martí, José, 85, 88
Martí, Marcel, 84
Martínez, Antonio José, 168, 208
Martínez, Bob, 16, 18, 88
Martínez, Elmer, 180
Martínez, Enrico, 233

ÍNDICE

Martínez, Esteban José
  Alaska, 254, 256
  California, 222, 223
  exploración, 5
  Hawaii, 260
  Washington, 250
Martínez, Félix, 179
Martínez, Francisco, 94
Martínez, José Gregorio, 208
Martínez, Luis, 231
Martínez, Matthew, 18
Martínez, Pedro, 11, 72
Martínez, Raúl, 18
Martínez de Avendaño, Domingo, 80
Martínez de Yrujo, Carlos, 52
Martínez Piedra, Alberto, 18
Martínez Sierra, Gregorio, 48
Martínez Ybor, Vicente, 14
Martínez y Torrens, Francisco, 48
Maryland, 54–55
  asociaciones hispánicas, 304
  emisoras radiofónicas, 332
  periódicos (en español), 318
  sociedades históricas, 276
Massachusetts, 40–42
  asociaciones hispánicas, 304
  periódicos (en español), 318
  sociedades históricas, 276
Massanet, Damián, xxx, 30, 159
Massey, William C., 162
Matamoros, Juan Pedro, 94
Matanzas, 78
Mateo, don (indio), 72
Mateos, Antonio, 73
Mather, Cotton, 41
Mathews, George, 75
Matías de Paz, Andrés, 94
Maurois, André, 94
Mayo, Worrall, 18
Mayor, A. Hyatt, 47
Mayorga, Martín de, 257
McCarran, Pat, 14
McDonald, Harl, 21
McGillivray, Alexander, 96, 114, 122–123
McGregor, Gregor, 74, 75
McKean, Sara, 52
McKee, John, 75
McKnight, Joseph W., 38
McLatchey, Charles, 92
Meares, John, 250
Medina, Faustino, 207
Medina, James S., 18
Medina, Luis, 263

medios de comunicación en español, 27
  ver también periódicos; radioemisoras en español; televisión en español
Meléndez, doña María, 73
Meléndez, Sebastián, 224
Melgares, Facundo, 166, 167, 208
Meller, Raquel, 49
Mellon, Andrew W., 57
Memorias Exteriores (José María de Areilza), 14
Mena, Marcos de, 157
Menard (Texas), 162
Mendaña, Alvaro de, 260
Méndez, Hernando, 157, 163
Méndez Canzo, Gonzalo—*ver Canzo, Gonzalo Méndez*
Mendinueta, Pedro Fermín de, 207
Mendoza, Antonio de
  California, 222, 242
  Luisiana, 135
  Nuevo México, 166
  Oregón, 246
Mendoza, Diego de, 176
Mendoza, Manuel de, 91
Menéndez, Luisa, 66
Menéndez de Avilés, Pedro
  Carolina del Sur, 64
  colonización, 13
  economía, 31
  exploración, xxix–xxx, 2, 4
  Florida, 79–80, 81, 85, 88
  Georgia, 68, 72
  Virginia, 59
Menéndez Marqués, Juan, 65, 69
Menéndez Marqués, Pedro, 55, 65, 80–81
Mengs, Antonio Rafael, 57
Mercado, José, 240
Merrick, George, 84
Merriman, Roger B., 43
Merriweather, Mrs. Marjorie, 81
Merry, Anthony, 250
Mesa Verde, 210
Mestas Jr., Felix B., 210
mesteño, 32
Mestrovic, Ivan, 78
Metropolitan Museum of Art (Ciudad de Nueva York), 47
México, xxiv, xxxi
Mezières et Clugny, Athanase de, 141, 207
Miami (Florida), 83–85
Miami, Universidad de, 84
Michaux, André, 111, 128

Micheltoreana, 232
Michigan, 106–107
  asociaciones hispánicas, 304
  fuertes y presidios, 270
  periódicos (en español), 318
  sociedades históricas, 276
Middendorff, padre, 194
Miera, Bernardo, 203, 209
Miguel, Eduardo, 7, 136
Millicent Rogers Museum (Taos, Nuevo México), 184
Mina, Francisco Javier, 50
Minnesota, 155
  asociaciones hispánicas, 304
  sociedades históricas, 276
Minor, Stephen, 127
Miralles, Juan de, 49–51, 65, 104
Miranda, Angel de, 74
Miranda, Hernando de, 64
Miró, Esteban Rodríguez
  Alabama, 122
  Carolina del Norte, 60
  Iowa, 155
  Kentucky, 111
  Luisiana, 137
  Mississippi, 128
  Missouri, 147
  Tennessee, 115
Miró, Joan, 103
Miruelos, 92
Misión de Dolores, 239
Misión de Jamac, 190
Misión de Nambé, 182
Misión de Nombre de Dios (St. Augustine, Florida), 79
Misión de San Bernardino, 188
Misión de San Cayetano de Calabazas, 191
Misión de San Juan Bautista, 164, 235
Misión de San Lorenzo de los Picuries, 184
Misión de San Luis Rey, 228
Misión de San Marcelo de Sonoita, 191
Misión de San Miguel, 177
Misión de San Miguel Arcangel, 234
Misión de San Rafael Arcangel, 240
Misión de Santa Cruz, 237
Misión de Santa Inés, 232
Misión de San Xavier del Bac, 192–193
misioneros, xxix, 10–12

misiones, 267–269
Misquía, Lázaro de, 205
Mississippi, 123–129
  asociaciones hispánicas, 304
  fuertes y presidios, 270
  periódicos (en español), 318
  sociedades históricas, 276–277
Mississippi, río, 99
  exploración, 3
  Tratado de San Lorenzo de El Escorial, xxiv
Missouri, 143–143
  asociaciones hispánicas, 304
  época española, 143–145
  fuertes y presidios, 270
  Louisiana Purchase, 145
  periódicos (en español), 319
  sector meridional, 146–147
  sector septentrional, 146
  sociedades históricas, 277
  St. Louis, 143–146
Missouri, río, 3
Mitchell, David B., 3
Mizner, Addison, 21, 83
Mobile (Alabama), 118–120
Modern Language Association (MLA), 25
Molina, José, 49
moneda, 33–35
Moneo, Rafael, 43
Monjó, Enrique
  Distrito de Columbia, 57
  Florida, 83
  Luisiana, 237
  Nueva York, 48
Monos, Rafael, 18
Monroe, James, 75, 76, 132, 160
Montana, 216–217
  bandera del estado, 22
  nombre, 30
  sociedades históricas, 277
Montaña, César, 56
Monterey (California), 234–237
Montero, Sebastián, 60
Montero Ríos, Eugenio, xxvi
Montes, Blas de, 77, 78
Montes de Oca, José, 181
Montes de Oca, Juan, 88
Montesinos, Antonio, 62
Montezuma, conde de, 94
Montgomery, John
  Arkansas, 147, 149
  exploración, 9
  Illinois, 103
  Iowa, 156

ÍNDICE

Kentucky, 111
Luisiana, 137
Mississippi, 128
Montiano, Manuel de, 72, 82
Montojo, Patricio, 54
Montoya, Carlos, 17, 49
Montoya, Joseph M., 18
Montoya, Pablo, 168–169
Montoya, Richard T., 18
Moore, Charles, 21
Moore, James, 73, 83, 91
Moore, John, 92
Mooser, William, 231
Mora, don Jacinto, 142
Mora, Francis, 228
Mora, Joe, 237
Mora, Pedro, 204
Mora Ceballos, Francisco de la, 179
Moraga, Joaquín, 229, 238, 239
Morales, Francisco, 96
Moreno, Miguel, 64
Moreno y Arze, Francisco Antonio, 138
Morga, Antonio de, 263
Morgan, George, 127, 146
Morison, Samuel Eliot, 43
Morlete, Juan, 185
Morley, G. Griswold, 24, 25
mormones, 213, 214
Morris, Robert, 6, 136
Morton, Levy P., 103
Moscoso, Francisco, 264
Moscoso, Luis de
    Alabama, 116
    exploración, 2
    Luisiana, 134
    Texas, 158
Moss, Ambler, 84
Moss, E. Raymond, 84
Motley, John Lothrop, 43
Mourelle, Francisco Antonio
    Alaska, 255
    California, 223
    Oregón, 244
    Washington, 249
mujeres, 13, 17–20
Munico, Juan, 153
Muñoz, Juan, 87
Munras, Esteban, 237
Murguía, José, 238
Muriete, Joaquín, 242
Murillo, Bartolomé Esteban, 58
Murphy, Ed, 142
Muruaga, Emilia, 143
Museo de Arte de Carolina del Norte, 62
Museo de Arte Moderno (Ciudad de Nueva York), 47

Museo de Arte Ringling (Sarasota, Florida), 86
Museo de Bellas Artes (Boston), 40
Museo de Bellas Artes (Filadelfia), 53
Museo de Ciencia e Industria (Chicago), 103
música, 21
    Ciudad de Nueva York, 48–49
Music of Spain, The (Gilbert Chase), 21
mustang, 32—*ver también mesteño*

N

Nacimiento de los Estados Unidos, El (Isaac Asimov), xxviii
Nairne, Thomas, 66
Napoleón
    actividad cultural, 21
    California, 228–229
    exploración, xxv
    Luisiana, 132
    Mississippi, 129
    Nueva Jersey, 49
    Nuevo México, 174
Naquiquen (indio), 106
Narváez, Pánfilo de
    Alabama, 118–119
    colonización, 13
    economía, 32
    exploración, 2
    Florida, 74, 87, 89–91
    Luisiana, 134
    Mississippi, 116
Natchez (Mississippi), 125–127
Natchitoches (Luisiana), 141
National Defense Education Act, 23–24
National Federation of Modern Language Teachers, 25
Naufragios (Ivar Núñez Cabeza de Vaca), xxx, 21
Navarro, Diego José, 50, 66
Navarro Tomás, Tomás, 25
Nebraska, 153–154
    asociaciones hispánicas, 304
    sociedades históricas, 277
Neuerburg, Norman, 22
Neufchateau, Valentine, 145
Nevada, 210–211

    asociaciones hispánicas, 304–305
    nombre, 31
    periódicos (en español), 319
    sociedades históricas, 277
Neve, Felipe de, 228–230, 235, 237
Neve, José, 193
Nevins, Allan, xxvii
New Madrid (Missouri), 147
Niño perdido, El, 20
Nixon, Richard, 1
Niza, Marcos de
    actividad cultural, 30
    Arizona, 186, 188
    exploración, 5
    Nuevo México, 166, 168, 177, 178
    Oregón, 246
Nogueira, Matías, 254
nombres geográficos, 5, 28–31
    Alabama, 123
    Alaska, 257
    Arizona, 197
    Arkansas, 149
    California, 244
    Carolina del Norte, 62
    Carolina del Sur, 66
    Colorado, 210
    Dakota del Norte, 155
    Dakota del Sur, 155
    Delaware, 54
    Distrito de Columbia, 58
    Florida, 97
    Georgia, 73
    Idaho, 219
    Illinois, 104
    Indiana, 106
    Iowa, 156
    Kansas, 152
    Kentucky, 112
    Luisiana, 143
    Maryland, 55
    Michigan, 107
    Minnesota, 155
    Mississippi, 129
    Missouri, 147
    Montana, 217
    Nebraska, 154
    Nevada, 212
    Nueva Inglaterra, 43
    Nueva Jersey, 50
    Nueva York, 49
    Nuevo México, 185
    Ohio, 107
    Oklahoma, 150
    Oregón, 248
    Pennsylvania, 53
    Tennessee, 115
    Texas, 166

    Utah, 214
    Virginia, 59
    Virginia Occidental, 59
    Washington, 251
    Wisconsin, 105
    Wyoming, 215
Nueva Inglaterra, 39–43
Nueva Jersey, 49–50
    asociaciones hispánicas, 305
    estaciones televisivas, 330
    periódicos (en español), 319
    sociedades históricas, 277
Nueva Orléans, 138–140
    reconocimiento como puerto franco, xxiv
Nueva York, Ciudad de, 44–49
Nueva York, estado de, 44, 49
    asociaciones hispánicas, 305–306
    emisoras radiofónicas, 333
    estaciones televisivas, 330
    periódicos (en español), 319–320
    sociedades históricas, 278
Nueva York, Feria Mundial de (1964-1965), 47
Nueva York, universidad de, 46
Nuevo Hampshire
    sociedades históricas, 277
Nuevo Madrid (Missouri)—*ver New Madrid*
Nuevo México, 166–185
    actividad misional, 11
    Albuquerque, 179–181
    bandera del estado, 22
    bosquejo histórico, 166–168
    conquista por los Estados Unidos, 168
    el hispanismo de Nuevo México, 169–171
    emisoras radiofónicas, 332–333
    estaciones televisivas, 330
    gobernadores, 266–267
    herencia del derecho español, 37–38
    lengua española, 26–27
    misiones, 268–269
    nombre, 30
    Pecots, 184
    periódicos (en español), 319
    rebelión de los indios pueblos de 1680, 172–174
    Santa Cruz y San Juan, 182–183
    Santa Fe, 171–174, 175–177
    sector central, 179–181

sector occidental, 177–179
sector septentrional, 182
sociedades históricas, 277
Taos, 183–184
Núñez, Emilio, 18
Núñez, Samuel, 73
Núñez de Balboa, Vasco, 222
Nussbaum, Arthur, 35

O

Ochoa, Severo, 18
O'Connell, Michael D., 237
O'Connor, Hugo, 174, 194
O'Connor, Kathryn, 162
O'Donojou, Juan, 168
O'Fallen, Benjamin, 208
O'Fallon, James, 127
Oglethorpe, James
  colonización, 15
  Florida, 79, 82
  Georgia, 66, 67
Ohio, 107
  asociaciones hispánicas, 306–307
  periódicos (en español), 320
  sociedades históricas, 278
Oklahoma, 149–150
  asociaciones hispánicas, 307
  sociedades históricas, 278
Olavide, Enrique de, 264
Old Spanish Trail, 32
Old Tassel (jefe indio), 110, 122
Olgín, Juan de, 205
Oliva, Juan María, 194
Ollo, Santos, 143
Olmedo, 60
Oñate, Juan de
  actividad cultural, 20, 30
  Arizona, 188, 195
  colonización, 13, 31, 32
  exploración, xxx, 2, 3, 13
  Kansas, 151
  Nebraska, 153
  Nuevo México, 172, 179, 182, 183
  Oklahoma, 150
  Texas, 158
O'Neill, Arturo, 110, 122
O'Neill, Eugene, 85
Onís, Federico de, 47
Onís, Luis de, xxiv, 24, 76
Ordóñez de Montalvo, Garci, 30, 221
Ordoño, Diego de, 64
Oregón, 245–248

asociaciones hispánicas, 307
bandera del estado, 22
emisoras radiofónicas, 333
nombre, 31
sociedades históricas, 278
O'Reilly, Alejandro
  Illinois, 103
  Luisiana, 135, 141
  Missouri, 146, 147, 148
Organización de los Estados Americanos (OEA), 56
Organización Panamericana de la Salud (Washington, D.C.), 56
Oró, Juan, 18
Orobio y Basterra, capitán, 162
Ortega, Josefina, 169
Ortega, José Francisco de
  California, 224–226, 228–230, 232–233, 236, 239
  derecho, 36
Ortega, Juan, 18
Ortega, Pedro, 260
Ortiz, Ferdinand, 193
Ortiz Jr., Francis Vincent, 18, 168
Ortiz, José Antonio, 177
Ortiz, Juan, 86
Ortiz, Salomón, 18
Ortiz de Matienzo, Juan, 60
Ortiz y Parrilla, Diego
  Arizona, 191, 192
  colonización, 14
  Texas, 162
Osorno, Joaquín, 120
OTAN, xxvii
Otermín, Antonio
  Nuevo México, 172–173, 180, 181
  Texas, 164
ovejas, 31

P

Pacheco, Mariano, 207
Pachuco, 26
Padilla, Juan de
  Arizona, 188
  exploración, 11
  Kansas, 151
  Oklahoma, 150
  Texas, 158
Paez Hurtado, Juan, 171
Palacios, Jerónimo Martín, 224
Palmer, coronel, 82
Palou, Francisco, 223, 239

Panton, William, 91, 96
papel moneda, 33–34
Pardo, Juan
  Alabama, 117
  Carolina del Norte, 62
  Carolina del Sur, 65, 66
  exploración, 5
  Georgia, 67
Pareja, Francisco
  exploración, 13
  Florida, 77, 79
  Georgia, 72
Parga, Juan de, 90
París, Tratado de (1763), xxiv, 119, 131
París, Tratado de (1803), 131
París, Tratado de (1898), 264
Paruanarimuco, 206
Pascual, Juan, 224
Pastores, Los, 20
Patterson, Patrick, 32
Patti, Adelina, 139
Payba y Basconcelos, José de, 179
Payeras, Mariano, 232
Paz, Octavio, 17
Peán, Esteban de, 77
Peattie, Donald Culross, 151
Pecos (Nuevo México), 184
Pecos, Agustín, 184
Pedellao, Juan de, 174
Peña, Diego de, 73
Peña, Federico, 18
Peña, Tomás de la, 238, 254
Peñalosa, Diego de, 149, 153
Peñalver y Cárdenas, Luis de, 138
Peñaranda, Alonso de, 73
Penn, John, 52
Pennsylvania, 51–53
  asociaciones hispánicas, 307
  periódicos (en español), 320
  sociedades históricas, 278
Pensacola (Florida), 9, 93–97
Pensacola, Tratado de (1784), 122
Peralta, Pedro de, 5, 171
Pérez, Cayetano, 121–122
Pérez, Ignacio, 191
Pérez, Juan
  Alaska, 254, 255
  California, 222
  exploración, 3, 5
  Nuevo México, 179
  Oregón, 245–246
Pérez, Manuel, 144, 145
Pérez, Pablo, 264
Pérez de Villagrá, capitán, 179

periódicos
  en español, 27, 44, 312–321
  historia y cultura hispánica, 321–329
Perovani, Joseph, 128
Perry, Henry, 162
Perschl, Nicholas, 193
Peyri, Antonio, 228
Peyroux de la Coudrenière, Henri, 147
Pfefferkorn, Ignacio, 190
Phoenix (Arizona), 196–197
Picasso, Pablo, 103
Piedra Cero (Florida), 81
Pierce, Henry August, 261
Pierce, Thomas, 254
Piernas, Pedro J.
  Illinois, 103
  Missouri, 144, 145, 146, 147
pieza de ocho, 33
Pignatelli Rubí, Cayetano María, 142
Pike, Zebulon
  Colorado, 204, 208
  Kansas, 152
  Missouri, 145
  Nuevo México, 174
pillar dollar—*ver dólar pilar*
Pimentel, Antonio, 264
Pinckney, Thomas
  Alabama, 118
  Florida, 76
  Mississippi, 129
  Tennessee, 113
Pino, Pedro Bautista, 166, 175
Pío, padre, 182
Pío IX, Papa, 240
pistola, 34
Pizarro, Francisco, 166
Pizzo, Tony, 88
Plaza, Galo, 58
población, 15–20
Pocket History of the United States, A (Allan Nevins y Henry Steele Commager), xxviii
Polk, James, 168
Pollock, Oliver
  exploración, 7, 8
  Illinois, 104
  Luisiana, 136, 140
  Mississippi, 125
Ponce de León, Juan
  colonización, 13, 19–20, 34, 36
  exploración, xxvii, xxx, 2
  Florida, 73–74, 77, 81, 85
Ponce de León, Nicolás, 81
Pons, Françoise, 141
Pons, Marius, 141
Pontalba, Joseph Xavier Celestin Delfau de, 139

INDICE

Ponte, Joseph de la, 124
Popé (indio), 172, 174, 183
Porras, Francisco, 188
Portanet, Rafael J., 140
Porter Cassanate, Pedro, 222, 223
Portillo y Urrizola, Manuel de, 184
Portinari, Cándido, 57
Portol, Gaspar de
   California, 226, 230, 236, 241
   colonización, 14
   economía, 31
   exploración, 5
Port Royal (Carolina del Sur), xxix
Posada, Jaime, 57–58
Powell, John Wesley, 188
Prade, Juan José, 174
Pradera, Victor, 52
Preciado, Francisco, 222
Prescott, William, 43
presidios (listado de), 269–270
Price, Sterling, 168, 183
Primo de Rivera, Enrique, 90
Princeton, universidad de, 51
Puerto Rico, xxv–xxvi
Pulitzer, Joseph, xxv
Purré, Eugenio, 9, 106

Q

Quesada, Elwood Richard, 18
Quest, Charles, 143
Quexós, Pedro de
   Carolina del Norte, 62
   Carolina del Sur, 64
   Distrito de Columbia, 55–58
   exploración, 2, 11
Quimper, Manuel, 254, 260–262
Quina, Desiderio, 961
Quiñones, Cristóbal de, 181
Quiroga, Camila, 48
Quiroga y Losada, Diego de
   Florida, 73, 81
   Georgia, 69, 73
Quirós, Cristóbal, 19
Quirós, Fernando, 239
Quirós, Luis de, 58, 59
Quivira (lugar), 151–153

R

Rábago y Terán, Felipe de, 162
radioemisoras en español, 27
   listado de emisoras, 330–334
Raleigh, Walter, xxx, 59
Ramírez, Alejandro, 53
Ramírez, Belina, 169
Ramírez, Juan, 63, 179
Ramírez de la Piscina, Manuel, 162
Ramírez y Arellano, Cristóbal, 116
Ramón, Domingo, 141, 159
Ramón, Manuela, 19
Ramón y Cajal, Santiago, 43
Ramos Arizpe, Miguel, 161
Rangel, Rodrigo, 119
razorback hogs, 31
Reagan, Ronald, 12–13, 15, 17
Real Alencaster, Joaquín, 174
Rebolledo, Diego de, 68, 70, 71
Reclus, Elysée, 261
Redondo Villegas, Pedro, 80
Reinosa, Alonso de, 78
Relación (Pedro de Castañeda), 3
relaciones hispanoamericanas
   fines del siglo XVIII, xxiv–xxv
   guerra civil española, xxvii
   guerra de la independencia, 6–9
   guerra hispanoamericana, xxv–xxvi
Renacimiento, xxiii
Renaldo, Duncan, 18
Rendón, Francisco, 51
Rendón, Matías, 184
Reneros Posada, Pedro, 173
Rennert, Hugh, 52
Revilla, Cristóbal, 249
Revillagigedo, conde de, 222
Revillagodos, padre, 140
Reyes, Francisco, 229
Reyes Magos, Los, 20
Reynal, Abbé, 264
Reynoso, Alonso de, 69
Rezanov, Nicolai Petrovich, 18, 240
Rhea, John, 129
Rhode Island, 42
   periódicos (en español), 320
   sociedades históricas, 279
Ribas, Juan de, 65, 67, 117–118
Ribaut, Jean
   Carolina del Sur, 63
   exploración, xxxi
   Florida, 75, 78
Ribeiro, Diego de, 2, 39, 258

Rico, Gaspar, 260
Riego, Rafael del, 167
Riobo, Juan, 239
Río Grande, 3, 167
Riperdá, Juan María de, 141
Rivera, Juan María de, 3, 203
Rivera, Ramón, 207
Rivera Ortega, Pedro, 171
Rivera y Moncada, Fernando de
   Arizona, 188
   California, 226, 230, 233, 238, 239
Robeline (Luisiana), 142
Robertson, James, 114–115, 122
Rochambeau, conde de, 9, 10
Rochefoucauld, duque de la, 51
Rockefeller, John D., 104
Rocque, Mariano de la, 77
Rodero, Gaspar, 223
Rodia, Simón, 22
Rodríguez, Agustín
   exploración, 2, 3
   Nuevo México, 180, 184
Rodríguez, Hortalez y Compañía, 6
Rodríguez Cabrillo, Juan
   California, 221, 224, 226, 229, 234
   exploración, xxx, 3, 5
   Oregón, 246
Rodríguez Cermeñón, Sebastián, 243–244, 246
Rodríguez Cubero, Pedro, 174
Rodríguez Delgado, José, 18
Rodríguez de Suballe, Juan Severiano, 173
Rodríguez Miró, Esteban—*ver Miró, Esteban Rodríguez*
Rogel, Juan
   Carolina del Sur, 64
   Florida, 85, 87
   Virginia, 59
Rogers, Randolph, 56
Romero, Alicia, 169
Romero, Teófilo, 12
Romeu, Antonio, 236
Roosevelt, Theodore, xxv–xxvi, 40
Roux, Charles, 43
Roybal, Eduardo, 18
Rubí, marqués de, 162, 194
Rubín de Celis, Alonso, 164
Rubio, Consuelo, 49
Ruhen, Enrique, 190
Rui, Francisco, 103, 145, 146
Ruíz, Esteban, 239
Ruíz, Pedro, 68, 72–73

Ruíz de Padrón, Antonio José, 52
Ruíz Mexía, Juan, 91

S

Saavedra, Alvaro de, 259
Sabicas (guitarrista), 49
Sadoc Alemany, José, 228, 240
Saeta, Francisco Xavier, 190
St. Augustine (Florida), xxvi, 5, 68, 76–82
St. Catherine, isla de (Georgia), 68–70
St. Charles (Missouri), 146
St. Denis, Louis Juchereau de, 20, 140, 159
St. Luis (Missouri), 146
St. Maxen d'Estrehan, Felicia de, 137
St. Petersburg (Florida), 87
St. Simon, isla de (Georgia), 71
Saint-Ange de Bellerive, Louis, 144
Ste. Geneviève (Missouri), 146
Salas, Gaspar de, 67
Salas, Petronila de, 19
Salazar, Cristóbal de, 181
Salazar, Domingo de, 117
Salazar, Juan Manuel, 207
Salcedo, Juan Manuel de
   Luisiana, 133, 137
   Texas, 161, 164
   Virginia, 59
Salcines, Emiliano, 88
Sales, Francis, 43
Salía, Carlos, 139
Salinas, Pedro, 41, 54
Salvador, Francis, 73
Salvador Dalí Museum (St. Petersburg, Florida), 87
Salvatierra, Juan María, 10, 189–190
Samana Cay, 1
San Antonio (Texas), 13, 160–161
San Buenaventura, Dionisio de, 164
Sánchez, Sebastián, 71
Sánchez, Tomás, 165
Sánchez Chamuscado, Francisco
   actividad cultural, 30
   exploración, 2
   Nuevo México, 173, 178, 185
Sánchez de Pro, Antonio, 181

ÍNDICE

San Diego (California), 224–227
Sandoval, Gregorio, 203
Sands, Robert C., 85
San Francisco (California), 238–241
San Gabriel (Nuevo México), 183
San Ildefonso, Tratado de (1800), 131
San Jacinto, batalla de, 157
San José de Guadalupe, 238
San Juan (Puerto Rico), 4
San Lorenzo, Tratado de (1795), xxiv, 112, 114, 118, 124
San Martín, Juan de, 190
San Miguel de Guadalupe, xxvii, 2, 5, 62
Santa Ana, Pedro, 249
Santa Anna, Antonio López de, 157
Santa Barbara (California), 230–234
Santa Cruz (Nuevo México), 182
Santa Elena, 64–65
Santa Fe (Nuevo México), 2, 171, 174–177
Santa Fe Trail, 34, 208
Santa María, Agustín de, 189
Santa María, Juan de, 180
Santayana, George, 18, 41
Santiesteban, José, 162
Santo Domingo, 4
Sanvitores, Diego Luis de, 263
Sanz, Carlos, 260
Sarasate, Pablo, 49
Sarasota (Florida), 86–87
Saravia, Antonio de, 264
Sargent, John Singer, 22, 40
Saric, Luis, 13, 191
Sarmiento de Gamboa, Pedro, 260
Sarria, Vincente, 240
Sauz, Mateo del
    Alabama, 117
    Florida, 94
    Guam, 263
    Mississippi, 125
Schele de Vere, Maximilian, 59
Schevill, Rudolph, 24
Scott, James Brown, 229
Searles, Robert, 81
Sebastian, Benjamin, 111, 128
Sedella, Antonio de, 139
Sedeño, Antonio, 68
sefarditas, 14–15
    Ciudad de Nueva York, 45
    Georgia, 73
    Miami, 84

sinagogas, 45
Segesser von Brunegg, Phillip, 193
Segovia, Andrés, 21, 49
Segura, Juan Bautista, 58–59, 68
Segura, Manuel, 204
sellos conmemorativos, 2, 203
Semana Nacional de la Herencia Hispánica, xxviii
Senán, José, 230, 240
Sender, Ramón J., 189
Serna, Marcelino, 18
Serra, Junípero
    California, 221–222, 224–225, 227–229, 233, 235–238, 241
    colonización, 31, 34, 36
    Distrito de Columbia, 56
    exploración, 5, 9–11
Serrano, Juan, 49
Serrano, Serranito, 49
Sert, José Luis, 20
Sert, José María de, 43, 47
Sevier, James, 61
Sevier, John, 60–62, 127
Sewall, Samuel, 41
Sexton, R. W., 21
Shaler, William, 226
Shelbourne, Lord, 101
Shelby, Isaac, 108, 111
Shine, Elizabeth, 113
Sigma Delta Pi, 25, 280–295
Sigüenza y Góngora, Carlos de, xxx, 94
Silva Nieto, Manuel de, 179
Simons, Norman, 95
sinagoga de Touro (Newport, Rhode Island), 42
sistema monetario, 34
Skipwith, Fulwar, 129
Slaughter, John, 191
Smit, Abiel, 41
Smith, E. Willard, 208
Smith, Hale G., 90, 95
Smith, Jedediah, 210
Smith, John, xxiii
Sociedad Folklorística, La, 170
Sociedad Nacional Hispánica (Sigma Delta Pi)—*ver Sigma Delta Pi*
Socorro (Nuevo México), 180
Sofía, reina de España, xxvii, 6, 56
Sola, Pablo Vicente, 236
Solana, Manuel, 91
Solano, José, 9
Solano, Juan, 81
Solís, Alonso de, 260
Sorolla, Joaquín, 58
Sosa, Castaño, 182

Sosa Peñalosa, Eufemia de, 20
Soto, Hernando de—*ver De Soto, Hernando*
Soto, Isabel de, 118
Spalding, Jack, 68
Spanish Missions of Georgia, The (John Tate Lanning), 68
"Spanish Trail", 33
Steen, Charlie R., 192
Stetson Jr., John B., 89
Steuben, barón von, 6, 127
Stimpson, George, 8
Stoddard, Amos, 145, 159
Strippling, Railford, 164
Stuart, Gilbert, 127
Suárez, Juan, 87, 89
Suárez, Xavier, 18
Suárez de Puga, Enrique, 56
Suasso, barón, 73
Sublette, Andrew, 202
Sugg, W. D., 86
Sullivan, John, 108
Sully, Alfred, 224, 236
Swain, James O., 25

T

Talabán, Juan de, 182
Tallahassee (Florida), 89–91
Tamayo y Baus, Manuel, 48
Tampa (Florida), 16
Tampa, bahía de, 88
Taos (Nuevo México), 183–184
Taos, sublevación de, 182
Tapia, Esteban, 237
Tasman, Abel Jansen, 261
Tayamo, José, 49
Tayon, Carlos, 106
teatro
    Nueva York, 48
    Nuevo México, 169, 172
televisión en español, 27
    estaciones televisivas, listado, 329–330
Tellez, Germán, 21
Tello, Francisco, 263
Tello, Tomás, 190
Temple Terrace (Florida), 88
Teniers, David, 57
Tennessee, 112–115
    asociaciones hispánicas, 307
    fuertes y presidios, 270
    sociedades históricas, 279
Teodoro, Doroteo, 119
Terán de los Ríos, Domingo de, 30, 141, 159
Terré, Harth, 54

Terreros, Alonso Giraldo de, 162
Tesuque (Nuevo México), 182
Texas, 157–166
    asociaciones hispánicas, 307–308
    bosquejo históricos, 157
    ciudades, 158–159
    emisoras radiofónicas, 333–334
    estaciones televisivas, 330
    exploración, 3
    fuertes y presidios, 270
    gobernadores, 266
    herencia del derecho español, 37
    independencia, 159
    misiones, 269
    nombre, 30
    periódicos (en español), 320–321
    San Antonio, 160–161
    sectores central y meridional, 161–163
    sectores sudoccidental y occidental, 163–166
    sociedades históricas, 279
Texas, longhorn de—*ver longhorn de Texas*
Texas Old Missions and Forts Restoration Association (TOMFRA), 161
Tezcuco, Pedro de, 89
Thomas, Alfred B., 203, 205
Thomas, David Hurst, 68, 69
Thomson, Buchanan Parker
    exploración, 6, 7, 9
    Florida, 95
Thoreau, Henry David, 43
Ticknor, George
    actividad cultural, 23
    California, 221
    Massachusetts, 41
    Virginia, 59
tierras, concesiones, 35–36
Tipton, John, 60
Todd, Andrew, 155
Toledo (Ohio), 107
Tolosa, Diego de, 87
Tonatiuh International, 20
Tonyn, Patrick, 82
Torre, Hernando de la, 94, 257
Torres, Esteban, 18
Torres, Luis de, 264
Torres, Tomás de, 182
Torres Quevedo, Leonardo, 42–43
Torres y Ayala, Laureano de, 81

INDICE

Toussaint L'Ouverture, Pierre François Dominique, 133
Tovar, Pedro de, 179, 188, 189
Tovar y Cazorla, Francisco, 162
trails—*ver caminos*
Tratado de Transferencia (1803), 133
Tratados
    Amistad (1819), xxiv
    Amistad y Relaciones Generales (1902), xxvi
    Augusta (1783), 122
    Cesión de la Florida a los Estados Unidos (1821), 92
    Fontainebleau (1762), 131, 132
    Guadalupe-Hidalgo (1848), xxxi, 27, 168
    París (1763), xxiv, 119, 131
    París (1803), 131
    París (1898), 264
    Pensacola (1784), 122
    San Ildefonso (1800), 131
    San Lorenzo (1795), xxiv, 112, 114, 118, 124
    Transferencia (1803), 133
    Versalles (1778), 8
    Versalles (1783), 96
    Washington (1900), xxvi
Travis, William D., 157
tribu guale, 69
Trudeau, Carlos, 138
Trudeau, Jean Baptiste, 144
Trudeau, Zenón, 35, 143
Trujillo, José de, 189
Trujillo, Luisa de, 19
Tubac (Arizona), 192–194
Tucson (Arizona), 194–196
Tuguepi (hombre indio), 71
Tulane, universidad de (Nueva Orléans), 139
Tumacacori (Arizona), 191–192
Tunnell, Curtis, 162
Turnbull, Andrew
    colonización, 14
    Florida, 82, 83
    Tennessee, 113
Tusayán (Arizona), 188

U

Udall, Stewart, 79
Ugariza, Segundo, 14
Ulibarri, Juan, 152
Ulloa, Antonio de, 135, 146
Ulloa, Francisco de, 3, 211
Unzaga y Amézaga, Luis de Arkansas, 149
    exploración, 7
    Luisiana, 135–136
Urdaneta, Andrés de, 260, 262
Urgarte y Loyola, Jacobo, 12, 206–207
Uribarri, Juan, 205, 210
Urrabieta Vierge, Daniel, 54
Utah, 212–214
    periódicos (en español), 321
    sociedades históricas, 279

V

vacas, 31
Vado de los Padres, 4
Vagnozzi, Egidio, 171
Valdés, Cayetano, 223
Valdés, don Fernando, 80
Valdés, Luis, 20
Valdés, Palacio, 88
Valdés, Pedro de, 67
Valdez, José Hilario, 208
Valencia, María Dolores, 20
Valenzuela, José Antonio, 208
Valera, Juan, 55, 142
valerianos, apóstolos—*ver Fuca, Juan de*
Valero, marqués de, 157
Valle, Antonio del, 176
Vallejo, Mariano, 239
Vallière, Joseph, 149
Valverde, Antonio, 152, 206, 208
Valverde, Juan Antonio, 192
Valverde, Luis, 189
Vancouver, George, 226, 229, 250–251, 261
Vandera, Juan de, 64
Van Loo, Jacobo, 58
Van Ness, C. P., xxv
Vaño, Juan, 193
vaquero, 31
Vargas Zapata Luján y Ponce de León, Diego de
    Arizona, 189
    Colorado, 205
    exploración, 4
    Nuevo México, 170–175
vascos, 14
    Idaho, 218–219
    música, 21
    Nevada, 211
    Utah, 214
    Wyoming, 215
Vasquez, Eloy, 83
Vasquez, Louis, 202, 216
Vaughan, Augustus, 46
Vázquez Borrego, José, 164

Vázquez de Ayllón, Lucas
    Carolina del Norte, 62
    Carolina del Sur, 63–64
    colonización, 13
    Distrito de Columbia, 56
    exploración, xxvii, 2, 12
    Georgia, 66
    Virginia, 58
Vázquez de Coronado, Francisco
    Arizona, 186
    colonización, 13, 31
    exploración, xxx, 2, 6, 12
    Florida, 93
    Kansas, 150–152
    Nebraska, 153
    Nuevo México, 177, 178, 180, 184
    Oklahoma, 149
Vázquez Villalpando, Catalina, 19
Vega, Garcilaso de la, xxix
Vega Castro y Pardo, Damián de, 90
Velasco, Fernando de, 185
Velasco, Luis de, 58, 64, 93, 246
Velascola, Francisco de, 71
Velázquez de la Cadena, Mariano, 46
Velderrain, Juan Bautista, 193
Vélez Cachupín, Tomás, 203
Vélez de Escalante, Francisco Silvestre
    Arizona, 188, 189
    Colorado, 203–204
    economía, 34
    exploración, 5, 6
    Utah, 213–214
Vellejos, Antonio José, 204
Veragua, duque de, 44
Vermejo, Pedro de, 72
Vermont, 39
    sociedades históricas, 279
Vernal, Clemente, 78
Versalles, Tratado de (1778), 8
Versalles, Tratado de (1783), 96
Vespucio, Américo, 29
Vespucio, Juan, 57
Vial, Pedro, 34, 145
Viar, José de, 52, 123
vías de comunicación, 32–33
Vigil, Charles, 202
Vigil, Donaciano, 176
Vigil, Juan Angel, 202
Vigo, Gonzalo de, 263
Vigo, Juan María, 106
Villafañe, Angel de, 6, 64, 94
Villalobos, Francisco Ramón de, 264

Villa Lobos, Gregorio de, 31
Villamil, Domingo, 85
Villanueva, José Vincente, 145
Villarreal, Francisco de, 59, 81, 108
Villazur, Pedro de, 149
    Colorado, 206
    Kansas, 150
    Nebraska, 153
Villebeuvre, Juan de la, 125
Villemont, Carlos, 149
Villiers, Baltasar de, 9, 126
Vincents, Antoine, 149
Viniegra, Pedro, 77
Virginia, 58–59
    asociaciones hispánicas, 308
    misiones, 269
Virginia Occidental, 58–59
Vitoria, Francisco de, 57
Vizcaíno, Sebastián de
    California, 222, 223–224, 232–234, 242
    exploración, xxx–xxxi, 3
    Oregón, 246–247
Vizcaya, casa y jardín (Florida), 84
Voting Rights Acts (1965; 1975), 28

W

Wagner, Kip, 83
Wagner, Robert, 44
Wallace, Caleb, 111
Walsh, William Thomas, 46
Warren, Earl, 237
Washington, estado de, 248–251
    asociaciones hispánicas, 308
    periódicos (en español), 321
    sociedades históricas, 308
Washington, D.C.—*ver Distrito de Columbia*
Washington, George
    Alabama, 120
    exploración, 6, 7, 9
    Kentucky, 111
    Mississippi, 127–129
    Nueva Jersey, 49
    Nueva York, 42, 46
    Pennsylvania, 50–52
    Tennessee, 115
    Virginia, 59
Washington, Tratado de (1900), xxvi
Watling, isla de, 1
Wauchope, Alexander, 95

Wayne, Anthony, 113
White, James, 60, 115, 122
Whitman, Walt, xxviii
Wilkinson, James
    Alabama, 121
    Kentucky, 108–111
    Luisiana, 133
    Mississippi, 124, 126, 127
Williams, Roger, 43
Williams, Stanley T., 19, 41, 48
Willing, James, 8, 104, 125, 137
Wilson, Meredith, 21
Winn, Richard, 122
Wisconsin, 105

asociaciones hispánicas, 308
Woodward, Henry, 73
Wright, Irene A., 89
Wright, Leavitt O., 25
Wright, Ralph P., xxx
Wyoming, 214–215

Y

Yale, universidad de, 43
Ybor, ciudad de (Florida), 14, 88
Ybor, Vicente Martínez, 14, 88
Ye, Juan, 184
Yorba, José Antonio, 226
Young, Brigham, 213
Yturraspe, Luis, 248

Z

Zabaleta, Nicanor, 49
Zafortezas, Sebastián, 83
Zaldívar, Gilberto, 48
Zaldívar, Juan de
    colonización, 13
    exploración, 3, 5
    Nuevo México, 179
Zaldívar, Vicente de, 179
Zambrano, Juan Manuel, 163
Zambrano de Grijalba, Josefa López, 171
Zamora, Francisco de, 184
Zárate, Asensio, 177
Zéndegui, Guillermo de, 82, 91
Zéspedes, Manuel de, 96
Zúñiga, García de, 180
Zúñiga y Cerda, José de
    Arizona, 194
    California, 226
    Florida, 75–76, 82, 91
    Texas, 162